# Barbis Ruder

I0902479

Werk — Zyklus — Körper

Work — Cycle — Body

Edition Angewandte – Book series of
the University of Applied Arts Vienna
Edited by Gerald Bast, Rector

Edition Angewandte – Buchreihe der
Universität für angewandte Kunst Wien
Herausgegeben von Gerald Bast, Rektor

edition:'ʌngewʌndtə
Universität für angewandte Kunst Wien
*University of Applied Arts Vienna*

# Barbis Ruder

Madeleine Frey (Hrsg./Ed.)

Werk — Zyklus — Körper

Work — Cycle — Body

DE GRUYTER

Prolog

**Peter Kozek**
Jetzt drehen wir erst mal Musik auf und tanzen ein bisschen

Prologue

**Peter Kozek**
Now Let's Turn on the Music and Dance a Bit

Einen Text über Kunst zu schreiben, ist ein harter Brocken Arbeit.
Einen Text über eine Künstlerin zu schreiben, erst recht.
Einen Text als Künstler über eine für einen selbst ganz besondere Künstlerin zu schreiben, ist allerdings eine ganz andere Sache.

Wenn nämlich die Betreffende beispielsweise Ex-Studierende, Team-Partnerin, Mitstreiterin, Wachhalterin und schließlich einfach eine Freundin ist (vielleicht eine Tochter?), kann das Schreiben über sie – oder besser für sie – etwas ganz Sanftes sein. Ein Lied, ein Musikstück. Mit tiefen und hohen Tönen, Dissonanzen und Harmonien, vielstimmig oder einstimmig, laut, leise, kreischend ...
Wir wissen, was ein Lied ist.

Es gibt Begegnungen, die bleiben punktuell. Nicht, dass sie nicht wiederholbar wären, nicht, dass sie nicht auch Spuren hinterließen, Resonanzen erzeugten. Aber sie bleiben doch isolierte Ereignisse. Man erinnert sich daran, trägt die Erinnerungen mit sich, die guten wie die schlechten. Es bleibt aber bei einem Punkt, bestenfalls bei mehreren.

Und dann gibt es Begegnungen, die werden von Anfang an zur Bewegung, sind Ergriffenheit, Erschütterung, Freude, ein Klang.

Ein Bündnis beginnt.

## A

Der erste Buchstabe unseres Alphabets, unnötig, das zu sagen: Ami, Apfel, Auge, Angst, All. Und die Musiknote A.

Musikgeschichtlich war A lange die erste und tiefste Musiknote der Tonleiter. A schwingt ganz besonders, beim

Writing a text about art is tough work.
Writing a text about an artist even more so.
Writing a text as an artist about an artist who is very special to you is again a completely different matter.

Namely, if the person in question is, for example, an ex-student, a team partner, an accomplice, someone who keeps you on your toes, and finally, simply a friend (perhaps a daughter?), writing about her – or better yet, for her – can be something quite tranquil. A song, a piece of music. With low and high notes, dissonances and harmonies, polyphonic or monophonic, loud, soft, screeching…
We know what a song is.

Some encounters remain episodic. Not that they are not repeatable, not that they do not leave traces, do not create resonances. But they remain isolated events. You remember them, bear the memories, good ones as well as bad ones. But it sticks with one point – perhaps several, at best.

And then there are encounters set in motion from the beginning, an emotion, shock, joy, a sound.

An alliance begins.

## A

The first letter of our alphabet, needless to say: America, apple, art, anxiety, aura. And the musical note A.

In the history of music, A has long been the first and lowest note in the musical scale. A resonates in a very special way,

Singen bewegt sich die Stimme ganz anders, sie öffnet und weitet sich. Der Ton der Stimmgabel ist ein A, und A ist der beste Ton für Gesangsübungen, fürs *Solfeggieren*, um im Fachjargon zu sprechen.

Ein sonniger Frühlingsmorgen in der Wiener Innenstadt, vor dem Hauptportal der ehrwürdigen Otto-Wagner-Postsparkasse, unserem Arbeitsplatz, seit die Uni hier eingezogen ist, seit sich unser Performancestudio hier befindet.
Eine Gruppe wartet auf den Charter-Bus. Ich warte mit, wie schon gesagt, als Ex-Lehrender, Team-Partner, Mitstreiter, Wachhalter, als Freund (und vielleicht als Vater?). Wir reisen nach Krems. Eine Reise mit vielen Begegnungen, eine bewegende Reise. Barbis Ruders Pitch Control wartet auf uns in der Dominikanerkirche, einem anderen ehrwürdigen Ort. Angenehme Leere im Inneren, eine helle, friedliche Stimmung. Wir verteilen uns in der Halle der Kirche, die jetzt für Kunst da ist. Und ein A.
In verschiedenen Ausführungen, verschiedenen Medien zeigt es sich – als Video, als Bild und als Skulptur. Skulptur, die Instrument ist, ein beweglicher Körper für Körper in Bewegung, schaukelnde Architektur.

Im Chor der Kirche aufgestellt, wartet die hölzerne Struktur auf uns, ist bereit, in Bewegung versetzt zu werden, und lädt uns ein, mit ihr zu schaukeln.

Ich bin ergriffen. Eine Raumskulptur, eine Bauform wie ein Kirchendachstuhl, schweres Gebälk, glatt polierte Marmorplatten, auf denen ich ohne Schuhe fast dahinschlittere, um hinzukommen. Endlich: Ich traue mich einzusteigen, raufzuklettern. Nicht allein, sondern mit mehreren anderen, denn nur so bewegt sich das Instrument:

when singing, the voice moves quite differently, it opens and widens. The note of the tuning fork is an A, and A is the best note for singing exercises, for a *solfeggietto*, to speak in expert jargon.

A sunny spring morning in downtown Vienna, in front of the main portal of the venerable Otto Wagner Postal Savings Bank building, our workplace since the university moved in, since our performance studio is located here.
A group is waiting for the charter bus. I am waiting, too – as I mentioned before, as an ex-teacher, team partner, accomplice, someone who keeps you on your toes, as a friend (and maybe as a father?). We travel to Krems. A journey with many encounters, a moving journey. Barbis Ruder's Pitch Control awaits us in the Dominican Church, another venerable place.
Pleasant emptiness inside, a bright peaceful atmosphere. We fan out in the nave of the church, which is now there for art. And an A.
It shows up in different versions, different media – as a video, as a picture, and as a sculpture. A sculpture that is an instrument, a moving body for bodies in motion, rocking architecture.

In the choir of the church, the wooden structure is waiting for us, ready to be set in motion, inviting us to rock with it. I am moved. A spatial sculpture, constructed like a roof truss of a church, heavy beams, smooth polished marble slabs, which I almost slip on without shoes to get there. Finally: I dare to board it, to climb up. Not alone, but with several others, because that's the only way the instrument moves: together, in search of mutual balance, almost in dance, in polyphony.

gemeinsam, im Gegenseitig-Balance-Suchen, fast im Tanz, in Mehrstimmigkeit.
In der Schaukelbewegung wird mir klar: Mit diesem Instrument, mit diesem Metronom, kommt so vieles zusammen, was Barbis Ruder in den Jahren seit der ersten Begegnung für mich ist. Wieder ist es bewegend, die Bewegtheit überträgt sich diesmal aber von vielen auf eines und von einem zurück auf viele, auf uns Schaukelnde. Körper und Material in Resonanz, Zusammenführung, Klang, Takt und nicht zuletzt ein Gefühl der Freude, mit dabei zu sein oder einfach nur zuzuschauen. Die Musik ist nämlich auch für die Augen.
Und nicht zu vergessen: der Humor. Man stelle sich nur vor: ein Kirchendachstuhl, den man beklettern kann, und dann schaukelt er auch noch. Im Altarraum! Holy Shit!

## Ich habe einen Traum

Das Gefühl ist dasselbe wie immer, wenn ich diese Art von Traum träume, die Bilder und Personen sind diesmal aber andere. Das Gefühl: Angst. Die Bilder und Personen: Unangenehme, Unbekannte, aber auch Barbis.

Wie ich seit Langem weiß, ist der Ursprung dieser Träume die Angst, nicht zu genügen, eine Prüfung nicht zu bestehen, nicht hart genug für eine Sache gearbeitet zu haben.
Sie liegt im Dunkel meiner Schulzeit begraben. Matura-Ängste. Peinlich. Die Matura ist längst vorbei, die Ängste bleiben, kehren immer wieder. Gerade vor Eröffnungen, Performances, wichtigen Terminen. Alles Bereiche, die ich mit Barbis Ruder seit Jahren teile.
Und jetzt wird es interessant: In dieser Angststarre meines Traumes begegne ich meiner Freundin, Kollegin, Wachhalterin. Ich kann mich nicht mehr erinnern, ob ich

In the rocking movement, it becomes clear to me: with this instrument, with this metronome, so much comes together that Barbis Ruder has been to me in the years since our first encounter. Once again, it is about movement, but this time it is transferred from the many to one and from one back to the many, to us who are rocking. Body and material in resonance, merging, sound, beat, and last but not least a feeling of joy to be there or just to watch. Music for the eyes, too.
And not to forget the humour. Just imagine: a church roof truss you can climb, and it even rocks. In the choir! Holy shit!

## I have a dream

The feeling is always the same when I dream this kind of dream, but the images and people are different this time. The feeling: fear. The images and people: unpleasant, unknown, but also Barbis.

As I have known for a long time, the origin of these dreams is the fear of not being enough, of not passing a test, of not having worked hard enough for something. It lies buried in the darkness of my school days. High school graduation fears. Embarrassing. High school graduation is long past, the fears remain, return time and again. Especially before openings, performances, important meetings. All of them occasions I have shared with Barbis Ruder over the years.
And now it gets interesting: in this anxiety paralysis of my dream, I meet my friend, colleague, person who keeps me on my toes. I can't remember if I told her much, and if I did, what

ihr viel erzählt habe, oder wenn, dann was. Aber sie weiß, mir muss geholfen werden, und sie hat die Lösung, mehrere Lösungen sogar. Sie gibt mir nämlich einfach ihr Mathematik-Hausaufgabenheft. Da steht alles drinnen.
„Aber Katze! Ich habe doch alle Aufgaben gemacht, komm, schreib sie einfach ab!“

Eröffnungen, Performances, wichtige Termine, das ist Barbis Ruders und mein Alltag, den wir teilen, und der Traum zeigt mir, mit ihr kann ich Pferde und Katzen stehlen, sie hat immer eine Lösung, einfach tun. Die Lösungen stehen schon alle da, in einem Heft, oder sie hängen in der Luft. Ran!
Und das Schönste an dem Traum ist das Erwachen: die Angst und Starre weg, wieder Lachen und Bewegung.
Wie oft haben wir das zusammen schon erlebt, wie oft gibt diese Künstlerin mir und vielen anderen das Werkzeug in die Hand, die Angst anzupacken, aufzuwachen und dabei weiter zu träumen, nur besser.

Wie beim Besteigen des A hat es sich gelohnt, die Aufgaben sind zur Freude geworden, die Angst hat sich in Bewegung transformiert.

## Maß halten, aber mit Tempo

Ein milder Herbstabend in der Transmedialen Kunst, einer unserer Performanceabende. Wieder warte ich mit anderen, diesmal als Lehrender, ein bisschen schon als Freund. Heute: die Performance *vermessen*.

Wir werden von Barbis Ruder und ihren Assistent*innen mit Sportutensilien, Stiften und Messgeräten ausgestattet. Von Beginn an ein sehr schneller Takt. Und los! Laufen! In Bewegung bleiben! Raus aus der Klasse in den nächsten Stock. Vermessen, notieren, weiterlaufen, Schritt halten,

it was. But she knows I need help, and she has the solution, several solutions, in fact. She simply hands me her maths homework book. It's all in there.
"Come on, darling! I've already done all the work, just copy it!"

Openings, performances, important meetings, that's the everyday life Barbis Ruder and I share, and the dream shows me she is game for anything, she always has a solution, just do it. The solutions are already there, in a notebook, or they hang in the air. Go for it!
And the best thing about the dream is waking up: the fear and paralysis gone, laughter and movement again.
How often have we experienced this together, how often has this artist given me and many others the tools to tackle fear, to wake up and continue dreaming, only better.

Just like climbing the A, it was worth it – the tasks have become a pleasure, anxiety transformed into movement.

## Moderation but with speed

A mild autumn evening at the Transmedia Art department, one of our performance evenings. Again, I wait with others, this time as a teacher, a bit already as a friend. Today, the performance *vermessen/measuring*.

Barbis Ruder and her assistants equip us with sports gear, pens, and measuring devices. Everything is clocked. And go! Run! Keep moving! Out of the class and up to the next floor. Measure, note, keep running, keep up, keep in step, at least at your own tempo. Running to calculate the real estate value

im Takt bleiben, wenigstens im eigenen Takt. Laufen, um den Immobilienwert des Hauses zu errechnen, der Uni in diesem Fall. Stockwerk um Stockwerk errennen wir uns die Räume. Jeder zeigt sich anders. Überall eine eigene Atmosphäre, ein anderer Spirit.

Architekturstudierende sind nun mal ruhiger und konzentrierter bei der Arbeit als Maler*innen. Bei den Industriedesigner*innen ist es eben geordneter und straighter als in der Modeklasse. Manche Räume leer. Wird zu Hause gearbeitet, sind die Räume nicht geeignet? Für junge Leute nicht inspirierend? Der Wert des Gebäudes? Wie lässt sich diese Vielfalt bemessen? Wie in Zahlen gießen? Bunt, laut, leer, dreckig, clean. Ganz oben mit Blick auf die Innenstadtdächer, ganz unten in den Werkstätten ohne Fenster. Sogar in den Keller des Altbaus laufen wir. Feuchtes Labyrinth.

Barbis Ruder mit der Trillerpfeife, immer im Takt läuft sie, auch am Stand, wenn sie Anweisungen gibt, erläutert, uns aufmuntert, uns zum Denken und Lachen bringt. Eine Tour de Force! Ich komme fast nicht mit, aber ich muss mitkommen, denn auch ich will den Wert des Gebäudes wissen oder besser: mitbestimmen, jedenfalls nicht zurückbleiben.

Noch nie – und ich gehe seit vielen Jahren in diesem Haus ein und aus – habe ich gesehen, was ich heute gesehen habe. Wie ein rasender Film laufen die Bilder heute noch vor mir ab, und immer noch spüre ich die Lebendigkeit des Ortes, des Raumes, der Zeit. Immer noch habe ich den Takt in mir, das Rennen, den Rhythmus, den Barbis Ruder vorgibt, vorläuft.

Wie Fische im auf- und abwärts strudelnden Fluss, ein agiler Schwarm und der Haifisch mitten unter uns. Das ist ein Wert für sich. Was für eine charmante, heitere und intelligente Art, Bewusstsein für etwas so Ernstes zu schaffen. Mobil durch das Immobile.

of the house, the university in this case. Floor by floor, we run our way through the rooms. Each one is different. Everywhere its own atmosphere, a different spirit.
Clearly, architecture students are calmer and more concentrated at work than painters. With industrial designers, it's more orderly and buttoned-down than in the fashion class. Some rooms are empty. Do people work at home, are the rooms not suitable? Not inspiring for young people? The value of the building? How can this diversity be measured? How to express it in numbers? Colourful, loud, empty, dirty, clean. At the top, with a view over the inner-city roofs; at the bottom, in the workshops without windows. We even rush through the cellar of the old building. A damp labyrinth.
Barbis Ruder tweets the whistle, always running in time, even when standing, when she gives instructions, explains, cheers us up, and makes us think and laugh. A tour de force! I can hardly keep up, but I have to, because I also want to know the value of the building, or better: have a say, in any case not stay behind.
Never before – and I have been walking in and out of this building for many years – have I seen what I saw today. Like a racing film, the images still speeding past me today, and I still feel the vividness of the place, the space, the time. I still have the tempo in me, the race, the pace that Barbis Ruder sets as she runs ahead.
Like fish in the river swirling up and down, an agile shoal, and the shark right amongst us. That's a value in itself. What a charming, serene, and intelligent way to bring awareness to something so serious. Mobile through the immobile.

## „Ich war nicht erzogen, dass ich mich wehrte"*

Ein Schlusswort, aber kein Ende.

Es ist schwierig zu sagen, was man mit einem Text sagen will.
Es ist schwierig zu sagen, was man mit und über Kunst sagen will.
Es ist erst recht schwierig zu sagen, was man über eine Künstlerin sagen will.
Einfacher ist es zu sagen, was man über und für einen Menschen sagen will.
Wenn dieser Mensch eine Begleiterin geworden ist auf einem langen Weg, dann ist das eine besondere Sache.
Ein Text ist für mich ein Weg, und im oben Geschriebenen bin ich ein Stück weit gegangen, vielleicht gelaufen. So gut und schnell ich eben kann. In die Vergangenheit, in die Gegenwart und – weil ich es so will! – auch in die Zukunft.

Bewegung, Freude, Musik, Takt, Humor, Ernst, Körper, Angst, Mut, Lachen, Bilder, Tanz, ein A!

Ich freue mich immer noch, dass nach dem Beginn kein Ende kommt, sondern lange währende Bewegung, Begegnung, Austausch und hoffentlich noch viele wichtige gemeinsame Termine.

*Peter Kozek, Wien im September 2022*

* Fleißer, Marieluise: Moritat vom Institutsfräulein, in: Rühle, Günther (Hrsg.): *Marieluise Fleißer. Gesammelte Werke Bd. 3: Gesammelte Erzählungen*, Frankfurt am Main 1972, S. 33

## "I was raised to obey"*

A closing word but no end.

It is difficult to say what one wants to say with a text.
It is difficult to say what one wants to say with and about art.
It is even more difficult to say what one wants to say about an artist.
It is easier to say what one wants to say about and to a person.
If this person has become a companion on a long path, then that is a special thing.
For me, a text is a path, and in the above written words I have walked, perhaps run, a part of it. As good and fast as I can.
Into the past, into the present, and – because I wish for it! – also into the future.

Movement, joy, music, tempo, humour, serious, body, fear, courage, laughter, images, dance, an A!

I'm still happy that after the beginning there is no end, just long-lasting movement, encounter, exchange, and hopefully many more important meetings together.

*Peter Kozek, Vienna in September 2022*

* Marieluise Fleisser, "Ballad of the Young Lady from a Catholic School," 1928.

Einführung

Introduction

## Madeleine Frey
## WERK – ZYKLUS – KÖRPER

## Madeleine Frey
## WORK – CYCLE – BODY

Die Werkübersicht *Barbis Ruder. Werk – Zyklus – Körper* der Jahre 2010 bis 2021 gibt einen Überblick über das bisherige Schaffen der Performance- und Medienkünstlerin Barbis Ruder (*1984 in Heidelberg, lebt und arbeitet in Wien). In ihrer Arbeit bildet der Körper – als organisches und psychisches Wesen – den Ausgangspunkt aller Überlegungen. Dabei steht er immer im Bezug zu anderen Protagonist*innen: dem Raum, der Architektur oder der Handlung. Denn in diesen Beziehungen entfaltet er seine Potenziale und erfährt seine Begrenztheit. Die Arbeiten sind häufig als Zyklus angelegt, der sich organisch im analogen oder auch digitalen Raum weiterentwickelt. Dabei nutzt die Künstlerin verschiedene Medien: Zeichnungen, die oftmals Studien zu den skulpturalen Arbeiten sind, Videos und Performances. Durch diese Medienvielfalt schafft sie eine Offenheit in ihrem Werk und ermöglicht eine kontinuierliche Werkerweiterung. Der Zyklus referiert nicht nur zufällig auf die Mehrdeutigkeit dieses Begriffs und beinhaltet die zwei Hauptuntersuchungsgegenstände von Barbis Ruder: die Zuschreibung von Weiblichkeit in ihrer gesellschaftlichen Rolle und die Gesetzmäßigkeiten des Kapitalismus, der sich in Konjunkturzyklen ausdrückt und dessen Existenzform durch das Patriarchat abgesichert ist. Dabei fordert die Künstlerin ihr Publikum auf, das teilweise auch als ausführende Einheit miteinbezogen wird, sich durch Selbstreflexion, Selbstermächtigung, Perspektivenwechsel und das Eingeständnis von Ambivalenzen dem digitalen und analogen Leben des 21. Jahrhunderts zu stellen. Die von ihr bearbeiteten Themen und Fragestellungen wirken wie ein Katalysator auf die Lebenswirklichkeit, und doch ergänzt sie diese manchmal kaum erträgliche Situation durch Humor, der die Sachlage wiederum relativiert. Durch Überspitzung, Wortwitz und körperliche Aktionen drückt sie in ihren Performances und Videos die Lebensrealitäten von Frauen in einer von Patriarchat und Konsumkultur geprägten Welt aus.

In den *Frühen Arbeiten* → S. 9–63 erprobt die Künstlerin Mittel, in denen sie sich zunächst durch Selbstversuche und Versuchsanordnungen in ein

Spanning the years 2010 to 2021, the publication *Barbis Ruder. Work – Cycle – Body* provides insights into the oeuvre of performance and media artist Barbis Ruder (born 1984 in Heidelberg, lives and works in Vienna). In her practice, the body, as an organic and psychic entity, forms the starting point of all explorations. It is always placed in relation to other protagonists, the space, the architecture, or the action. For only in such constellations can it unfold its full capabilities and experience its limitations. Ruder's works are often conceived as a cycle that develops organically, in analogue or digital space. The artist employs various media: drawings, for instance, serve as studies prior to the sculptural works, videos, and performances. This technique opens her work to recipients and allows it to expand. The use of the term cycle is not by chance a play of ambiguity and contrains two of Ruder's key objects of investigation: the attribution of femininity in its social role and the logics of capitalism, which find expression in business cycles and are safeguarded by patriarchy. The artist challenges her audiences, who are often involved as a performing entity, to face up to digital and analogue life in the twenty-first century through self-reflection, self-empowerment, a change of perspective, and acknowledging ambivalences. The topics and issues she examines catalyse the realities of life, yet at times she complements this hardly bearable situation with humour, which in turn puts the state of affairs into perspective. Through exaggeration, wordplay, and physical actions in her performances and videos, she mirrors the realities of women's lives in a world shaped by patriarchy and consumer culture.

In *Early Works* → pp. 10–63, Ruder explores different modes of self-experimentation and test settings by – initially – attempting to fit into the system of norms dictated by capitalism. Because economic trade is made possible in the first place by agreeing upon shared rules within an economic system and charging them with symbolic meaning. In this case, the object of trade is the female body – whether it should be pressed into a standard square, such as *Body Square Index* → p. 34 or *DIN A8 Square* → p. 42, or is

Normsystem einzufügen versucht, das der Kapitalismus vorgibt. Indem sich die Wirtschaftsordnung auf gemeinsame Regeln verständigt und diese mit Symbolhaftigkeit auflädt, wird wirtschaftliches Handeln überhaupt erst ermöglicht. Handelsobjekt ist in diesem Fall der weibliche Körper – ob er nun in den frühen Arbeiten in ein Normquadrat zu pressen versucht wird, *Body Square Index* → S. 34 oder *DIN A8 Quadrat* → S. 42, oder sich selbst in dem Werkzyklus *Pimpette* → S. 22 als käufliches Objekt anbietet. Es geht darum auszuloten, inwieweit der Körper, der immer mit der Psyche verbunden ist, sich als Objekt und nicht mehr als Subjekt vermarkten lässt. Obgleich die von Barbis Ruder gewählten Themen stets mit einer gewissen Selbstaufgabe zu tun haben, nutzt sie die Parodie, um Rollenmuster zu entlarven. Die Werktitel oder Referenzen, auf die sich Barbis Ruder bezieht, enthalten Wortwitz, der die Betrachtenden zum Schmunzeln bringt und darüber nachdenken lässt, warum Analogien, die manchmal auch Ambivalenzen in sich tragen, oft in zwei völlig verschiedene Richtungen gedacht werden können.

In der Werkreihe *Wertschöpfungskette* → S. 65 geht es abermals um ökonomische Verhältnisse. Prekäre Lebensumstände von Kunstschaffenden, der Kunstbetrieb mit seinen ungeschriebenen Gesetzen oder das Wirtschaftssystem, dessen Regeln wir alle ausgesetzt sind, werden hier durch Performances für ein Publikum greifbar gemacht. Dabei sind die einzelnen Aktionen vom Individuum zum Kollektiv gedacht. In der *Wertschöpfungskette* führt Barbis Ruder die einzelnen Aktionen zunächst selbst aus. Diese verselbstständigen sich dann, indem weitere Performende hinzukommen und das Publikum miteinbezogen wird. Diese Entwicklung wird auch in *ART WORK OUT* → S. 113 fortgesetzt. In den Aktionen dieser Werkreihe *verspannen* → S. 131 und *verbiegen* → S. 139 werden Emanzipationstendenzen in Hinblick auf die Lebenswirklichkeit von Frauen hinterfragt. Einerseits wird die Emanzipation der Frau in weiten Teilen der Gesellschaft als wichtiges Ziel anerkannt, andererseits wurden und werden viele Mädchen mit dem Narrativ der schwachen, hilfsbedürftigen Frau erzogen, die dem Mann durch ein

offered for purchase in the work cycle *Pimpette* → p. 22. To what extent can the body, which is always linked to the psyche, be marketed as an object and no longer as a subject? Even though Barbis Ruder's topics of choice are always permeated with a certain degree of self-abandonment, already her early works employ parody as an important device to unmask specific role patterns. The work titles or the references she makes are often wordplays that incite recipients to smile and ponder why some analogies, which at times bear ambivalences too, can often be spun further in two completely different directions.

The work series *Value-Added Chain* → p. 66 deals with economic relationships once again. The precarious living conditions of artists, the unwritten laws of the art industry, or the economic system whose rules we are all subject to become tangible for the audience in her performances. Each action intends to draw a connection from the individual to the collective. The *Value-Added Chain* series comprises individual actions initially performed by Ruder herself, which take on a character of their own as other performers join in and the audience is included. This trajectory is maintained in *ART WORK OUT* → p. 114. The pieces *verspannen/tensing* → p. 131 and *verbiegen/bending* → p. 139 from this work series call into question current emancipatory tendencies in view of the reality of women's lives. On the one hand, female emancipation is recognised as an important goal in large parts of society; on the other, many girls were and are still raised with the narrative of the weak, needy woman who must please men with her attractive appearance and by offering domestic care. For the mainstream still posits the man in the provider role and the woman as the one who performs care work. This narrative is so entrenched in the psyche of many women that it can only be surmounted through great effort. Ideally, this overcoming leads to women's self-empowerment. Barbis Ruder picks up this strand and weaves it into her works, often in the form of physical actions, which she relates to the yoga practice. *DOWN DOG IN LIMBO* → p. 152, for instance, plays with the tension between absolute dependency and simultaneous stability, which

attraktives äußerliches Erscheinungsbild und ein Anbieten von häuslicher Fürsorge gefallen muss. Denn nach wie vor sind der Mann als Versorger und die Frau als diejenige, die die Care-Arbeit leistet, im Mainstream verortet. Dieses Narrativ sitzt in der Psyche vieler Frauen so fest, dass es nur durch eine große Anstrengung überwunden werden kann. Diese Überwindung führt im Idealfall zur Selbstermächtigung der Frau. Immer wieder greift Barbis Ruder diesen Strang auf und verwebt ihn in ihren Arbeiten. Dies drückt sie meist durch körperliche Handlungen aus, die sie oftmals mit der Yoga-Praxis in Verbindung bringt. So spielt sie in der Arbeit *DOWN DOG IN LIMBO* → S. 151 mit der Herausforderung zwischen absoluter Abhängigkeit bei gleichzeitiger Stabilität, die Sicherheit verspricht. Sicherheit ist für viele Menschen ein erstrebenswertes Ziel, da Veränderung und Unabhängigkeit immer mit Instabilität und somit mit Zukunftsängsten einhergehen. Diese Stabilität wird in dieser Arbeit erstmals durch eine Orthesenkonstruktion versinnbildlicht. Während in den frühen Arbeiten allein der Körper das Medium war, wird er nun durch medizinische Hilfsmittel erweitert. Dieses Hilfsinstrument wird in der Arbeit *Mundstücke* → S. 199 ebenfalls aufgegriffen. Mit *Mundstücke* beginnt außerdem eine Werkentwicklung, die sich in Form der Haltung erweitert. In ihren früheren Arbeiten beschreibt und hinterfragt die Künstlerin das Narrativ von Weiblichkeit in einer patriarchal bestimmten Welt. In den darauffolgenden Arbeiten beginnt sie diese Strukturen nicht nur zu benennen, sondern auch zu reflektieren und sich davon zu emanzipieren. Denn letztendlich ist es eine Frage der Haltung, wie man beziehungsweise frau mit den gesellschaftlichen Narrativen von männlich eingeforderter Weiblichkeit umgeht. Beugt man sich dem patriarchalen System und erhält dafür Schutz und Stabilität, oder entwickelt man eine Haltung, die Emanzipation ermöglicht und das anerzogene Narrativ hinter sich lässt? Dafür bedarf es der Überwindung von Ängsten, womit eine Neudefinition und -ausrichtung des eigenen Seins einhergehen. Dass dies kein einfaches Unterfangen ist, kommt in den Arbeiten *Mundstücke* und auch *Lean*

provides security. For many people, security is a worthwhile goal, for change and independence always go hand-in-hand with instability and thus with anxieties about the future. In this work, stability is represented for the first time with an orthotic construction. While the medium in earlier works was solely the body, it is now augmented by medical extensions. These auxiliary tools are also called upon in the project *Mouthpieces* → p. 200. Its contents mark the beginning of a development that unfurls on the level of attitude. Although Ruder started out describing and scrutinising the narrative of femininity in a world informed by patriarchy, in her subsequent works she increasingly not only names but also interrogates and emancipates herself from these structures. Dealing with social narratives grounded in a male conception of femininity is ultimately a question of attitude. Does one submit to the patriarchal system and obtain protection and stability in return, or develop an attitude that facilitates emancipation and sweeps the inherited narrative to the sidelines? This stance demands surmounting fears, and thus an inevitable redefinition and reorientation of the self. The works in *Mouthpieces* as well as *Lean In* → p. 324 clearly illustrate that this is no simple undertaking: the body must endure extreme stress in order to achieve the desired goal, whereas the psyche plays a vital role in mobilising an unconditional willingness to unlock this new, liberated state. In *Touchpoint* → p. 310, on the other hand, which falls chronologically between *Mouthpieces* and *Lean In*, Ruder pursues an approach to attitude in a research-based project situated in the field of politics. Here, attitude becomes opinion. This opinion is translated into policy, which subsequently has a tangible impact on people.

In the stage plays *Barbis in Babeland* → p. 168, *YOU* → p. 222, and the permanently fluctuating analogue and digital project *INFLUENCA* → p. 256, Barbis Ruder sets out on a quest for aspects of feminism in the twenty-first century. In these pieces, she poses questions about self-fulfilment, letting go, emancipation, and the persistent need for protection, security, and stability as promised by patriarchy

*In* → S. 323 deutlich zum Ausdruck. Denn hier muss der Körper durch extreme Belastungen hindurch, um das gewünschte Ziel zu erreichen. Dabei spielt die Psyche eine wichtige Rolle, denn nur durch das unbedingte Wollen kann der neue, befreite Zustand erreicht werden. In der Arbeit *Touchpoint* → S. 309, die zeitlich gesehen zwischen *Mundstücke* und *Lean In* liegt, verfolgt Barbis Ruder einen Ansatz zur Haltung in einem forschenden Projekt, das sie im Feld der Politik verortet. Denn hier wird aus Haltung Meinung. Diese Meinung wird in Politik umgesetzt, die in der Folge spürbare Auswirkungen auf die Menschen hat.

In den Bühnenstücken *Barbis in Babeland* → S. 167, *DU* → S. 221 und dem ständig mäandernden analogen und digitalen Projekt *INFLUENCA* → S. 255 begibt sich Barbis Ruder auf die Spurensuche nach Themen des Feminismus im 21. Jahrhundert. Sie stellt darin Fragen nach Selbstverwirklichung, Loslassen, Emanzipation und dem nach wie vor anhaltenden Bedürfnis nach Schutz, Sicherheit und Stabilität, die das Patriarchat verspricht, sofern man sich als Frau seinen Regeln beugt. Gerade der Werkzyklus *INFLUENCA* referiert auf die ökonomisierte Selbstdarstellung in den sozialen Medien und das Kapitalismusversprechen, durch Einhaltung der ökonomischen Regeln erfolgreich zu sein. Dabei verändert sich das Individuum als Eigenmarke so sehr, dass am Ende nur das Produkt bleibt, das aus den Erwartungen der sogenannten Follower*innen hervorgeht. Jedes Mittel ist recht, um Beachtung und somit auch Berühmtheit zu erlangen, denn Aufmerksamkeit und Likes sind in den sozialen Medien die Währung und das vermeintliche Glück. Die Theorie der Aufmerksamkeitsökonomie wird auf die Spitze getrieben, um selbst an der Spitze der Aufmerksamkeit zu stehen. Da dieses Phänomen des 21. Jahrhunderts sich nach wie vor in einem undefinierten, digitalen Raum befindet, ist auch dieser Werkzyklus, der aktuelle Tendenzen aufgreift, ständig erweiter- und veränderbar.

Die Arbeit von Barbis Ruder ist ein Spiegelbild der weiblichen Seele, die sich nach Emanzipation sehnt und dem Feminismus von Simone de Beauvoir

– provided one bows to its rules as a woman. The work cycle *INFLUENCA*, in particular, invokes the economy of self-representation in social media and the capitalist notion of success as the result of adhering to economic rules. In the process, the individual transforms into a brand of its own, to such an extent that all that remains is the product engendered by the expectations of so-called followers. All means are justified to gain attention and thereby rise to fame, for in social media, attention and likes are the currency of supposed happiness. Attention economy is taken to extremes to climb to the pinnacle of attention itself. As this phenomenon of the twenty-first century still resides largely in a somewhat undefined digital space, this cycle of works is perpetually expandable and variable in keeping with current trends.

Barbis Ruder's work is a mirror of the female soul, which longs for emancipation and embraces the feminism of Simone de Beauvoir. Even though de Beauvoir's theory has often been met with criticism over time or was further developed and supplemented by theorists such as Judith Butler, de Beauvoir describes a very essential aspect of femininity, namely that of attributes. Ruder explores her famous quote "One is not born, but rather becomes, a woman"[1] in manifold aspects of her work, and yet has repeatedly run into limits, too. For our collective memory, our upbringing, and the propagated mainstream image of women in the twenty-first century must be renegotiated anew and on a personal level, despite all past efforts towards emancipation. This lifelong task is firmly anchored in the work of Barbis Ruder as an ongoing investigation that diligently accounts for contemporary trends and debates in society.

anhängt. Wenngleich Beauvoirs Theorie im Laufe der Zeit oft kritisiert oder auch von Theoretikerinnen wie Judith Butler weiterentwickelt und ergänzt wurde, so beschreibt Beauvoir doch einen ganz essenziellen Aspekt von Weiblichkeit, nämlich den der Zuschreibung. Das berühmte Zitat „Man kommt nicht als Frau zur Welt, man wird es“[1] untersucht Barbis Ruder in vielfältigen Aspekten ihrer Arbeit und stößt dabei doch auch immer wieder an Grenzen. Denn unser kollektives Gedächtnis, unsere Erziehung und der propagierte Mainstream in Bezug auf das Frauenbild im 21. Jahrhundert müssen trotz aller Emanzipationsbemühungen neu und individuell verhandelt werden. Das kann eine Lebensaufgabe sein, die im Werk von Barbis Ruder fest verankert ist und deren Fragestellungen unter Hinzuziehung aktueller gesellschaftlicher Tendenzen und Debatten stets neu berücksichtigt werden.

1 Simone de Beauvoir: *Das andere Geschlecht – Sitte und Sexus der Frau*, Rowohlt, Hamburg 2021, S. 334

1 Simone de Beauvoir, *The Second Sex*, trans. and ed. H. M. Parshley (New York: Vintage Books Edition, 1974), 301.

# Frühe Arbeiten

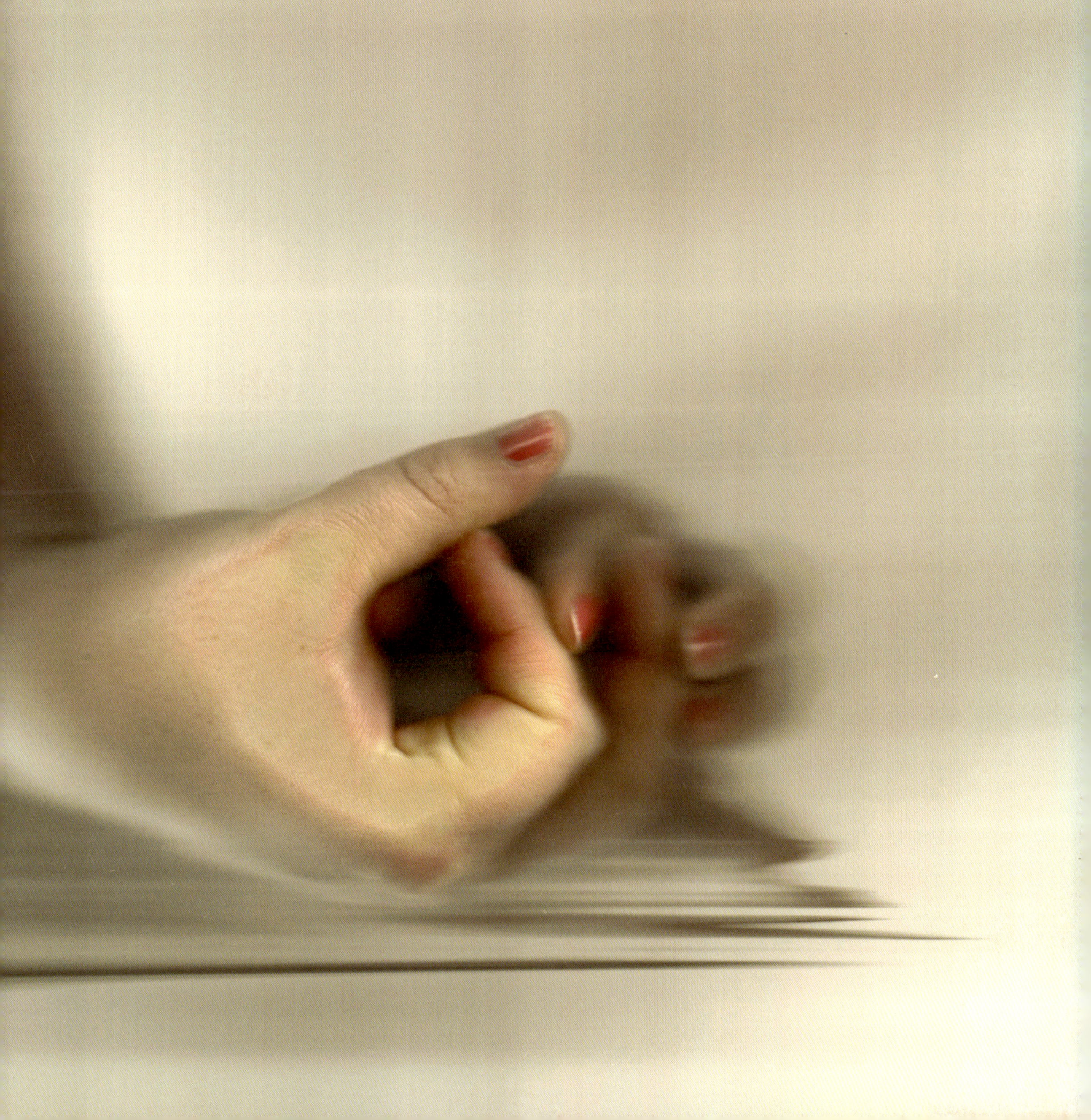

# Early Works

In ihren frühen Arbeiten setzt sich Barbis Ruder mit den Machbarkeiten des eigenen Körpers und seinen Grenzen auseinander. Die Begriffe Norm, Körper und Wert sind dabei zentral und finden sich in allen Arbeiten und Werkzyklen wieder. In der digitalen Vorstudie *Body Square Index*, die in der skulpturalen Arbeit *DIN A8 Quadrat* aufgeht, untersucht sie die Standardisierung von Norm-Versprechen. Den Körper und seinen zugeschriebenen Wert sowie die prekären Lebensverhältnisse von Kunstschaffenden und die daraus resultierenden Folgen übersetzt sie in ihrer ersten Performance-Gruppe *date-an-artist* mit der Installation *Club Mindfuck*. In der Werkreihe *Pimpette* verarbeitet die Künstlerin dann als einzelne Akteurin die aus diesen Studien gewonnenen Erkenntnisse und Resultate in eine performative Installation, in der es um die gegenseitige Abhängigkeit und Ausbeutung von Individuen sowohl im ökonomischen als auch psychologischen Sinne geht. In der ersten Bühnenperformance, *Air*, beginnt sie, Aktionen mit dem und Reaktionen auf den Körper zu analysieren. Das Zusammenspiel von Abhängigkeiten und körperlicher Interaktion findet sich in der Arbeit *binge-dating* in negativer Form, in der Duoperformance *Happy Together* wird aus einer Symbiose ein musikalisches Zusammenspiel. Mit einer Parodie reagiert die immersive Performance *MA MK: Magistratsabteilung für Männerkultur* auf die Abhängigkeit und Intransparenz von Behörden. In einem Setting, das einer bigotten Behörde nachempfunden ist, werden die Teilnehmenden einem sinnlosen Warten ausgesetzt, das schließlich in einer humorvollen Offenbarung des männlichen Geschlechts endet.

Die einzelnen Arbeiten und Werkreihen bestehen aus Performances und Videoarbeiten, die jeweils entweder als eigenständige Arbeit funktionieren oder als Dokumentation der Performance damit einhergehen. Im Rahmen der Performance werden Objekte hinzugezogen, die dann in einer anderen Ausstellungssituation als skulpturale Einheit gezeigt werden und so die ephemere Aktion dauerhaft repräsentieren.

In her early works, Barbis Ruder dealt with the capabilities of her own body and its limits. Deliberations on norms, body, and value are integral and can be found in all of her works and work cycles. In the digital preliminary study *Body Square Index*, which evolved into the sculptural work *DIN A8 Square*, she investigated the standardisation underlying norm promises. Together with her first performance group *date-an-artist*, she devised the installation *Club Mindfuck*, which thematised the body and its ascribed value as well as the precarious living conditions of artists. In the work series *Pimpette*, the artist went on to process the insights and results attained from these studies, now as a solo protagonist, in the framework of a performative installation that explores the interdependence and exploitation of individuals on both an economic and psychological level. In her first stage performance *Air*, she began to analyse actions with and reactions to the body. The interplay of dependencies and physical interaction takes on a more negative form in the work *binge-dating*, while in the duo performance *Happy Together*, a symbiosis turns into a musical communion. With a parody, the immersive performance *MD MC: Municipal Department for Male Culture* reacts to the dependency and intransparency of authorities. In a setting modelled on a bigoted authority, participants are subjected to a pointless wait that ultimately ends in the that ultimately ends in the male genitals being humorously exposed.

The individual works and work series consist of performances and video works, the latter serving either as an independent work or as an accompanying documentation of the performance. Objects employed in the context of the performance are then displayed in an exhibition situation as sculptural elements, concrete artefacts that preserve the ephemeral action.

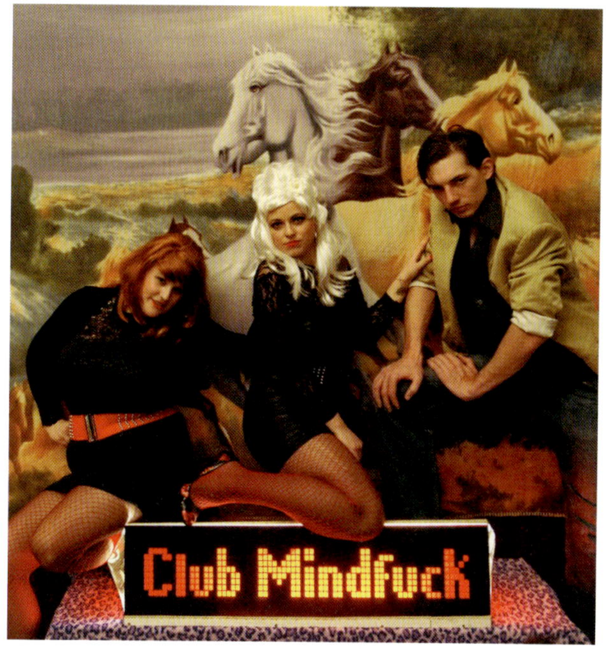


## date-an-artist

Performancegruppe mit
drei Performenden, 2010–2011

Die Performancegruppe *date-an-artist* untersucht das Spannungsfeld zwischen ideellen Werten und ökonomischer Notwendigkeit und nutzt beispielhaft das Thema Prostitution. Damit wird eine Analogie zum prekären Leben der Kunstschaffenden hergestellt, die sich oftmals im übertragenen Sinne prostituieren müssen, um ein Einkommen zu generieren, das ihren Lebensunterhalt finanziert. In den Performances erproben und suchen die Künstler*innen Möglichkeiten der Monetarisierung von kreativem Schaffen.

## date-an-artist

Performance group with
three performers, 2010–2011

The performance group *date-an-artist* investigates the frictions between intrinsic ideals and economic necessities, calling upon the subject of prostitution as an example. An analogy is drawn to the precarious life of artists, who often have to prostitute themselves, as it were, to generate an income that sustains their livelihood. In the performances, the artists test and search for possibilities to monetarise creative work.

**Club Mindfuck** Die in der Performancegruppe *date-an-artist* erprobten Mittel finden schließlich in der Performance *Club Mindfuck* ihre künstlerische Umsetzung. Im Setting eines Rotlicht-Etablissements werden den Besucher*innen in privaten Kabinen Interaktionen mit Kunstperformances angeboten. Dabei kann ein Zeitfenster von zehn Minuten mit einem oder einer Kunstschaffenden gebucht werden. Für dieses Date muss die oder der jeweilige Teilnehmende einen selbst bestimmten Preis bezahlen, allerdings ohne zu wissen, was sie oder ihn in der Kabine erwartet und welche Art von Dienstleistung von dem oder der Künstler*in geboten wird. Durch die Performenden wird ein Service angeboten, der Fragen nach der Verfügbarkeit von Kunst aufwirft und die Ausbeutung von Kunstschaffenden exemplarisch darstellt.

Immersive Installation,
vier Performances
mit 30 Performenden,
132:00 min, 2010–2011

**Club Mindfuck** The methodologies tested with the performance group *date-an-artist* flow into an artistic implementation in the performance *Club Mindfuck*. In the setting of a red-light establishment, visitors are invited to become involved in art performances in private cabins. A time slot of ten minutes can be booked with one of the artists. For this date, the respective participant must pay a self-determined price, but without knowing what awaits him or her in the booth or what kind of service is being offered by the artist. The performers bestow a service that raises questions about the access to art and exemplifies the exploitation of artists.

Immersive installation,
four performances
with 30 performers,
132:00 min, 2010–2011

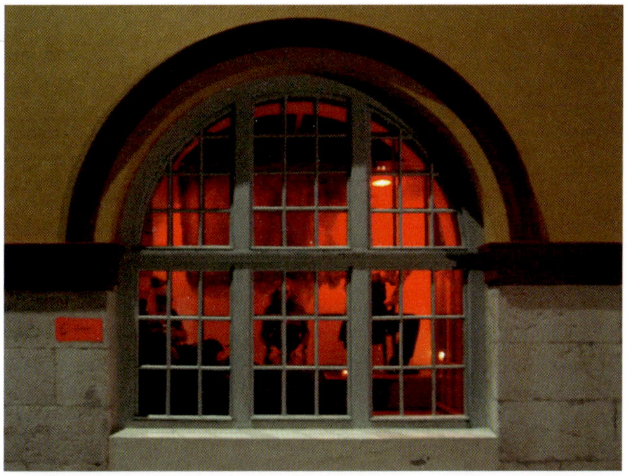

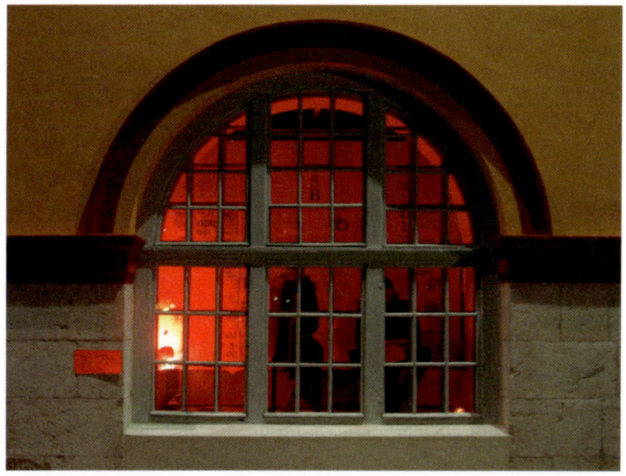

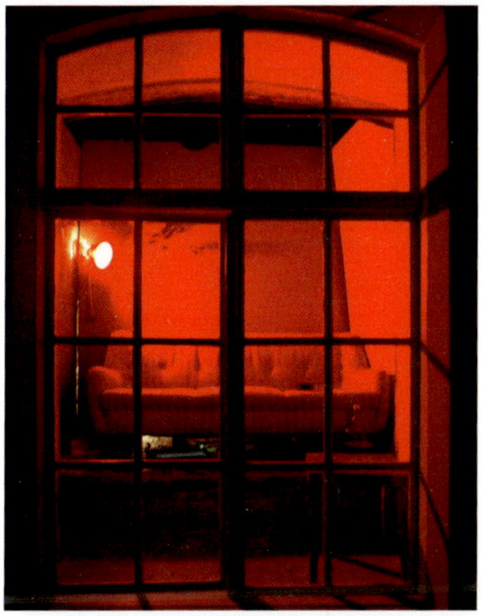

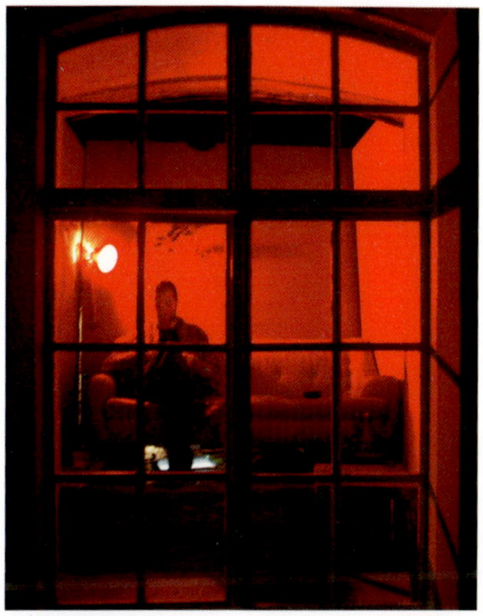

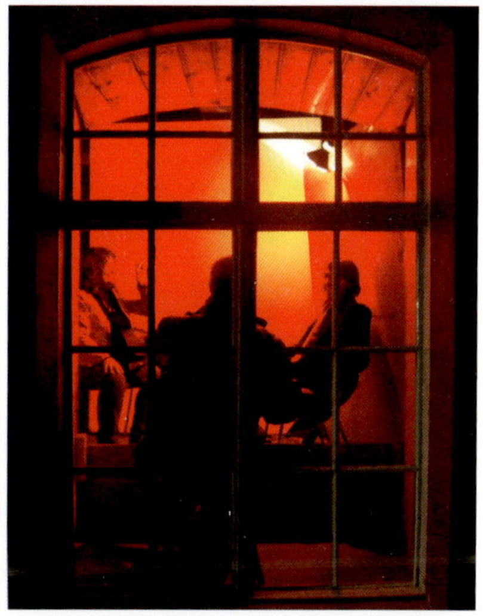

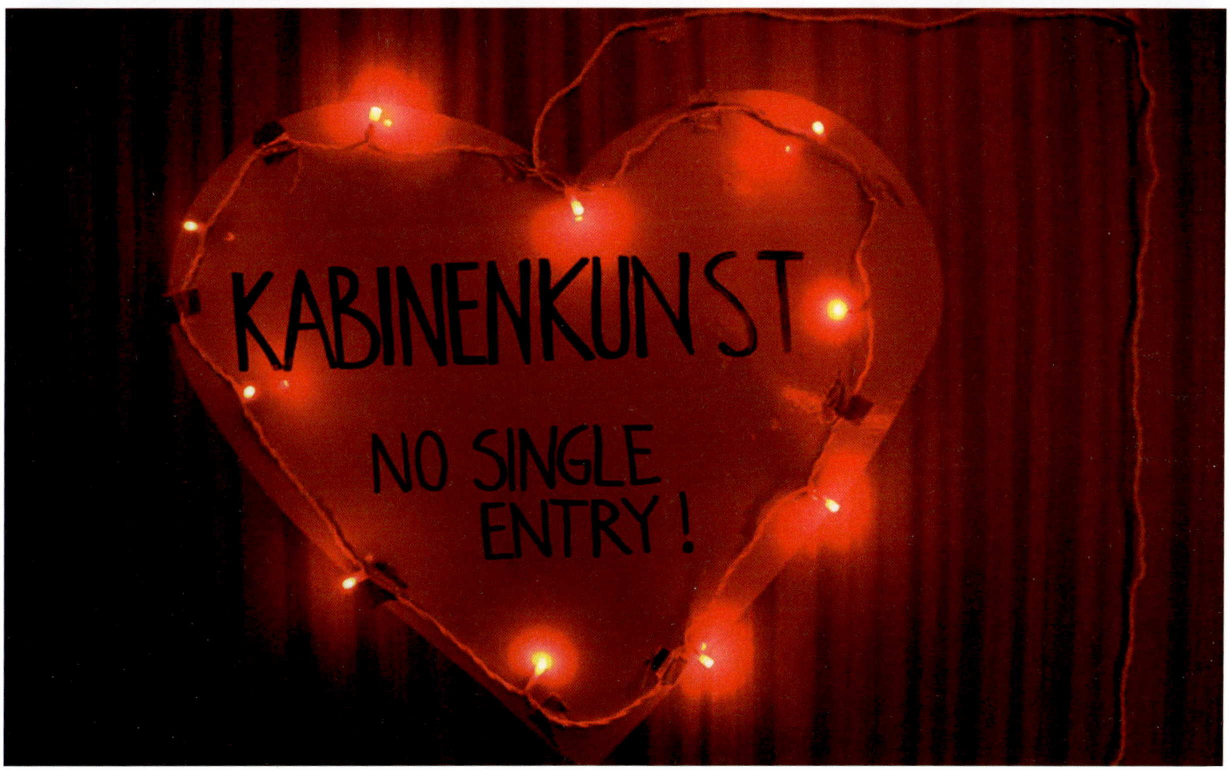
KABINENKUNST
NO SINGLE
ENTRY !

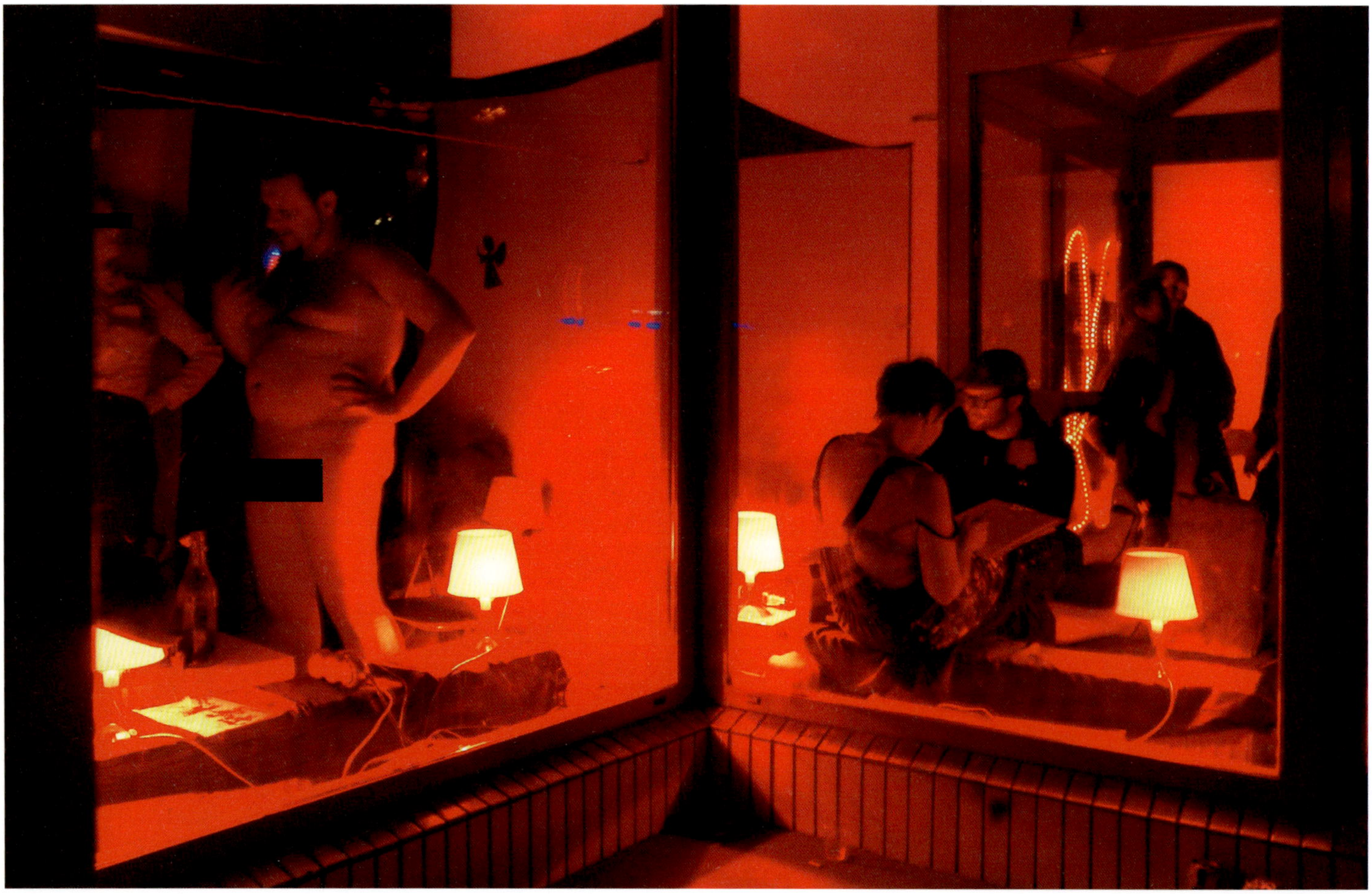

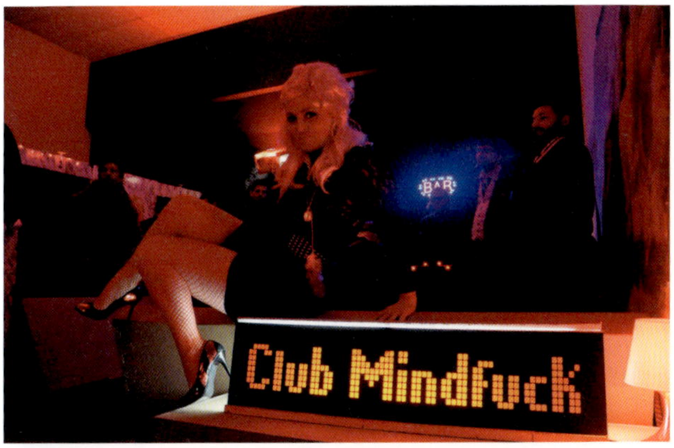
Club Mindfuck

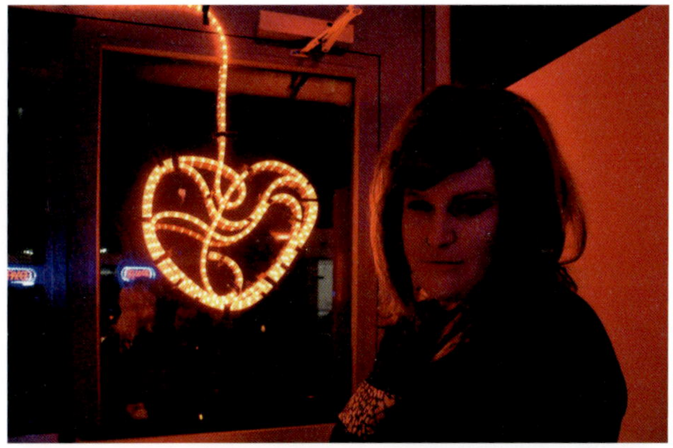

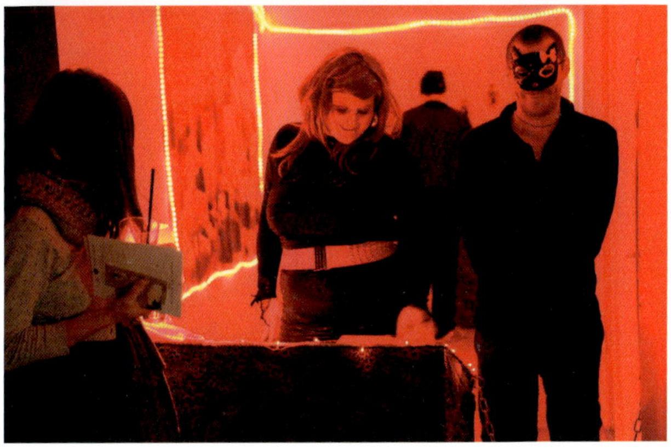

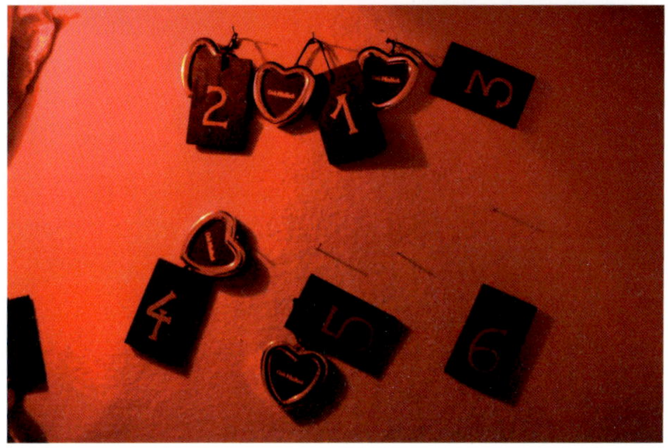
2
1
3
4
5
6

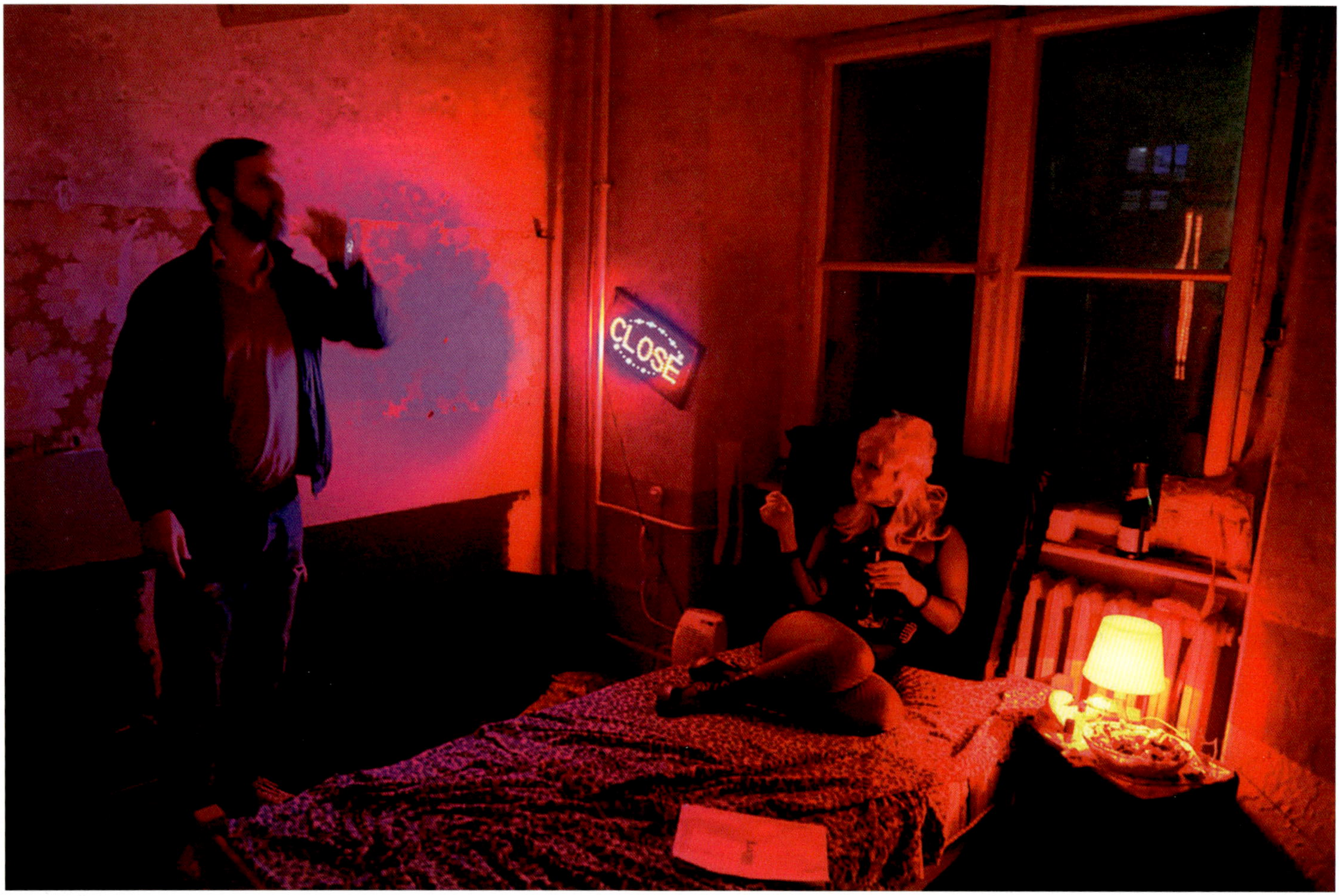
CLOSE

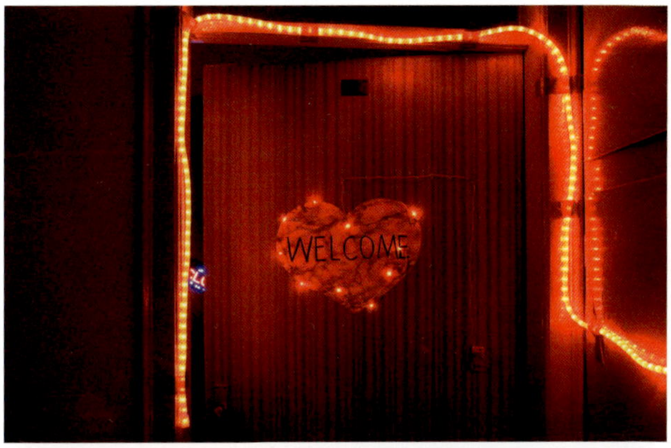
WELCOME

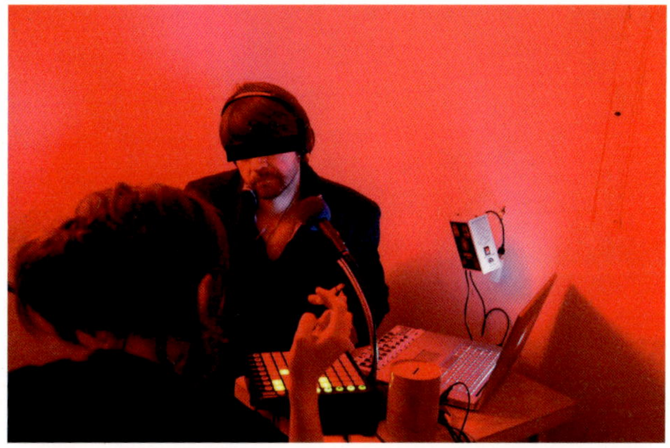

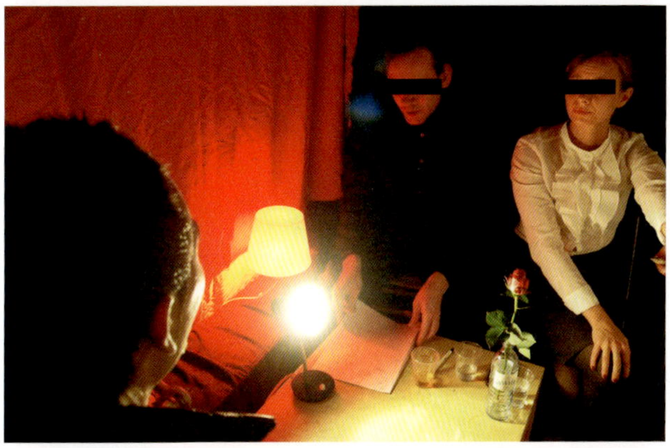

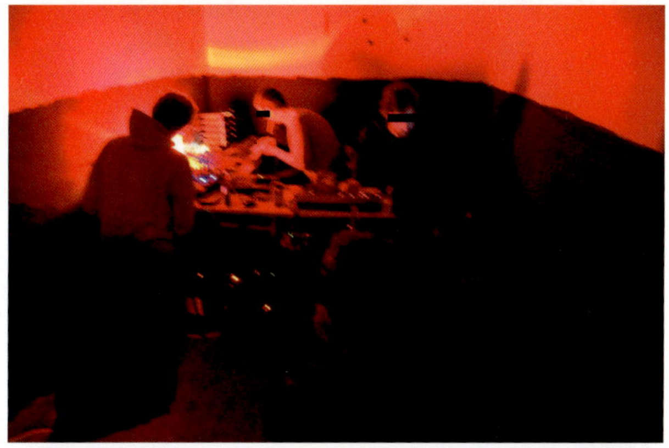

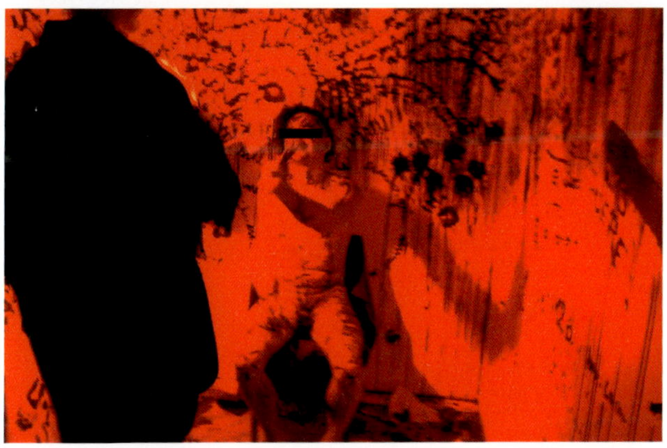

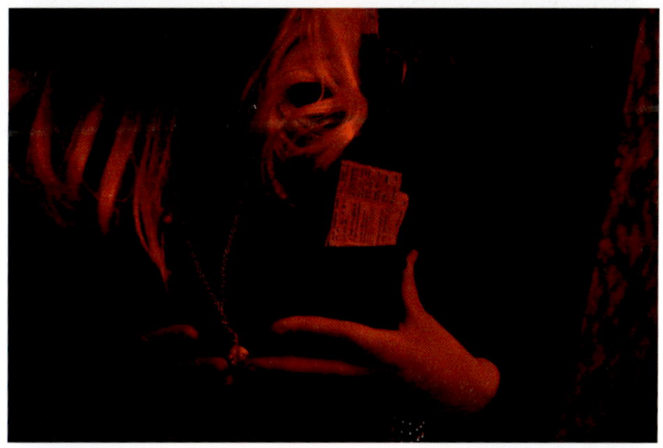

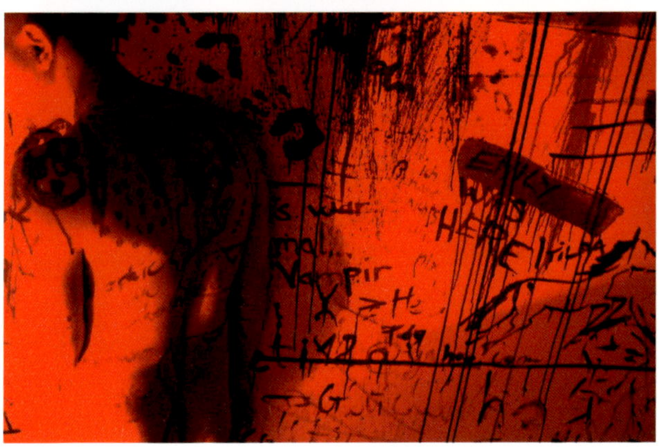

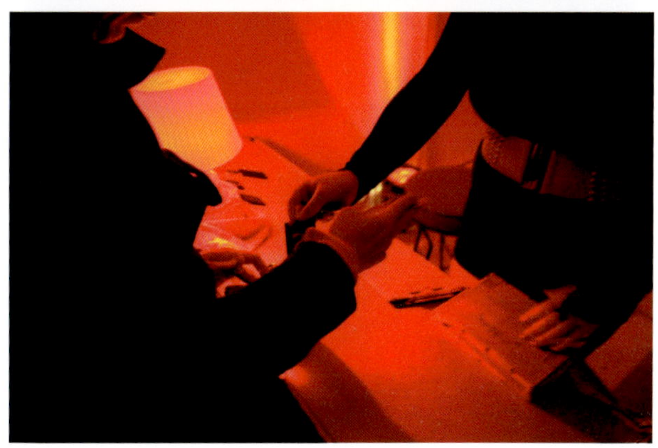

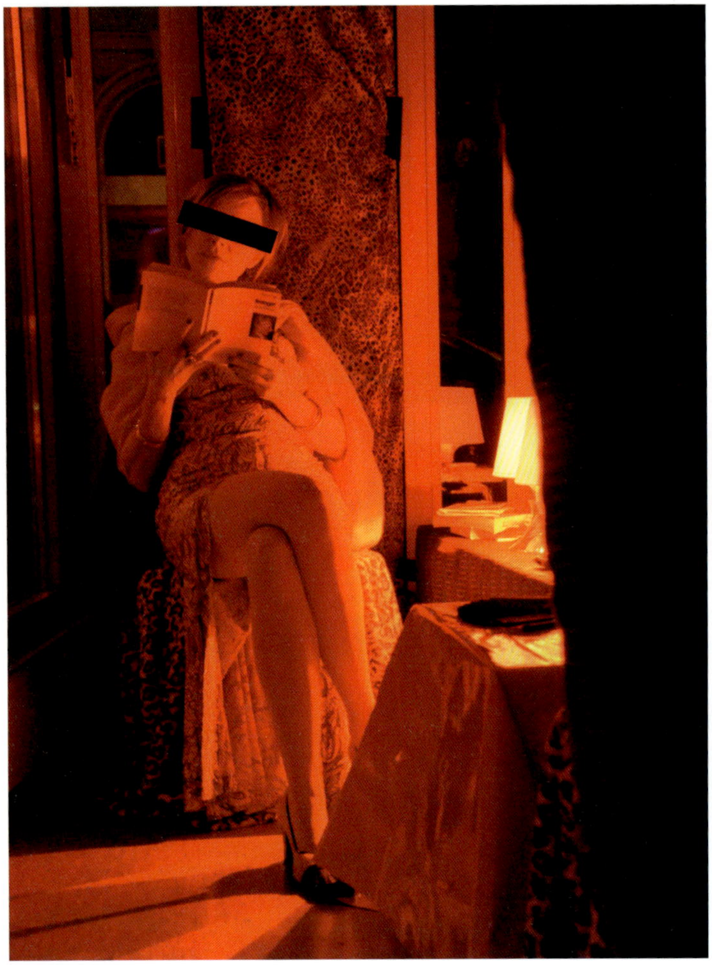

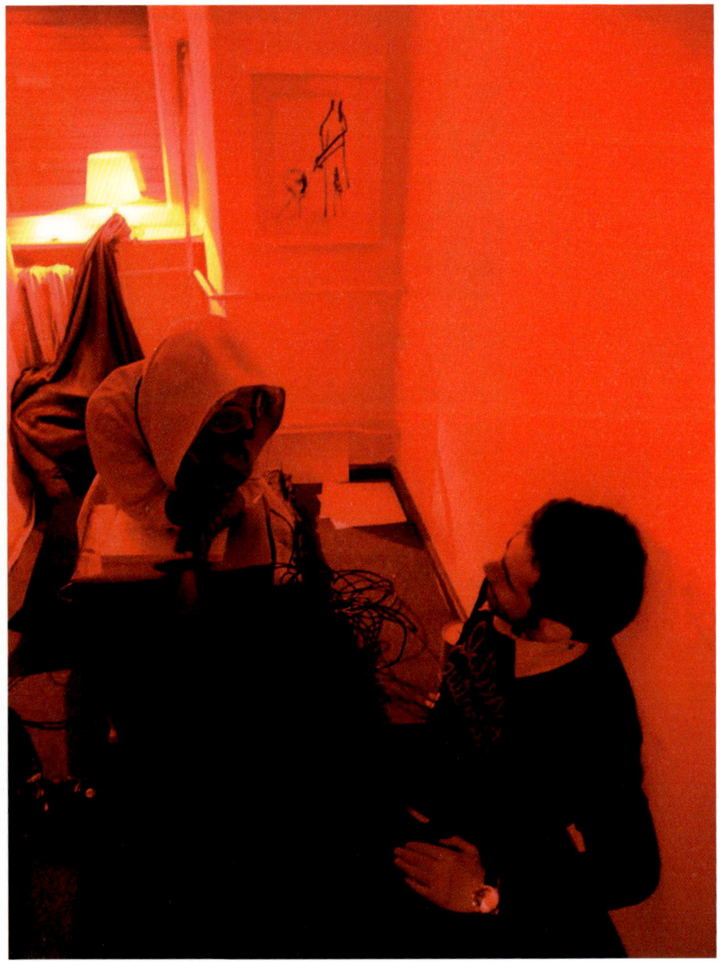

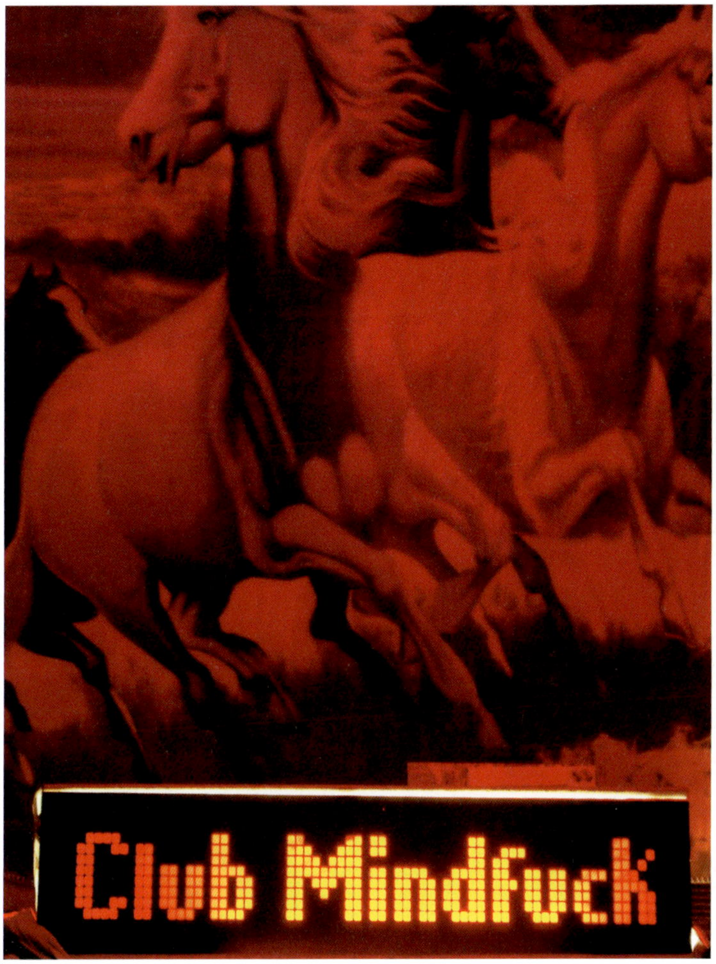
Club Mindfuck

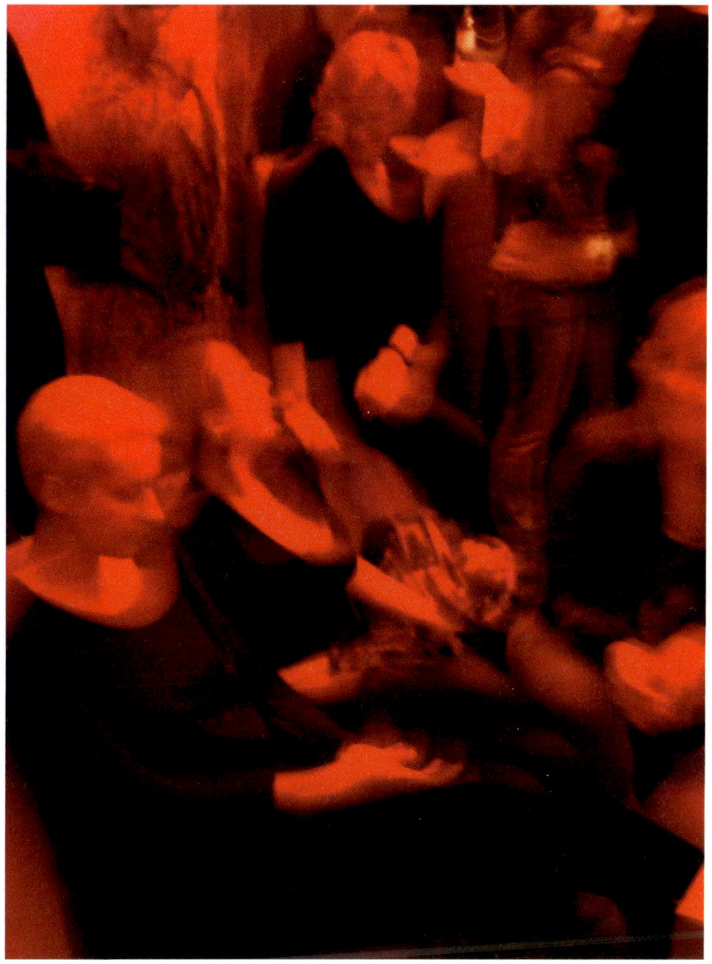

**Pimpette** In der gleichnamigen Werkserie übernimmt die Zuhälterin Pimpette die Aufgabe der Ausbeutung und schafft dadurch Abhängigkeiten, die wie das Stockholm-Syndrom nicht etwa zu Ablehnung der Zuhälterei, sondern zu deren Akzeptanz führen. Durch vier Archetypen, die an die Figuren aus Arthur Schnitzlers Prostitutionsszene der Novelle „Spiel im Morgengrauen", der „Venus im Pelz" von Leopold Sacher-Masoch und an die Sado-Masochismus-Analyse von Gilles Deleuze angelehnt sind, werden verschiedene Dienstleistungen angeboten. Diese können sowohl Liebesdienste als auch Schmerzerlebnisse beinhalten und sind als kuratierte Prostitution zu verstehen. Dabei geht es um Liebesideale, die auf die Schriften der genannten Autoren rekurrieren. Die Szenerie dieses Werkkomplexes befindet sich im Arthur Schnitzler Park in Baden (Österreich), einer Stadt nahe Wien. Dieser Park erhält während der Performance zwei neue Wege, den *Weg des Herzens* und den *Weg des Schmerzes*, auf denen sich die vier Figuren entsprechend ihrer Gender-Definition, Neigungen und Vorlieben befinden und den Besucher*innen ihre Dienstleistungen anbieten.
Als übergeordnete Performance der nachfolgenden *Wege des Herzens* und *des Schmerzes* steht das *Performing Business*. Denn um überhaupt Teilnehmende*r zu werden, ist es notwendig, die Dienstleistung in der entsprechenden Währung, dem *PMS (Pimpette's Monetary System)*, zu vergüten. Anstatt mit sexuellen Gefälligkeiten wird mit persönlichen Liebesdiensten, nämlich emotionaler Nähe, gehandelt. In vier Videoporträts werden die vier Figuren Dukebox und Miss Stress auf dem *Weg des Herzens* sowie Severine Sansphalle und Lady Bad Vibe auf dem *Weg des Schmerzes* vorgestellt. Sie erzählen von ihrer Motivation, sich für Pimpette zu prostituieren, und reflektieren die Beziehung zu ihr oder vielmehr die emotionale Abhängigkeit von ihrer Zuhälterin, während sie darauf warten, ihre Performance-Dienste potenziellen Kund*innen anbieten zu dürfen.

Performing Business

- Immersive Installation, Tableaux vivants, Performance mit neun Performenden, 300:00 min,
- PMS 50, PMS 100 (Währung), 2012

Weg des Herzens

- Emaille-Schild, 700 × 396 cm
- Dukebox 05:40 min
- Miss Stress 06:20 min zwei Videos mit Ton, je 1920 × 1080 HD, 2012

Weg des Schmerzes

- Emaille-Schild, 700 × 396 cm
- Severine Sansphalle 05:20 min
- Lady Bad Vibe 05:40 min zwei Videos mit Ton, je 1920 × 1080 HD, 2012

**Pimpette** In the same-named work series, the pimp Pimpette takes on the task of exploiting and creating dependencies that – like Stockholm Syndrome – do not lead to the rejection of pimping but rather its acceptance. Four archetypes, who are derived from figures in the prostitution milieus of Arthur Schnitzler's novel Night Games, Leopold Sacher-Masoch's *Venus in Furs*, and the sadomasochism analysis of Gilles Deleuze, offer a diverse range of services. These include both love services as well as experiences of pain and are conceived as curated prostitution. They are ideals of love that refer back to the writings of the aforementioned authors. The stage for this work complex is set in Arthur Schnitzler Park in Baden, Austria, a small city nearby Vienna. During the performance, this park obtains two new paths, the *Path of the Heart* and the *Path of Pain*, which are assigned to the four characters according to their gender definition, proclivities, and preferences, who offer their services to the visitors.
*Performing Business* serves as the superordinate performance for the *Path of the Heart* and *Pain*: in order to become a participant in the first place, one has to pay for the service in the proper currency, the *PMS (Pimpette's Monetary System)*. Instead of sexual favours, the bartered wares are personal love services, namely emotional closeness. Four video portraits introduce the characters Dukebox and Miss Stress on the *Path of the Heart*, and Severine Sansphalle and Lady Bad Vibe on the *Path of Pain*. They speak of their motivations to prostitute themselves for Pimpette and reflect on their relationship with her, or rather their emotional dependence on their pimp, while waiting to offer their performance services to potential clients.

Performing Business

- Immersive installation, tableaux vivants, performance with nine performers, 300:00 min
- PMS 50, PMS 100 (currency), 2012

Path of the Heart

- Enamel sign, 700 × 396 cm
- Dukebox 5:40 min
- Miss Stress 6:20 min Two videos with sound, each 1920 × 1080 HD, 2012

Path of Pain

- Enamel sign, 700 × 396 cm
- Severine Sansphalle 5:20 min
- Lady Bad Vibe 5:40 min Two videos with sound, each 1920 × 1080 HD, 2012

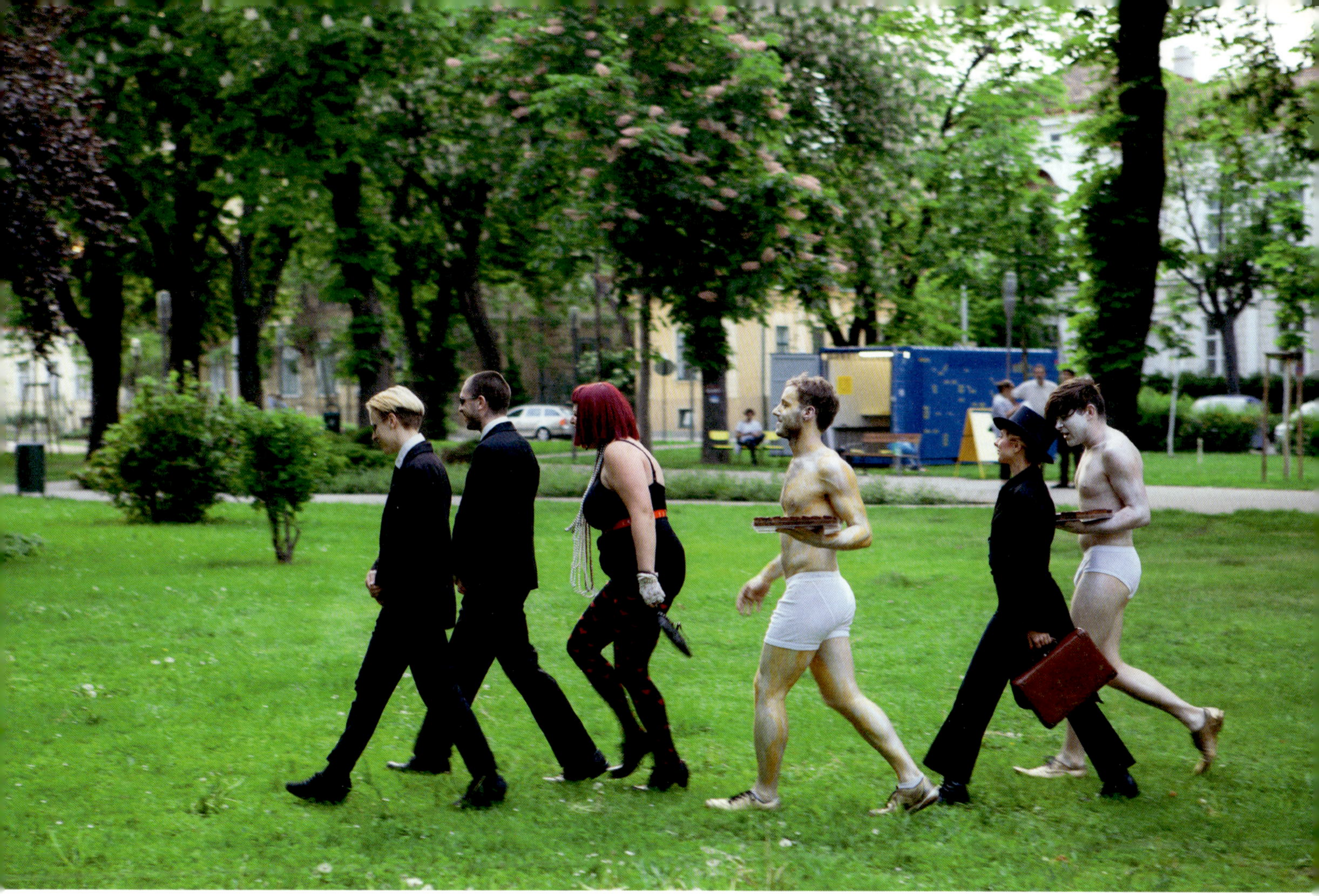

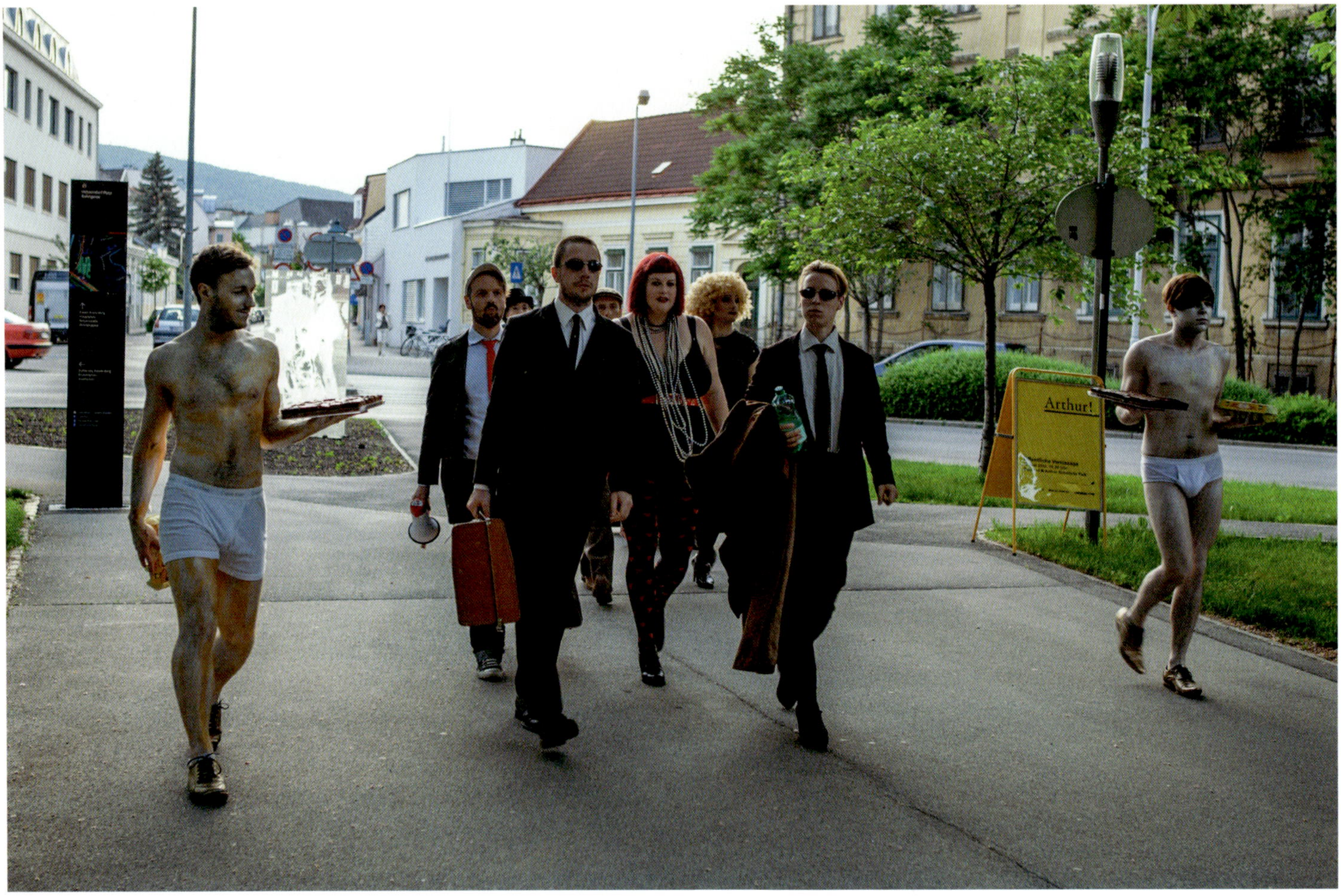
Arthur!

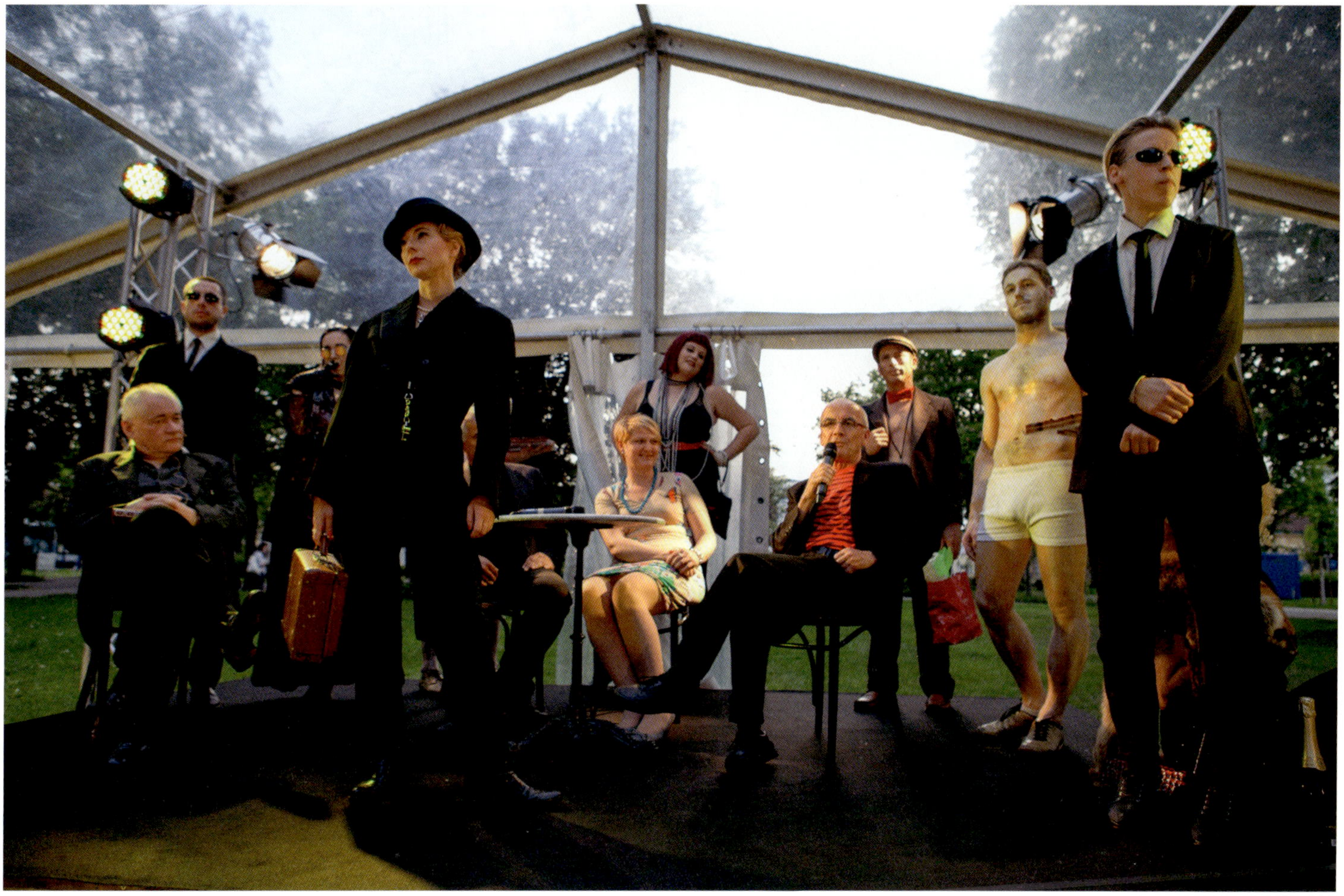

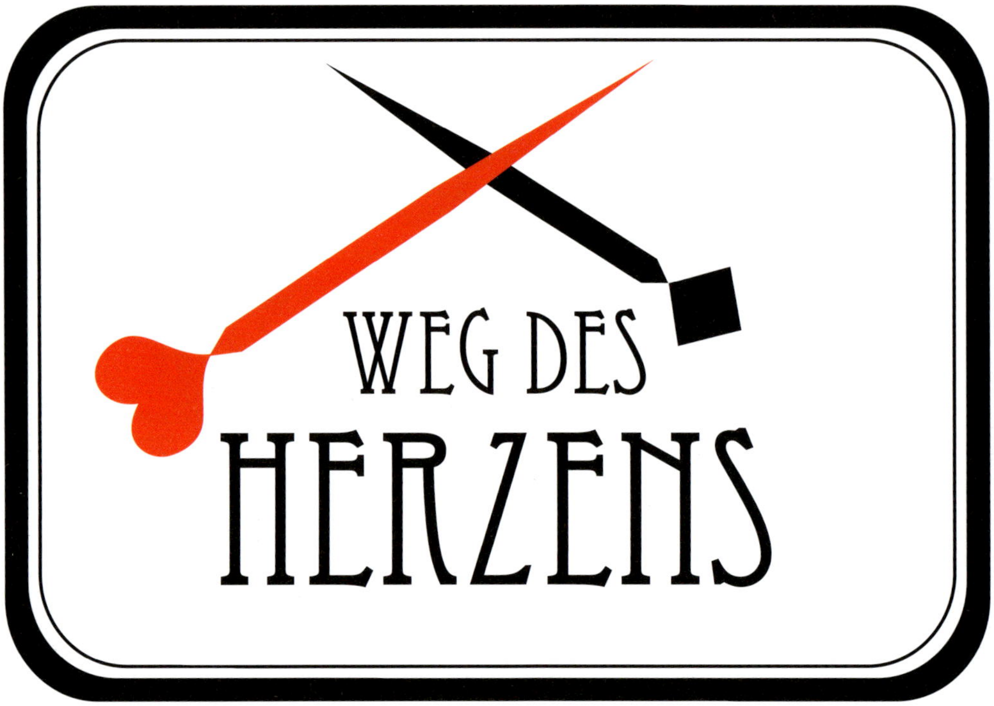


Auf dem *Weg des Herzens* finden sich zwei männlich anmutende Figuren, Dukebox und Miss Stress. Ihre Aufgabe ist es, künstlerische Zitate in eine Performance übersetzt anzubieten. Im *Lady Gaga Blowpump Special* werden Rhythmus und annähernd die Tonhöhe des Lady-Gaga-Songs „Bad Romance" mit einer herkömmlichen Fahrradpumpe nachgespielt. Jackson Pollock Fingernails ist eine Maniküre-Behandlung mit Farbspritzern. Weiters werden zwei Job-Specials angeboten: Beim Glow-Job wird der Körper der Kund*innen angeleuchtet; beim Oh-Job werden obszöne Oh-Geräusche produziert.

The *Path of the Heart* features two male-like figures, Dukebox and Miss Stress. Their task is to offer artistic quotes translated into a performance. In the *Lady Gaga Blowpump Special*, the rhythm and approximate pitch of the Lady Gaga song "Bad Romance" are replicated using a conventional bicycle pump. Jackson Pollock Fingernails is a manicure treatment with paint splatters. Furthermore, two job specials are offered: in the glow-job, a light is shone at the customers' bodies; in the oh-job, obscene oh noises are produced.

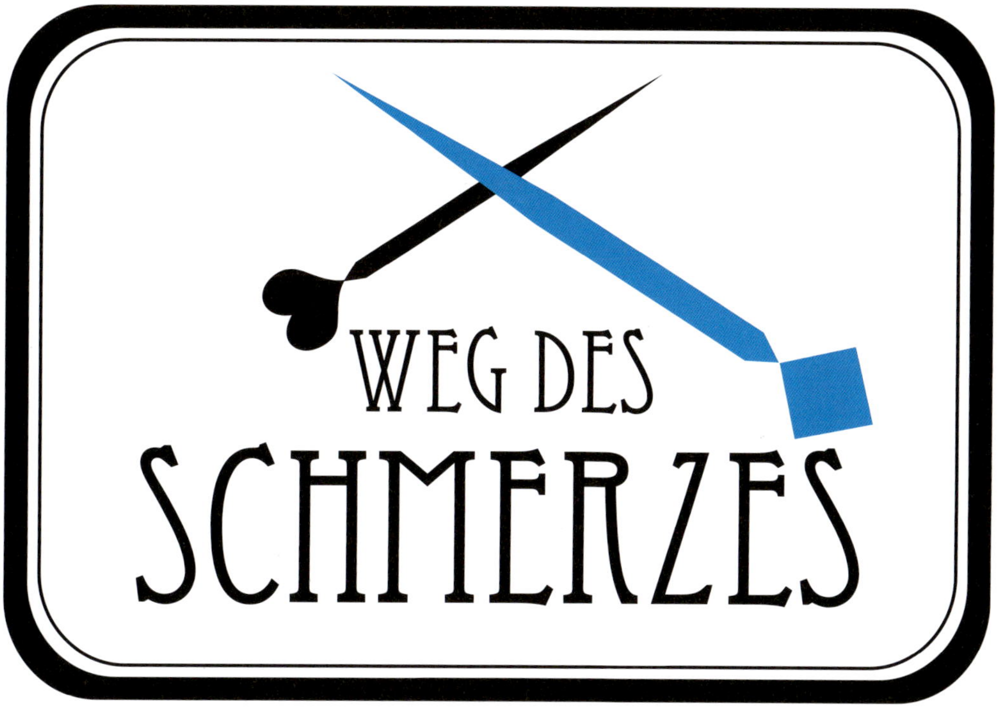


Auf dem *Weg des Schmerzes* sind die weiblichen Figuren Severine Sansphalle und Lady Bad Vibe anzutreffen. Auch sie bieten künstlerische Zitate in Performances übersetzt an. Der Morsecode „Onochord" von Yoko Ono, der mit einer Taschenlampe erzeugt wird, wird direkt in die Augen der Besucher*innen gestrahlt. In der zweiten Zitat-Performance werden *Terror-Karten*, die auf Aleister Crowley referieren, mit Zahnarztbesteck gelegt und sagen den Tod voraus. Zu den Job-Specials gehören weiters der *No-Job*, bei dem jede Frage verneint wird, und der *Throw-Job*, bei dem das Publikum zu Fall gebracht oder mit Gegenständen beworfen wird.

On the *Path of Pain*, one encounters the female figures Severine Sansphalle and Lady Bad Vibe. They, too, translate artistic quotes into performances. The Morse code "ONOCHORD" by Yoko Ono, which is transmitted with a flashlight, is beamed directly into the eyes of the visitors. In the second quotation performance, *terror cards* referring to Aleister Crowley are placed with dental instruments and predict death. Among the job specials are also the no-job, in which each and every question is abnegated, and the throw-job, where the audience is caused to fall, or objects are thrown at them.

*"I do this exercise, so I can give better glow-jobs. I'd like to give throw-jobs, but Pimpette says I'm too ugly for that."*

*„Ich mache diese Übung, um bessere Glow-Jobs zu geben. Ich würde gerne Throw-Jobs machen, aber Pimpette sagt, dass ich dafür zu hässlich bin."*

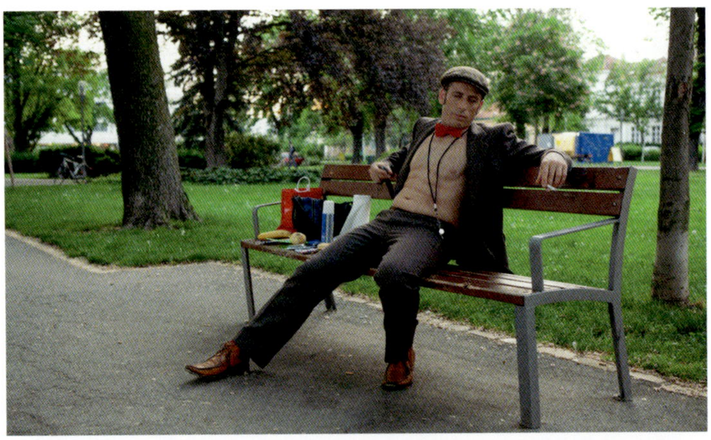

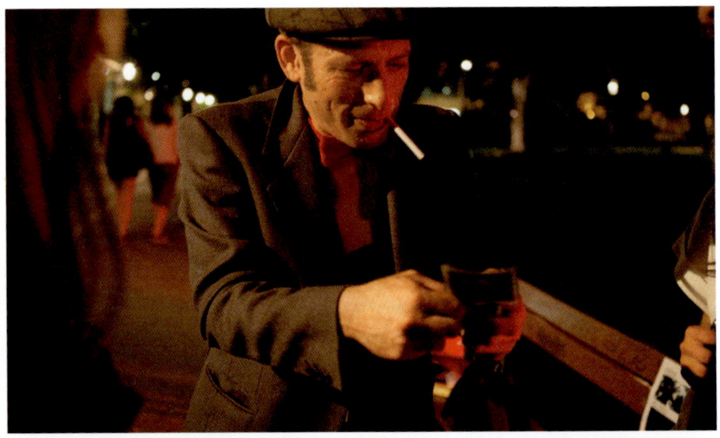

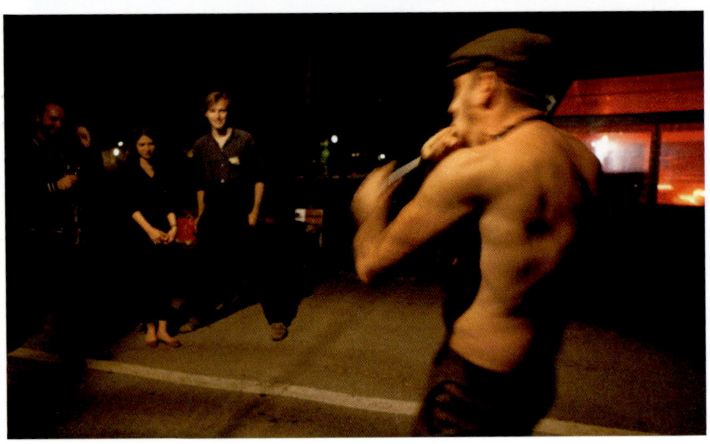

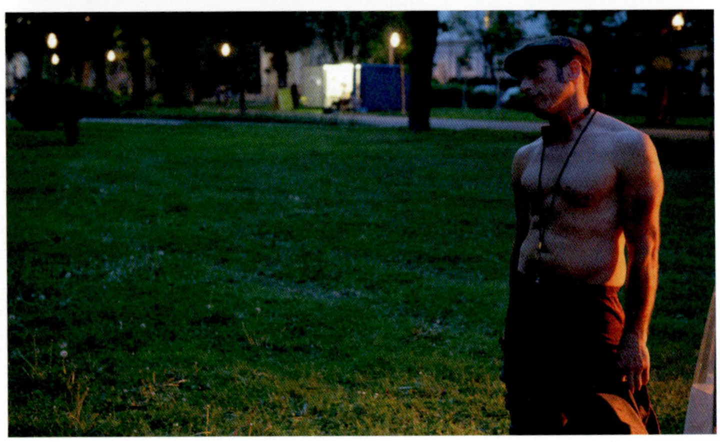

*"...and more consumers means more work, and more work means more jobs, and more jobs means more money, and more money means more love – for my customers, and for Pimpette."*

*„... und mehr Konsument*innen heißt: mehr Arbeit, und mehr Arbeit heißt: mehr Jobs, und mehr Jobs heißt: mehr Geld, und mehr Geld heißt: mehr Liebe – für meine Kund*innen und für Pimpette."*

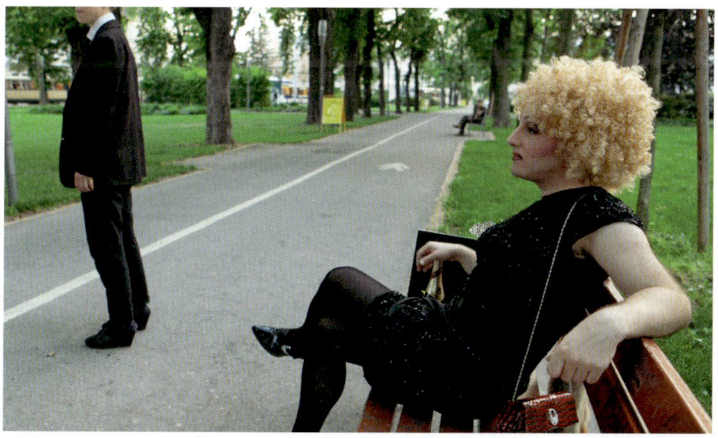

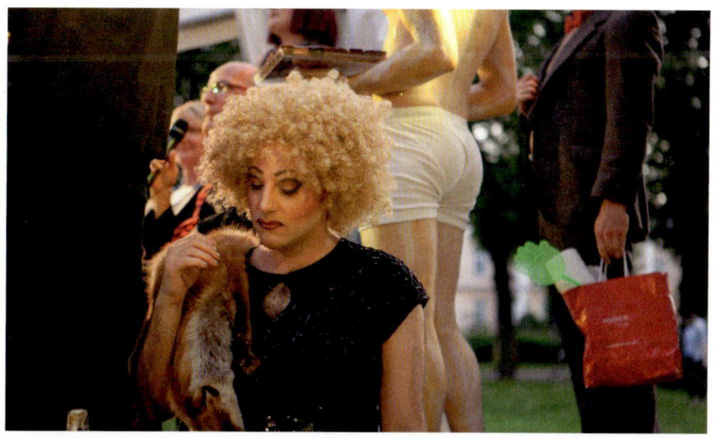

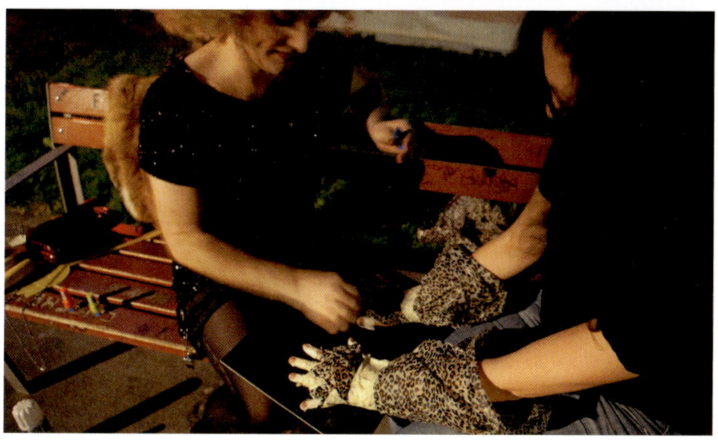

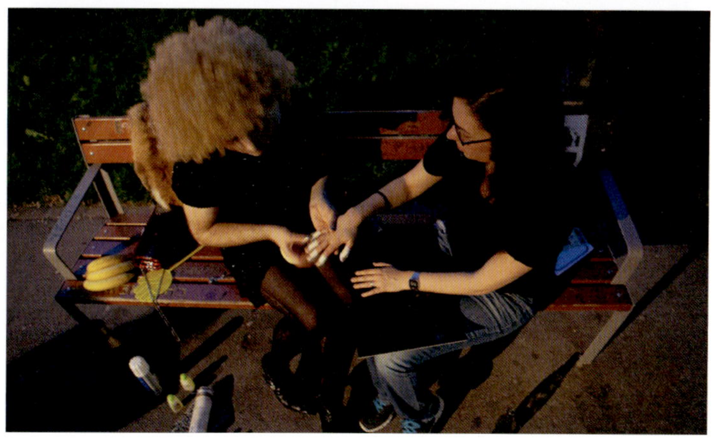

*“Oh, I don’t know... Pimpette and I, we go such a long way back. Our relation is purely professional.”*

*„Oh, ich weiß nicht ... Pimpette und ich, das geht schon ganz schön lange. Unsere Beziehung ist ausschließlich professionell.“*

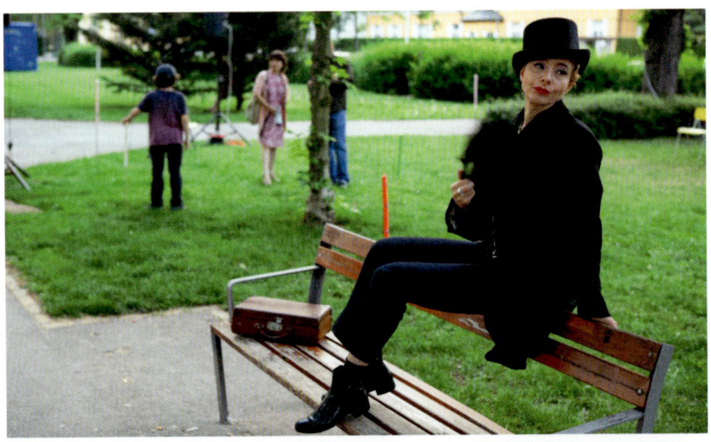

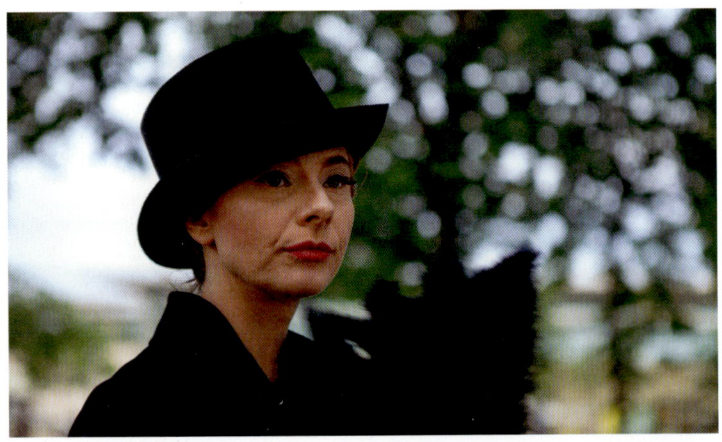

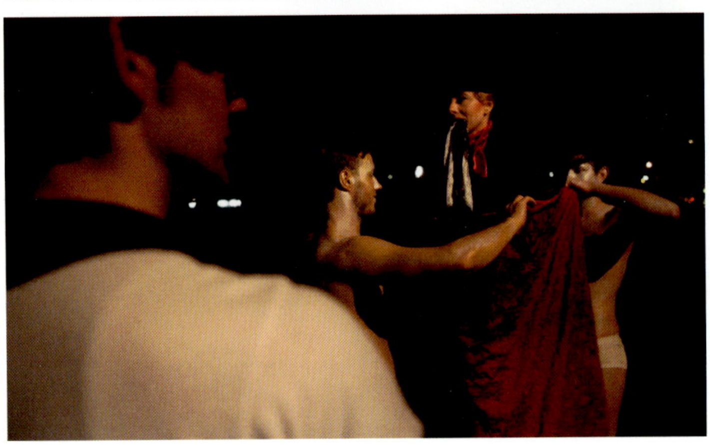

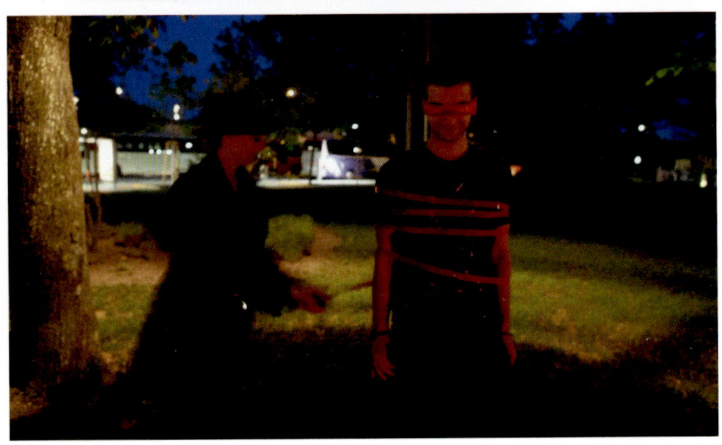

*"I can give a lot of pain –
I see darkness, pain, pain, death."*

*„Ich kann viel Schmerz verteilen – ich sehe Dunkelheit, Schmerzen, Schmerzen, Tod."*

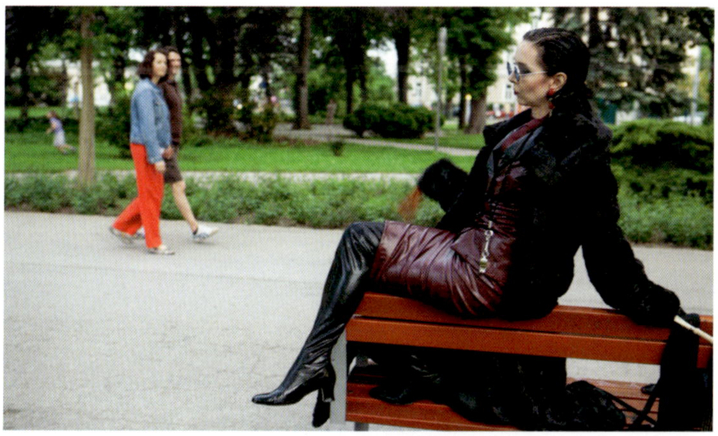

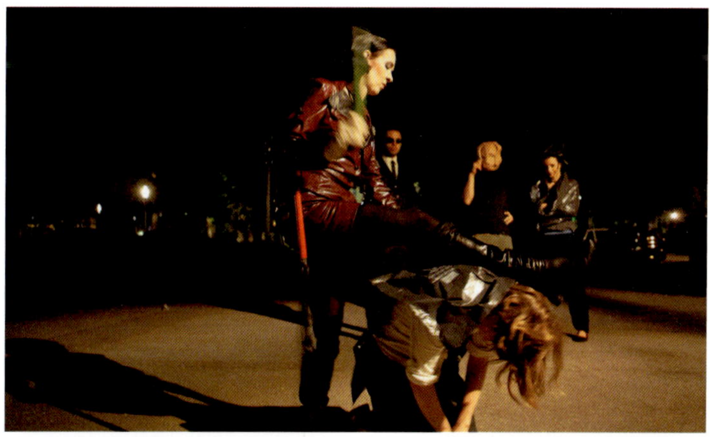

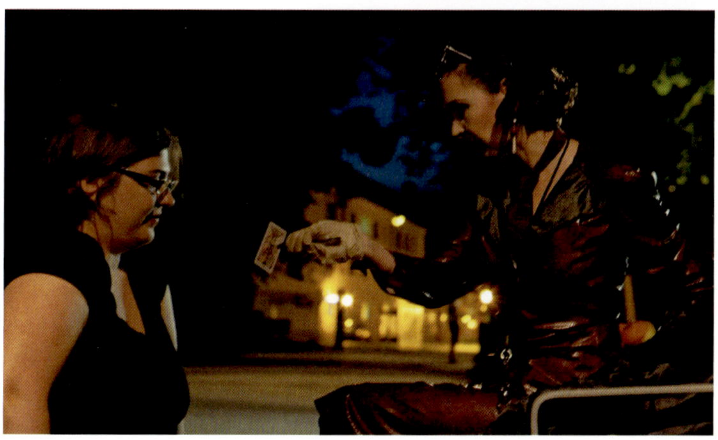

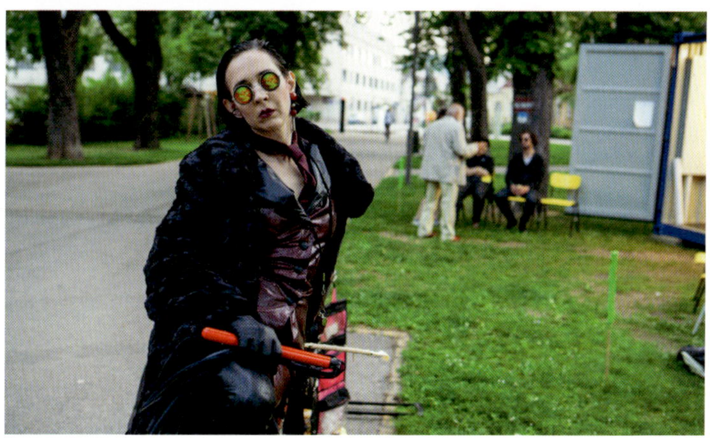

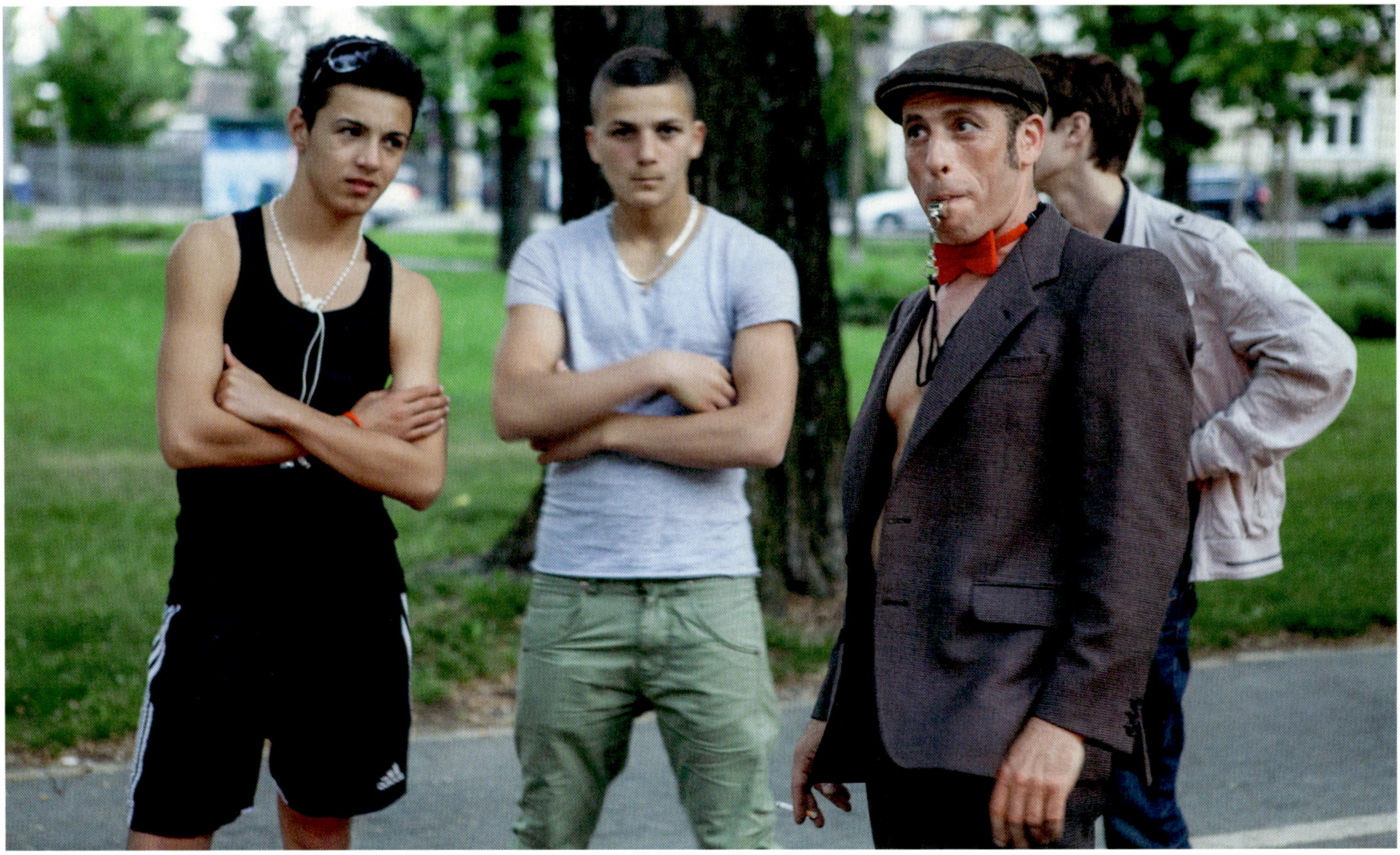

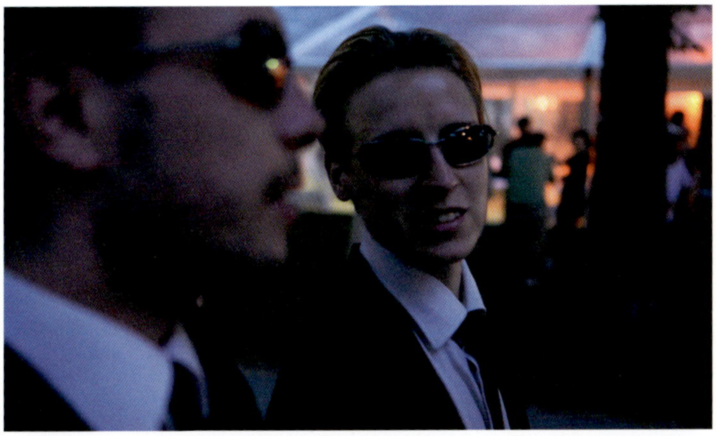

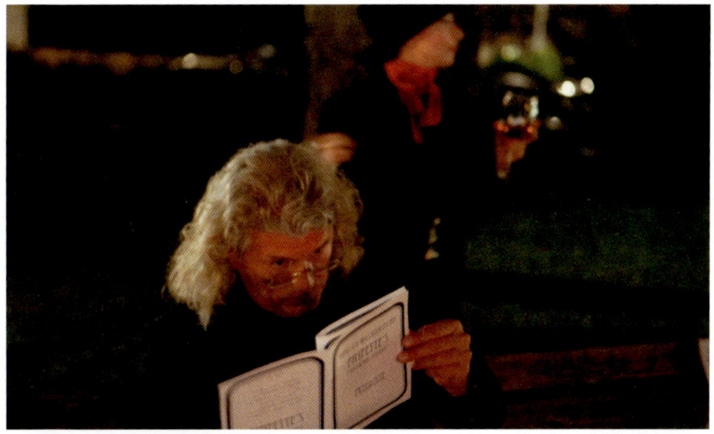

STANDARD MENUE
SPEZIAL

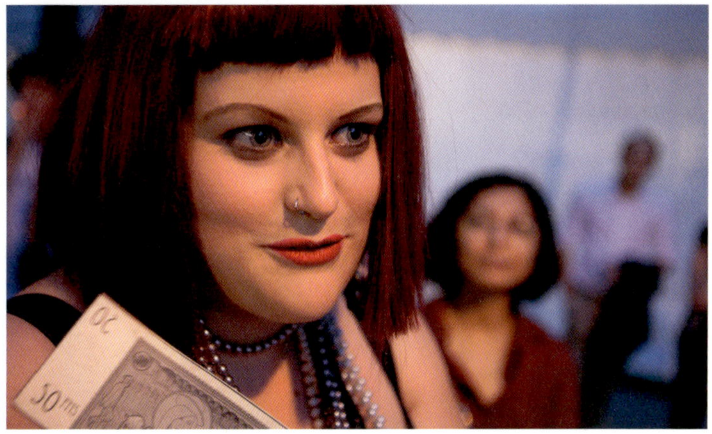

**Body Square Index** Die Arbeit *Body Square Index* ist eine Vorstudie der Arbeit *DIN A8 Quadrat*. Darin untersucht Barbis Ruder anhand von digitalen Skizzen und Scans Körpernormen, die sich mit dem Body-Mass-Index vereinbaren lassen. Dabei geht es ihr um Körperteile oder -regionen, deren Maße sich quadrieren lassen, um aus diesem Ergebnis eine Norm für den menschlichen Körper zu errechnen.

Vorstudie zu *DIN A8 Quadrat* in 12 Bildern, 12 digitale Zeichnungen und Scans im DIN A4-Format, 2012

**Body Square Index** The work *Body Square Index* is a preliminary study for the work *DIN A8 Square*. Barbis Ruder used digital sketches and scans to investigate bodily norms that bear a relation to the body mass index. To this end, she focused on body parts or regions whose measurements can be squared in order to calculate a norm for the human body.

Preliminary study for *DIN A8 Square* in 12 images, 12 digital illustrations and scans in DIN A4 format, 2012

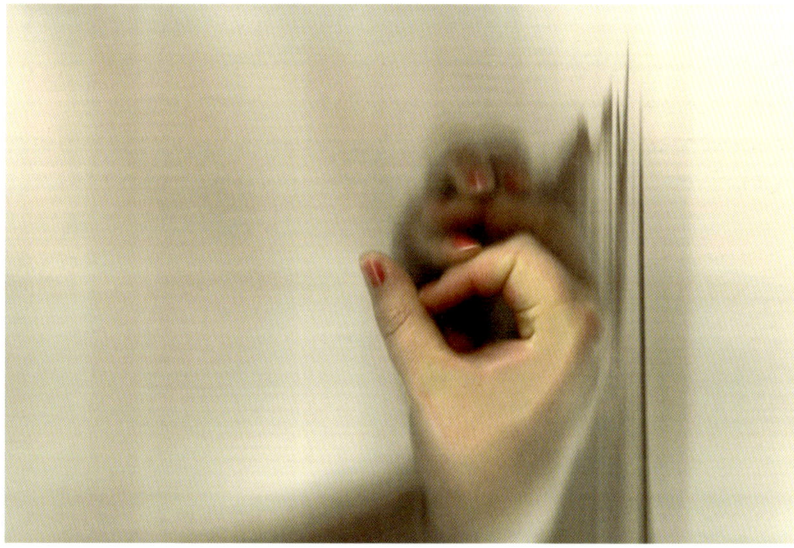

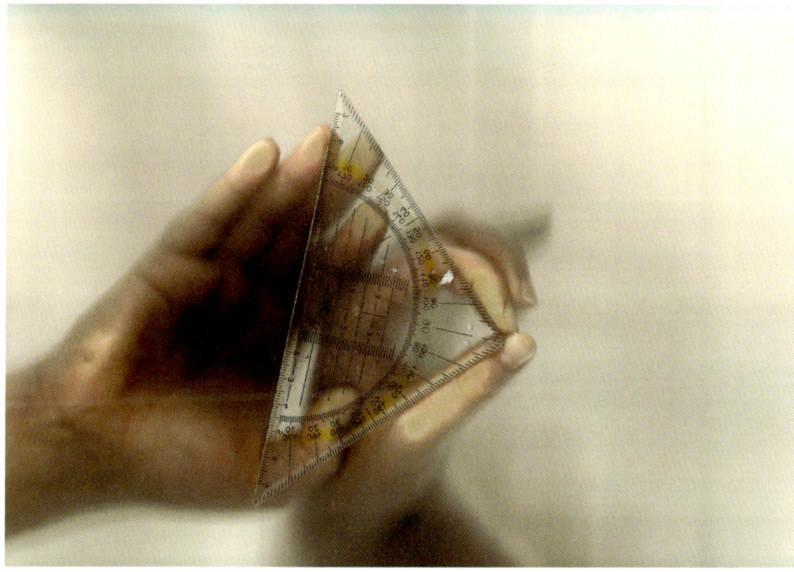

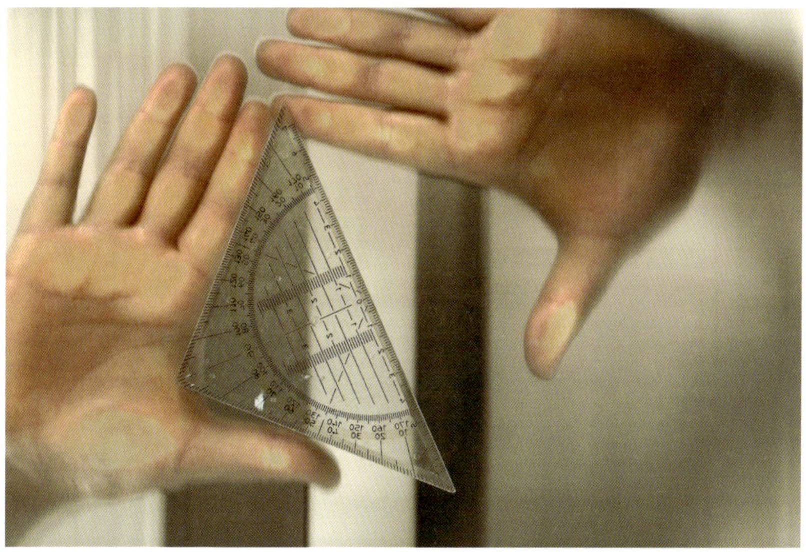

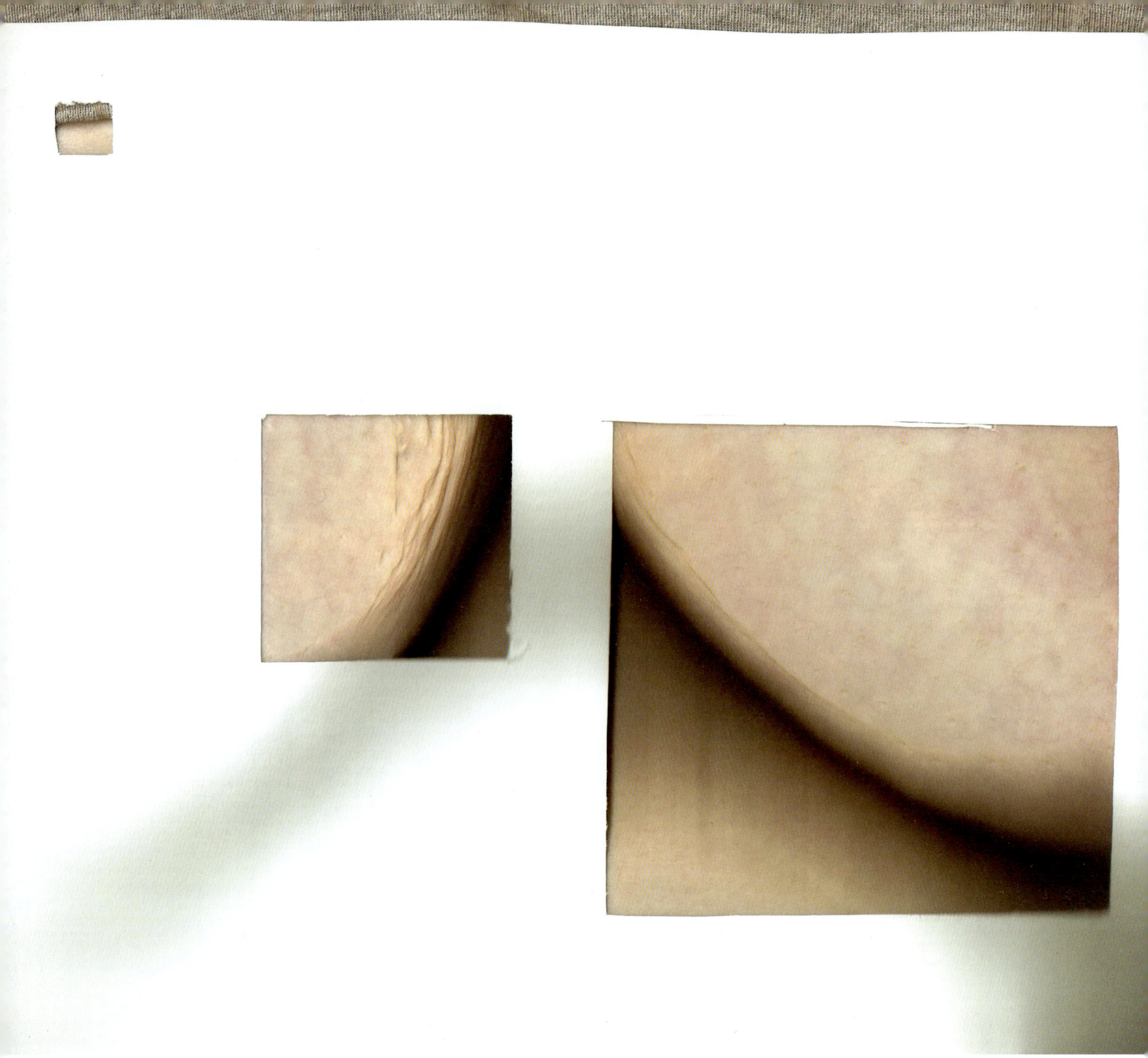

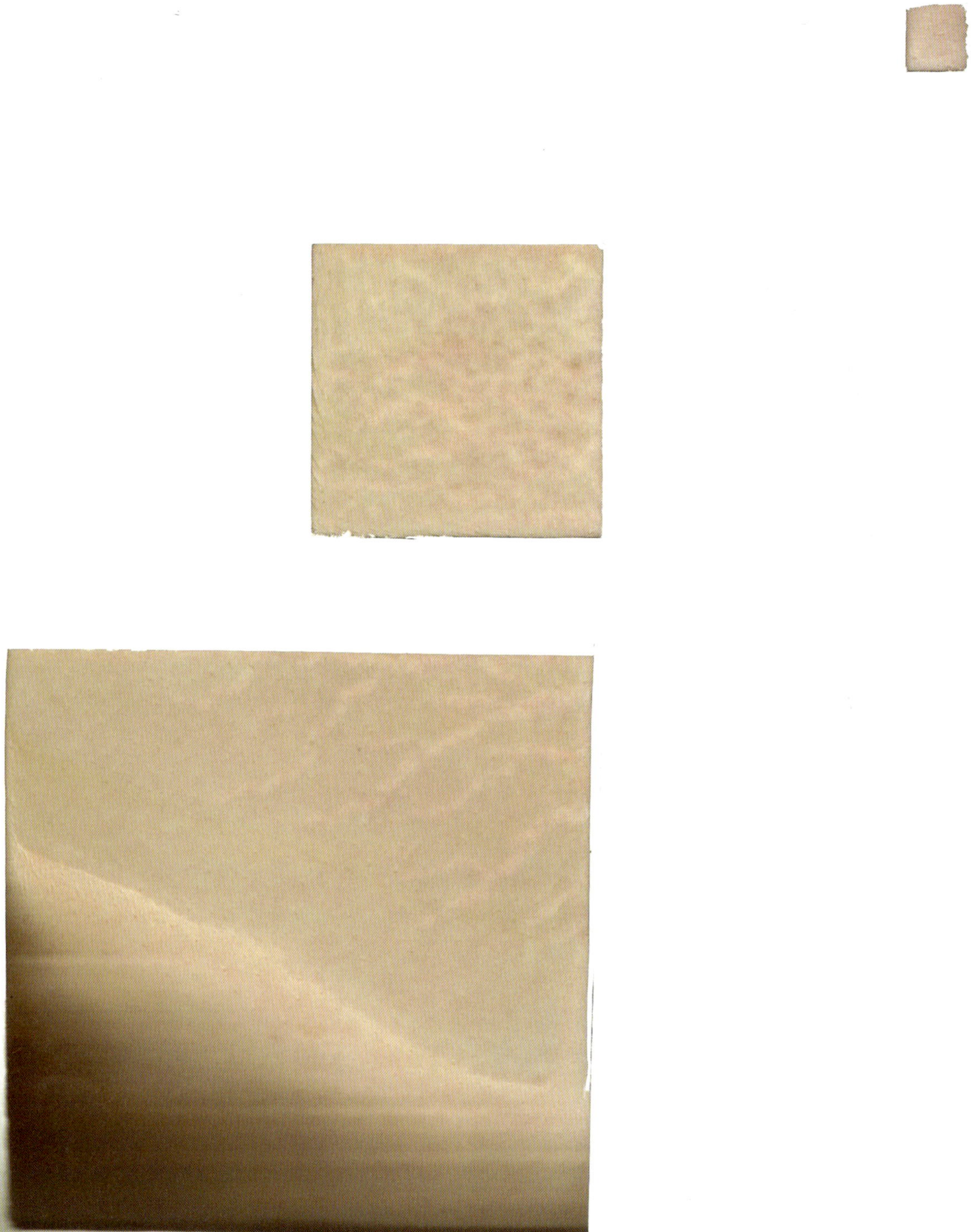

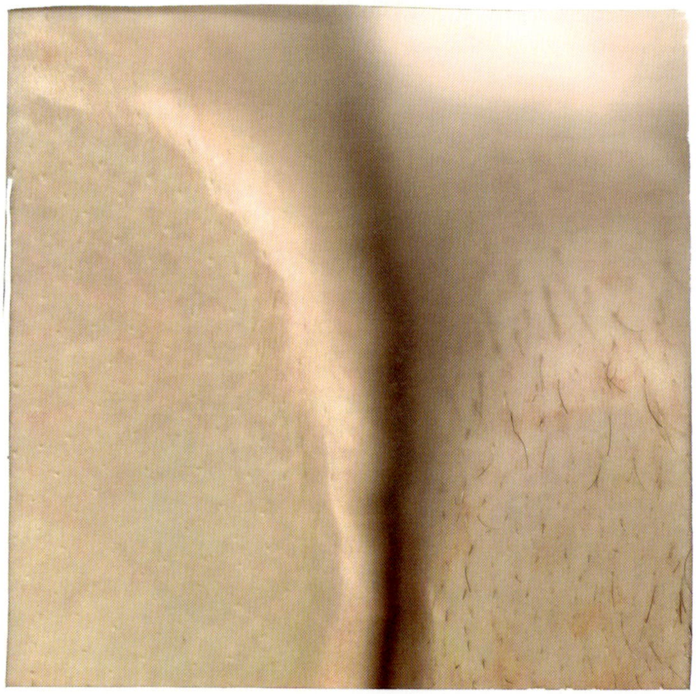

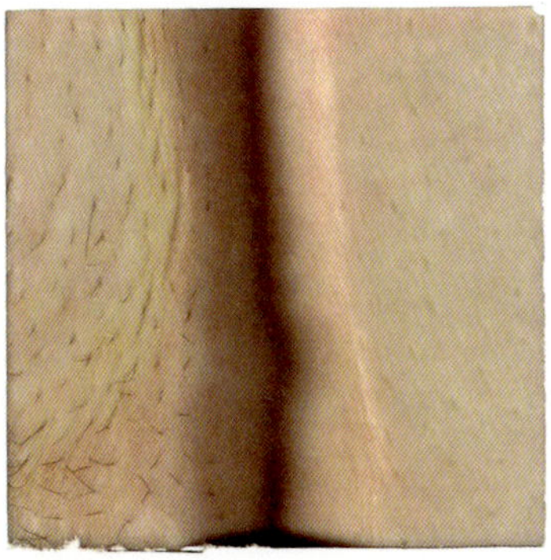

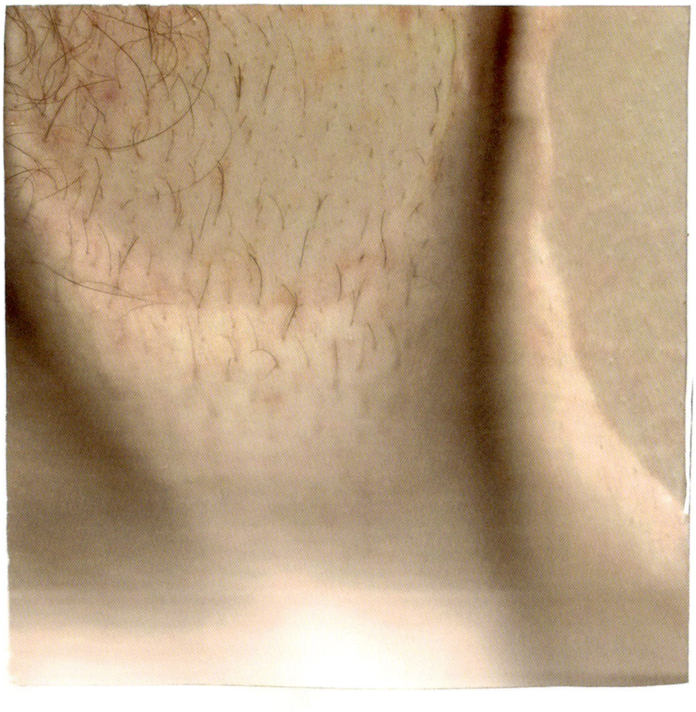

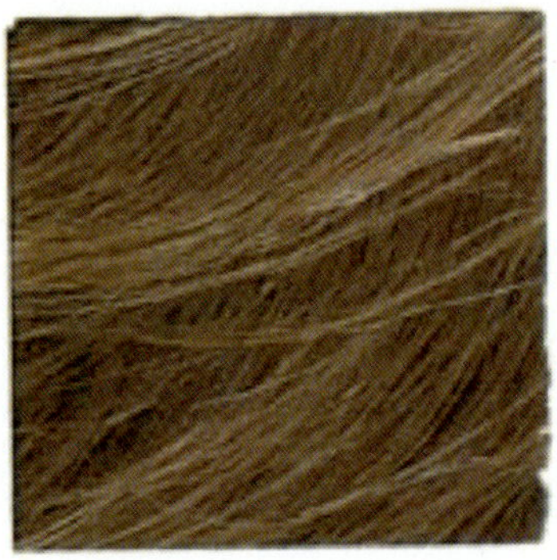

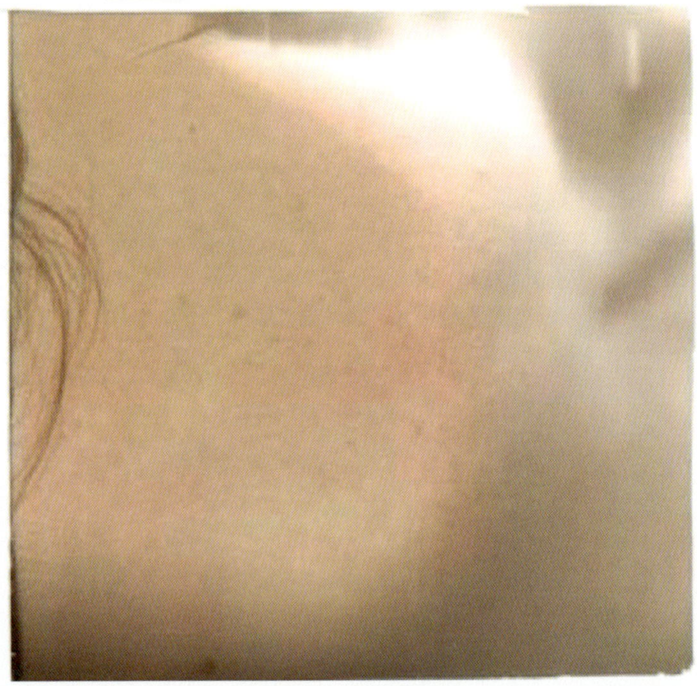

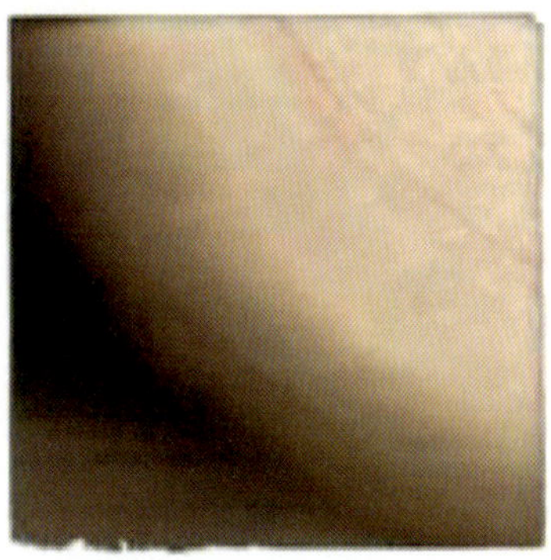

**DIN A8 Quadrat** In der vorhergegangenen Arbeit *BSI: Body Square Index* sucht Barbis Ruder nach Möglichkeiten, den menschlichen Körper in ein starres System aus Quadraten einzuschreiben. Angelehnt an den BMI, den Body-Mass-Index, der die perfekten Proportionen von Größe und Gewicht eines menschlichen Körpers ausdrückt, sucht die Künstlerin ebenfalls das Quadrat zur Masse im menschlichen Körper, um einen vermeintlichen Idealzustand herzustellen. Diese Ergebnisse, die aus der Vorstudie *Body Square Index* resultieren, werden in eine von Norm-Maßen bestimmte Skulptur übersetzt. Dieses Objekt besteht aus 942 DIN-A8-Blättern, die jeweils eine Größe von 52 × 74 mm haben und sich in ihrer Anordnung und Anzahl einem geometrischen Quadrat annähern.

Papier, Klebeetiketten und Stahlrahmen, 1924 × 1924 mm, 2012

**DIN A8 Square** In the work *BSI: Body Square Index*, Barbis Ruder searched for ways to inscribe the human body into a rigid system of squares. Inspired by the BMI, the body mass index, which indicates the perfect proportions of height and weight of a human body, the artist also called upon the square in relation to the mass of the human body in order to create a supposed ideal state. The results from the preliminary study *Body Square Index* were translated into a sculpture defined by standard dimensions. The object consisted of 942 DIN A8 sheets, each measuring 52 × 74 mm, and approximated a geometric square in arrangement and number.

Paper, adhesive labels, steel frame, 1924 × 1924 mm, 2012

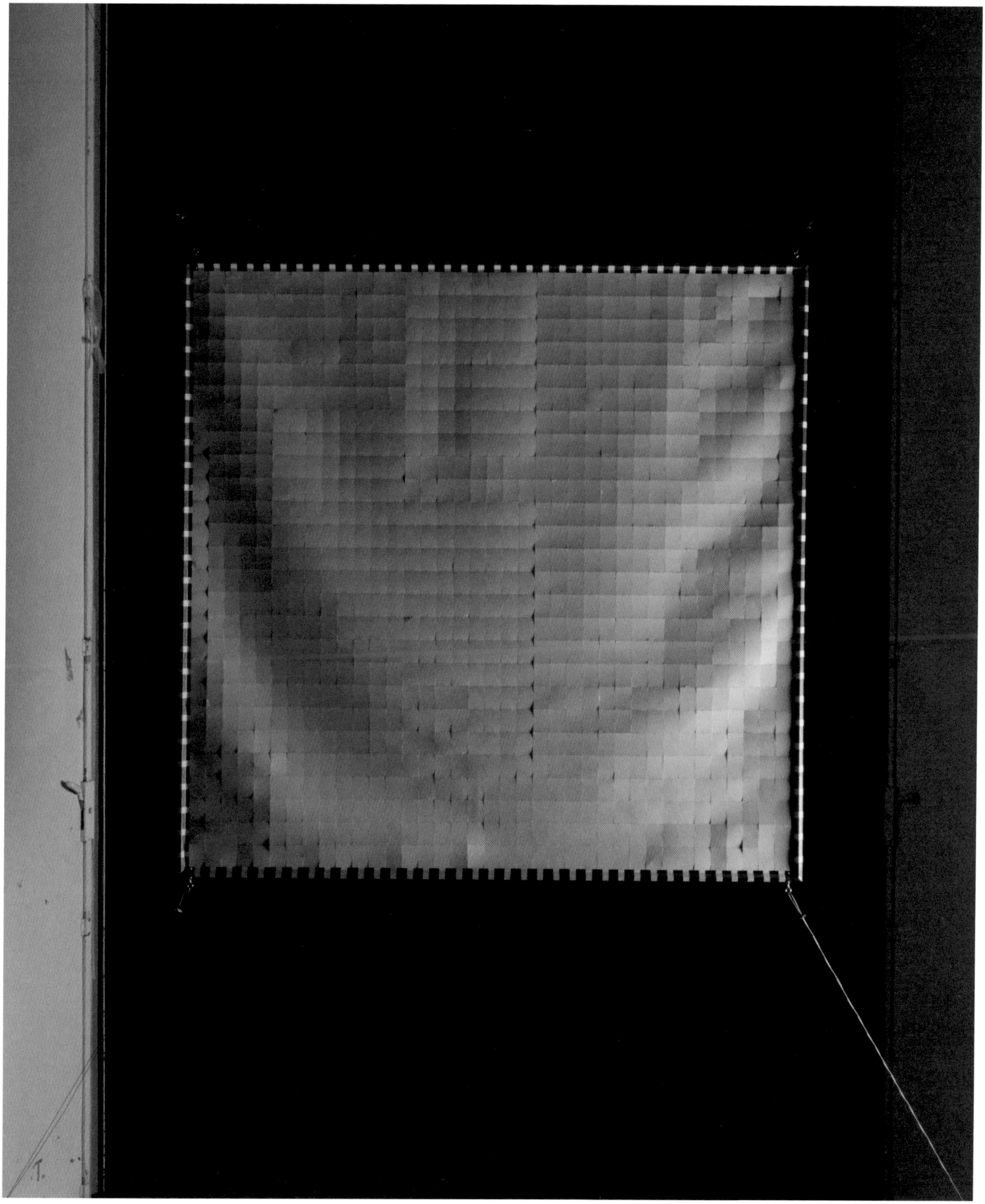

**Air** *Air* ist ein Versuch, das Element Luft im und mit dem Körper erspüren zu lassen, zu leiten und zu übersetzen. Dabei liegt die Performerin reglos am Boden, während um sie herum weitere Performende sitzen und stehen. Am Körper der Künstlerin sind Schläuche befestigt, in die die anderen Mitwirkenden hineinblasen. Mit jedem Atemzug, den die Künstlerin über die Schläuche erhält, beginnt sie sich mehr und mehr zu bewegen, bis sie aufzustehen und sich aus der Situation zu lösen vermag, um schließlich in den Außenraum zu entfliehen.

Performance mit sieben Performenden, 05:00 min, 2012

**Air** *Air* is an attempt to sense, guide, and translate the element of air in and through the body. A performer lies motionless on the floor, while other performers sit and stand around her. Tubes are attached to the artist's body, which the other performers blow into. With each breath the artist receives through the tubes, she begins to move more and more until she is able to stand up and release herself from the situation, and finally escape to the outside space.

Performance with seven performers, 5:00 min, 2012

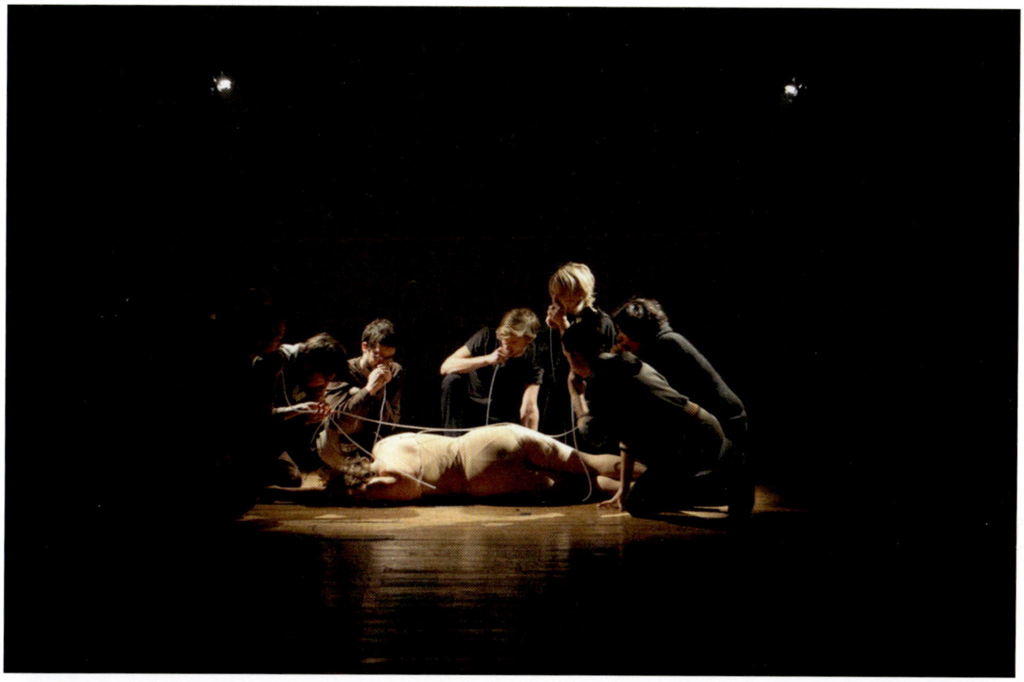

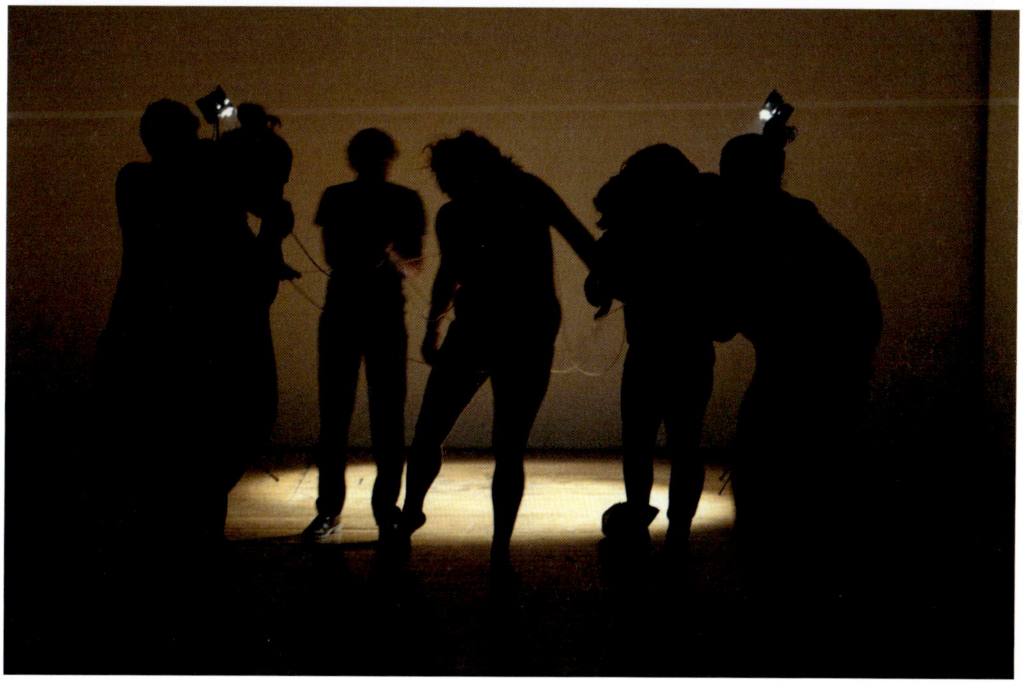

**binge-dating** Mit der Performance *binge-dating* macht Barbis Ruder auf die inflationären Dating-Möglichkeiten mithilfe der Dating-Apps aufmerksam. Wo beim Einstieg in eine Dating-Plattform noch der Reiz des „Alles ist möglich"-Versprechens gilt, wird mit zunehmender Nutzung dieser Apps die Abnutzung deutlich. Es entsteht ein Überangebot an den immer gleichen flachen, zum Teil sehr obszönen bis hin zu beleidigenden Sprüchen, die nicht mehr charmant, sondern übersättigend und gar bedrohlich wirken. Während die Künstlerin Gemüse mit Werkzeugen bearbeitet, in dieses hineinbeißt und es wieder ausspuckt, hört sie das Überangebot der Nachrichten von Männern ab, die ihr in den Dating-Apps Sex anbieten und ihre sexuellen Fantasien offenbaren.

Solo-Performance, 06:30 min, Schraubstock, Gewindeschneider, Zwinge, Hammer, Meißel, Bohrmaschine, Zangen, Feile, Karotte, Gurke, zwei Eier, Zucchini, ein Liter Milch, Lauch, 2013

**binge-dating** In the performance *binge-dating*, Barbis Ruder draws attention to the inflationary dating possibilities offered by dating apps. After the initial "everything is possible" excitement upon entering a dating platform, the wear and tear becomes evident the more you use these apps. It turns into an overabundance of the same flat, sometimes rather obscene or even insulting claims, which no longer seem charming but rather over-saturated and downright threatening. While the artist works on vegetables with tools, biting into them and spitting them out again, she listens to a flood of messages from men offering her sex on dating apps and spelling out their sexual fantasies.

Solo performance, 6:30 min, vice, tap, clamp, hammer, chisel, drill, pliers, file, carrot, cucumber, two eggs, courgette, a litre of milk, leek, 2013

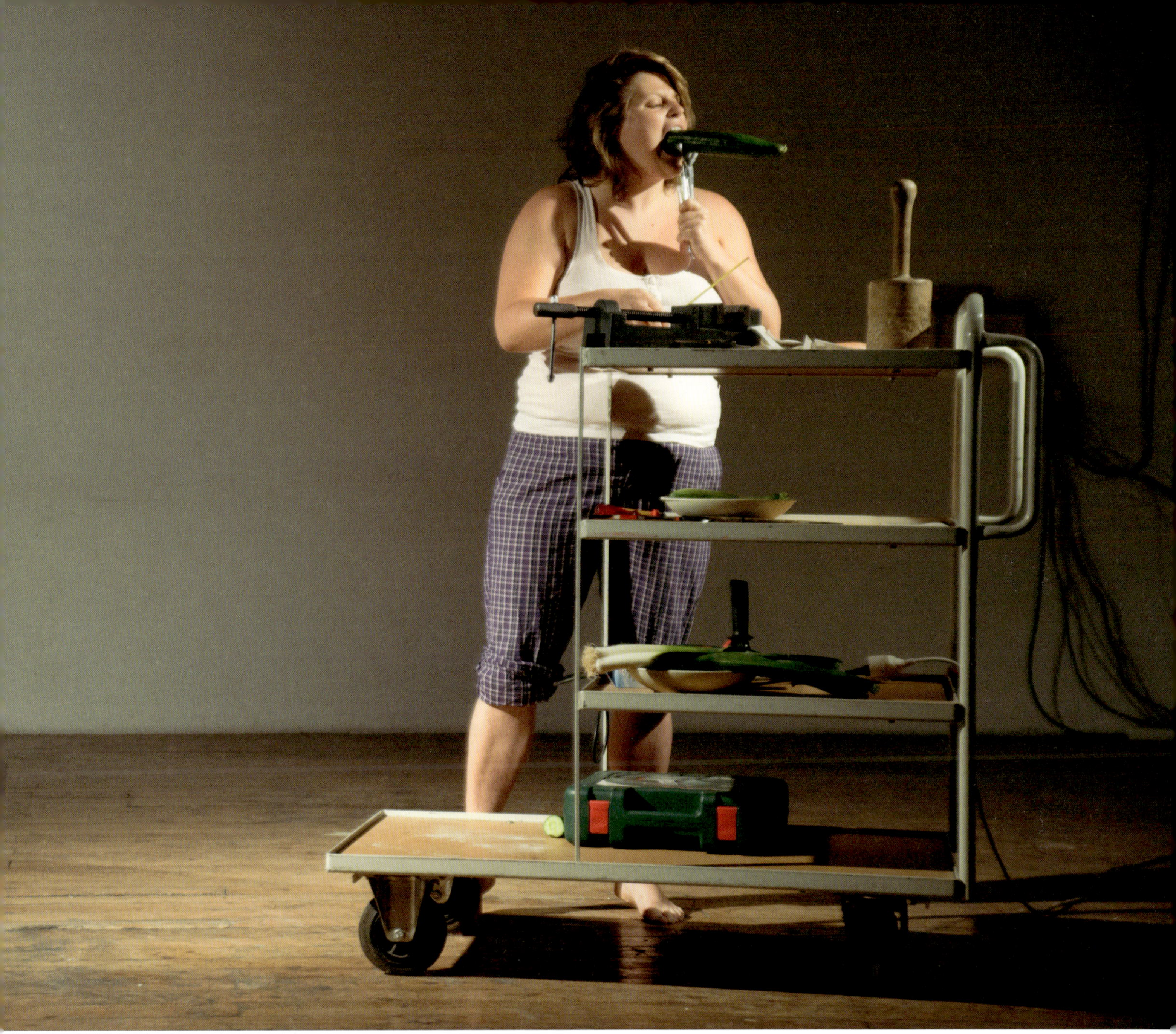

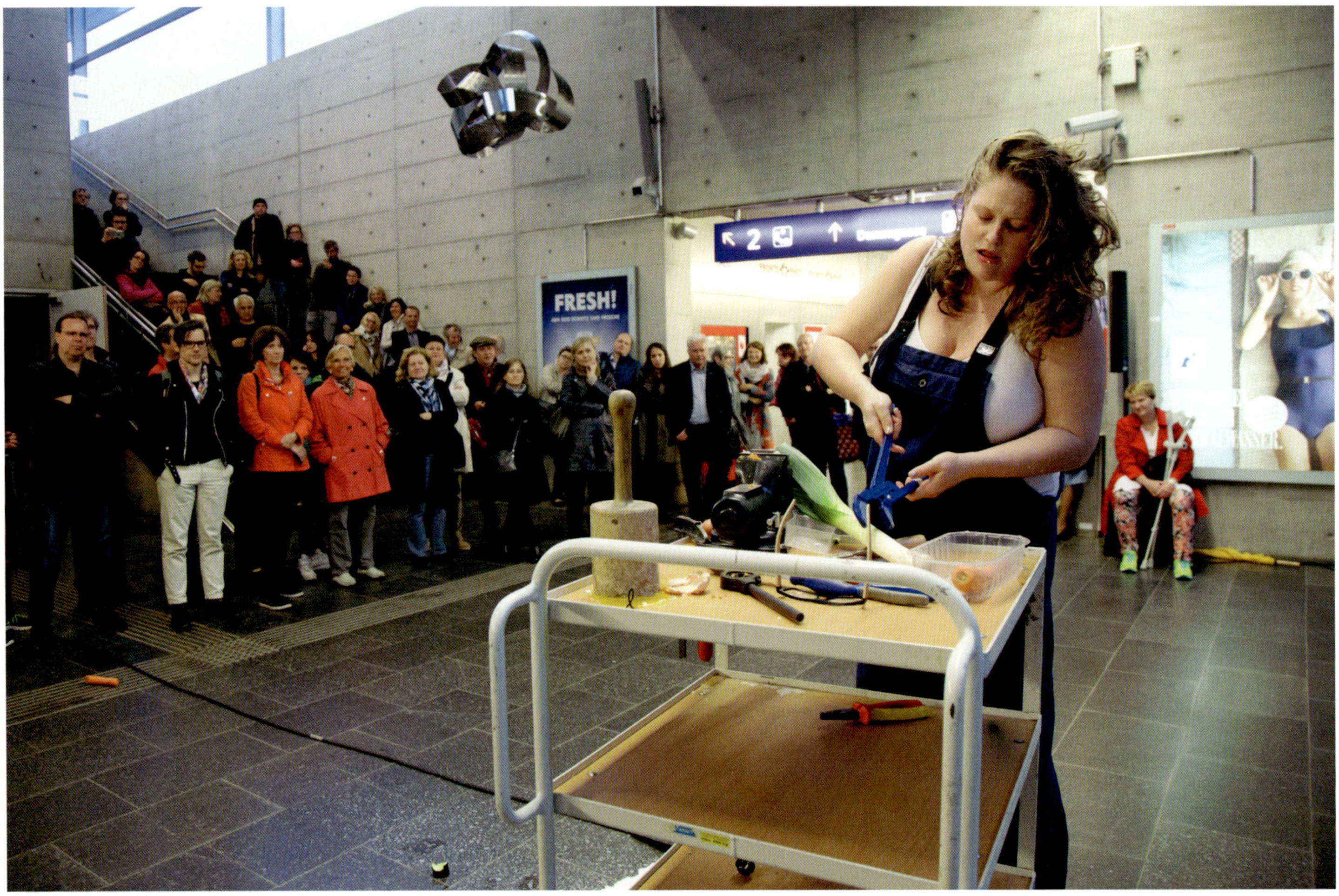
FRESH!

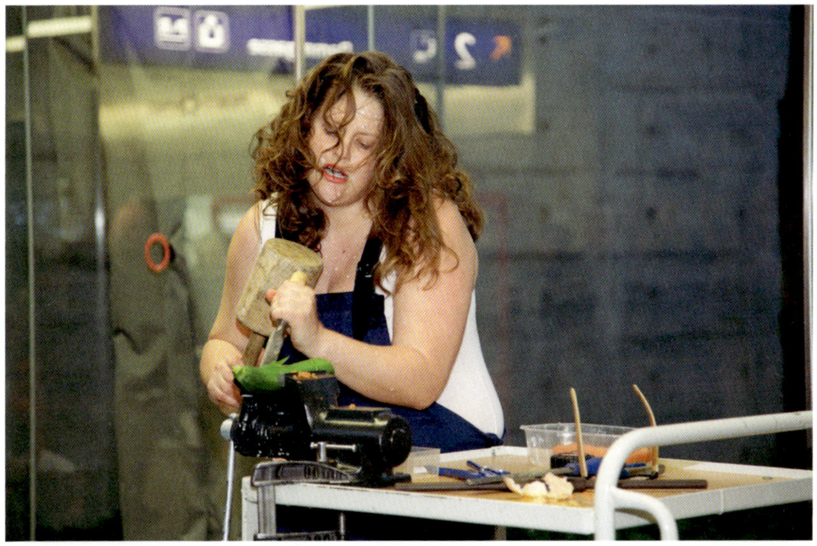

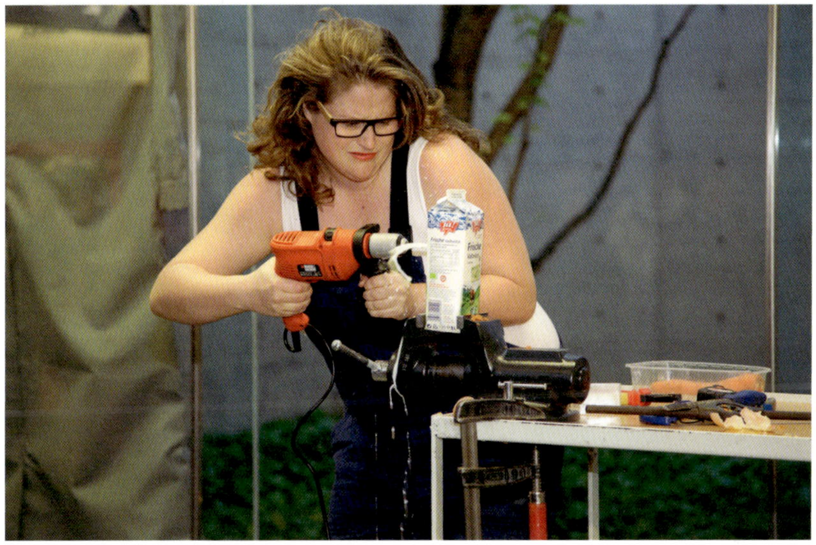

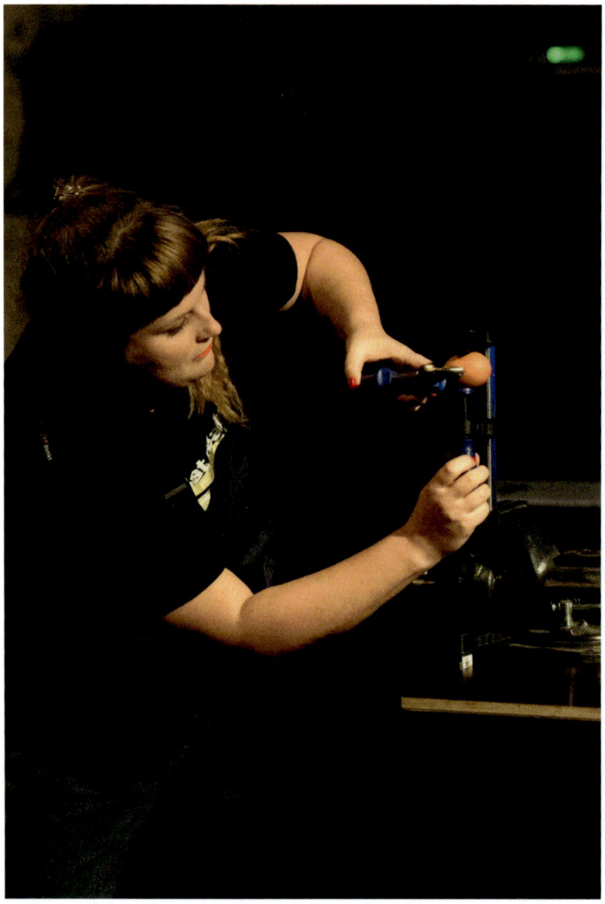

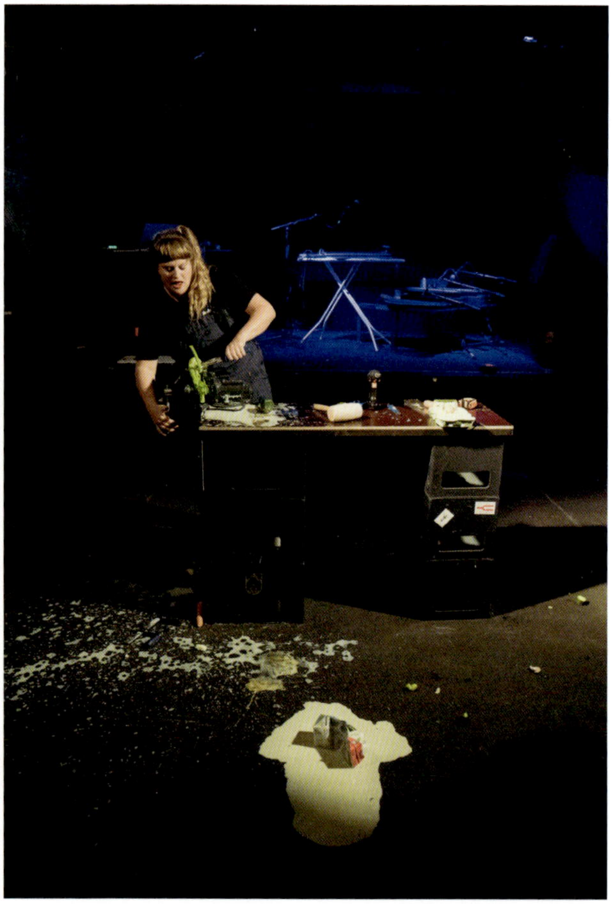

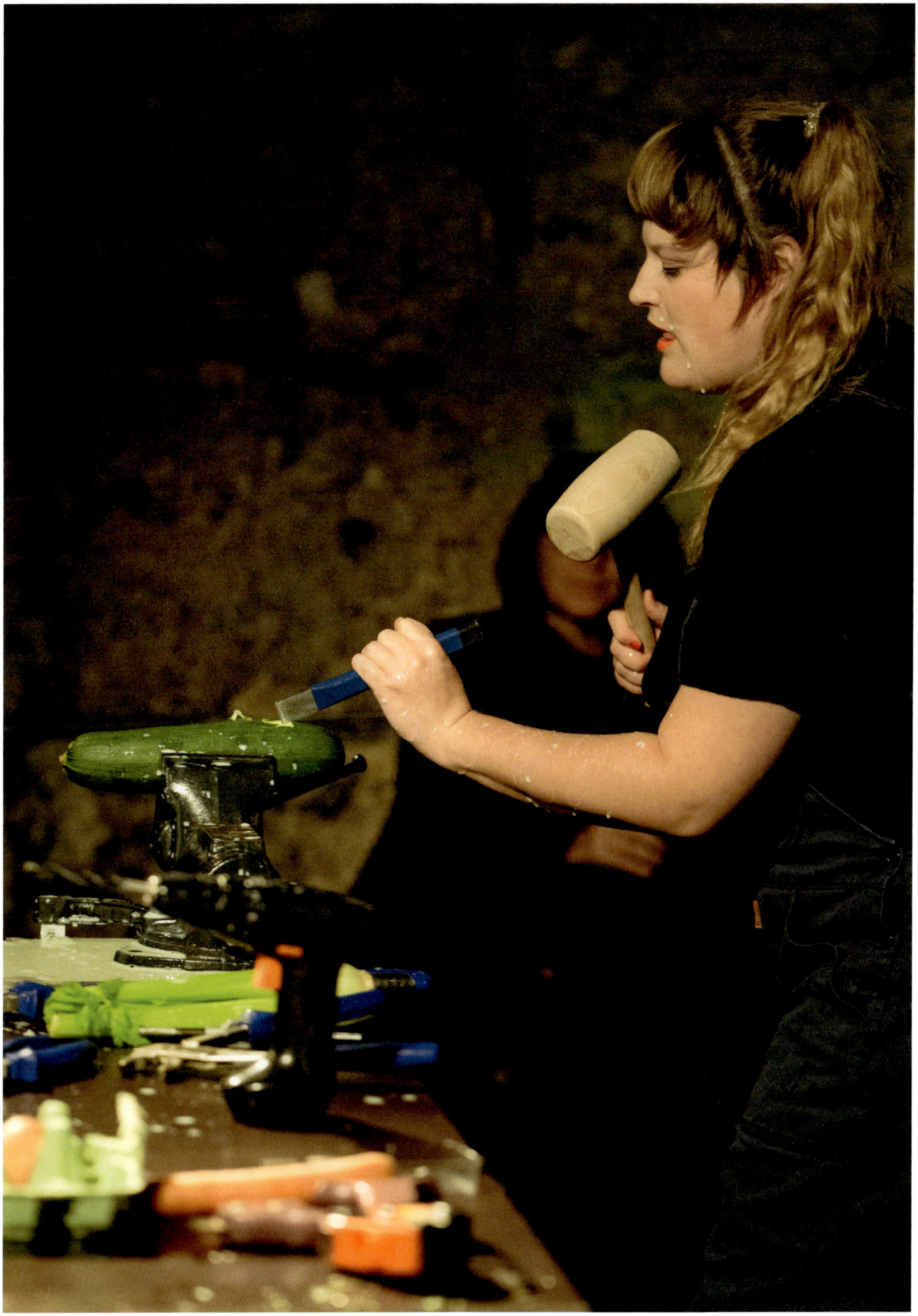

**Happy Together** Das gemeinsame Schaffen, den Wunsch, zu zweit etwas bewegen zu können, indem man im Gleichklang schwingt, zeigt die Zweierperformance *Happy Together*, die Barbis Ruder gemeinsam mit Anna Vasof umgesetzt hat. Die zwei Künstlerinnen sitzen auf einem kinetischen Objekt, das sich aus zwei Bürostühlen zusammensetzt. Daran ist eine Stange montiert, die nach oben ragt und an deren Ende eine Schere befestigt ist. Durch die rhythmische Bewegung der Performerinnen klappt die Schere auf und zu und erzeugt ein Geräusch, das den Rhythmus der Bewegungen wiedergibt.

- Performance mit zwei Performenden
- Video mit Ton, 1920 × 1080 HD, 03:08 min, kinetisches Objekt, Drehstuhl mit Schere, 2013

**Happy Together** The act of creating together, the desire to achieve something as a couple by swinging in unison, is demonstrated in the two-person performance *Happy Together*, which Barbis Ruder realised with Anna Vasof. The two artists sit on a kinetic object consisting of two office chairs. A pole juts upwards with a pair of scissors attached to its end. The rhythmic movement of the performers causes the scissors to open and close, creating a sound that reproduces the movement pattern.

- Performance with two performers
- Video with sound, 1920 × 1080 HD, 3:08 min, kinetic object, swivel chairs with scissors, 2013

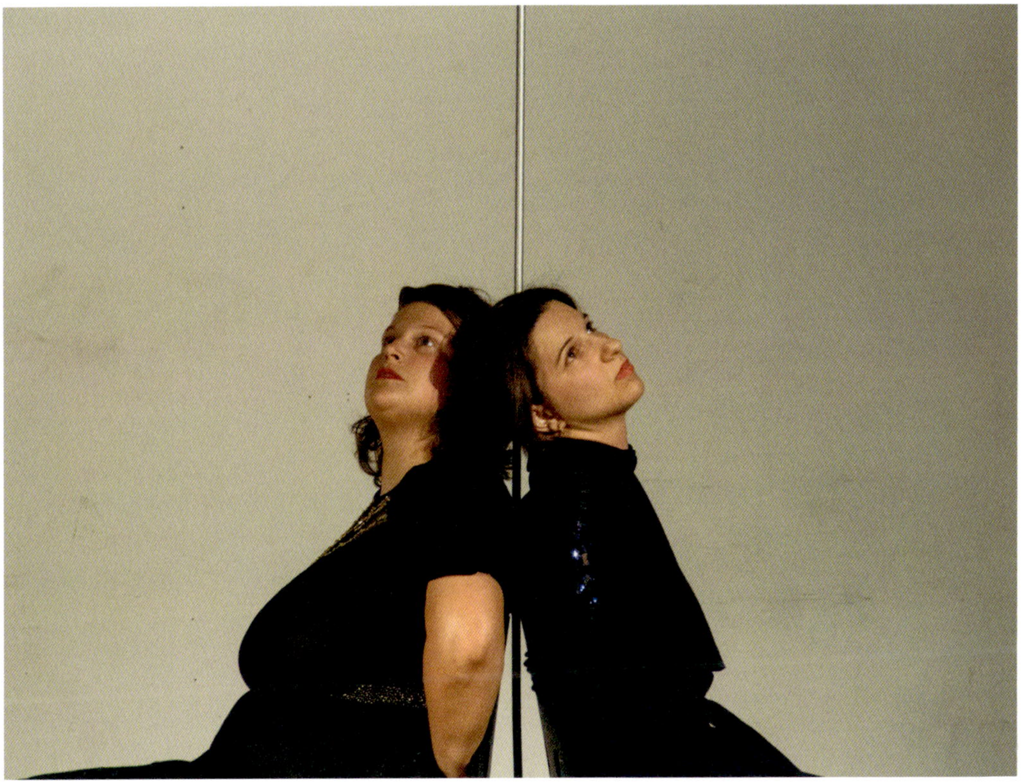

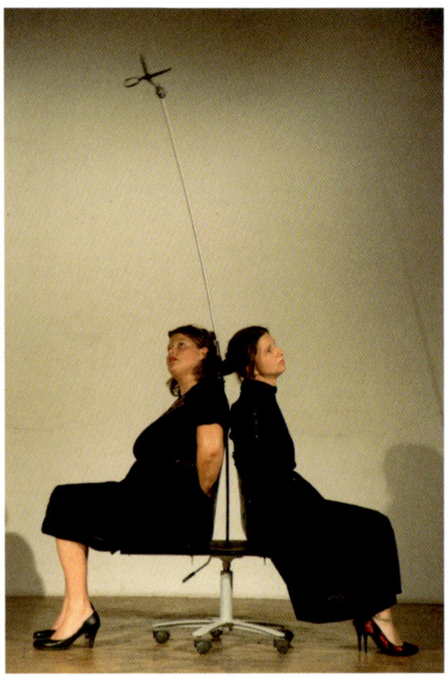

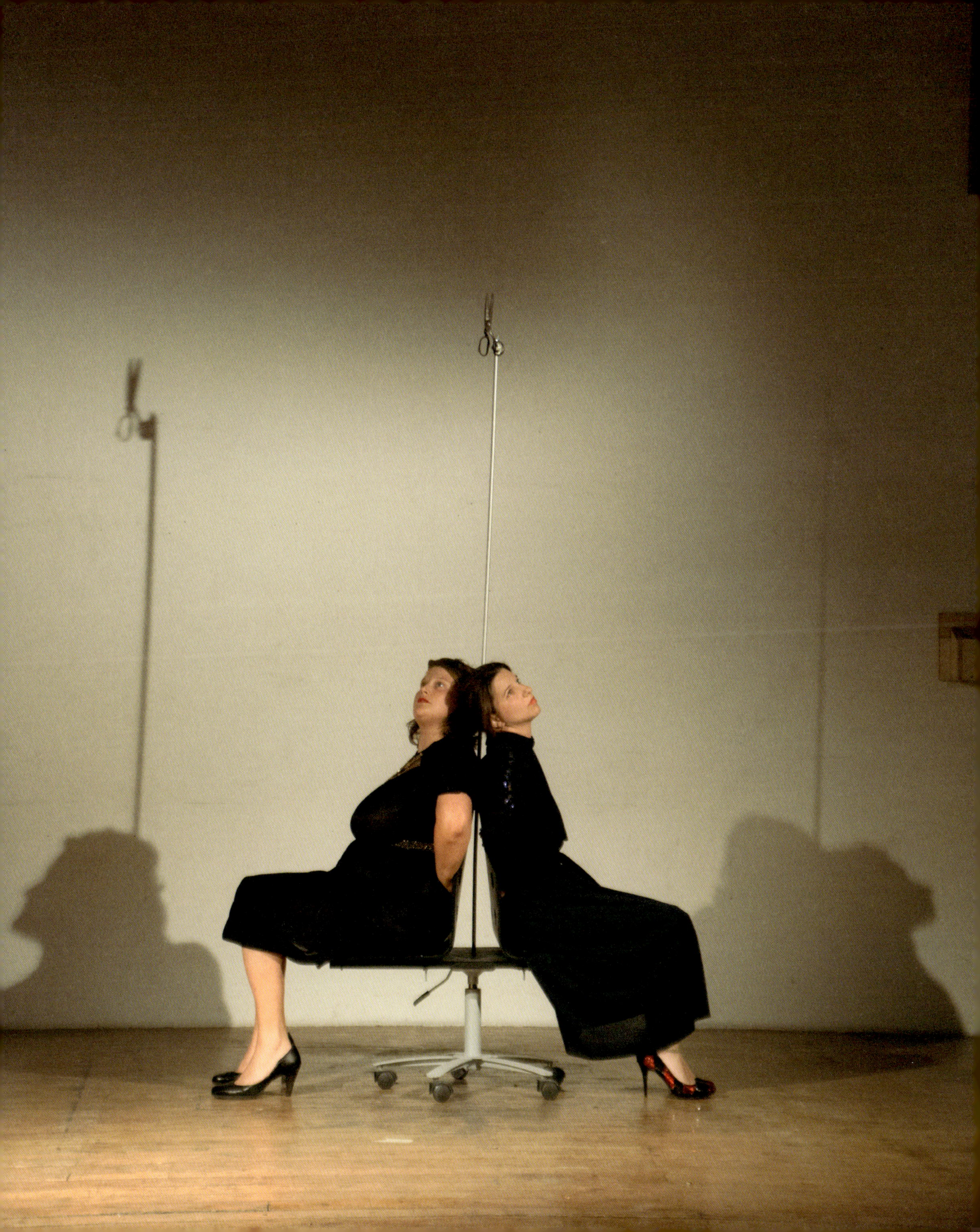

**MA MK: Magistratsabteilung für Männerkultur** In der Arbeit *MA MK: Magistratsabteilung für Männerkultur* werden die Besucher*innen in eine immersive Installation eingeladen, die wie eine herkömmliche, geradezu biedere Amtsstube eingerichtet ist. Darin befindet sich das sogenannte Magistrat für Männerkultur, in dem buerolesque Amtshandlungen vollzogen werden. Das Amt hat das Ziel, auch Männern eine sexuelle Selbstbestimmung zu ermöglichen. Um dies zu veranschaulichen, wird von den Performenden der sogenannte Er-Öffnungsakt vollzogen, bei dem sich alle Teilnehmenden zunächst registrieren und danach für eine lange und unbestimmte Zeit warten müssen. Während dieser Wartezeit werden Getränke wie etwa Eierlikör gereicht, die bewusst mit zweideutigen, sexualisierten Begriffen aufgeladen sind. Schließlich finden sich die Performenden – die sich für diese Aktion als das „Direktum" bezeichnen – in dem Büro ein. Auf zwei herkömmlichen Bürostühlen sitzen zwei Performer, die Performerinnen drehen die Bürostühle. Bei jeder Umdrehung entledigen sich die sitzenden Männer eines Kleidungsstücks, bis sie schließlich völlig entkleidet, nur mit einem Aktenordner zwischen den Beinen, vor dem Publikum sitzen. Im finalen Akt wird dieser geöffnet und das Geschlecht der männlichen Performer entblößt.

Immersive Installation, Performance mit vier Performenden, 120:00 min, Plakate, Postkarten, Formulare, Reliquien, 2013

**MD MC: Municipal Department for Male Culture** In the work *MA MK: Magistratsabteilung für Männerkultur* (Municipal Department for Male Culture), visitors are invited into an immersive installation that is set up like a conventional, downright staid office. Here we find the so-called Magistrate for Male Culture, where bureau-lesque official acts are executed. The office has the mission to grant sexual self-determination to men as well. To this end, the performers conduct the so-called "open-him" act, in which all participants must first register and then wait a long and indefinite period of time. During this wait, drinks such as eggnog are served, which are deliberately titled with ambiguous, sexualised references. Finally, the performers – who call themselves the "Direktum" ("Directorate") in this action – report for duty in the office. Two performers sit on customary office chairs; the female performers start spinning them. With each rotation, the seated men remove an article of clothing until they finally sit before the audience completely undressed, with only a file folder between their legs. In the final act, the folder is opened, and the sex of the male performers is exposed.

Immersive installation, performance with four performers, 120:00 min, posters, postcards, forms, relics, 2013

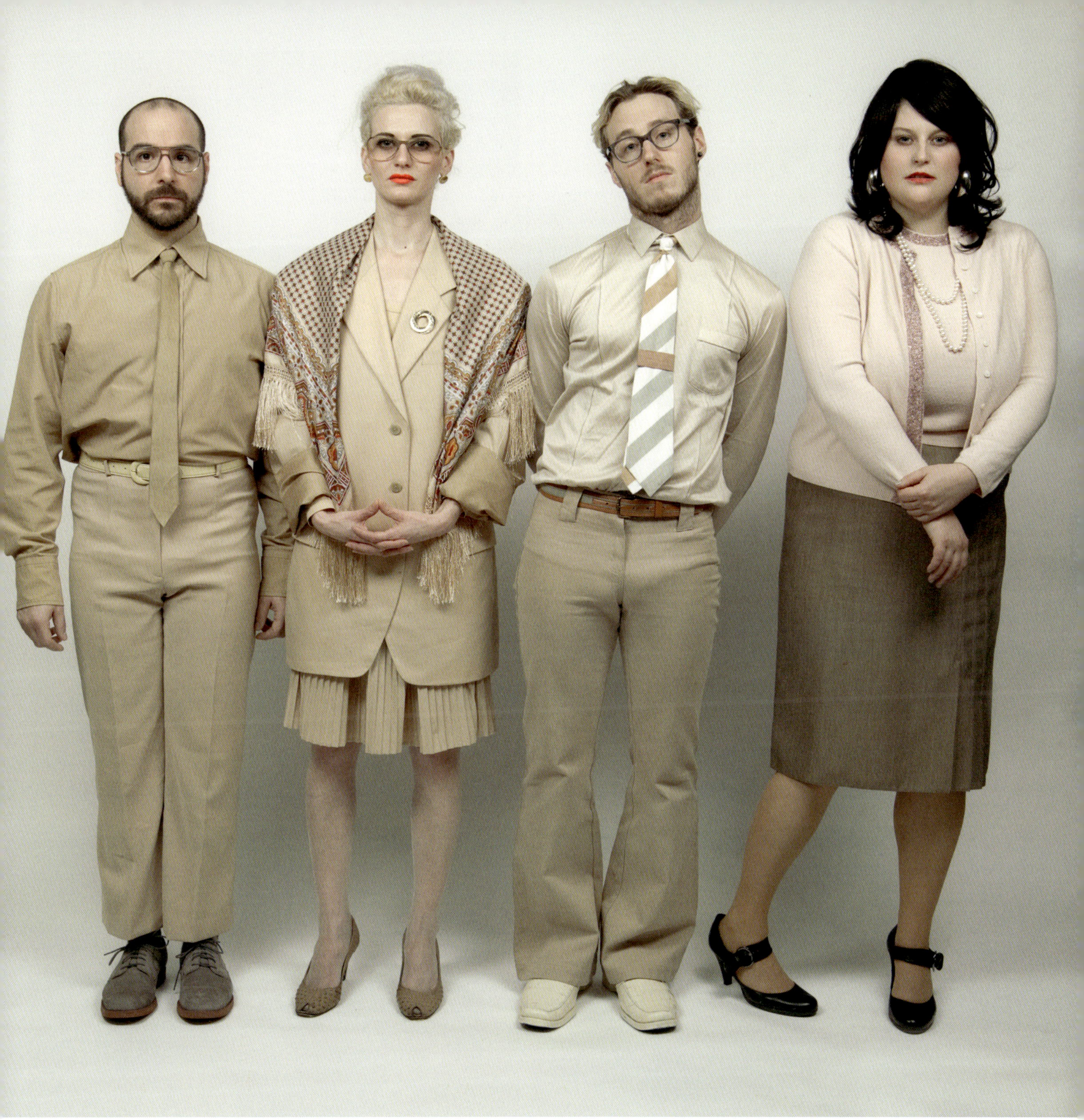

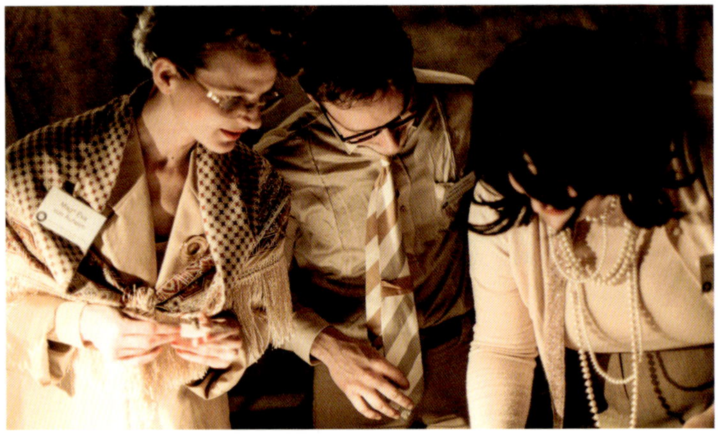

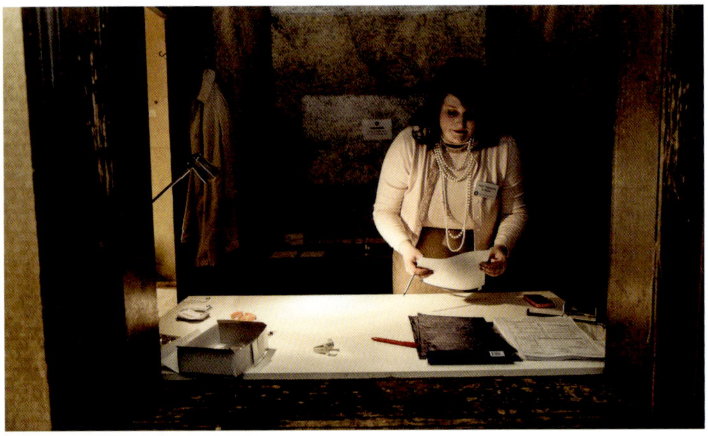

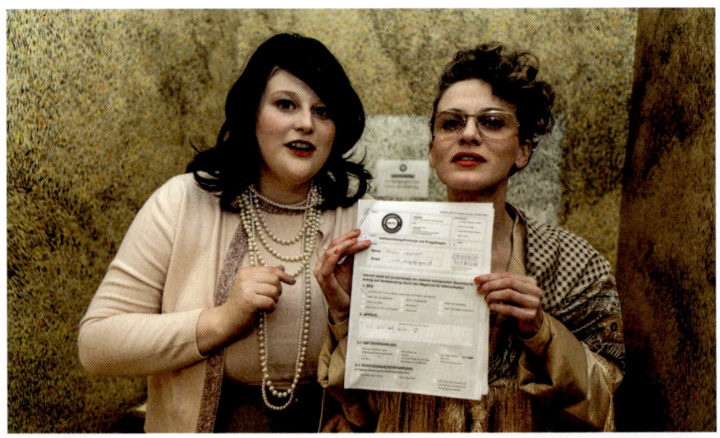

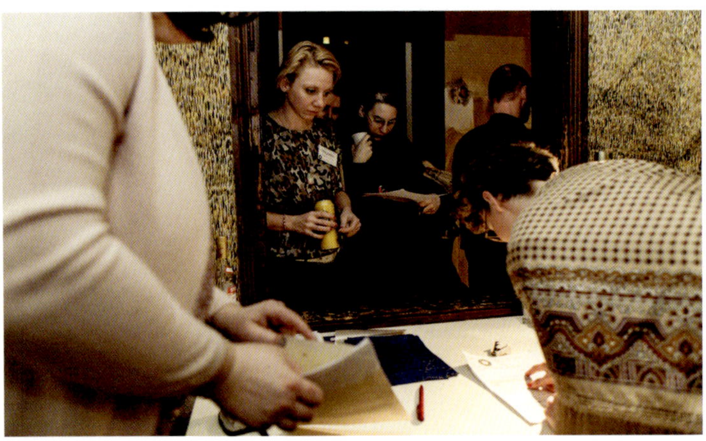

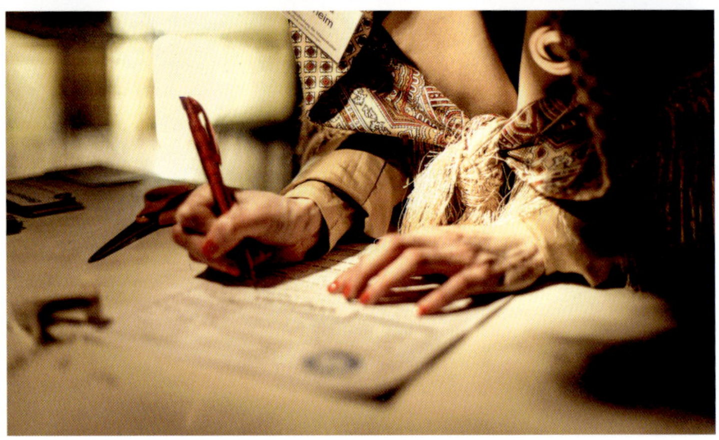

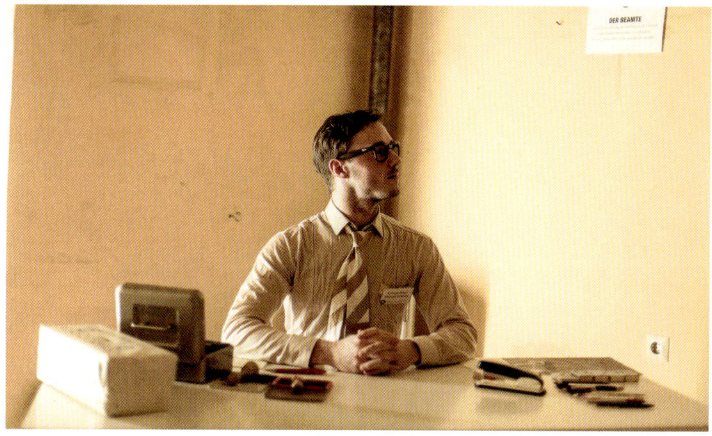

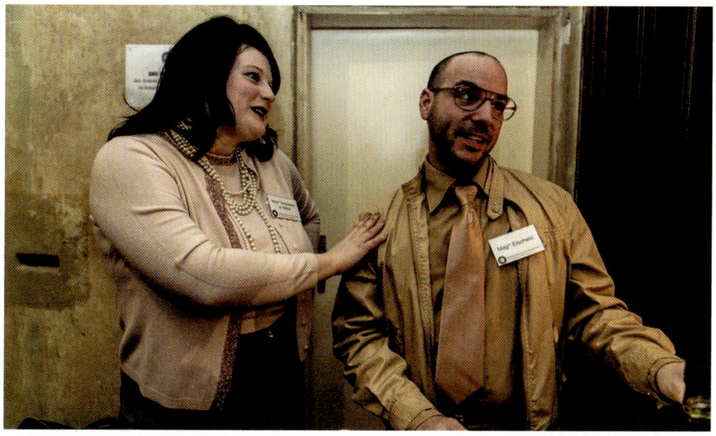

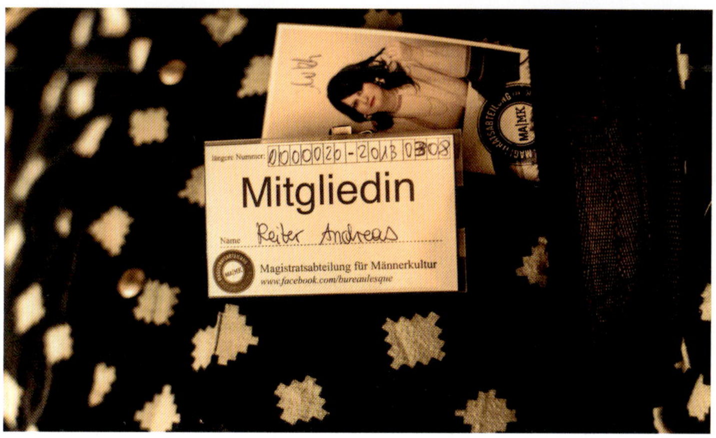
Mitgliedin
Name Reiber Andreas
Magistratsabteilung für Männerkultur
www.facebook.com/bureaulesque

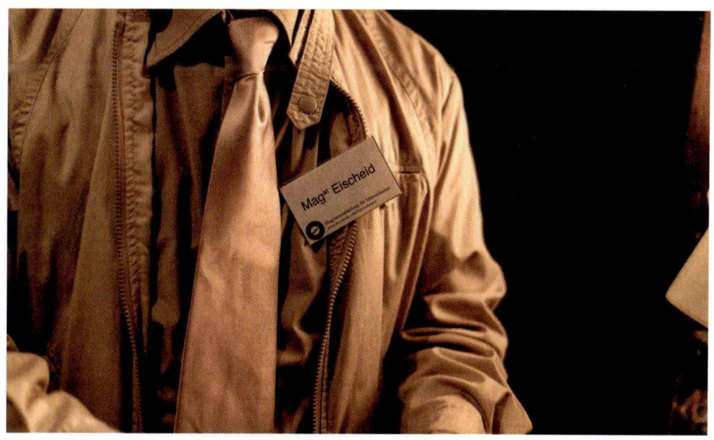
Magª Eischeid

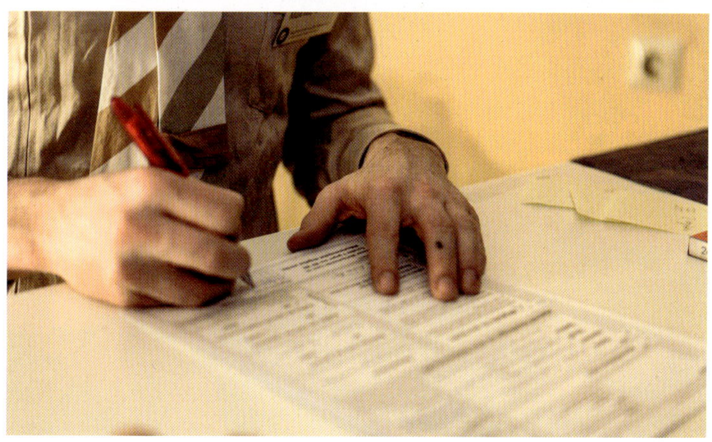

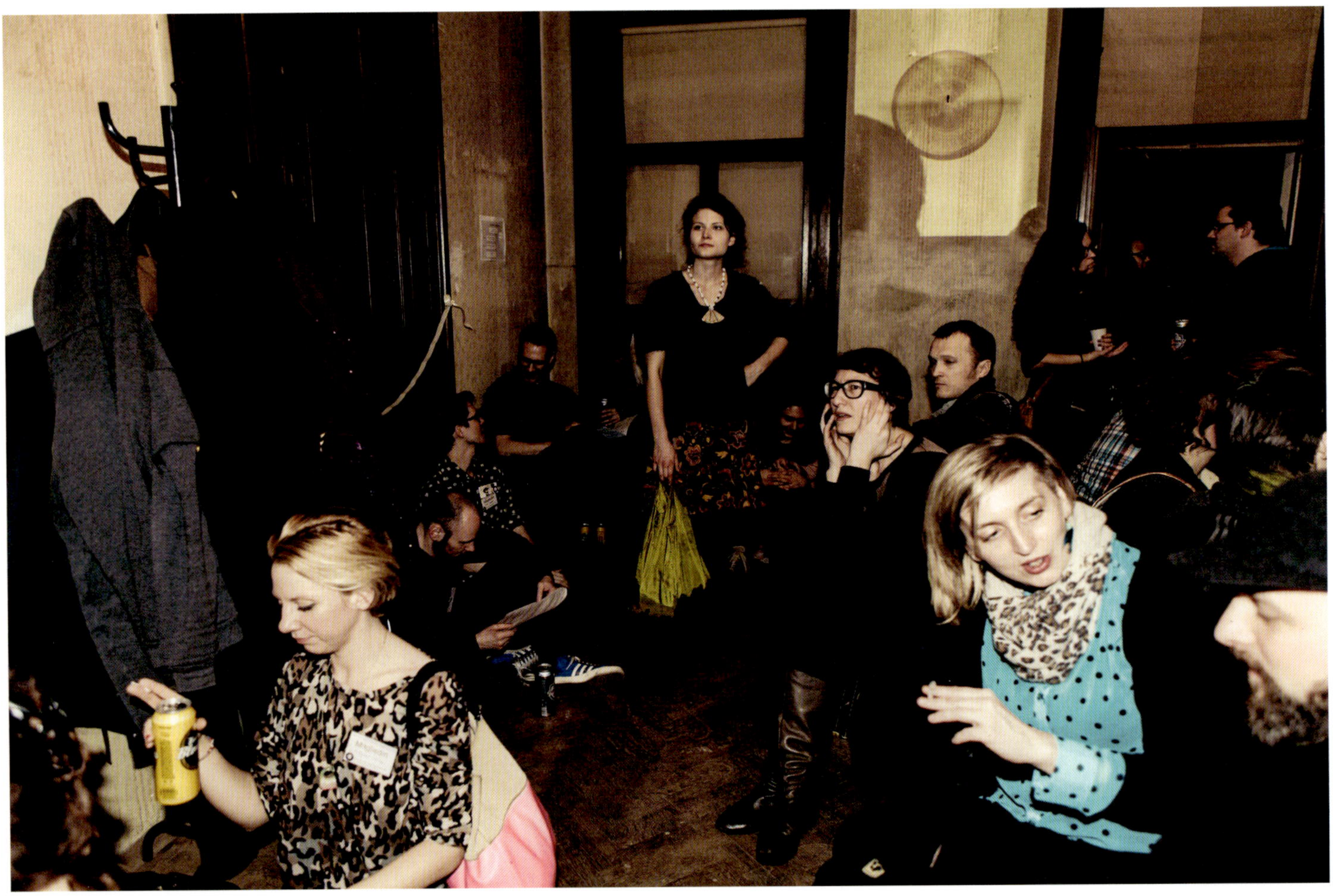

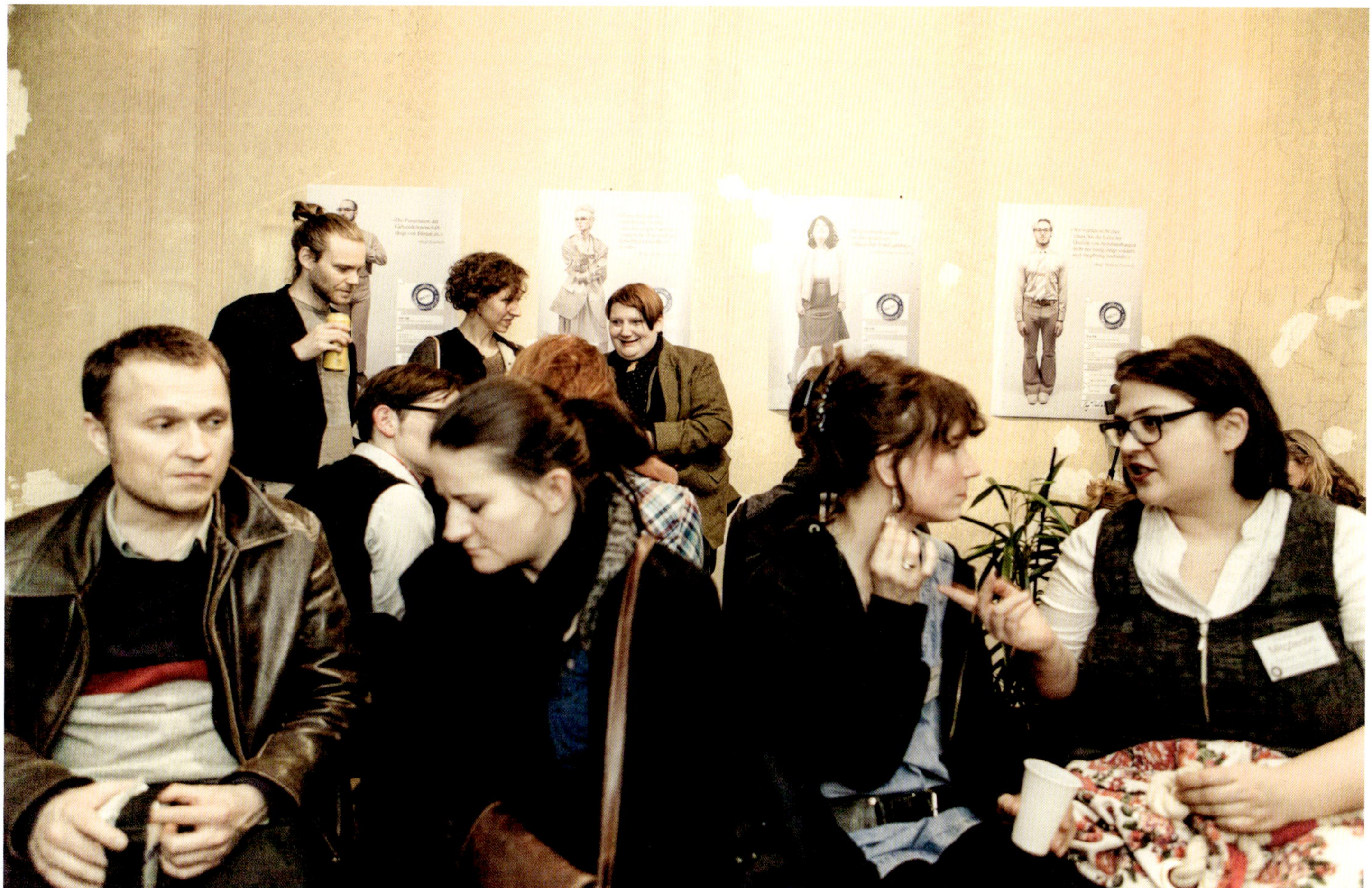

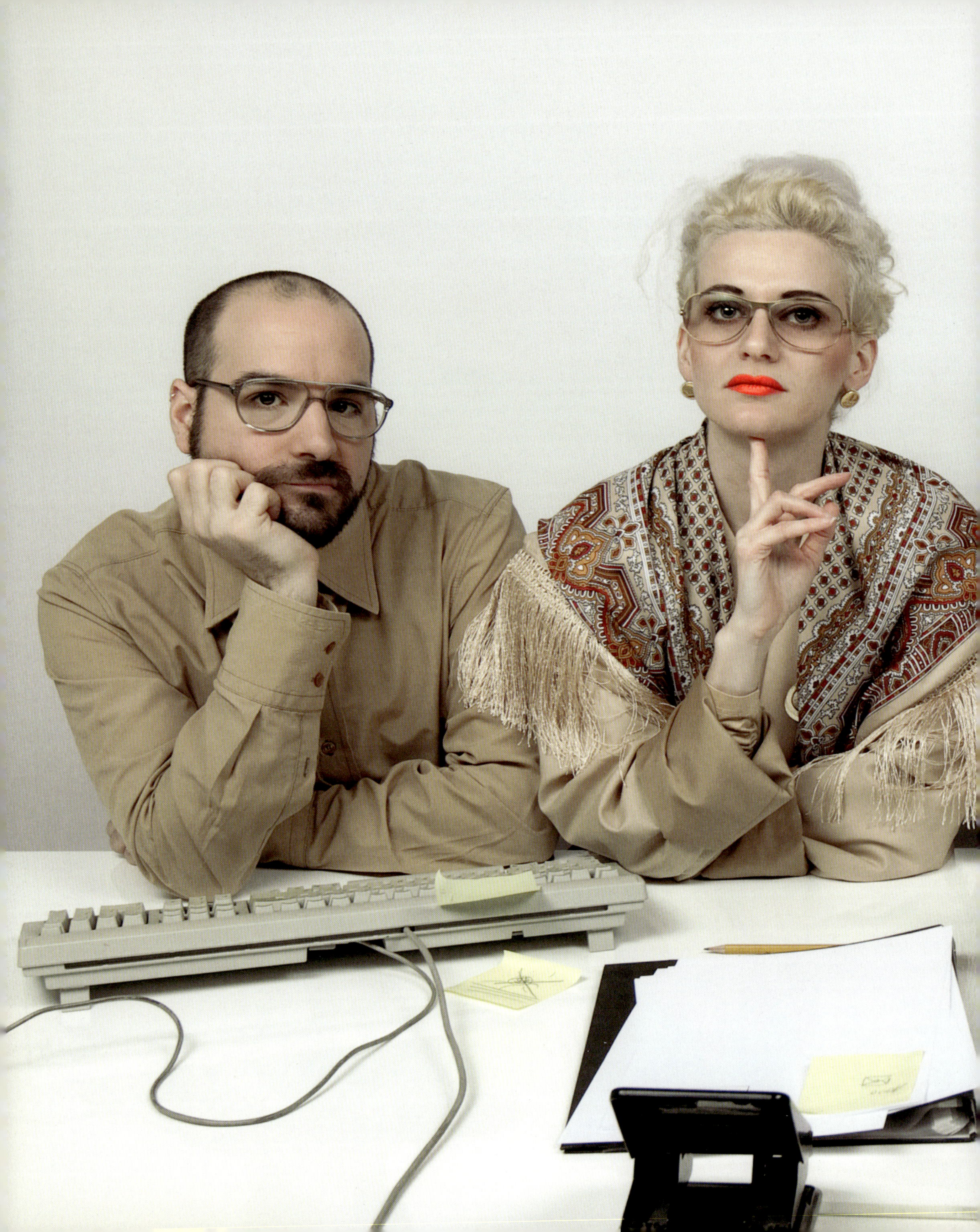

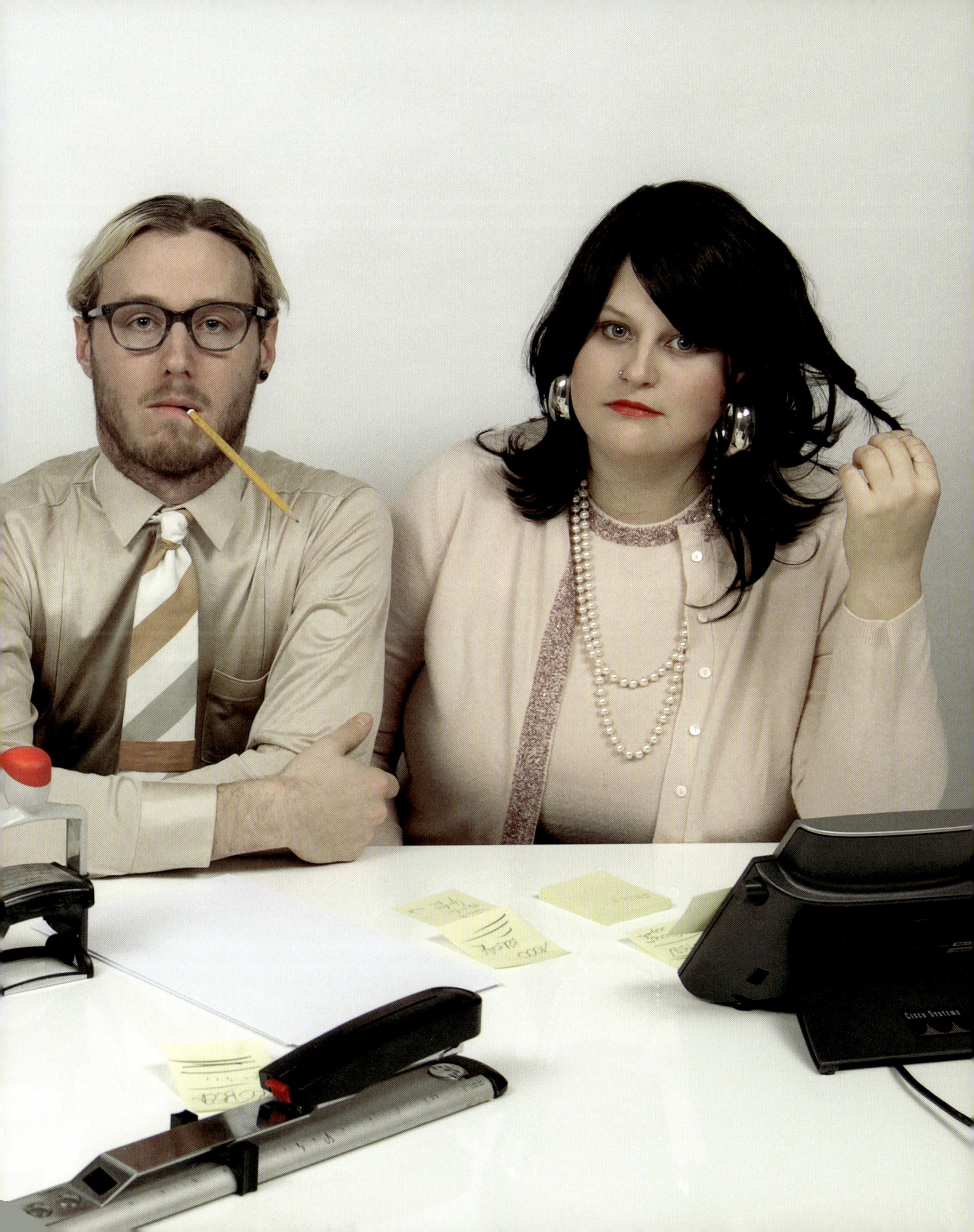
Cisco Systems

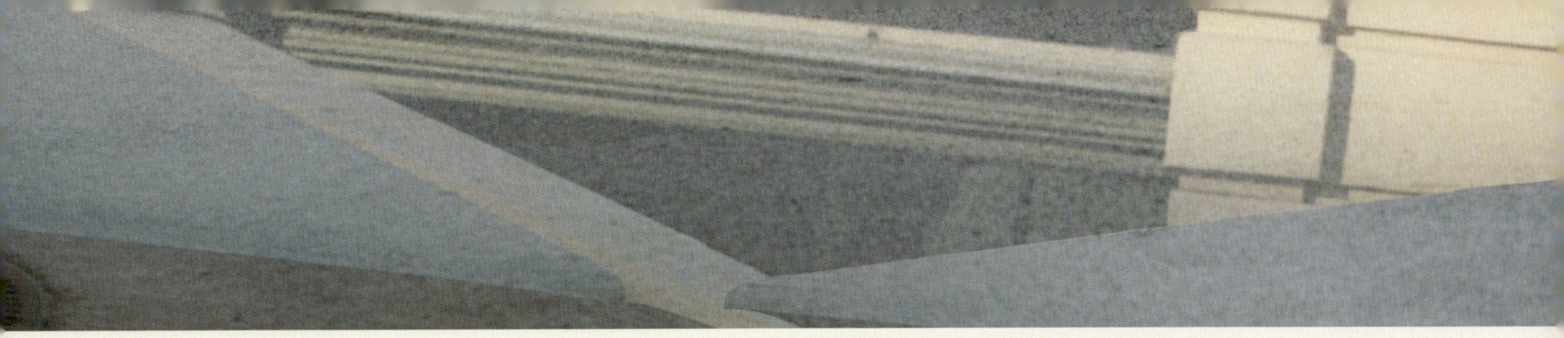

# WERTSCHÖPFUNGSKETTE

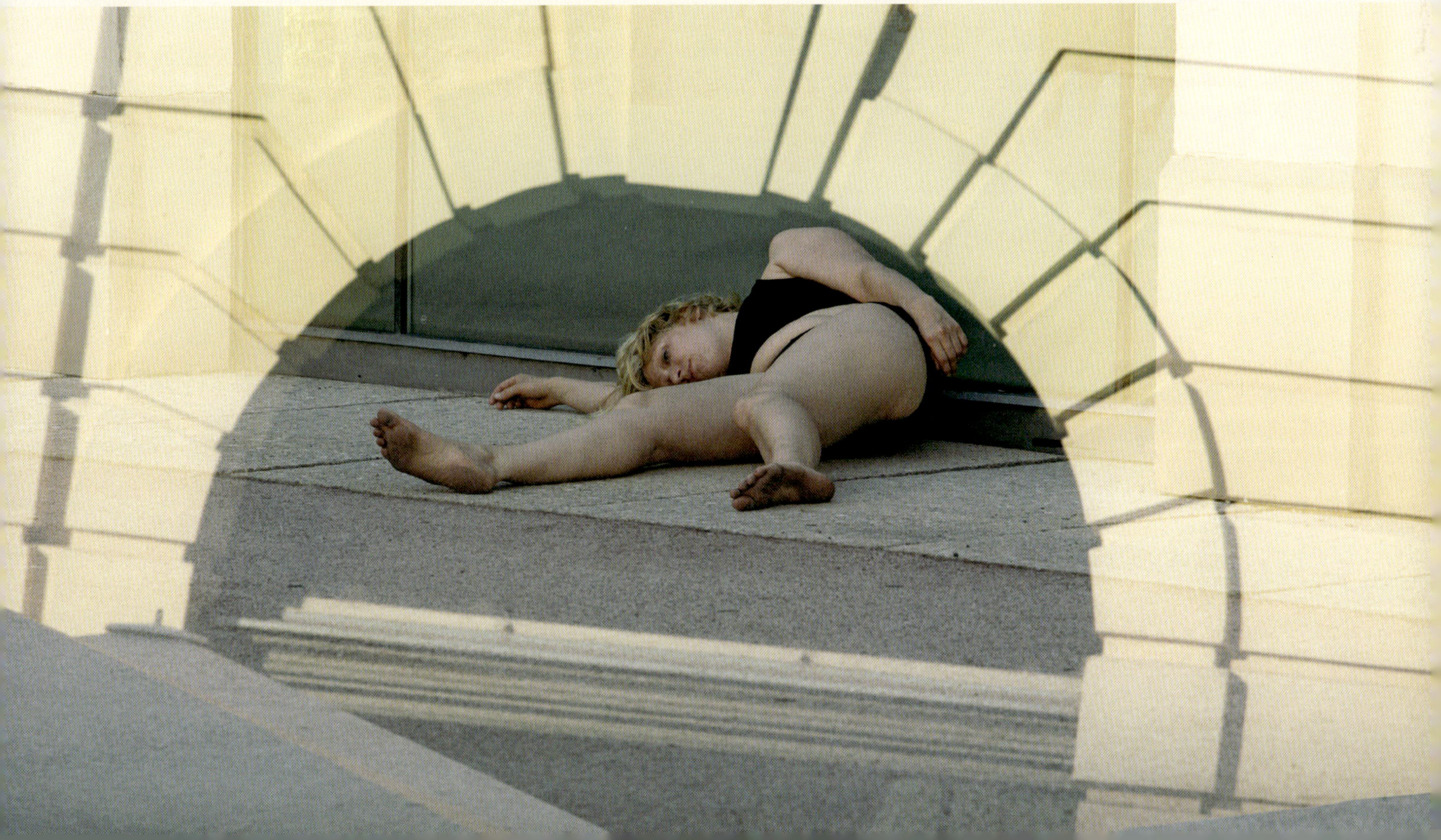

# VALUE-ADDED CHAIN

Die Arbeit *Wertschöpfungskette* gehört zu einer der ersten Performance-Reihen von Barbis Ruder und findet ausschließlich im öffentlichen Raum statt. In insgesamt sechs kurzen Einheiten setzt sich die Künstlerin mit Kapitalismuskritik auseinander, indem sie assoziative Handlungen aneinanderreiht und Raum für Spekulation gibt. Dabei wird dieser Werkzyklus in die *Primäraktivitäten* und die *Sekundäraktivitäten* geteilt. Die *Primäraktivitäten* sind Performances, die von der Künstlerin zunächst selbst (*1A–1F*) und dann mit weiteren Performenden (*2A–2F*) ausgeführt werden. Die *Sekundäraktivitäten* bestehen aus den Ausstellungsobjekten zu den Arbeiten.

PRIMÄRAKTIVITÄTEN

In der Performance *1A – Ring* schreitet die Performerin den Wiener Ring ab, und bei jedem Bankautomaten, der auf ihrem Weg liegt, begrüßt sie symbolisch den Schrein des Kapitalismus durch eine Kreisbewegung, die auf die religiöse Geste der Bekreuzigung referiert. Auch küsst sie den Geldautomaten oder kniet zu dessen Verehrung nieder. Die Verwendung des Geldes im kapitalistischen Sinne der Zirkulation wird hier durch eine gestische Prozession aufgenommen und ein Stück weit ad absurdum geführt. Den Zusammenhang zwischen institutionellem und finanziellem Erfolg von Kunstschaffenden thematisiert die Künstlerin in der Performance *1B – Kanon*. Von einem Kanon-Gesang begleitet, liegt eine Frau vor dem Eingang einer Galerie. Aus der Ferne erscheint sie nackt und schutzlos, beim Herantreten erkennt man, dass sie nicht etwa verwahrlost, sondern, ganz im Gegenteil, gestylt ist. Im Hintergrund türmen sich die Museumsbauten Wiens als Trutzburg auf. In den Sequenzen *1C – Schutz*, *1D – Wechsel*, *1E – Bruch* und *1F – Attacke* bearbeitet die Performerin unter unterschiedlichen Bedingungen ihren Körper und nutzt assoziative Elemente aus der Pop- und Performance-Kultur. Sie übt auf ihren Bauch Faustschläge aus und will dabei eigentlich Luftballons zum Platzen bringen (*1C – Schutz*). Unter erschwerten Bedingungen, weil sie einen Trichter über dem Kopf trägt, versucht sie sich Kleidungsstücke anzuziehen, da sie nur in Unterwäsche im öffentlichen Raum steht (*1D – Wechsel*). Zu den Klängen von Violinenmusik malt sich die Performerin schwarze Striche von den Füßen bis hin zum Schoß auf die Haut. Wenn keine Farbe auf dem Tuscheträger mehr vorhanden ist, malt sie die Linie mit Striemen fort, die in rote Acrylfarbe übersetzt werden. Am Ende wird sie mit 10-Cent-Stücken belohnt, die in ihren Mund fallen (*1E – Bruch*). Wie Nachtfalter vom Licht angezogen werden, so wird die Performerin von einer leuchtenden, sich drehenden Litfaßsäule angelockt, gegen die sie enthusiastisch springt. Doch die Säule lässt sie abblitzen, und so fällt sie wie ein toter Falter zu Boden (*1F – Attacke*).
Die zweite Stufe der *Primäraktivitäten* sind die Liveperformances, die nun nicht mehr nur von Barbis Ruder allein ausgeführt werden, sondern gemeinsam mit jeweils vier bis fünf Performer*innen. Die einzelnen Aktionen *2A* bis *2E* wurden wie eine Kette von Ereignissen aneinandergereiht und in einem konstanten Performance-Strom an unterschiedlichen Orten um den Kunstraum Niederoesterreich in Wien durchgeführt. In der Aktion *2A – Ring* schreitet das Publikum gemeinsam mit den Performenden den Wiener Ring ab. *2B – Kanon*: Währenddessen schläft eine Performerin bereits vor der Galerie, die auf dem Wiener Ring liegt, und wird dann von einer der *2A – Ring*-Performerinnen aufgeweckt. Diese legt sich daraufhin auf den Platz vor der Galerie. Zwei andere Performerinnen singen im Kanon. Nach und nach beginnen die weiteren

Performerinnen sich in der liegenden Position vor der Galerie abzulösen, während von den anderen Performenden der Kanon gesungen wird. Dies wird so lange durchgeführt, bis alle Performenden vor der Galerie gelegen haben, dann abgelöst wurden und schließlich in den Schutzraum des Kunstraumes eintreten können. *2C – Schutz*: Im Kunstraum angekommen, steigen die Performerinnen auf einzelne Podeste. Dort sind bereits Luftballons vorbereitet, die die Performerinnen an vermeintlichen Schwachstellen ihrer Körper befestigen und durch Faustschläge zum Platzen bringen. Es fallen Glitter, Edelsteine und Perlen, mit denen die Luftballons gefüllt waren, zu Boden. *2D – Wechsel*: Nun wechseln die Performerinnen den Ort des Kunstraums. Am Fenster stehend, stülpen sie sich den Trichter auf den Kopf und versuchen, mit dieser Behinderung möglichst elegant die bereitliegende Kleidung anzuziehen. *2E – Bruch*: Zwei Performerinnen spielen ein Stück auf einer Violine. Im Takt des Musikstücks, das zum Teil durch schiefe Töne gestört wird, versuchen drei Performerinnen mit Tusche und Füllfedern Linien zu zeichnen, die vom Boden über die Wand laufen. Sobald die Tusche aufgebraucht ist, ist nur noch das Kratzen der Federn an der Wand zu hören. Schließlich heben die Performerinnen eine Malende hoch, damit diese möglichst weit oben rote Acrylfarbe mit den Händen gegen die Wand pressen kann. Zuletzt werfen alle Performerinnen einen Teil des symbolischen Preisgelds in 10-Cent-Stücken gegen die Wand, und das Geld verteilt sich am gesamten Boden des Kunstraums. *2F – Attacke*: Fünf Performer*innen sitzen aufgereiht in einer Galerie. Ein Kunsttransporter rollt an, und die Performenden werden einzeln in den Transporter verladen. Der Transporter fährt nun verschiedene Kunstinstitutionen in Wien an. Dort angekommen, öffnen sich die Türen. Die Performer*innen schreien laut: „Attacke" und versuchen das Museum zu stürmen. Dort prallen sie gegen die verschlossene Glastür der jeweiligen Kunstinstitution und bleiben am Boden liegen. Die Kunsttransporteure sammeln sie einzeln wieder ein und fahren sie zur nächsten Institution. Dieser Vorgang wiederholt sich einige Male.

SEKUNDÄRAKTIVITÄTEN

Die *Videoskulptur* zeigt auf insgesamt sechs Screens, die in eine Architektur eingebettet sind, die Videos, die während der *Primäraktivitäten* auf Video festgehalten wurden. Das Spiegel-Trichter-Objekt ist das Relikt aus der Performance *1D – Wechsel*. Es besteht aus einem Paravent-Spiegel, dem Trichter für den menschlichen Kopf sowie den verwendeten Kleidungsstücken.

The work *Value-Added Chain* counts among Barbis Ruder's first performance series and was conceived exclusively for public space. In a total of six short sequences, the artist conveys a critique of capitalism by stringing together associative actions that leave space for speculation. This work cycle is divided into *Primary* and *Secondary Activities*: the first are performances executed by the artist herself (*1A–1F*) and afterwards togehter with other performers (*2A–2F*); the latter consist of exhibition objects related to the works.

PRIMARY ACTIVITIES

In the performance *1A – Ring*, the performer walks along Vienna's Ringstrasse. At each cash machine that lies in her path, she symbolically hails the shrine of capitalism with a circular movement that refers to the religious gesture of crossing oneself. She then kisses the cash machine or kneels down to worship it. The works reflects on the flow of money in the capitalist spirit of circulation in a gestural procession taken to absurdity. The connection between the institutional and financial success of artists is the subject of the performance *1B – Canon*. Accompanied by a canon chant, a woman lies in front of the entrance to a gallery. From a distance, she appears to be naked and unprotected; upon closer inspection, one realises that she is not unkempt but, on the contrary, quite thoroughly styled. In the background, Vienna's museum buildings surge up like a fortress. In the sequences *1C – Protection*, *1D – Change*, *1E – Break*, and *1F – Attack*, the performer uses her body as a tool in diverse situations, invoking associative elements from pop and performance culture. For instance, she punches herself in the stomach with her fists, while actually trying to burst balloons (*1C – Protection*). Under difficult conditions – wearing a funnel over her head – she struggles to put on clothes, as she is standing in public space in just her underwear (*1D – Change*). To the sound of violin music, the performer paints black lines on her skin, from her feet up to her thighs. When there is no more paint on the brush, she continues the lines with welts, which are smeared with red acrylic paint. In the end, she is rewarded with 10 cent coins that fall into her mouth (*1E – Break*). Like moths attracted to light, the performer is drawn to a glowing, rotating advertising column, which she jumps against enthusiastically. But the unimpressed column ignores her, and she falls to the ground like a dead butterfly (*1F – Attack*).

The second stage of *Primary Activities* is live performances, which are now no longer performed by Barbis Ruder alone but together with four to five performers each. The individual actions *2A* to *2E* were strung together like a chain of events and performed in a continuous performance stream at different locations around Kunstraum Niederoesterreich in Vienna.

In the action *2A – Ring*, the audience walks along the Ringstrasse together with the performers. *2B – Canon*: Meanwhile, a performer is already asleep in front of a gallery on the Ringstrasse, who is then woken by one of the *2A – Ring* performers. The latter then lies down on the spot in front of the gallery. Two other performers sing in canon. One by one, the other performers begin to take turns lying down in front of the gallery while the canon is continued by the other performers. This is done until all performers have lain in front of the gallery and finally can enter the shelter of the art space. *2C – Protection*: Upon entering the art space, the performers climb onto

pedestals in the room. Balloons have been prepared for the performers, who attach them to apparent weak points of their bodies and punch them until they burst. Glitter, gems, and pearls contained in the balloons flutter to the floor. *2D – Change*: Now the performers change their positions in the art space. Standing at the window, they put funnels over their heads and try to get dressed in the provided clothes as elegantly as possible despite the obstacle. *2E – Break*: Two performers play a piece on violin. In time with the music, which is partly disturbed by off-key notes, three performers draw lines with ink and fountain pens from the floor up the wall. Once the ink runs out, only the scratching of the nibs on the wall can be heard. Then the performers lift one painter up so that she can press red acrylic paint against the wall with her hands as far as she can reach. Finally, all performers throw part of the symbolic prize money in 10 cent coins against the wall, and the money spreads out across the floor of the art space. *2F – Attack*: Five performers sit lined up in a gallery. An art transporter rolls up, and the performers are loaded into the van one by one. Then it sets off to various art institutions in Vienna. The doors open upon arrival. The performers scream: "Attack!" and try to storm the museum. But they crash against the closed glass door of the respective art institution and fall to the ground. The art transporter picks them up one by one and drives them to the next institution. This process is repeated several times.

## SECONDARY ACTIVITIES

On six screens embedded in an architectural setting, the *Video Sculpture* shows film clips made over the course of the Primary Activities. The mirror-funnel object is the relic from the performance *1D – Change*. It consists of a paravent mirror, the funnel for the human head, and the clothes used by the performer.

**Primäraktivitäten** Die *Primäraktivitäten* sind Performances, die intime Situationen in der Öffentlichkeit zeigen. Dabei sind die Aktivitäten der Serie *1A–1F* als Videoarbeiten umgesetzt. Die Serie *2A–2E* war eine Liveperformance, die am 4. September 2014 im Rahmen des H13 Performancepreises Kunstraum Niederoesterreich 2014 gezeigt wurde. Die Performance *2F* wurde anlässlich der Vienna Biennale 2015 am 5. Juli 2015 durchgeführt.

**Primary Activities** *Primary Activities* consist of performances that portray intimate situations in public. While the activities in the series *1A–1F* were realised as video works, the series *2A–2E* took place as a live performance on September 4, 2014, as part of the H13 Lower Austria Prize for Performance at Kunstraum Niederoesterreich. The performance *2F* was presented on July 5, 2015, on the occasion of the Vienna Biennale.

1A – Ring

Video mit Ton,
1920 × 1080 HD,
01:30 min, 2013

1B – Kanon

Video mit Ton,
1920 × 1080 HD,
03:40 min, 2013

1C – Schutz

Video mit Ton,
1920 × 1080 HD,
01:06 min, 2014

1D – Wechsel

Video mit Ton,
1920 × 1080 HD, 03:16 min,
Spiegelobjekt, Trichter,
Kleidung, Maße variabel,
2014

1E – Bruch

Video mit Ton,
1920 × 1080 HD,
02:42 min, 2014

1F – Attacke

Video mit Ton,
1920 × 1080 HD,
01:08 min, 2014

2A – Ring

Performance mit
vier Performenden,
ca. 15:00 min, 2014

2B – Kanon

Performance mit
fünf Performenden,
ca. 20:00 min, 2014

2C – Schutz

Performance mit
fünf Performenden,
ca. 05:00 min, 2014

2D – Wechsel

Performance mit
fünf Performenden,
ca. 07:00 min, 2014

2E – Bruch

Performance mit
fünf Performenden,
ca. 03:30 min, 2014

2F – Attacke

Performance mit
acht Performenden,
Kunsttransport,
ca. 180:00 min, 2015

1A – Ring

Video with sound,
1920 × 1080 HD,
1:30 min, 2013

1B – Canon

Video with sound,
1920 × 1080 HD,
3:40 min, 2013

1C – Protection

Video with sound,
1920 × 1080 HD,
1:06 min, 2014

1D – Change

Video with sound,
1920 × 1080 HD, 3:16 min,
mirror object, funnel,
clothes, variable
dimensions, 2014

1E – Break

Video with sound,
1920 × 1080 HD,
2:42 min, 2014

1F – Attack

Video with sound,
1920 × 1080 HD,
1:08 min, 2014

2A – Ring

Performance with
four performers,
ca. 15:00 min, 2014

2B – Canon

Performance with
five Performenden,
ca. 20:00 min, 2014

2C – Protection

Performance with
five performers,
ca. 5:00 min, 2014

2D – Change

Performance with
five performers,
ca. 7:00 min, 2014

2E – Break

Performance with
five performers,
ca. 3:30 min, 2014

2F – Attack

Performance with
eight performers,
art transporter van,
ca. 180:00 min, 2015

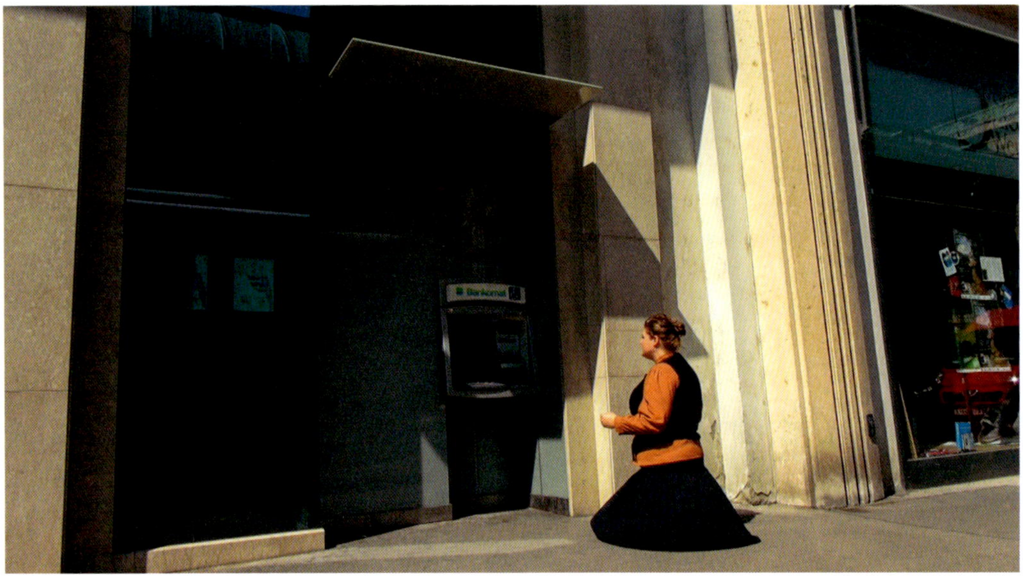

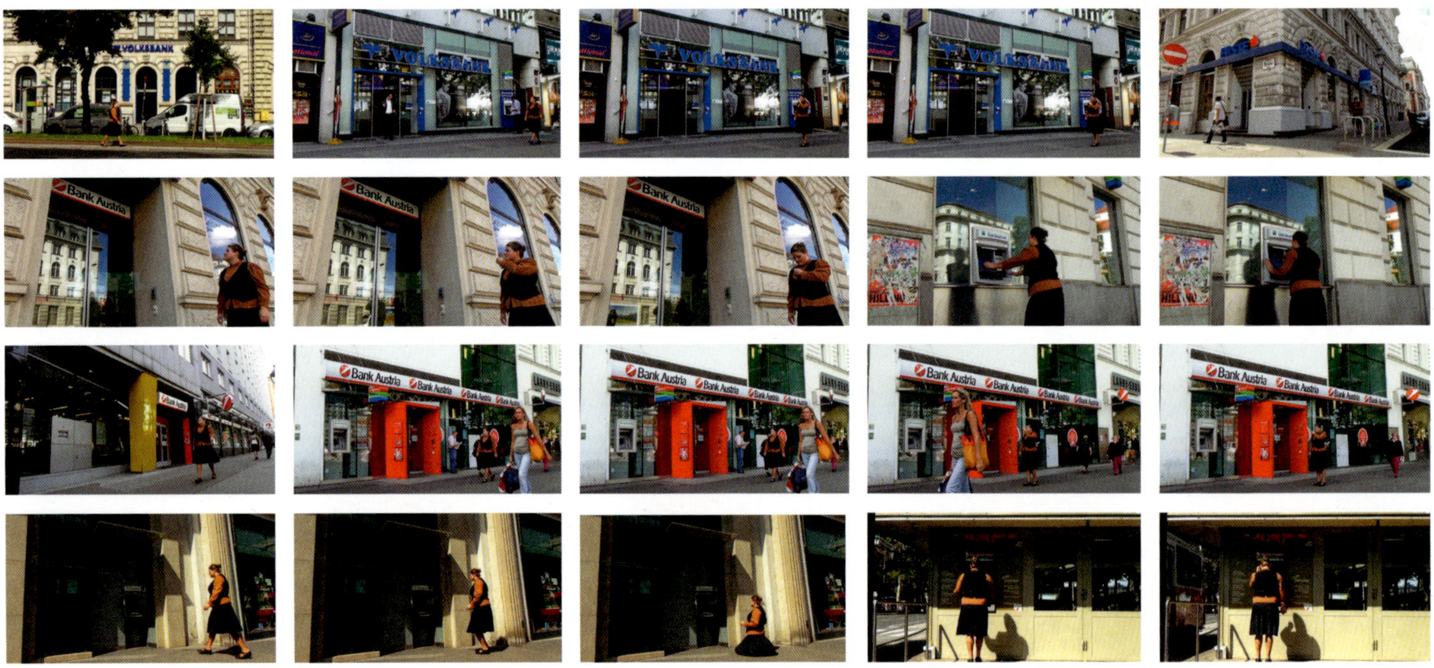
VOLKSBANK
Bank Austria

*Erzähl' mir von den Bergen*
*Erzähl' mir von den Seen*
*Dort drüben möchte ich sterben*
*Mit der Sonne untergehen*

*Tell me about the mountains*
*Tell me about the lakes*
*This is where I would like to die*
*Going down with the sun*

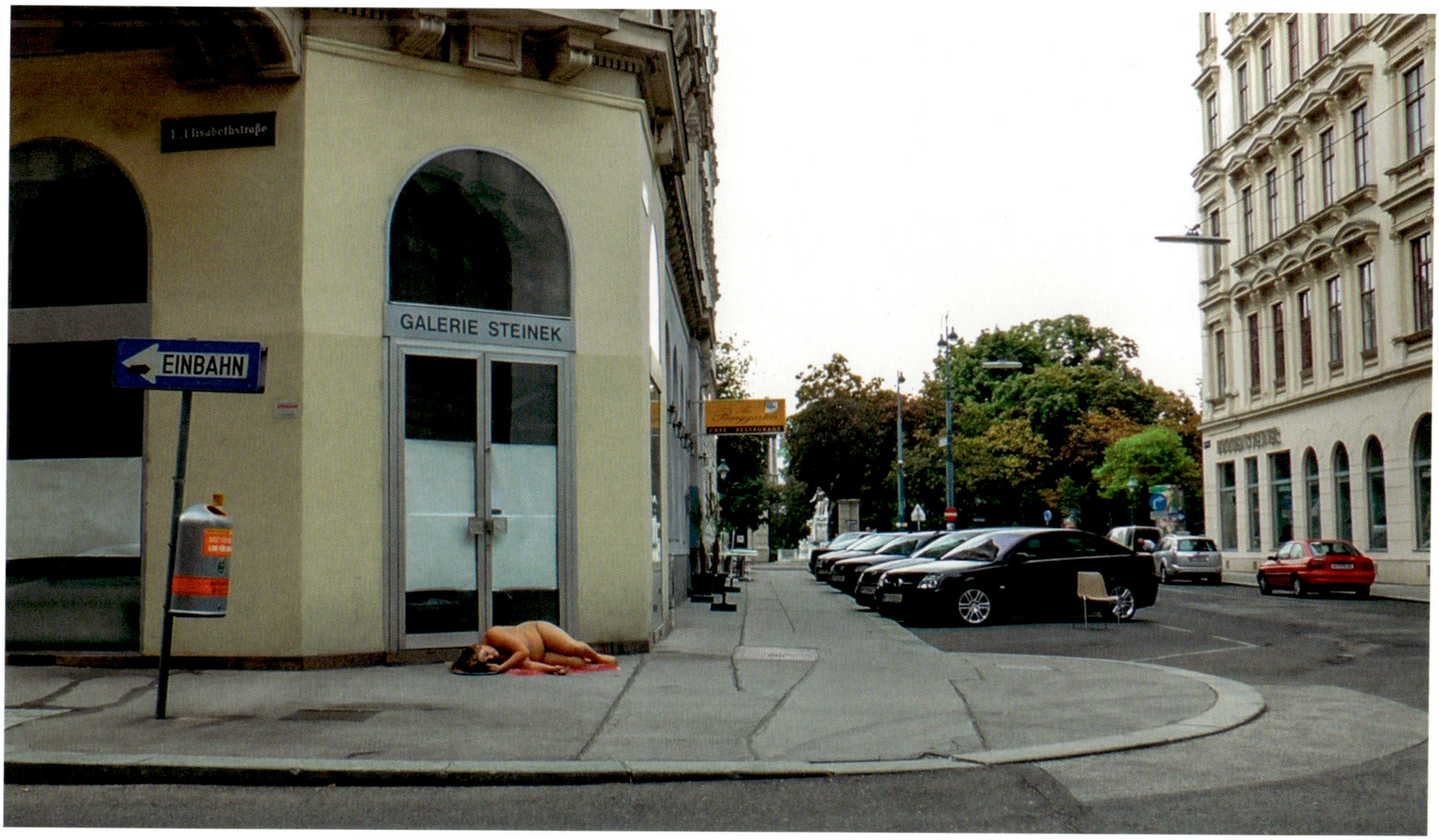

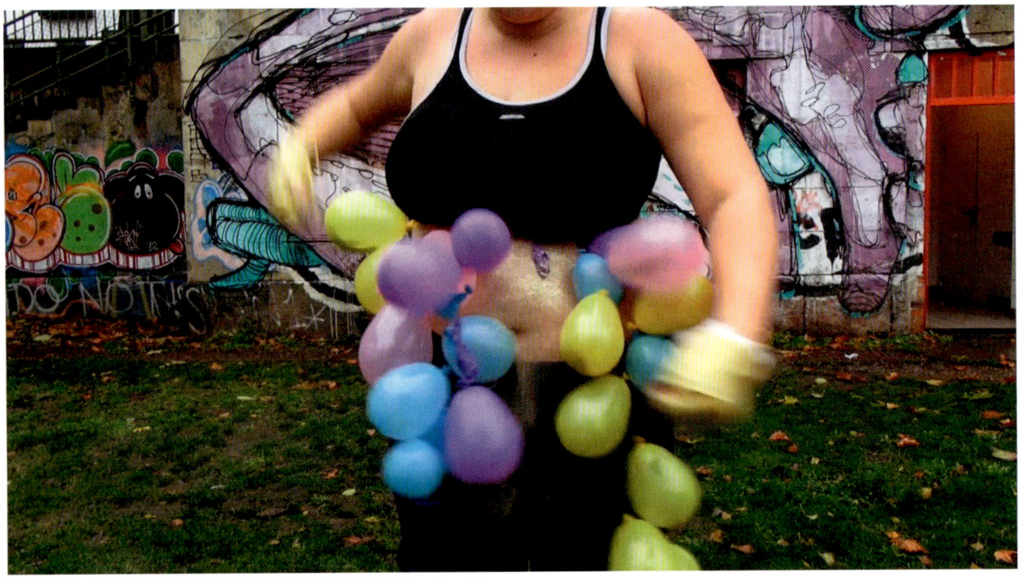

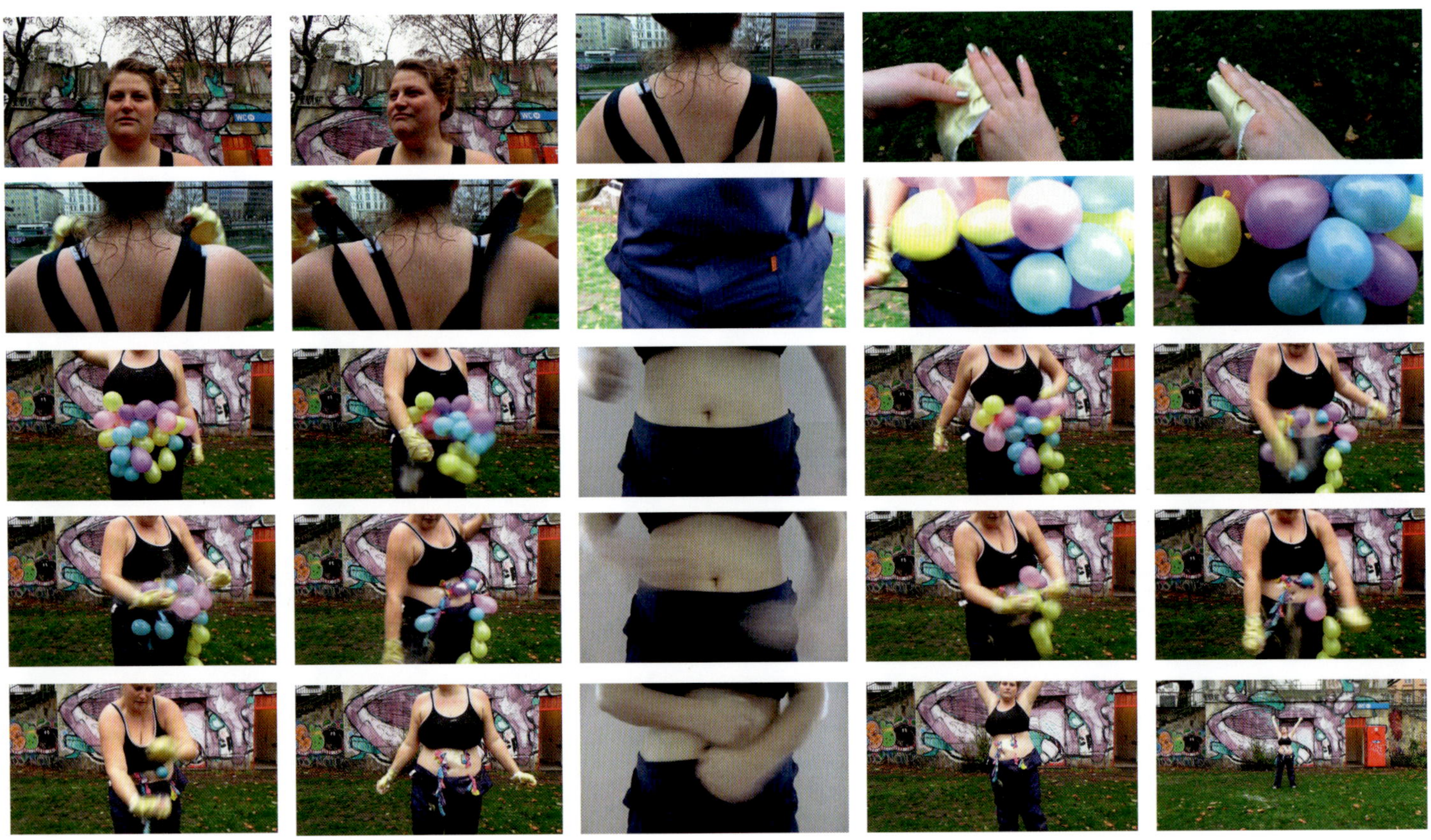

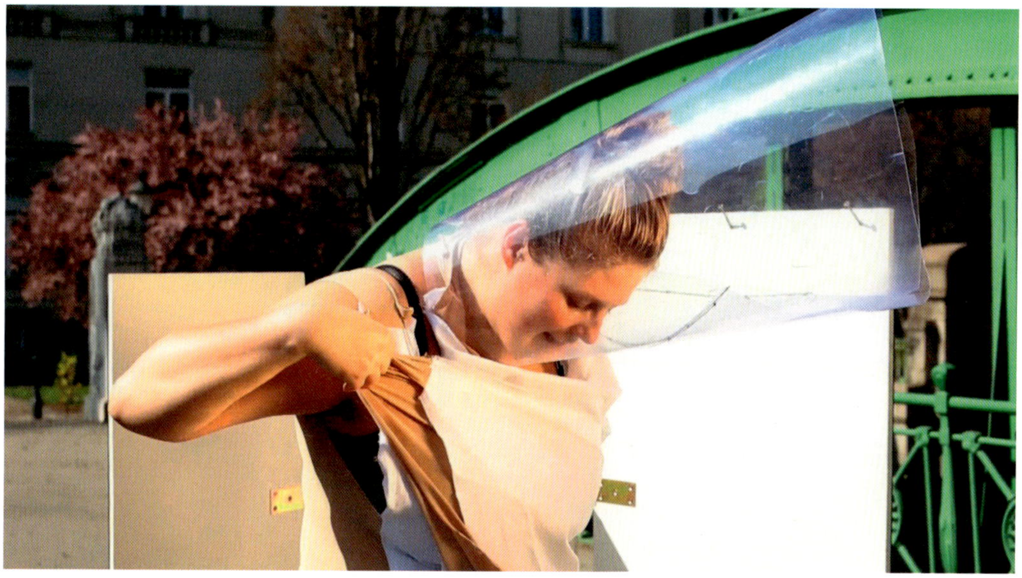

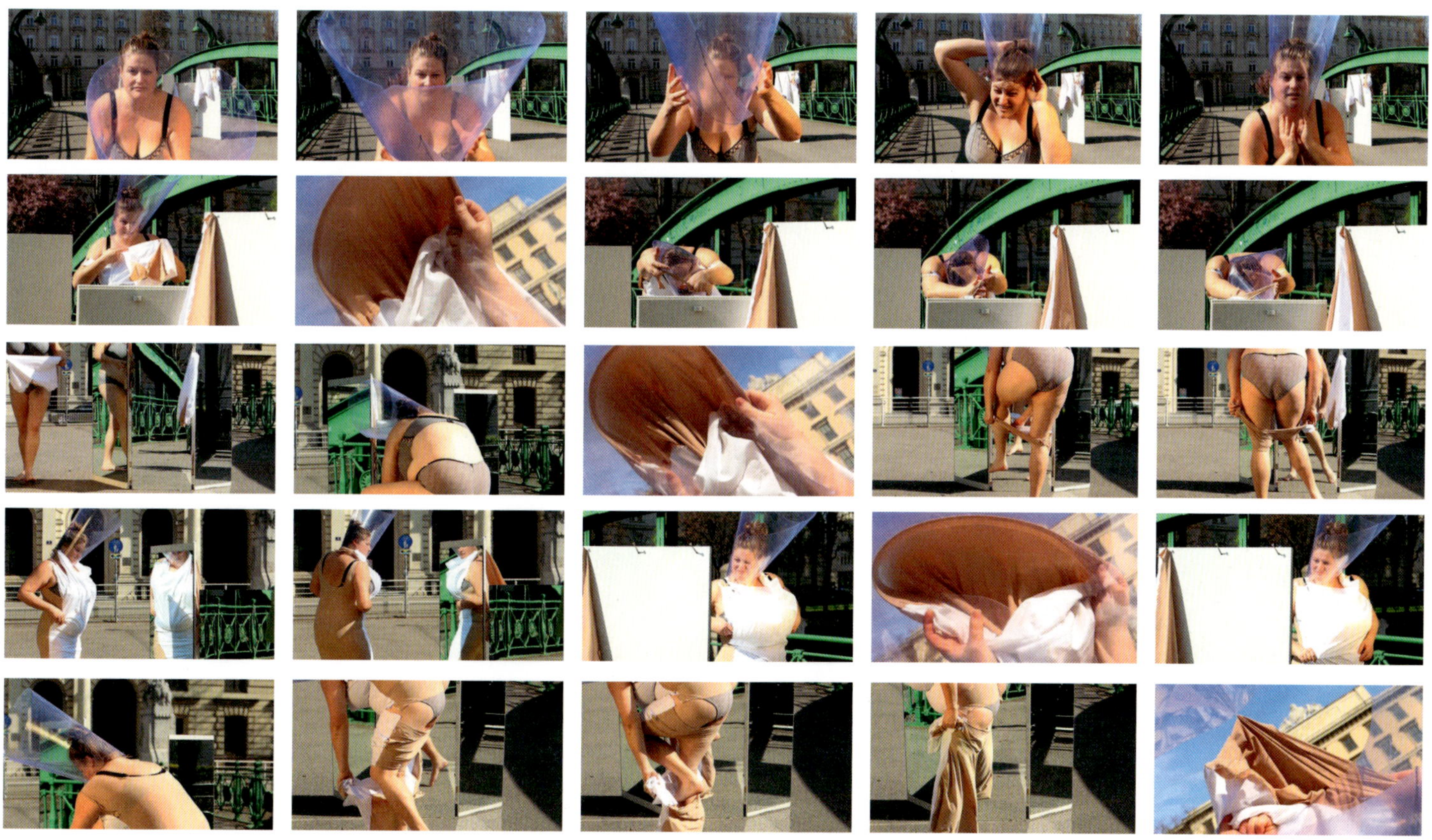

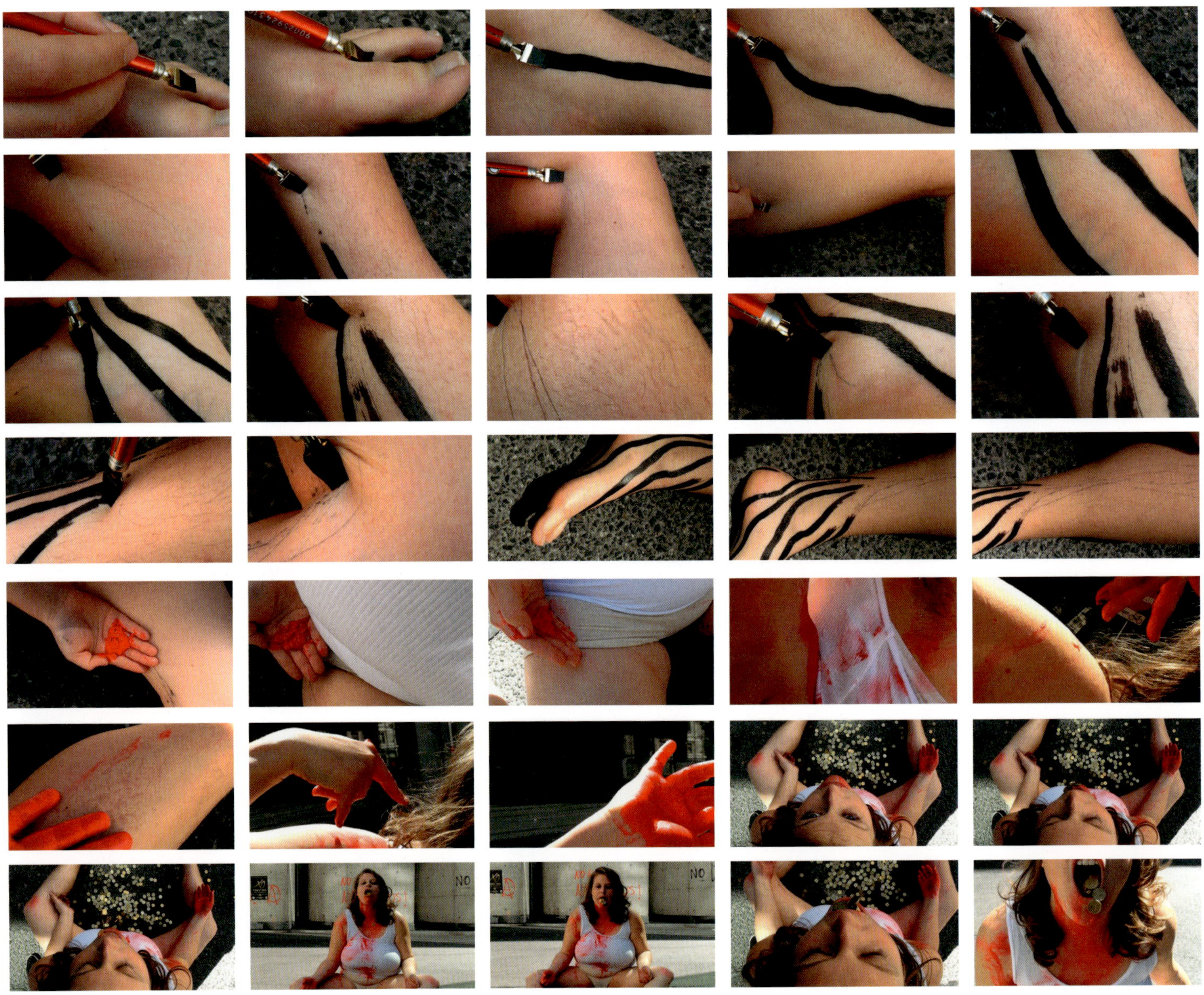

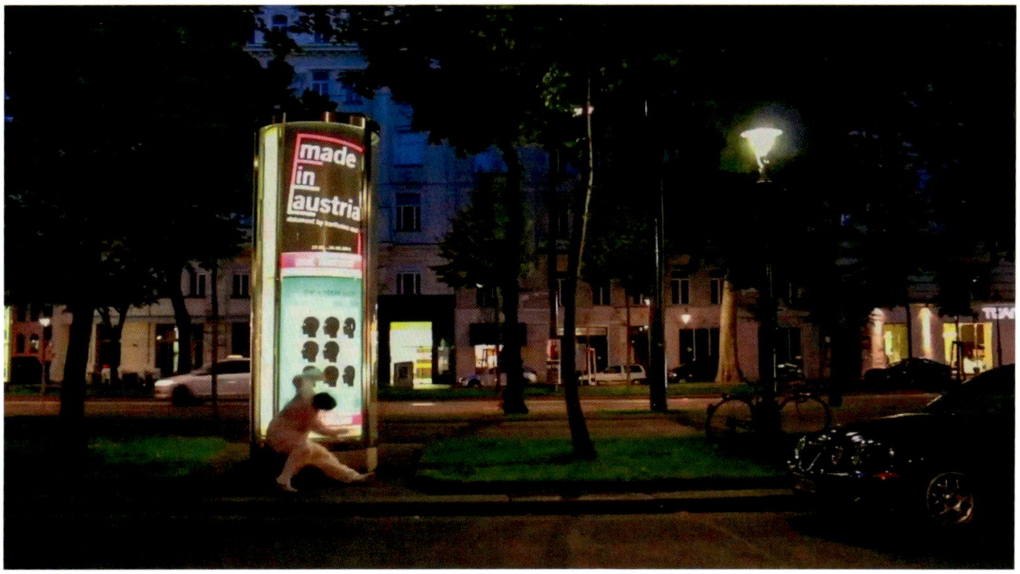
made
in
austria

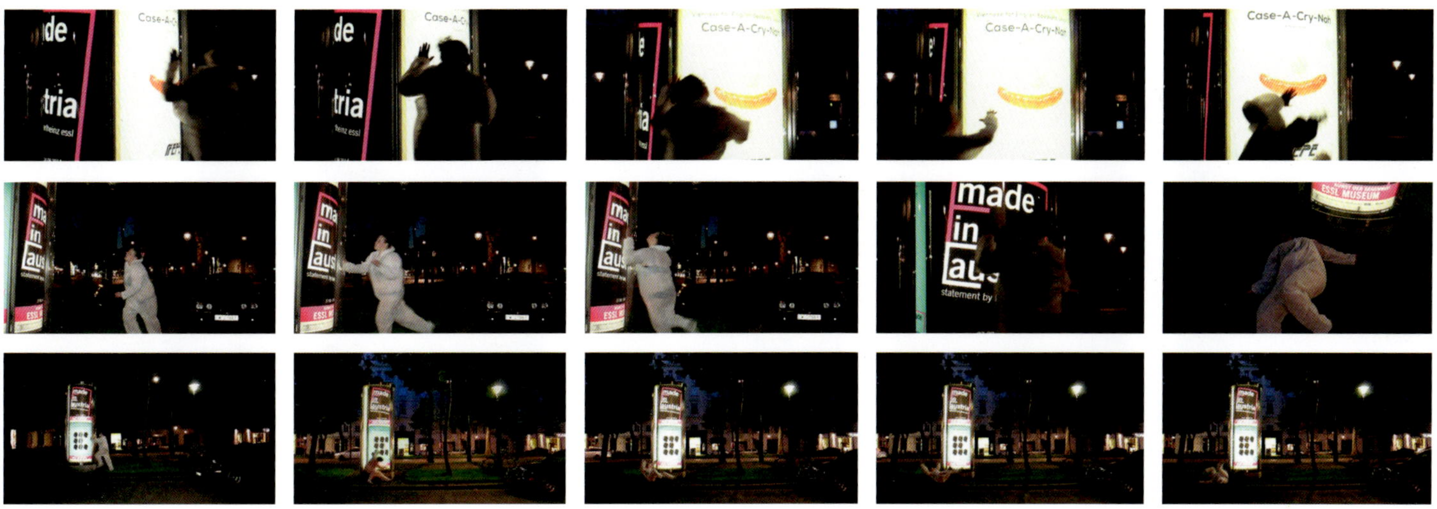

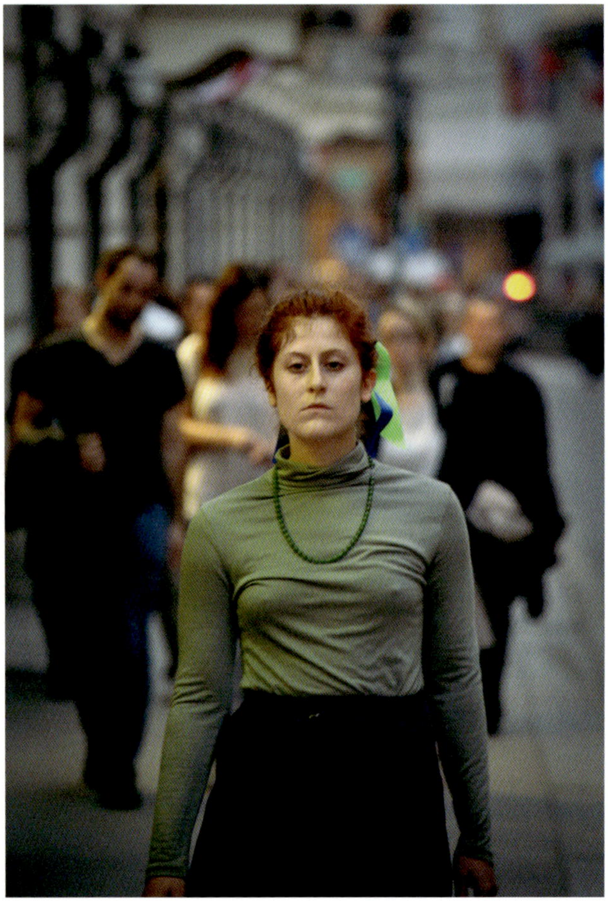

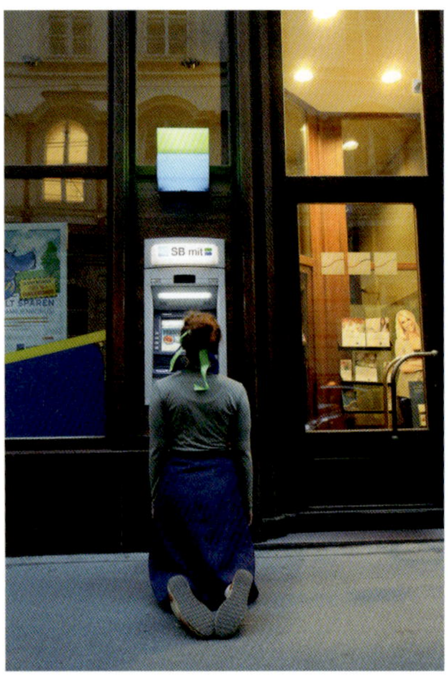
SB mit

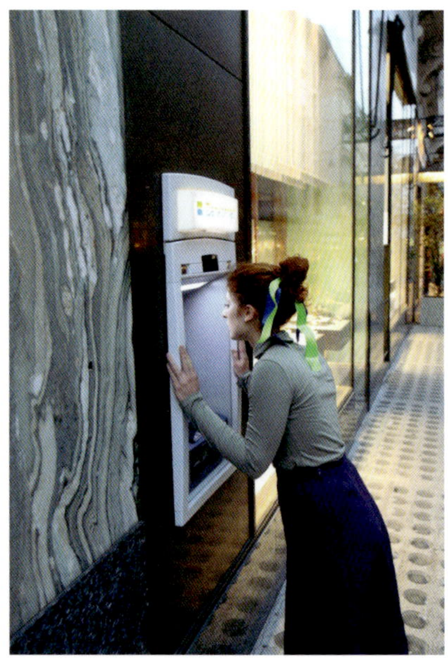

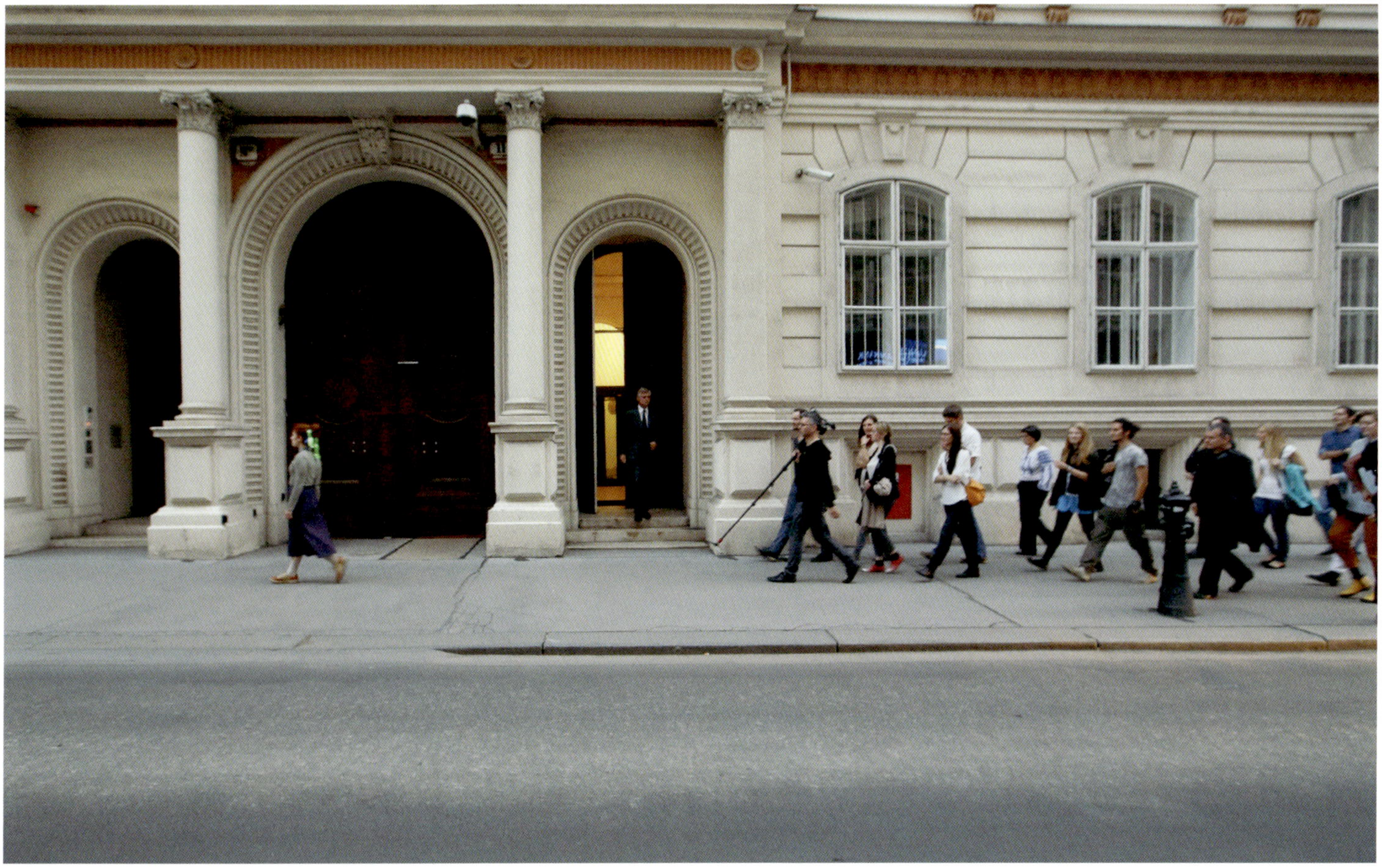

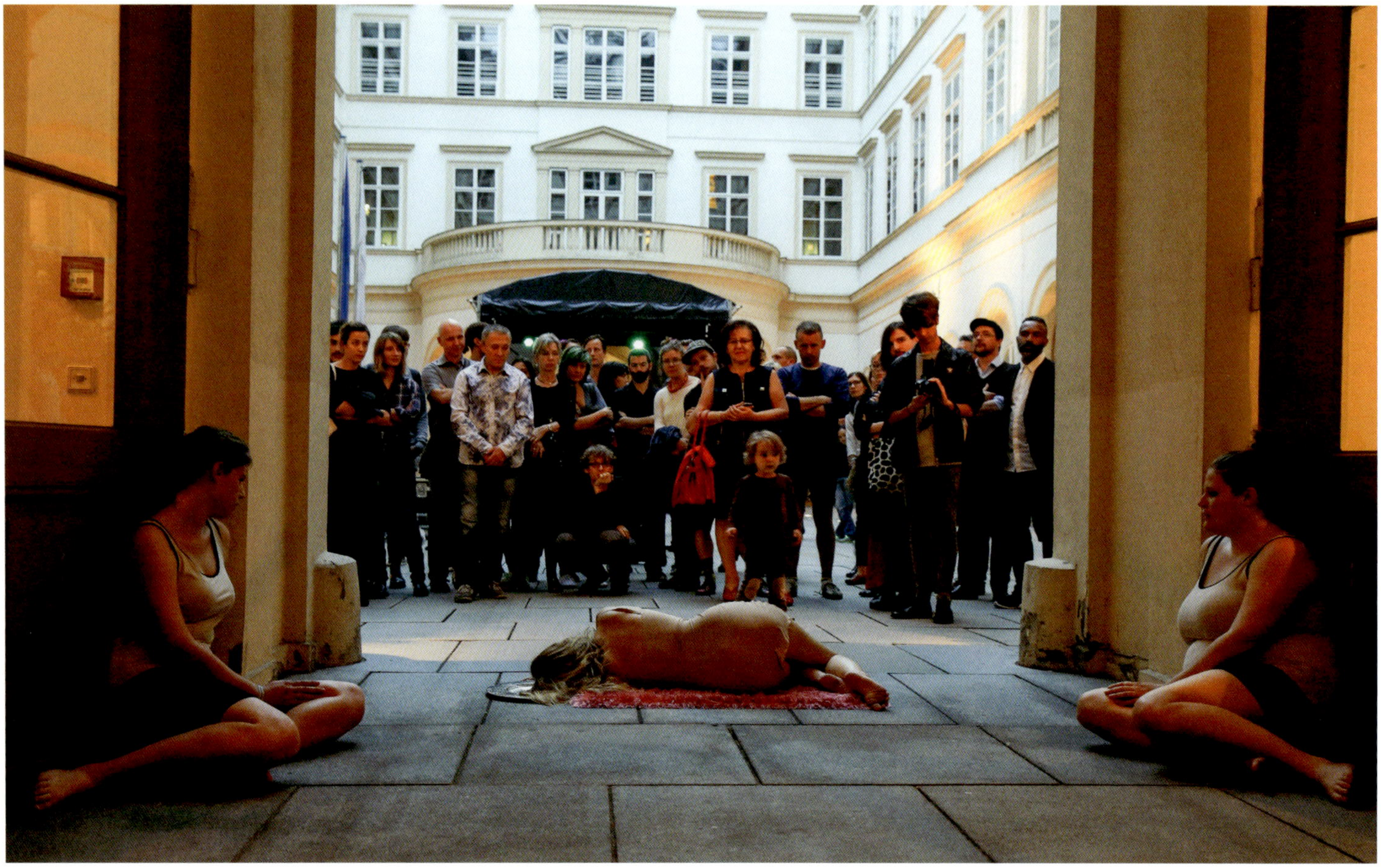

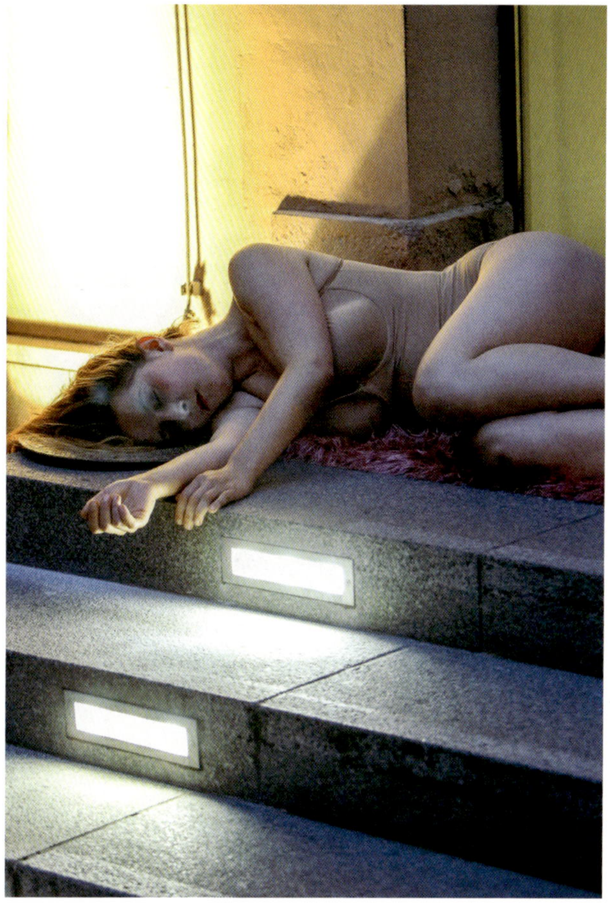

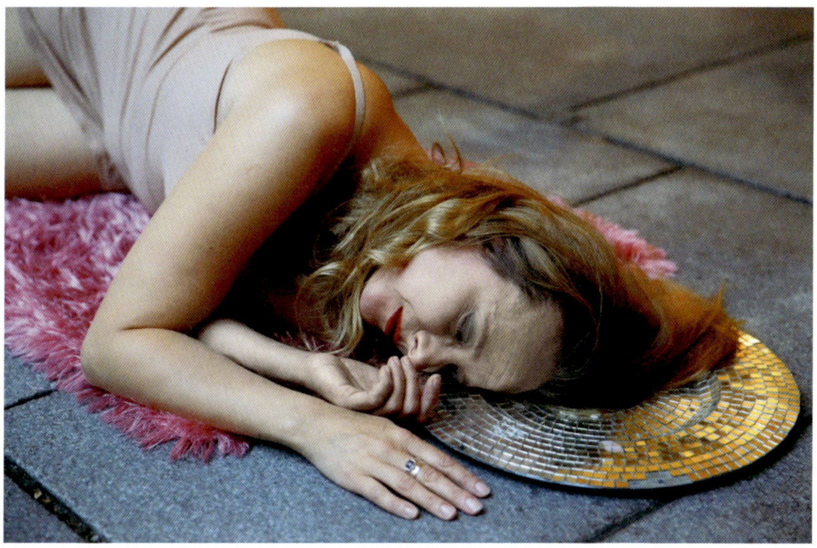

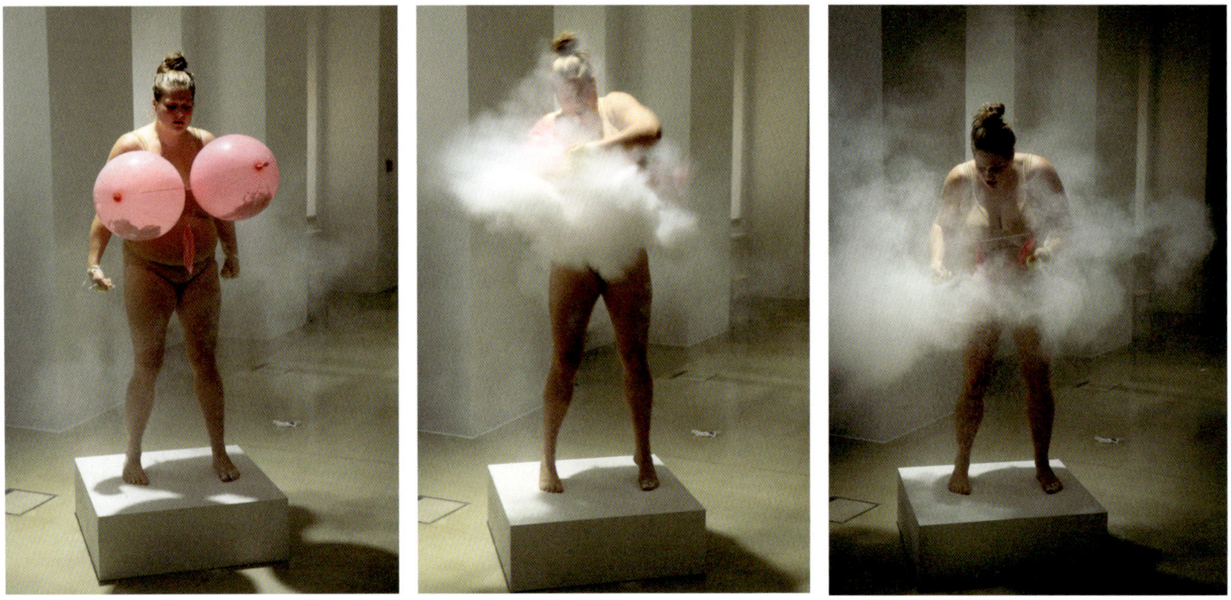

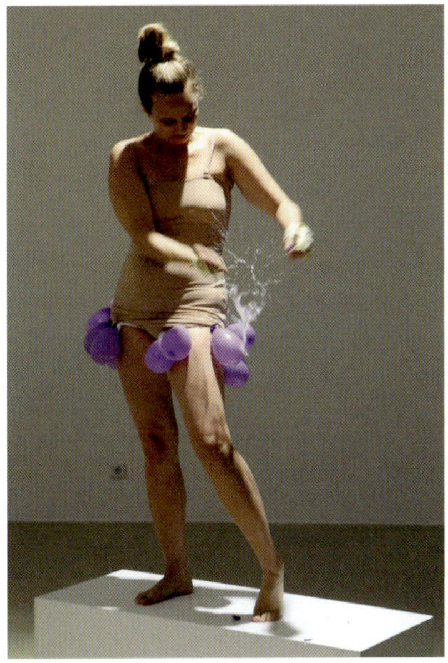
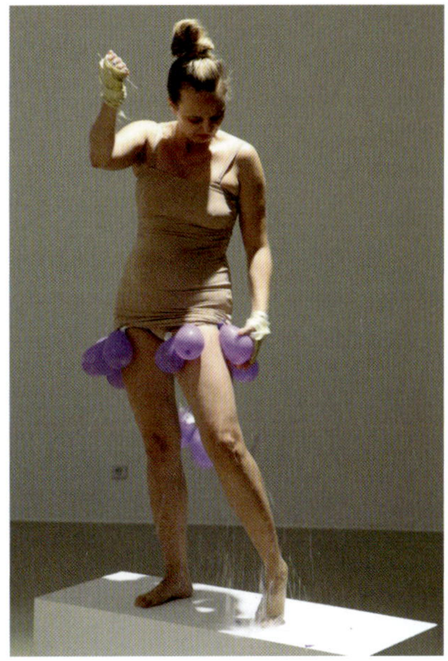
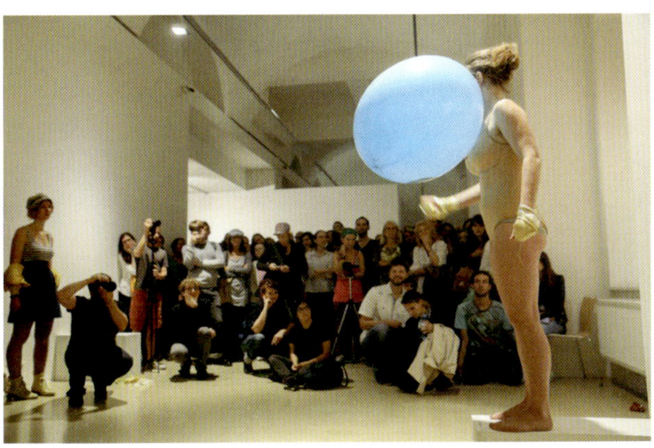
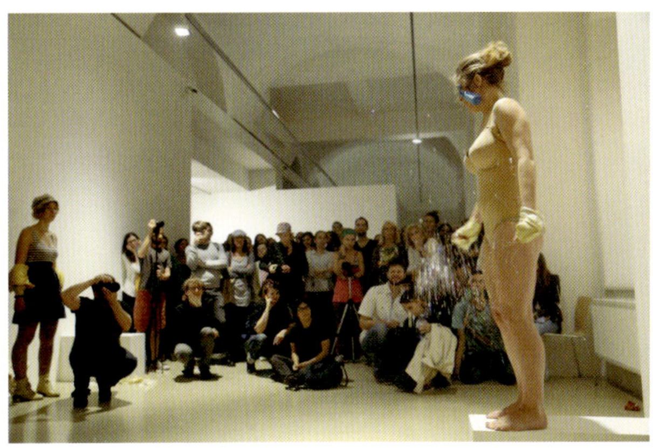

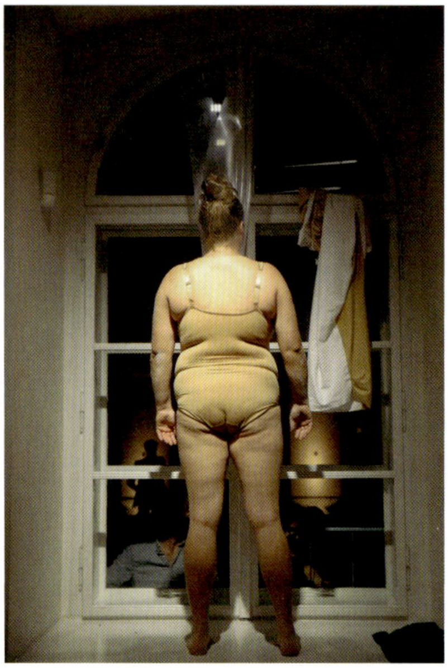

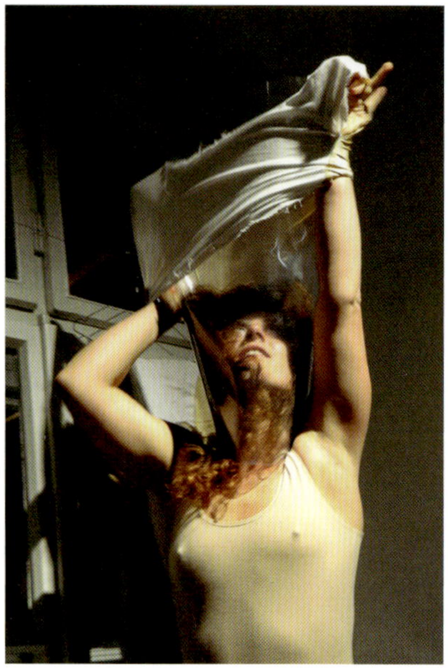

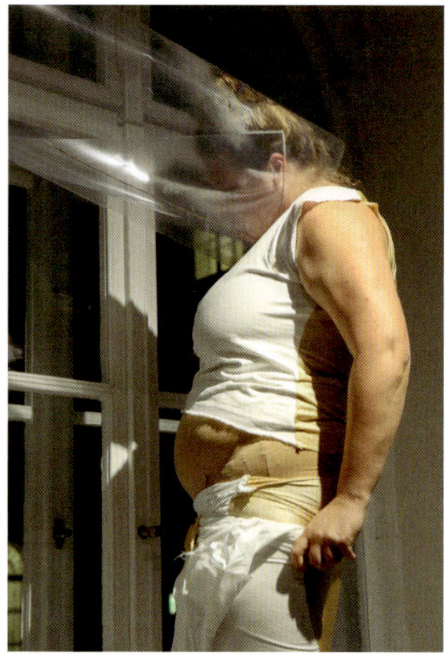

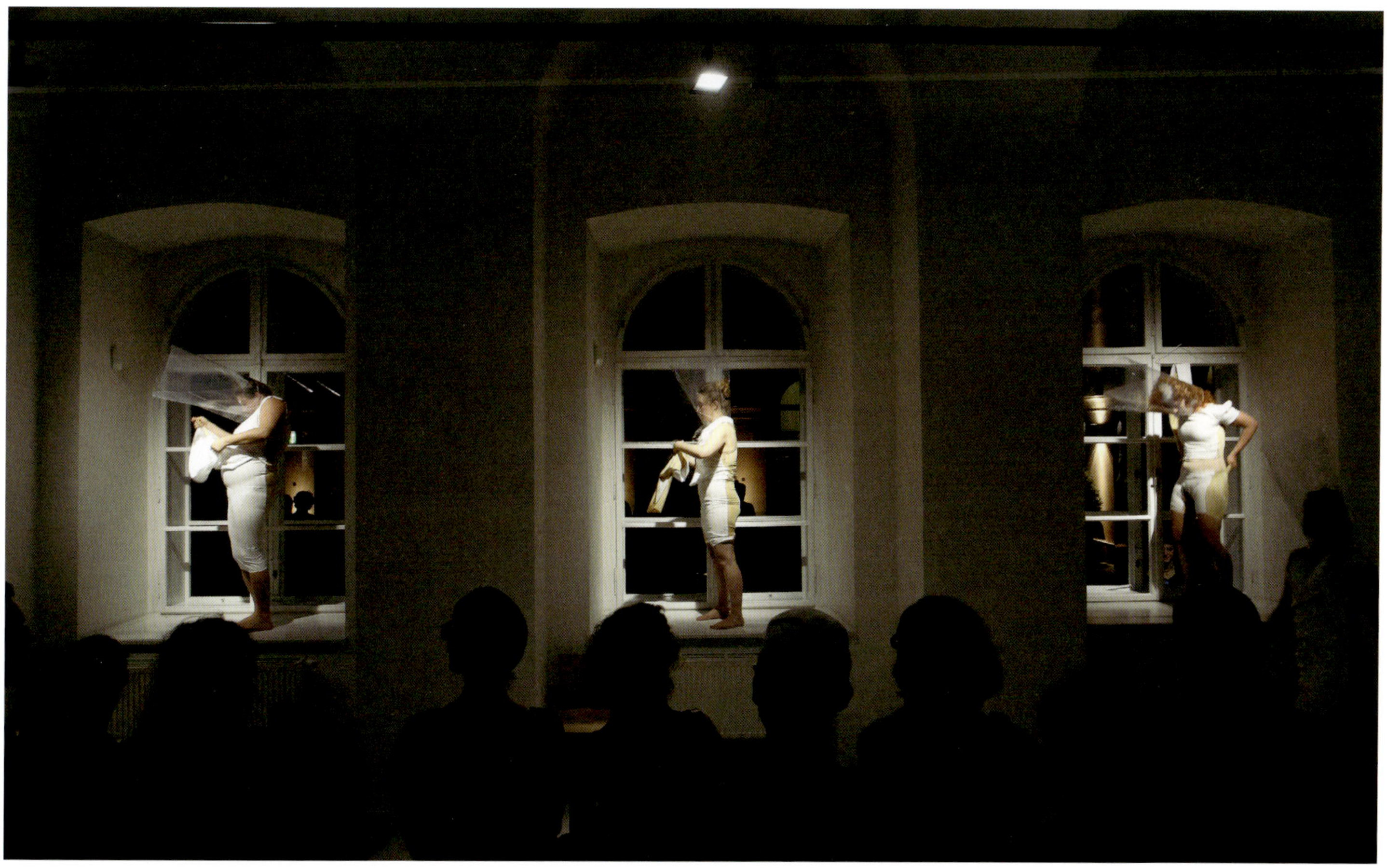

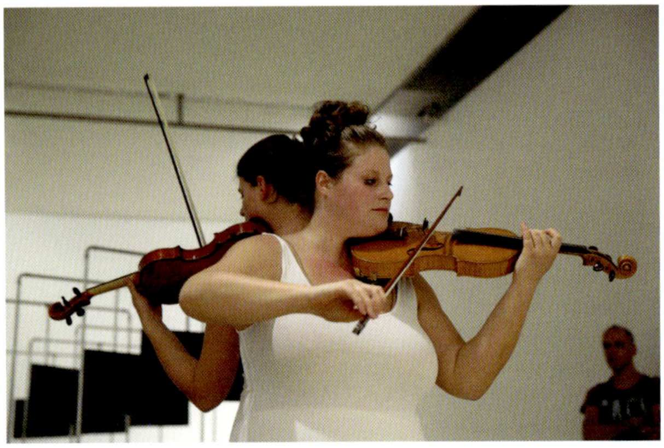

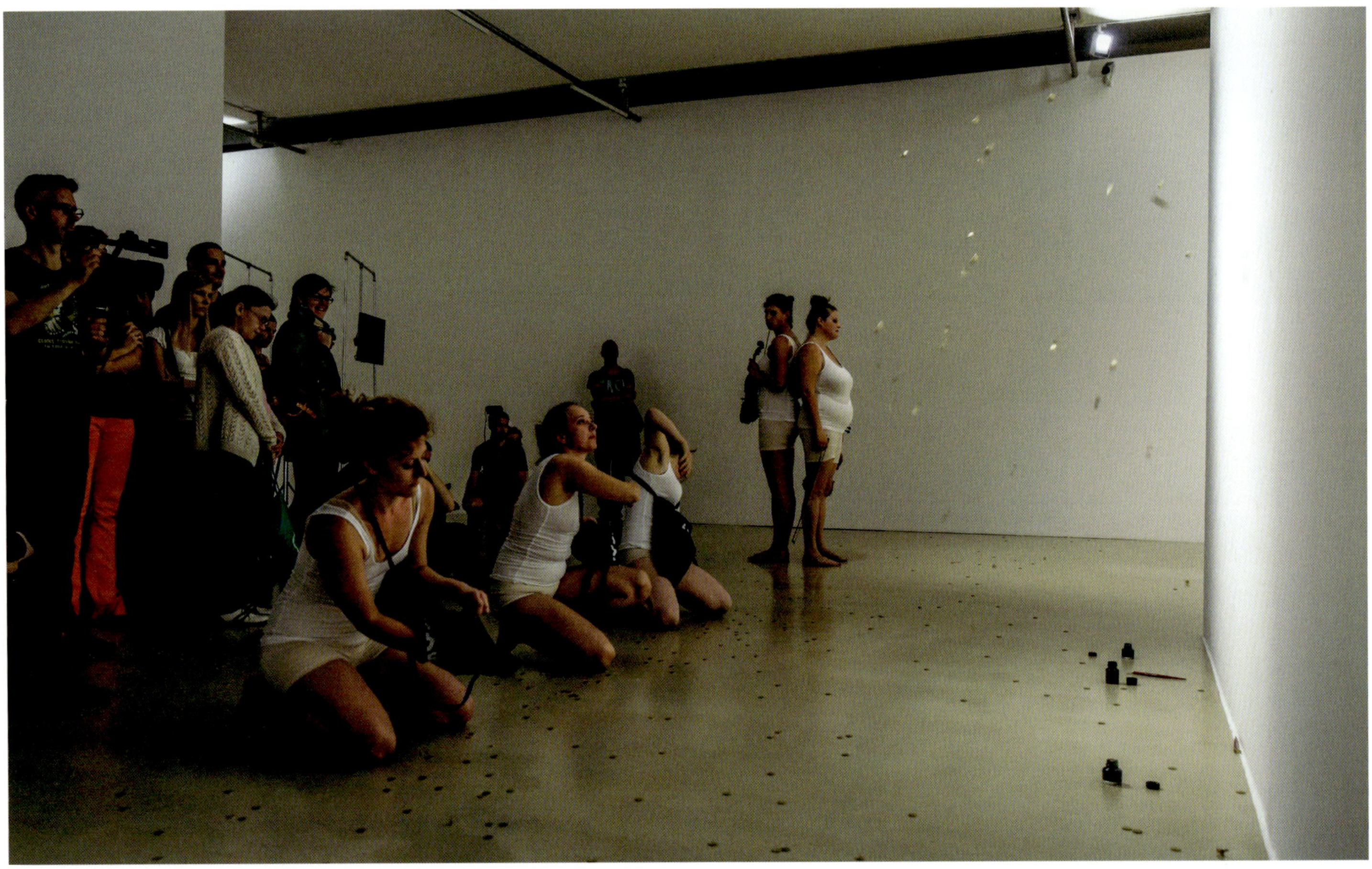

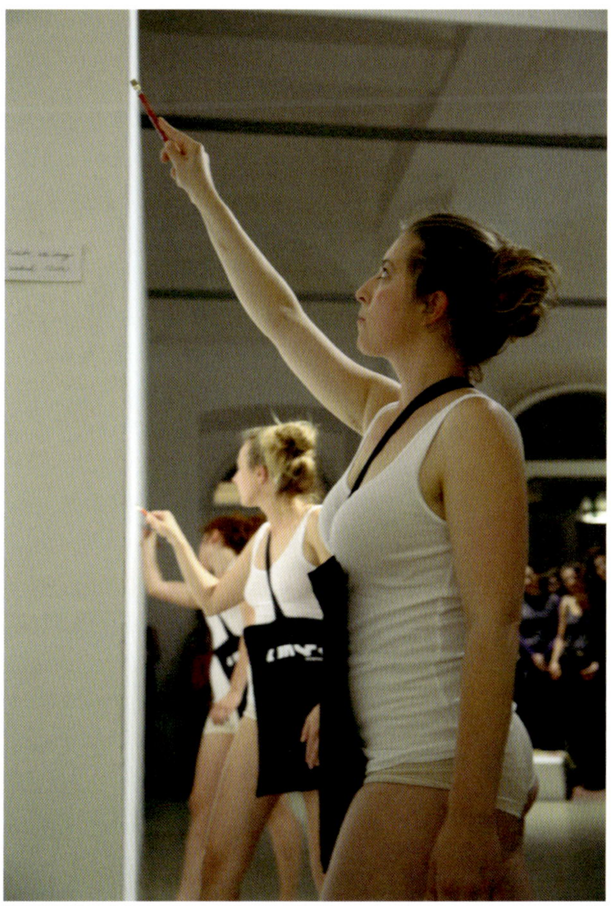

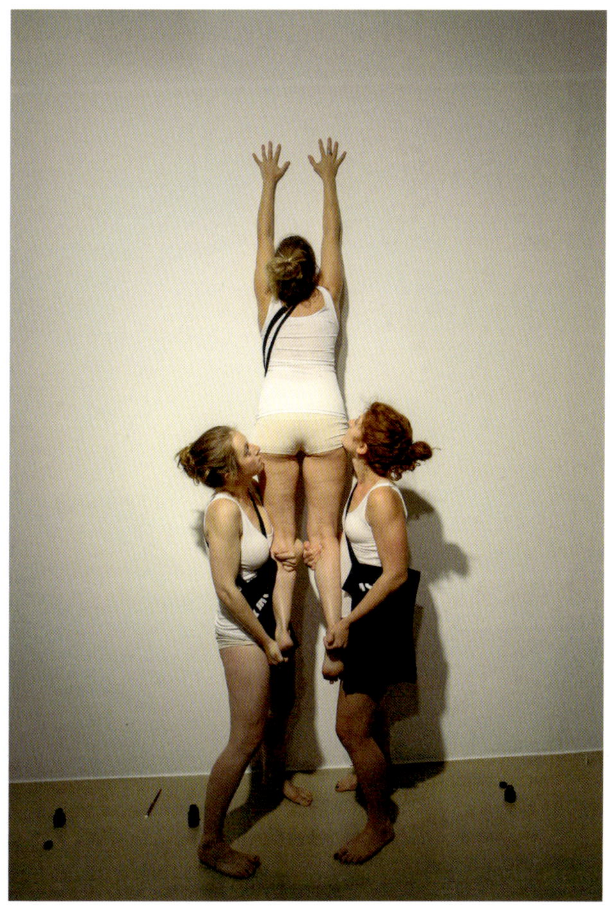

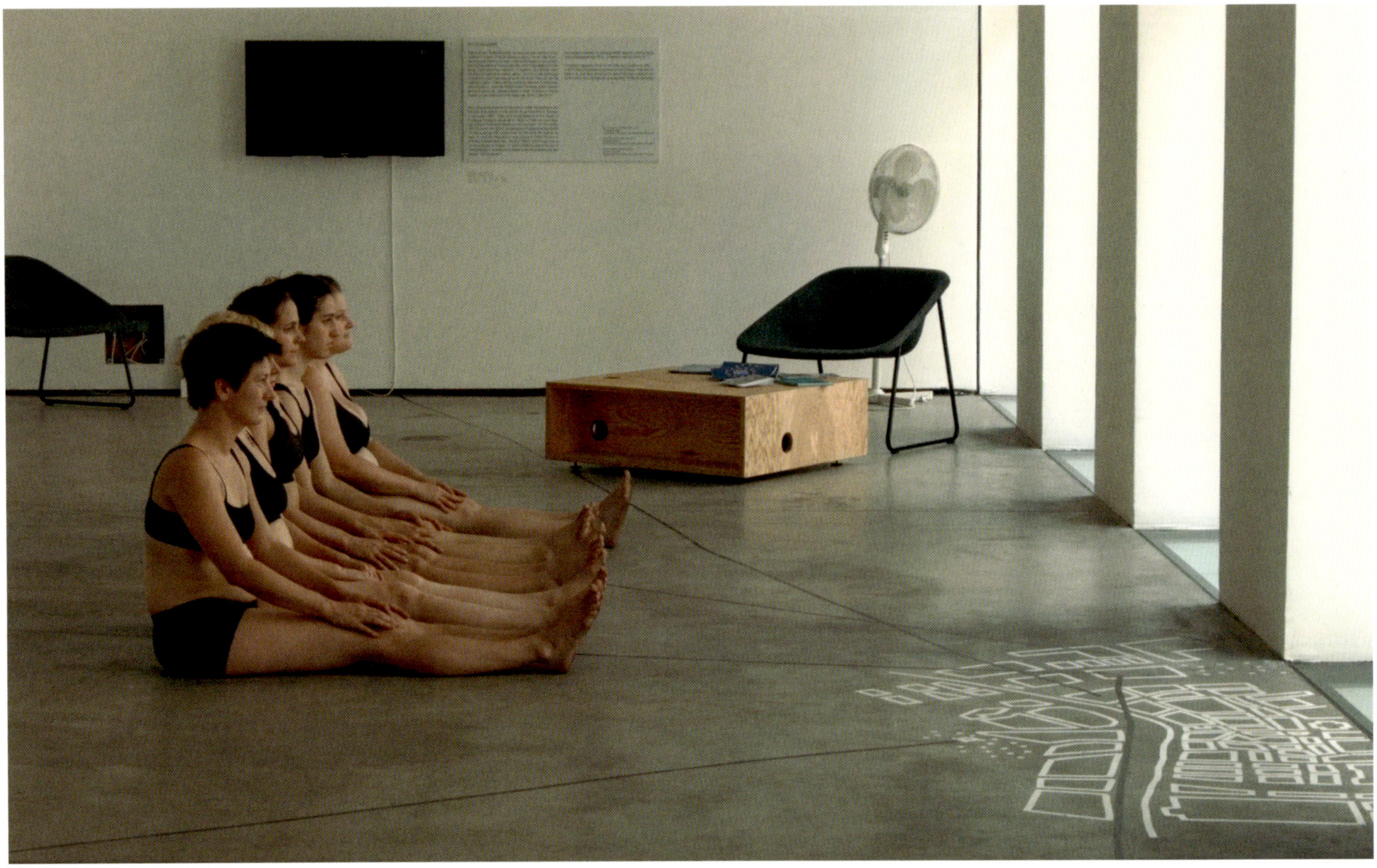

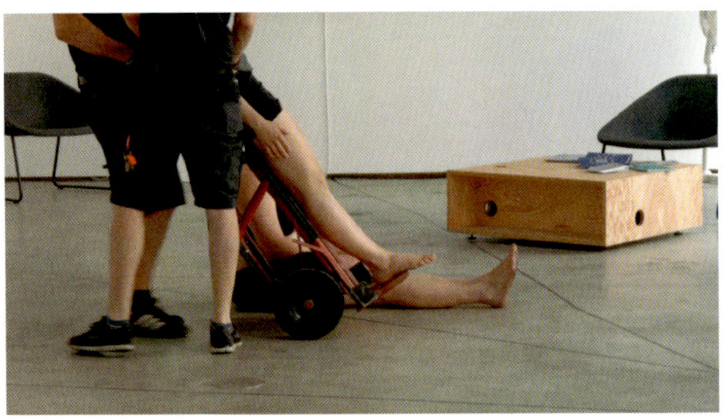

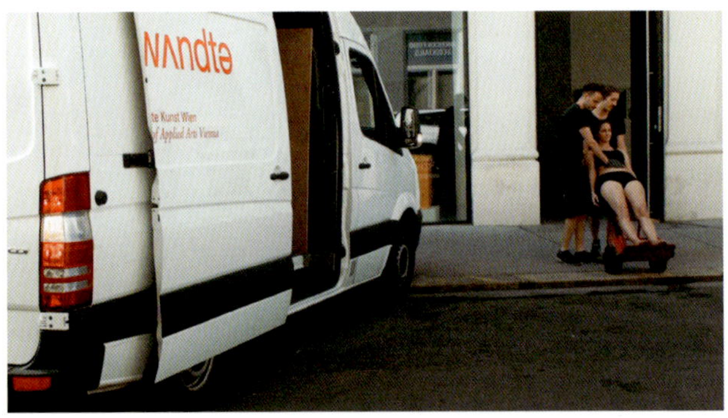

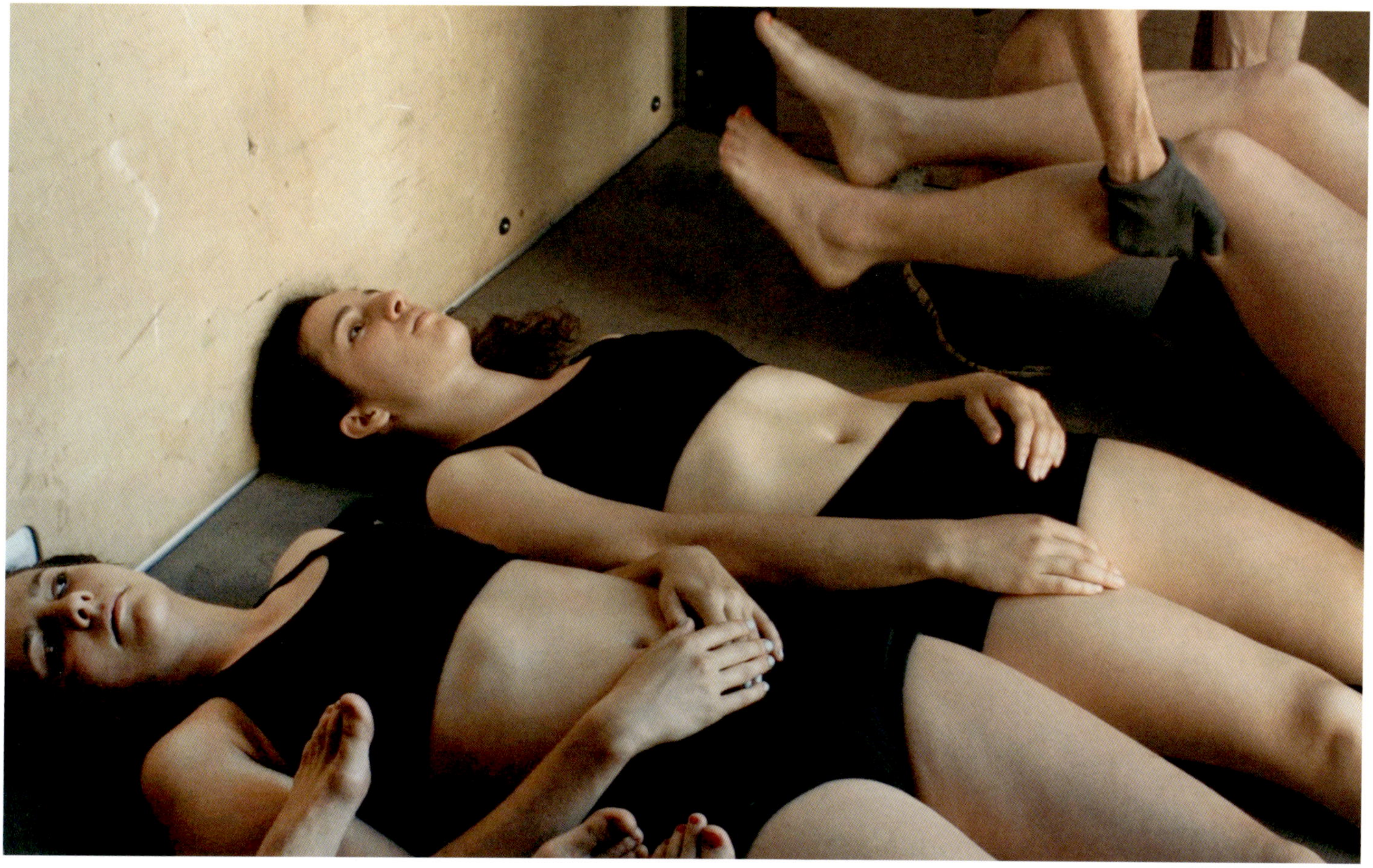

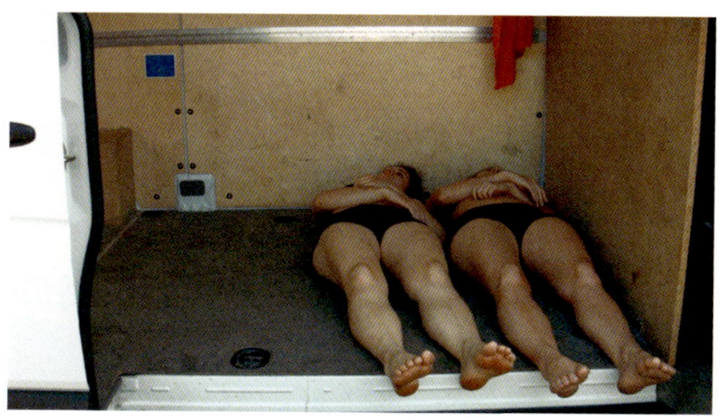

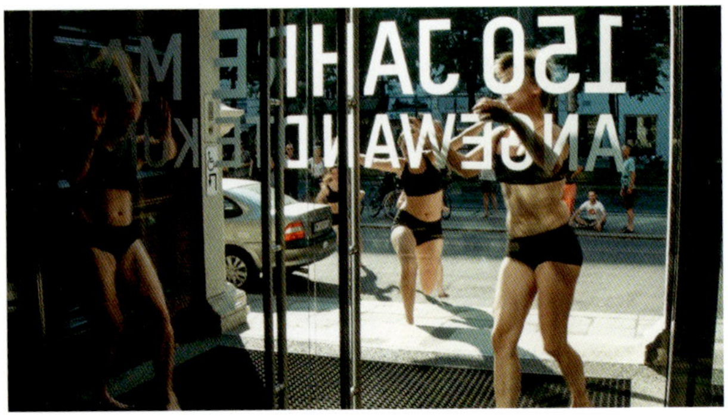

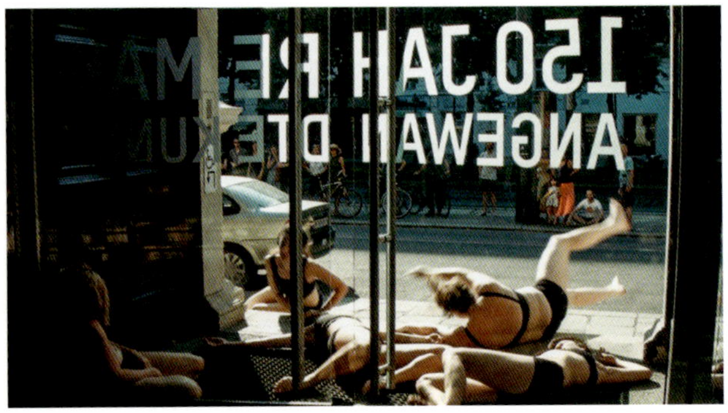

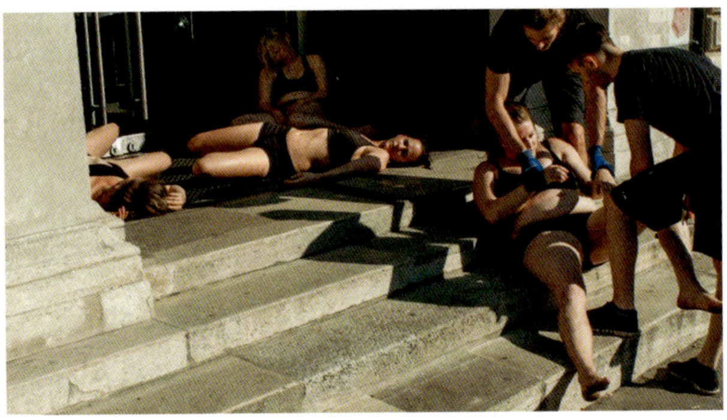

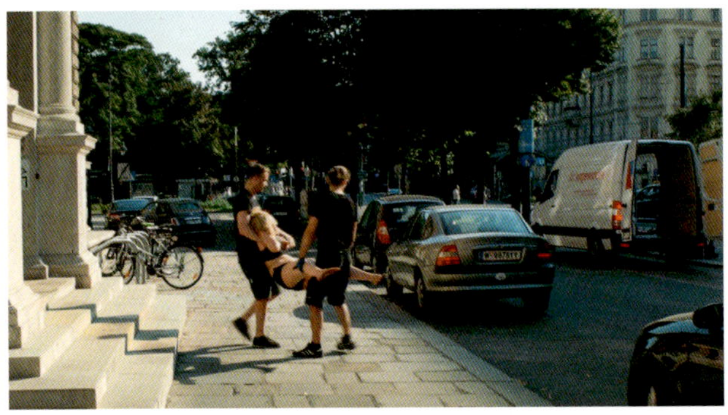

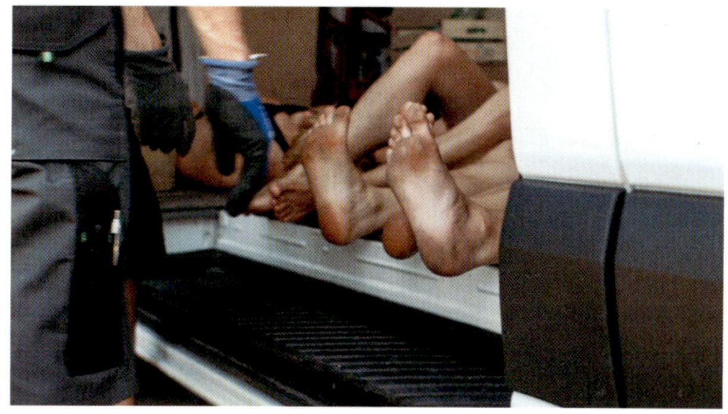

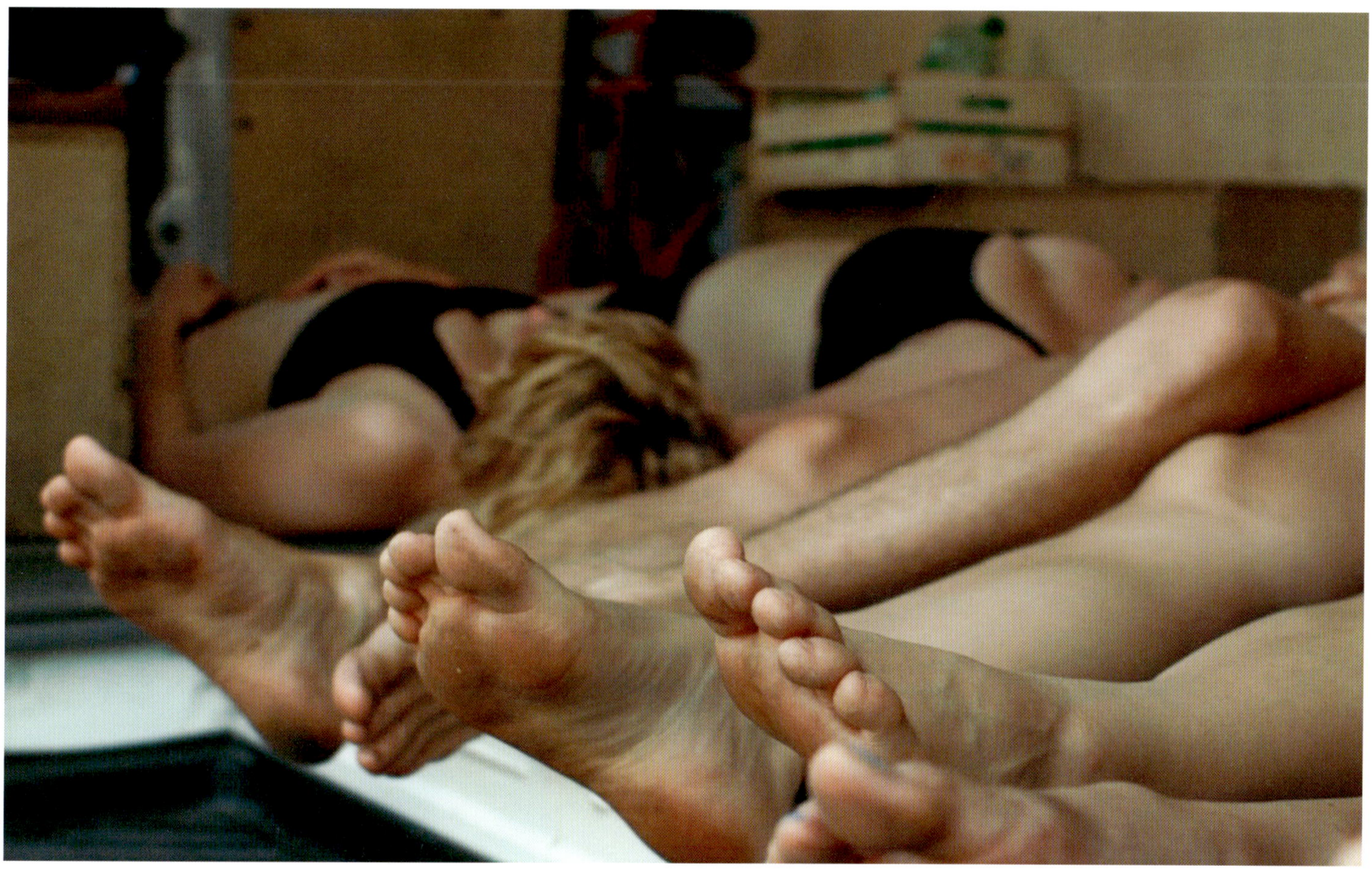

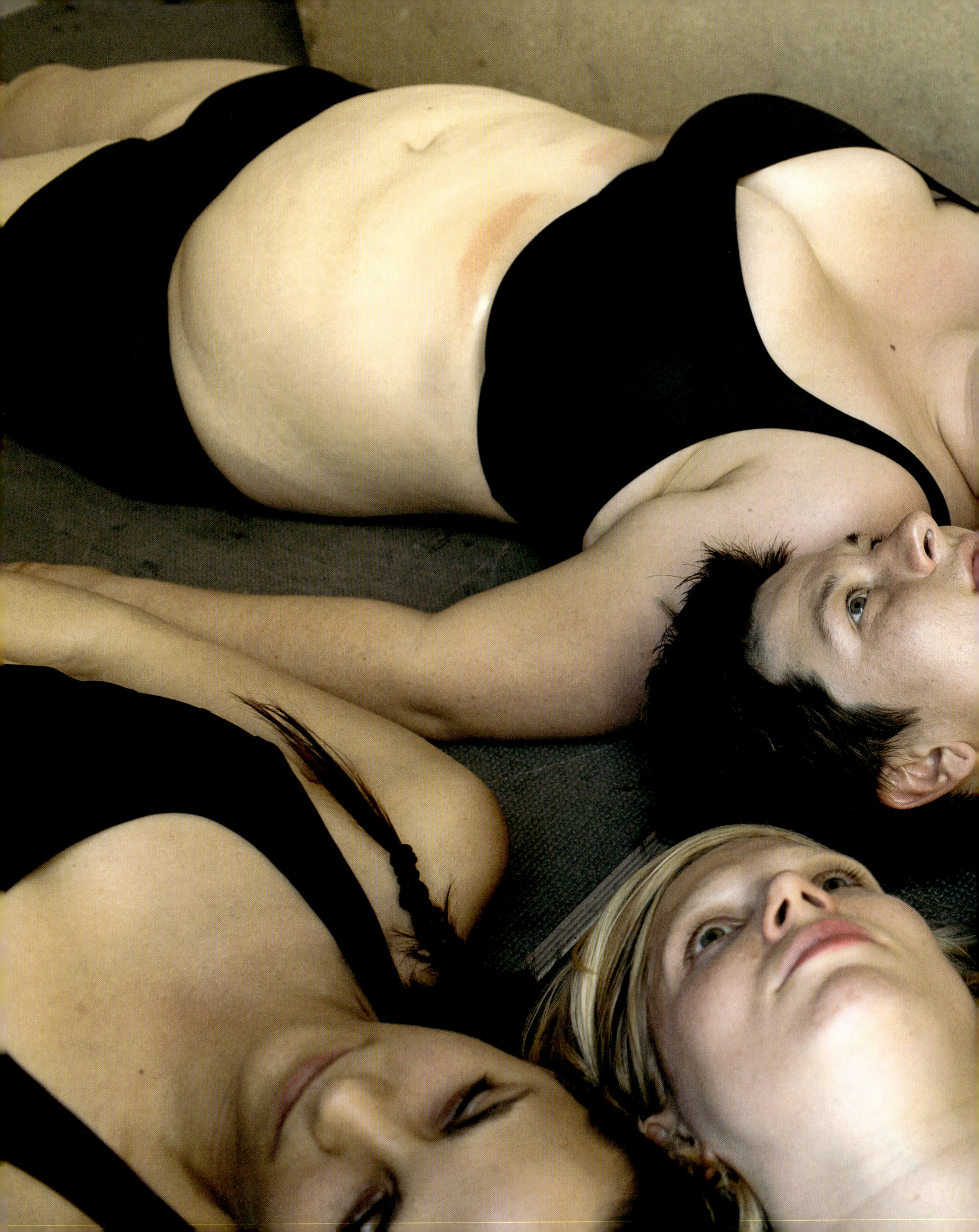

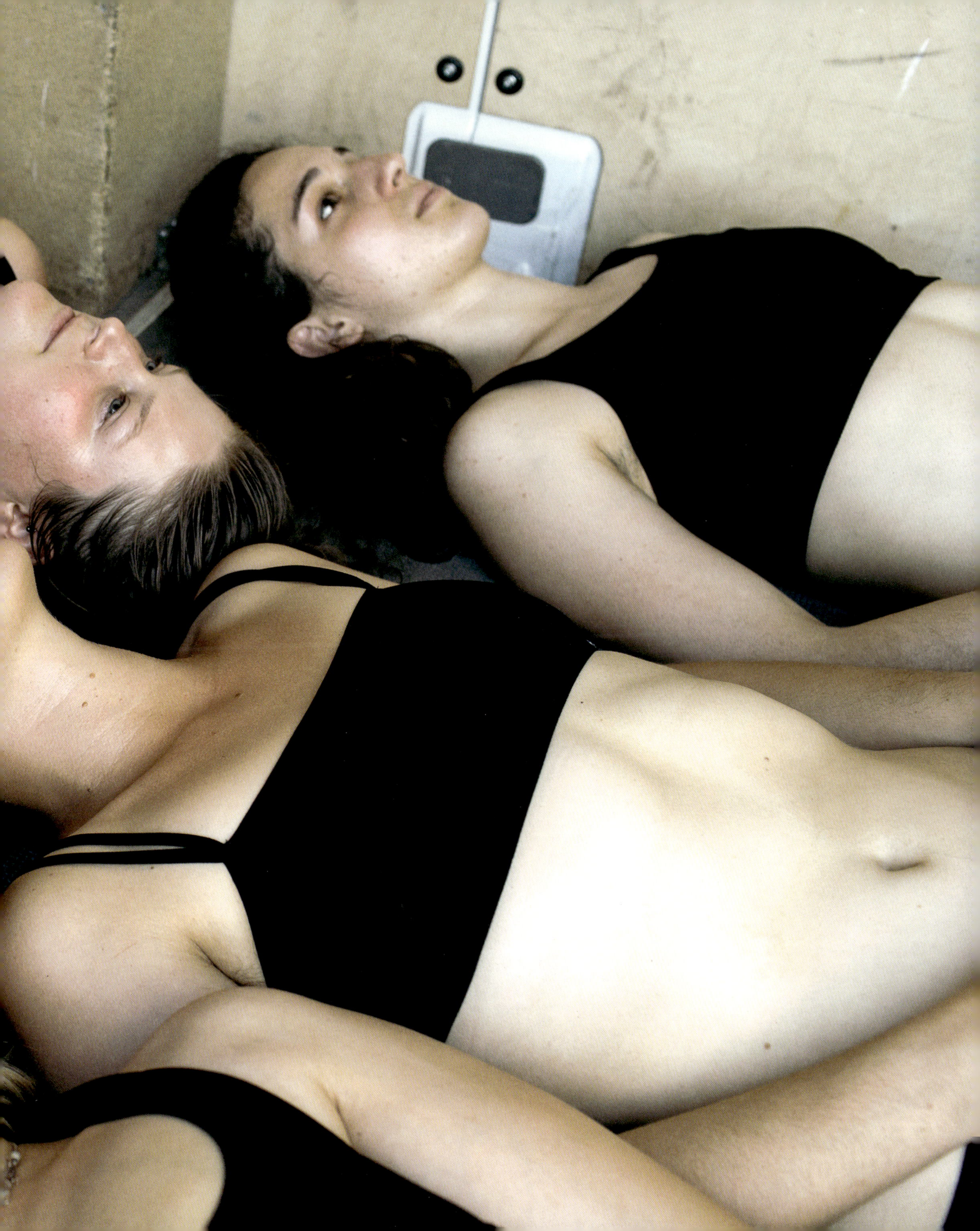

Kunstraum Niederoesterreich, nach der Performance *Primäraktivitäten* am 4. September 2014

Kunstraum Niederoesterreich after the performance *Primary Activities* on September 4, 2014

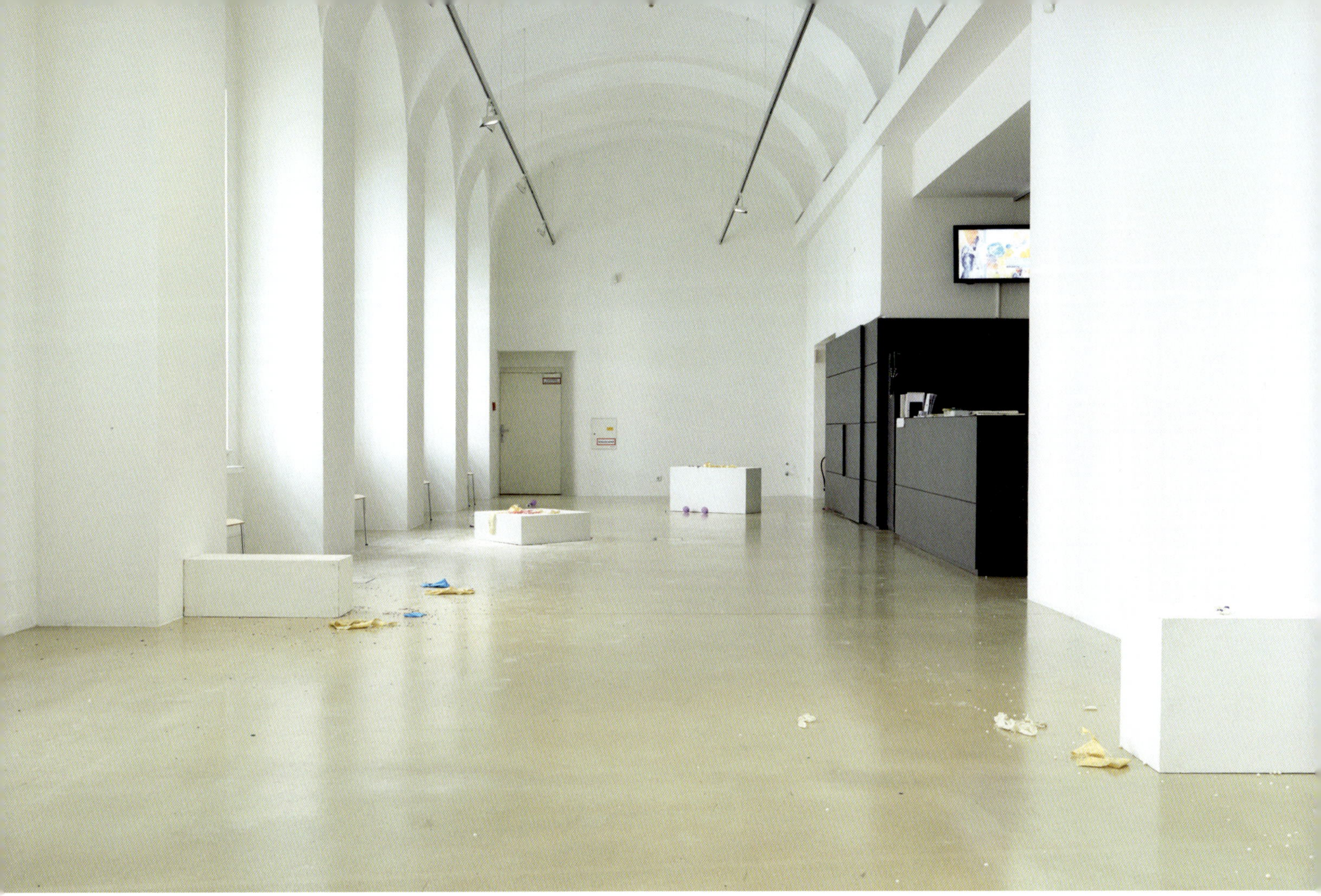

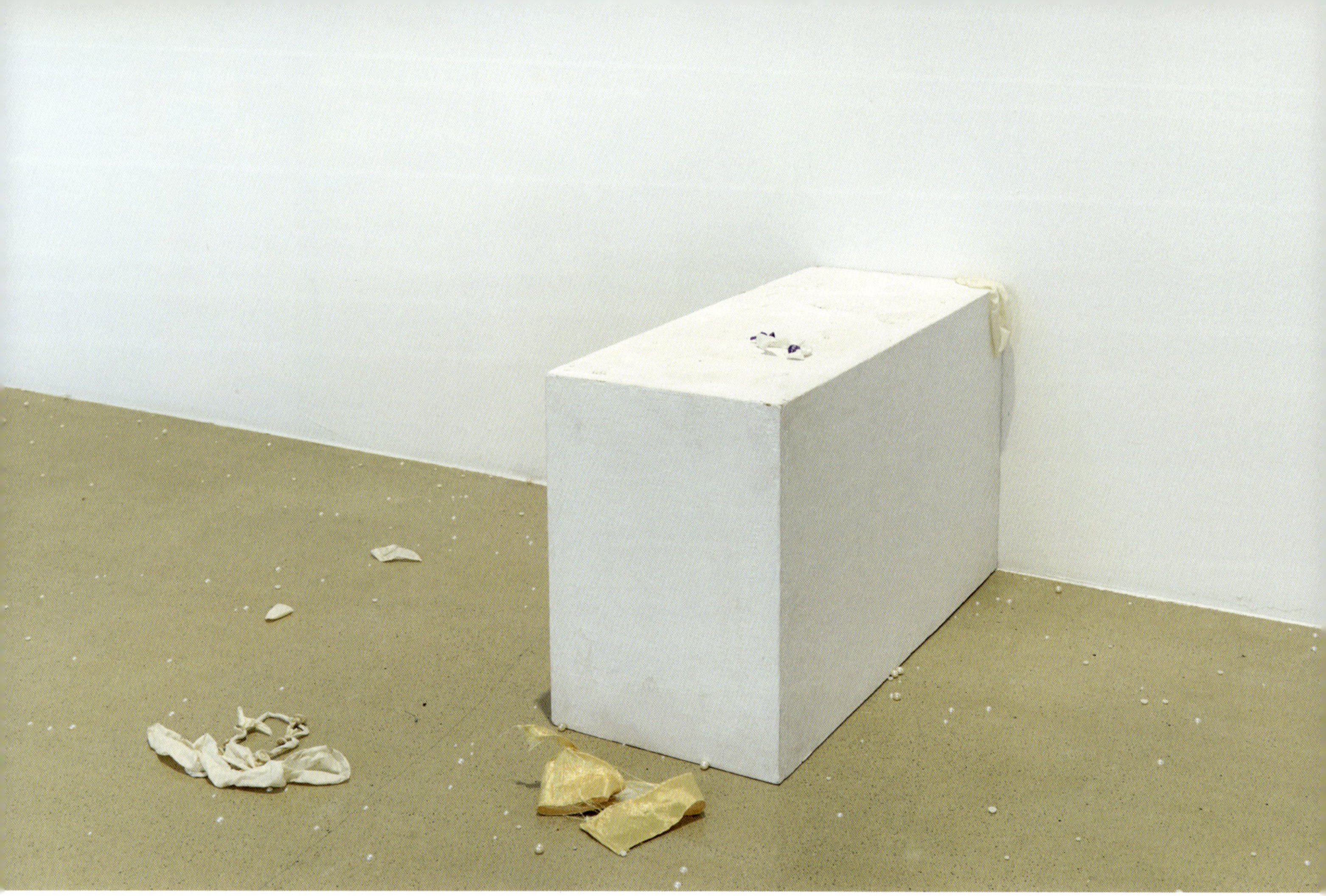

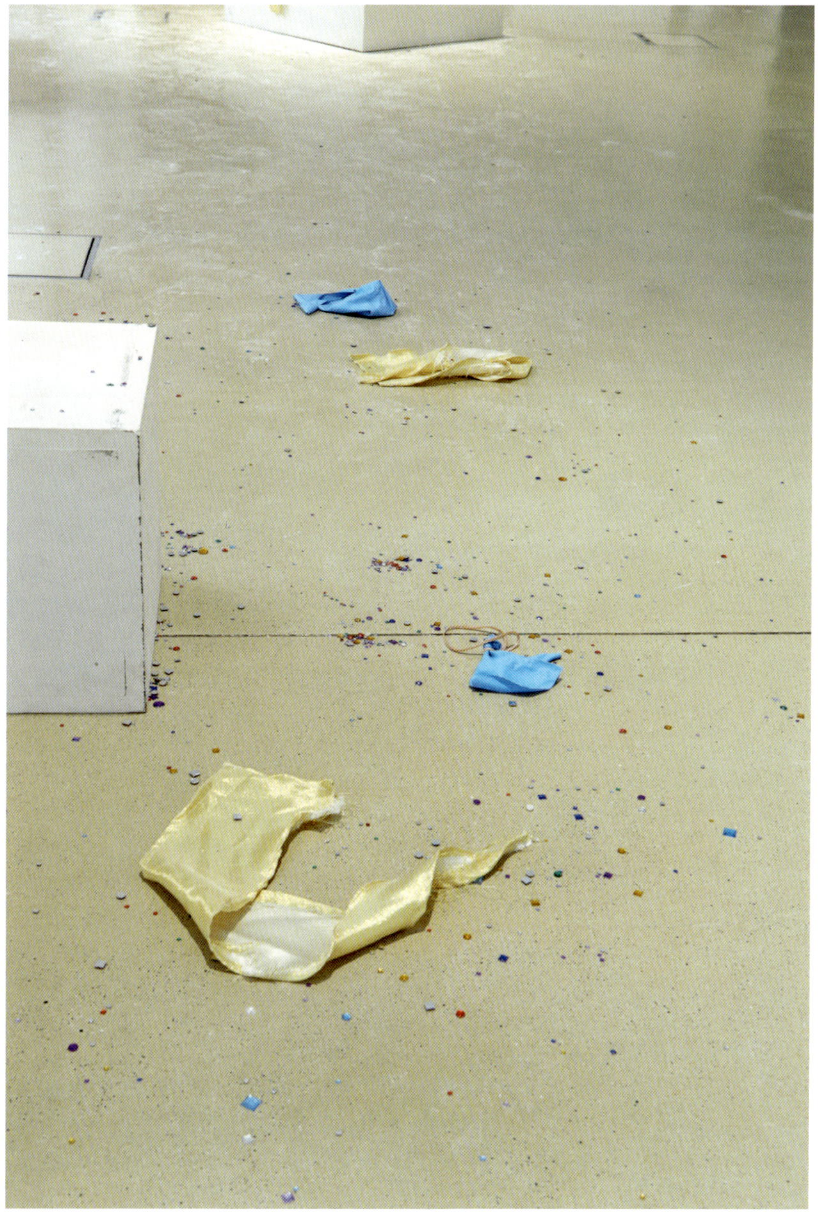

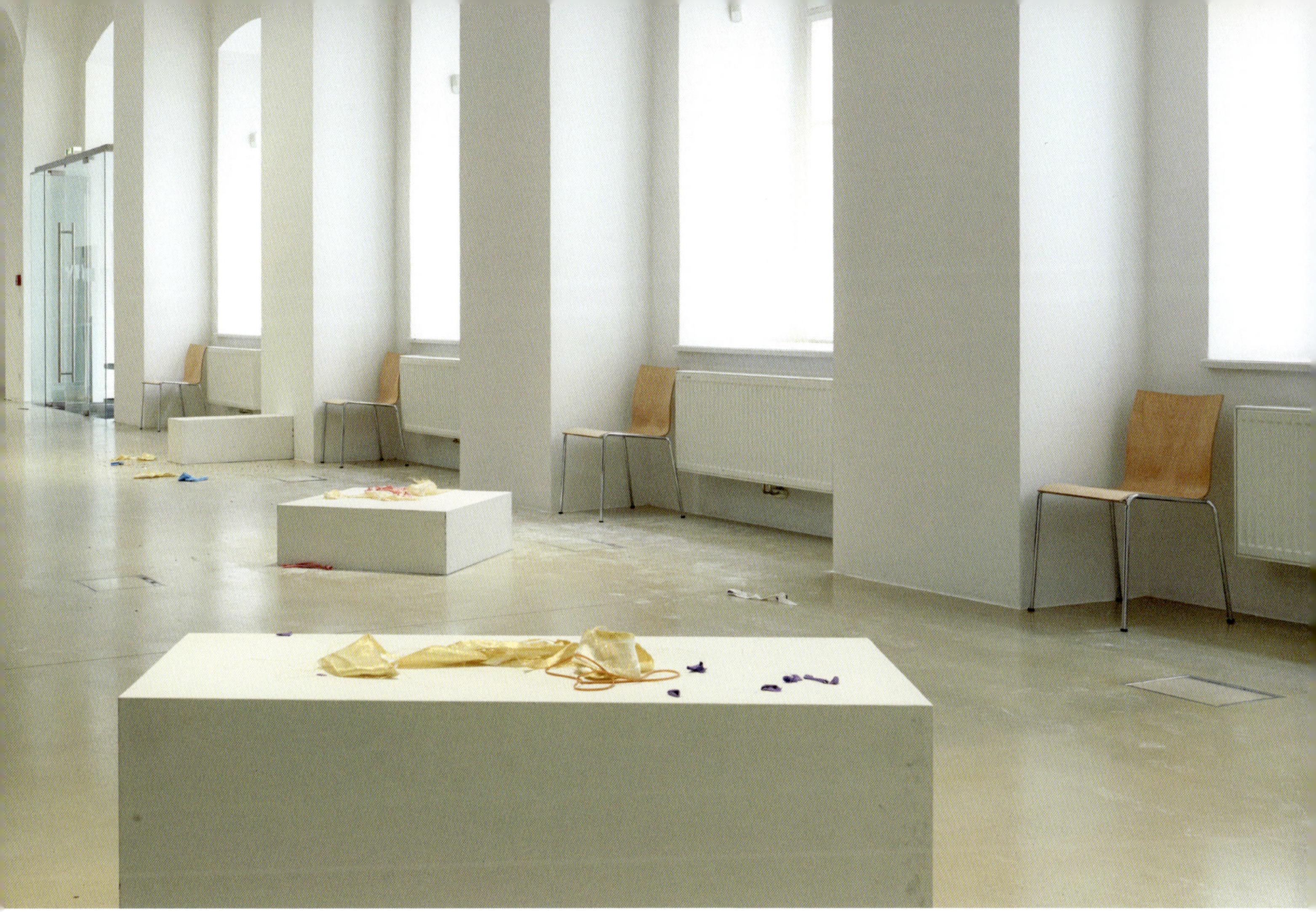

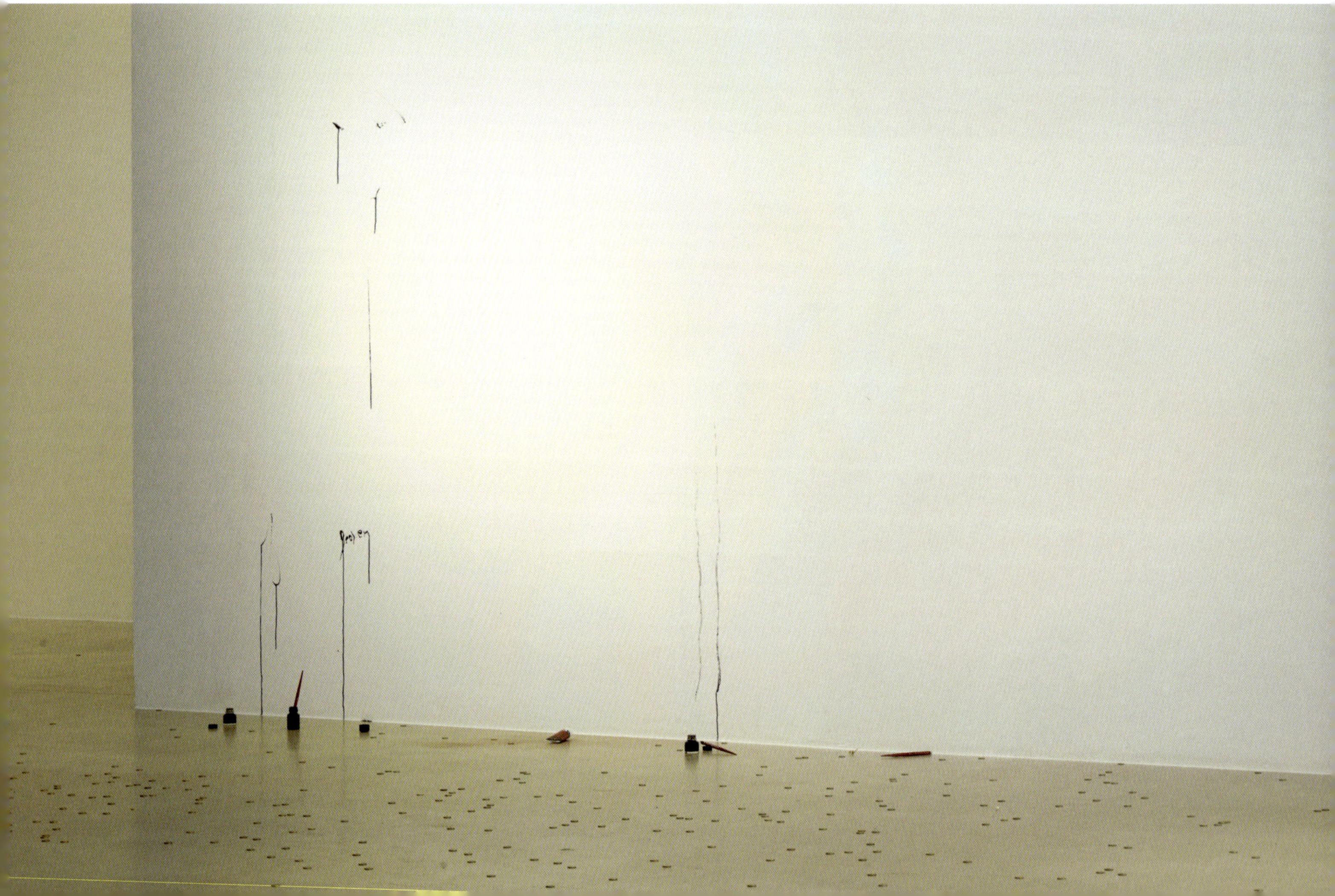

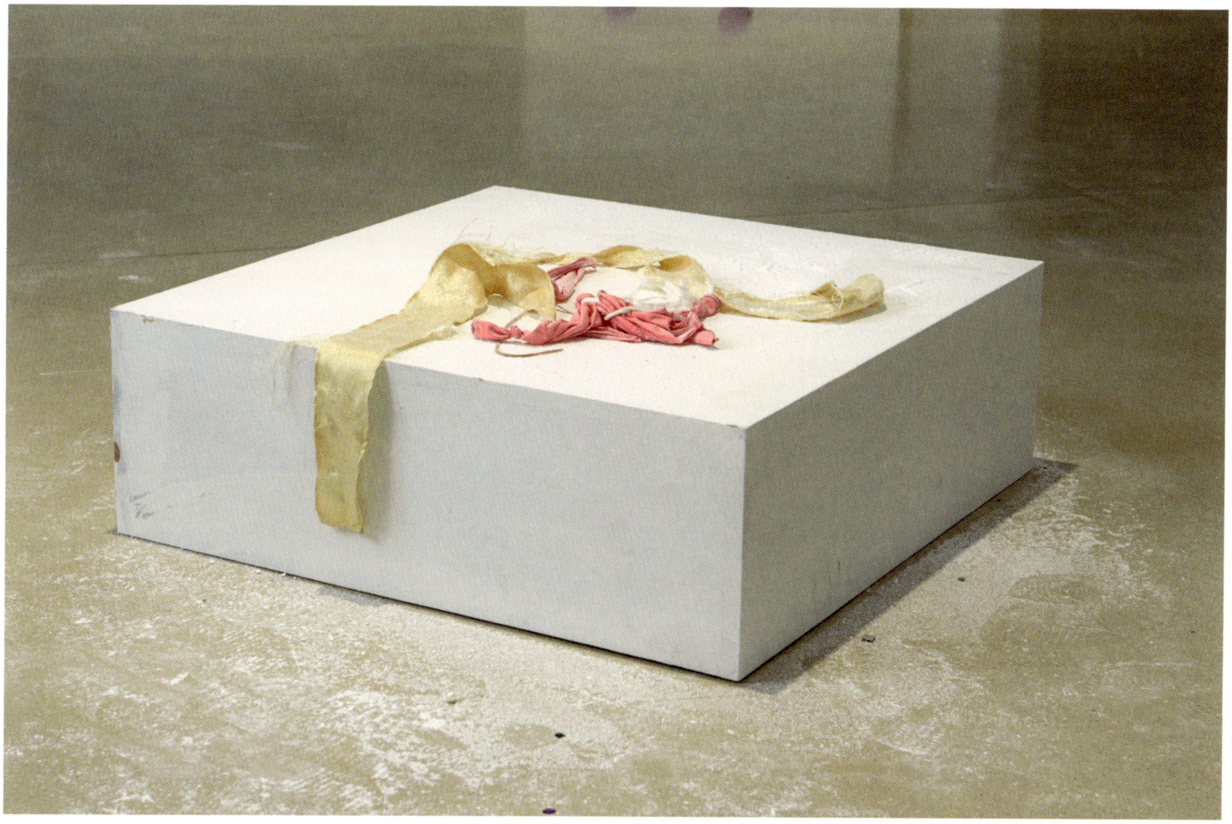

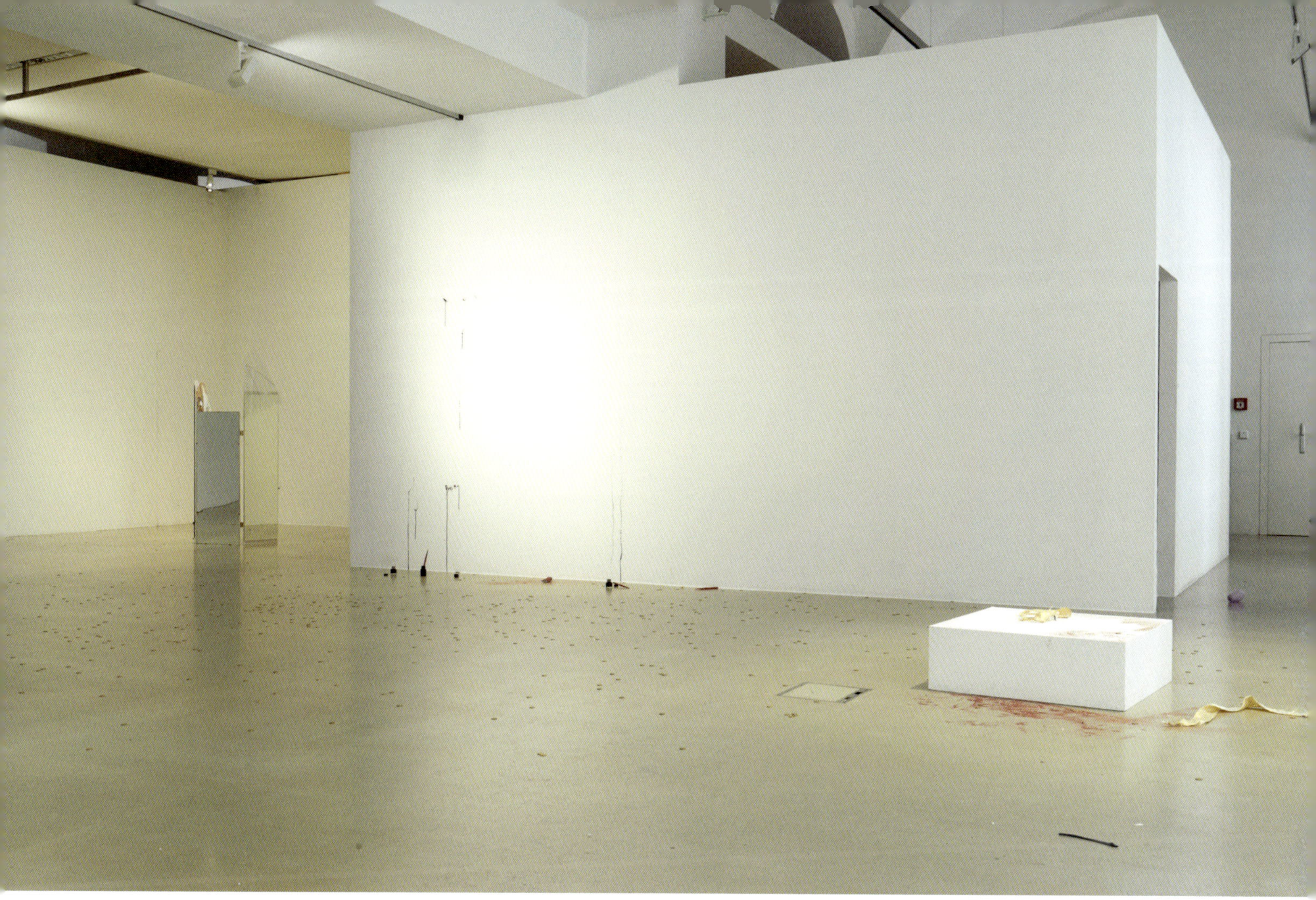

**Sekundäraktivitäten** Die *Sekundäraktivitäten* bestehen nun nicht mehr aus Performances, sondern aus Objekten und Videos, die während der Performances genutzt wurden oder daraus entstanden sind. Sie sind die Dokumentation der Aktionen, die nun im Ausstellungskontext dauerhaft präsentiert werden.

**Secondary Activities** The *Secondary Activities* series consists of objects and videos, which were either used in the framework of the performances or emerged from them. They are documentation of the actions, now permanently available for presentation in an exhibition context.

Spiegel-Trichter-Objekt

Objekt aus Spiegeln, Kleidungsstücken, Trichtern, Maße variabel, 2014

Videoskulpturen

Sechs Videoskulpturen aus Wasserrohr, 150 × 210 × 60 cm, sechs Screens, sechs Videos mit Ton, je 1920 × 1080 HD, 03:40 min, 2014

Mirror-Funnel Object

Mirror object, clothes, funnels, variable dimensions, 2014

Video Sculptures

Six video sculptures made of water pipes, 150 × 210 × 60 cm, six screens, six videos with sound, each 1920 × 1080 HD, 3:40 min, 2014

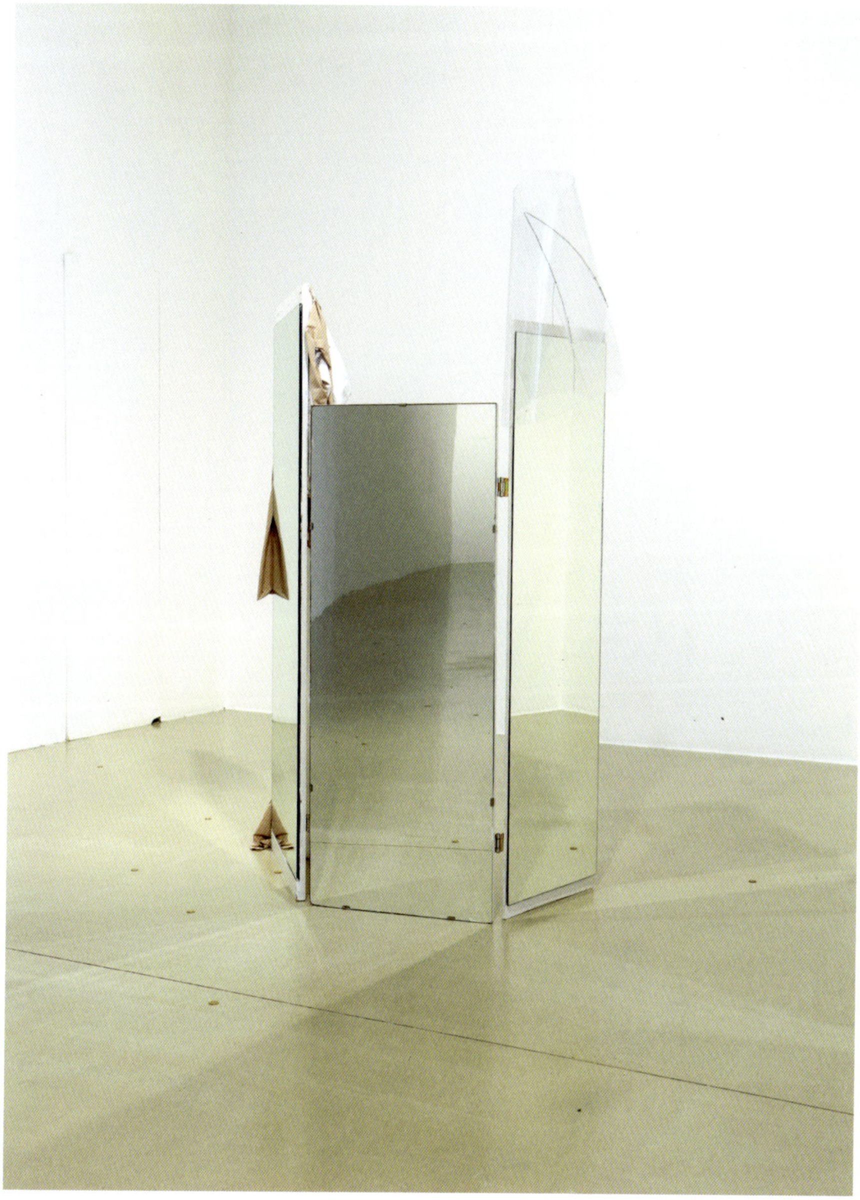

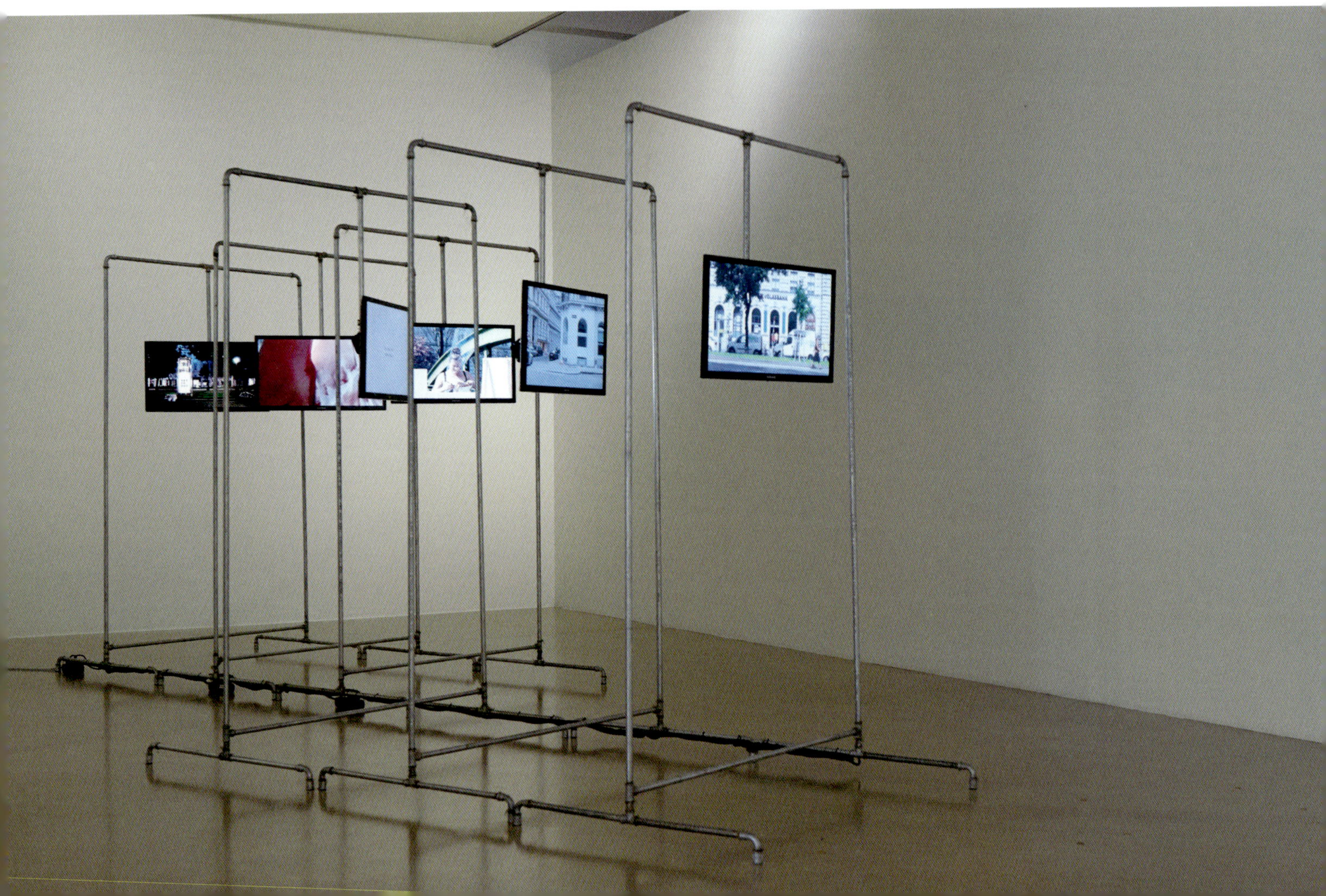

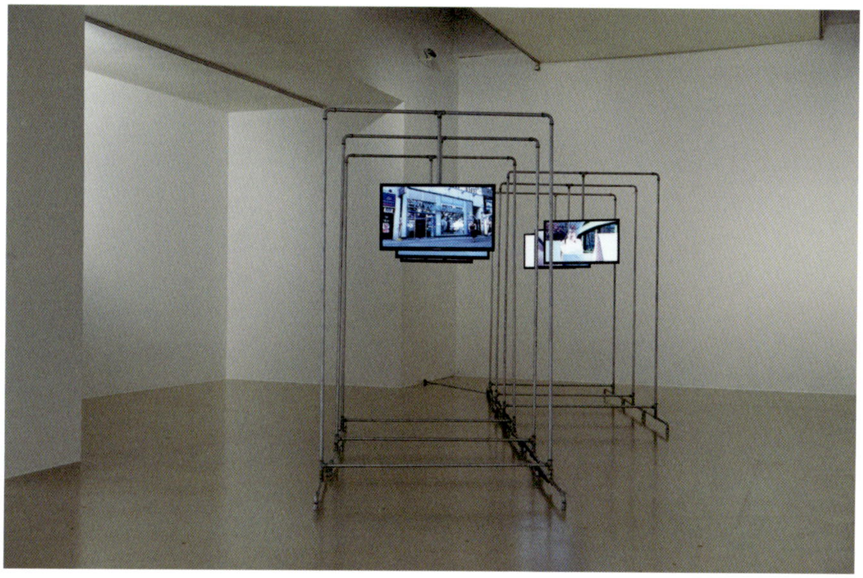

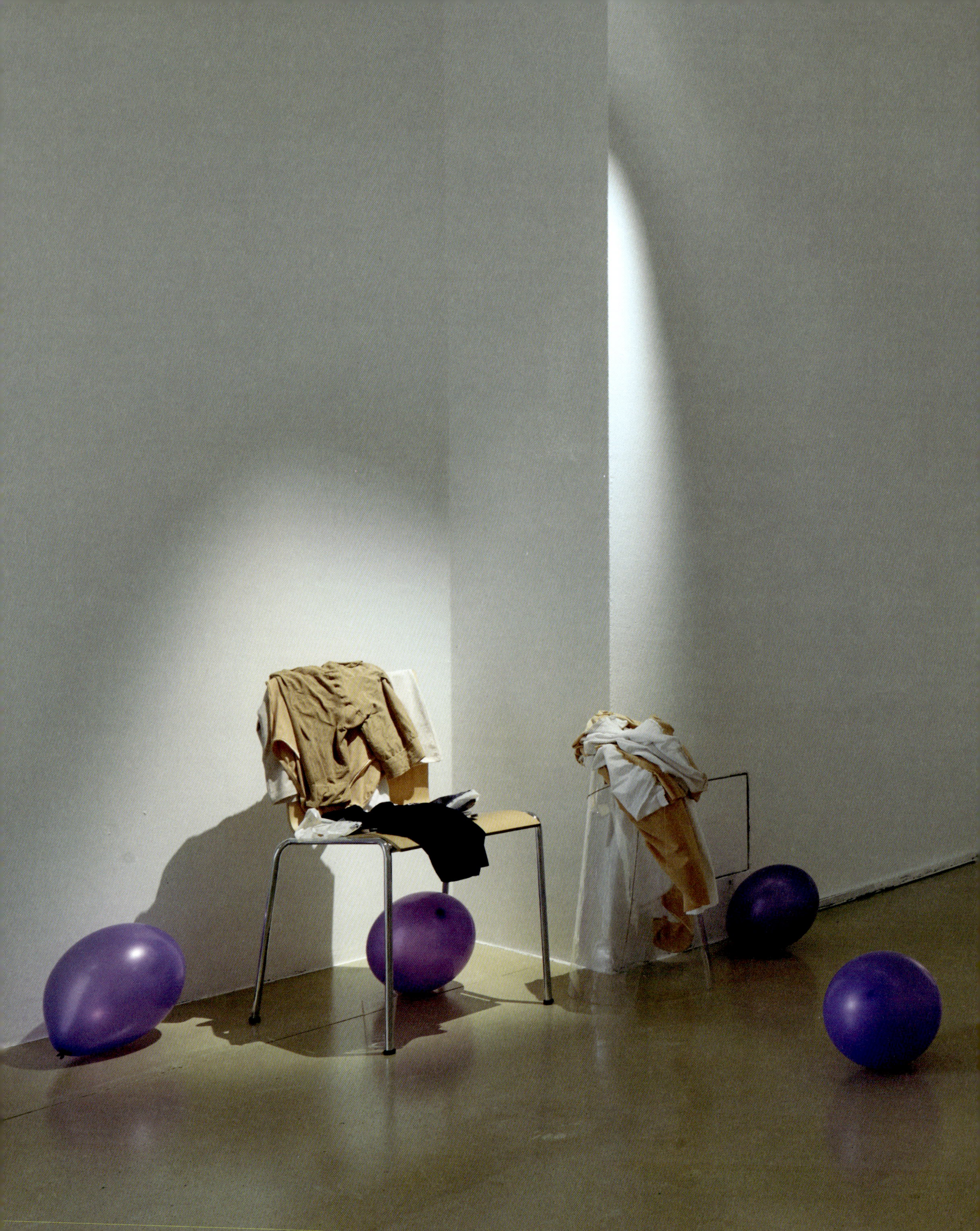

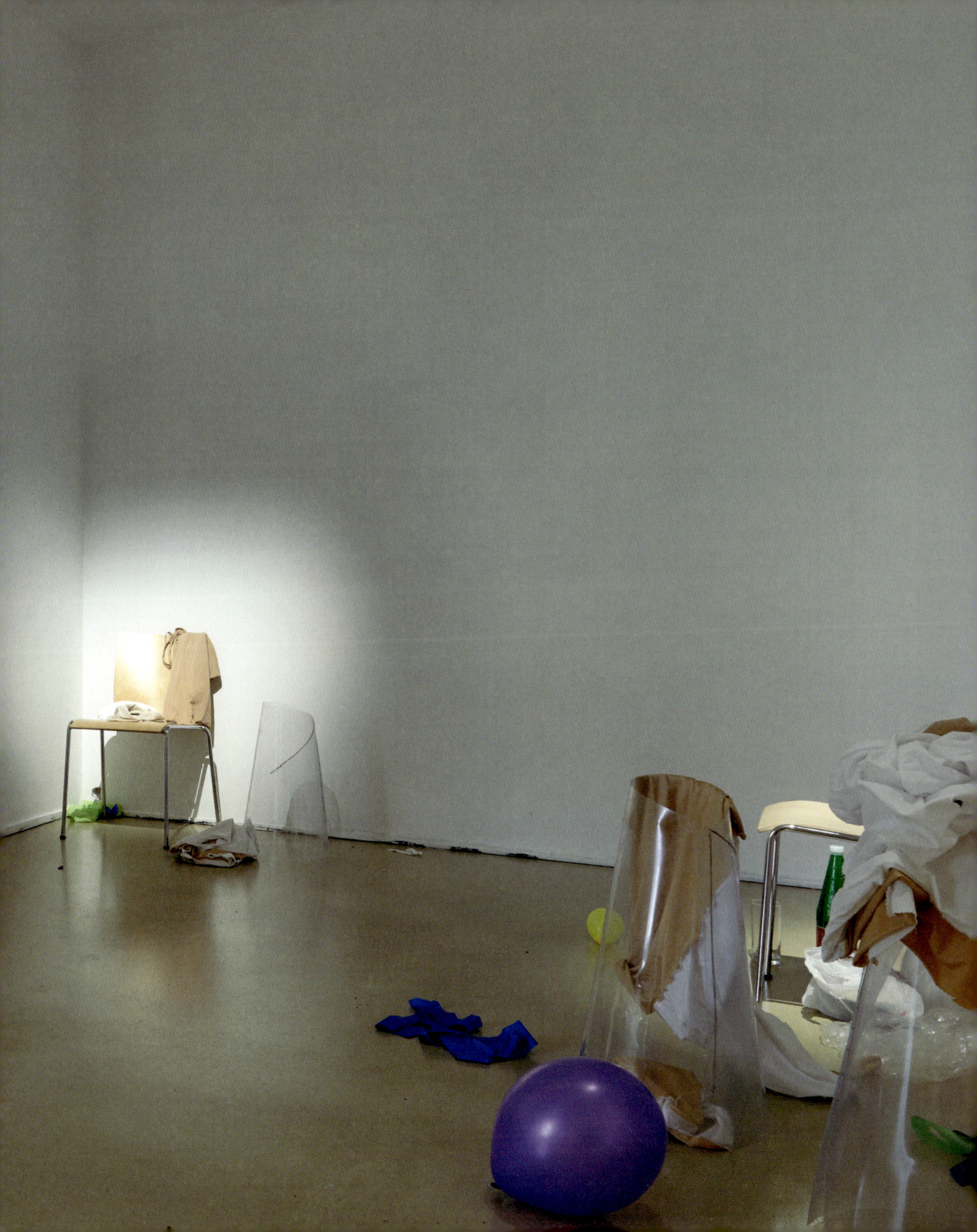

WORK

ART

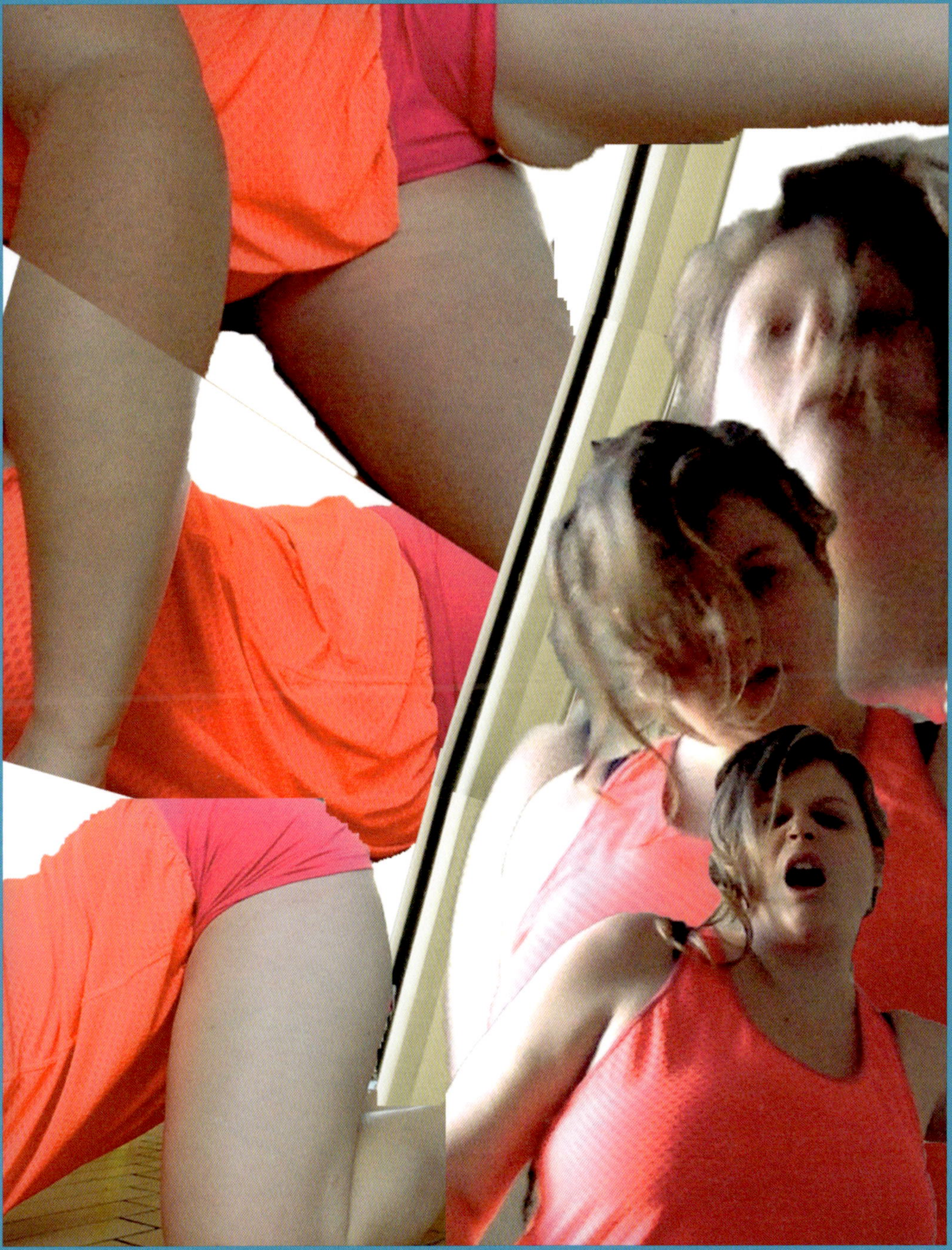

OUT

# ART WORK OUT

vermessen – verspannen – verbiegen

# WORK

ART

OUT

## ART WORK OUT

measuring – tensing – bending

vermessen

- Performance mit drei Performenden, 90:00 min
- Objekte, PVC-Boden, Maßband, Etiketten, Maße variabel
- Video mit Ton, 1920 × 1080 HD, 00:46 min, 2013

- WU Wien
  Zeichnung auf Packpapier, 27 × 93 cm, gerahmt auf Bauzaun 350 × 200 × 3 cm, 2013
- Objekt Währingerstrasse
  Zeichnung auf Packpapier, 127 × 93 cm, gerahmt auf Bauzaun 350 × 200 × 3 cm, 2013
- Objekt Mühlfeldgasse
  Zeichnung auf Packpapier, 93 × 63 cm, gerahmt auf Bauzaun 350 × 200 × 3 cm, 2013
- Objekt Mariahilf
  Zeichnung auf Packpapier, 93 × 63 cm, gerahmt auf Bauzaun 350 × 200 × 3 cm, 2013
- Objekt Kinigat (Tirol)
  Zeichnung auf Packpapier, 93 × 63 cm, gerahmt auf Bauzaun 350 × 200 × 3 cm, 2013
- Objekt Rosskopf (Tirol)
  Zeichnung auf Packpapier, 93 × 63 cm, gerahmt auf Bauzaun 350 × 200 × 3 cm, 2013

verspannen

- Performance mit drei Performenden, 10:00 min, 2014

verbiegen

- Soloperformance an einer Poledance-Stange, 40:00 min, 2014
- Trainingstagebuch, 2014

- YOUR GIRLFRIEND / ME
  Fotografie, 28 × 39 cm, gerahmt 43 × 53 × 4 cm, 2014
- BEND OVER BACKWARDS
  Fotografie, 28 × 39 cm, gerahmt 43 × 53 × 4 cm, 2014
- FUCK YOU
  Fotografie, 28 × 39 cm, gerahmt 43 × 53 × 4 cm, 2014

Der Werkzyklus *ART WORK OUT* besteht aus drei performativen Arbeiten und ergänzenden Objekten und Zeichnungen, die aus unterschiedlichen Perspektiven zur Selbstermächtigung und zur Befreiung von Ängsten ermutigen. Indem der Ist-Zustand als Ohnmacht wahrgenommen wird, können durch aktive Er- und Bearbeitung der Lage die Verhältnisse umgekehrt werden und zu einer Aktivierung des Selbst führen.

In der Performance *vermessen* tritt die Künstlerin als Immobilienberaterin auf, um die zu gentrifizierenden Viertel und Objekte ihrer Stadt zu vermessen und somit die absurde Preisspirale, die sich daraus auf dem Immobilienmarkt ergibt, zu hinterfragen. Die Gentrifizierung übersetzt sich in dieser Performance, die gemeinsam mit dem Publikum durchgeführt wird, in ein körperliches Workout, das proportional zu den Häuserpreisen anstrengender wird. Während die Künstlerin als Kapitalistin den Takt der Vermessung der Treppenhäuser von Spekulationsobjekten vorgibt, müssen sich die Teilnehmenden der Performance durch diese in einer Joggingroute vorarbeiten und ebendiese vermessen.

Die Performance *verspannen* nimmt die Vereinnahmung der Yoga-Kultur in der westlich geprägten Welt in den Blick. Während es bei Yoga im ursprünglichen Sinne um eine physische und mentale Reinigung und Stärkung des eigenen Selbst geht, basierend auf einem ganzheitlichen Prinzip der Harmonie und Einheit, verlagert die konsumorientierte Gesellschaft diese Art der Entspannung in ein Höchstleistungsprinzip. Dies muss unweigerlich zu Verspannungen und Stressreaktionen der Protagonist*innen führen. Verbildlicht wird diese Metapher durch drei Performerinnen, die auf reflektierenden Podesten unter Stroboskoplicht Asanas ausführen. Dabei versuchen sie sich in einem Wettbewerb der besten Ausführung zu übertreffen.

In der Performance *verbiegen* reflektiert die Künstlerin über ihren Selbstwert, indem sie sich an einer Poledance-Stange ihre Fitness erarbeitet. Zunächst definiert sie ihre Wertschätzung über die Wahrnehmung durch Männer, deren patriarchalen Idealen sie entsprechen möchte. Je besser sie an der Stange wird, desto selbstsicherer wird sie im Umgang mit ihren eigenen Gefühlen und Erwartungen. Schließlich erreicht sie den Punkt, an dem sie sich so akzeptieren kann, wie sie ist, und das Urteil durch andere für ihre seelische Gesundheit nicht mehr benötigt.

*ART WORK OUT* consists of three performative works as well as complementary objects and drawings, which convey diverse perspectives for self-empowerment and liberation from fears. While the initial situation is perceived as a state of powerlessness, the relationships can be reversed by actively experiencing and working on the conditions, leading to an activation of the self.

In *vermessen/measuring*, the artist turns up as a real estate consultant who measures the gentrifying neighbourhoods and properties of her city and thereby scrutinises the accompanying absurd price rally on the real estate market. In this performance realised together with the audience, gentrification translates into a physical workout that becomes more strenuous in equal proportion with the rising prices of houses. While the artist, as a capitalist, sets the pace for measuring the stairwells of speculative properties, the participants have to work their way through the buildings, taking measurements along a jogging parcours.

The performance *verspannen/tensing* targets the appropriation of yoga culture in the westernised world. Whereas yoga was originally about a physical and mental purification and strengthening of the self based on a holistic principle of harmony and unity, consumerist society has shifted this form of relaxation into a high-performance principle, inevitably leading to tension and stress reactions among practitioners. This metaphor is illustrated by three yoginis who perform asanas on reflective podiums under strobe lights. Each tries to outclass the other in a competition of best execution.

In *verbiegen/bending*, the artist reflects on her own self-worth by improving her fitness through pole dancing. At first, she aligns her self-appreciation along male perceptions and strives to live up to their patriarchal ideals. The better she gets on the pole, the more confident she becomes in dealing with her own feelings and expectations. Eventually, she reaches the point where she can accept herself as she is and no longer needs the judgement of others for her mental health.

vermessen/measuring

- Performance with three performers, 90:00 min
- Objects, PVC floor, measuring tape, labels, variable dimensions
- Video with sound, 1920 × 1080 HD, 0:46 min, 2013

- WU Wien
  Drawing on packing paper, 27 × 93 cm, framed on construction site fence 350 × 200 × 3 cm, 2013
- Objekt Währingerstrasse
  Drawing on packing paper, 127 × 93 cm, framed on construction site fence 350 × 200 × 3 cm, 2013
- Objekt Mühlfeldgasse
  Drawing on packing paper, 93 × 63 cm, framed on construction site fence 350 × 200 × 3 cm, 2013
- Objekt Mariahilf
  Drawing on packing paper, 93 × 63 cm, framed on construction site fence 350 × 200 × 3 cm, 2013
- Objekt Kinigat (Tirol)
  Drawing on packing paper, 93 × 63 cm, framed on construction site fence 350 × 200 × 3 cm, 2013
- Objekt Rosskopf (Tirol)
  Drawing on packing paper, 93 × 63 cm, framed on construction site fence 350 × 200 × 3 cm, 2013

verspannen/tensing

- Performance with three performers, 10:00 min, 2014

verbiegen/bending

- Solo performance on a pole dance pole, 40:00 min, 2014
- Training logbook
- Three photographs

- YOUR GIRLFRIEND / ME
  Photo, 28 × 39 cm, framed 43 × 53 × 4 cm, 2014
- BEND OVER BACKWARDS
  Photo, 28 × 39 cm, framed 43 × 53 × 4 cm, 2014
- FUCK YOU
  Photo, 28 x 39 cm, framed 43 × 53 × 4 cm, 2014

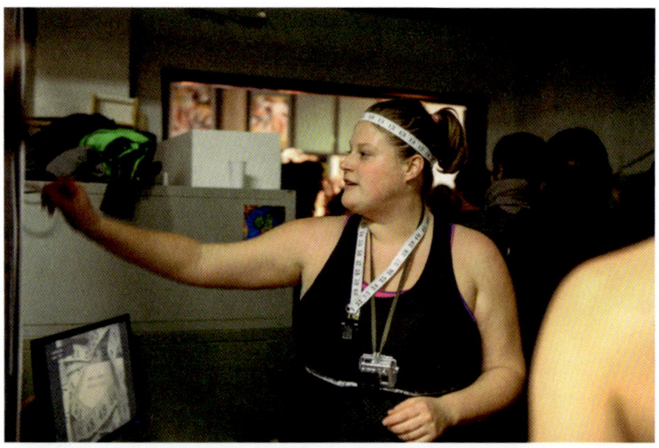

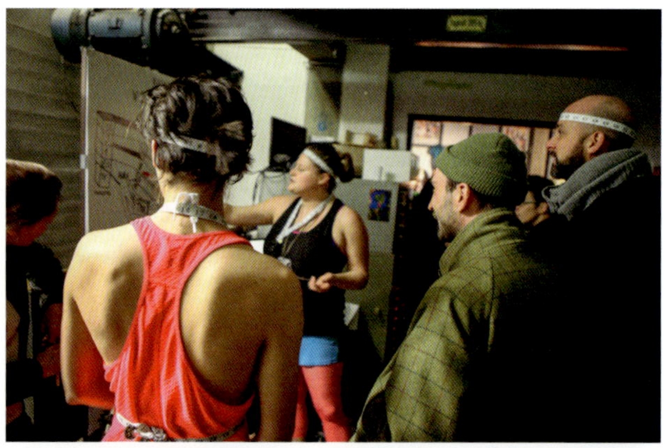

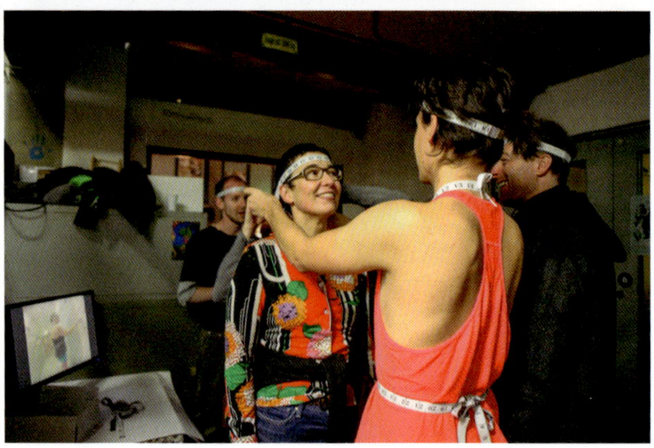

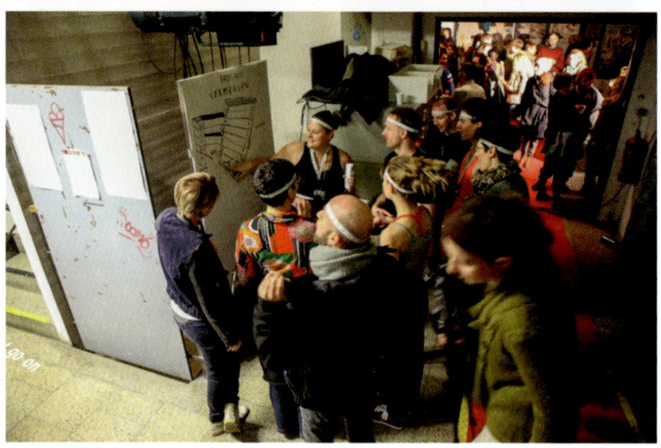

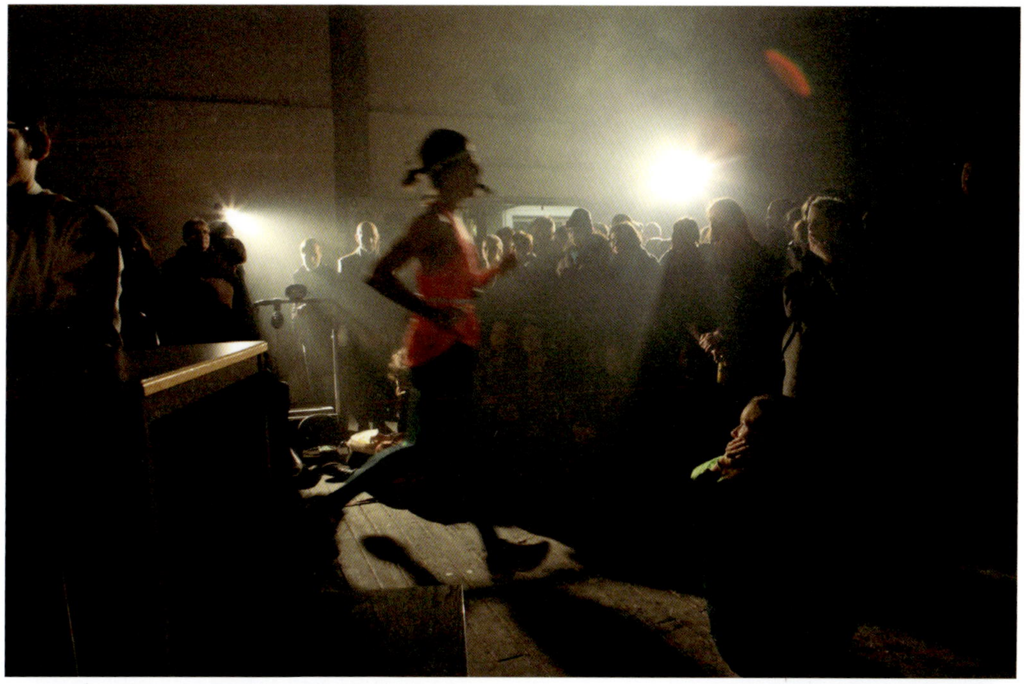

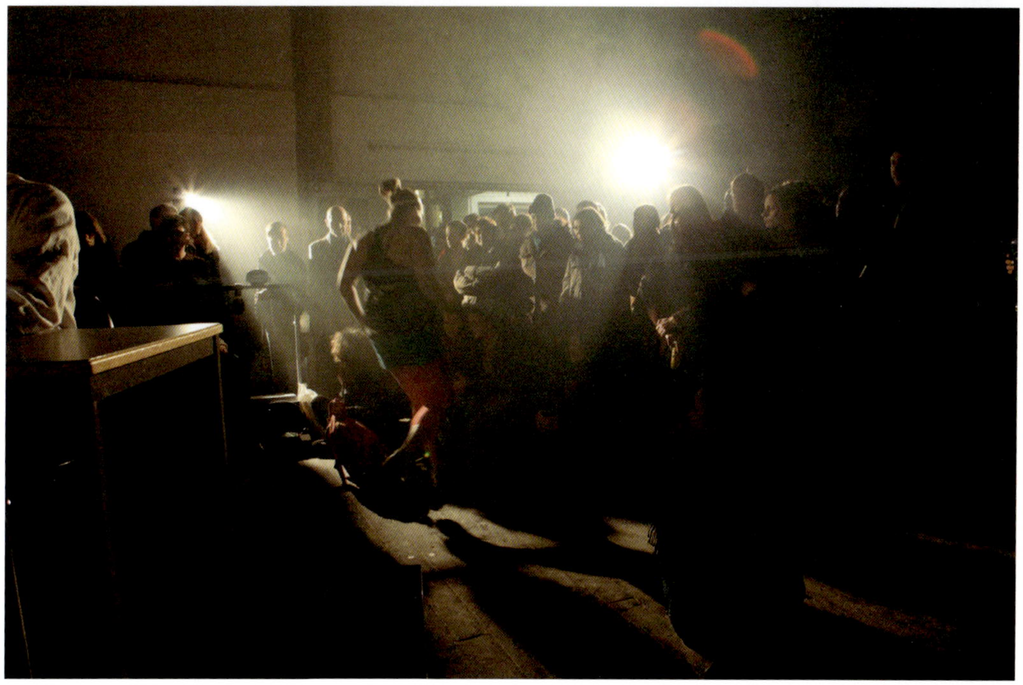

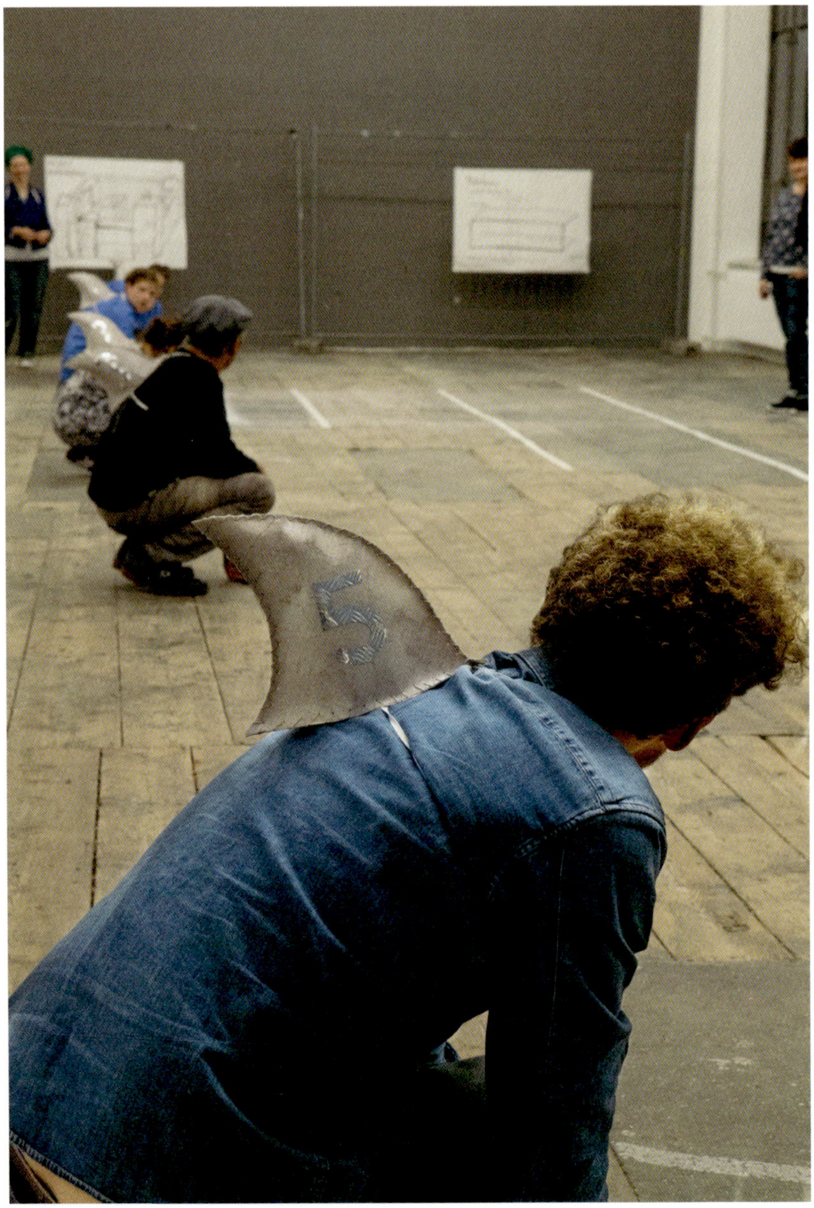

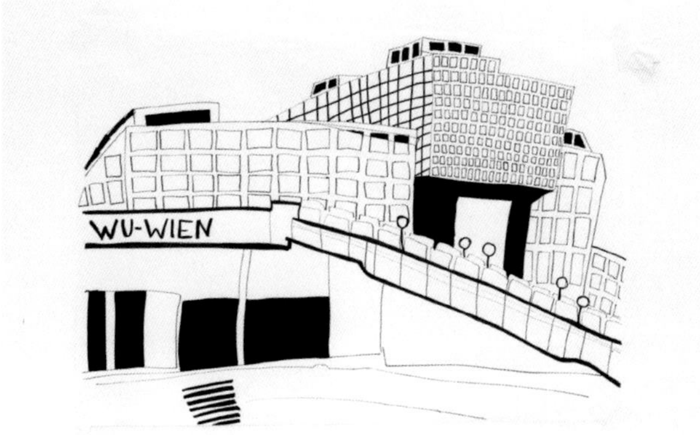
WU-WIEN

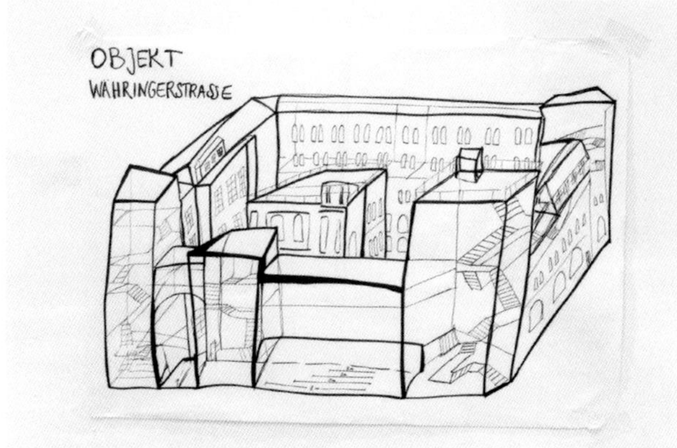
OBJEKT
WAHRINGERSTRASSE

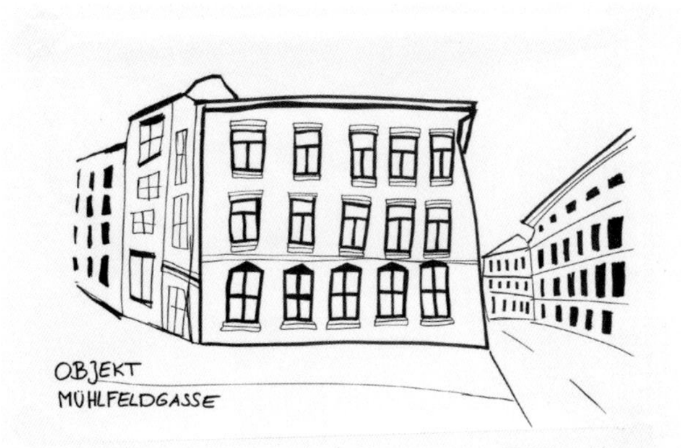
OBJEKT
MÜHLFELDGASSE

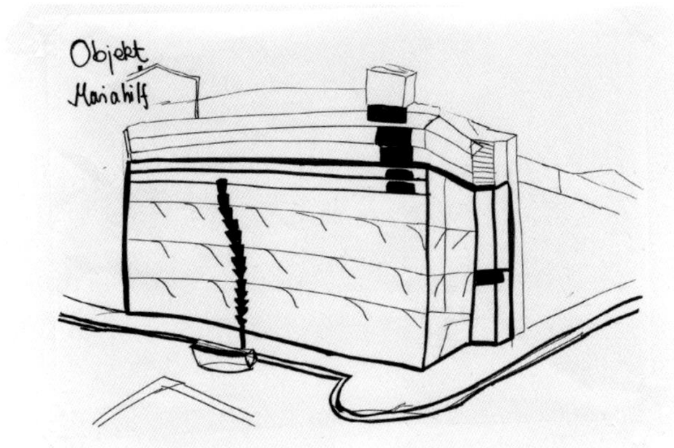
Objekt
Mariahilf

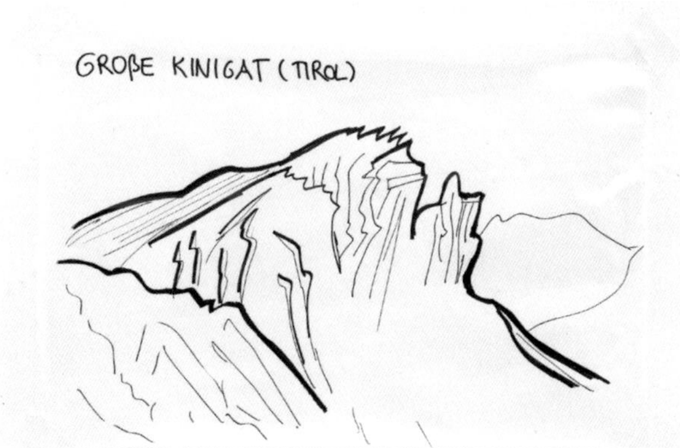
GROßE KINIGAT (TIROL)

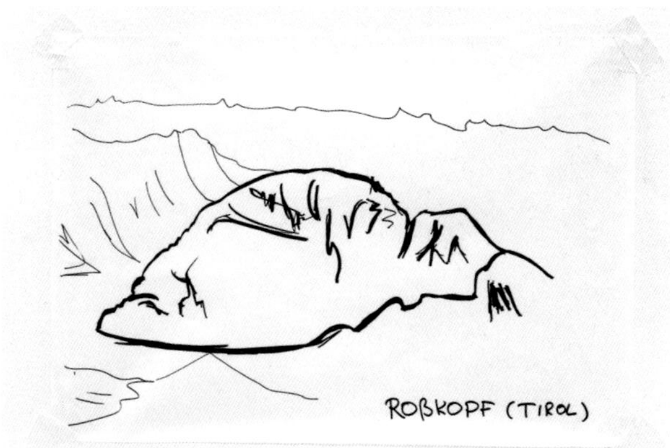
ROßKOPF (TIROL)

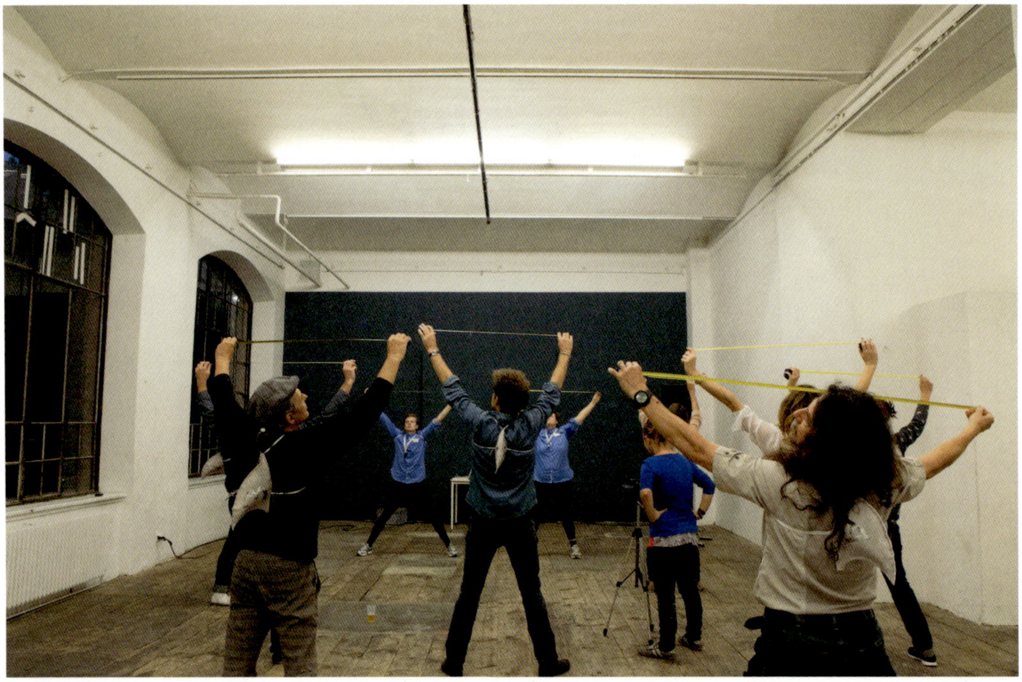

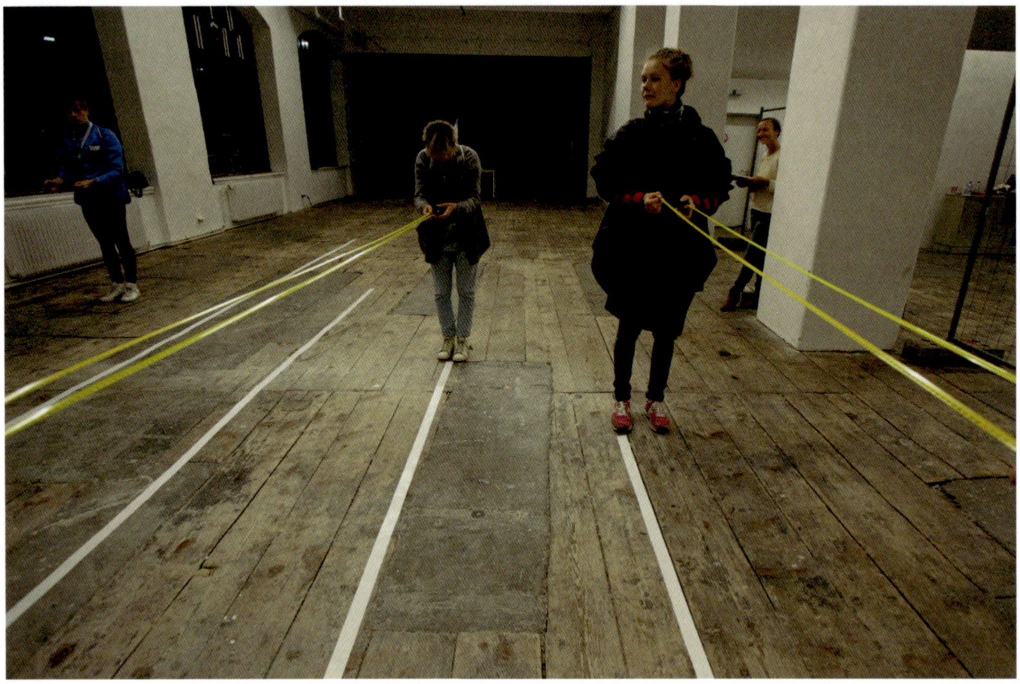

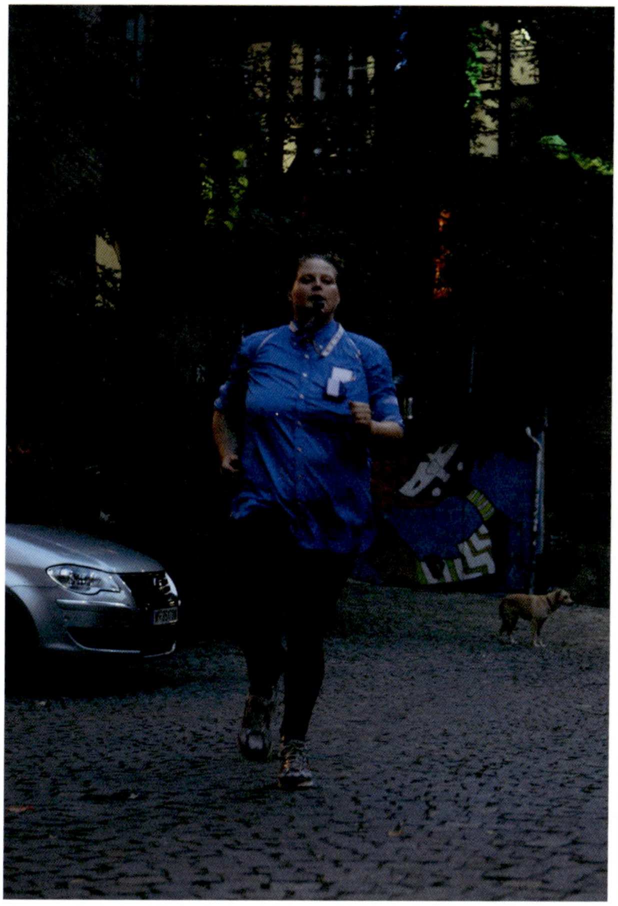

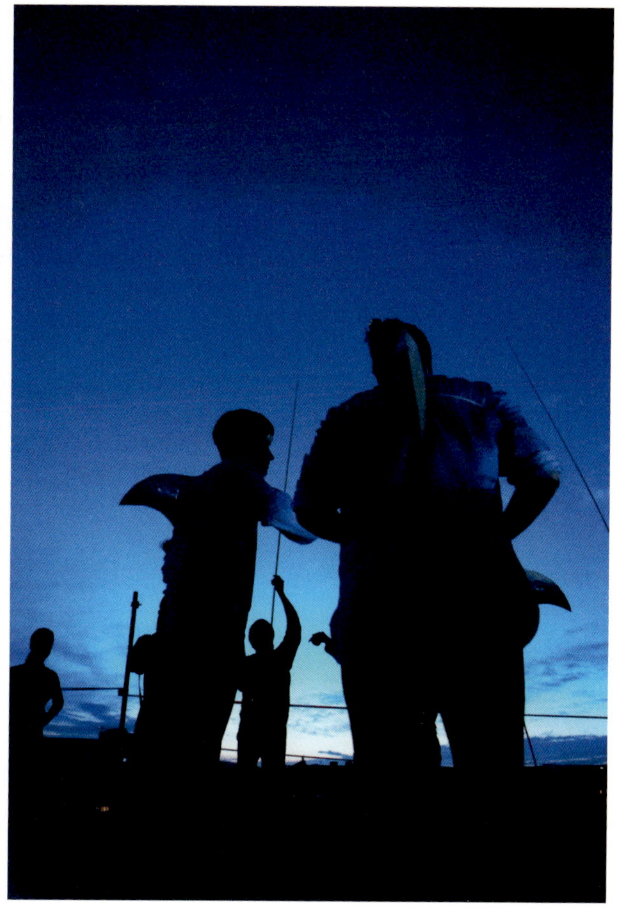

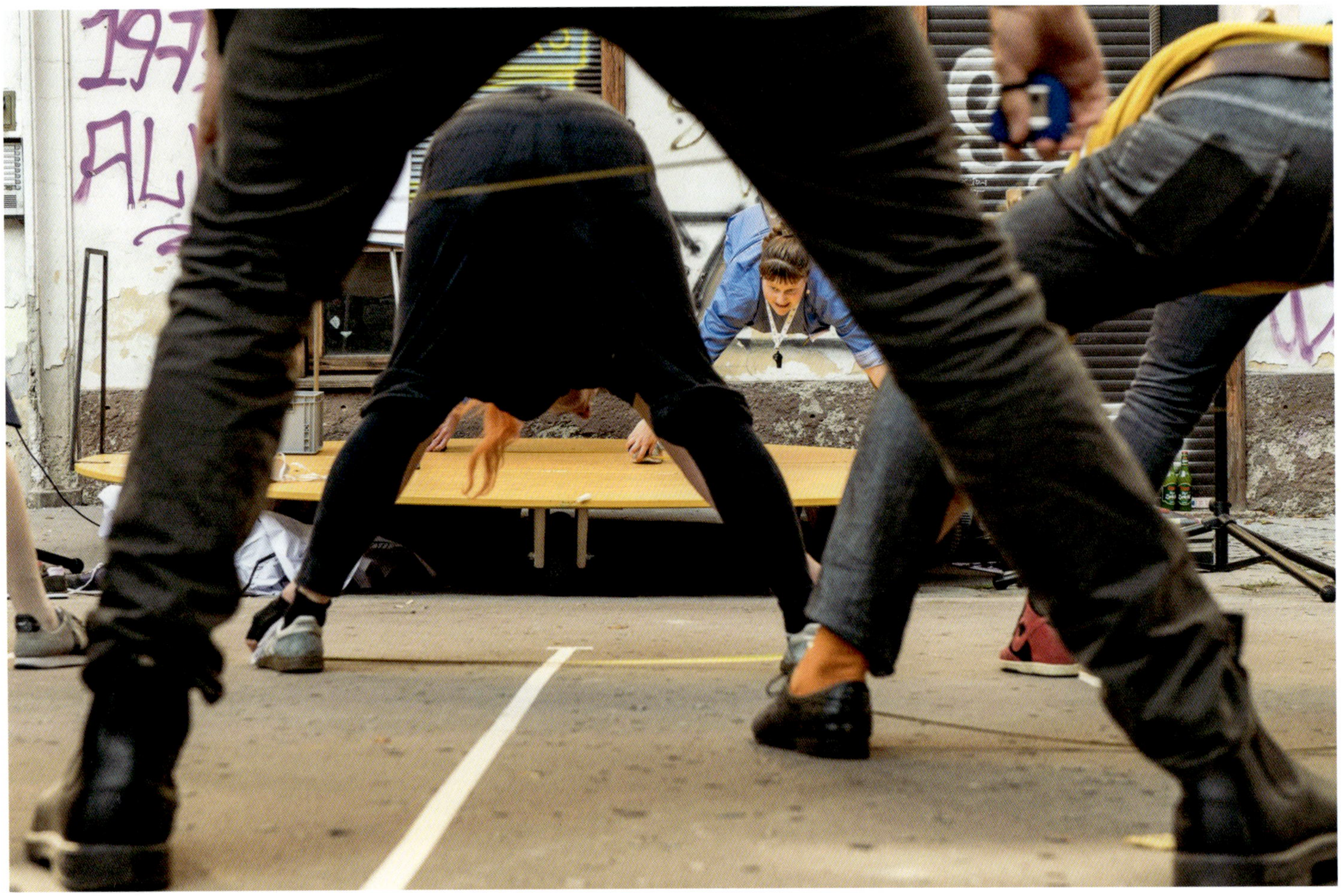

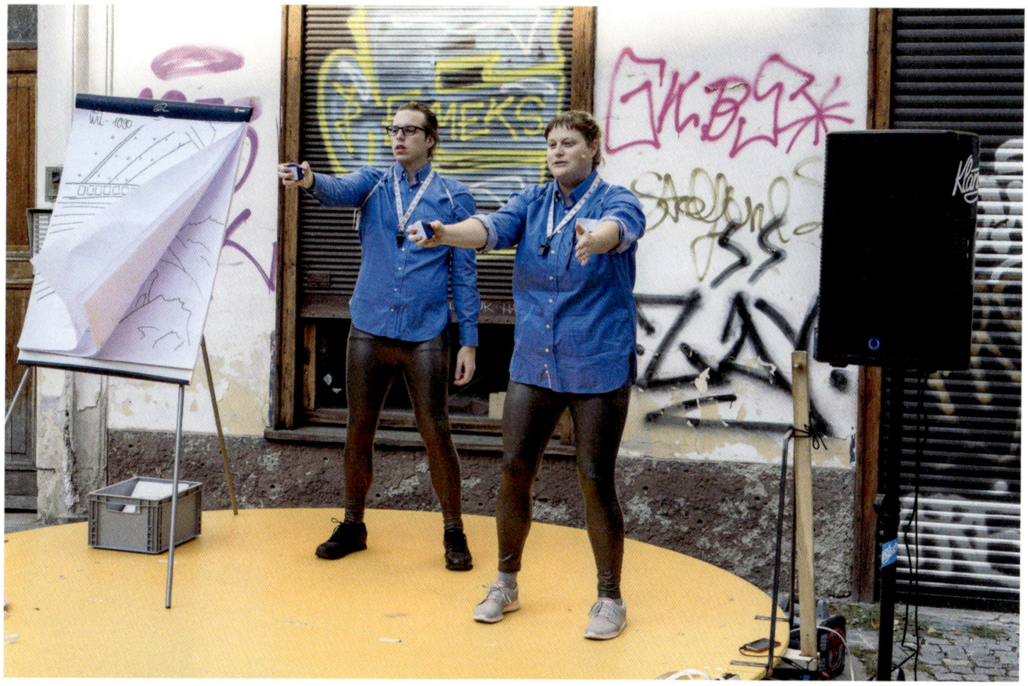

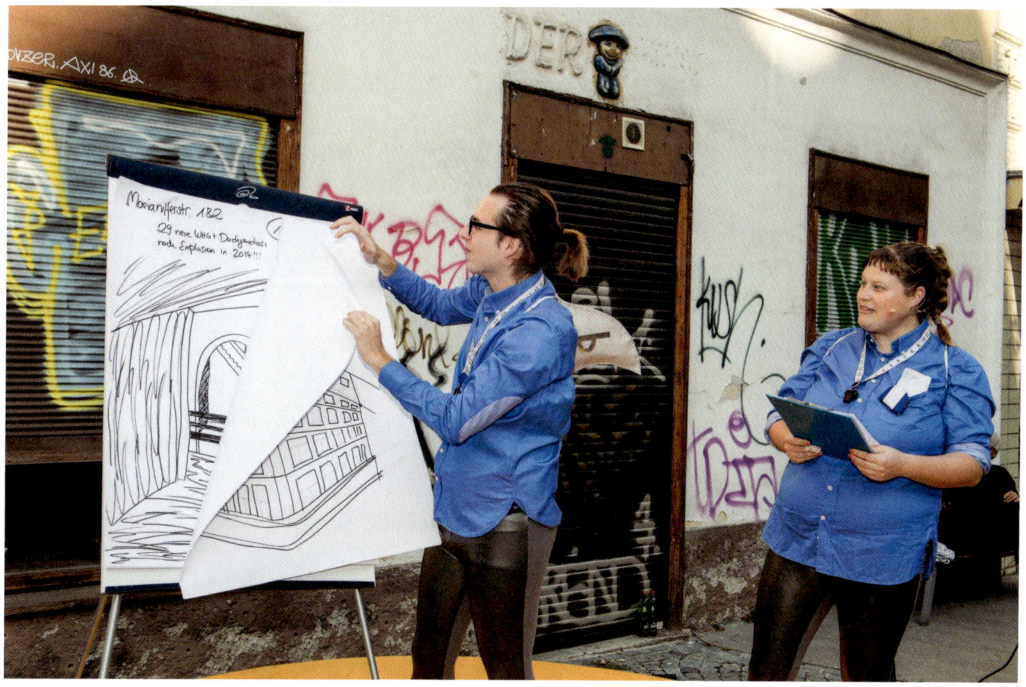
Mariahilferstr. 182
29 neue WHG + Dachgeschoss
nach Explosion in 2014!!!

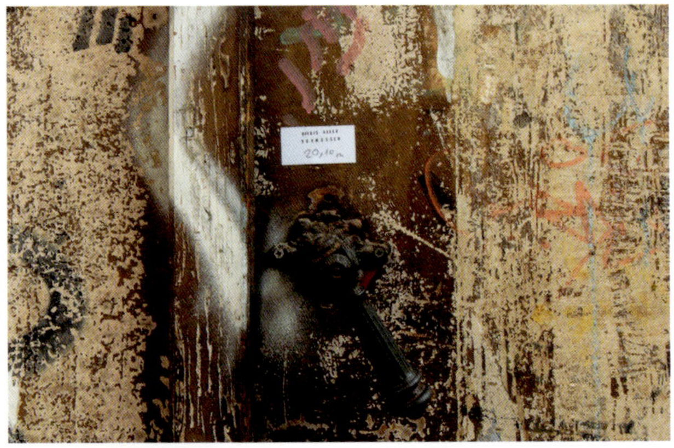

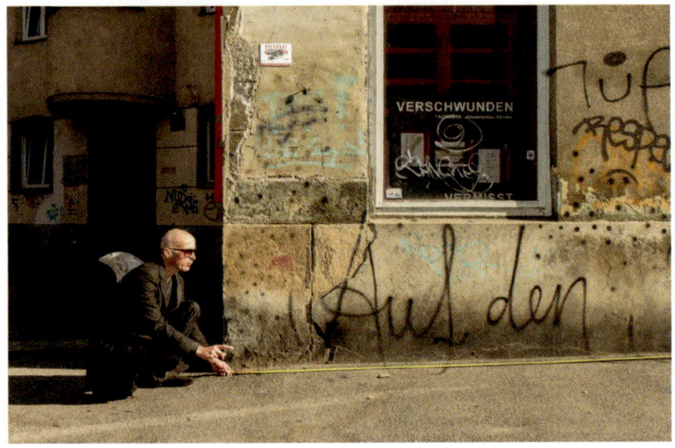
VERSCHWUNDEN

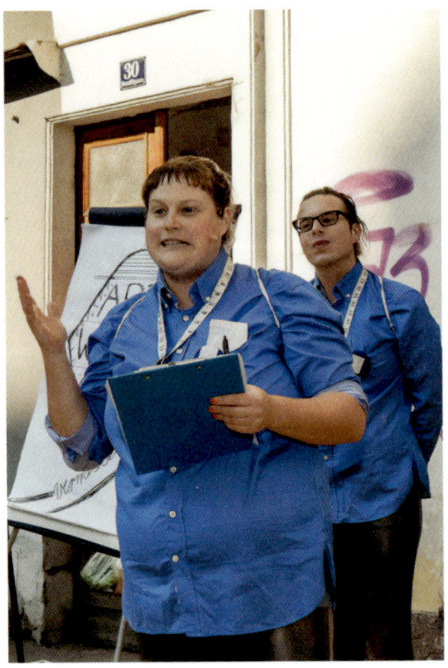

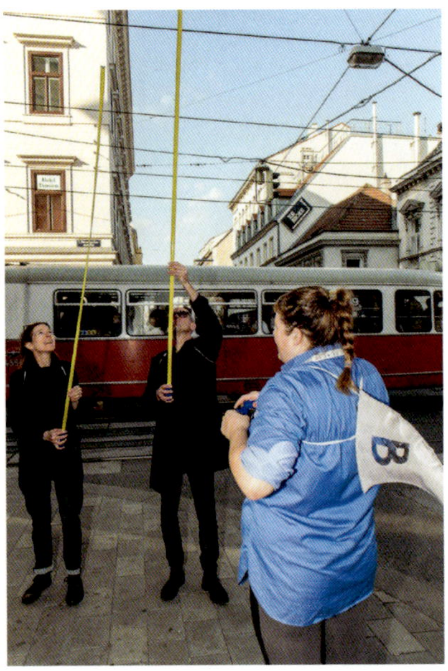

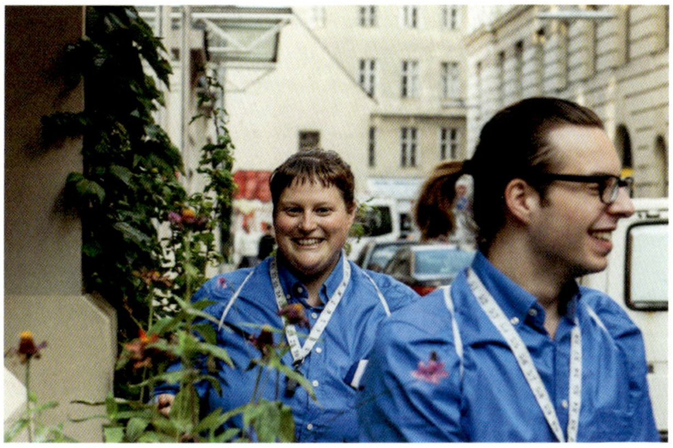

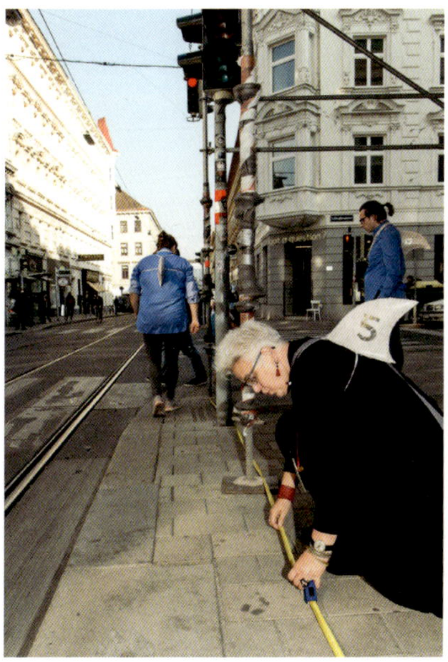

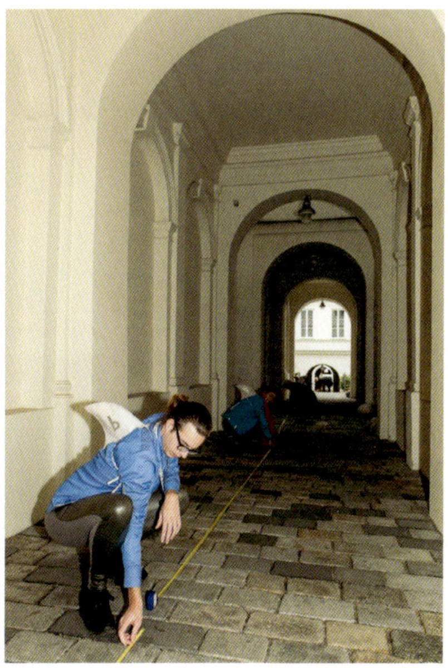

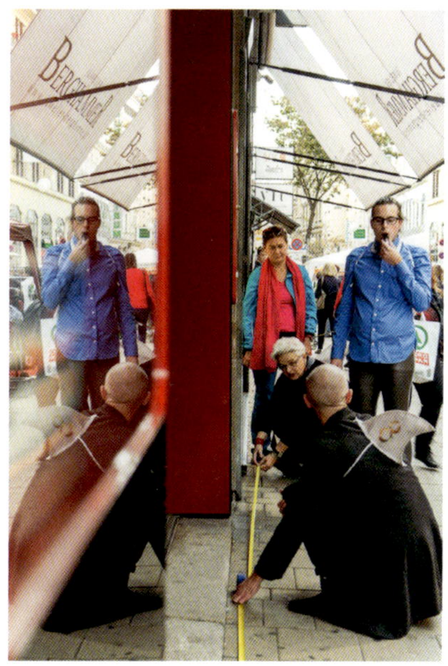

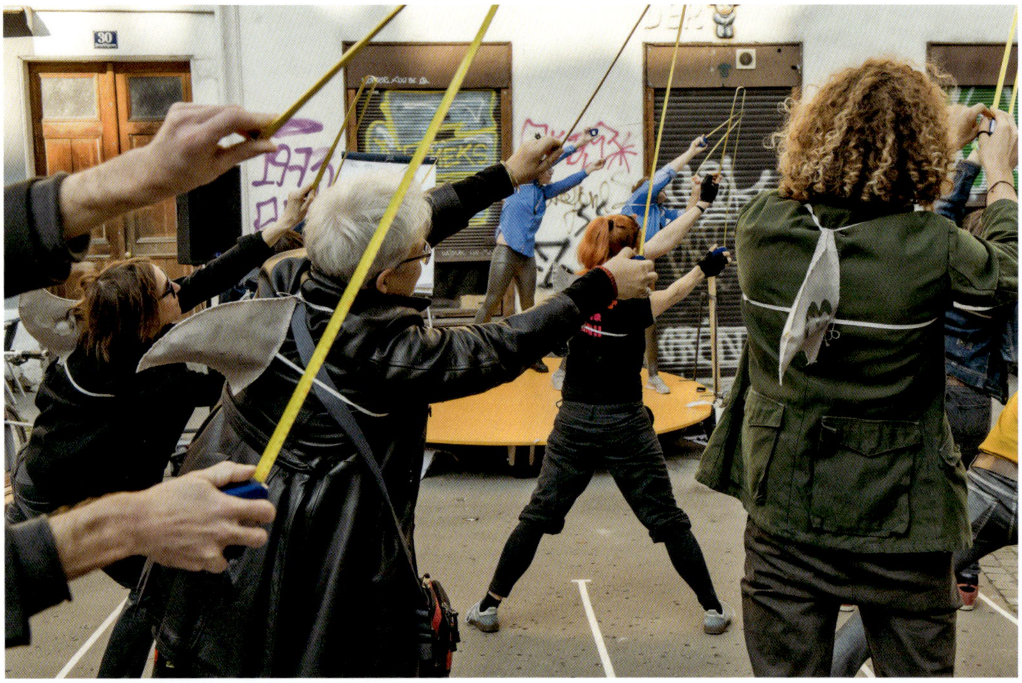

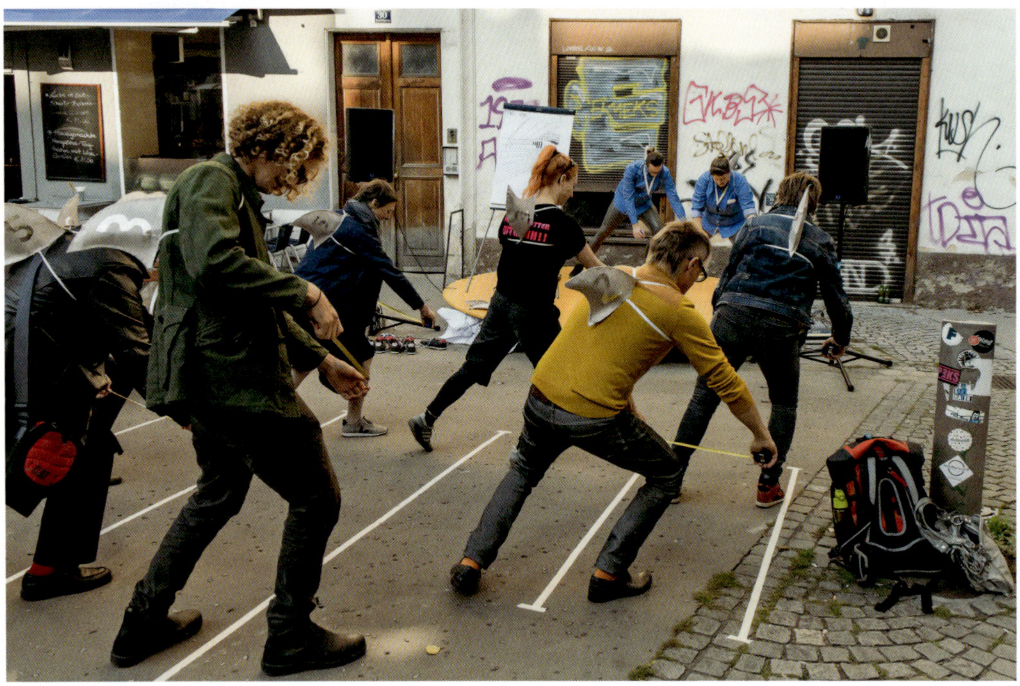

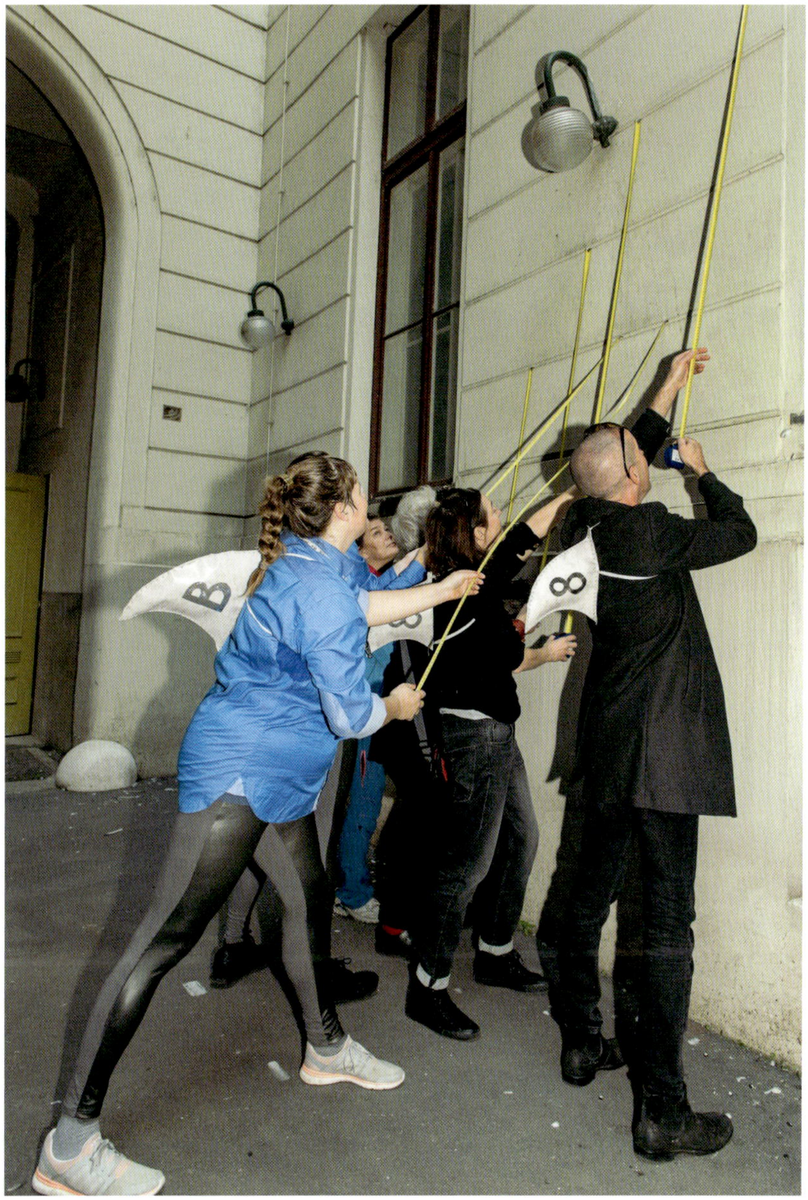
B
8

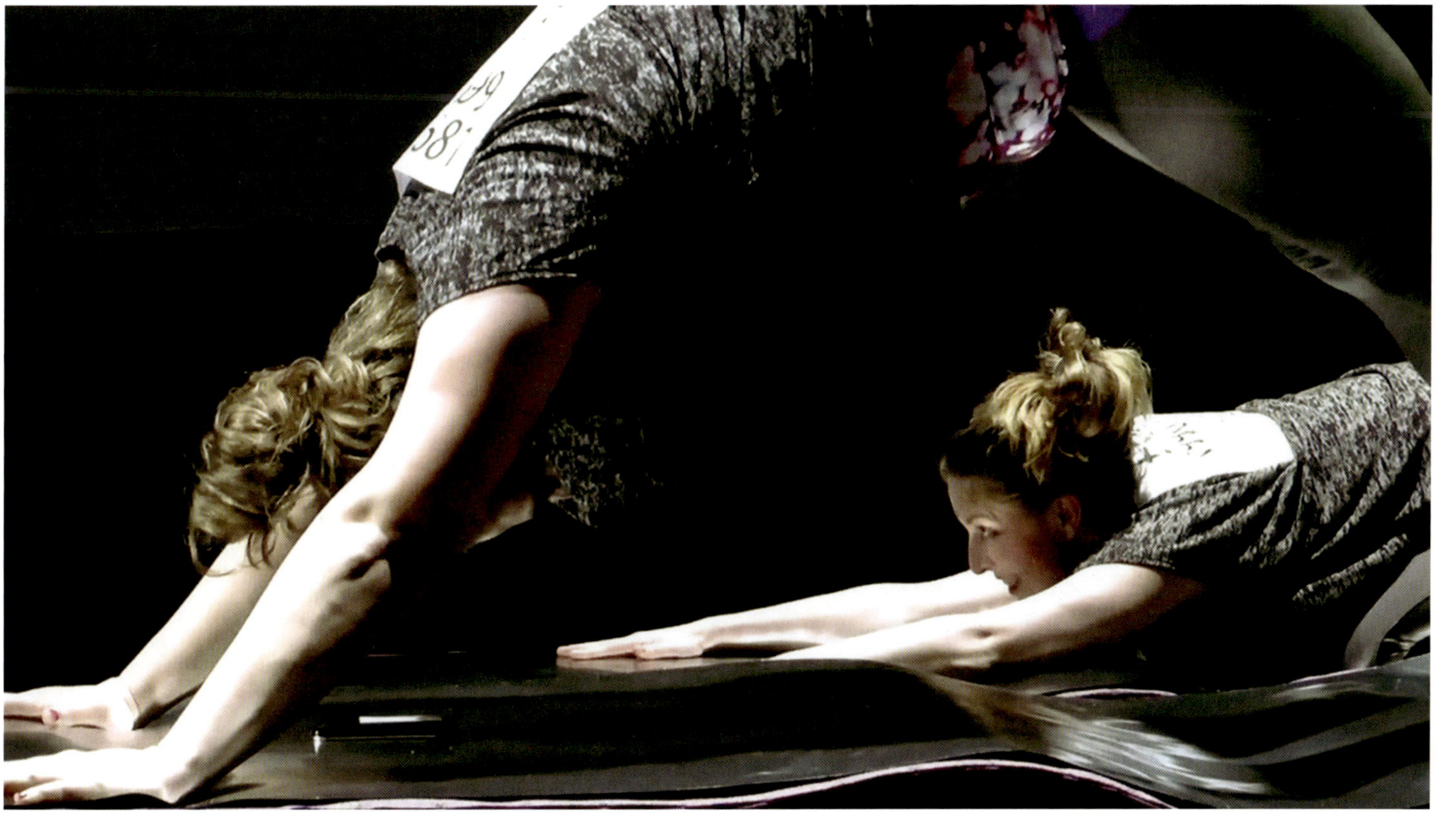

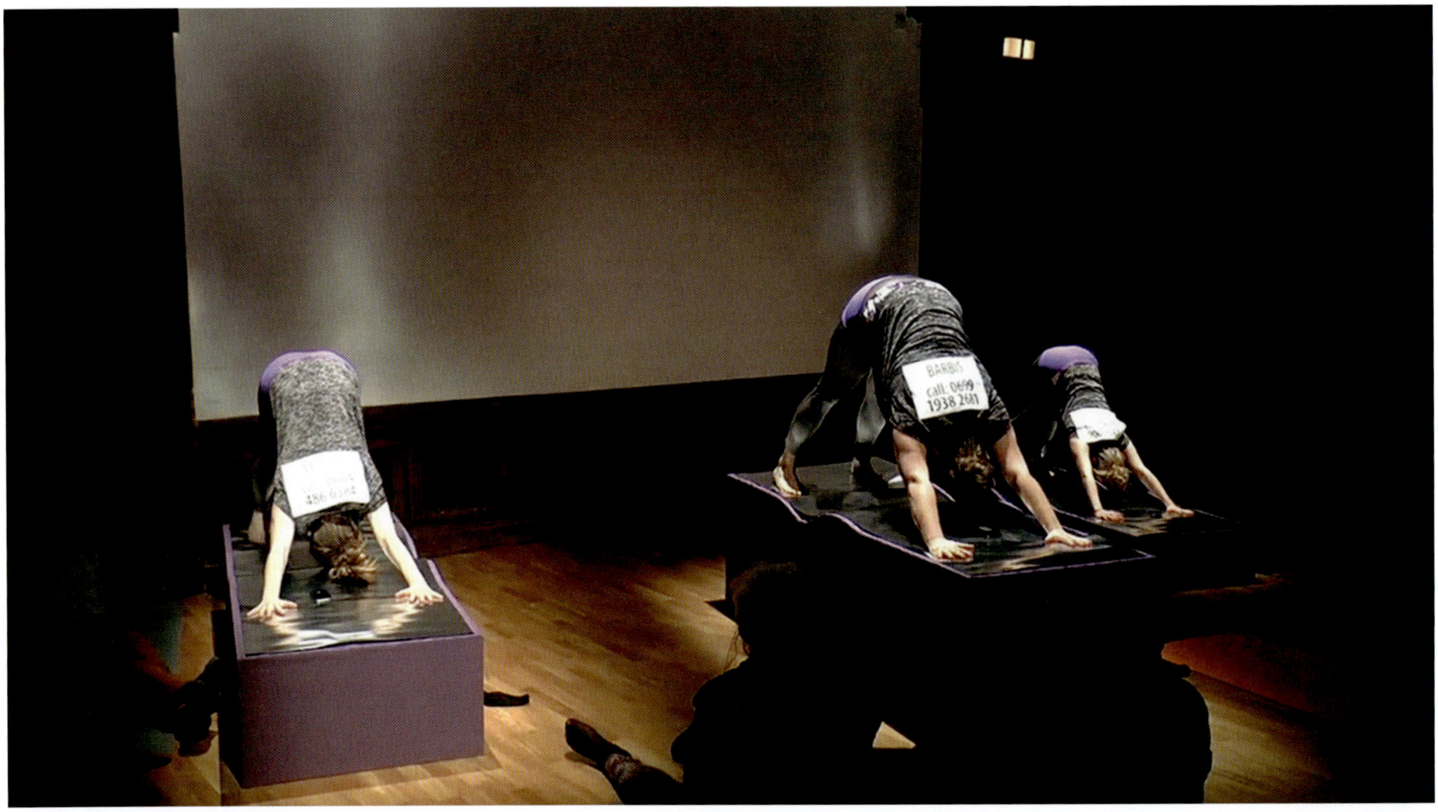

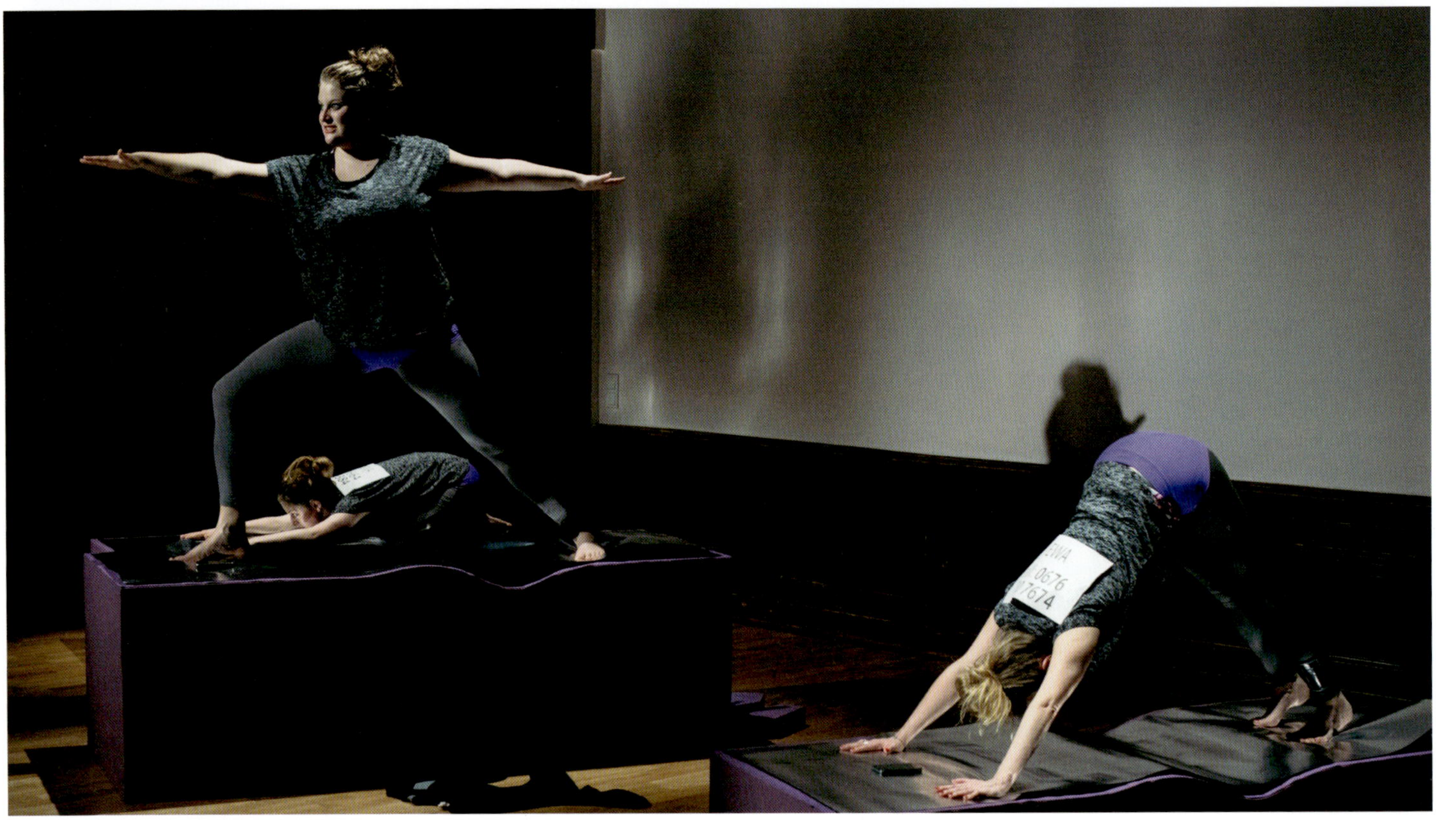

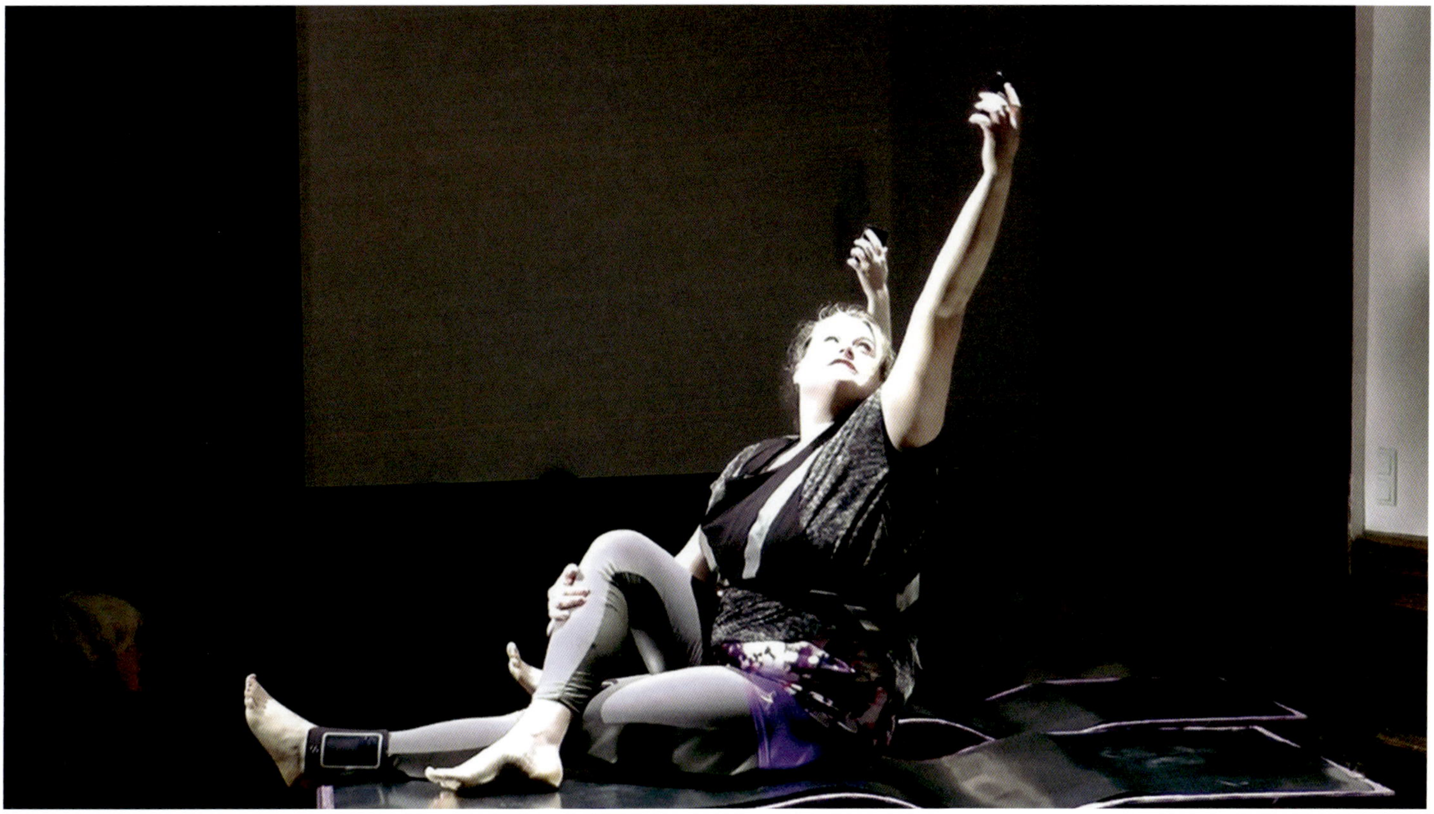

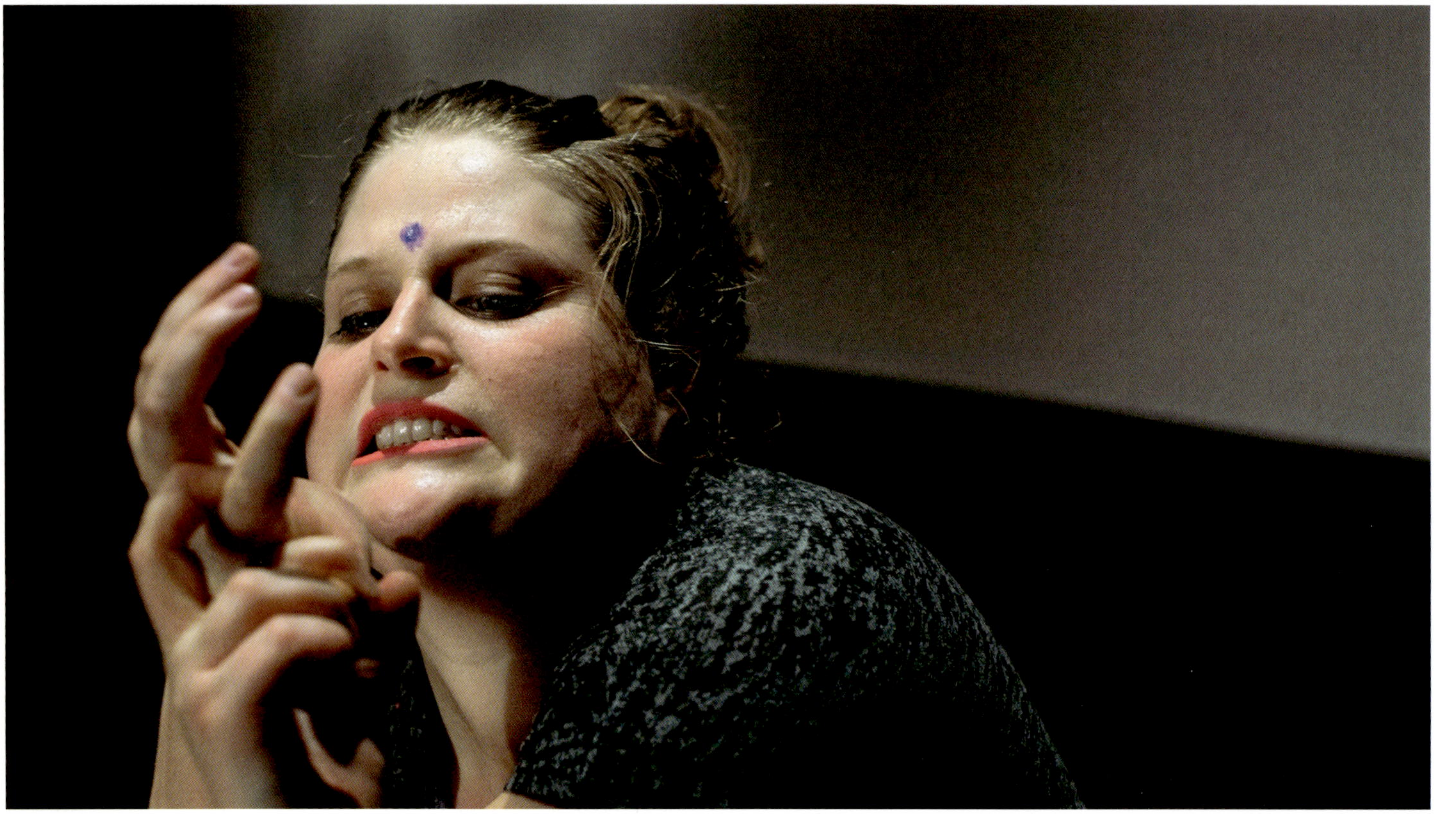

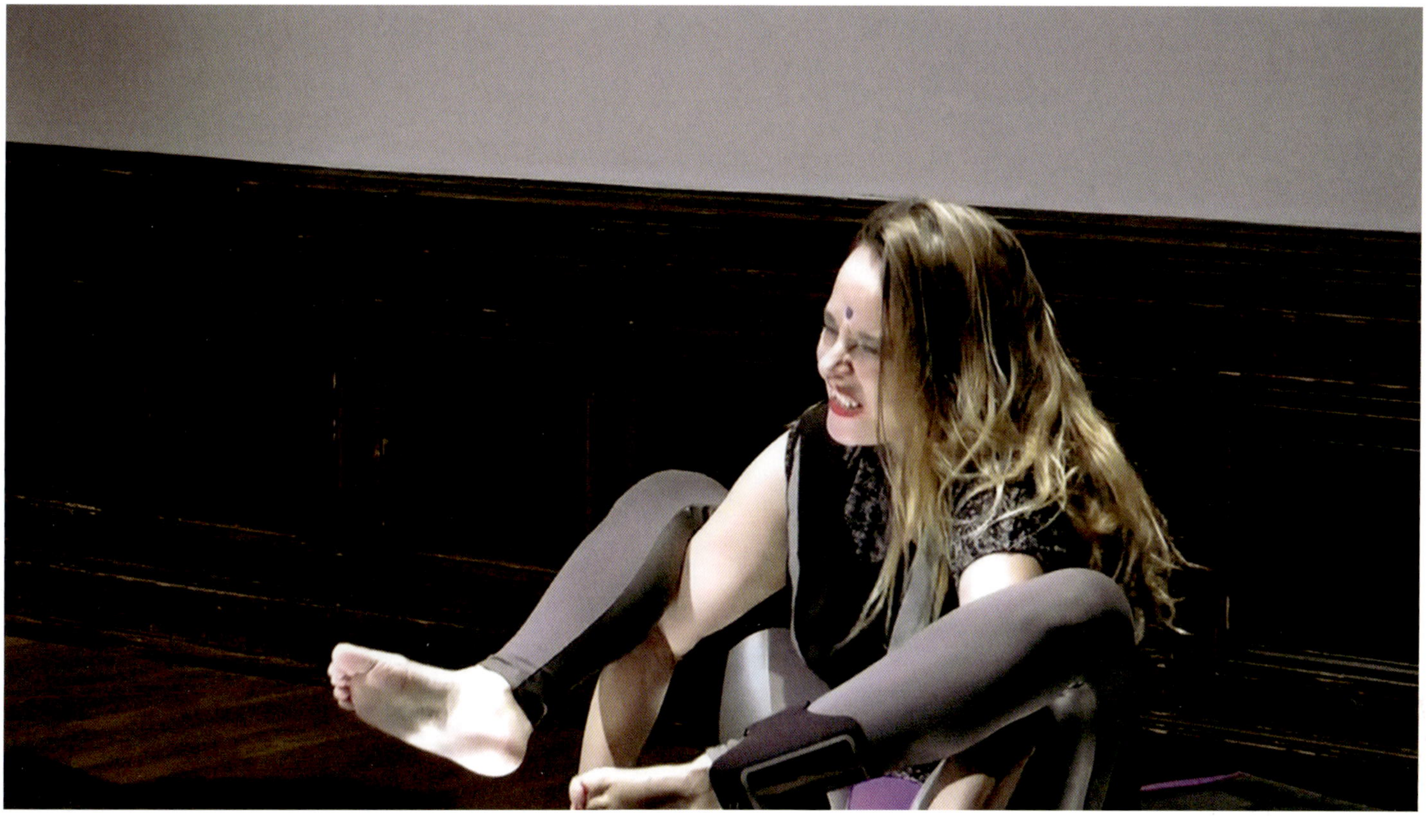

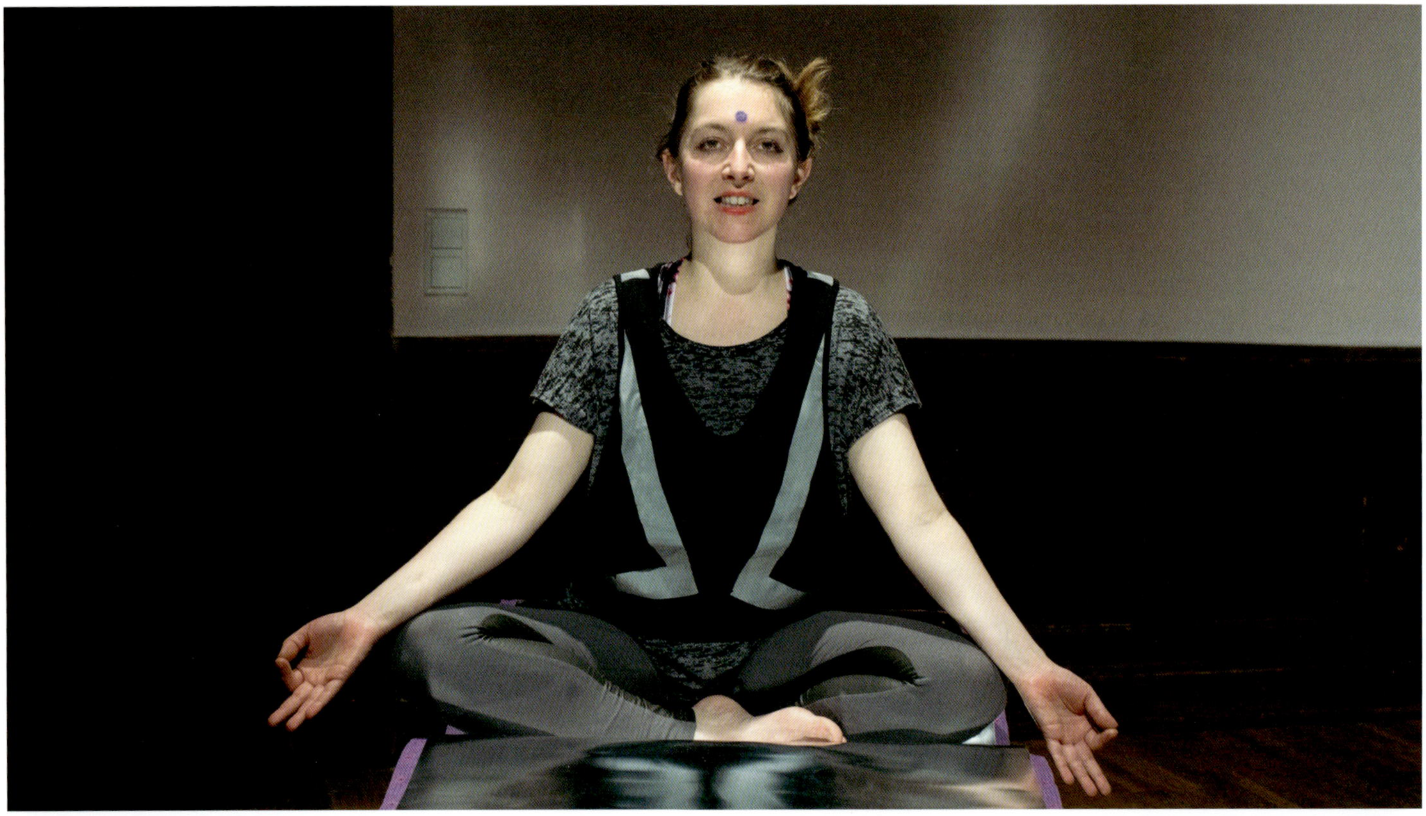

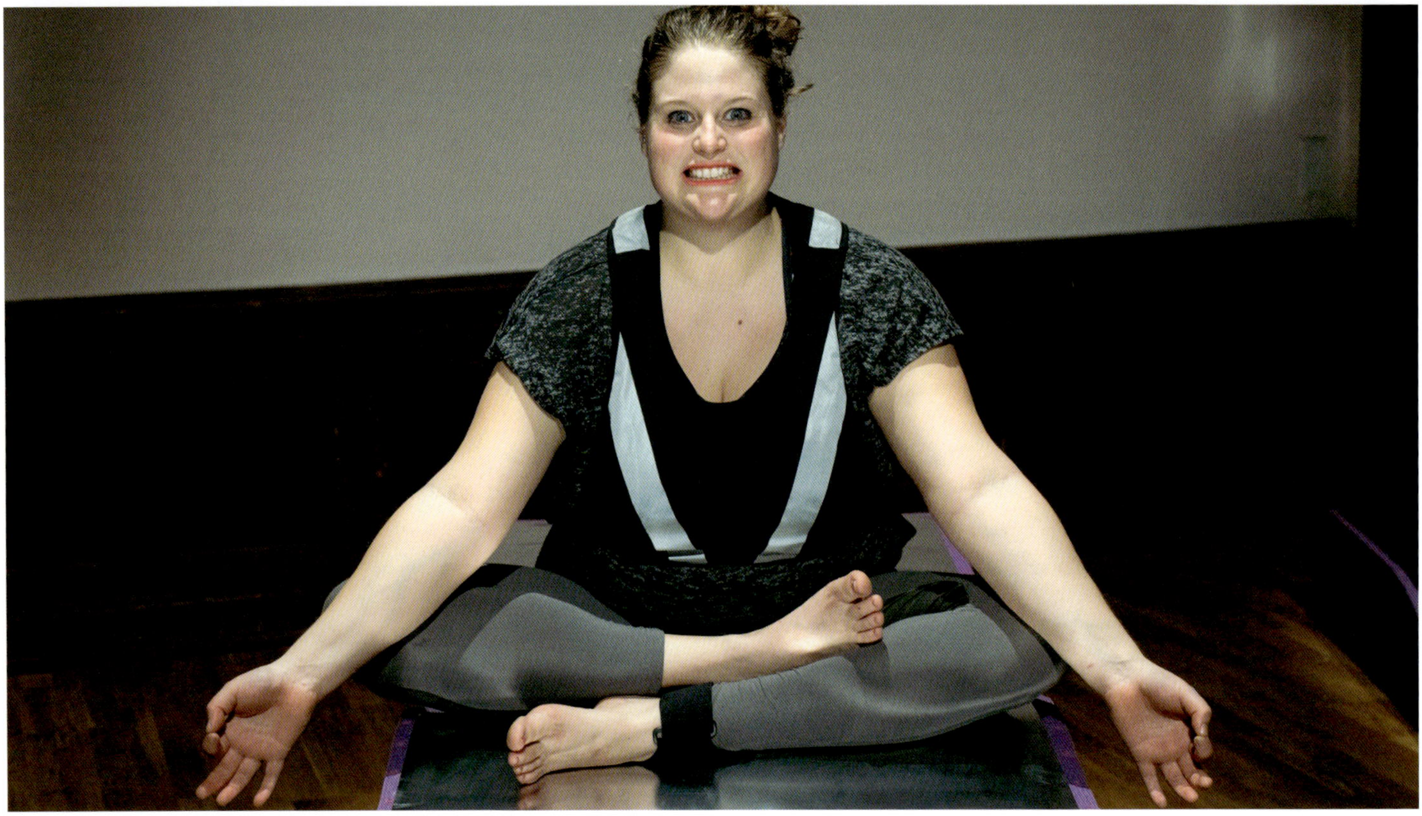

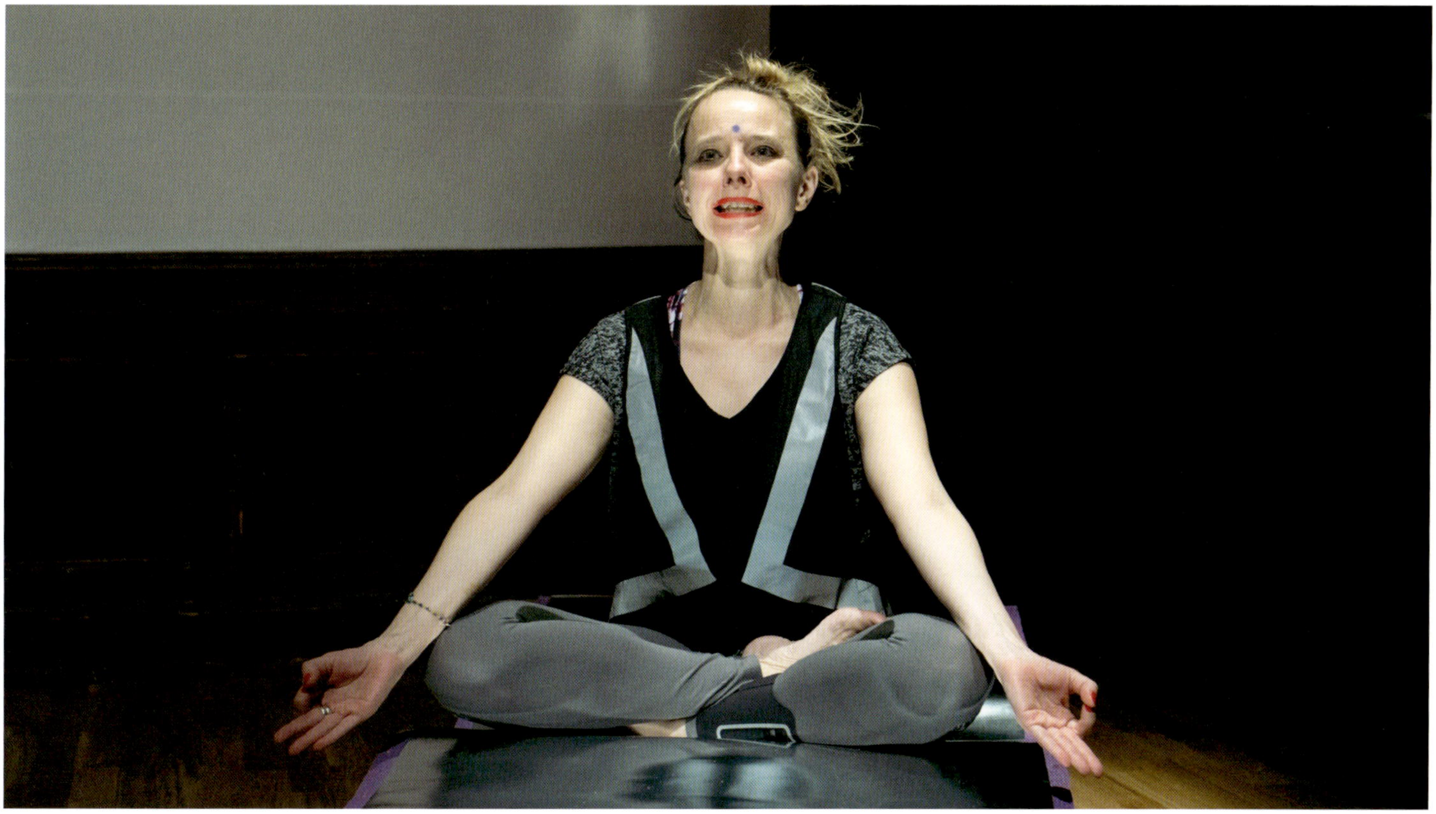

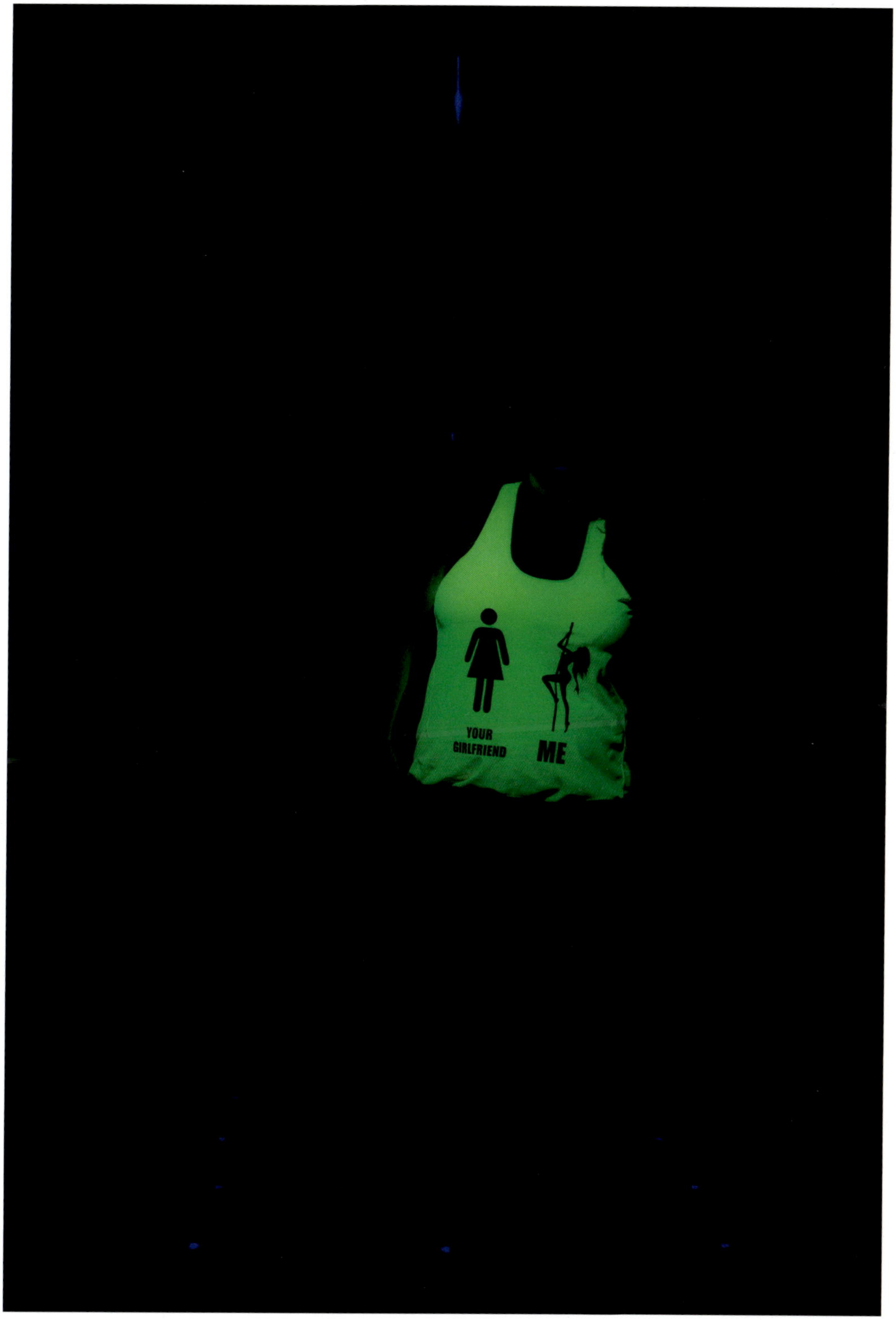
YOUR
GIRLFRIEND
ME

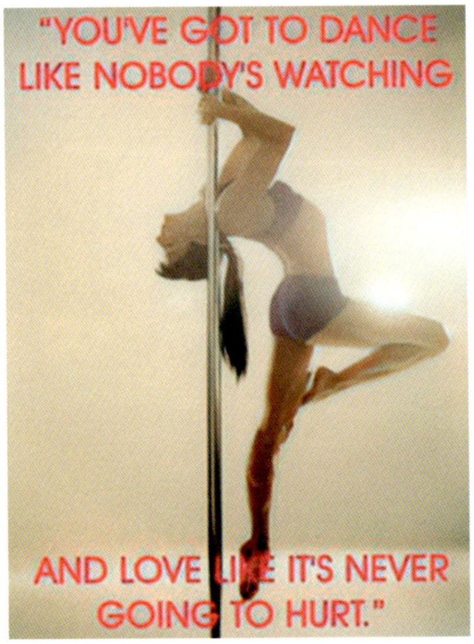
"YOU'VE GOT TO DANCE
LIKE NOBODY'S WATCHING
AND LOVE LIKE IT'S NEVER
GOING TO HURT."

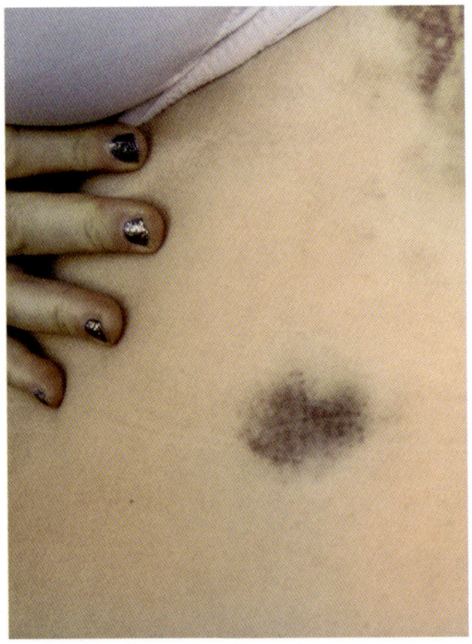

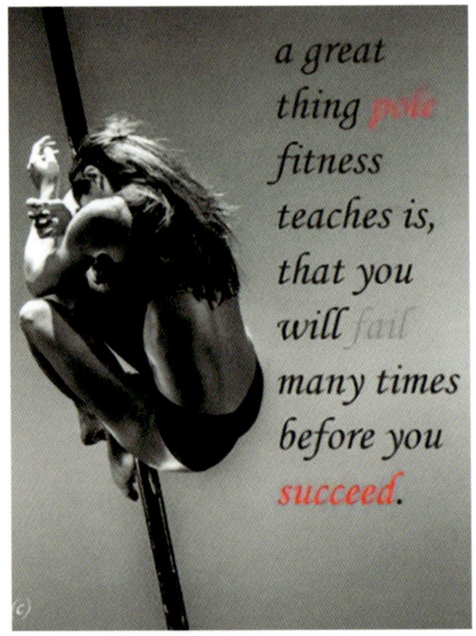
a great
thing pole
fitness
teaches is,
that you
will fail
many times
before you
succeed.

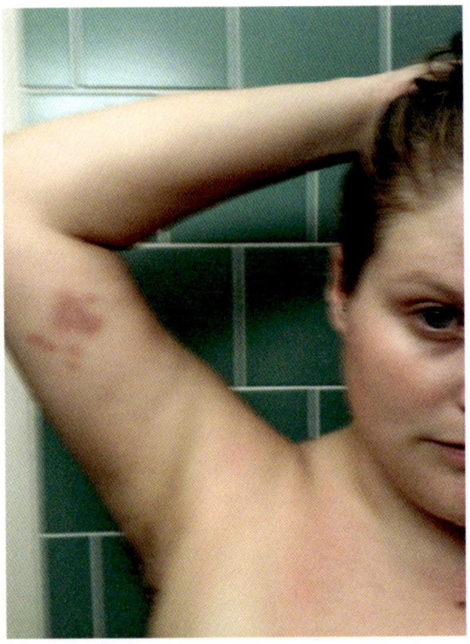

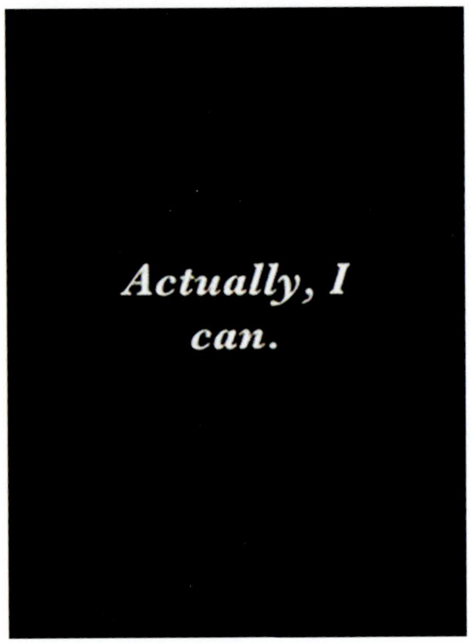
Actually, I
can.

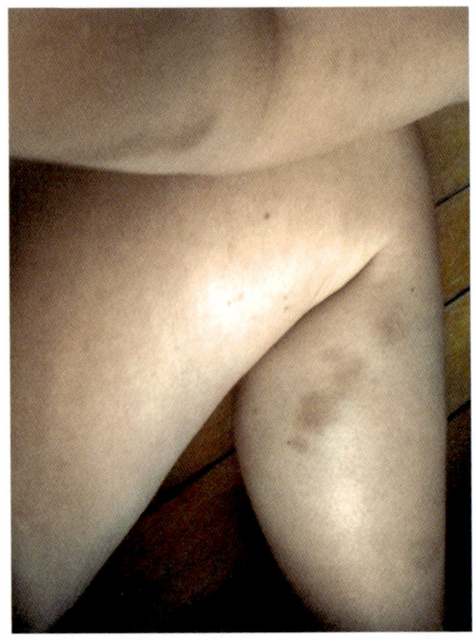

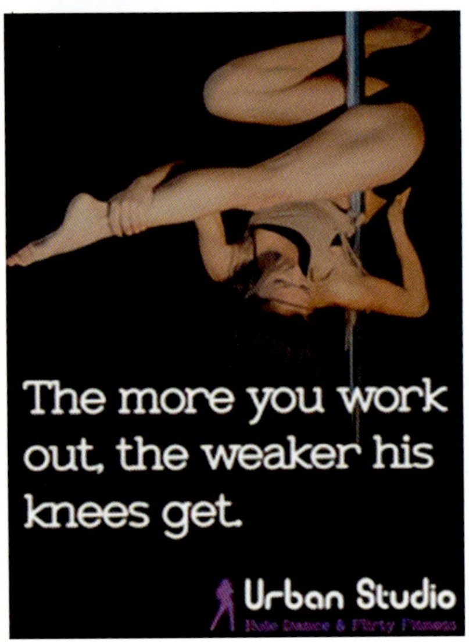
The more you work
out, the weaker his
knees get.
Urban Studio

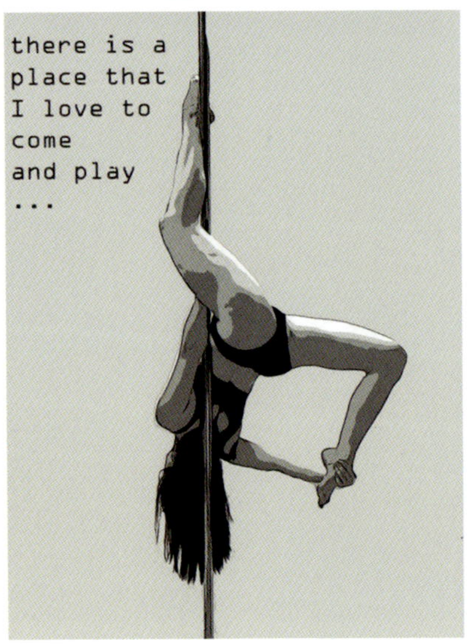
there is a
place that
I love to
come
and play
...

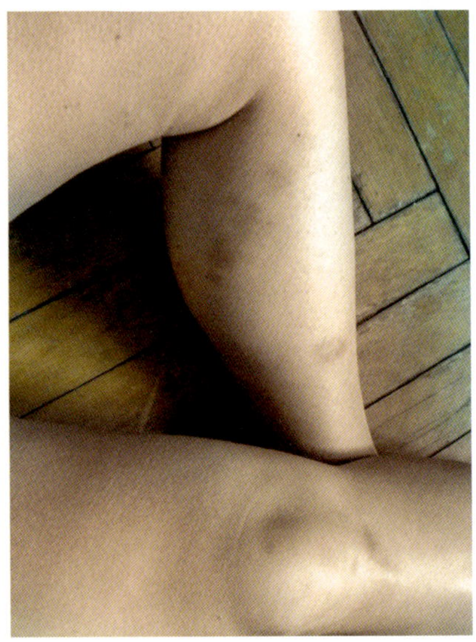

LEVEL 0

*Here I am. Single again.*
*I think it was perfect. What we had was like Jay and Beyoncé.*
*I need to start my life all over again.*

Week 0

*I need a new challenge, and I found it in pole fitness. Maybe one day I can even become a teacher!*

Week 1

*Wow, I did not believe that I would actually start, but yes, I can do it, and it makes me feel so powerful.*

Week 2

*My wrists hurt, but some boys recognised me yesterday. Yeeaah.*

Week 3

*I have my first bruises. They feel like a token, they shine in rainbow colours, how sweet!*

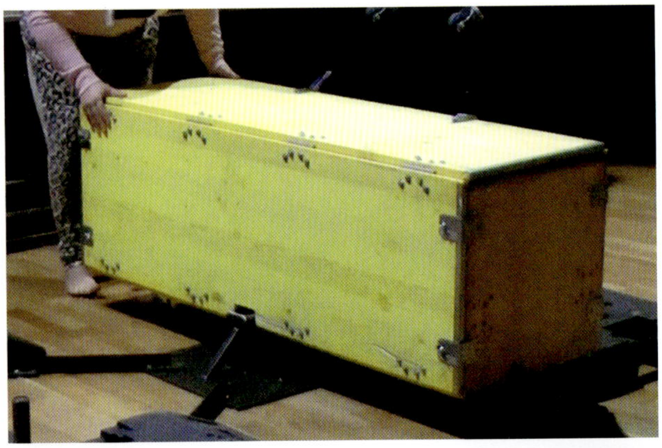

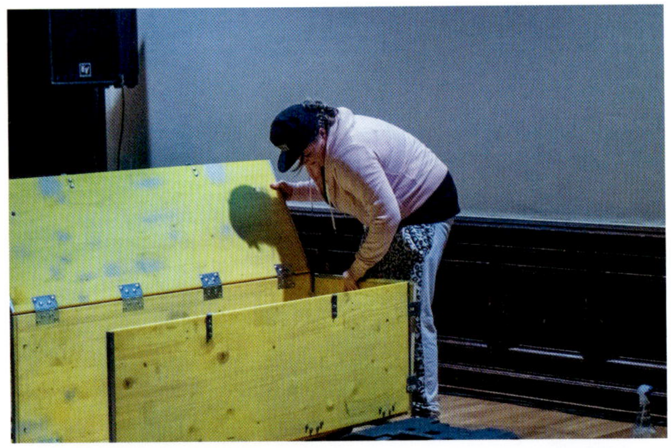

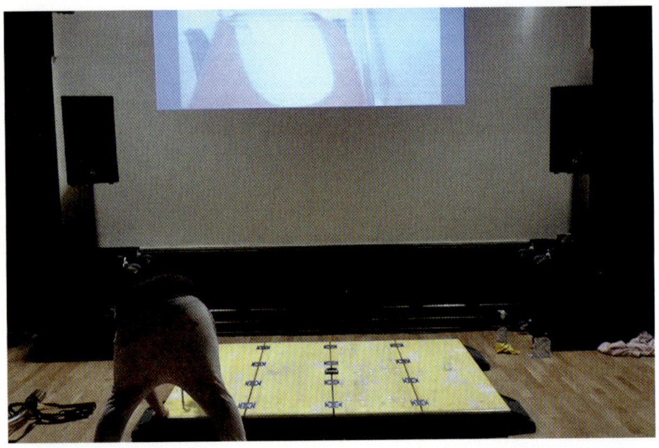

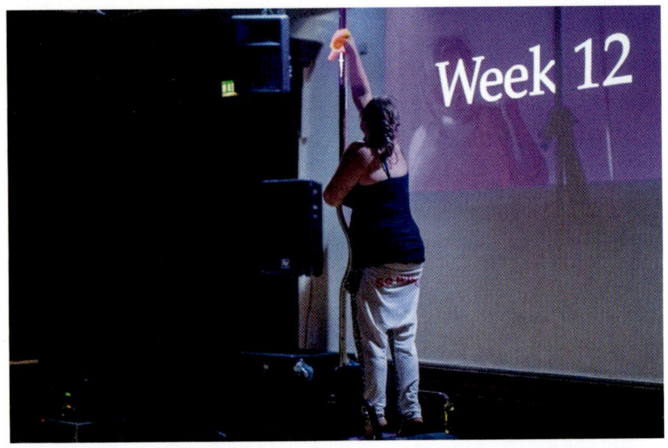
Week 12

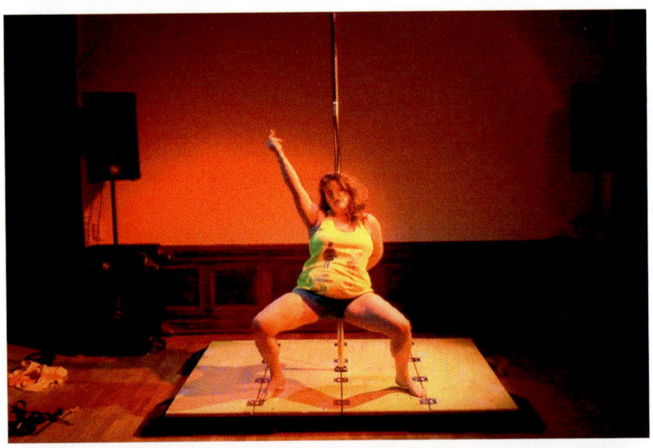

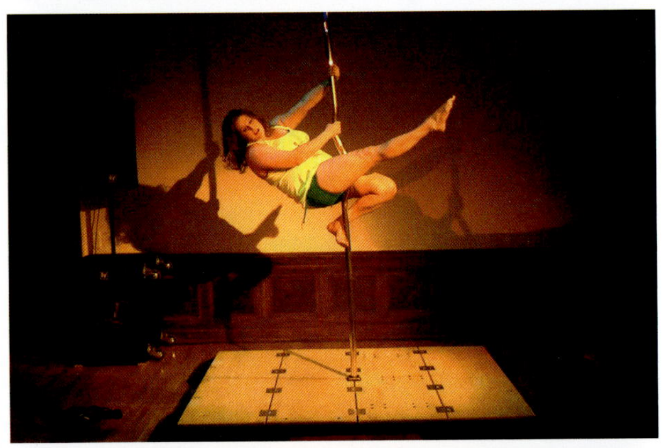

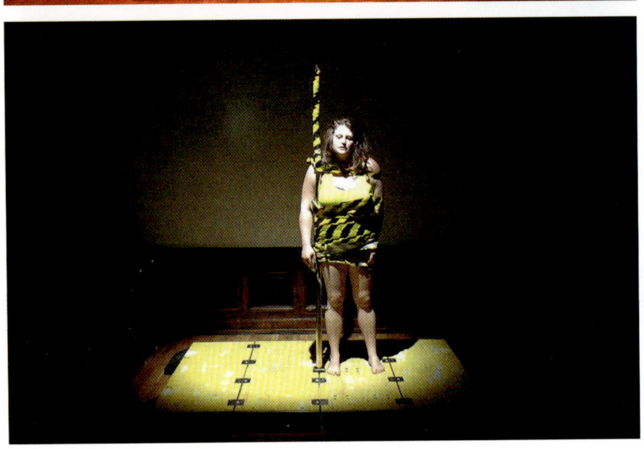

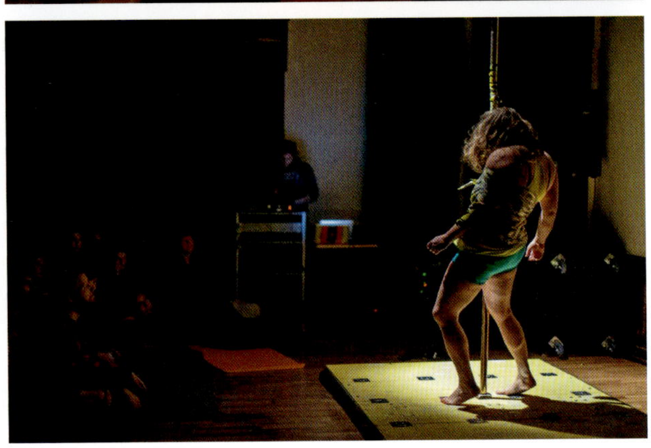

LEVEL 1 *Last Wednesday, I met a new guy, Michael. But then he did not reply to my last email. I think this is over before it began.*

Week 4 *Trying to get over it and feel more powerful. It's time for a new challenge!*

Week 5 *I doubt that I can do it. I feel like a loser who cannot do anything. I hate it. I hate myself. I feel so weak. Everything is wrong with me.*

Week 6 *Finally doing better. Although it's really hard. Hope somebody appreciates it one day.*

Week 7 *I realise that I sweat too much. What about all that sweat? Is it because I started shaving everywhere? But isn't the equation rather: more skin, more grip? Using dry hands feels like cheating, but I think I'm becoming a better person.*

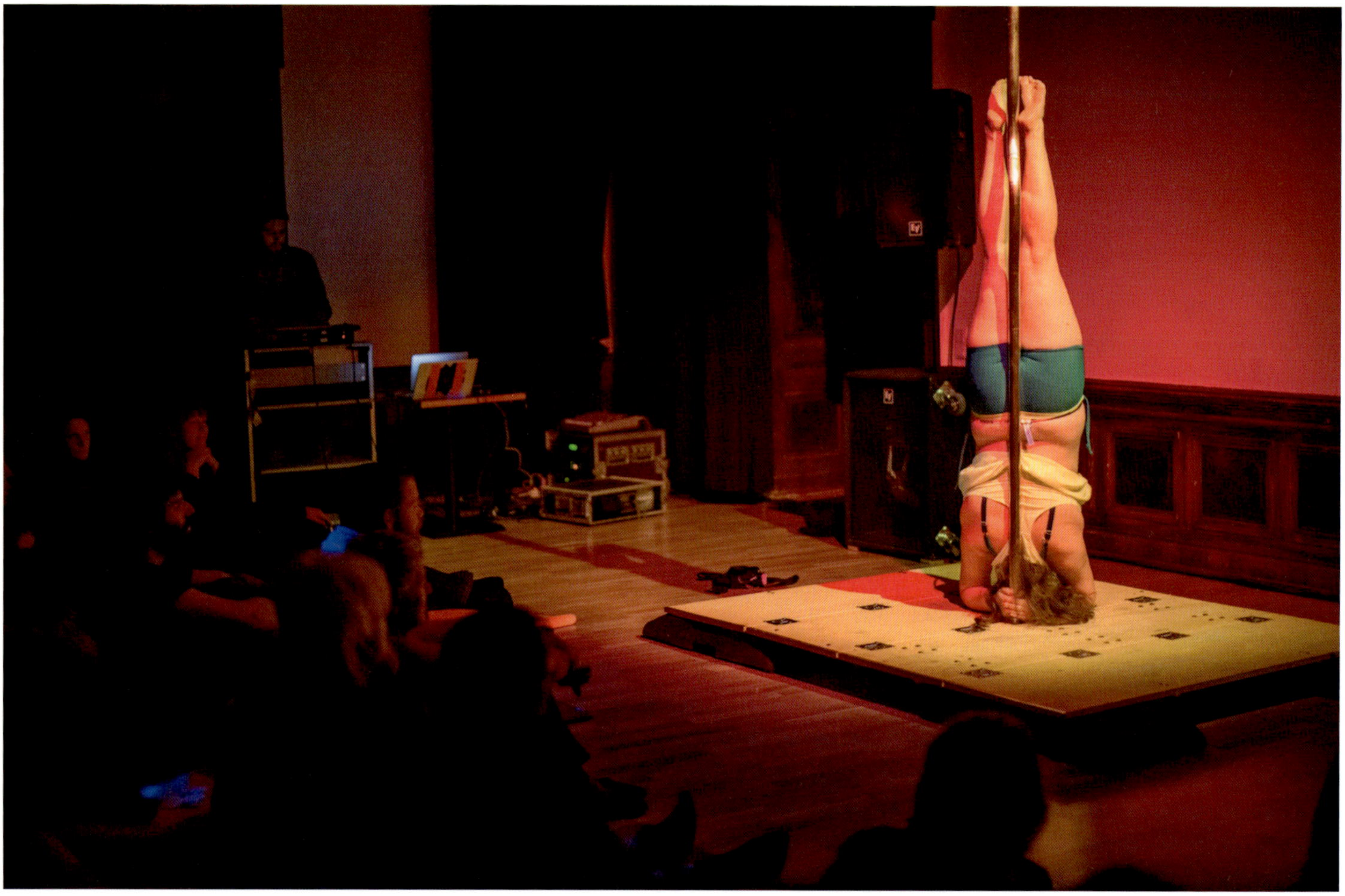

LEVEL 2

*Mark asks me out. Success!!! Dinner date. I have a salad, and we drink too much wine. He wants to sleep with me, but I reject. I feel so powerful doing this, but he is afraid that I want a relationship.*

Week 8

*When I was younger, I could not imagine anybody actually loving me. Now I can see that men actually recognise me.*

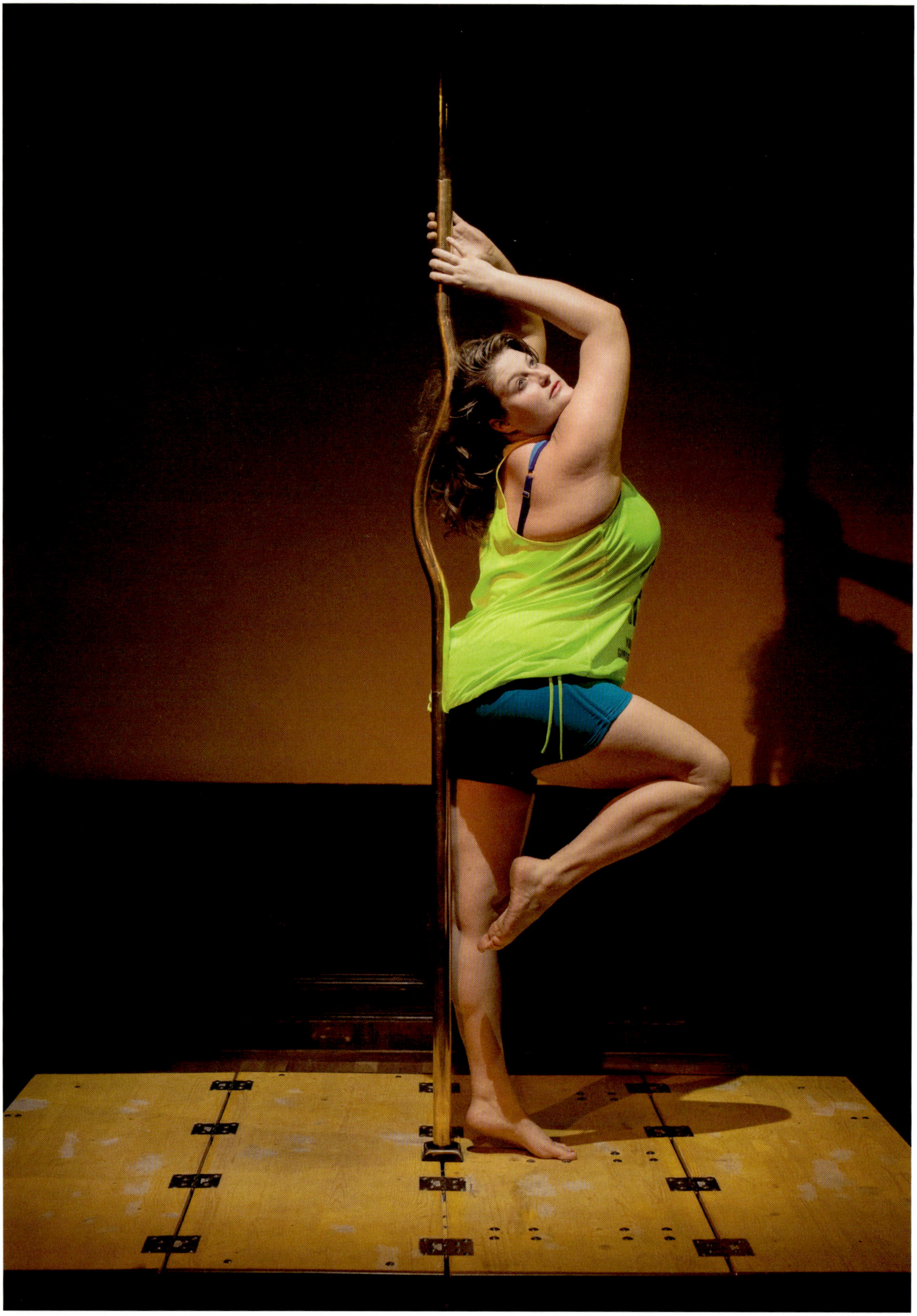

LEVEL 3

*You know, when I was a kid I had the weirdest fantasy: one was about being a mermaid, using all that beautiful makeup, swimming in the water, having no legs, and waiting to become a real princess.*
*I also thought that I would lose my virginity by being raped in a public toilet.*
*I am not thinking that way about Mark. He's an honest man, I can feel it.*

Week 9

*I always felt that as a woman, I am not worth anything. This has changed. I know that if I want something, I can get it.*

Week 10

*There is something important I learned about pole fitness, and everyone should know: it is not about displaying your body. The naked skin is purely necessary for the grip. It is about strength and endurance. Now that I discover and slowly master the sport, I feel much fitter, much happier, and not alone, because many of us do.*

Week 11

*There is something very special that connects us pole dancers. The pain, to be honest, in a way, I like it. The bruises, yes, my boyfriends find them disgusting, but they make me feel.*

Week 12

*I finally have everything under control. When I enter the competition against the other girls, we're not fighting against each other. We fight against ourselves.*

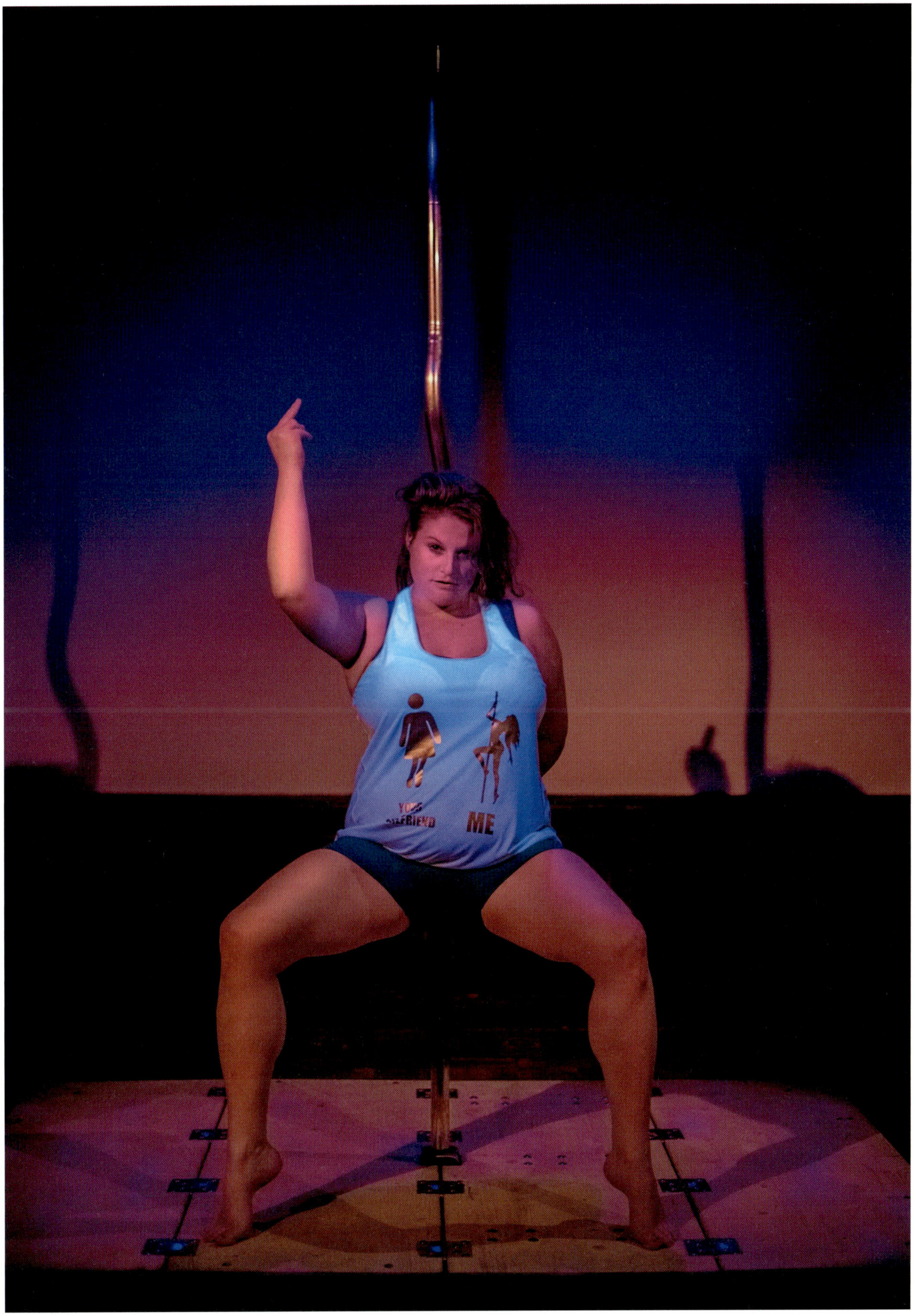
ME

# DOWN DOG

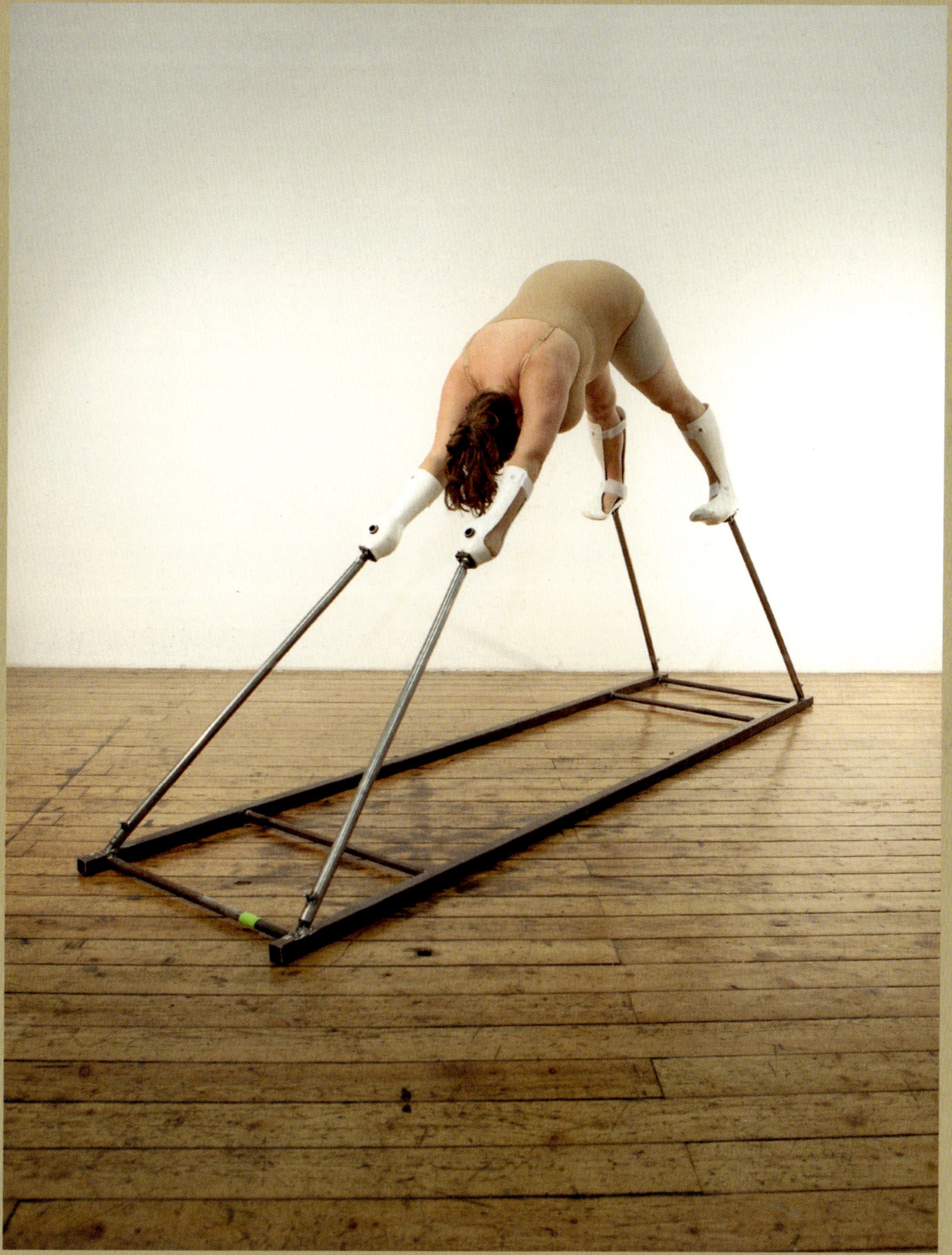

# IN LIMBO

# DOWN DOG IN LIMBO

DOWN DOG IN LIMBO

- Skulptur aus vier Orthesen, Stahlrahmen, 302 × 75 × 120 cm, 2015
- Performance mit vier Performenden, 05:40 min, 2015
- Fotografie, 70 × 50 cm, gerahmt 97 × 56 cm, 2015
- Video mit Ton, 1920 × 1080 HD, 05:11 min, 2015

Die Arbeit *DOWN DOG IN LIMBO* setzt sich aus einer Skulptur und einer Performance, die in Form von Fotos und einer Videoarbeit festgehalten wird, zusammen. Sie besteht aus zwei Phasen mit einer sowohl psychischen als auch physischen Komponente. Abgeleitet von der Yoga-Position „downward-facing dog" (dt. „herabschauender Hund") bildet der Körper ein Dreieck, in dem die Hüfte den höchsten Punkt darstellt und die ausgestreckten Arme und Beine die Kraft an den Boden abgeben. Durch diese Position lässt sich eine Stabilität des Körpers bei gleichzeitiger Dehnung bestimmter Körperpartien erreichen. Diese rein körperliche Ebene, die sich im Titel „Down Dog" wiederfindet, wird durch eine geistige Ebene, wie im Yoga üblich, hier durch den „Limbo", erweitert. Der Limbo ist jedoch im Gegensatz zu der stabilisierenden Form der körperlichen Pose ein fragiles, unsicheres Gerüst. Limbo – der Limbus – ist der Ort der Vorhölle. Er versinnbildlicht den Schwebezustand zwischen Himmel und Hölle und ist somit eine Metapher für die absolute Unsicherheit zwischen der Katastrophe und der Erlösung. Diese unerträgliche Angst vor dem Kontrollverlust gilt es loszulassen, und es gilt darauf zu vertrauen, dass das Richtige geschieht.

Barbis Ruder setzt das beschriebene theoretische Konzept mit einer Skulptur und einer sich daraus ergebenden Performance um. Dabei werden die Gegensätze Stabilität und Abhängigkeit zu einer Einheit verschmolzen. Die Skulptur besteht aus einem Gerüst, das ein Dreieck andeutet, an dessen Enden Orthesen angebracht sind, in die sich der Körper der Künstlerin einpasst. Wird die Künstlerin in diese Skulptur eingefügt, ergibt sich daraus unweigerlich die Position des herabschauenden Hundes. Die Arme, Hände, Beine und Füße sind jeweils durch die Orthesen fixiert. Die Künstlerin kann allerdings nur mit der Hilfe von vier weiteren Performenden, die sie aufheben und in das Prothesen-Gerüst einpassen, auch wieder herausgeholt werden. Sie agieren erst, wenn von der Performerin das Safe-Wort „down" gesagt wird. Somit entsteht ein Wechselspiel zwischen absoluter Stabilität und bedingungsloser Abhängigkeit.

DOWN DOG IN LIMBO

- Sculpture with four ortheses, steel frame, 302 × 75 × 120 cm, 2015
- Performance with four performers, 5:40 min, 2015
- Photograph, 70 × 50 cm, framed 97 × 56 cm, 2015
- Video with sound, 1920 × 1080 HD, 5:11 min, 2015

The work *DOWN DOG IN LIMBO* consists of a sculpture and a performance captured in photographs and a video work. It is made up of two phases with both a psychological and physical component. Derived from the yoga pose "downward-facing dog," the body forms a triangle in which the hips mark the highest point, and the extended arms and legs exert the force to the ground. This position achieves stability while stretching certain parts of the body. This purely physical aspect, expressed in the "Down Dog" part of the title, is coupled with a mental level, as usual in yoga – in this case, "Limbo." But unlike the stabilising objective of the physical asana, limbo has a fragile, insecure connotation. Limbo – in the original sense of the term "limbus" – is the edge of hell. It symbolises the transition zone between heaven and hell and is thus a metaphor for a state of utter uncertainty between catastrophe and redemption. It is about letting go of this unbearable fear of losing control and trusting that the right thing will happen.

Barbis Ruder epitomises this theoretical concept with a sculpture and an accompanying performance. In this work, the antipodes of stability and dependency become one. The sculpture is comprised of a structure that emulates a triangle. The arms and hands, legs and feet of the artist are each fixed into an orthosis. The resulting position is inevitably reminiscent of the down dog yoga pose. However, once she has been inserted into this sculpture with the help of the other performers, the artist can only be released from the prosthetic framework when the performer says the safe word "down." An interplay between absolute stability and unconditional dependency ensues.

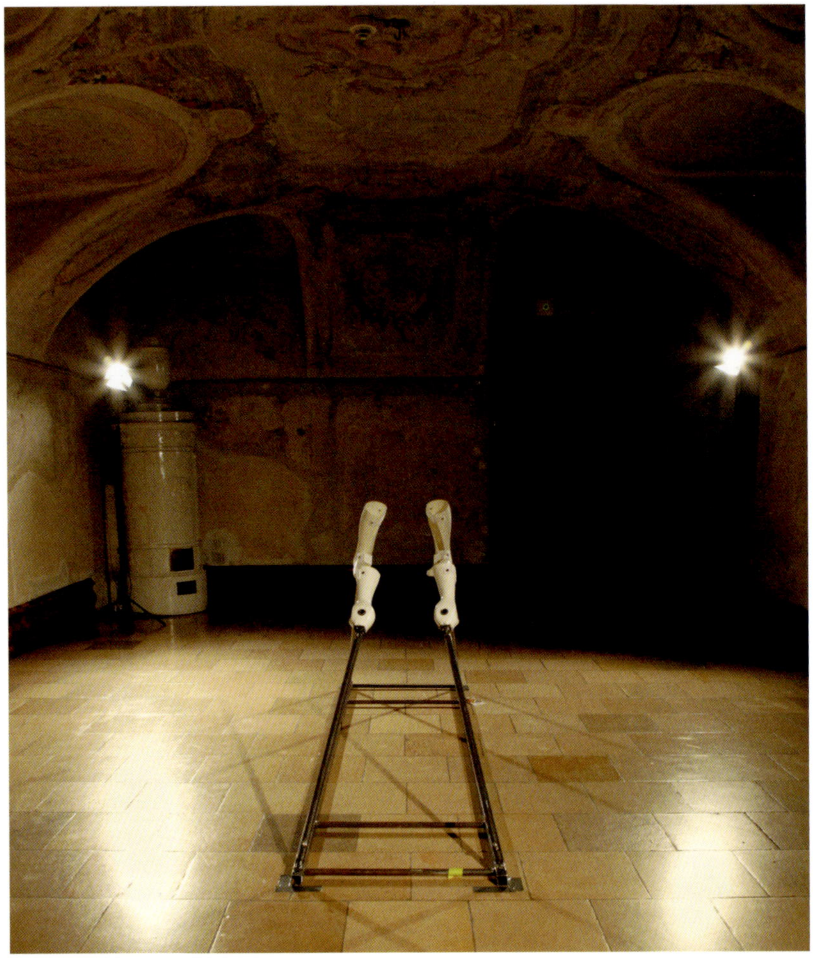

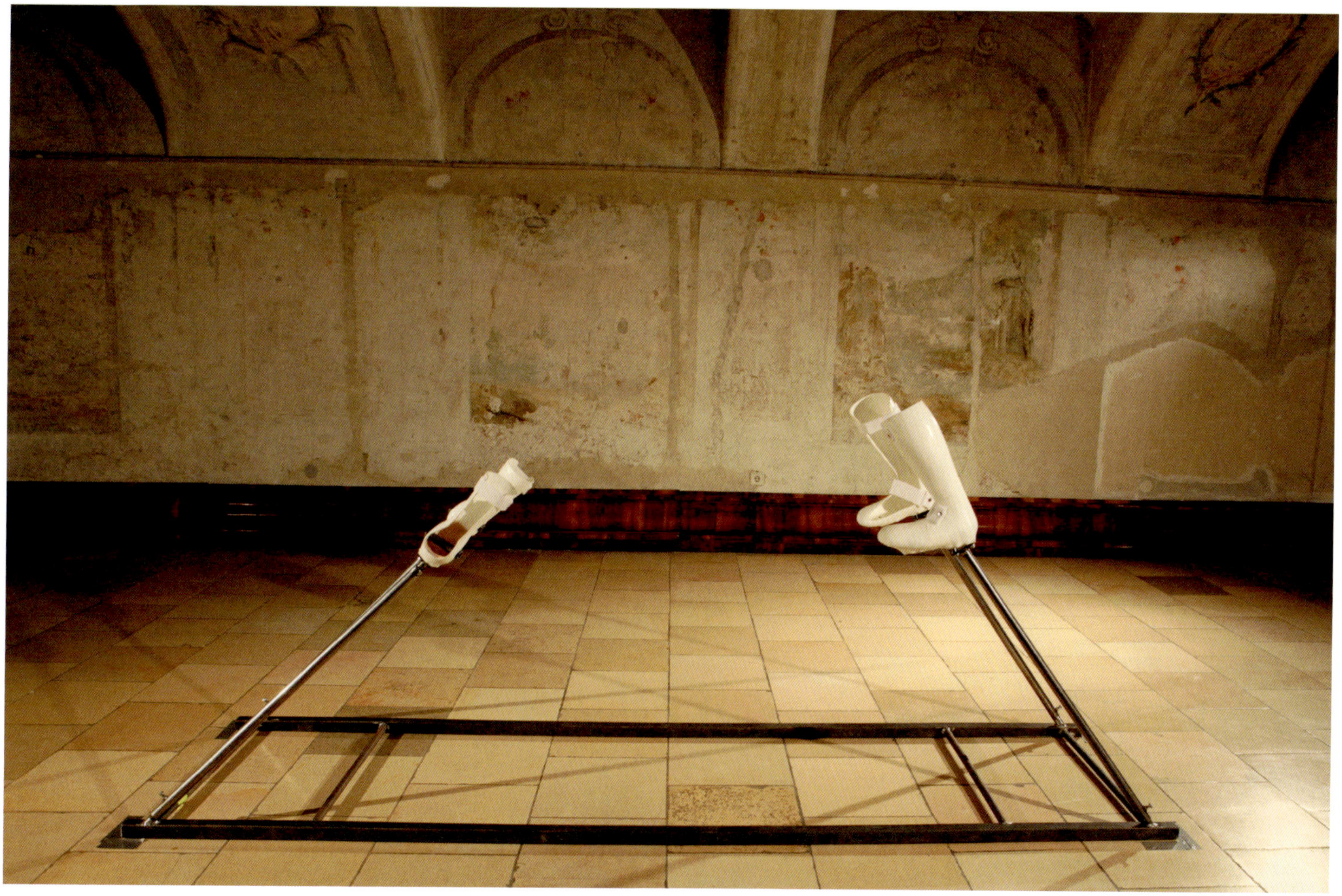

## DOWN DOG IN LIMBO

**(herabschauender Hund in der Schwebe) ist eine kurze Fixierung der frei flottierenden Angst im Raum. Der Drahtseilakt zwischen Armen und Beinen soll kein klassisches Drama sein.**

**<u>Ausgangsposition</u>**
**Sich hinlegen im Dreieck.**

**<u>Ansteigende Handlung</u>**
**Sich heben lassen.**
**Fixieren. Nicht fallen.**

**<u>Wendepunkt</u>**
**Positionierung durch Atem,**
**Nachtwandeln mit offenen Augen.**

**<u>Fallende Handlung</u>**
**Sachte zu Boden sinken.**

**Damit wird eine Katastrophe zwischen Stärke und Verletzlichkeit unmöglich gemacht. Vielleicht wurde eine Mutprobe bestanden oder eine Proportion durch eine Abhängigkeit für einen kurzen Moment wieder in Einklang gebracht.**

**DOWN DOG IN LIMBO**
is a brief fixation of free-floating
fear in space. The balancing act between
arms and legs is not supposed
to be a classical drama.

Starting position
Lying down in a triangle.

Rising action
Letting oneself be lifted.
Fixation. Do not fall.

Turning point
Positioning by breath,
sleepwalking with open eyes.

Falling action
Gently sink to the ground.

In this way, a disaster between strength and vulnerability is rendered impossible. Perhaps a test of courage has been passed or a portion was brought back into harmony through a brief moment of dependency.

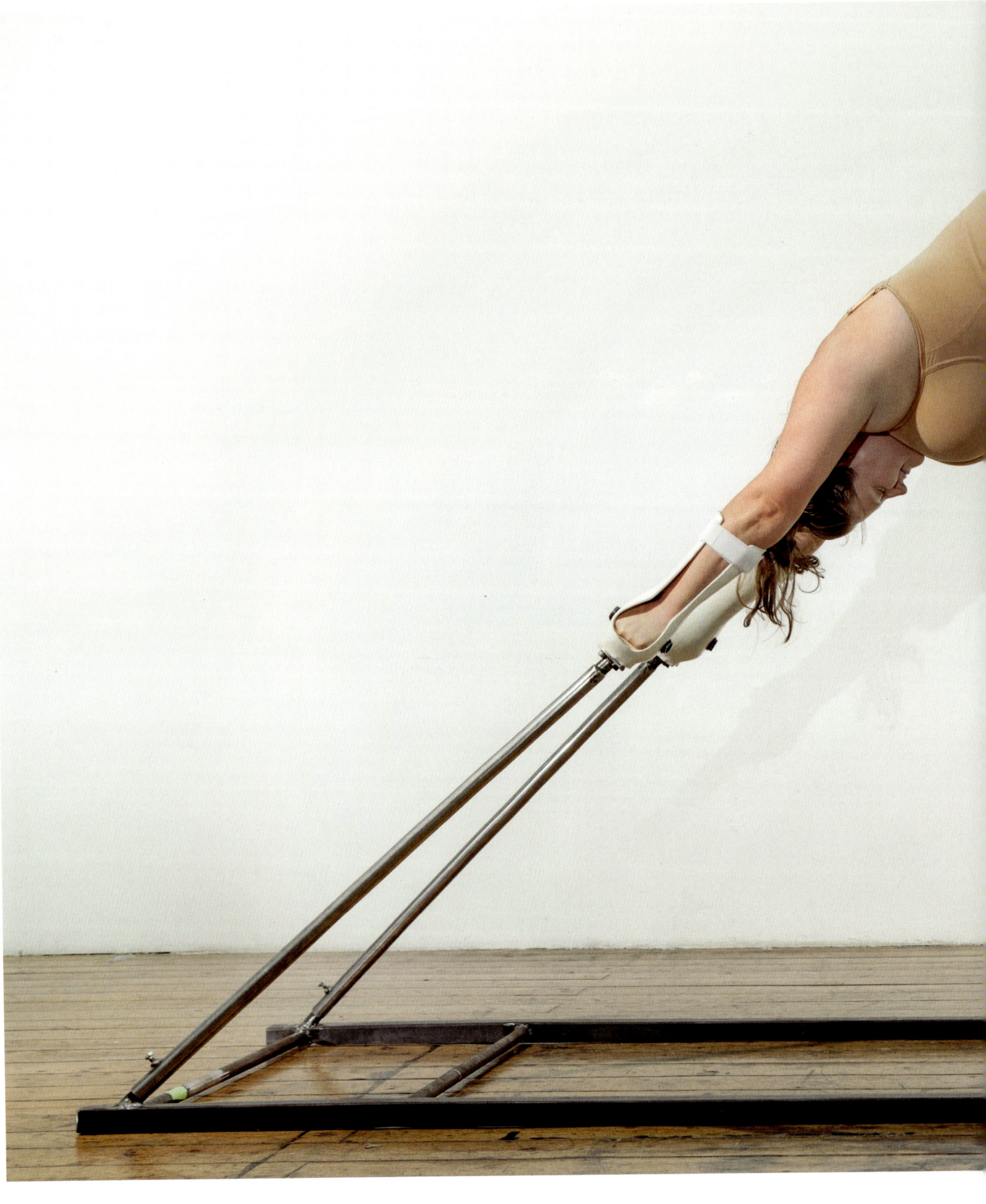

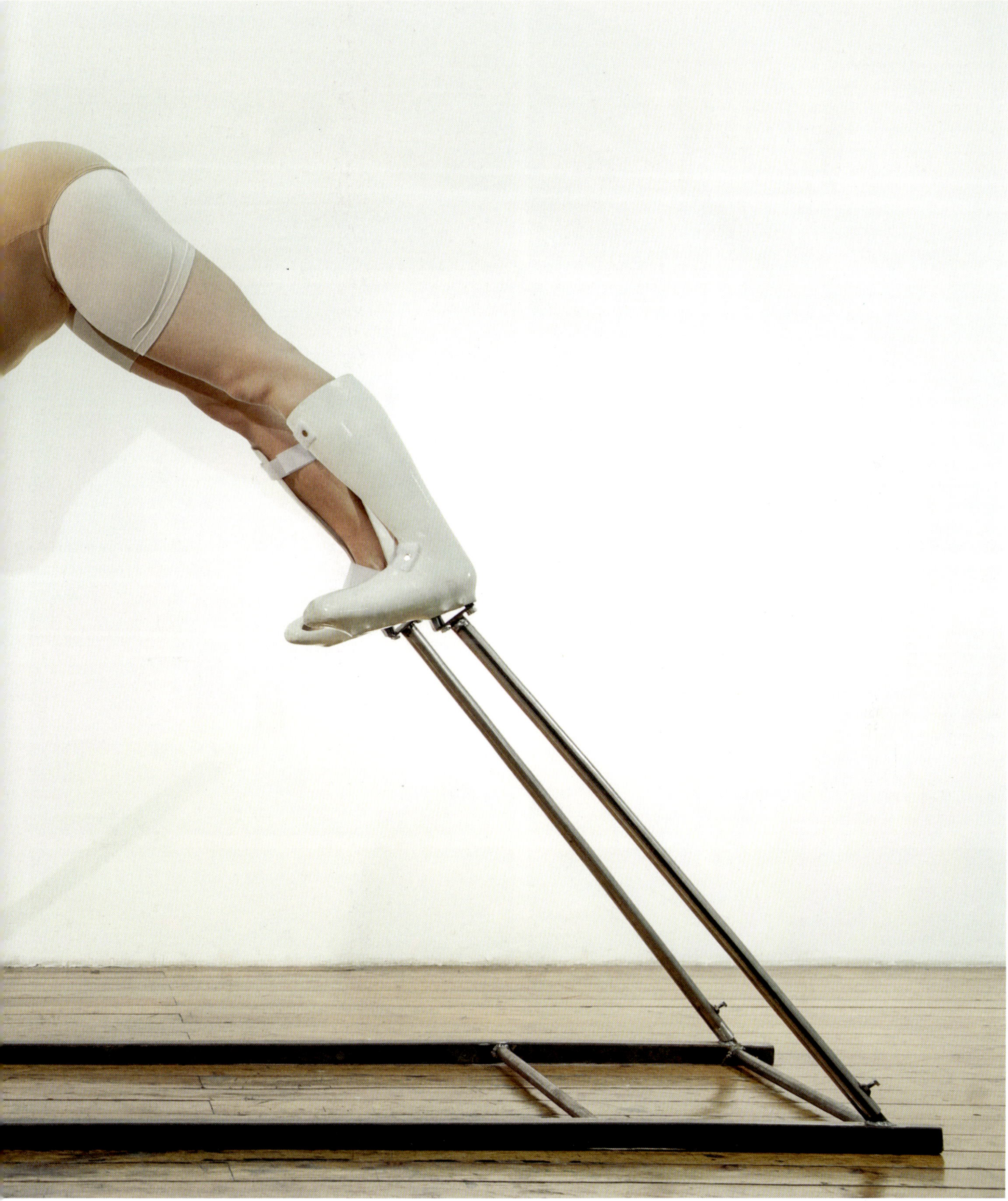

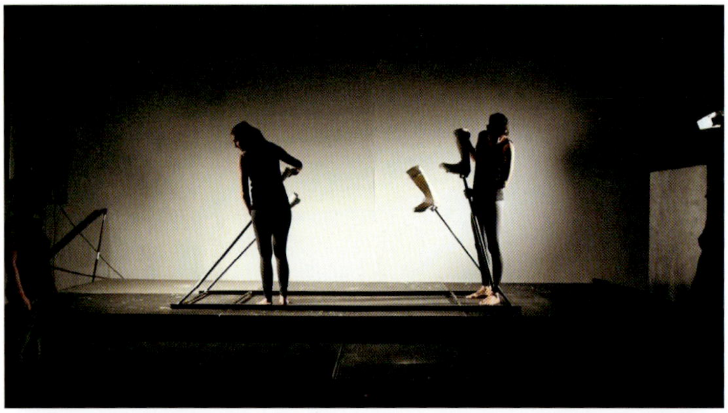

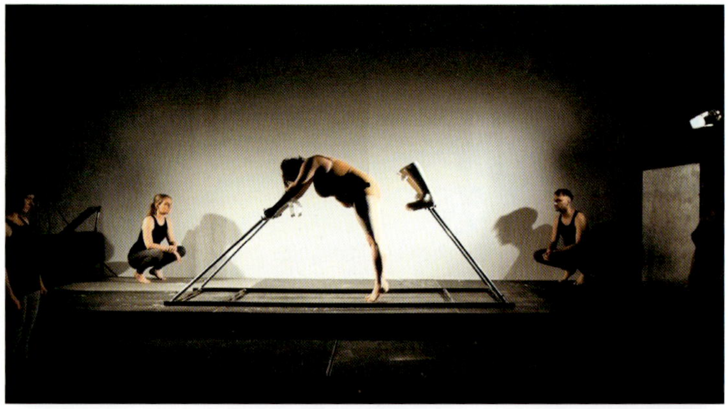

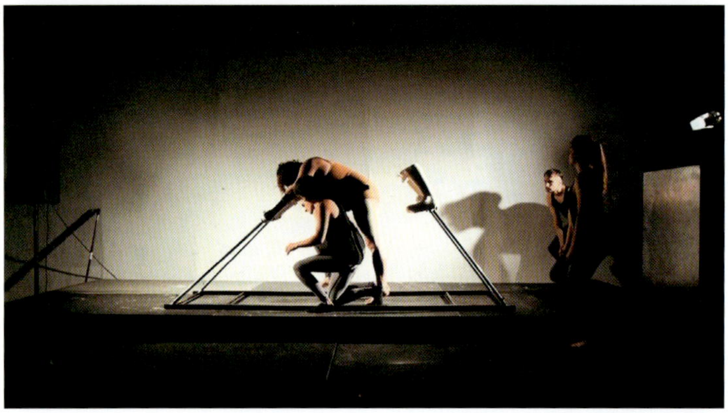

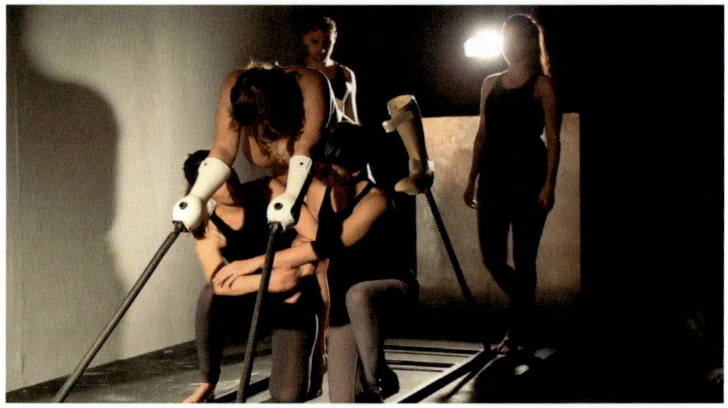

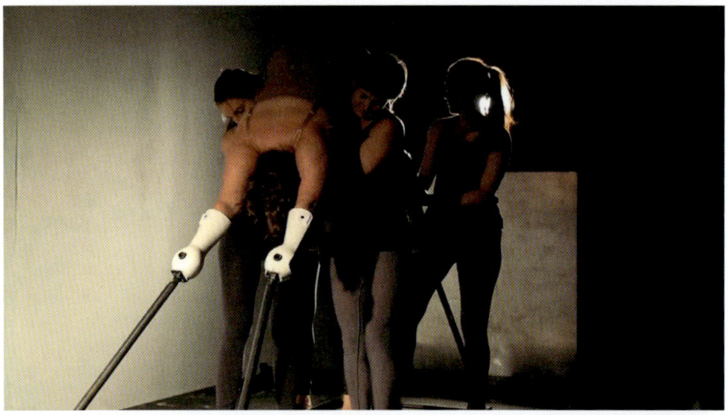

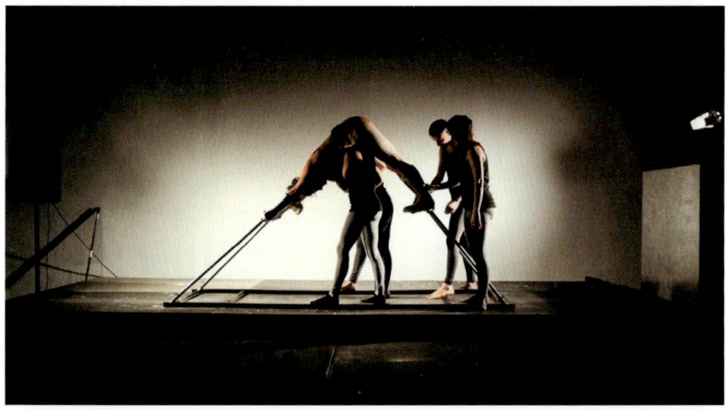

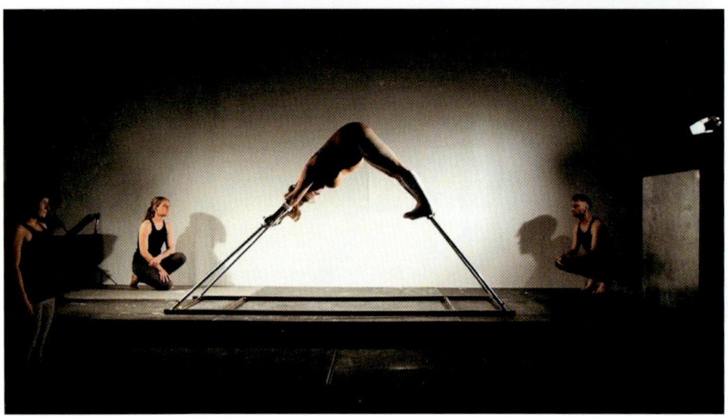

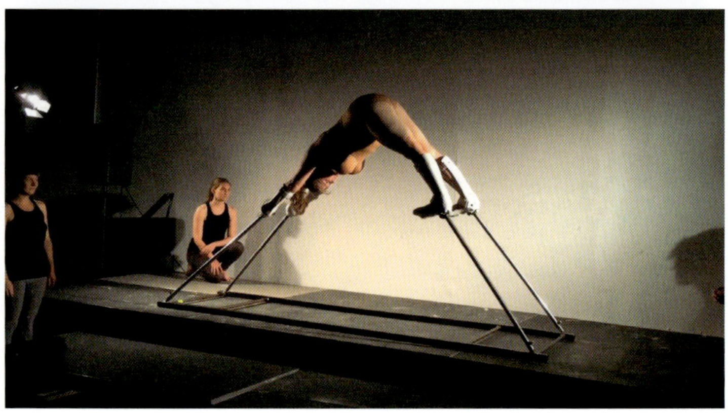

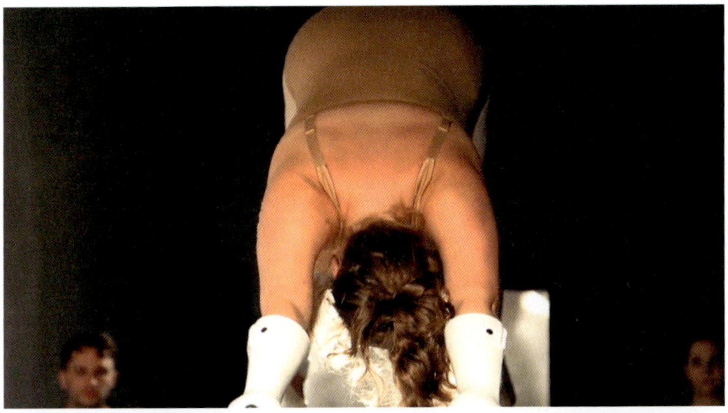
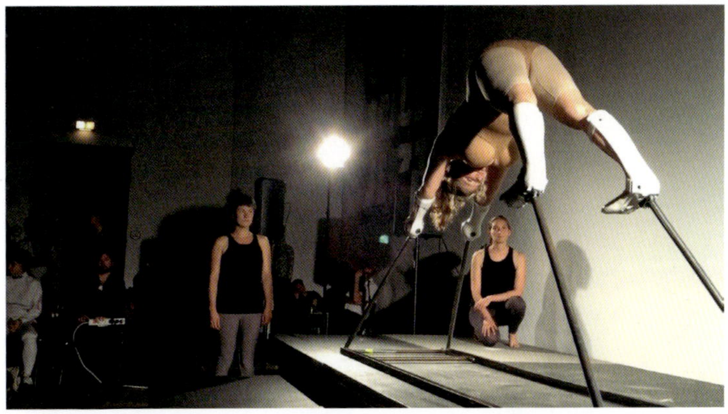
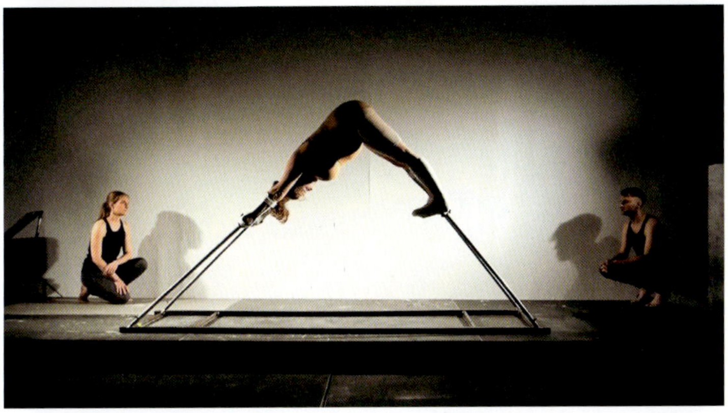
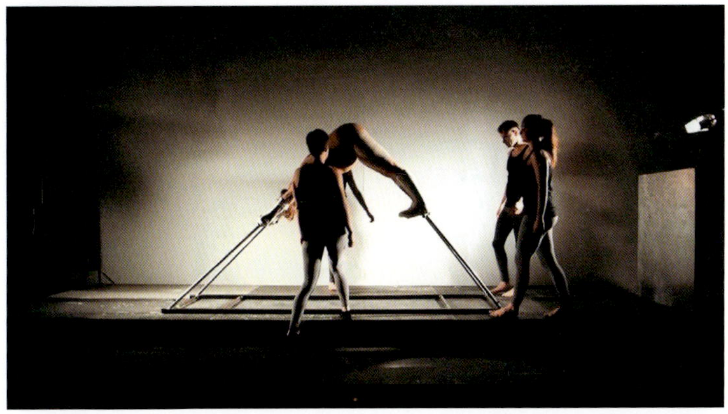
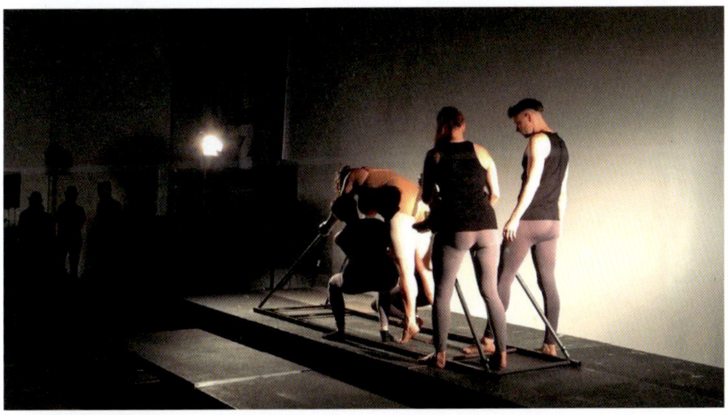
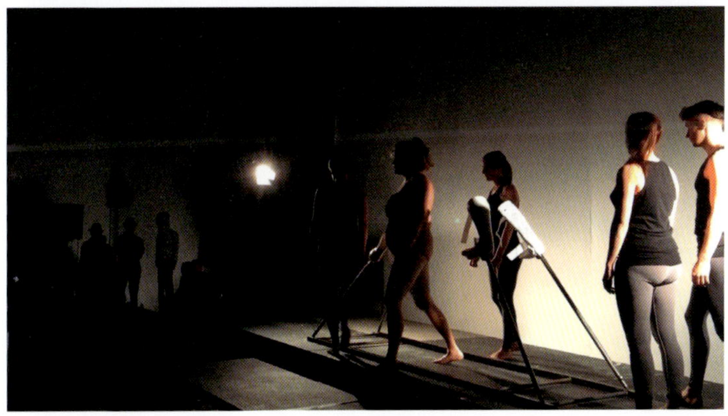
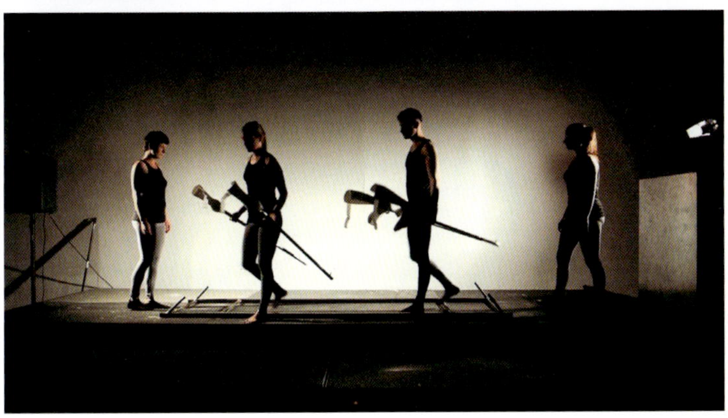
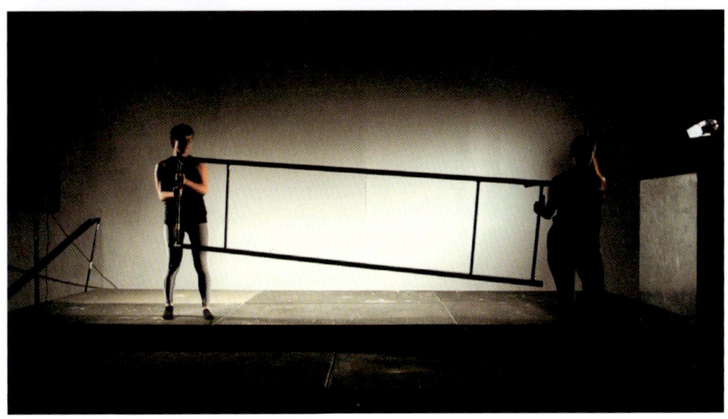

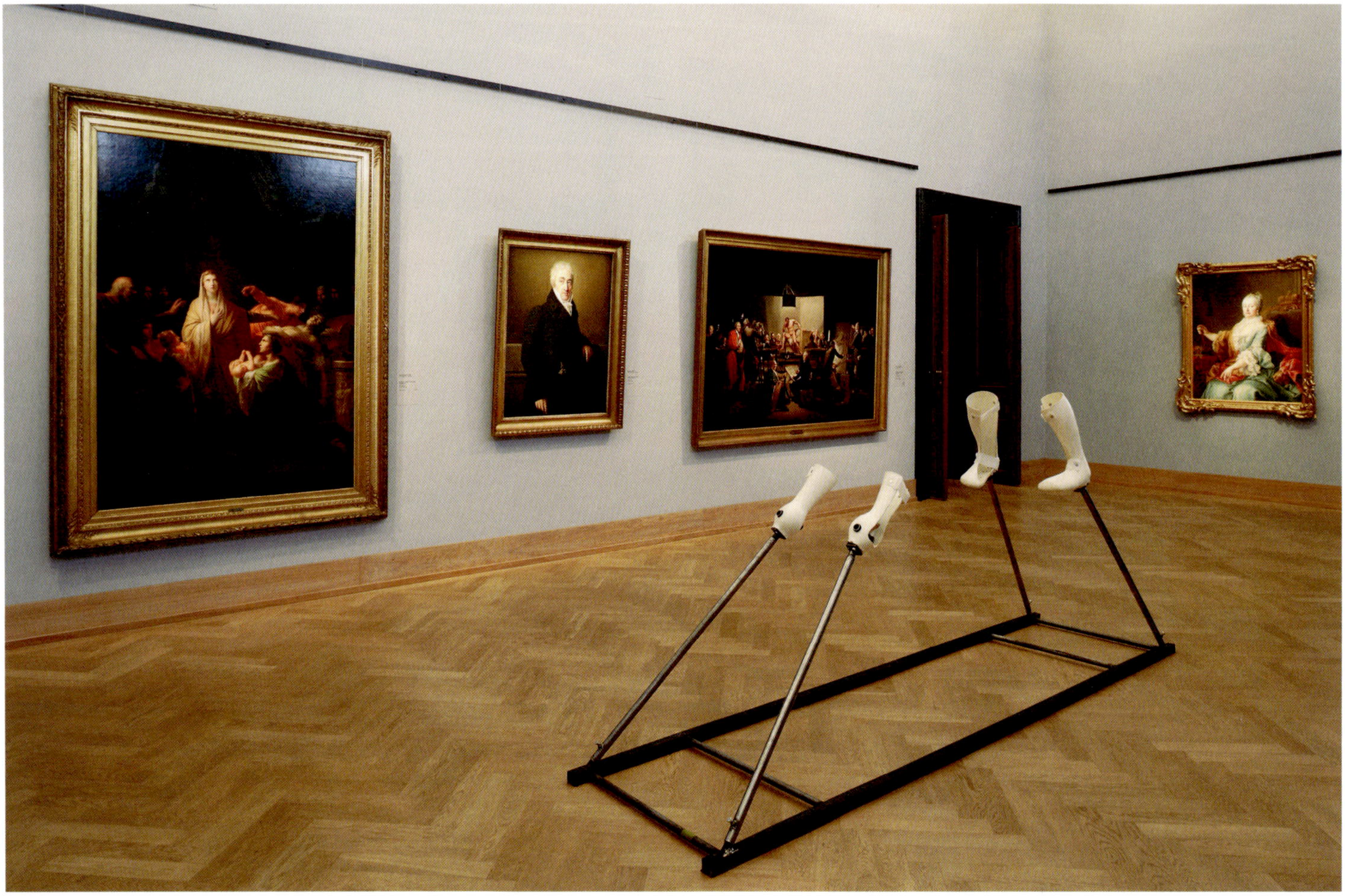

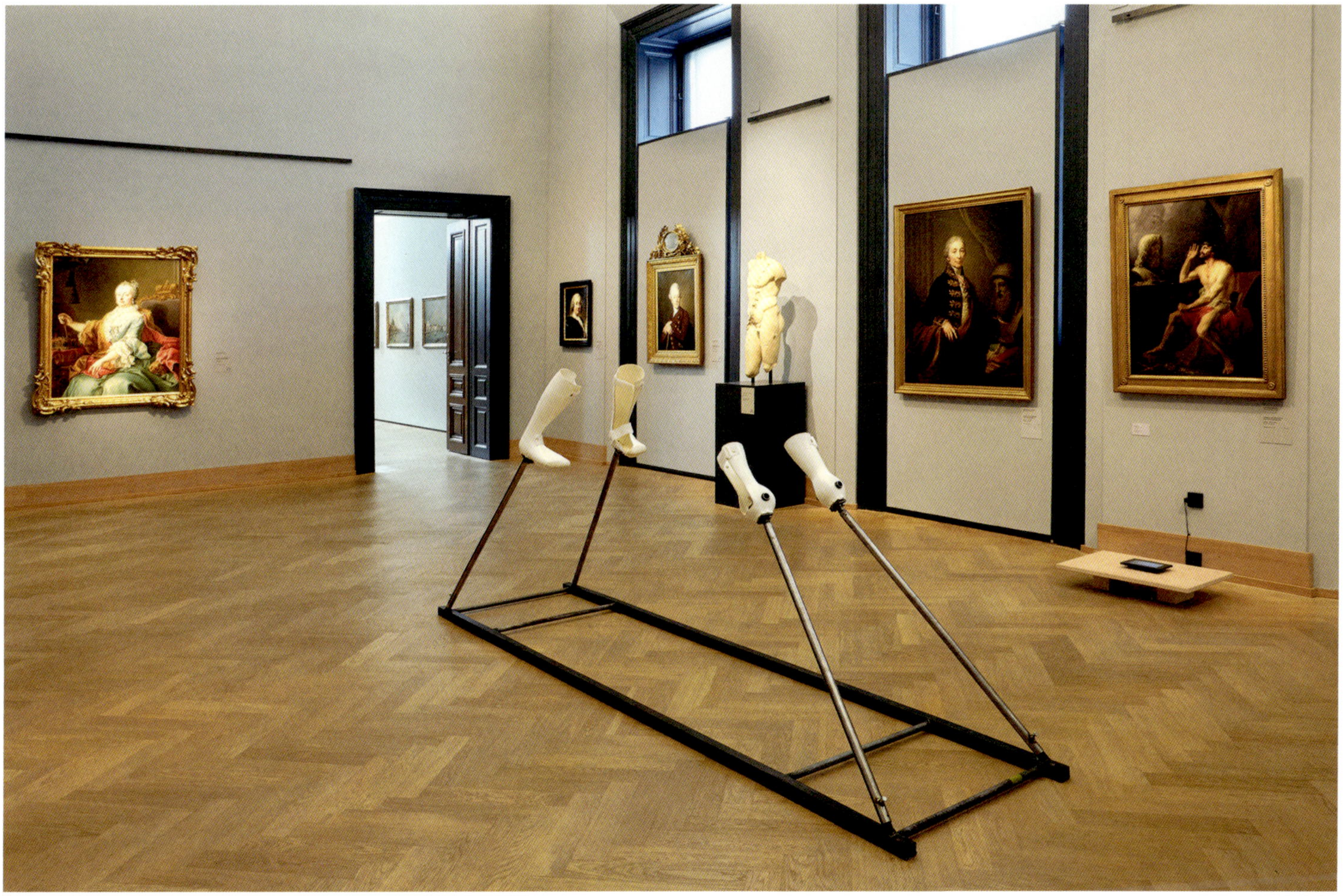

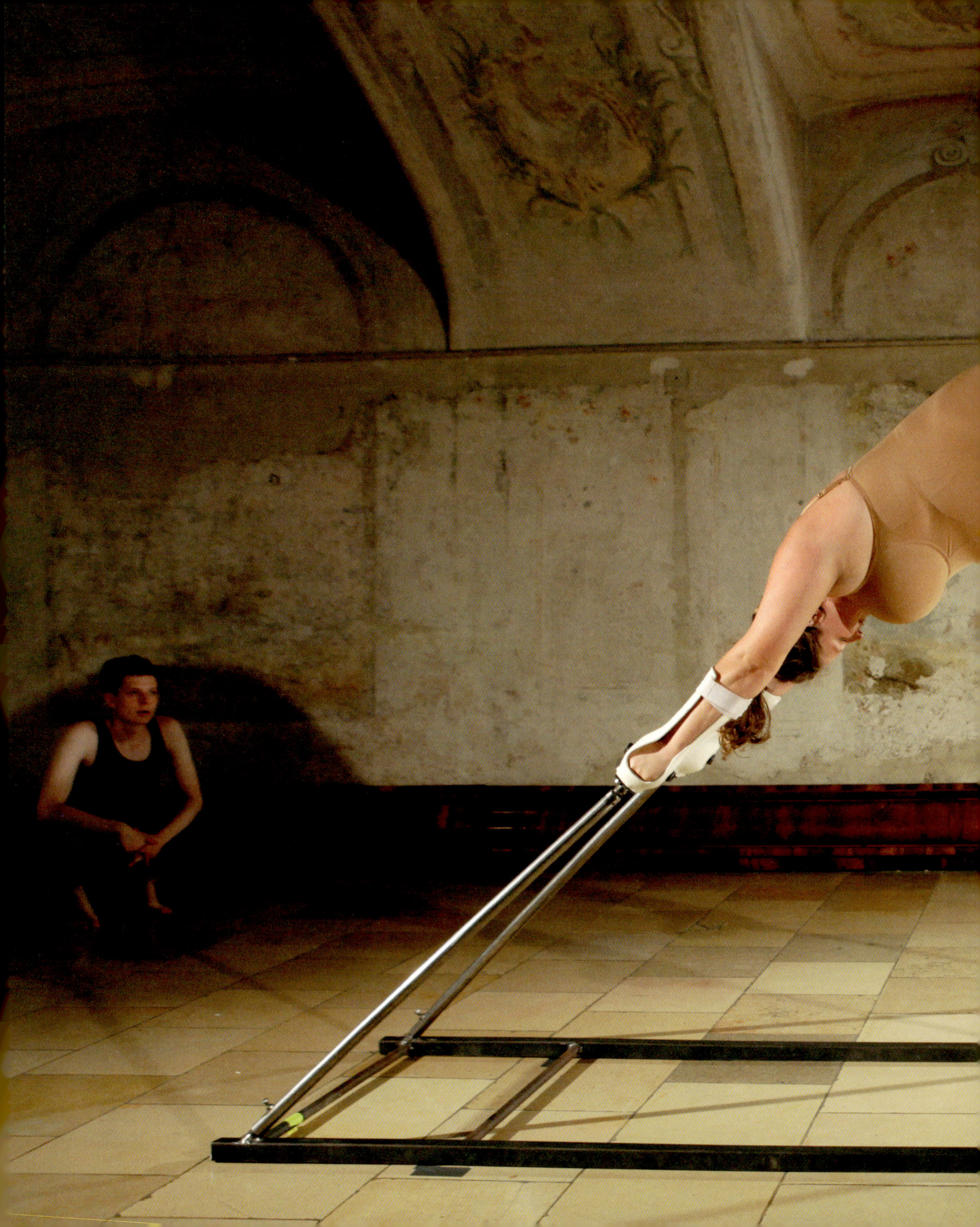

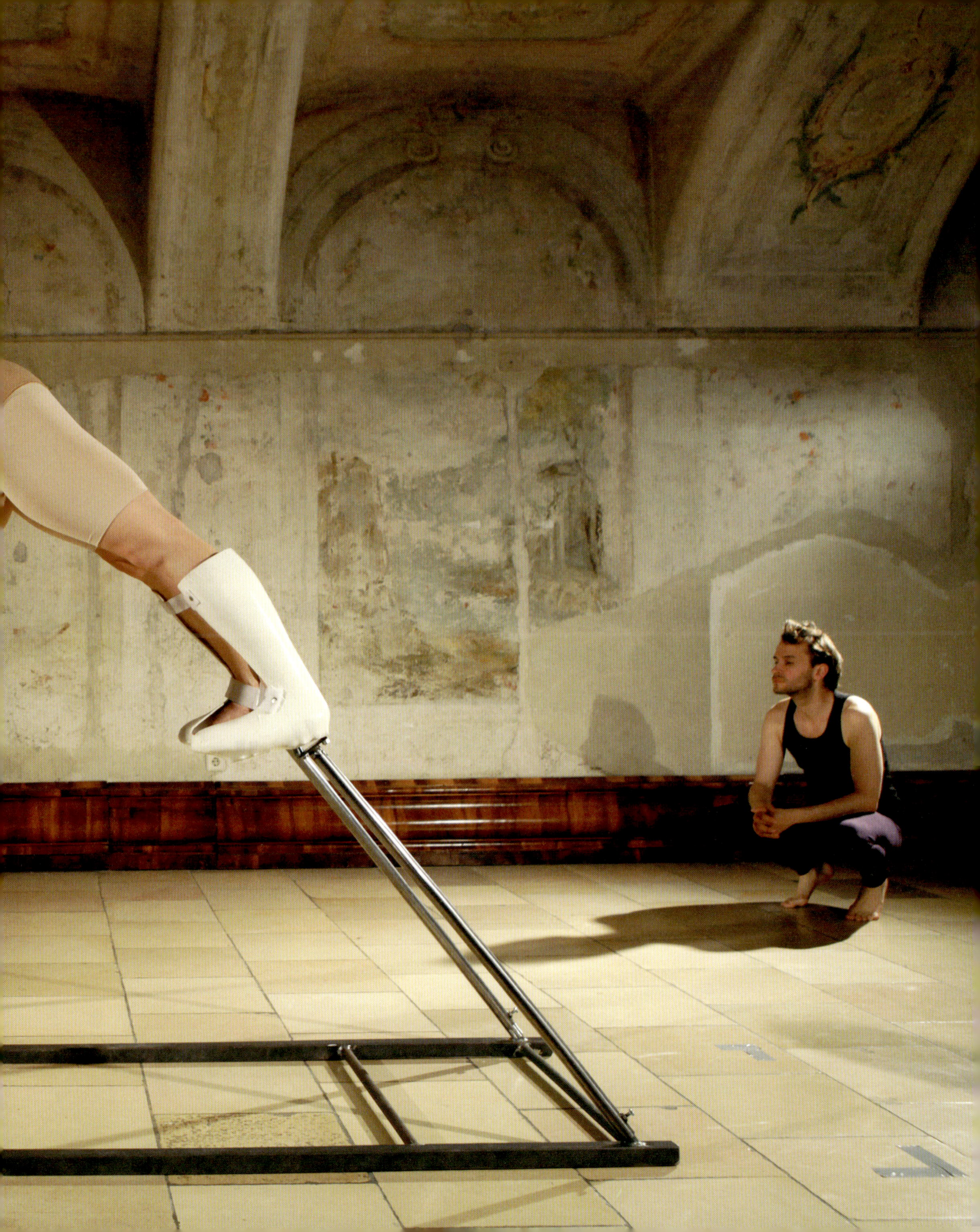

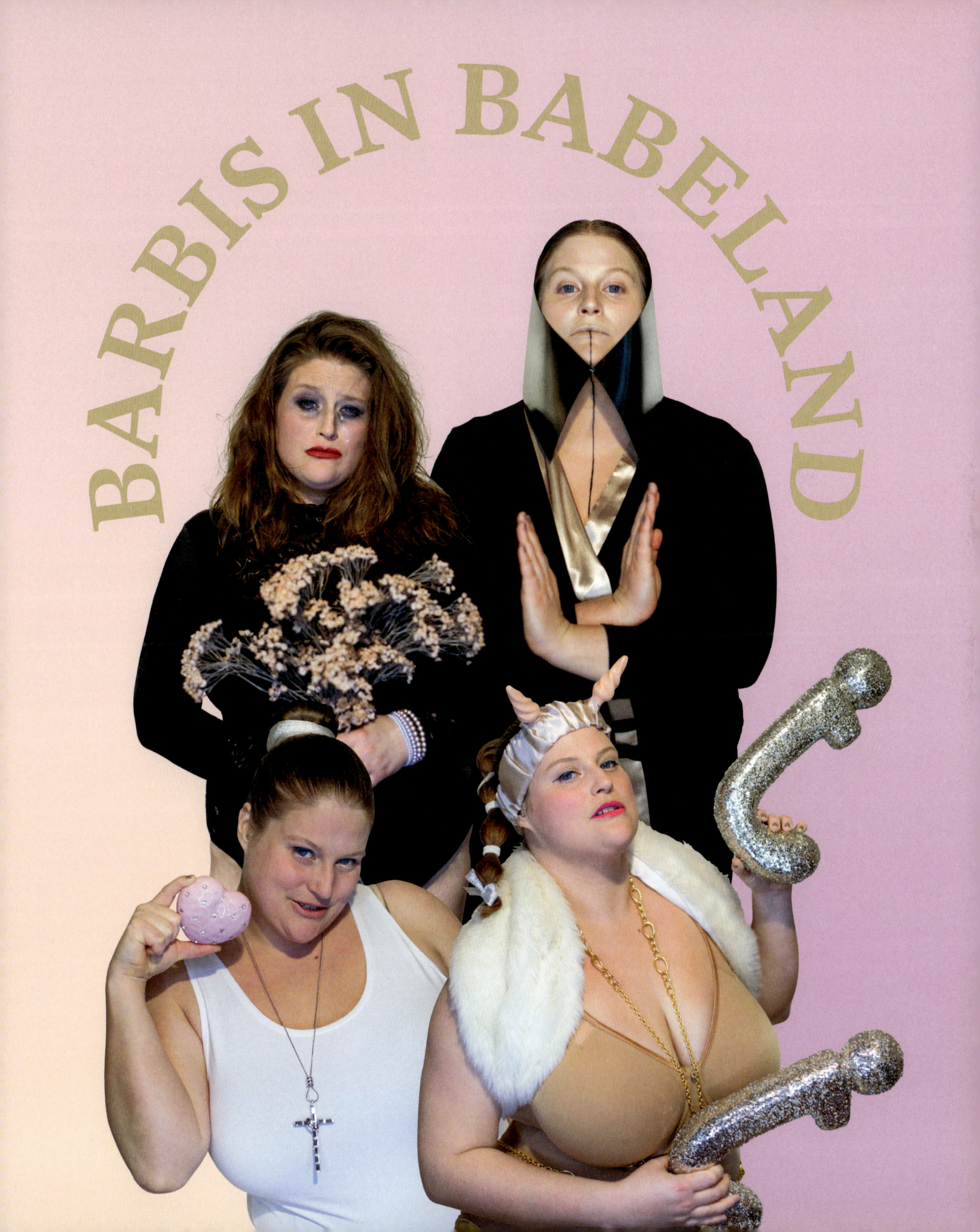
BARBIS IN BABELAND

# BARBIS IN BABELAND

Barbis in Babeland

Soloperformance,
60:00 min, 2016

- BABE 1
  *You Don't Own Me*
- THIGH GAP
  Video mit Ton,
  1080 × 1920 HD,
  12:15 min, 2016
- BABE 2
  *Not Your Babe*
- NOT YOUR BABE
  Video mit Ton,
  1920 × 1080 HD,
  06:08 min, 2016
- BABE 3
  *Give me a f***ing bussi, baby*
- BABE 4
  *Barbisruder dot com*

In dem Bühnenstück *Barbis in Babeland* exerziert die Künstlerin mithilfe von vier „Babes" die vier Phasen des Produktlebenszyklus (Einführung, Wachstum, Reife, Rückgang) aus der Betriebswirtschaftslehre und überträgt diesen auf weibliche Rollenbilder in der Popkultur. Vorbild sind dabei Celebrities, die einen gewissen Starkult genießen. Dabei stellt die Künstlerin Fragen nach dem Schönheitsideal von Frauen und grenzt sich gleichzeitig von dem patriarchalen System ab. Ein überlebensgroßes Emoji, ein Kackhaufen, kommentiert die Szenerie humoristisch und deutet an, wie unsinnig und letztendlich auch sinnlos die Suche nach Nachahmung von scheinbarer Perfektion ist.

BABE 1 behauptet in einem Ballerina-Kostüm in Chanson-Manier, dass es niemandem gehöre. Mit dem Song „You Don't Own Me" unterstreicht es seine Autonomie als Frau. Mit einer Videosequenz wird auf die zweite Phase übergeleitet. Sie bildet die Anstrengung bis hin zur Erschöpfung in einem vergeblichen Workout ab. Die Künstlerin trainiert in dem Video für das Schönheitsideal des „Thigh Gap". Als Thigh Gap wird die Lücke zwischen den weiblichen Oberschenkeln, während sich die Knie berühren, bezeichnet. Ein solcher Abstand, also Gap, lässt sich entweder durch sehr hartes sportliches Training, kombiniert mit einer strengen Diät, herstellen, oder die Oberschenkellücke ist aufgrund des Körperbaus ohnehin vorhanden. Meist ist das Ziel eines Thigh Gap jedoch unerreichbar, da die anatomischen Voraussetzungen nicht gegeben sind.

BABE 2 erscheint dann als nackter Teufel verkleidet auf der Bühne und performt mit sexualisierten Posen, während es klarstellt, dass es in seinen Entscheidungen frei ist.

In der dritten Sequenz tritt die Künstlerin in BABE 3 als von Drogen- und Alkoholkonsum und toxischer Männlichkeit missbrauchtes Babe auf, das schweiß- und tränenüberströmt und zerstört auf der Bühne steht. Die Männerfantasie, dass ein „Nein" kein „Nein", sondern auch ein „Ja" bedeuten könnte, stellt sie mit den entsprechenden Konsequenzen dar, die eine Frau zu ertragen hat.

Im vierten BABE steht sie als Hohepriesterin auf der Bühne, um dem Publikum die Wirklichkeit und Wahrheit vorzuführen.

In the stage play *Barbis in Babeland*, the artist has four "babes" demonstrate the four phases of the product cycle (introduction, growth, maturity, decline) from business administration, which she transfers to female role models in pop culture. The different types are based on celebrities who enjoy a certain star cult. With this piece, the artist raises questions about the female ideal of beauty while rejecting the patriarchal system at once. A larger-than-life poop emoji comments the scene humorously, hinting at just how absurd and ultimately pointless imitations of apparent perfection actually are. In a ballerina costume in chanson style, BABE 1 claims that she does not belong to anyone. The song "You Don't Own Me" underlines her autonomy as a woman. A video sequence leads into the second phase. In the video, however, only the face of the artist can be seen. It shows her efforts to the point of exhaustion during a futile workout: the artist is training to achieve the beauty ideal of the "thigh gap". Thigh gap is a popular term that refers to the gap between a female's inner thighs when standing with the feet together. Such a clearance is owed to very intense athletic training in combination with a strict diet, or the thigh gap is simply present due to the build of the body. In most cases, however, the goal of a thigh gap is impossible to achieve if the anatomical constitution prevents it.

BABE 2, in turn, appears on stage dressed as a naked devil and performs with sexualised poses, making it very clear that he is free in his decisions. In the next sequence, the artist appears as a BABE 3, who is suffering from excessive drug and alcohol consumption and toxic masculinity, standing on stage dripping with sweat, tear-streaked and devastated. She portrays the male fantasy that a "no" might not mean a "no" but perhaps a "yes" with the corresponding consequences that a woman has to endure. As the fourth BABE, she stands on stage as a high priestess to present reality and truth to the audience.

Barbis in Babeland

Solo performance,
60:00 min, 2016

- BABE 1
  *You Don't Own Me*
- THIGH GAP
  Video with sound,
  1080 × 1920 HD,
  12:15 min, 2016
- BABE 2
  *Not Your Babe*
- NOT YOUR BABE
  Video with sound,
  1920 × 1080 HD,
  6:08 min, 2016
- BABE 3
  *Give me a f***ing bussi, baby*
- BABE 4
  *Barbisruder dot com*

# BABE 1

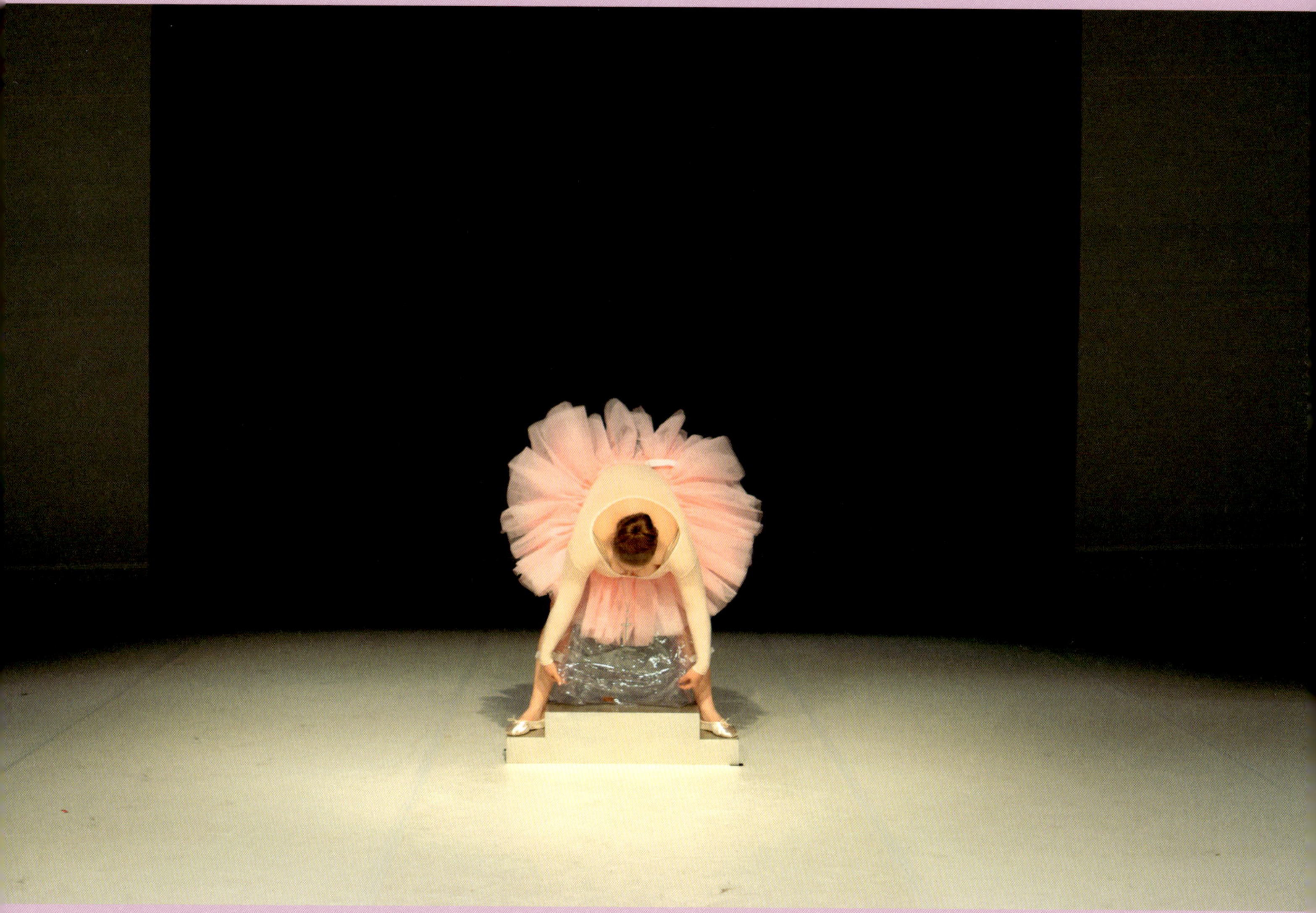

## You Don’t Own Me

(Original by Lesley Gore)

You don’t own me
And don’t tell me what to do
Don’t tell me what to say

I don’t tell you what to do
So just let me be myself
That’s all I ask of you

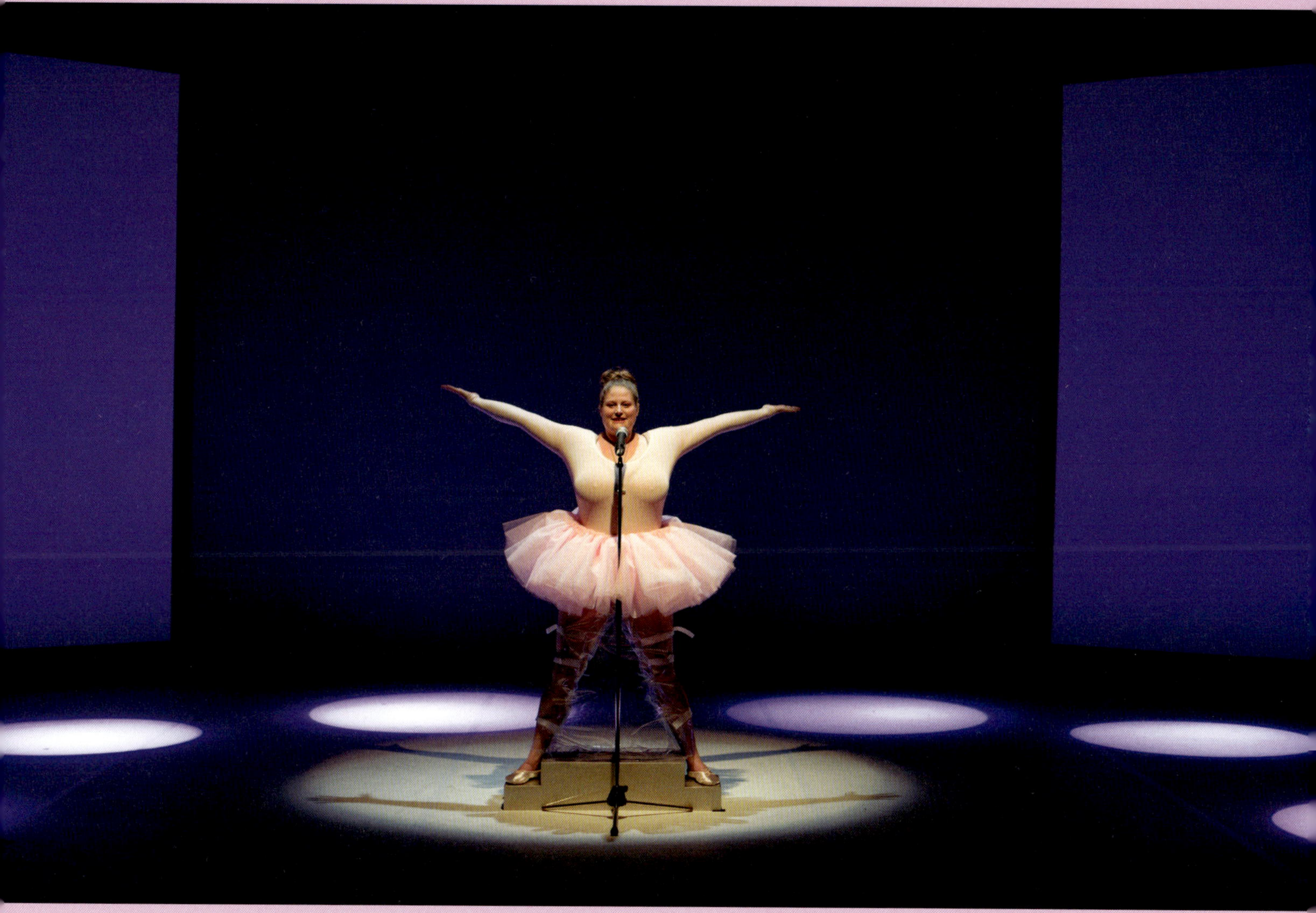

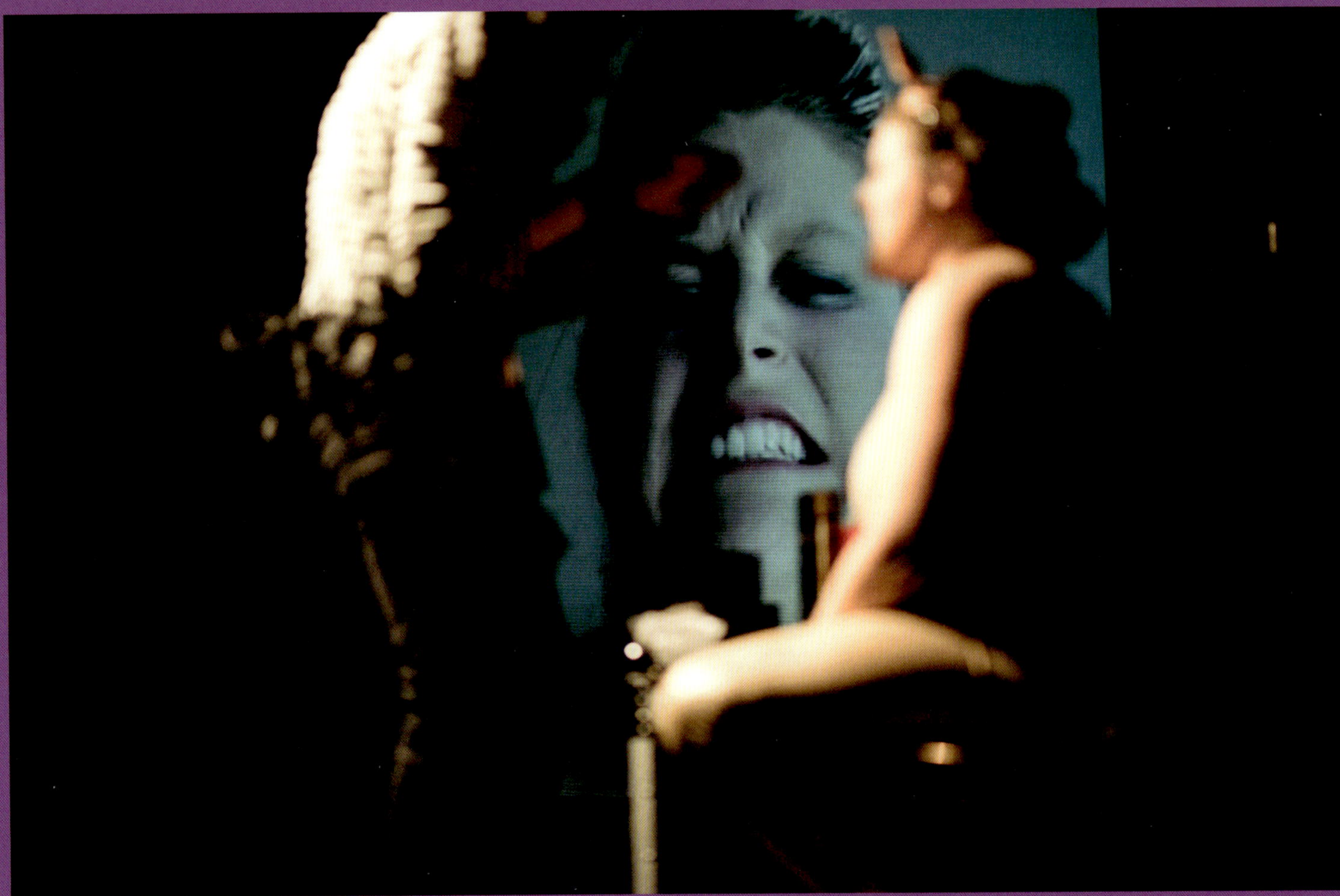

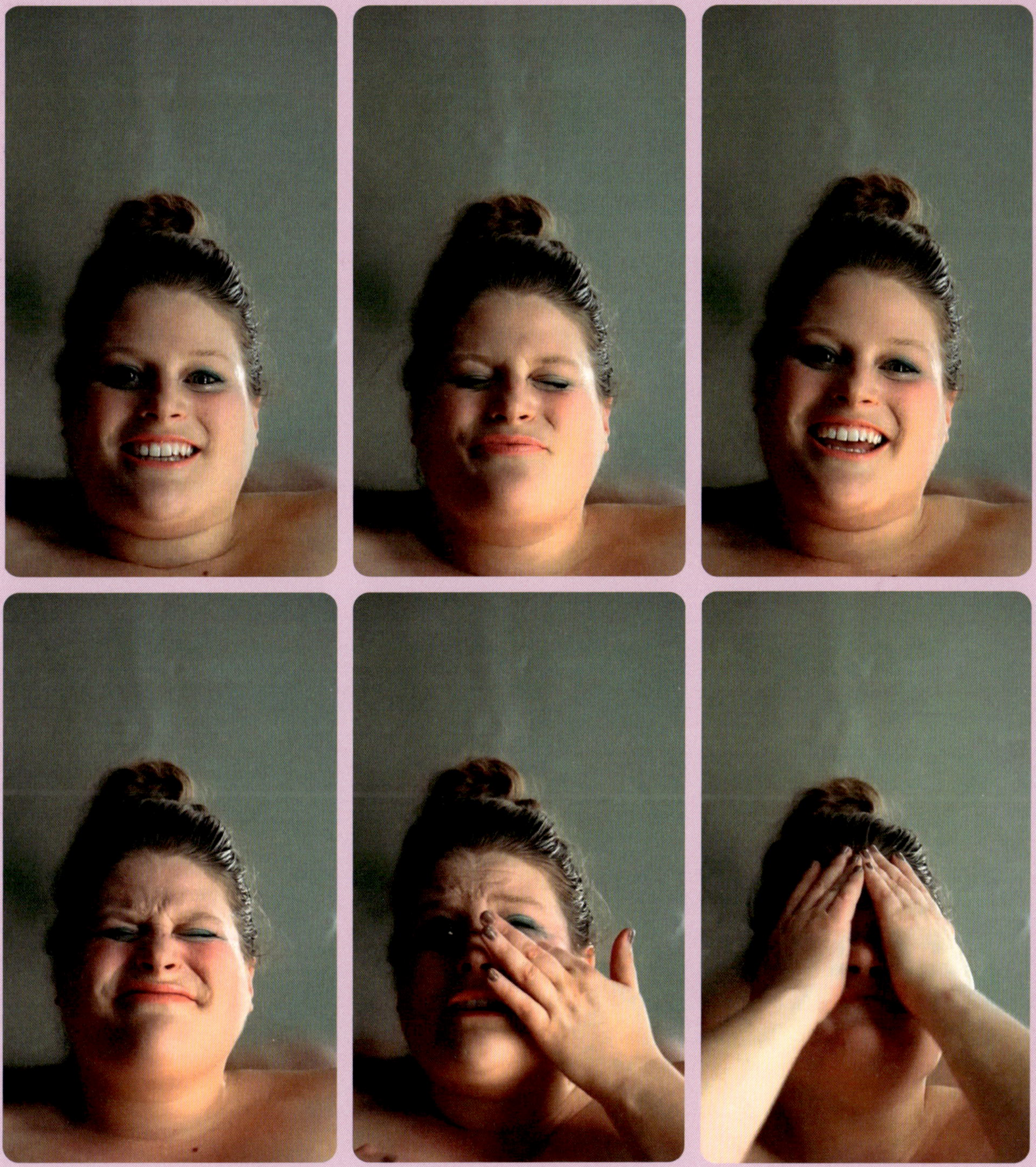

**THIGH GAP**
(EXCERPT FROM ORIGINAL WIKIHOW.COM TUTORIAL)

A thigh gap is a space between your inner thighs when you stand with your feet together. Although many women consider an inner-thigh gap an attractive and coveted feature, serious health problems can arise if you try to achieve a thigh gap by not eating or by over-exercising. If you do choose to use some strategies mentioned in this tutorial, remember to do them responsibly and carefully. Your health is your strongest asset.

- UNDERSTAND THAT A THIGH GAP IS NOT PHYSICALLY POSSIBLE FOR MOST PEOPLE
- SET REALISTIC EXPECTATIONS
- DON'T LET A THIGH GAP BECOME YOUR OBSESSION
- ASK FOR HELP
- KNOW THAT SOME GIRLS NEVER ACHIEVE A THIGH GAP

# BABE 2

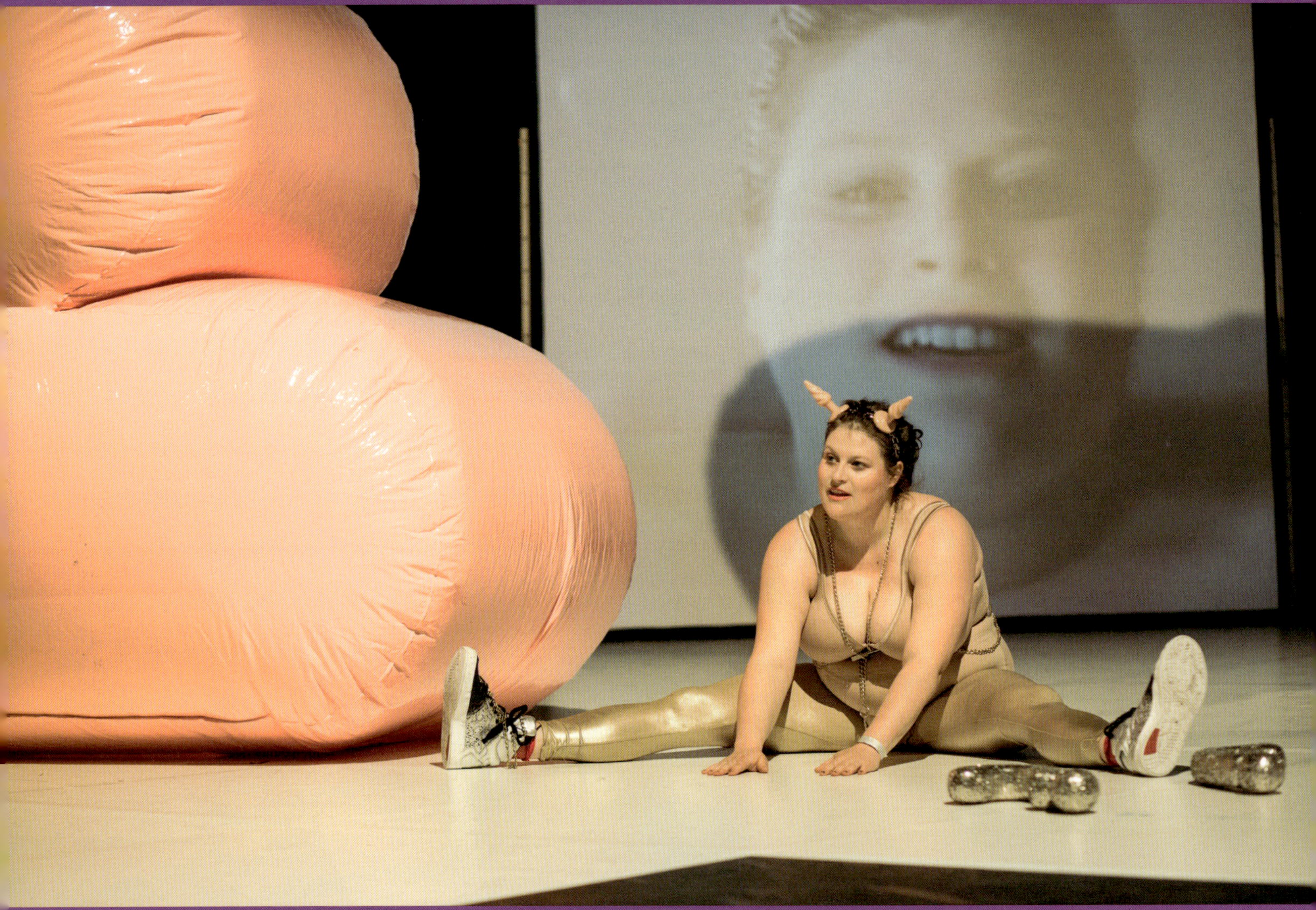

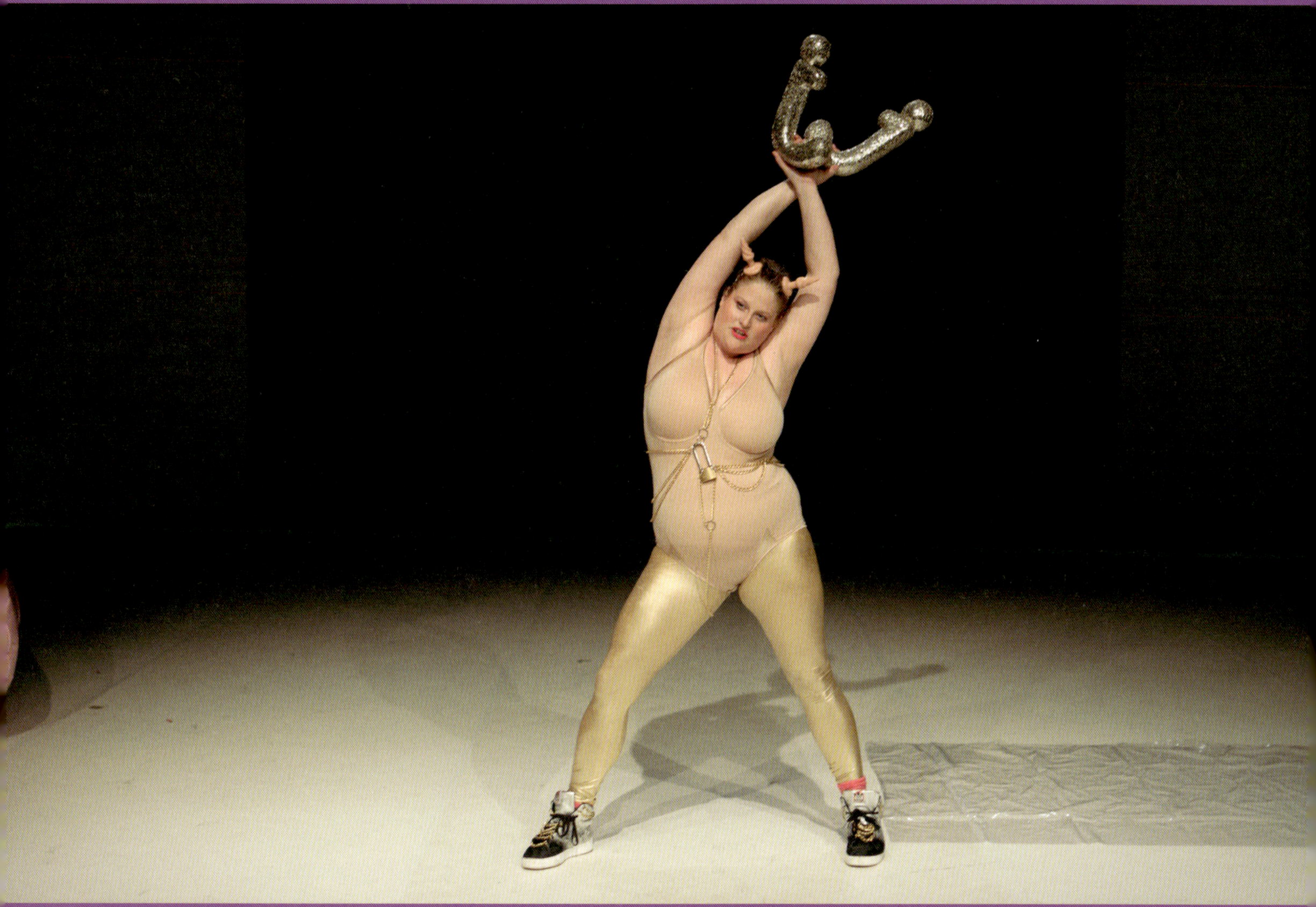

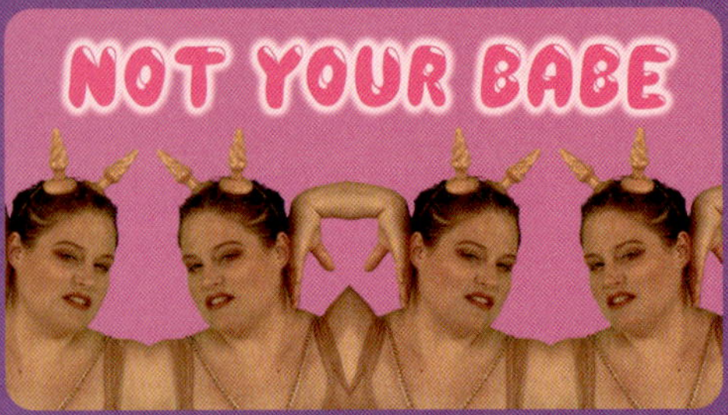


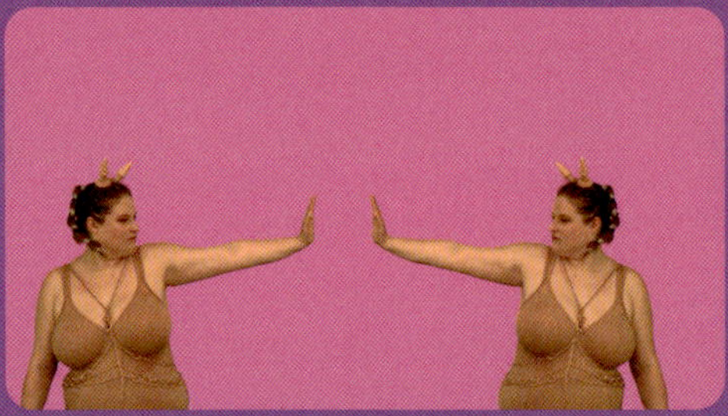

*Verse 1*

Oh you try to tell me all these nice
things with a smile
Like that I should put down that cookie
or better not to have that drink at all
You actually wanted me to smack you
and pretend to like the way you bash back
and baby you will never understand

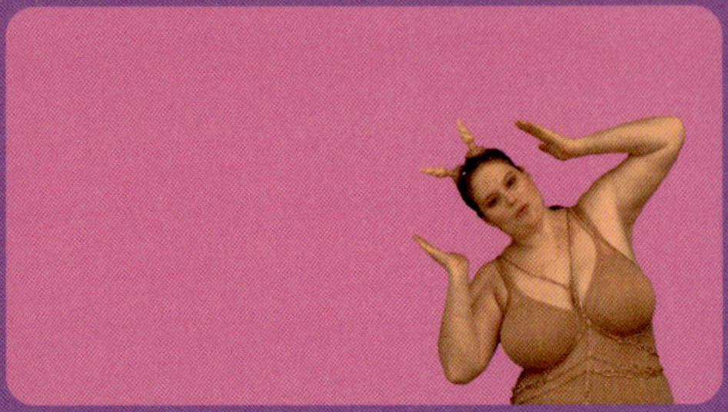

*Ref.*

*I'm a babe – yeah I own this*
*not your babe – yeah I won this*
*I deserve the best and I can*
*just because I am*
*not as fragile as you think*

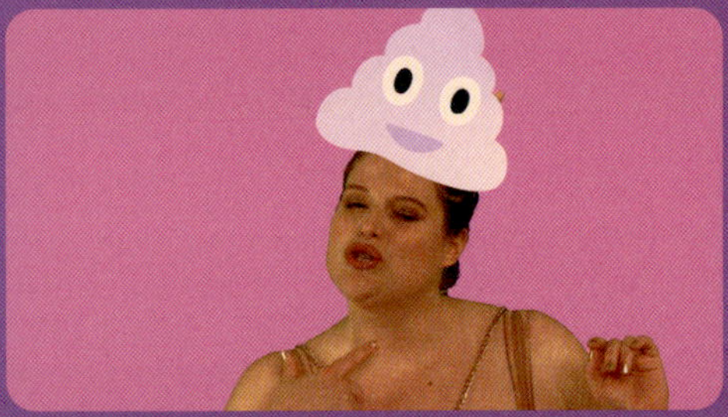

*Verse 2*

I just wanna have fun and with you
I have none and I'm better off with you
I would never deny that I do like your
lollipop but any chopstick would do

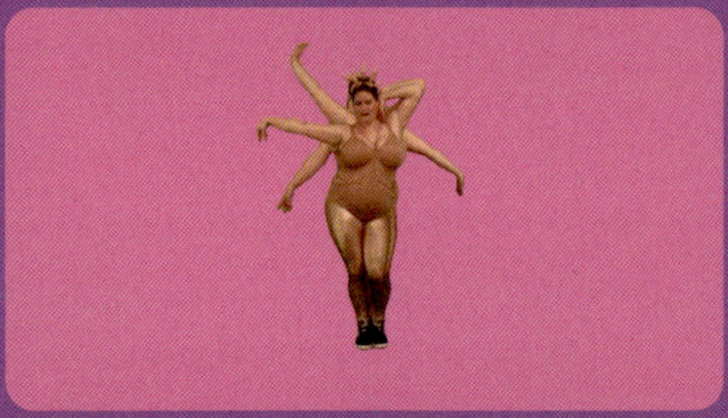

You're my experiment, my play thing,
and I will let you feel

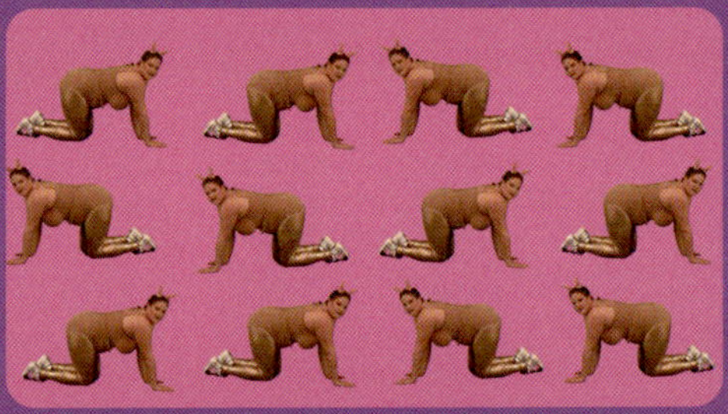

the way that you treat me
is the way that I treat you

and my boom boom seals the deal

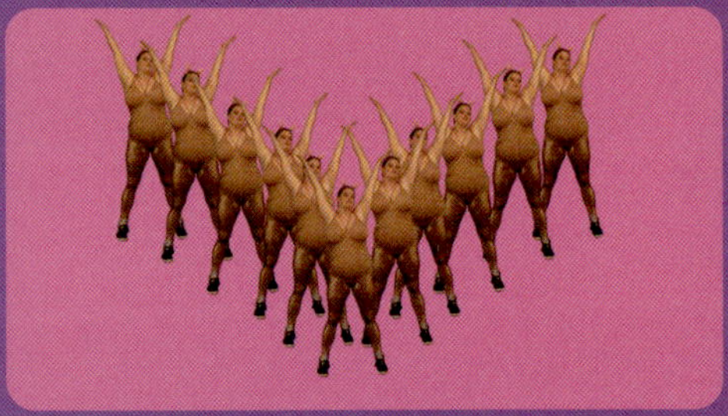

*Bridge 2*

Oh … you tell me how to change
to become the woman you want me to be
you think you're so
coo-ooo-ooo-ooo-ooo-ooo-ooo-ooo-oool
and you know what?

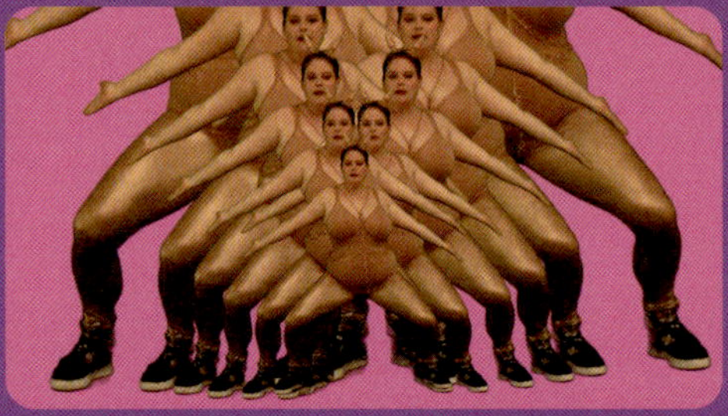

✨ BLAM! ✨

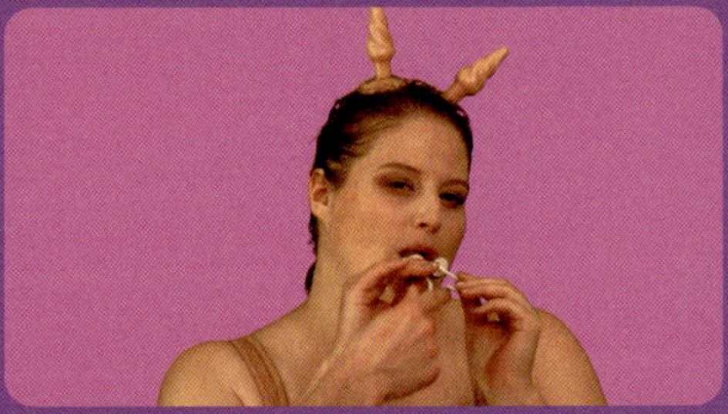

*Ref.*

*I'm a babe – yeah I own this*
*not your babe – yeah I won this*
*I deserve the best and I can*
*just because I am*
*not as fragile as you think*

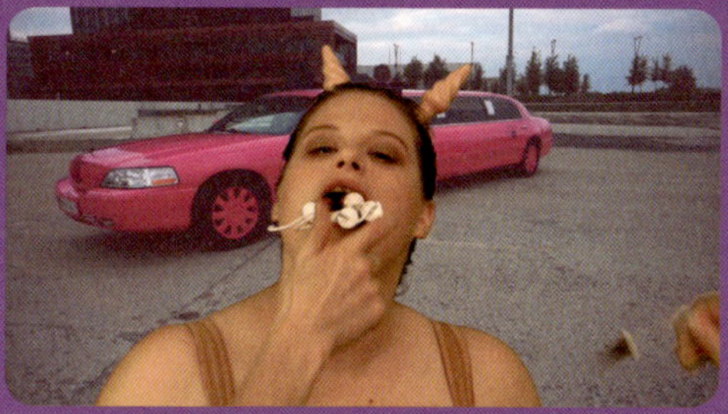

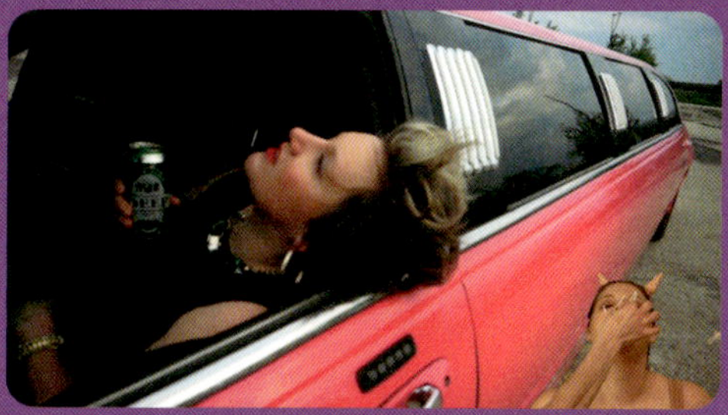

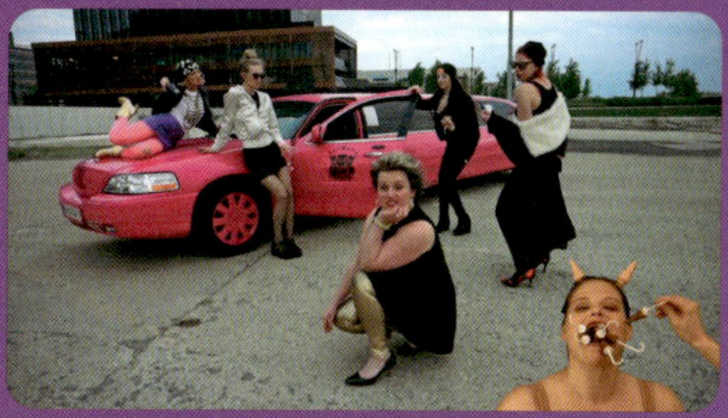

*Rap part*

Call the brigade
– girl's a grenade
Call them a squat
– girl is so hot

All the guys say:
Tell me who's that girl?
Wanna be the one
sticking in the curls

Famous on the dick
– the guys want a lick
A licker from the lips
– and sweat from her hips

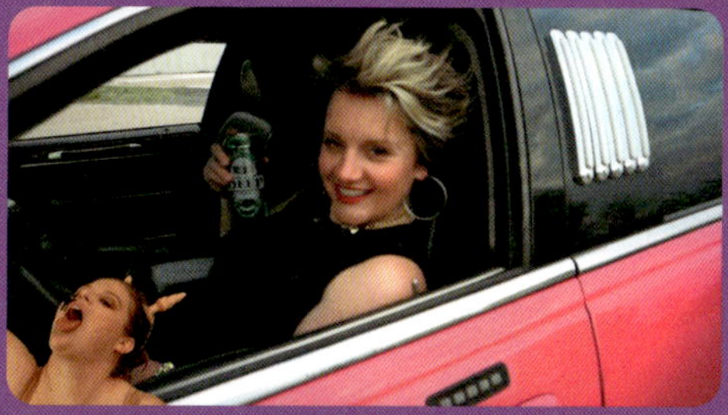

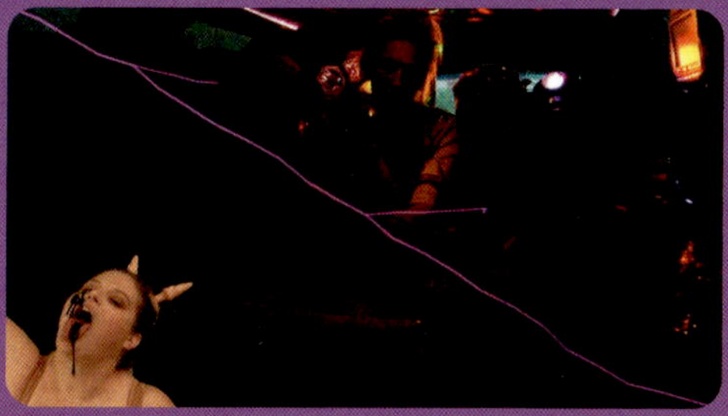

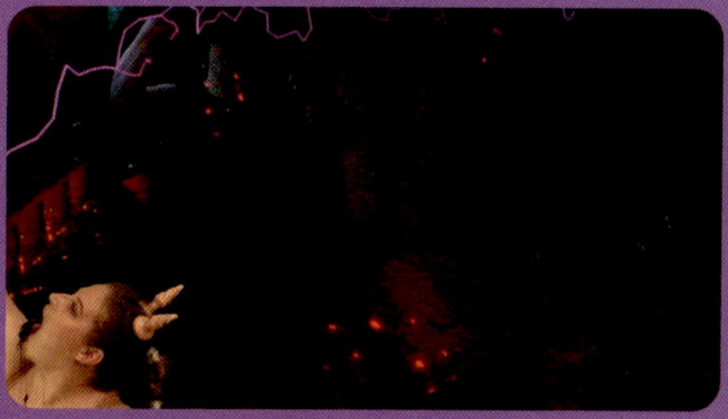

Girl gets tired of her beautiful self
– she's doing her thing
Girl gets tired picking guys from the shelf
– she's doing her thing

Girl doesn't care about babe and shit
– she's doing her thing
Knows what she likes she rolls with it
– she's watching her bling

Sipping on the wine
– she's ready all the time
She'll be getting what's hers
– I'll be getting what's mine

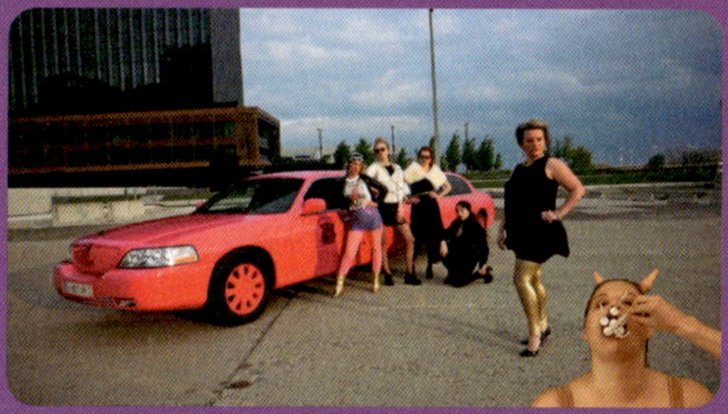

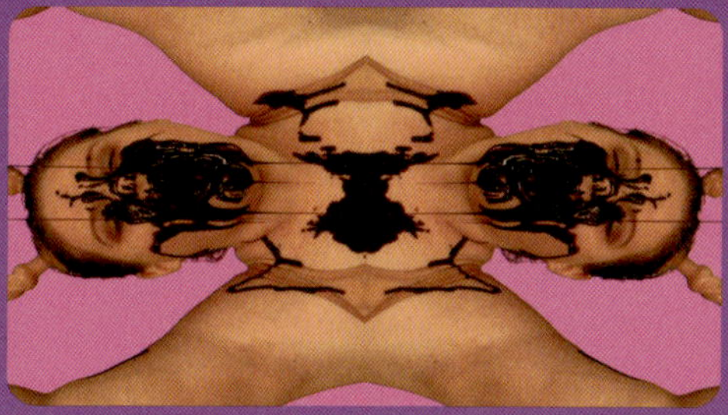

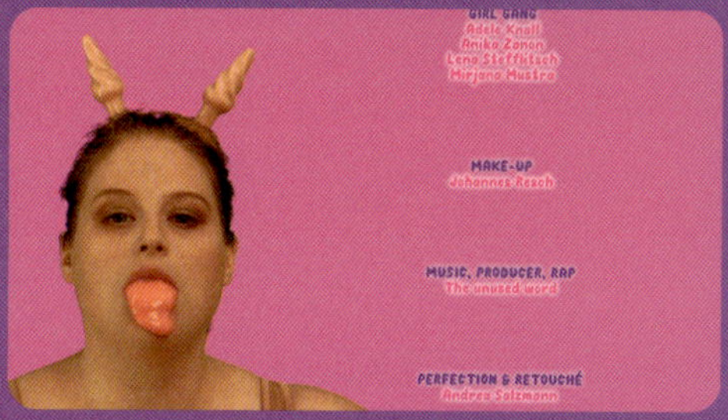


*Ref.*

*I'm a babe – yeah I own this*
*not your babe – yeah I won this*
*I deserve the best and I can*
*just because I am*
*not as fragile as you think*

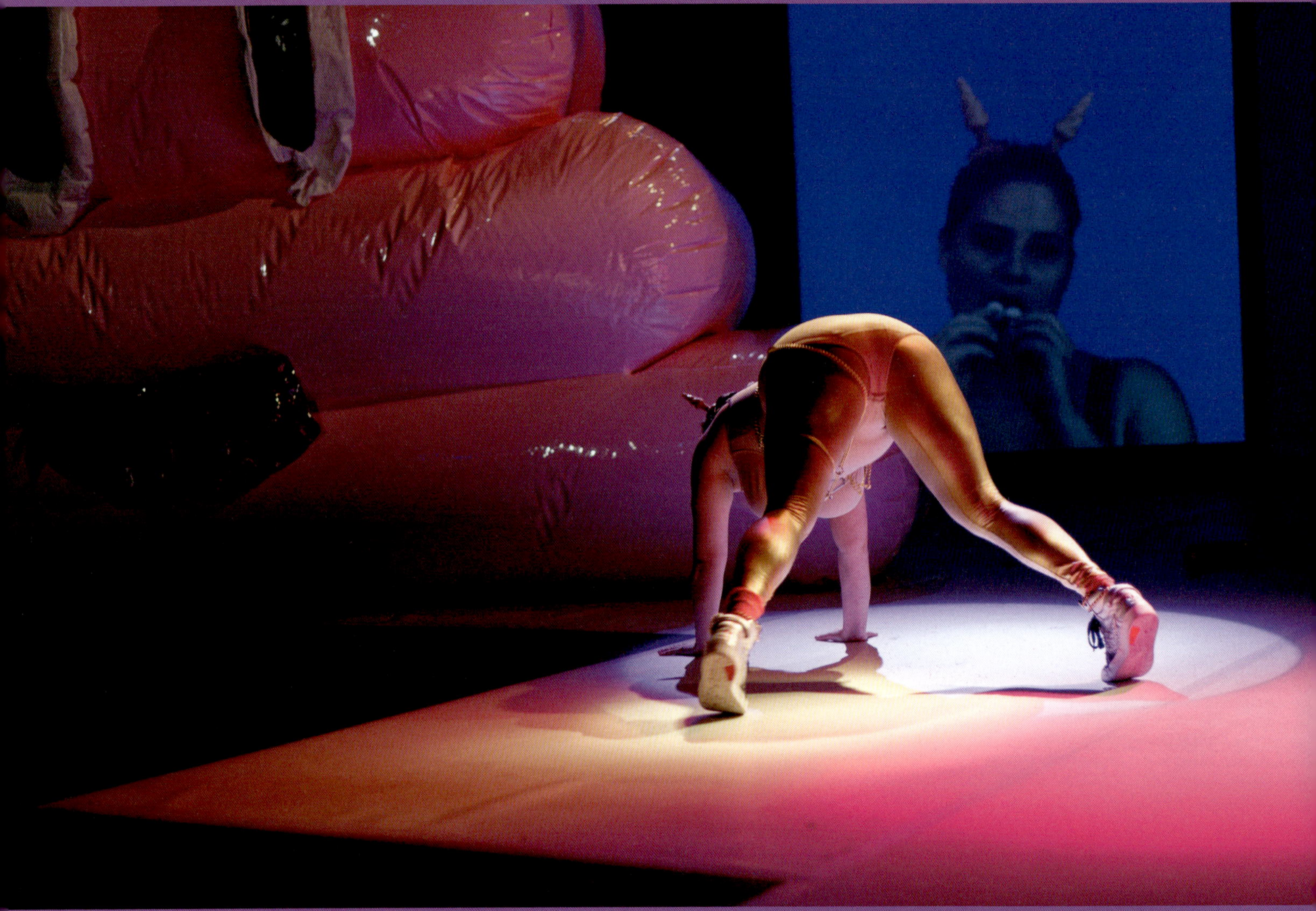

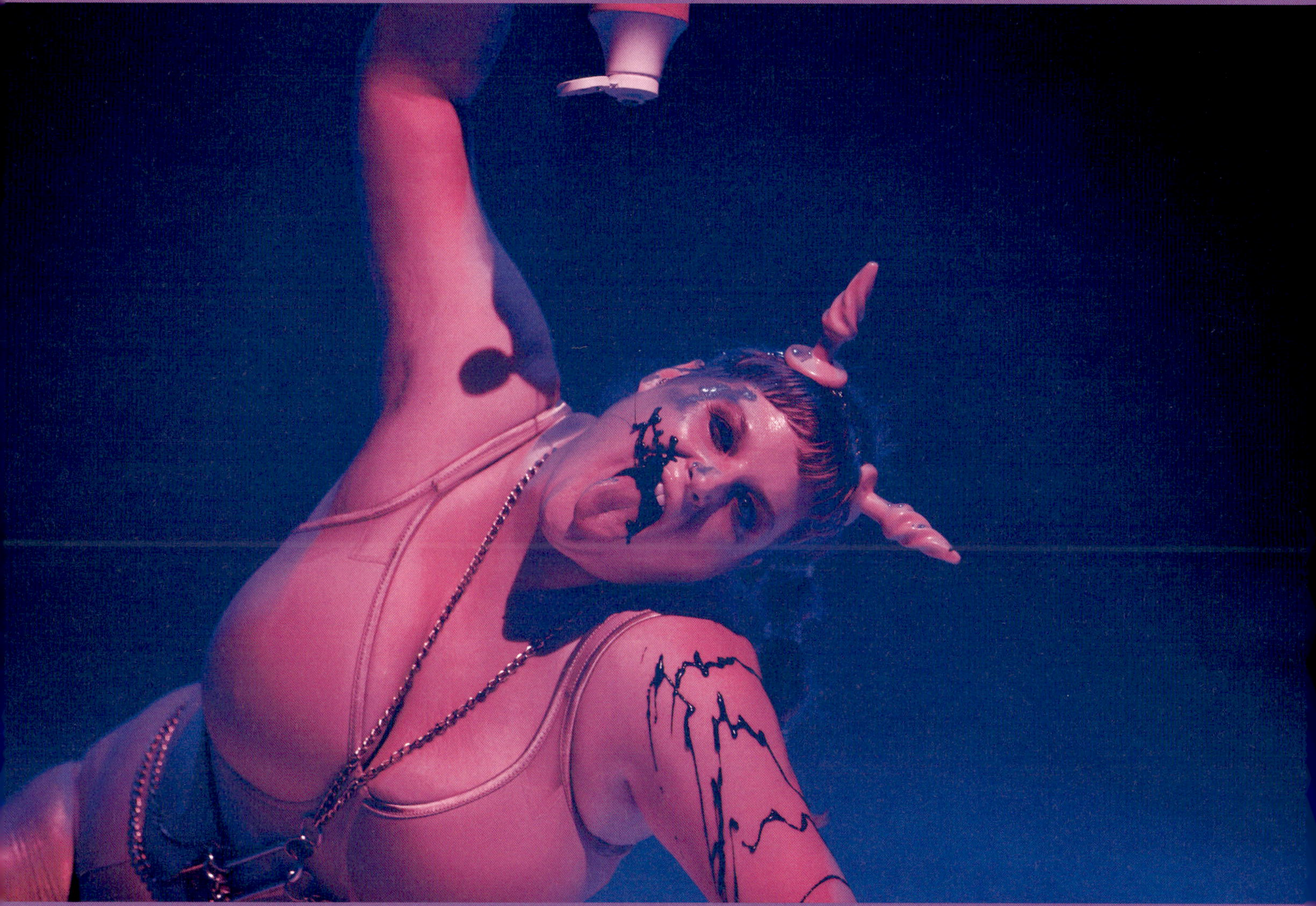

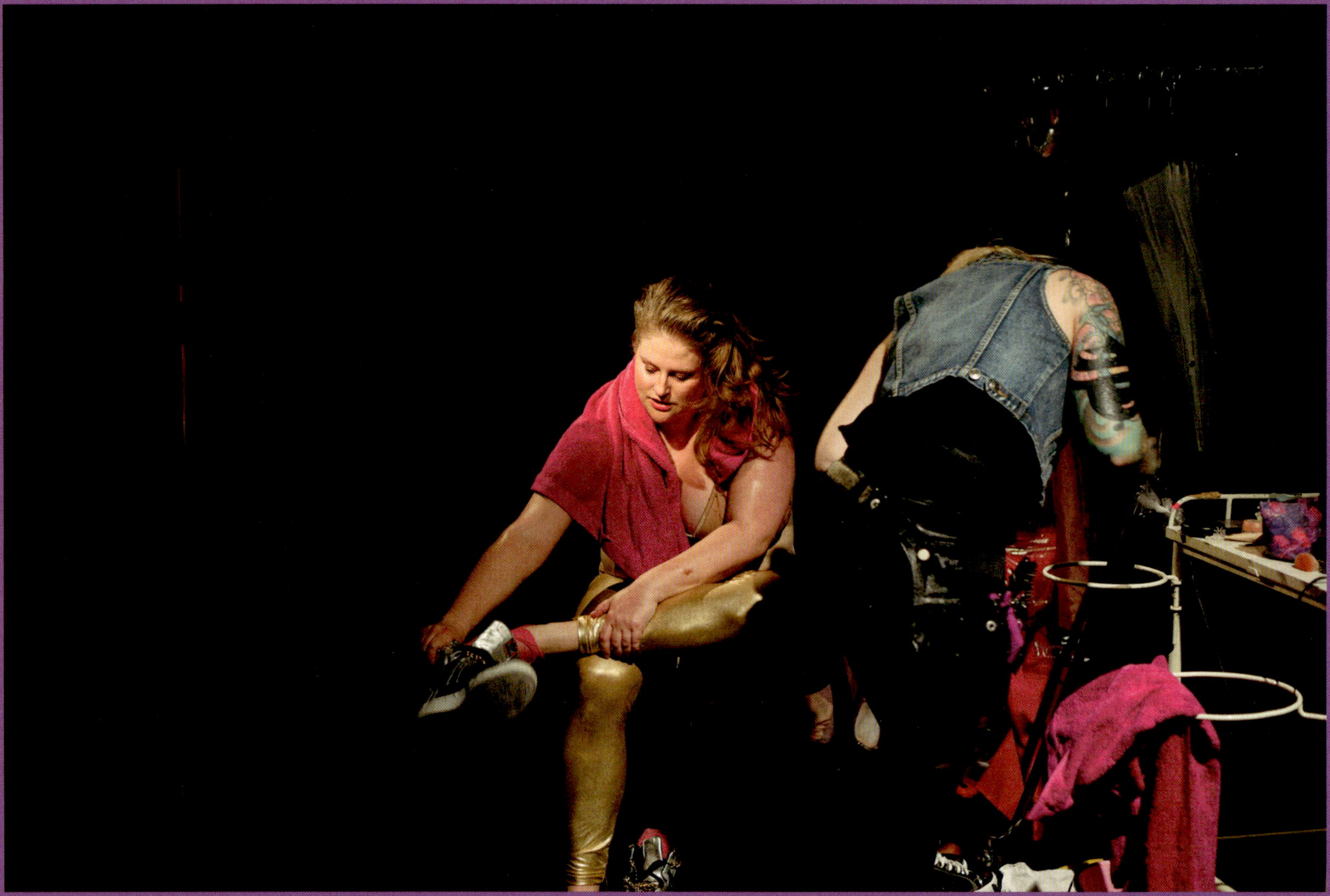

# BABE 3

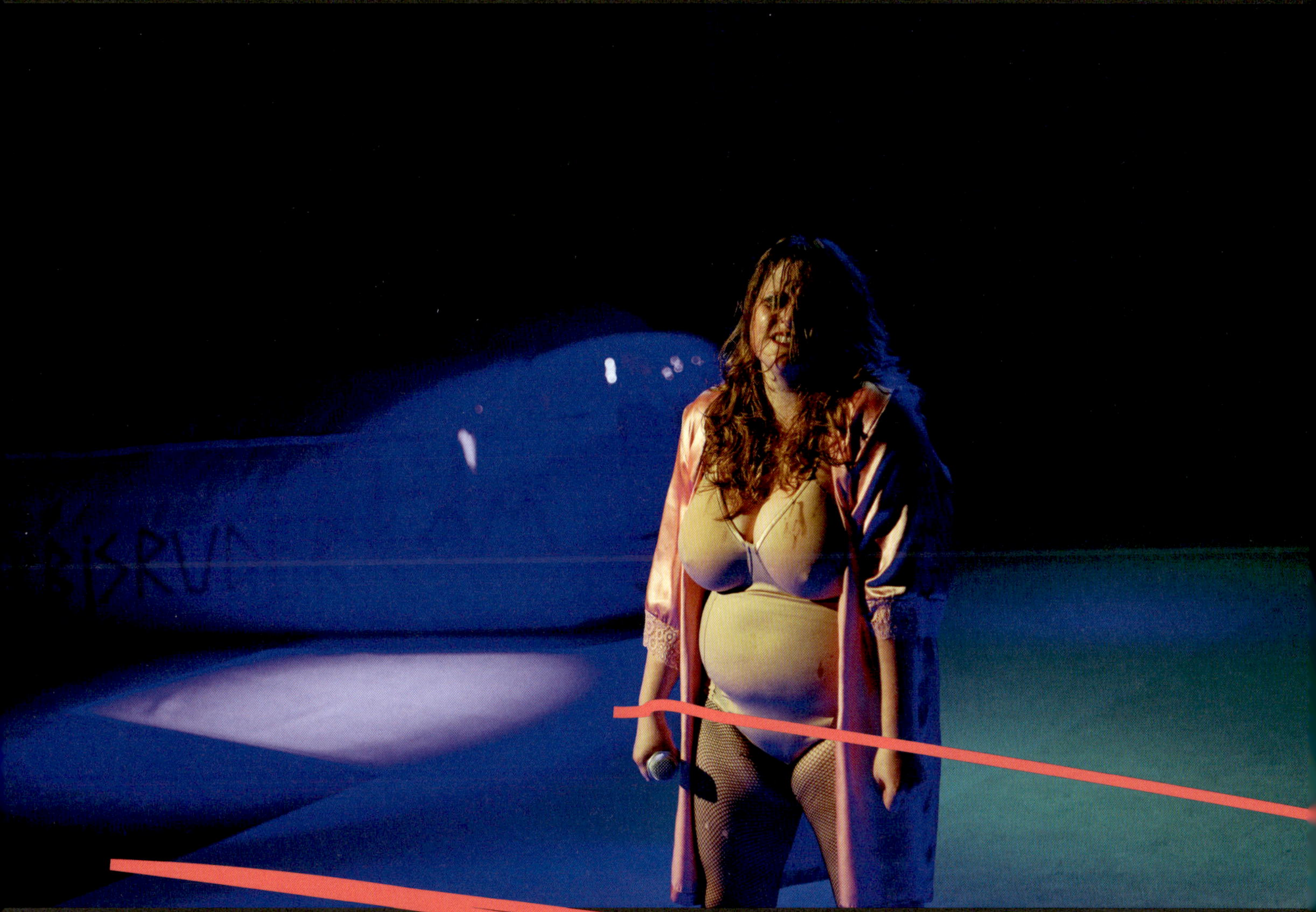

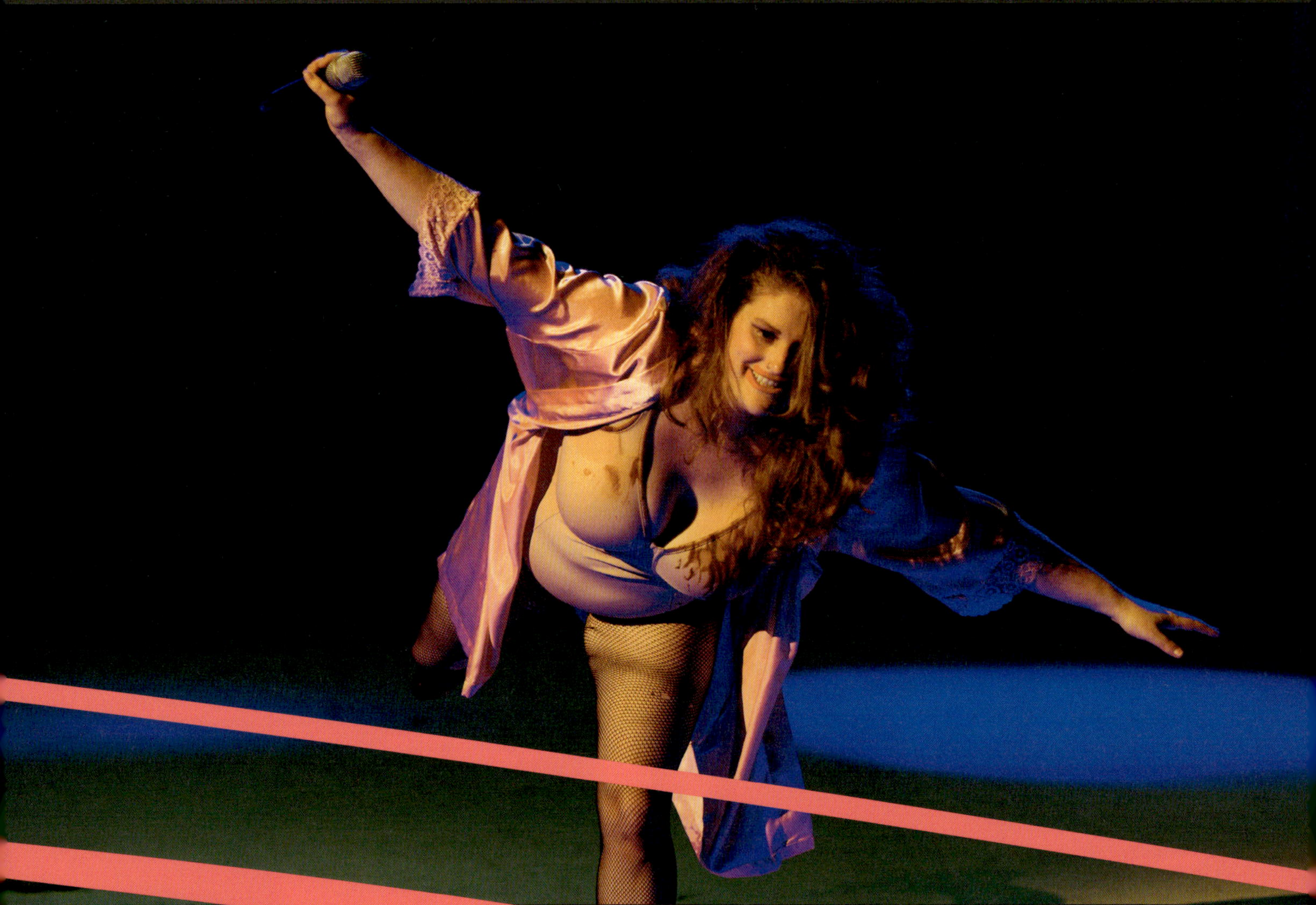

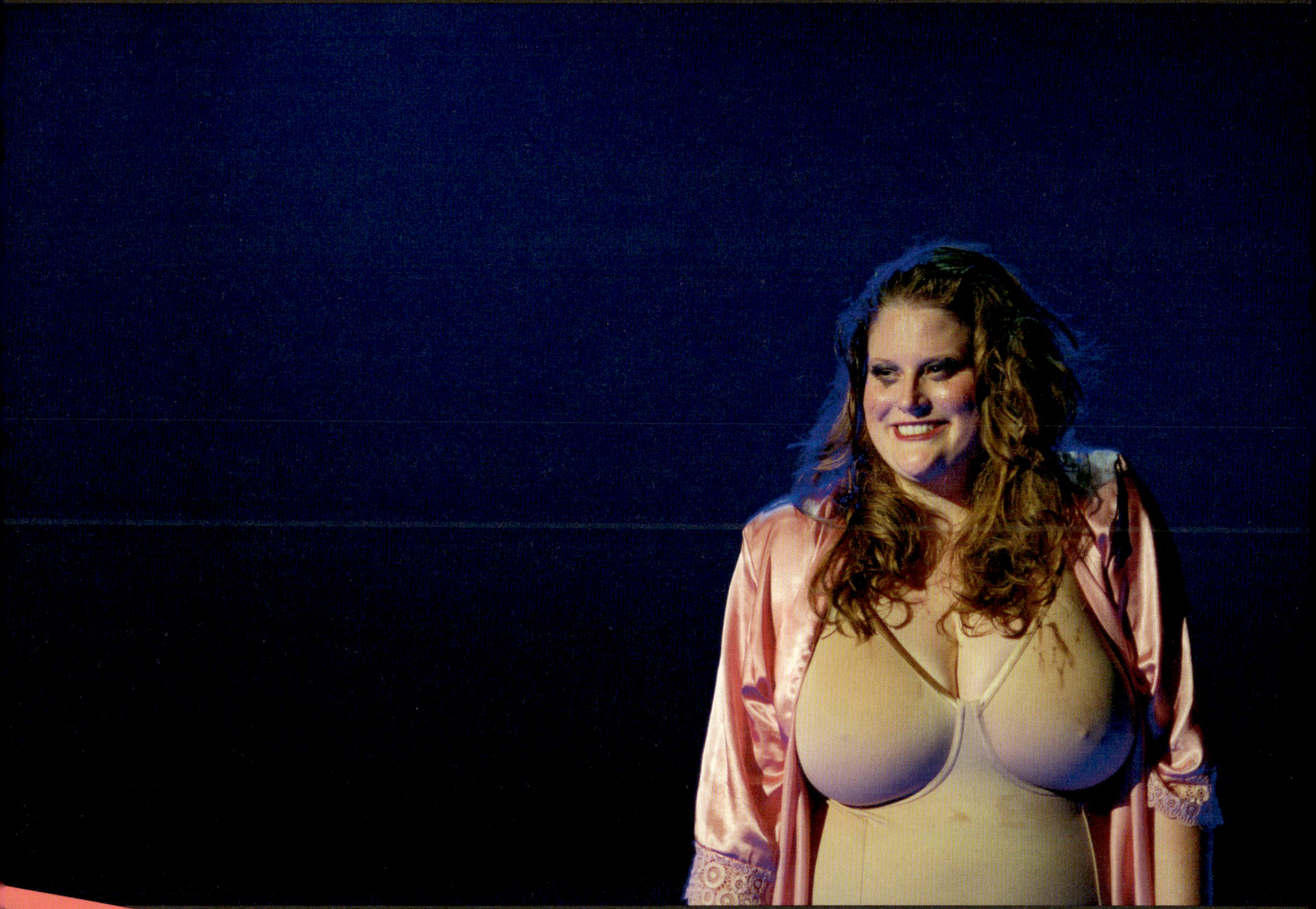

I would *like* to *taste* you babe …
ehehe hah

I'm hungry

Look at y°u

Are you hungry, *too*?

No? / *bet* you *like* food

Yeah, do you *like* food?

I've *got* s°mething yummy for you

You know what *it* is…
I *think* you shou*l*d have a sandwich *first*

*Something* is wr°ng with you!

Hehe. What happened to you

What stuff did you take?

Do you wanna have a banana?

Just want to make sure you're OK, babe

You want to have dinner, babe, because I can see that you need something, yeah...

Yes, you know better

You should have a banana, real slow

You should give me a bussi, baby

Give me a fucking bussi, baby

I will pay, / promise you to pay

and then you can give me a bussi, baby

That's real amore!

Do it slow!

You look so fucked up

You really need somebody to take good care of you

Really good care,

I will take care of you

I am a true gentleman

I can take good care of you, babe

Oh, / mean ... you

You make me feel like / want to be the only one for you

If you were with the other rock star,

/ couldn't take that

Are you hungry, babe?

You want to eat something?

Who fucked you up so much?

/ have something beautiful for you

Real good – wanna taste it?

I know I'm right

Because / know exactly what you are aiming for, babe

I know exactly wh[illegible] babe

Just st°p talking

/ cannot hold myself back, babe

You make me do these things

And y°u like it

Yes, you like hard

Yeah babe...

I just want to make sure that you are OK, babe

/ do worry... NOT

hehehe/he

So, how many rockstars did you sleep with, ba[illegible]

I am obviously not the first, am /?

Who fucked you up s° much!

Look at you

[illegible]

Let me take you home

/ bet you like food, yeah

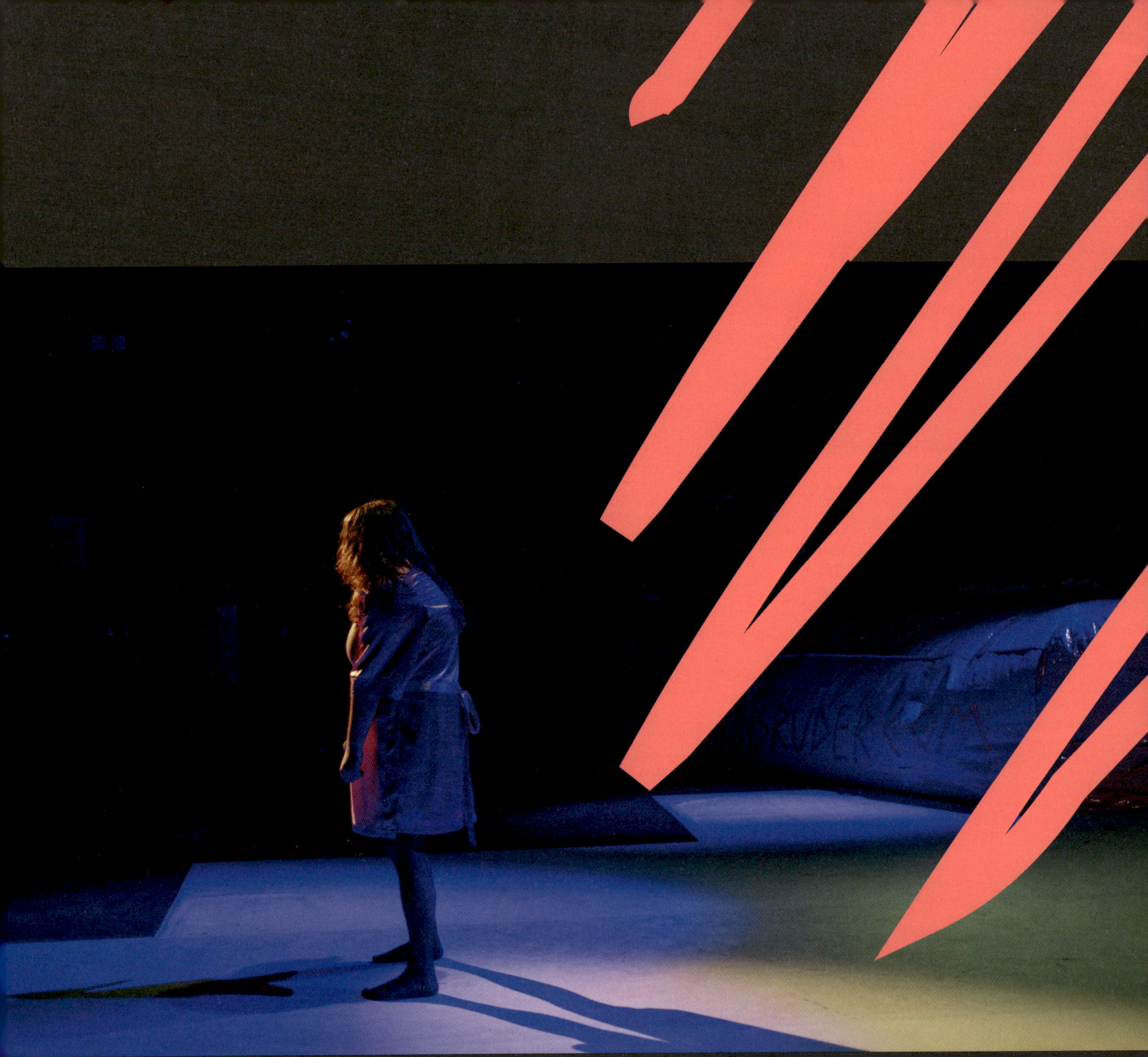

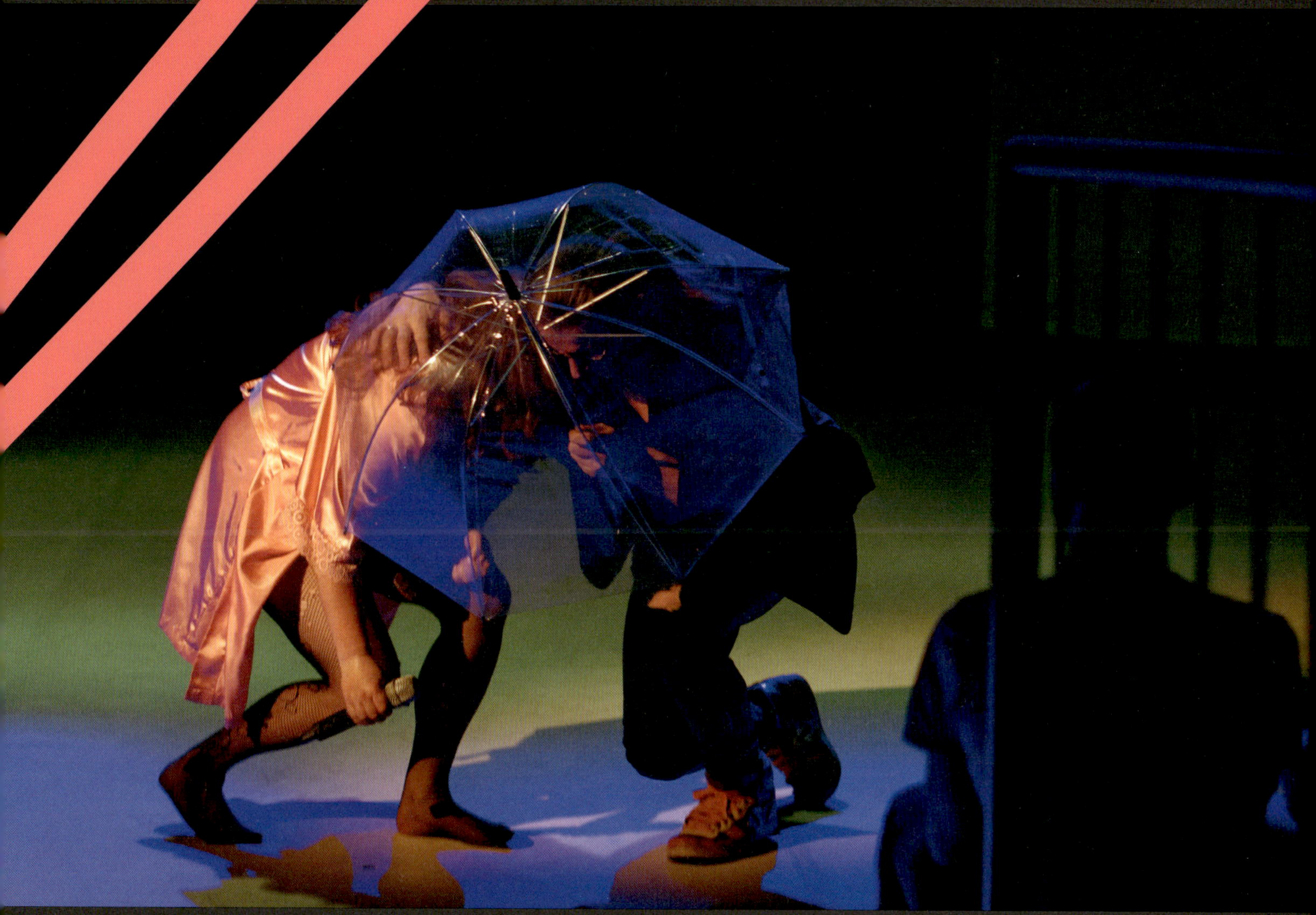

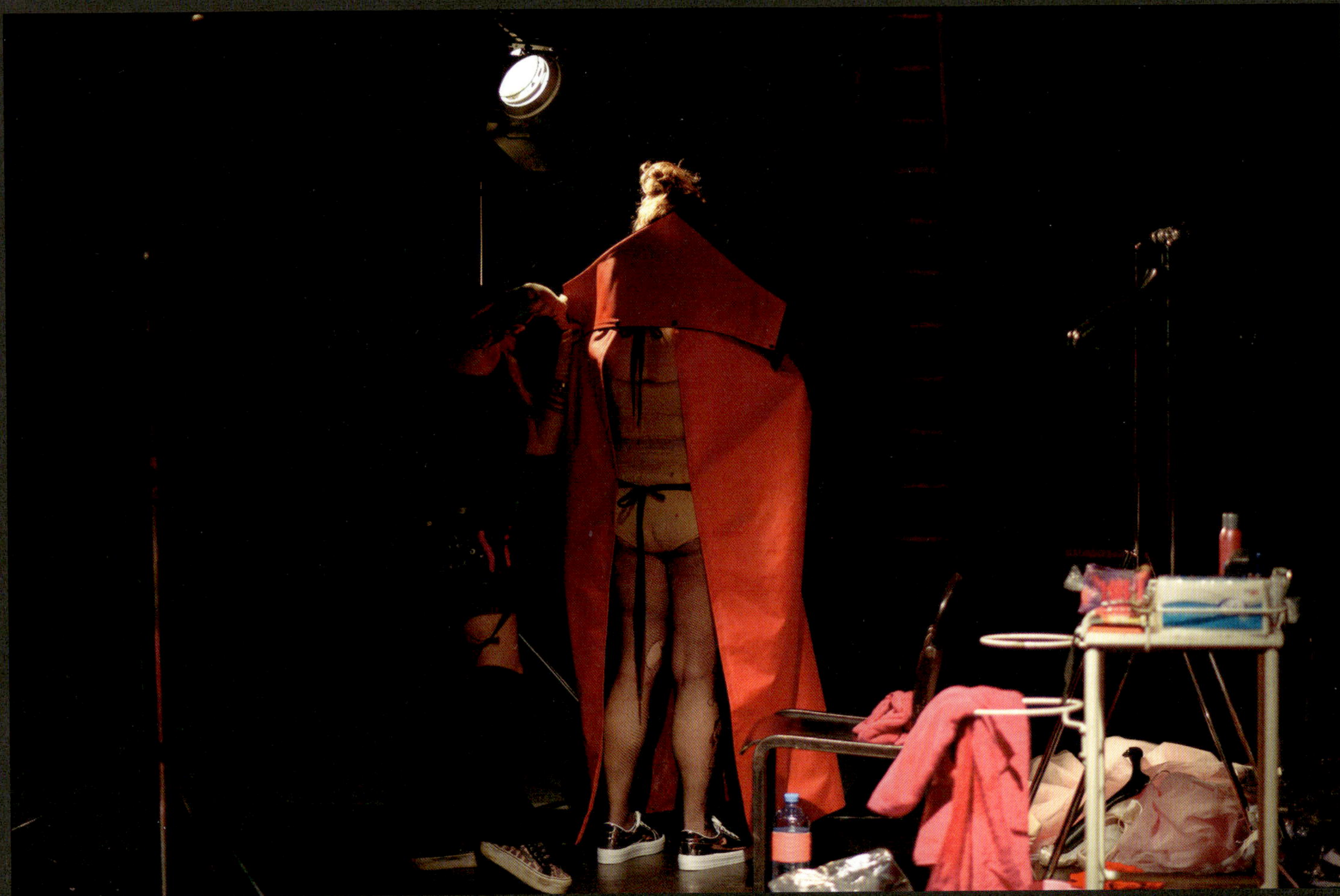

# BABE 4

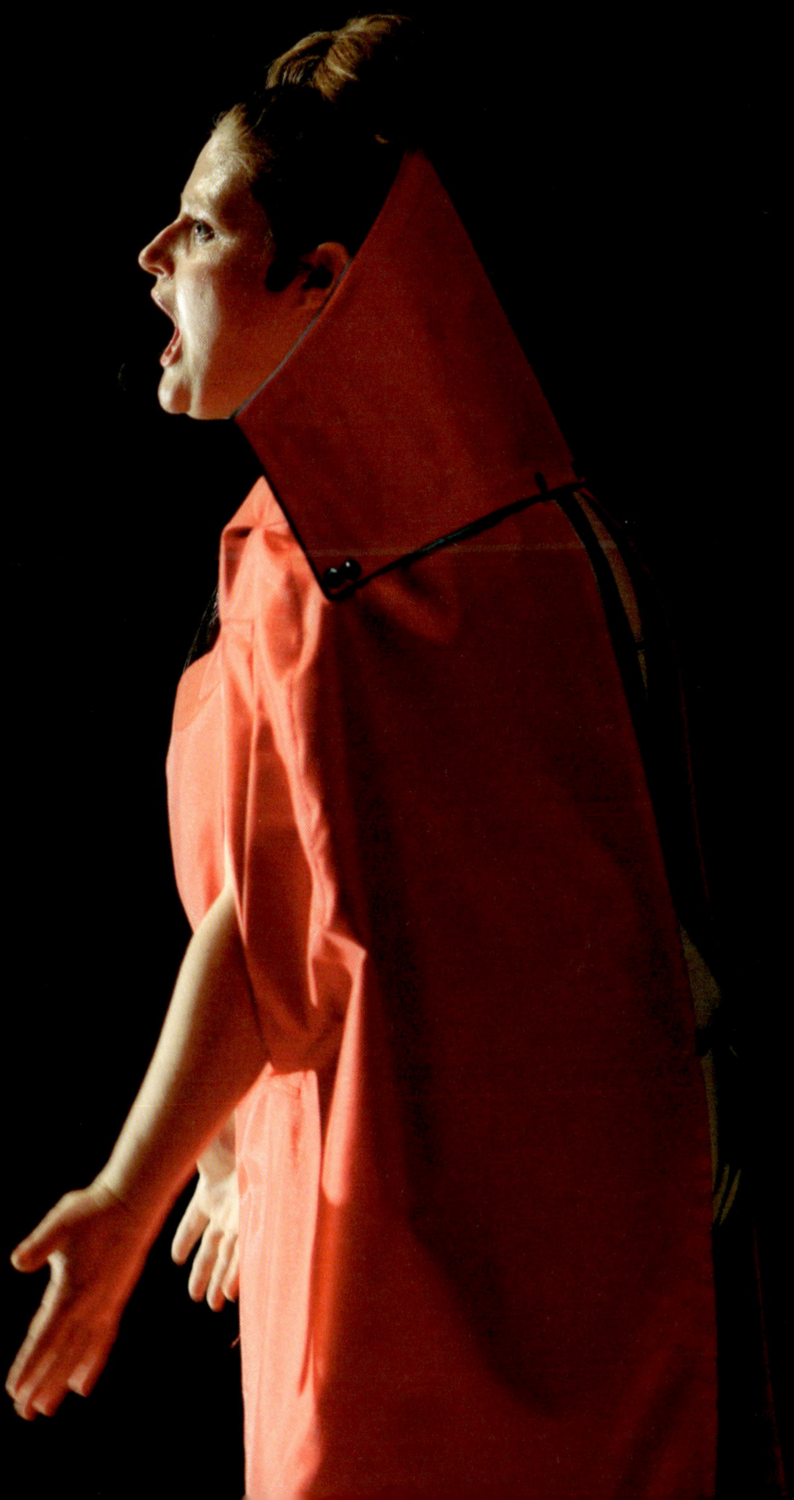

*|: Breathe In – Breathe Out :|*
*Multiply – Identify*

*We are all the same*
*You are the same*
*I am the same*
*You are me*
*and I am you*
*There is no authority – only me*

*|: Breathe In – Breathe Out :|*
*Multiply – Identify*

*You are here to see my show*
*I am grateful for your appearance*
*I receive your money*
*and you receive my wisdom*

*|: Breathe In – Breathe Out :|*
*Multiply – Identify*

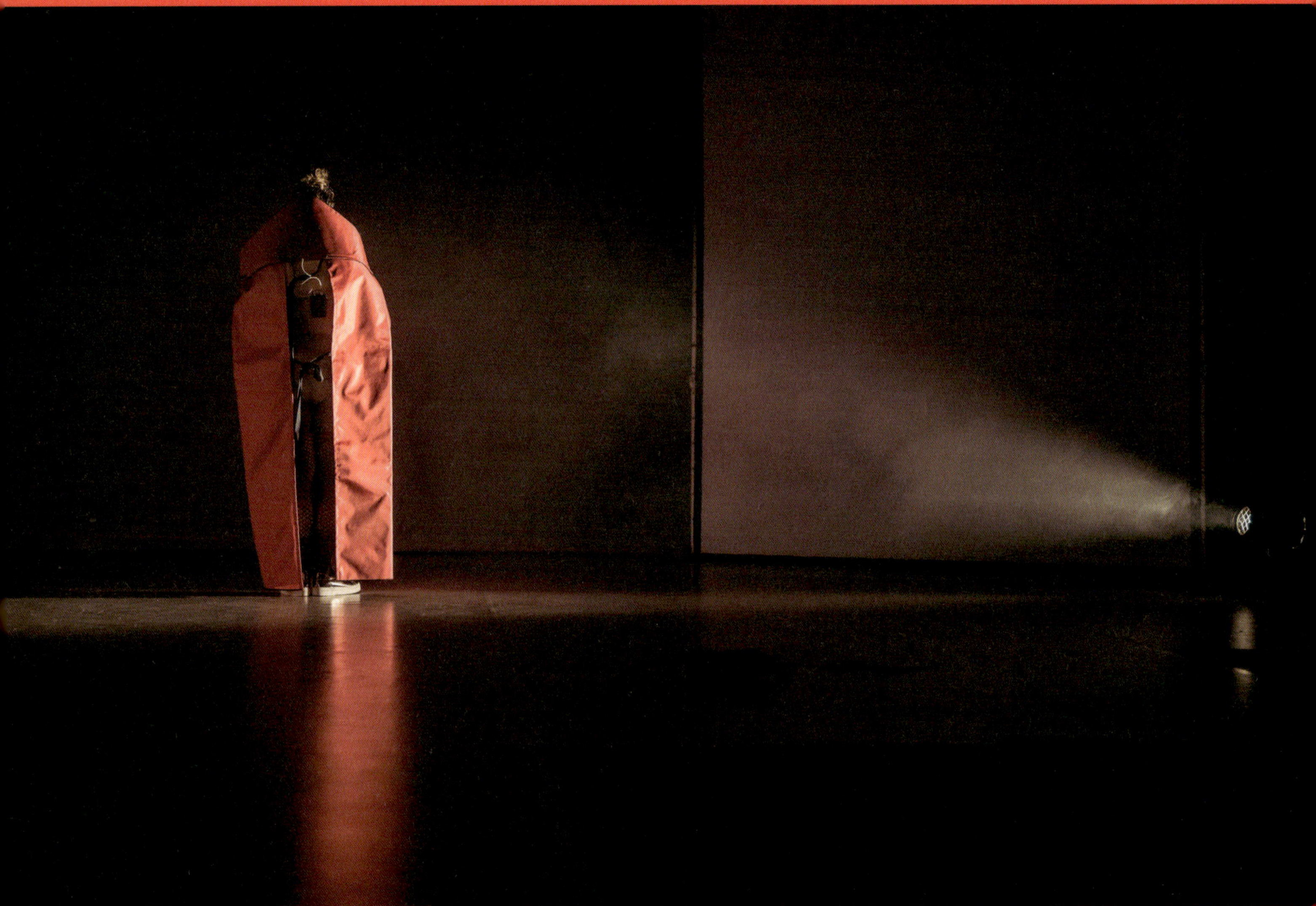

*Look at the truth*
*with your naked eyes*

*What do you see?*
*Open your skin*
*be sensitive with your perception*
*feel the group*
*feel your neighbour*
*feel the heat*
*feel your heartbeat*
*feel the energy of our subculture*
*and connect*

*connect now*

*Connect with what you saw*
*All these babes*
*they were not whole*
*They believed they existed*
*and wandered around*
*copying behaviours and expectations*
*They don't know who they are*
*They are not the real babes*
*There can only be one*
*(SPOT ON)*
*And that's me*

*This whole show*
*is all about myself*
*What you wanted*
*is what you got*
*and I got you babe*

B A R B I S R U D E R . C O M

*Do you know who you are?*

*Are you IN-DI-VI-DE-A-BLE?*
*Are you IN-DI-VI-DU-AL?*

*Are you who you are supposed to be?*
*Productive, healthy, fit, and of course beautiful?*
*Or are you just a product of your cells?*

*I recommend:*
*save your cells – in excel cells*
*love your cells and embrace your sales*
*deep freeze your cells*
*to keep your cells*
*and then copy your cells*
*to sell your cells*

*impregnate your cells*
*then replicate your cells*
*replace your cells*
*and copy your cells*
*profit from your cells*
*duplicate your cells*
*reproduce your cells*
*and then sell your cells*

*And remember:*
*You are cells who need to be governed*
*by an external force!*

*My cells can be your cells*
*Keep them working well*
*I will recycle you and*
*nobody will be able to tell*

*Let me be your babe*
*With your endless power of inspiration*
*I will impregnate myself*
*with creativity*

*I can suck you dry – and you want me to*
*you are my source:*
*you will optimise yourselves*
*you will exploit yourselves*

*and I will make you happy*
*and give you back what I took*

*No more DIY*
*but FIY ASAP*
*your Corporate Identity*
*will be formed*
*and perfected*
*With my shining light*
*I will take your trash*
*and put it into the Vice Magazine*
*where shabby becomes chic*
*where your flaws become your weapon*

*A better world is possible*
*I can give you fame*
*Be part of my movement*
*Start using my name*

✖

*And now that we are feeling real here,*
*it's time to introduce you to the people*
*from whom I stole the most:*
*my team*
*They are happy to support me and my art*
*They get my creative spirit*
*and I bring them to the borders of their mindset*
*This is true inspiration*
*and it's an exclusive opportunity*
*for personal growth*

B A R B I S R U D E R . C O M

*They do it out of idealism*
*They define themselves by producing*
*something meaningful*
*They will clean up this mess afterwards*
*with a smile in their face*
*Whoever works for me is multiplying*
*my symbolic value*

*My company is named after myself:*
*Barbis Ruder*
*You can find its Mission Statement*
*on www.barbisruder.com*

*Be part of it:*
*Buy my art!*
*Book me!*
*Get my service!*
*I am also a cultural producer*
*I can write applications*
*but I prefer you to do my applications*

*Most important, speak about me*
*Tell everybody how much you love me*
*and how unique I am*
*and that you want to see*
*my other art works live*

*Remember my name:*
*BARBIS RUDER*

*I am a copycat*
*I steal ideas*
*I call it inspiration*
*Others call it plagiarism*

*I am working harder better faster and stronger*
*I am fitter healthier and more productive*

*Barbis Ruder is my name*
*You can find me on*
*Barbisruder dot com*

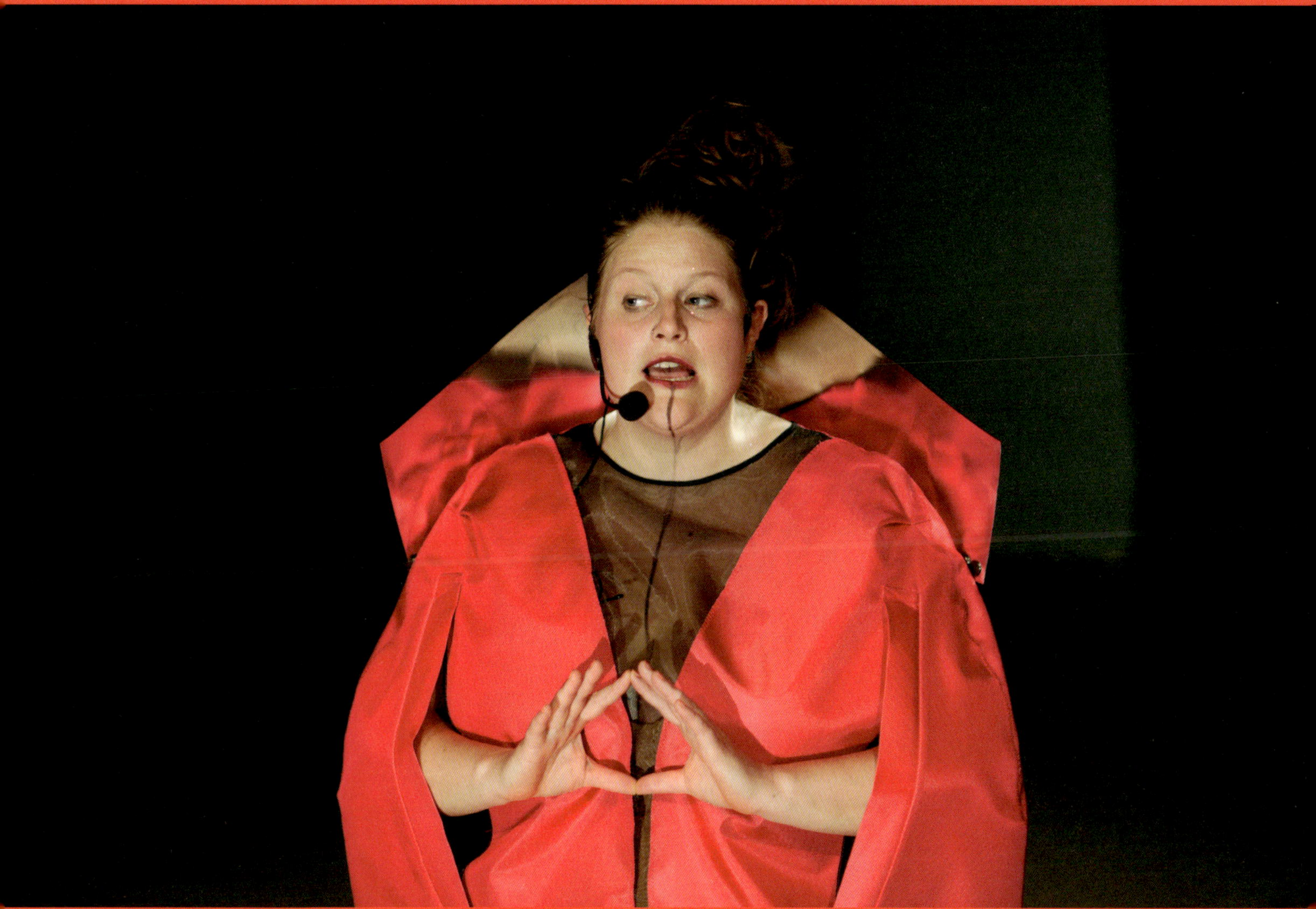

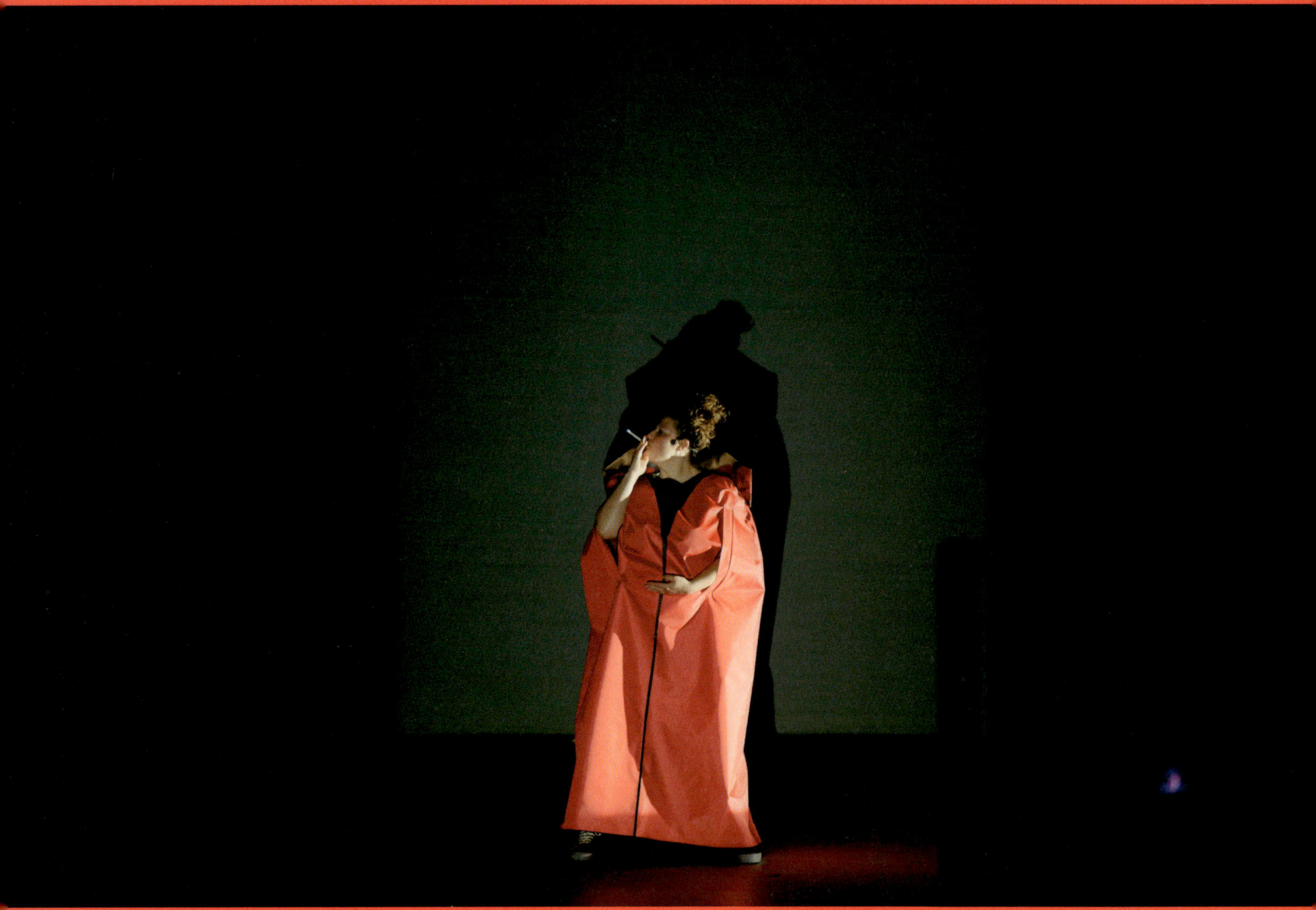

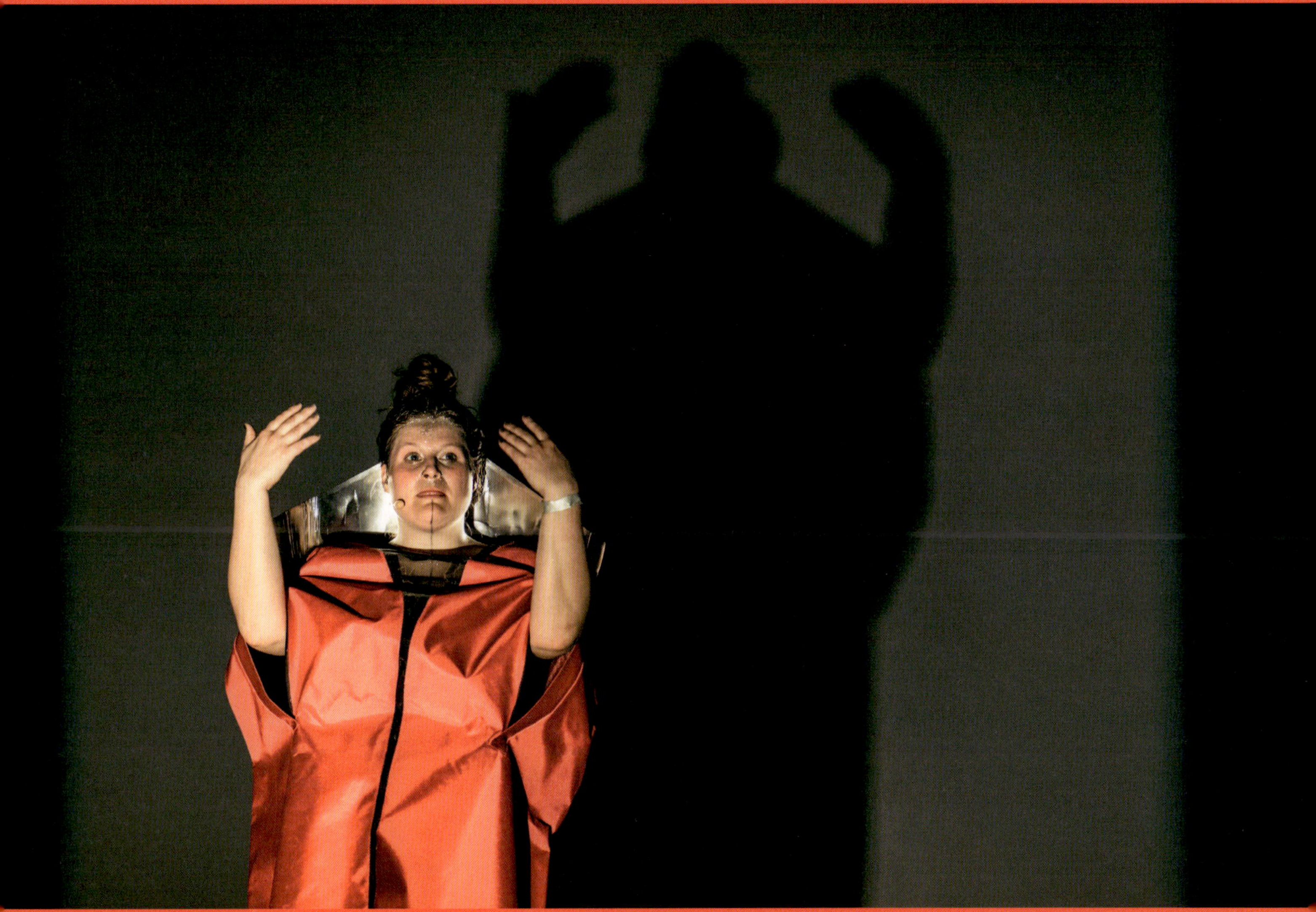

# MUNDSTÜCKE

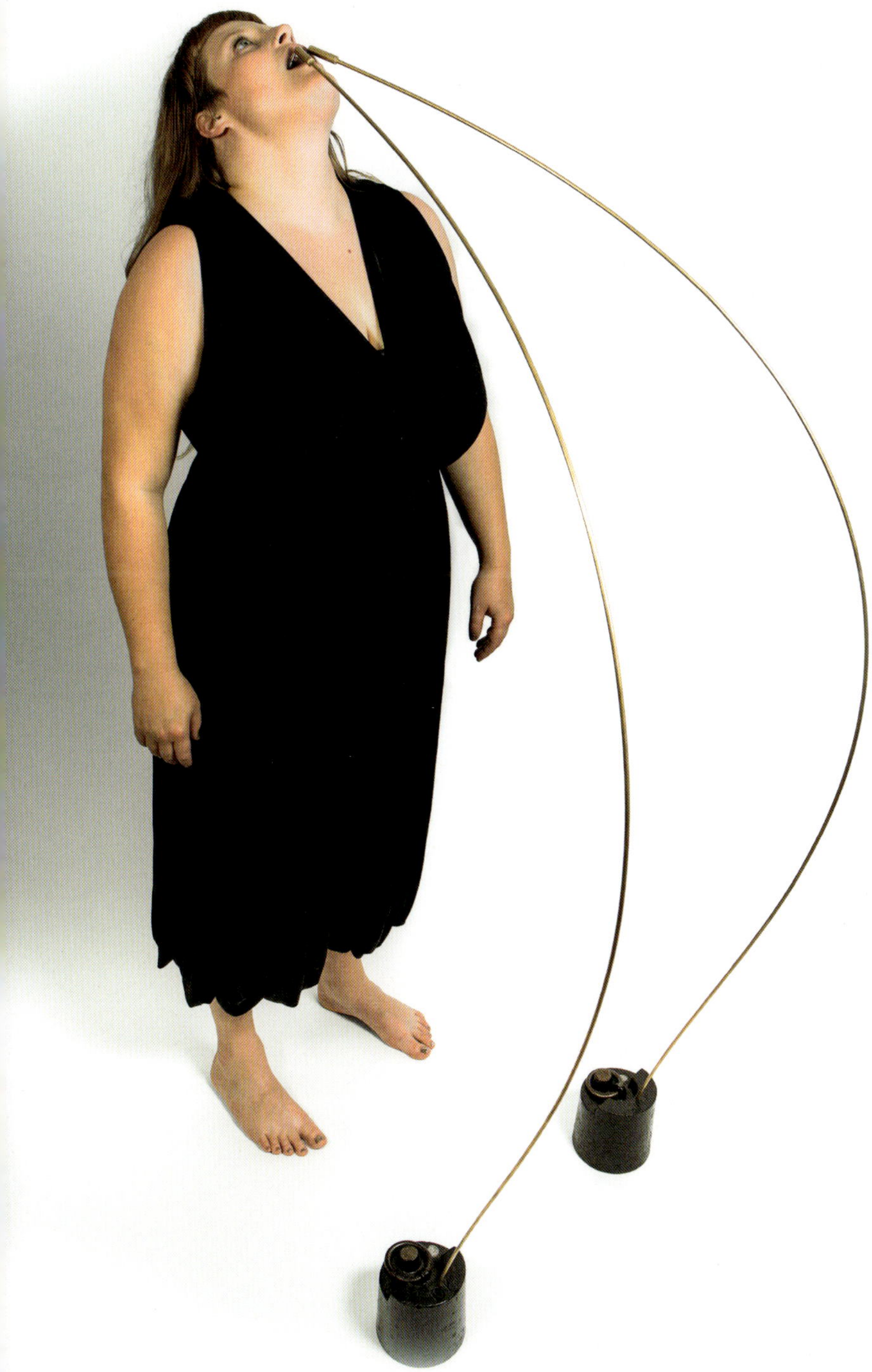

# MOUTHPIECES

Mundstücke v1

- Performance mit drei Performenden, 05:00 min, 2016
- Video mit Ton, HD 1920 × 1080, 13:15 min, 2017

Mundstücke v2

- Soloperformance, 05:30 min, 2017
- Mundstück A
  Prüfgewicht 10 kg, Basssaite in der Tonlage A, Bassbogen, Mundstück, Maße variabel, 2017
- Mundstück B
  Zwei Prüfgewichte je 5 kg, Messingkonstruktion, Mundstück, Maße variabel, 2017
- Zwei Fotografien, 56 × 37 cm, gerahmt 57 × 38 × 4 cm, 2017

In der Arbeit *Mundstücke* referiert die Künstlerin mit einer Installation, bestehend aus Performance, Videoarbeit, Skulptur und Fotografie, auf Mundstücke, die bei Musikinstrumenten Verwendung finden. Je nach Herstellungsweise können sie verschiedene Töne erzeugen. In Kombination mit Körpertechnik und Medizintechnik werden diese Mundstücke so erweitert, dass sie einen mechanischen Zugang zum Körper finden.

Die *Mundstücke* werden in zwei Entwicklungsstufen präsentiert. Die Version *Mundstücke v1* besteht aus einer Performance, die in Form einer Videoarbeit festgehalten ist. In dem Video spricht eine Computerstimme zu den Bewegungen der Performenden einen Text, der die perfekte Körperhaltung beschreibt. Die Variante *Mundstücke v2* besteht aus zwei skulpturalen Musikinstrumenten, die mit dem Körper gespielt werden können. Um die *Mundstücke v2* zum Klingen zu bringen, muss die Performerin eine bestimmte Körperhaltung einnehmen, um die Saiten zu spannen und so einen Ton erzeugen zu können.

*Mundstück A* ist so konstruiert, dass eine Basssaite in der Tonlage A zwischen ein schweres Gewicht und ein zahnmedizinisches Mundstück gespannt werden kann. Indem die Performerin das Mundstück aufnimmt und ihren Körper mit der entsprechenden Haltung der Basssaite und dem Gewicht annähert, wird eine Spannung mit der Saite aufgebaut, die es ermöglicht, diese mit einem Bassbogen zu spielen.

Bei *Mundstück B* sind zwei Messingstäbe an einem Gewicht angebracht und verbunden. Auf der anderen Seite befindet sich wiederum ein medizinisches Mundstück. Auch hier können Töne durch Spannung erzeugt werden, indem die Künstlerin das Mundstück aufnimmt und ihren Rücken nach hinten durchstreckt. Durch die Spannung in ihrem Körper und an den Messingstäben können wiederum leise Töne erzeugt werden.

Mouthpieces v1

- Performance with three performers, 5:00 min, 2016
- Video with sound, HD 1920 × 1080, 13:15 min, 2017

Mouthpieces v2

- Solo performance, 5:30 min, 2017
- Mouthpiece A
  Test weight 10 kg, bass string tuned to an A, bass bow, mouthpiece, variable dimensions, 2017
- Mouthpiece B
  Two test weights 5 kg each, brass construction, mouthpiece, variable dimensions, 2017
- Two photographs, 56 × 37 cm, framed 57 × 38 × 4 cm, 2017

*Mouthpieces* is an installation comprised of performance, video work, sculpture, and photography, which refers to mouthpieces as used in musical instruments. They create different sounds depending on how they have been built. In combination with diverse body postures and medical technology, these mouthpieces are extended to generate a mechanical access to the body.

The *Mouthpieces* are presented in two stages. *Mouthpieces v1* consists of a performance, which was recorded as a video work. In the video, a computer voice accompanies the movements of the performers with a text describing the optimal posture. In the variant *Mouthpieces v2*, there are two sculptural musical instruments that can be played with the body. In order to make *Mouthpieces v2* resound, the performer must assume a certain body position in order to stretch the strings and thus produce a tone.

*Mouthpiece A* is designed so that a bass string tuned to an A is drawn between a heavy weight and a dental prothesis. When the performer inserts the mouthpiece and tenses the bass string with the appropriate posture, the tension enables the string to be played with a bass bow.

*Mouthpiece B* consists of two brass rods connected to a dental prothesis, which are attached to weights at the opposite ends. In this configuration, the tension of the brass rods produces soft sounds when the artist arches her back.

## MUNDSTÜCKE v1 / MOUTHPIECES v1

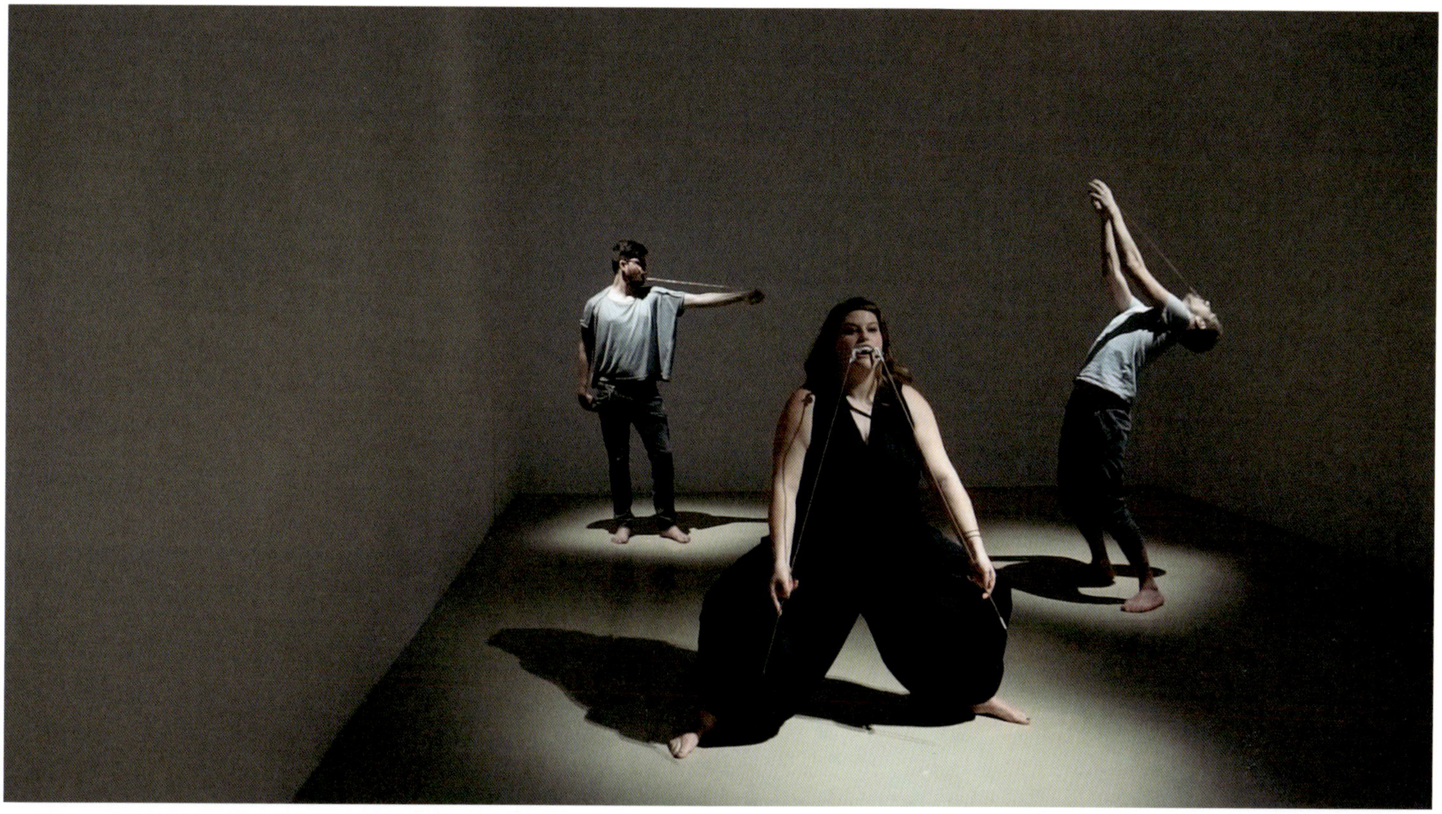

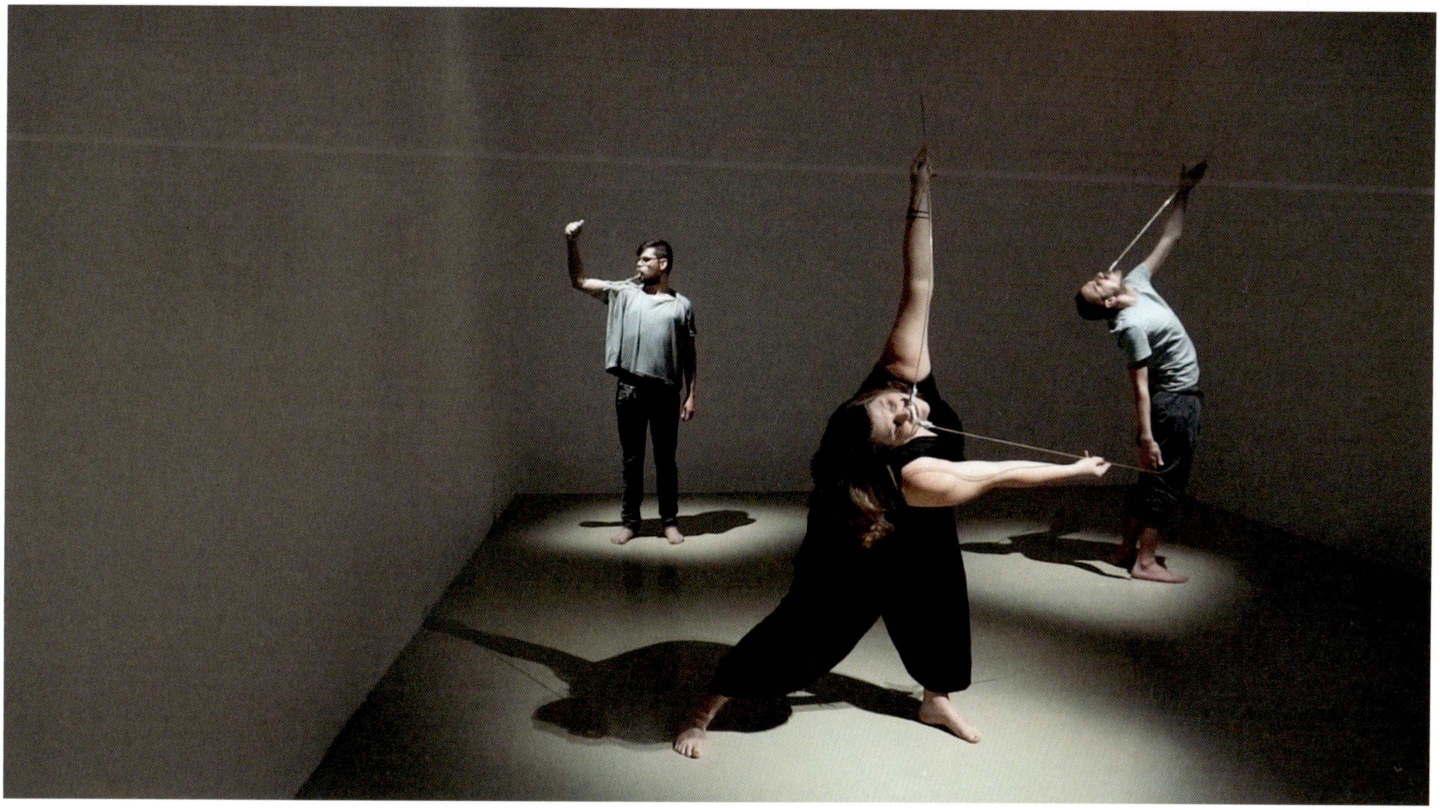

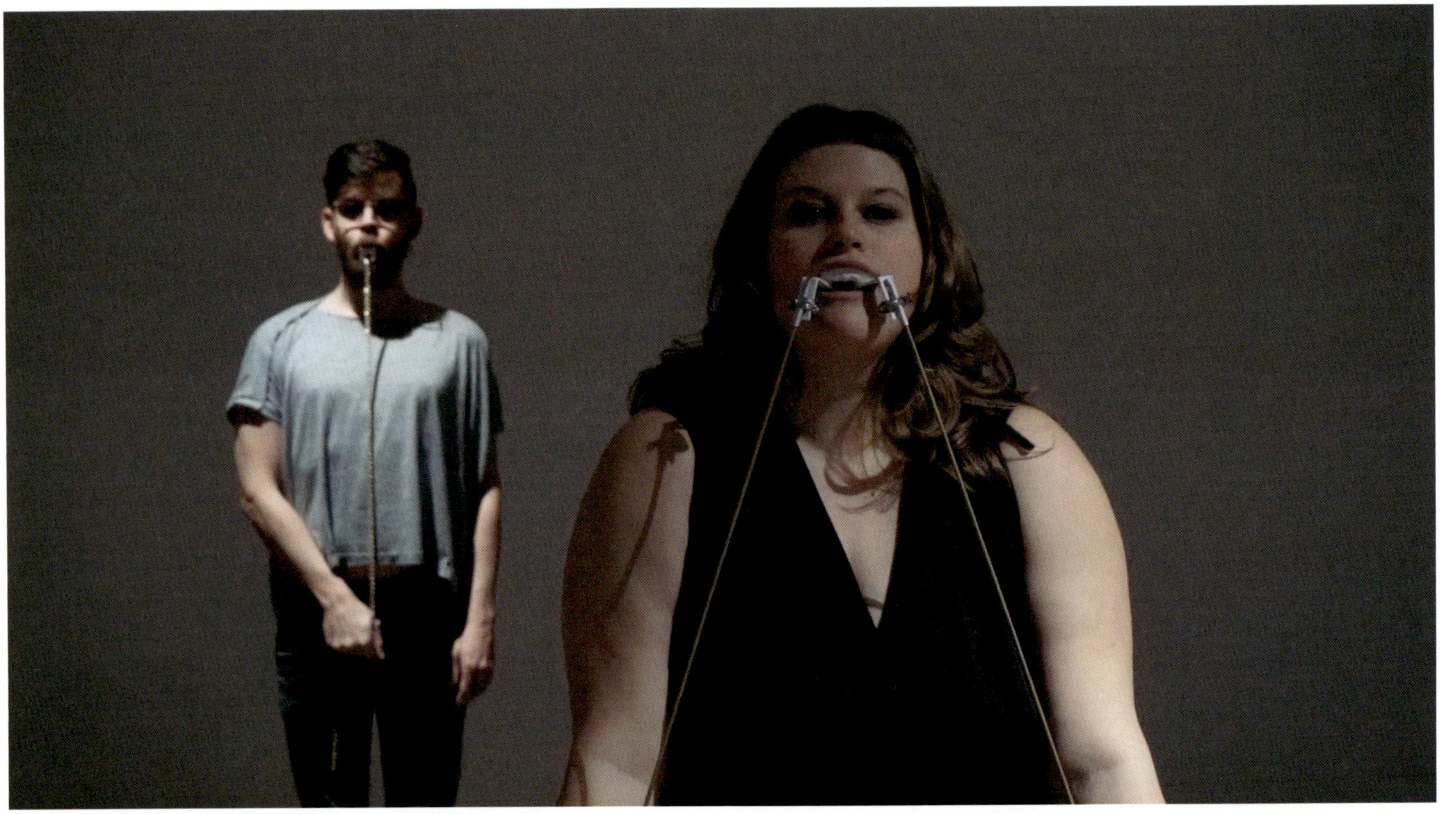

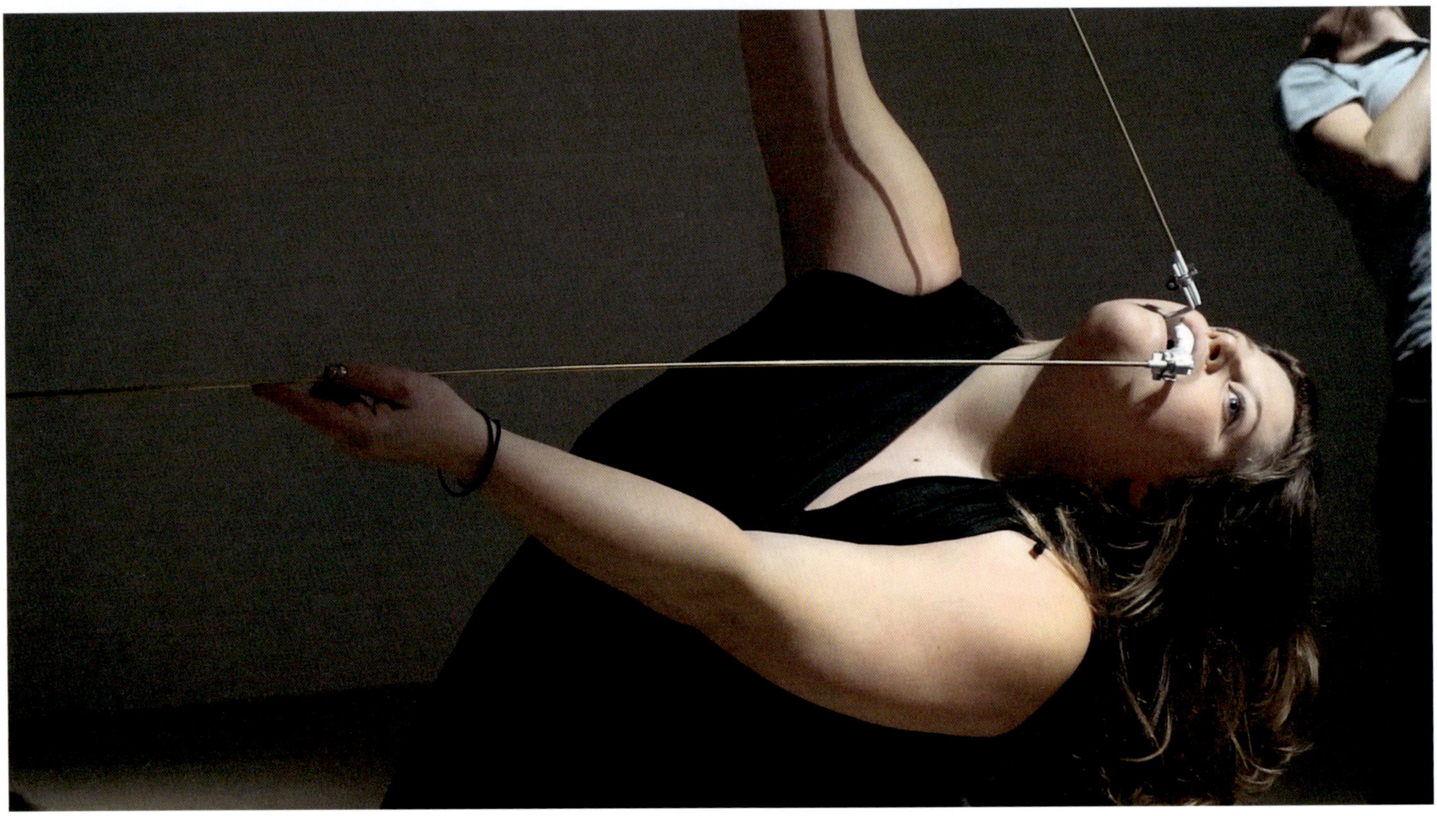

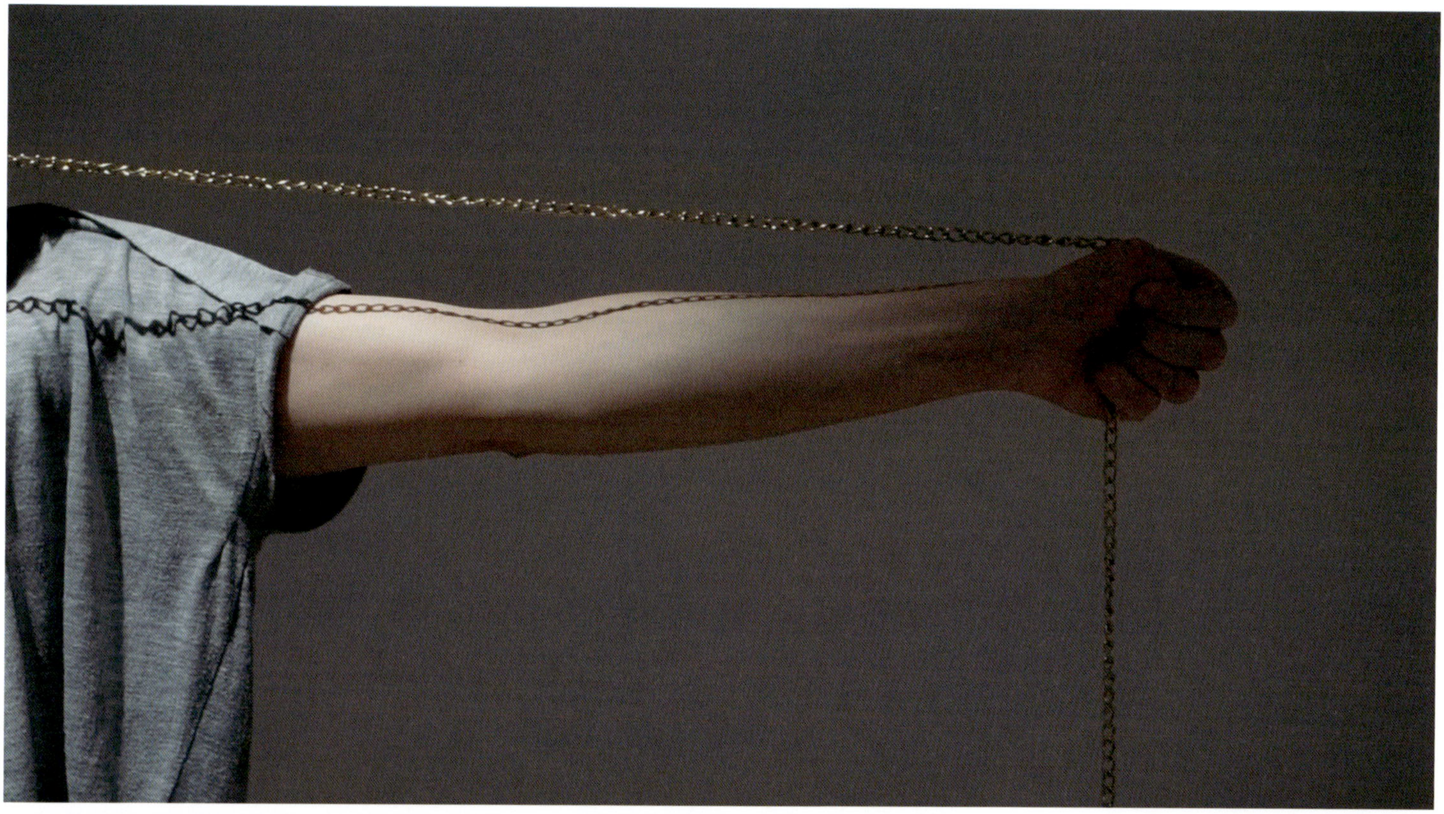

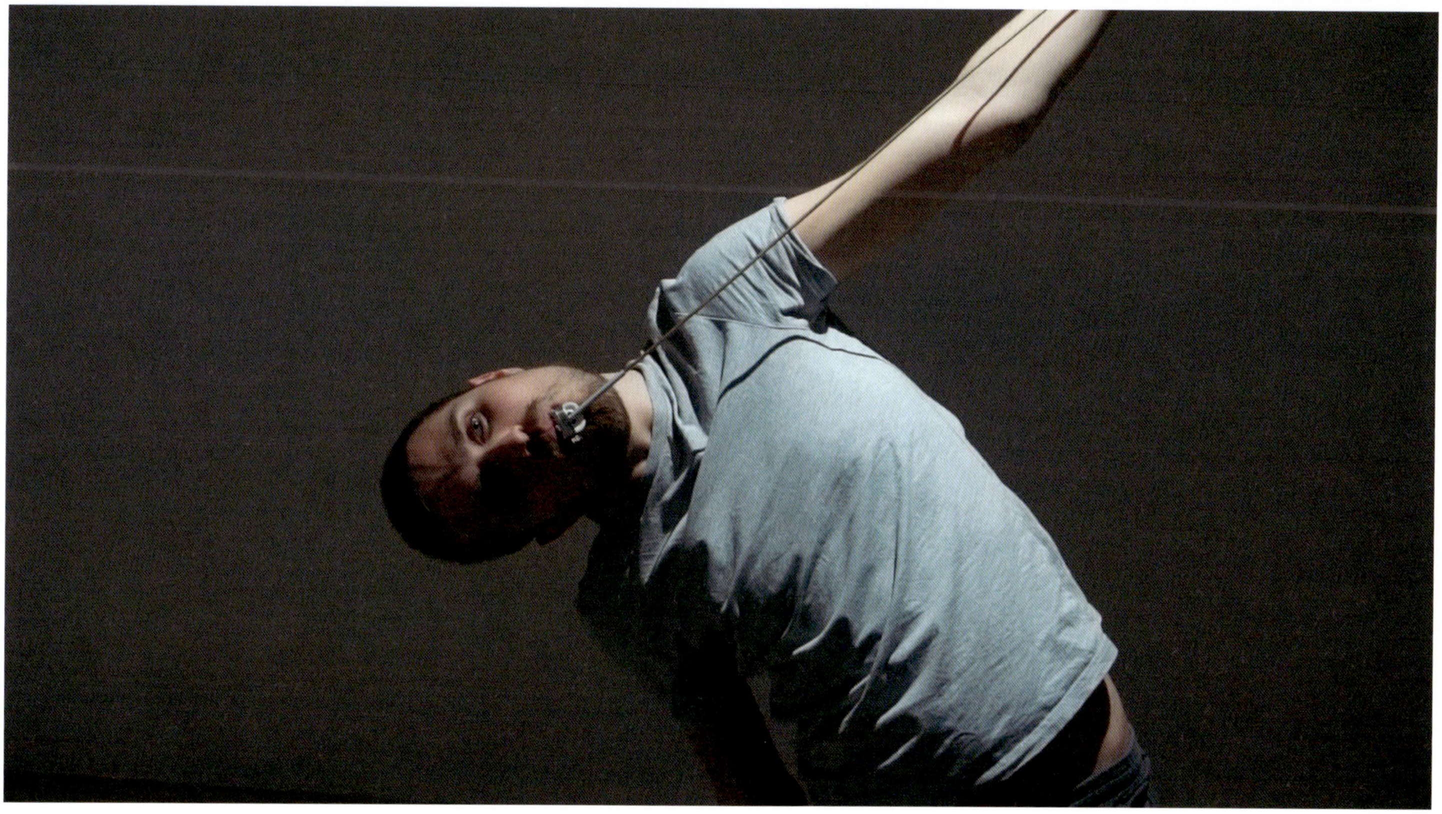

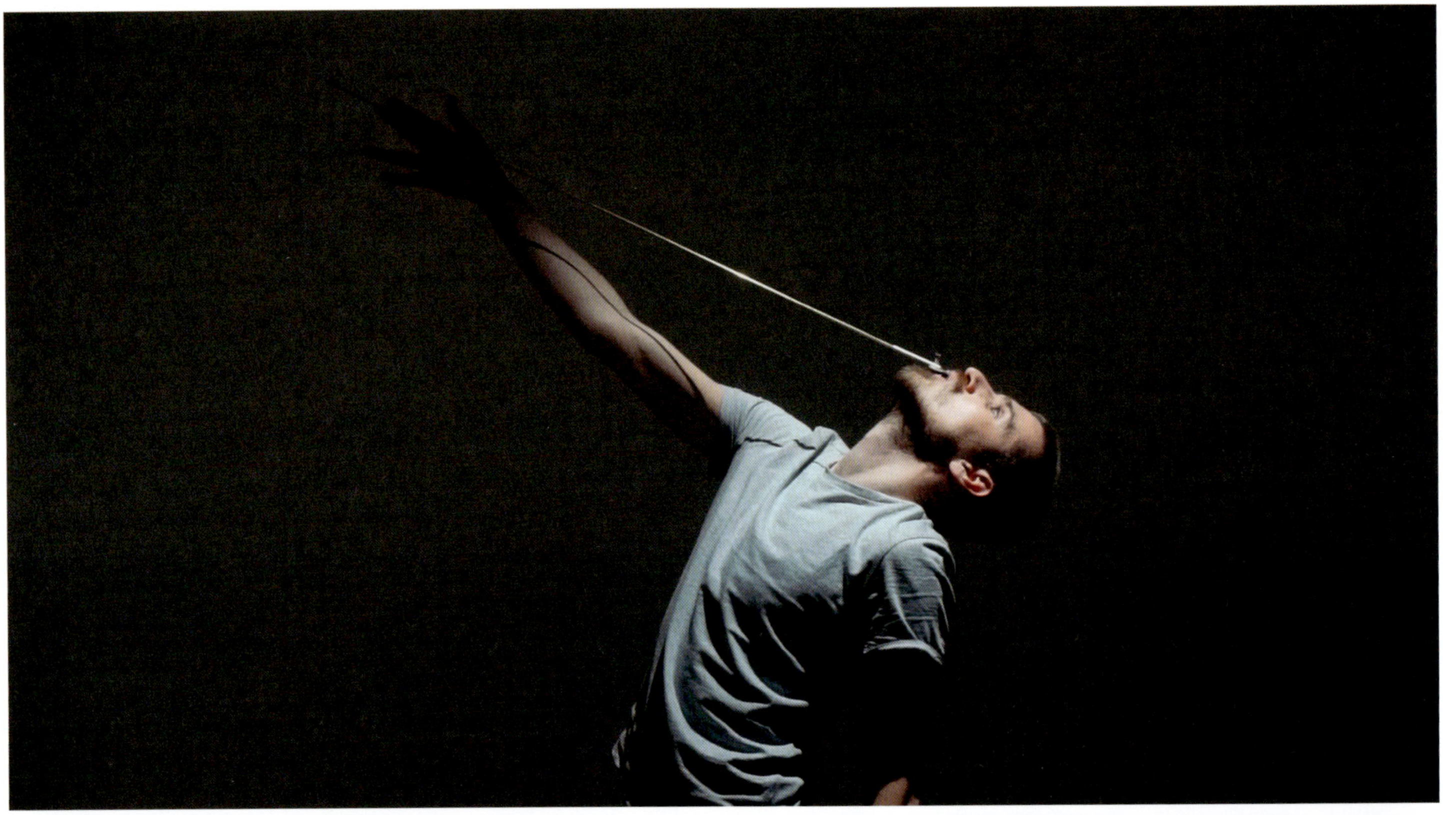

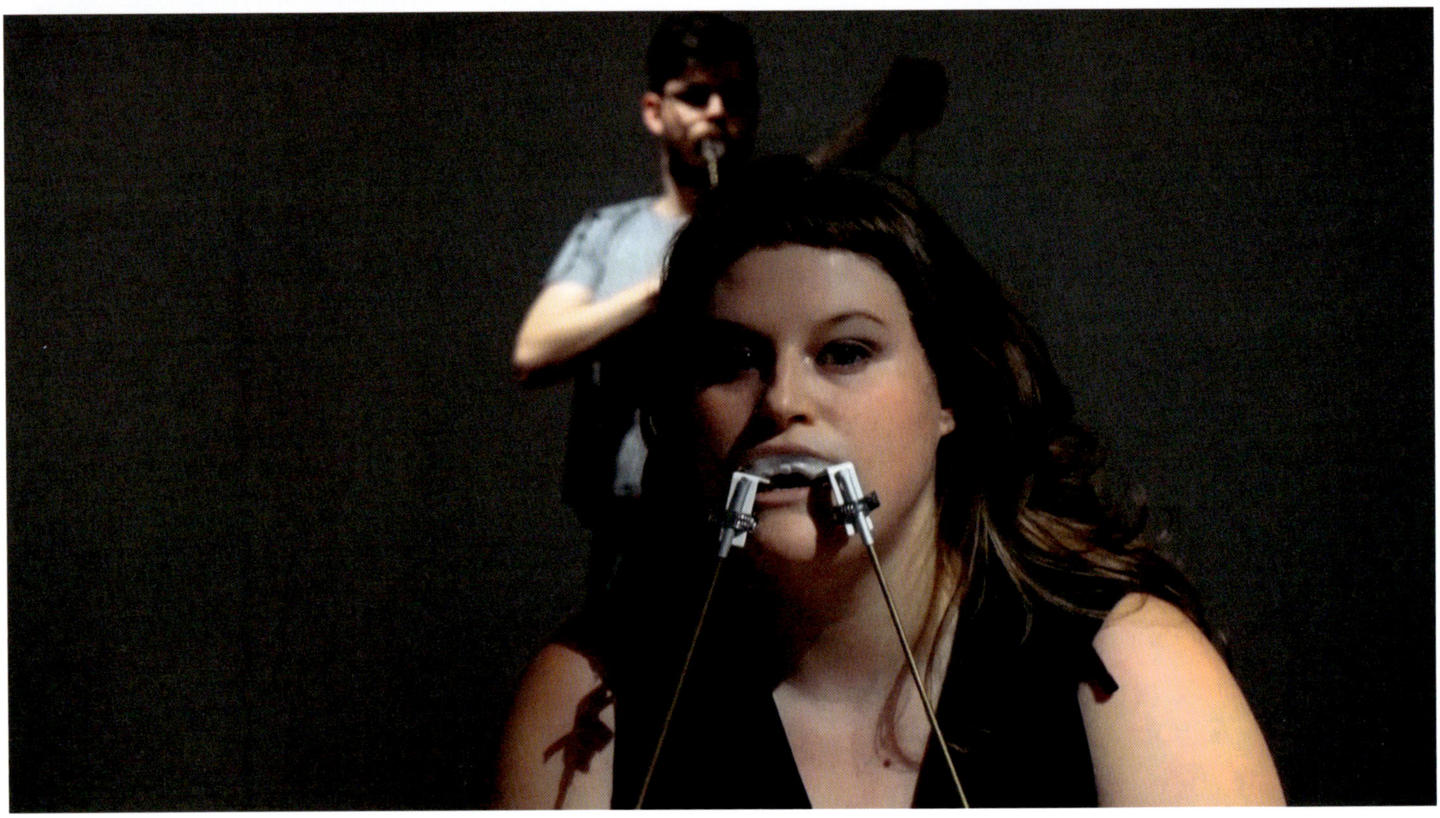

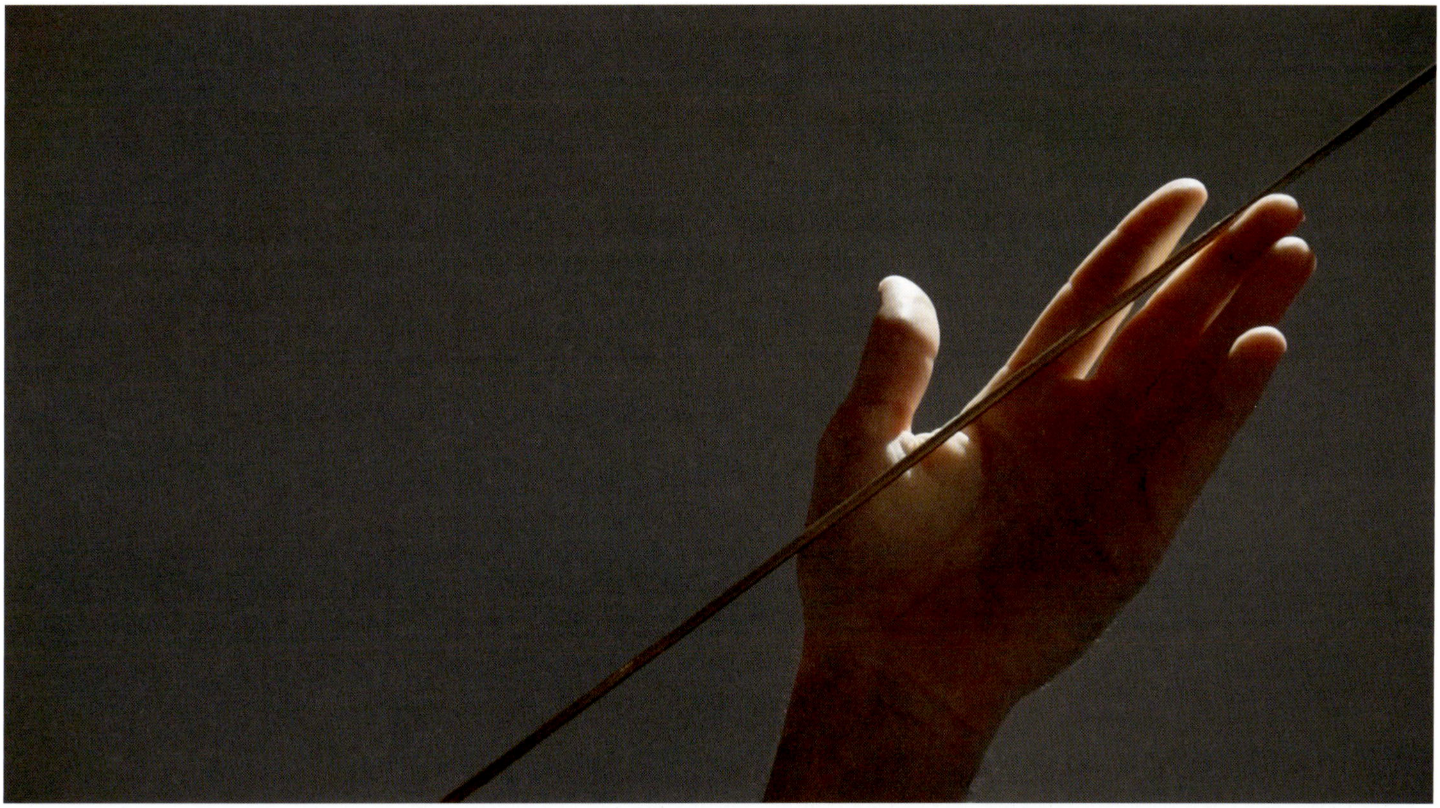

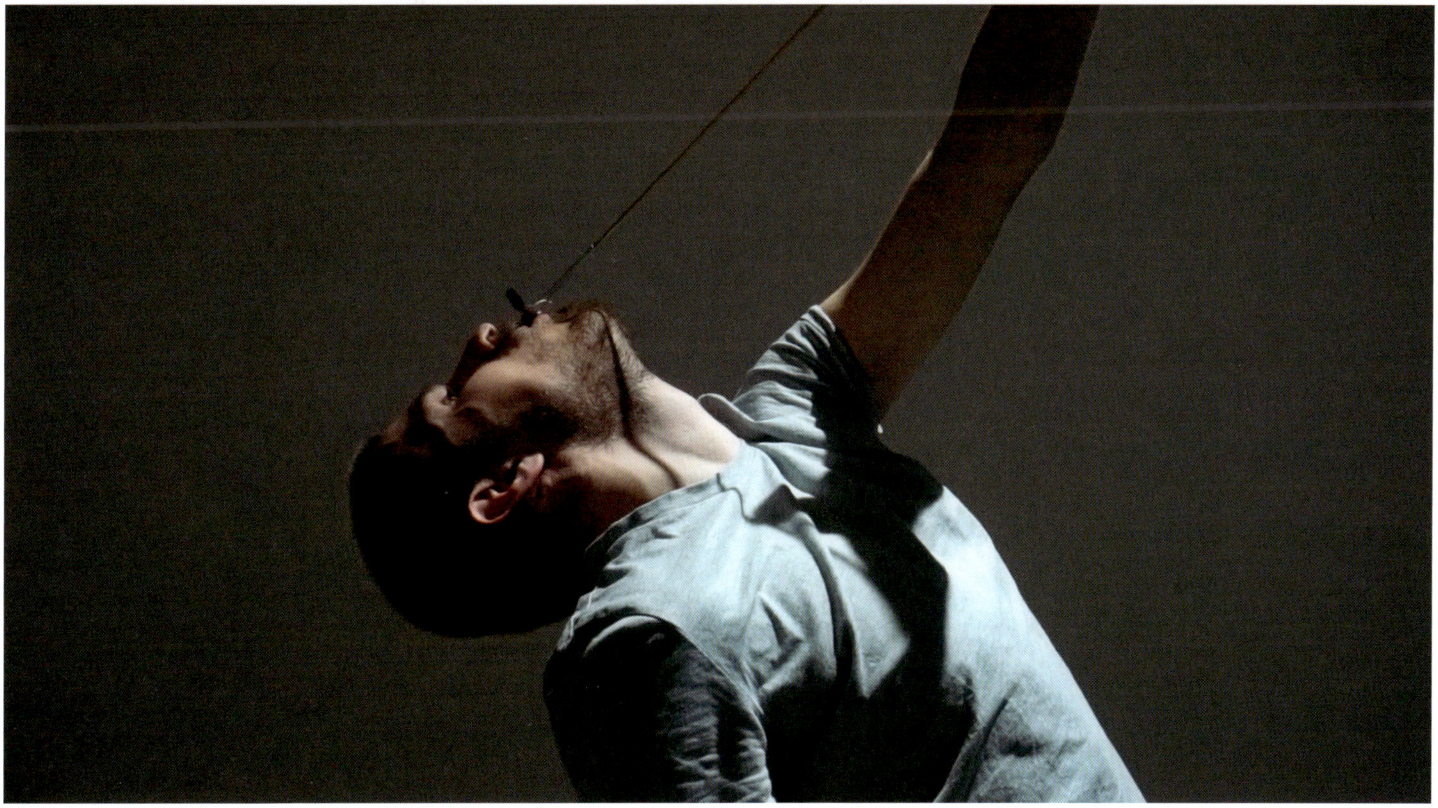

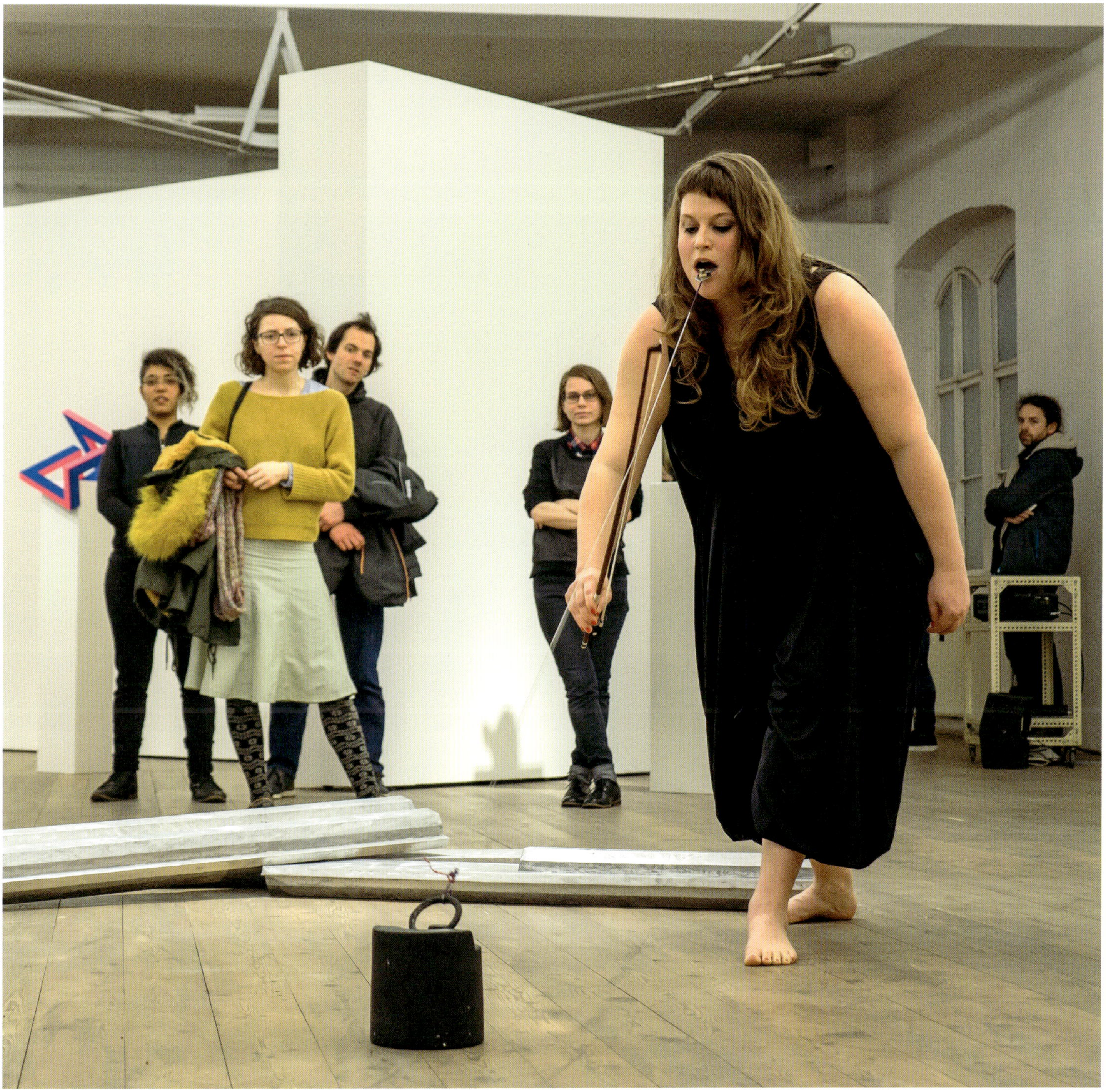

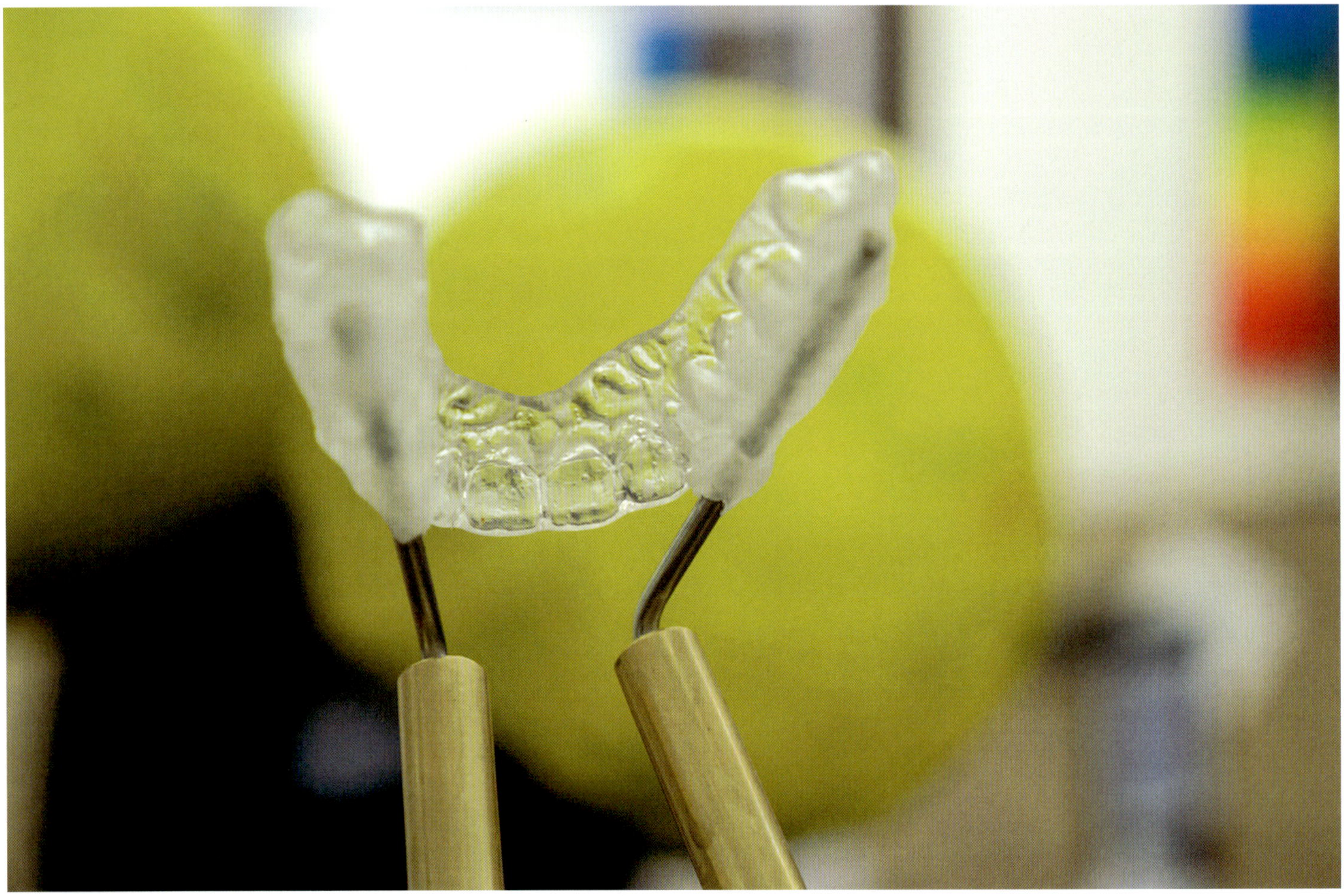

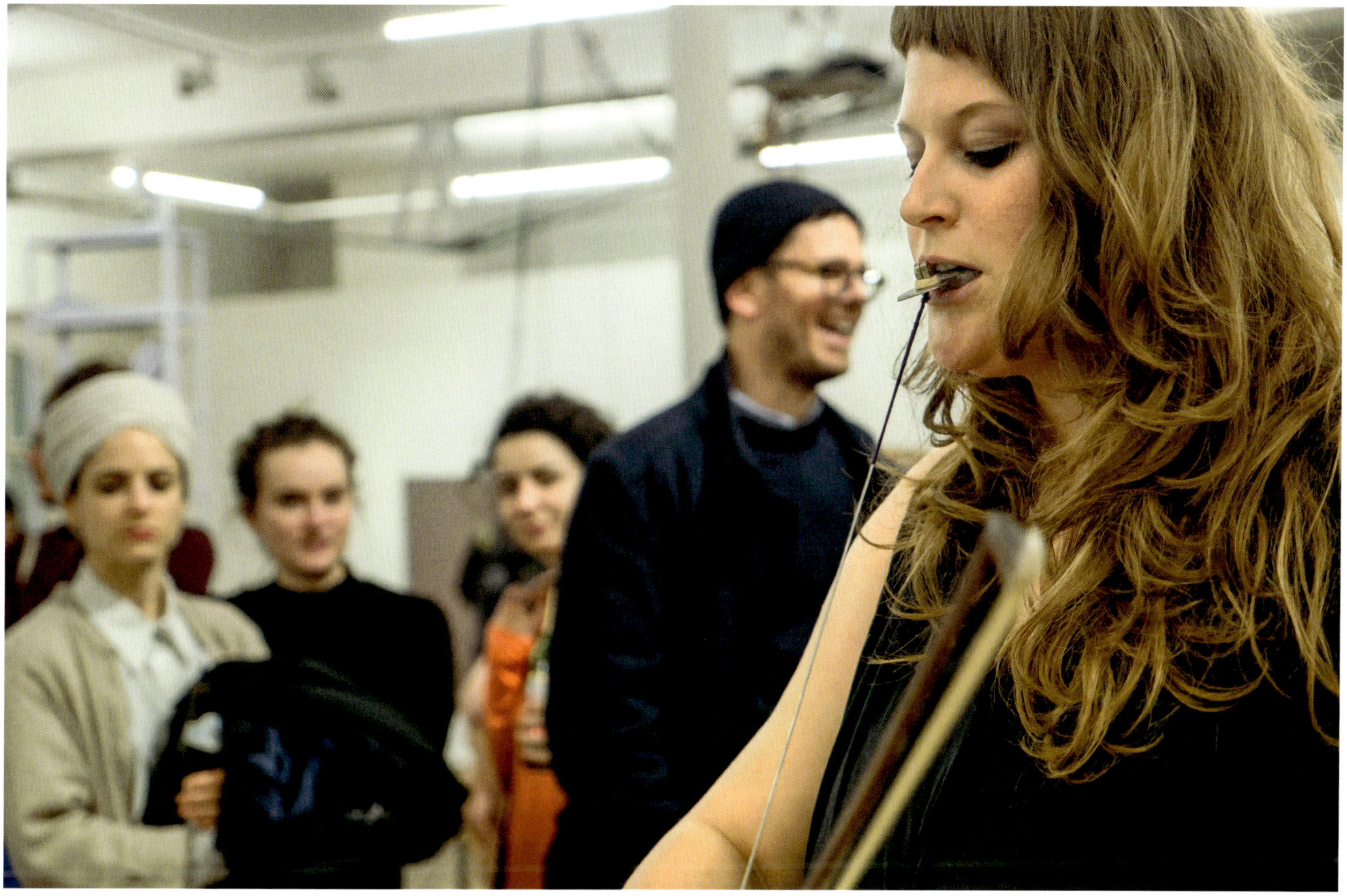

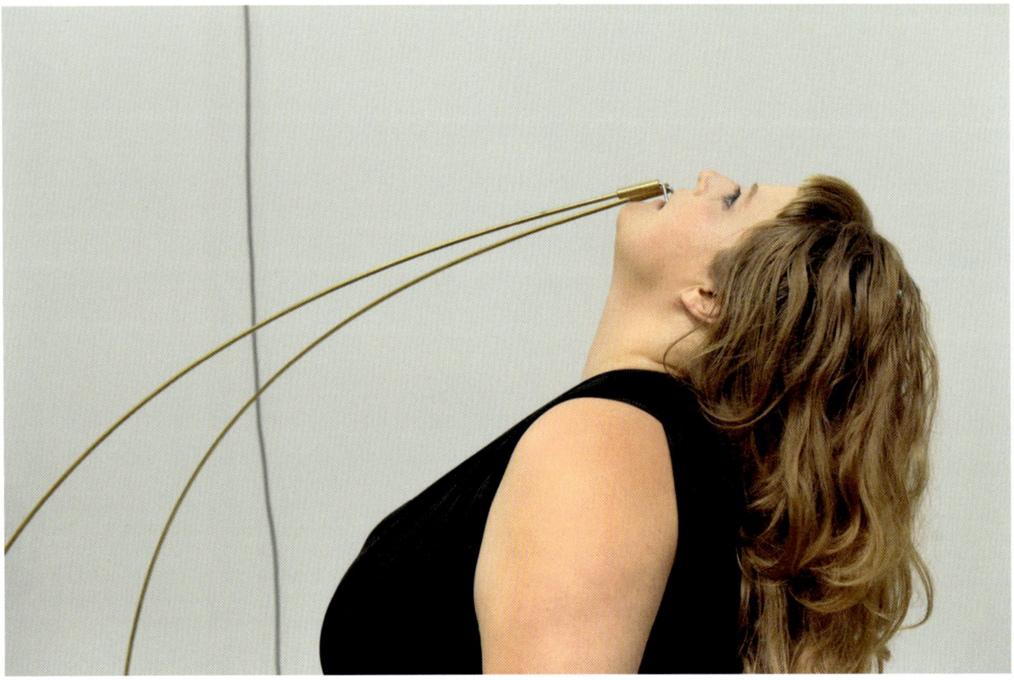

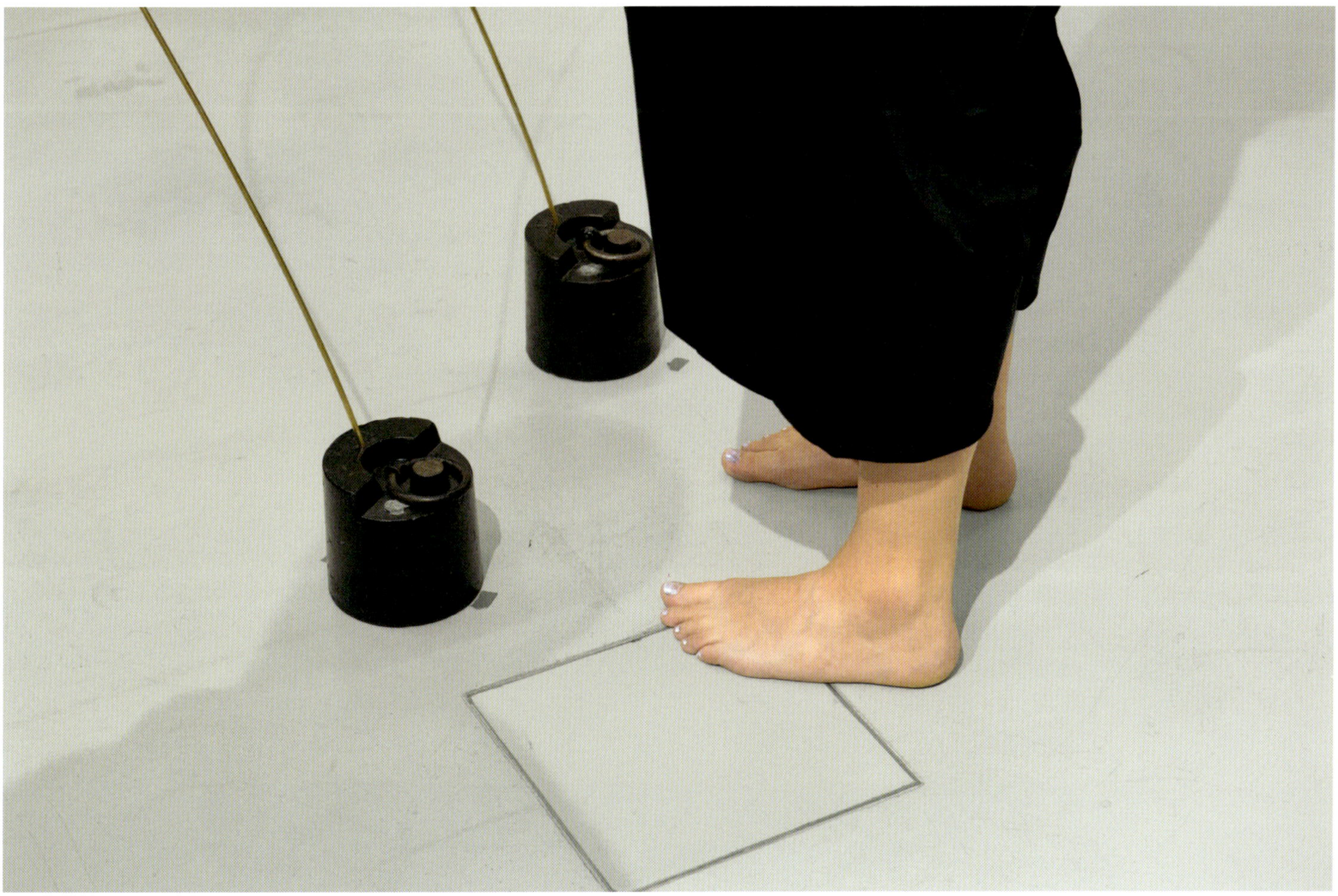

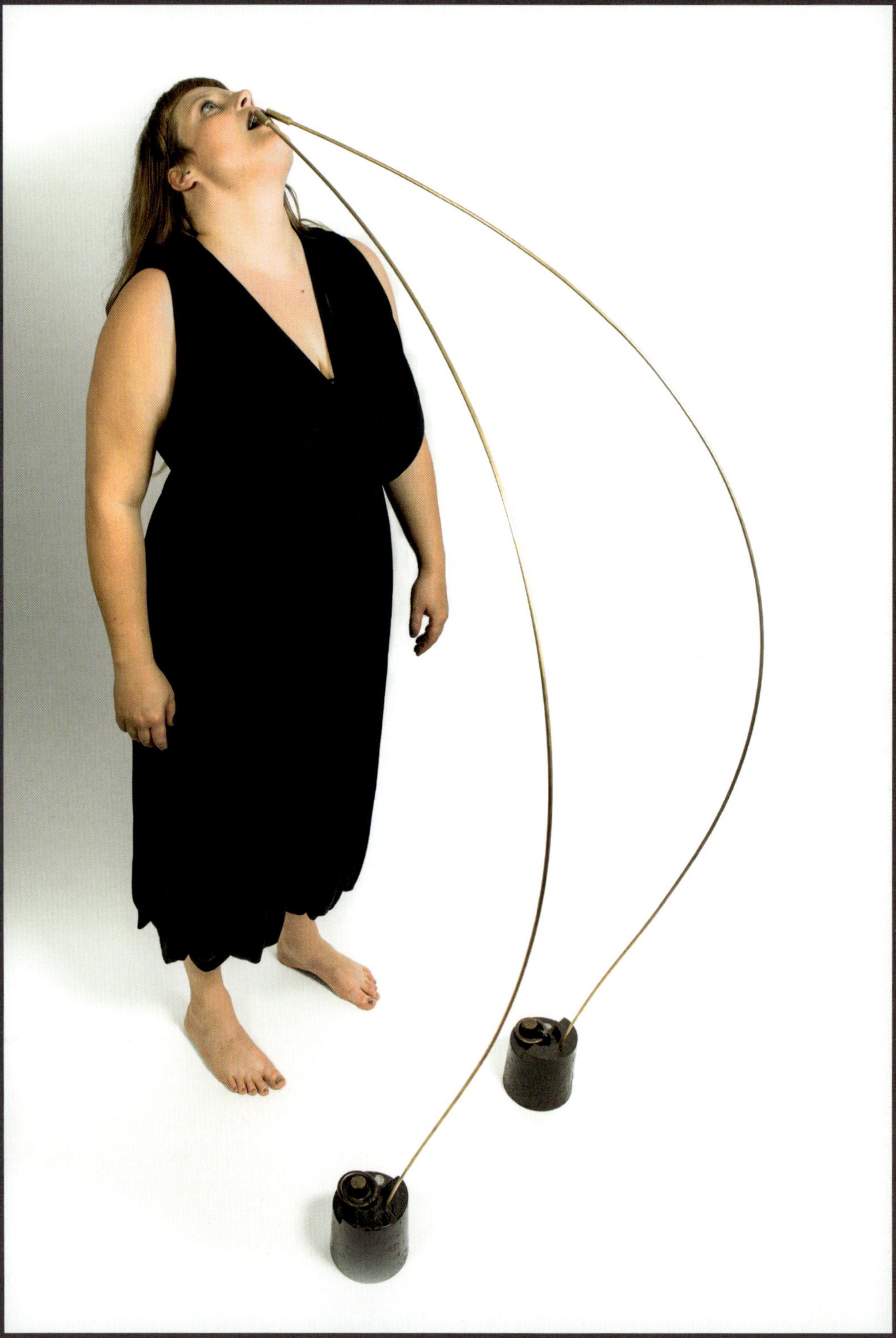

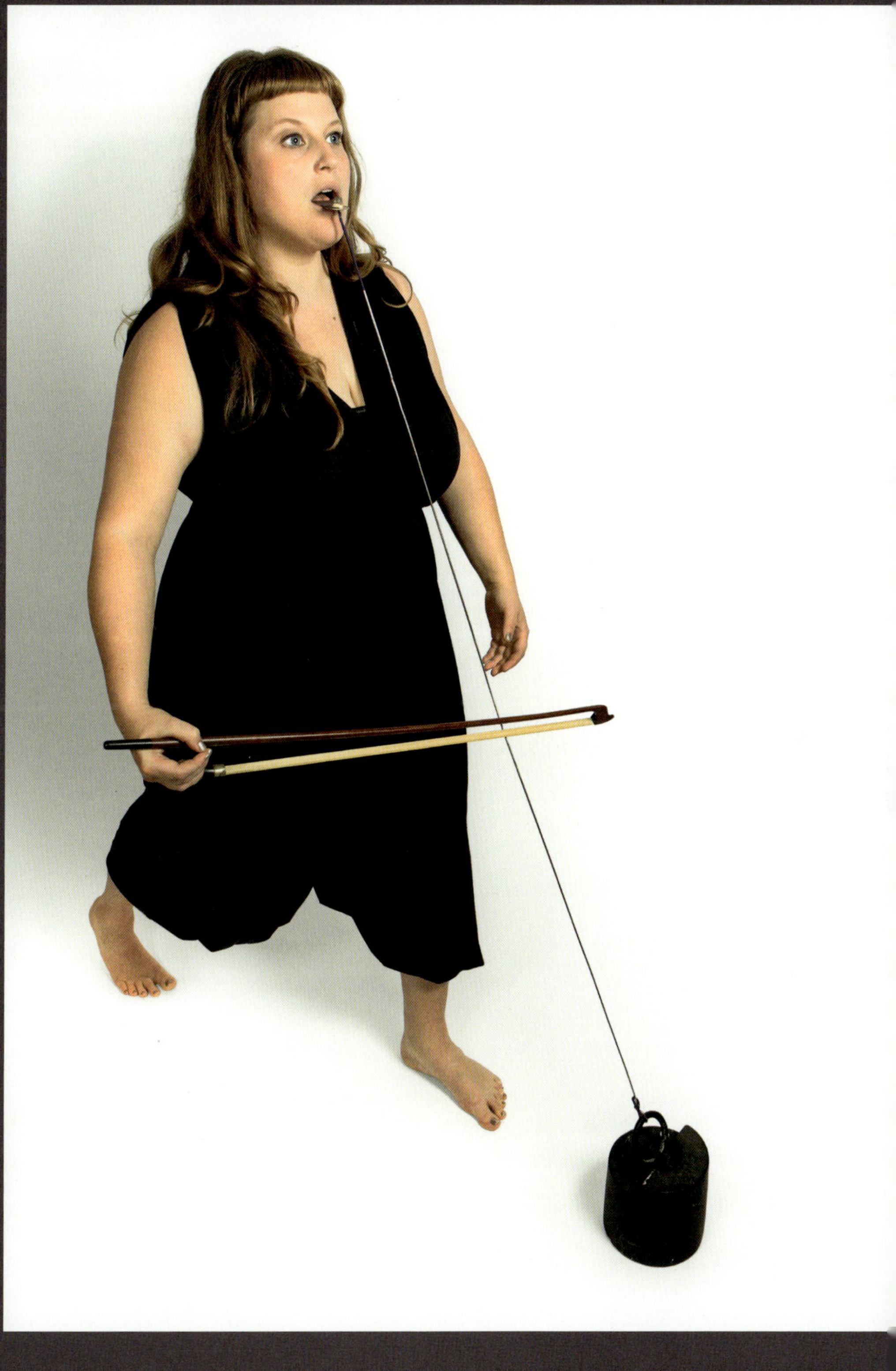

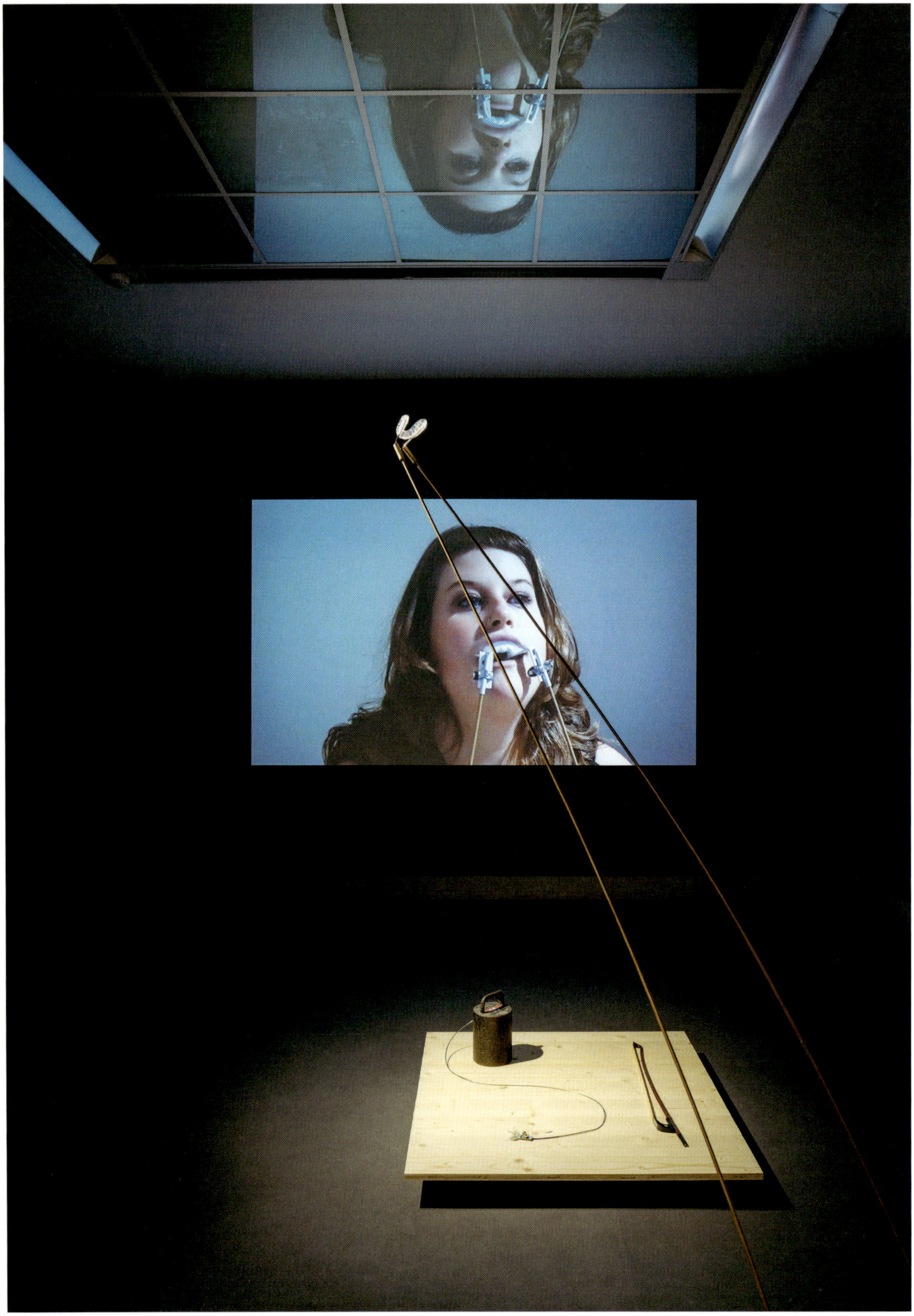

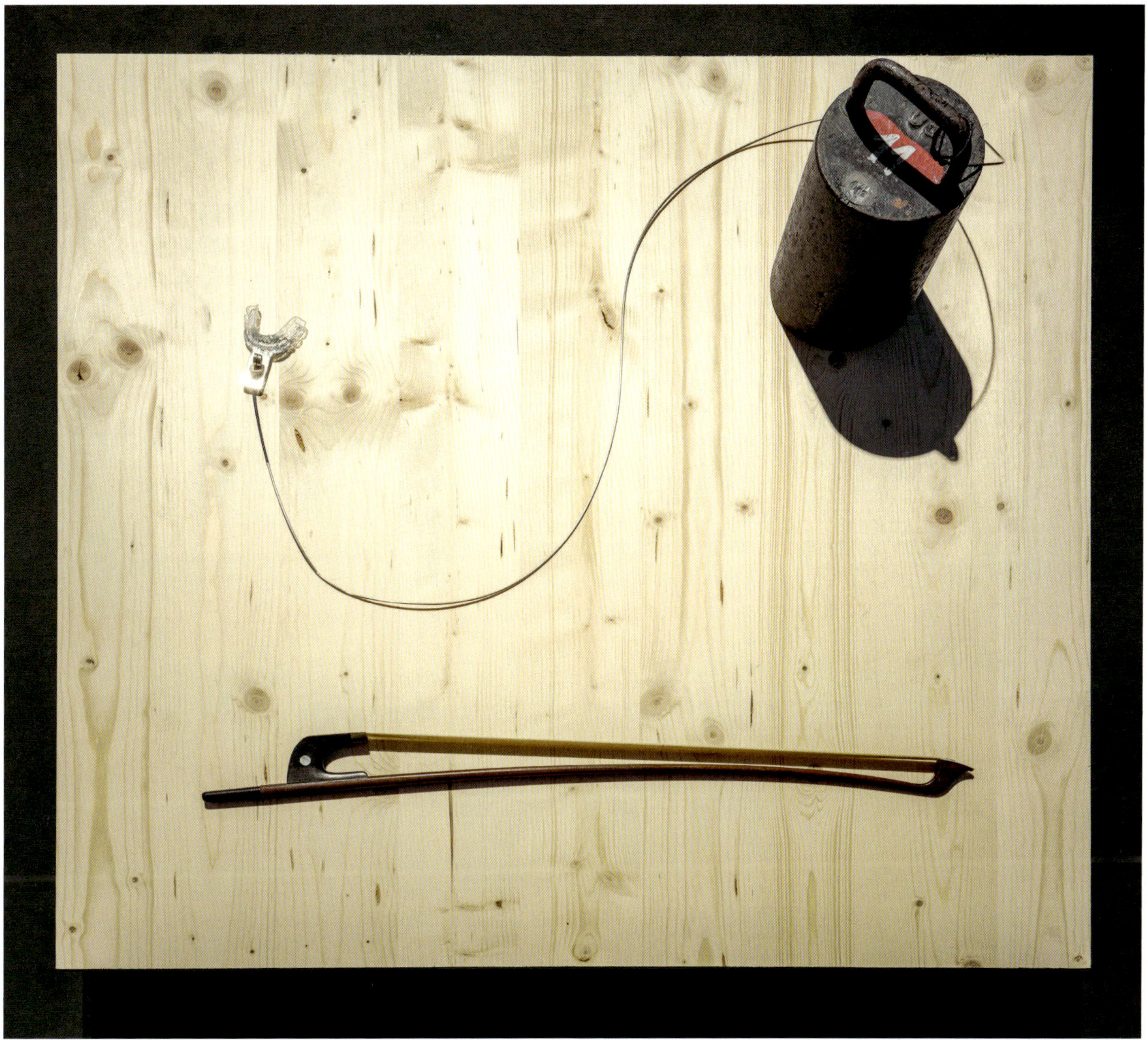

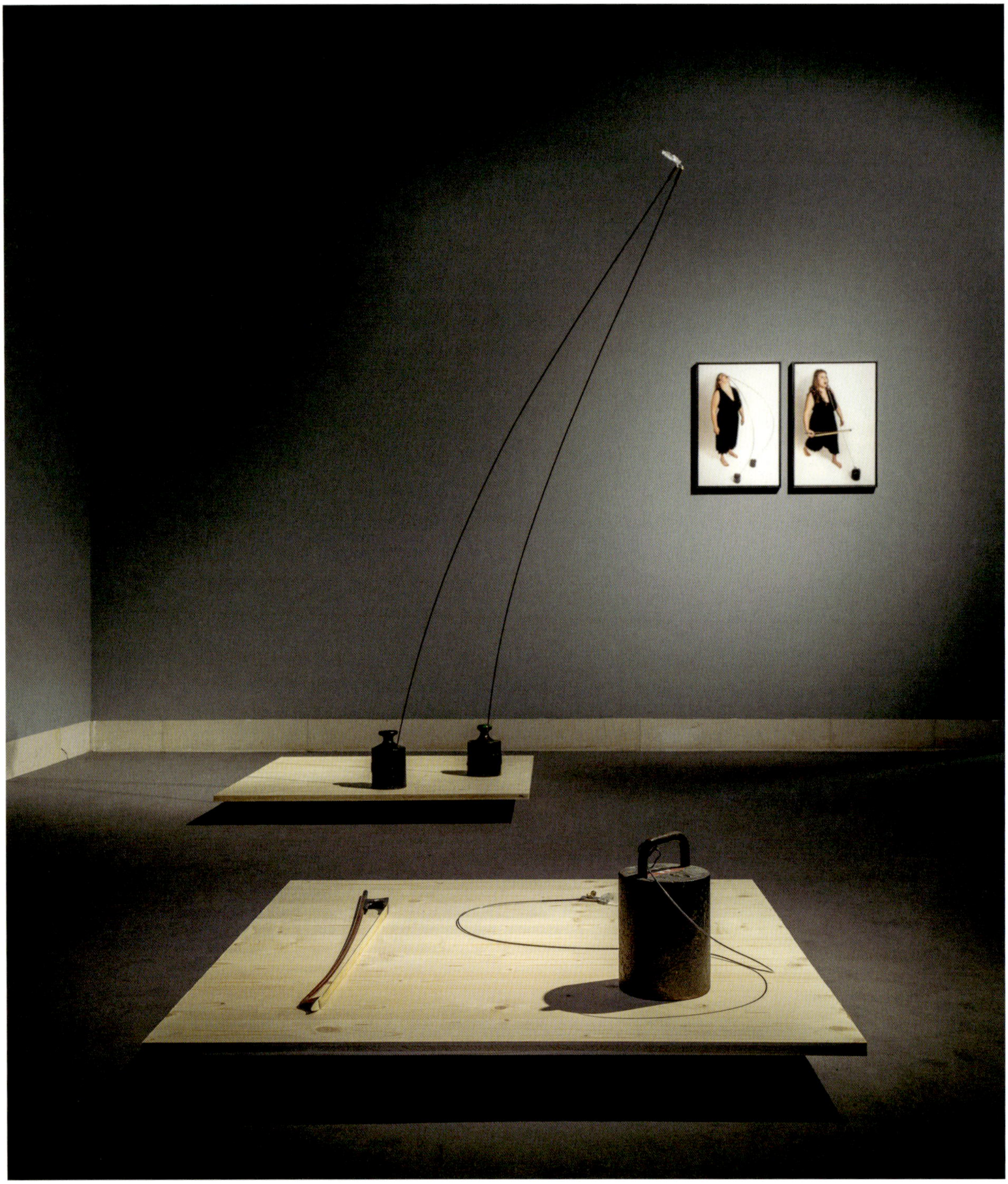

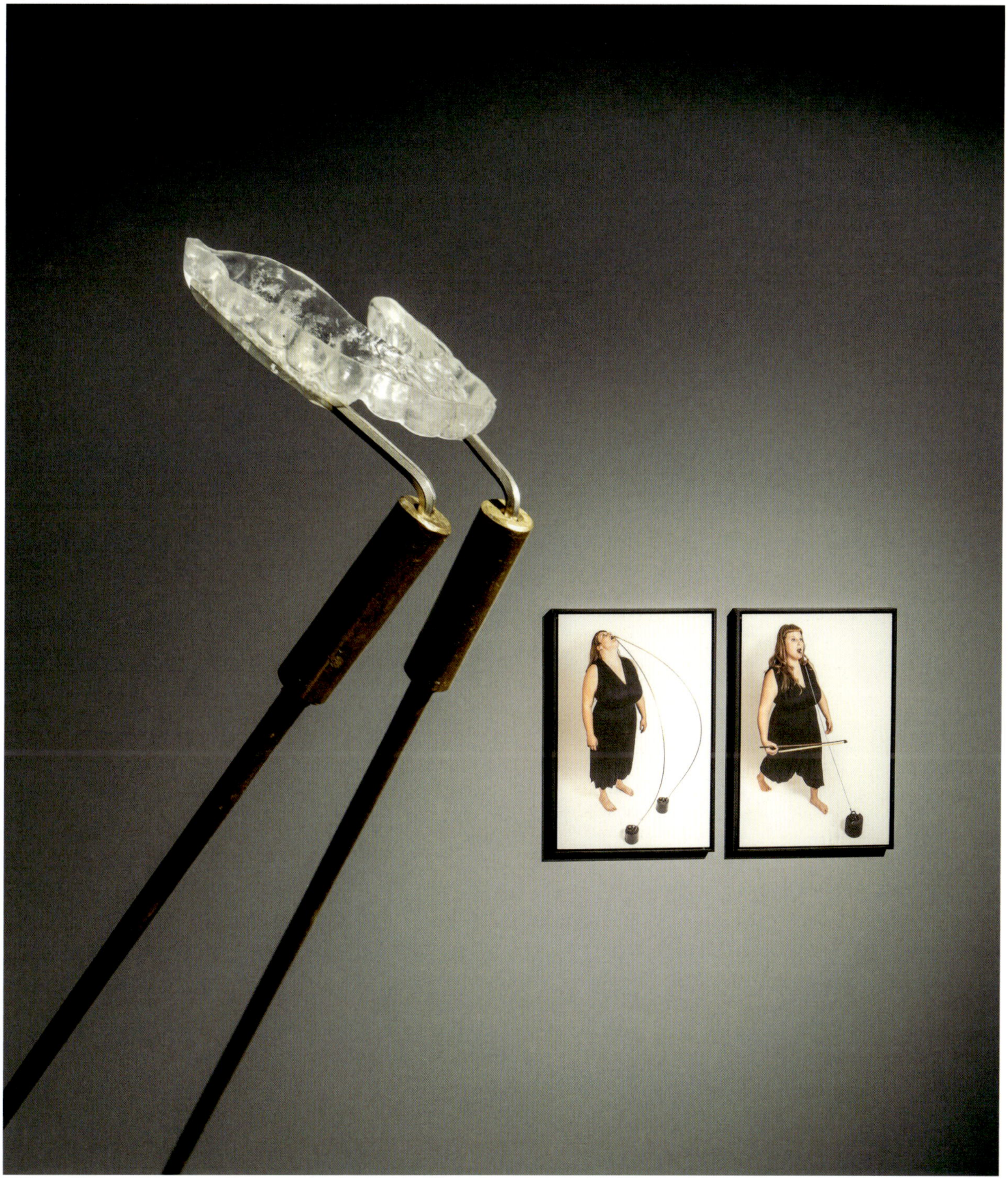

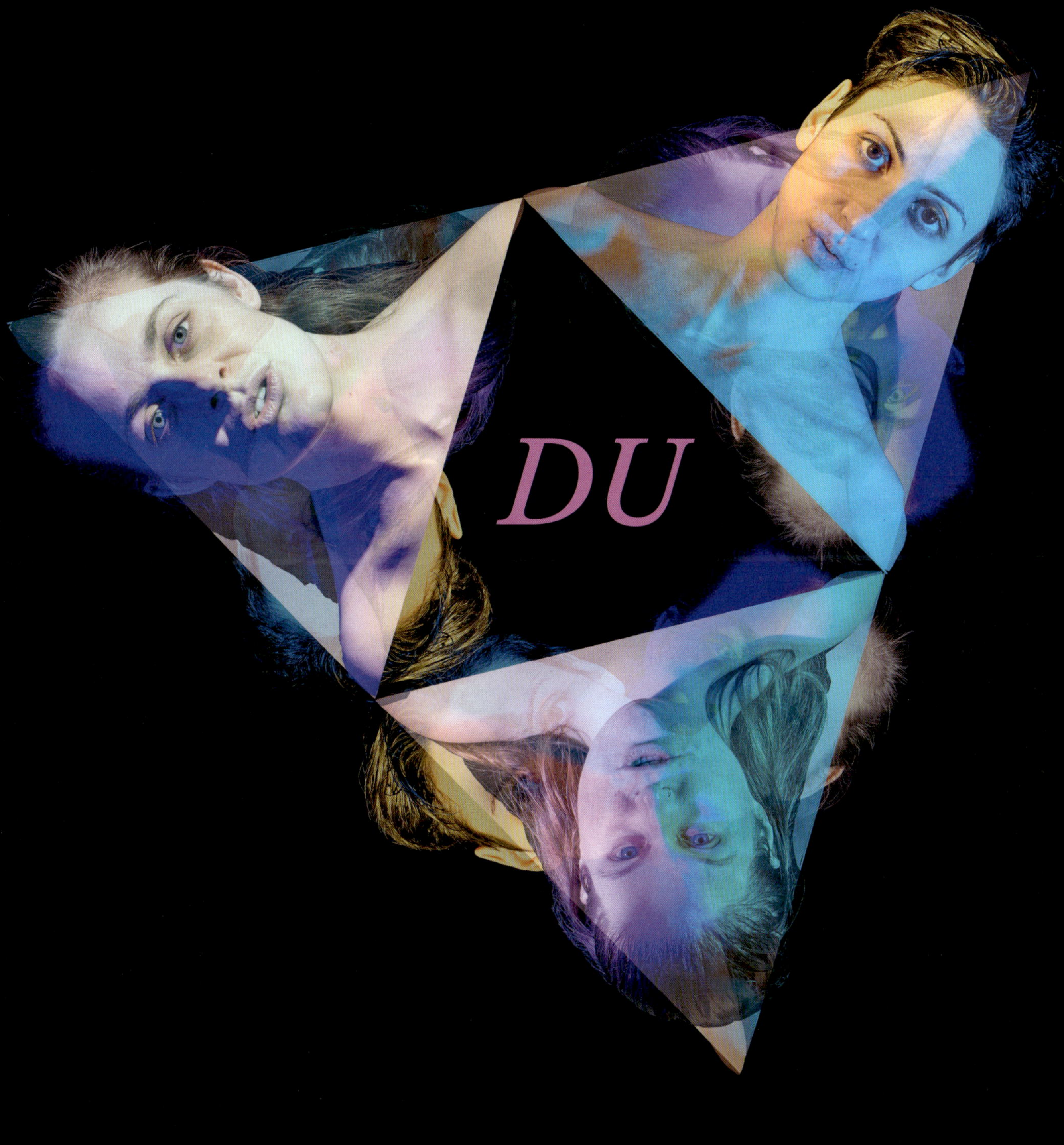
DU

*YOU*

DU

Performance mit drei Performenden, 60:00 min, 2016

Das Bühnenstück *DU* referiert auf die Selbstbezogenheit der westlichen kapitalistischen Gesellschaft. Die eigenen Unzulänglichkeiten und Ängste werden dabei oftmals auf das Gegenüber gespiegelt. Man erhofft sich dadurch die Rettung für das eigene Selbst. Dies muss jedoch unweigerlich scheitern. Denn anstatt sich mit den eigenen Ängsten und Bedürfnissen auseinanderzusetzen und diese zu überwinden, suchen die Individuen die Erlösung im Anderen. Dafür steht der zentrale Satz des Bühnenstücks – „Ich möchte, dass du dich so verhältst, wie ich das will" – exemplarisch. Er ist die reflexhafte Projektion der eigenen Unzulänglichkeiten auf andere.
Als Metapher für die Spiegelung der eigenen Bedürfnisse bedient sich Barbis Ruder der Figuren Narziss und Echo. So wie diese Charaktere nicht sie selbst sein können, so agieren die Performenden auf der Bühne. Wie fehlerhaft programmierte Roboter sind sie in einer Sound- und Bewegungsschleife gefangen, da sie sich immer wieder selbst nachahmen. Aus dieser Situation können sie sich nur durch große Anstrengung befreien. Eine Performerin trägt stakkatohaft einen Text vor, der von entsprechenden angestrengten Gesten der anderen beiden Performerinnen begleitet wird. Darin beschreibt die Performende, wie sie versucht, eine emotionale Verletzung aufzuarbeiten und sich an dem Verursacher zu rächen, und begibt sich damit in eine Spirale der Selbstverletzung, aus der sie sich nur schwer wieder lösen kann. Es folgt ein Hineinsteigern in Selbstmitleid, das schließlich in reiner Verzweiflung endet: „Warum kann der Andere nicht das tun, was ich möchte?", fragt sich die Performerin. Diese unerreichbare Forderung löst sich letztendlich in der Frage „Wo bist du jetzt, wenn ich dich brauch'?" auf.

YOU

Performance with three performers, 60:00 min, 2016

The stage play *YOU* explores the self-centredness of Western capitalist society. People often mirror their own inadequacies and fears onto another person – in the hope for salvation of their own selves. Inevitably, this is doomed to fail. Because instead of dealing with one's own fears and needs and overcoming them, they seek redemption in the other. The sentence "I want YOU to behave how I want YOU to" is an example of this projection onto the other.
As an allegory for projecting own needs onto the behaviour of others, Barbis Ruder draws from the figures of Narcissus and Echo. The performers on stage act like these characters who can never be themselves. Like robots with faulty programming, they are trapped in a loop of sound and movement as they continue to imitate each other. They can only free themselves from this situation through tremendous effort. One performer recites a text in a staccato fashion, which is accompanied by appropriately strained gestures from the other two performers. She describes how she tries to come to terms with an emotional injury and take revenge on the person who caused it. In doing so, she falls into a spiral of self-harm, which is next to impossible to escape from. It escalates into a bout of her own self-pity, which ultimately ends in pure despair: "Why can't the other person do what I want?" the performer asks herself. This unattainable demand dissolves in the question: "Where are YOU now when I need YOU?"

*Entschuldigung*
*Hab mich lieb*
*Dankeschön*
*Excuse me*
*please love me*
*thank YOU*

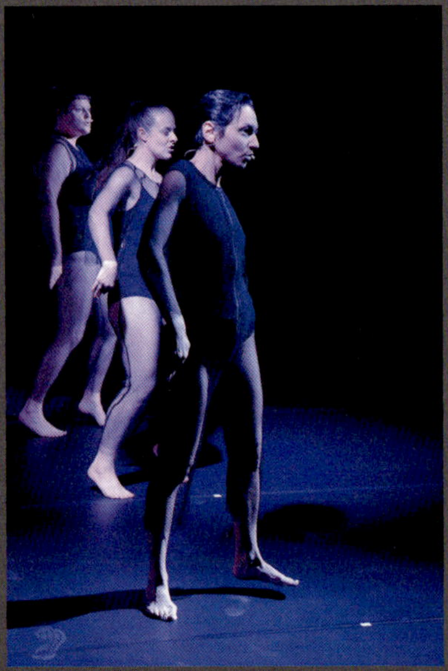

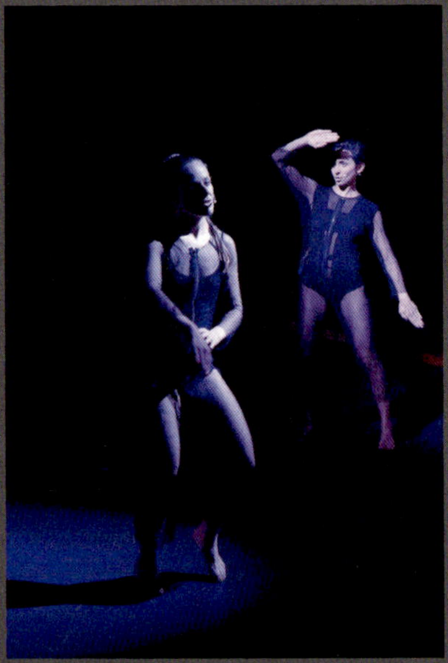

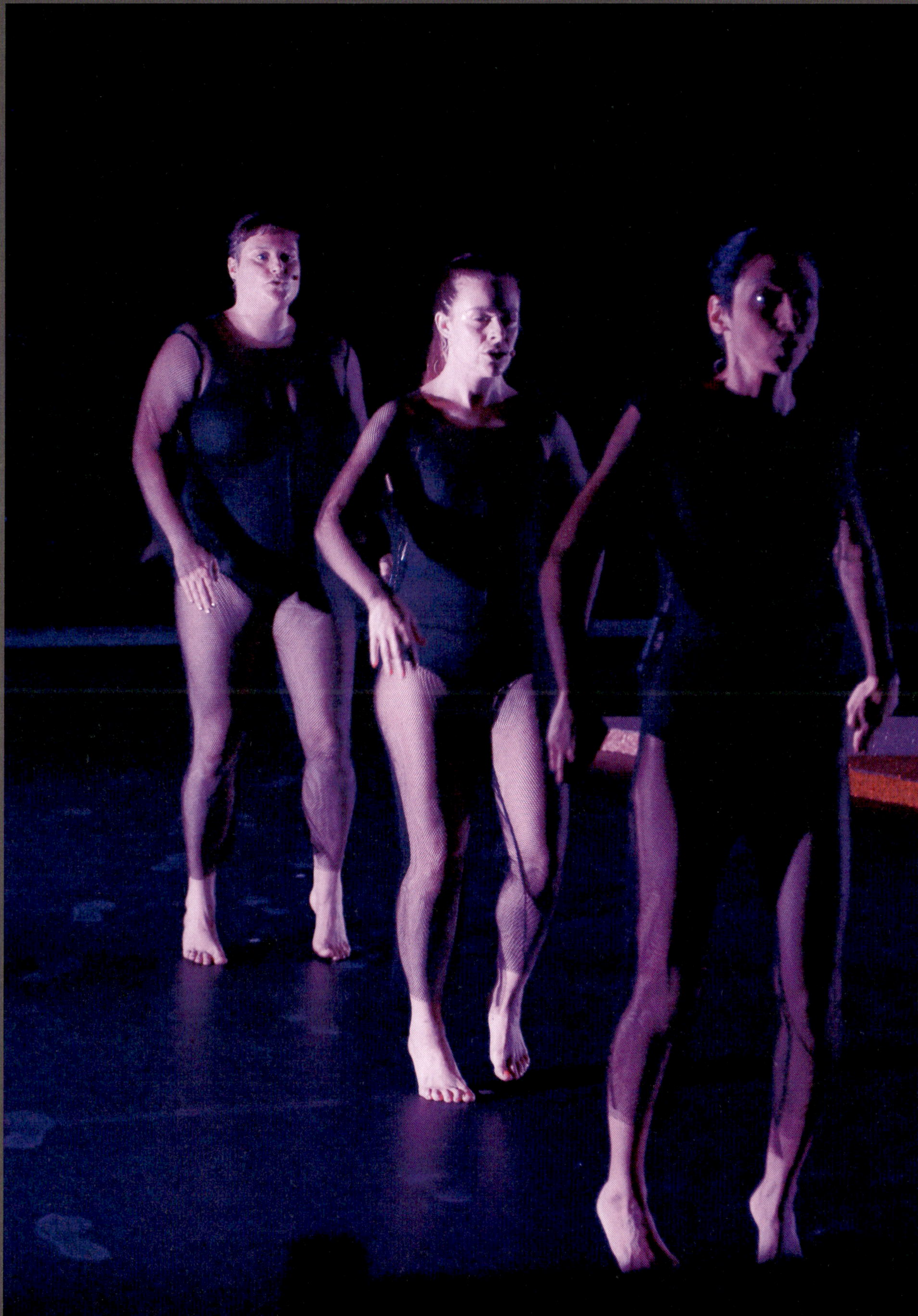

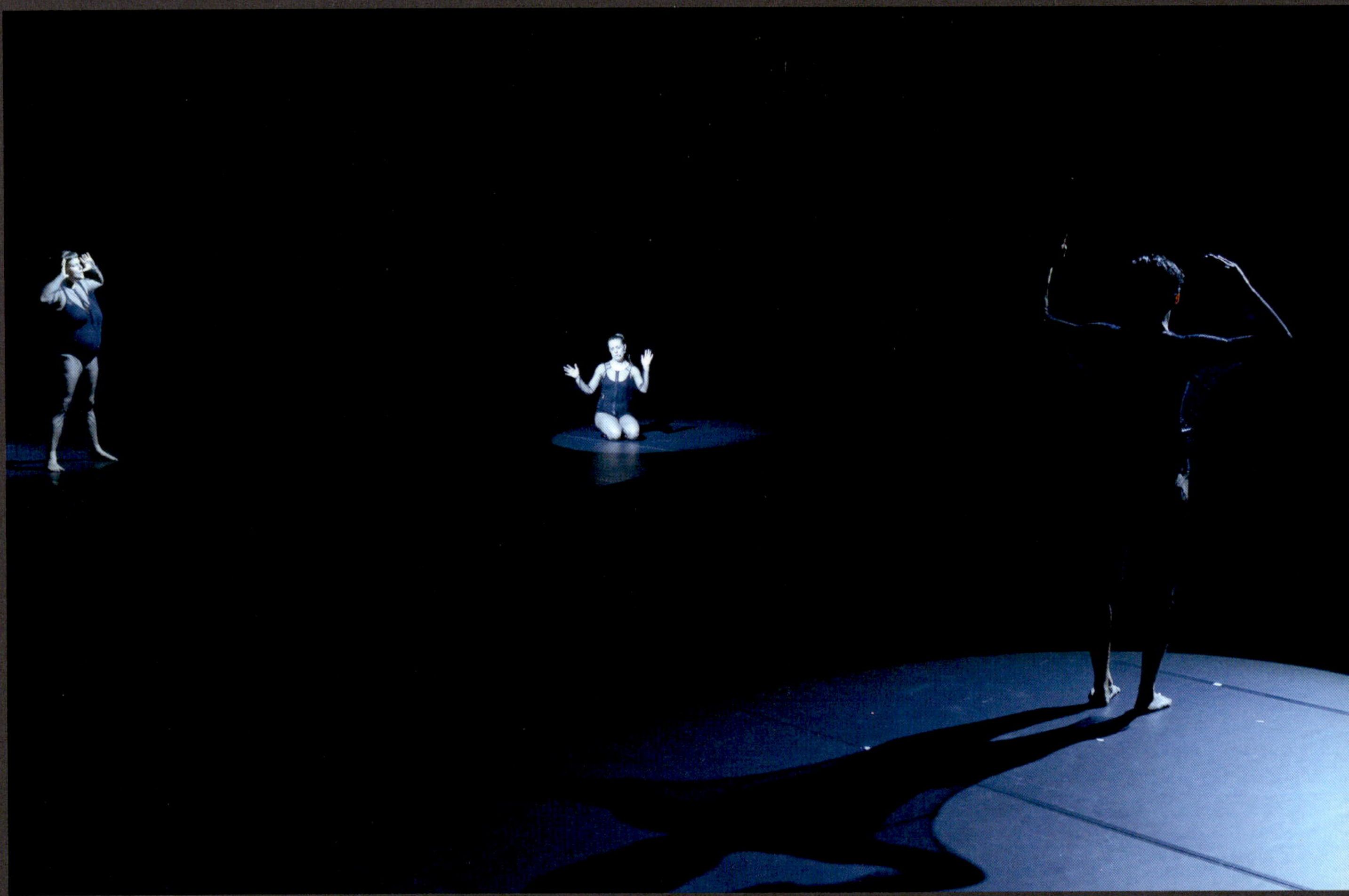

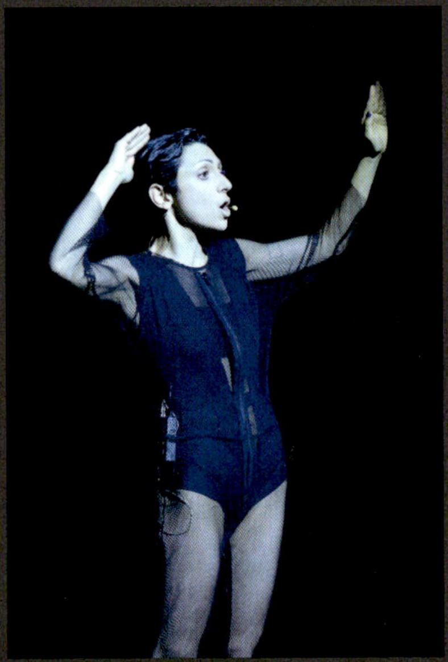

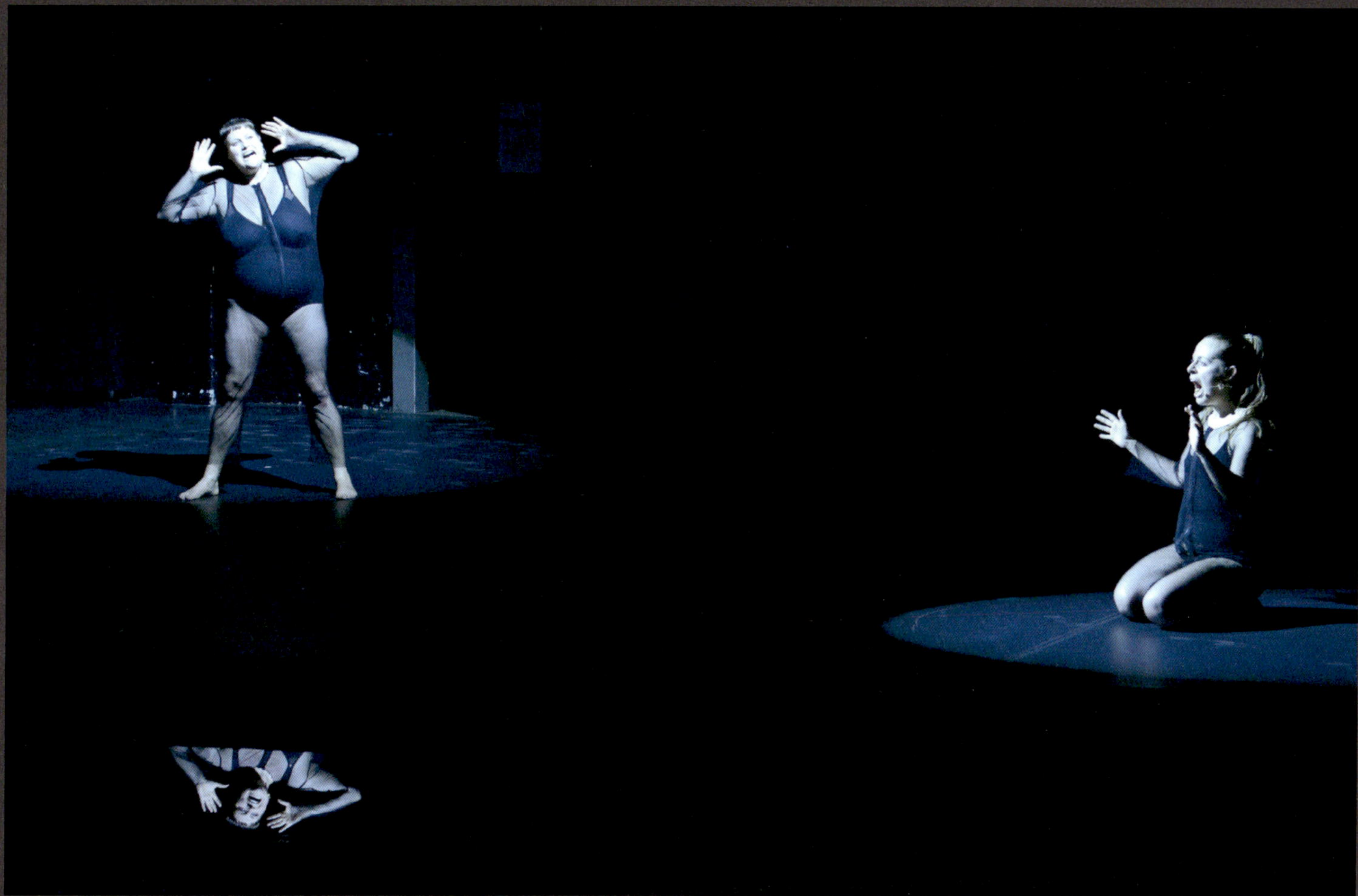

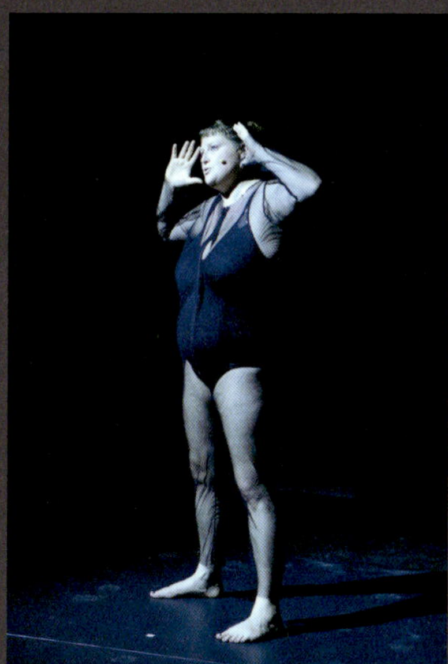

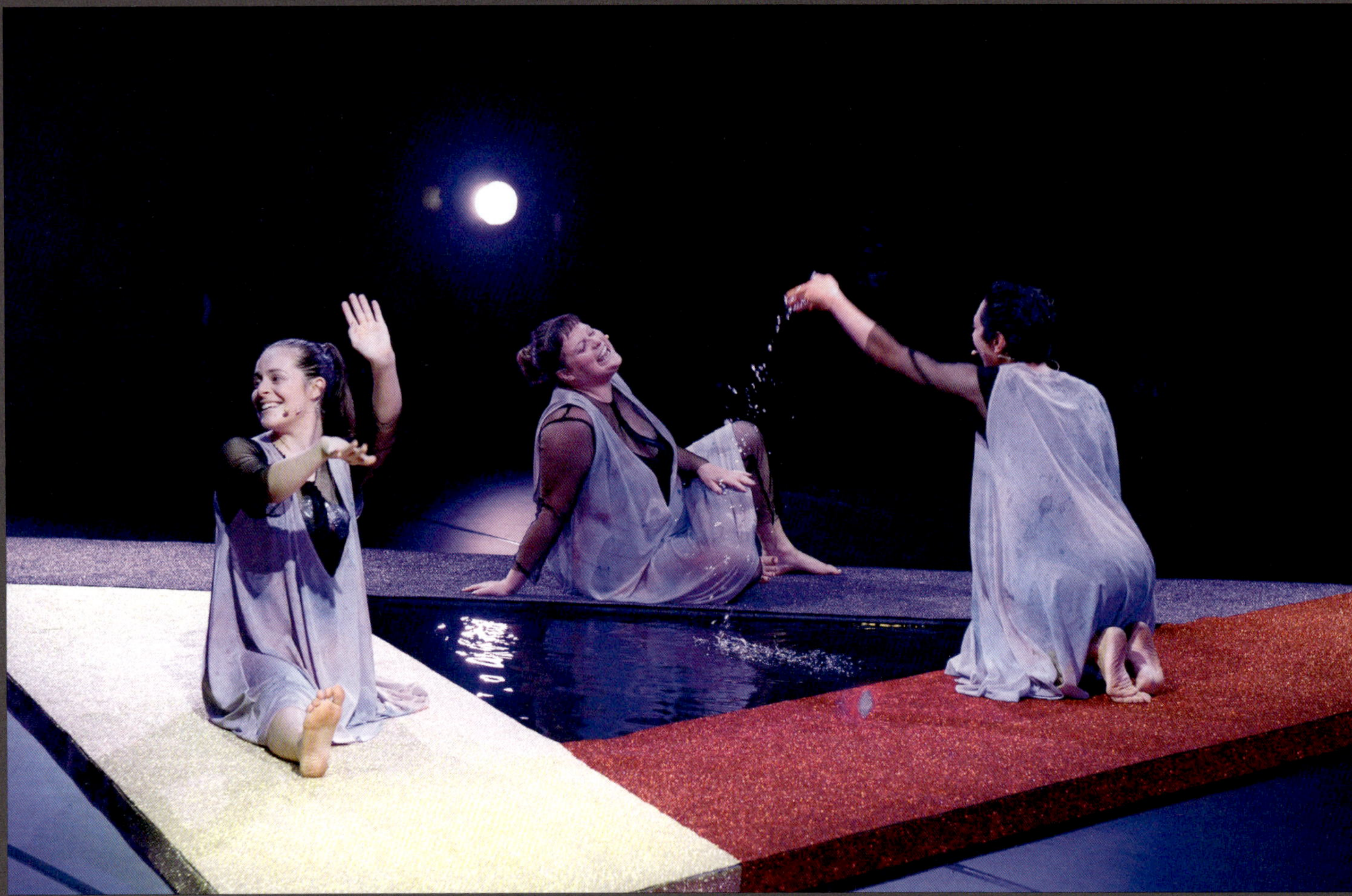

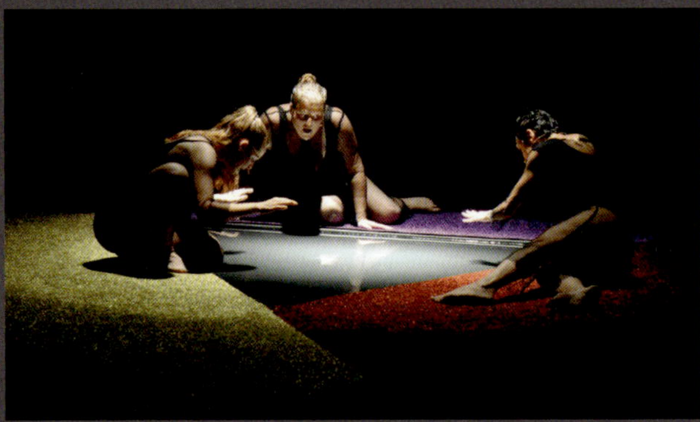

*Das bist DU. Bist DU das?*
*DU bist das!*

*Wer bist DU?*

*This is YOU. Is this YOU?*
*YOU are this!*

*Who are YOU?*

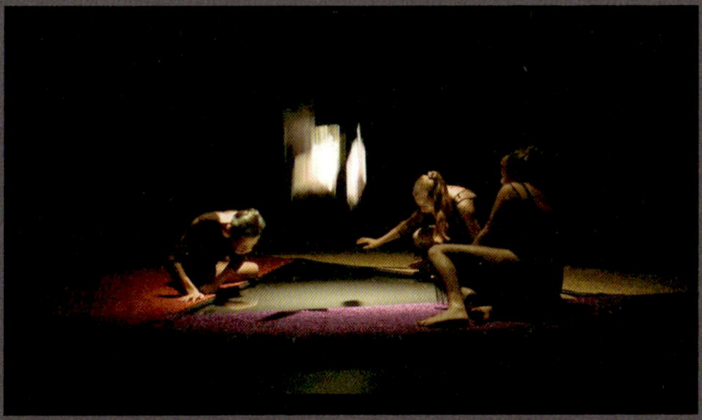

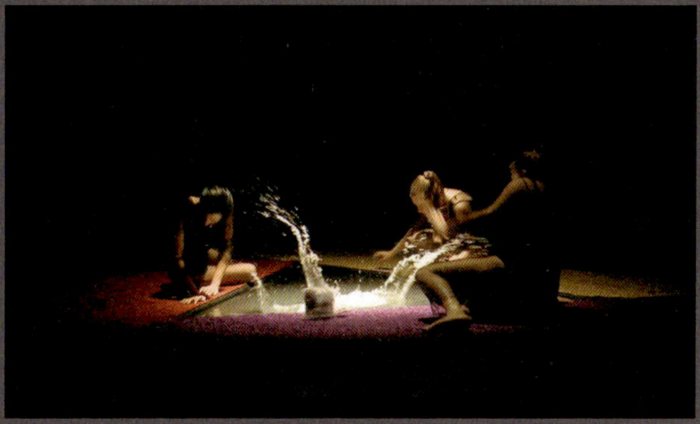

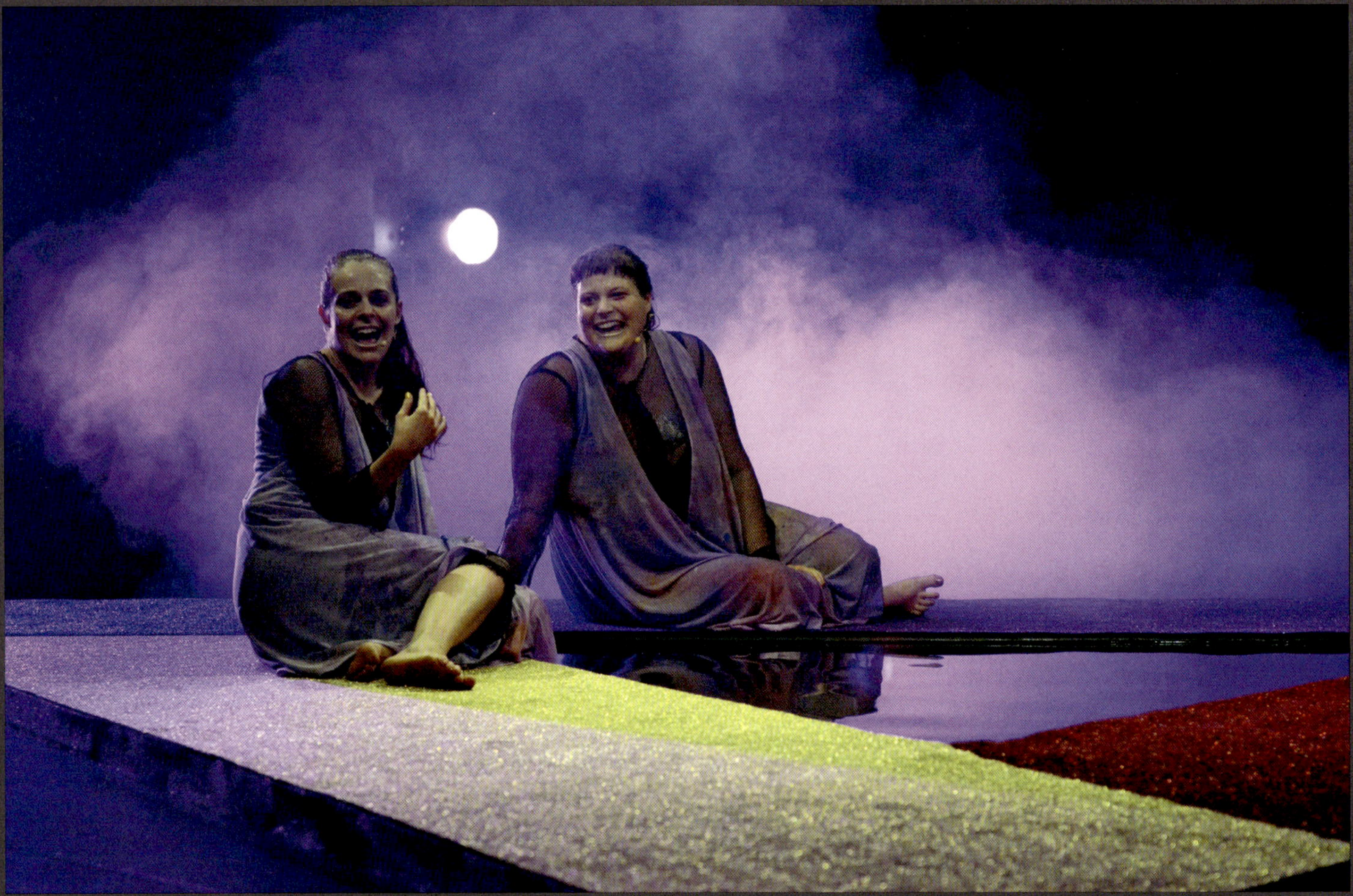

DU redest gerne mit DIR selber.

YOU like to talk to YOURSELF.

DU redest gerne mit DIR selber und erfindest auch gerne, was DU mit anderen Leuten reden würdest. DU stellst DIR vor, wie sie DICH bewundern. Manchmal weißt DU ganz genau, was DU in diesen Tagesfantasien anhast. Manchmal ist dein Körper in diesen Tagesfantasien anders. DU hast längere Beine und dein Gesicht ist harmonischer, kindlich fast.

YOU like to talk to YOURSELF and like to invent what YOU would say to other people. YOU imagine how they admire YOU. Sometimes YOU know exactly what YOU are wearing in these daydreams. Sometimes your body is different in those daydreams. YOU have longer legs and your face is more amicable, almost childlike.

# ES TUT MIR SO LEID, ICH BIN NICHT GUT GENUG

# I AM SO SORRY, I AM NOT GOOD ENOUGH

Es tut mir so leid, ich bin nicht gut genug.
Ich bin originell und lieb und ich experimentiere gerne mit Form.
Aber wirklich gut bin ich nicht.
Ich bin mittelmäßig gut.
So lala gut.
Charmant bin ich, das auf jeden Fall. Und ein bisschen komisch auch.
Schmutzig bin ich, aber auf der Bühne nie.

I am so sorry, I am not good enough.
I am original and sweet, and I like to experiment with form.
But I am not really any good.
I'm like half-good…
So hmm-hmm good.
Charming, sure … a little bit funny, too.
A little dirty yes, but never on stage!

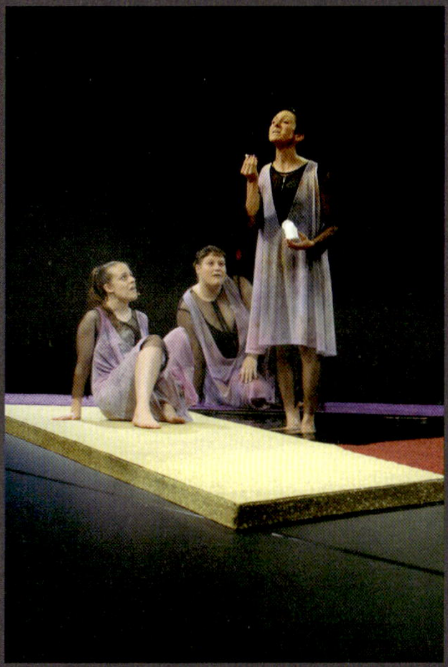

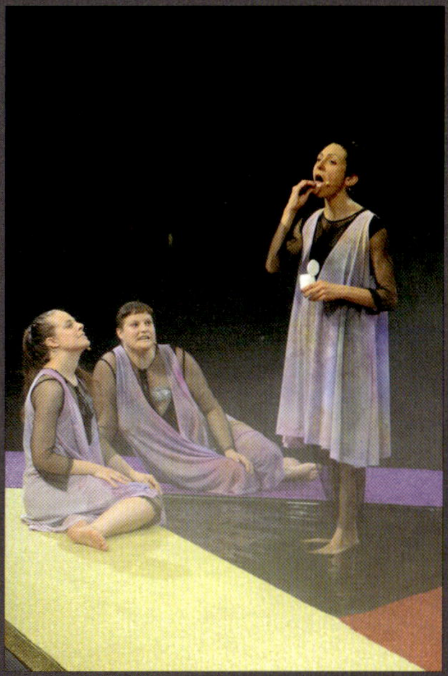

# Wenn ich DU wäre, dann würde
# If I were YOU, then I would

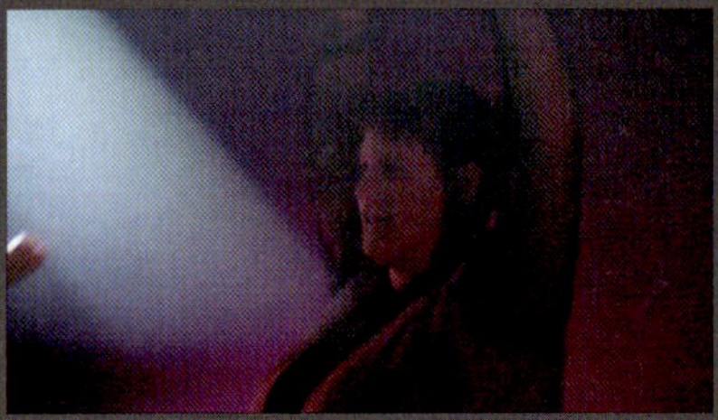

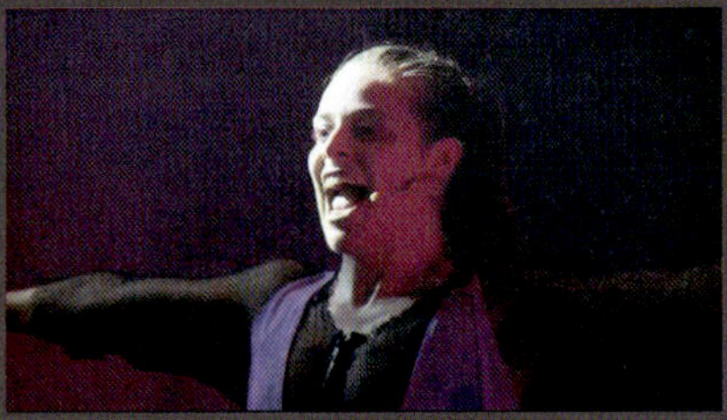

# ich … – ENTSCHULDIGUNG!
# – EXCUSE ME!

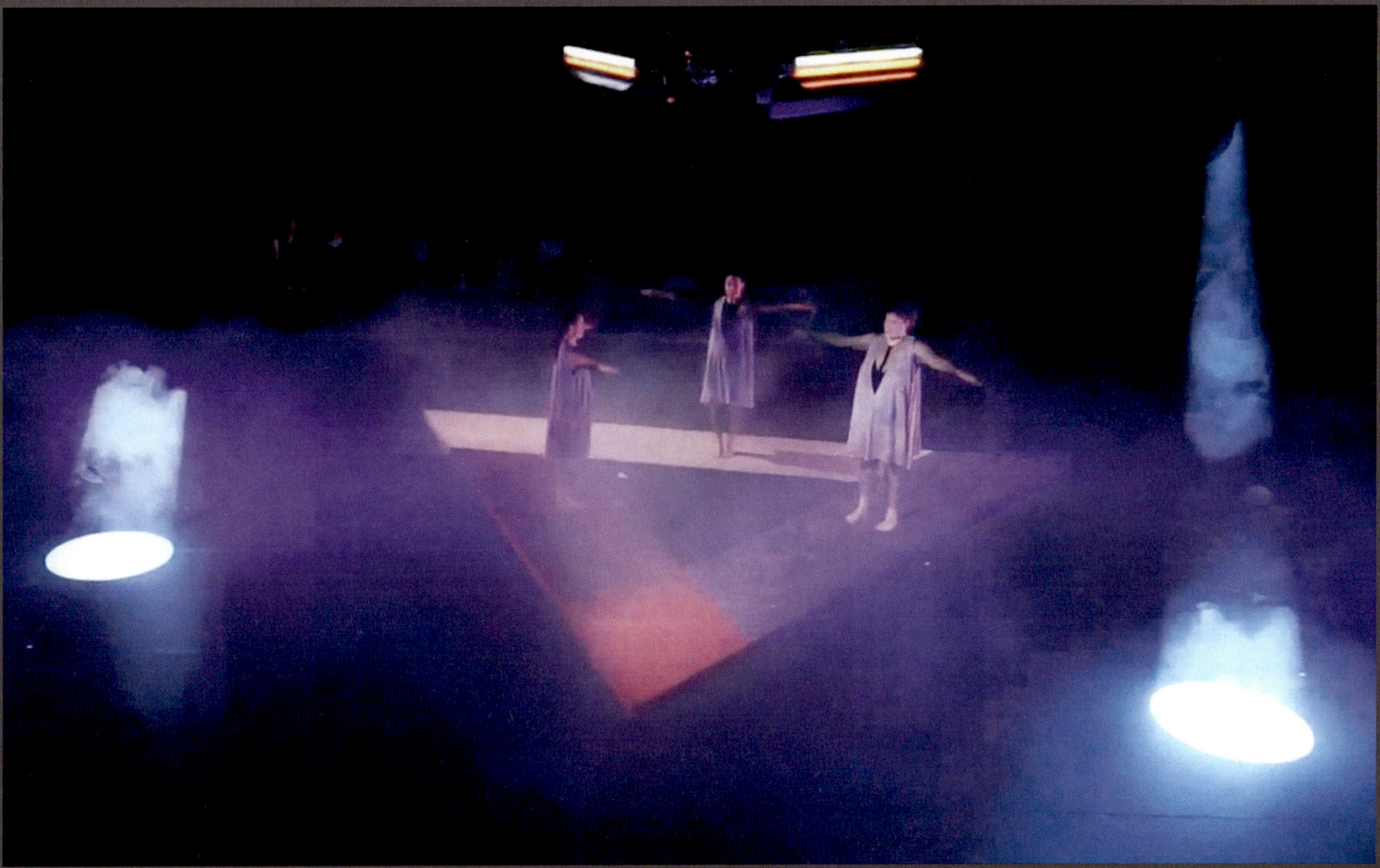

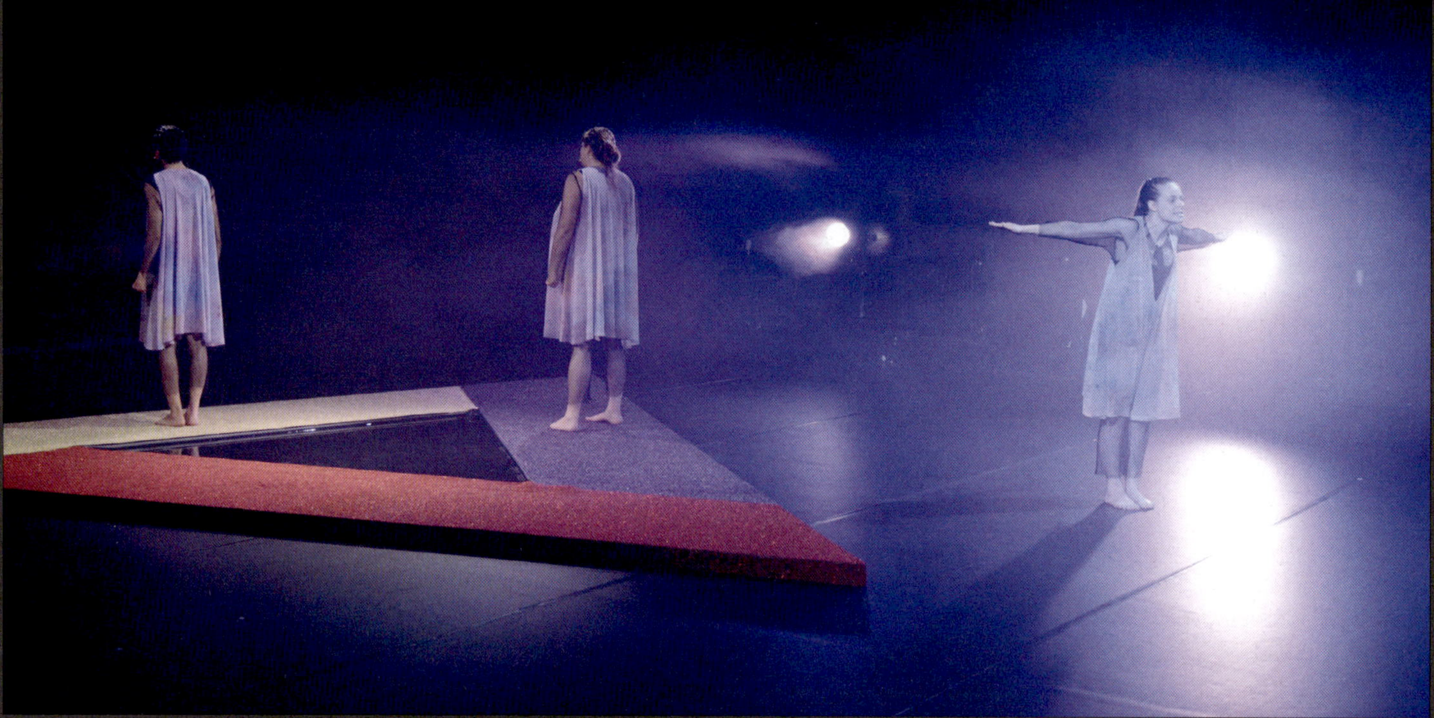

Weißt DU, als DU mich zu
deiner Vernissage eingeladen
hast, damals im Juni?
Das hast DU nicht wirklich
gemacht oder gemeint, denn
DU hast es nur nebenbei
erwähnt, also dachte ich,
dass DU nicht willst, dass ich
vorbeikomme.
Ich dachte, es liegt an mir.
DU willst mich nicht da sehen.
DU magst mich nicht.
Dann habe ich mir einen
Plan überlegt, um es DIR
heimzuzahlen.
So bin ich eigentlich nicht.

Denn DU hast mich nämlich
nicht richtig eingeladen.
Nein, DU hast nur so getan.
DU willst mich nicht sehen.

Also male ich mir aus, wie
ich DICH möglichst schnell
eifersüchtig mache.
Damit DU endlich siehst,
wie viel ich DIR bedeute,
damit DU DICH endlich so
verhältst,
wie ich es mir wünsche.
Wenn DU das dann aber
wirklich machst.
DICH so verhältst, wie ich das will.
Das würde mir auch nicht
gefallen.

DU würdest mich küssen, und
ich könnte es nicht genießen.
Irgendetwas werde ich immer
finden, was nicht passt, denn
DU bist schwach.

Eigentlich möchte ich
DICH besitzen.

Also bin ich zu deiner Vernis-
sage gegangen. Mit einem
anderen Mann.

Do YOU remember when
YOU invited me to YOUR
vernissage, back then in June?
YOU did not mean to, 'cause
YOU just mentioned it casually.
So that's why I thought YOU
don't want me to come over.
I thought it was because of me.
Because YOU don't want to see
me there!
Because YOU don't like me.
So I came up with a
payback plan.
I'm usually not like this.

Because YOU did not really
invite me to the vernissage.
No, YOU just mentioned
it casually.
YOU don't want to see me.

So I made up a plan to make
YOU jealous.
So that YOU finally see how
much I mean to YOU.
So that YOU finally behave how
I want YOU to.
When YOU do it for real.
Behave how I want YOU to.
I would not like this either.

YOU would kiss me, and
I would hate it.
I would always find something
that I don't like because
YOU are weak.

Actually, I want to own YOU.

So I went to YOUR vernissage
with another man.

DENN DU
HAST MICH
NICHT ZU
DEI NER
VER NIS
SAGE EIN
GE LA
DEN! BE
CAUSE
YOU DID
NOT IN
VITE ME
TO YOUR
VER NIS
SAGE

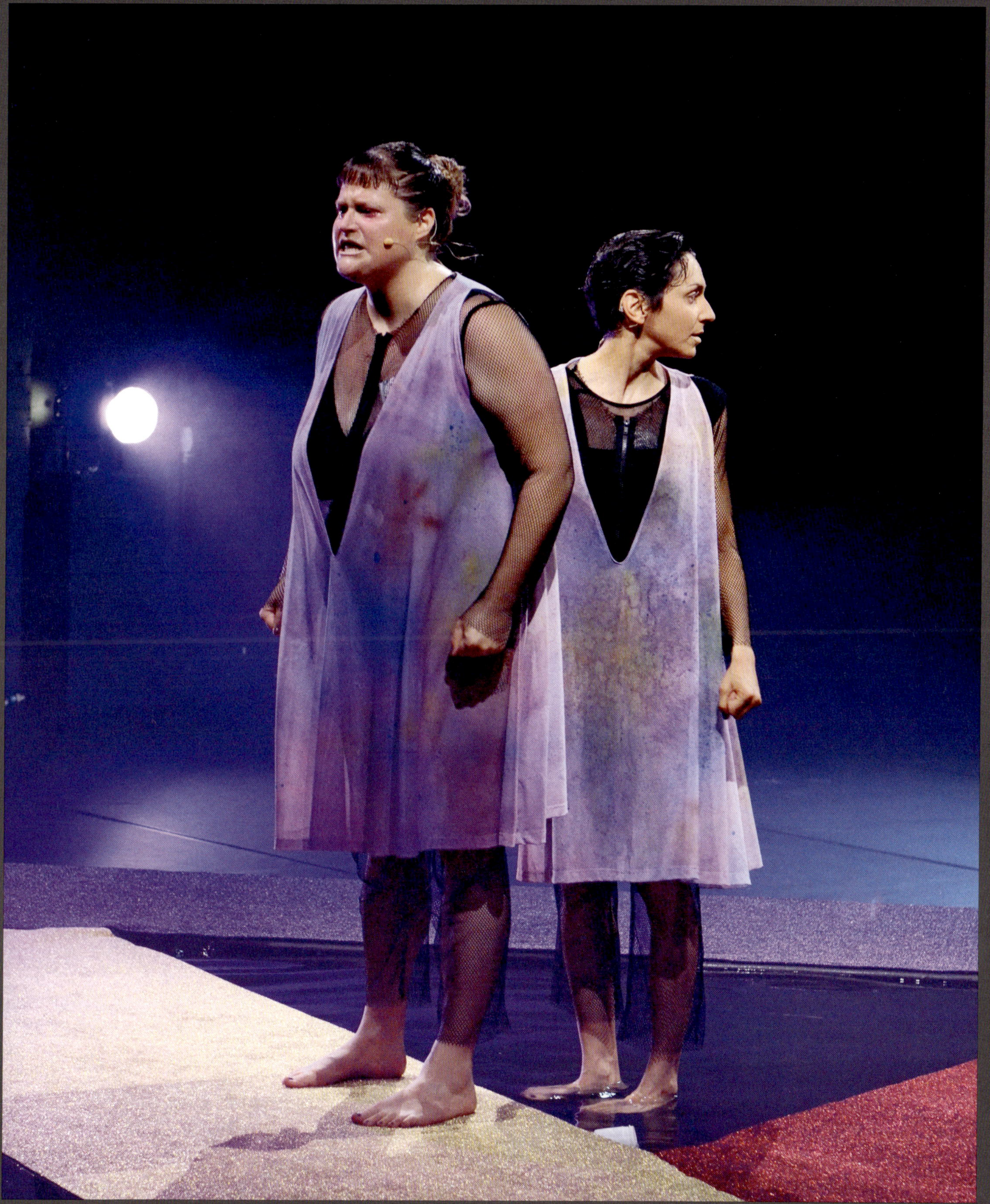

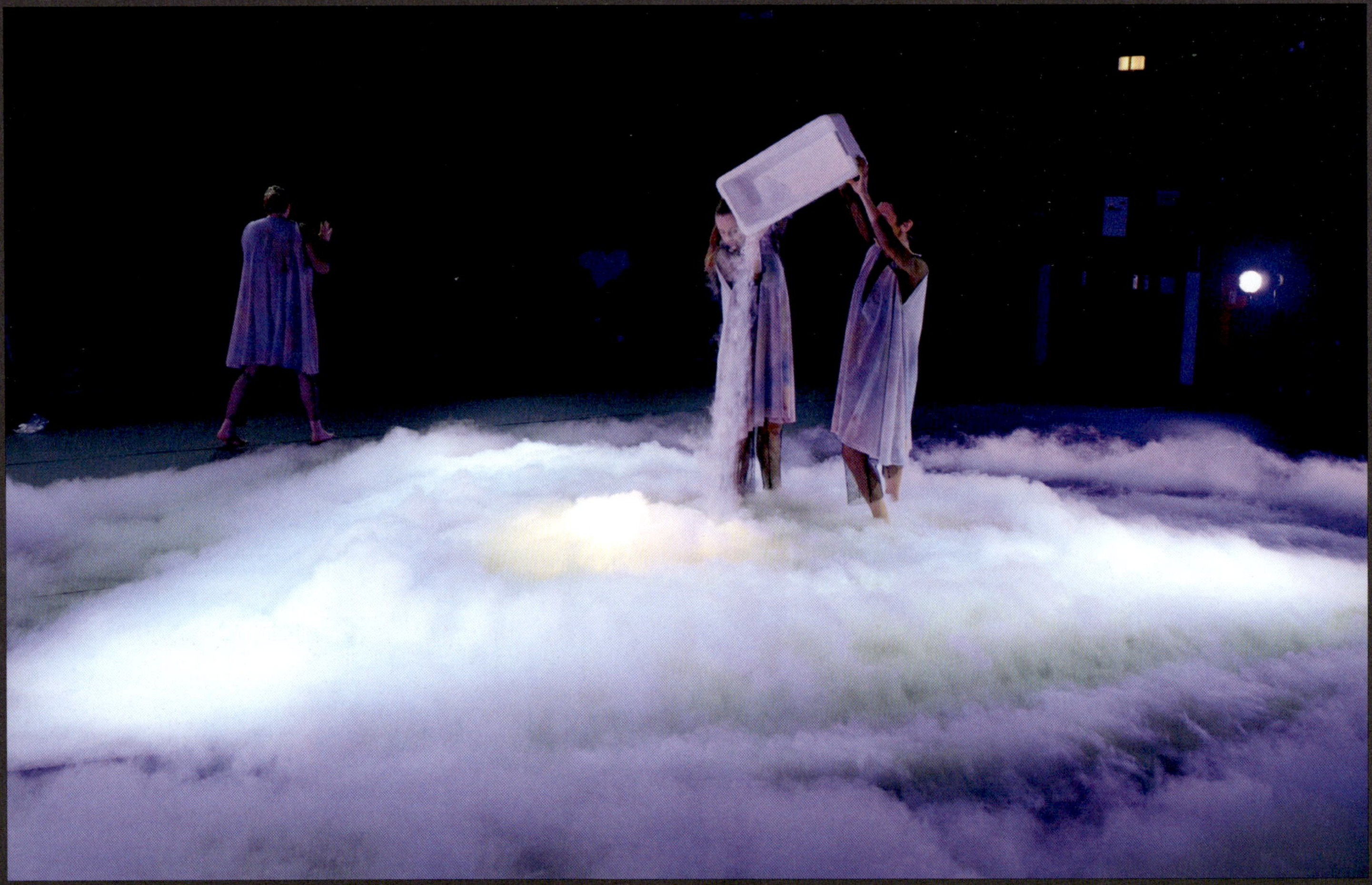

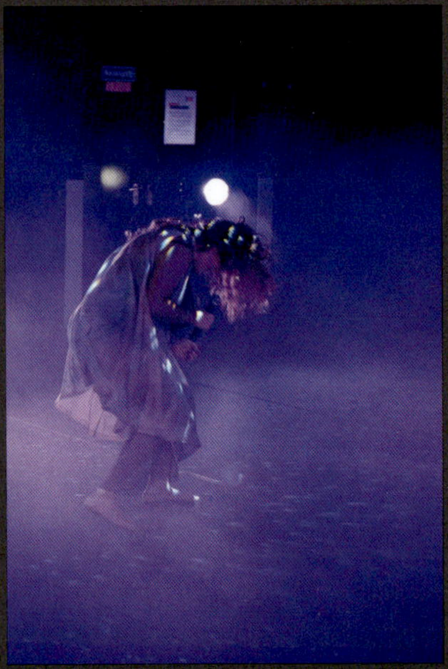

Ich denke die ganze Zeit daran, wie ich DICH hintergehe, nur weil ich mit jemand anderem da bin.

Und mit dem anderen Kumpel nachher in den Sexclub gehen werde und wie ich mich von DIR frei mache und es DIR heimzahle.

Und dann lass ich mir von meinem Kumpel den Hintern versohlen.
Ich denke, dass es meine Bestrafung ist.

I fantasise the whole time about how I am cheating on YOU, just because I'm here with somebody else.

And go to the sex club later with the other friend, and how I will become free from YOU and pay YOU back.

And think of it while my friend spanks me.
I think that it is my punishment.

*Irgendetwas werde ich immer finden, was nicht passt, denn DU bist schwach*

*I would always find something that I don't like because YOU are weak*

Dafür, dass DU mich nicht auf DEINER Vernissage wolltest.

Und jetzt hört mein Kumpel nicht mehr auf damit,
und ich merke irgendwann: Nein, ich will nicht mehr.

Und ich kann es nicht sagen.

Stattdessen, ja, OK,
denn DU hast mich nicht zu DEINER Vernissage eingeladen,
DU hast es nur nebenbei erwähnt.

Because YOU did not want me at YOUR vernissage.

And now my friend just does not stop. And at some point I realise:
No, I don't want it anymore.

And I cannot say it.

Instead, alright, OK.
Because YOU did not invite me to YOUR vernissage.
YOU only mentioned it casually.

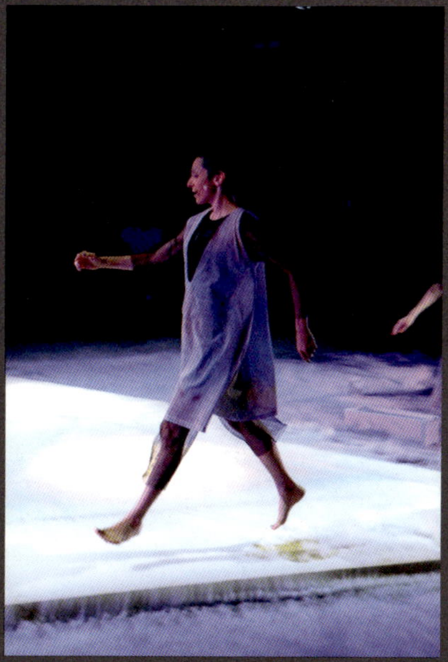

*Dabei hasse ich Normen, Klassen und Etiketten doch so! ... und alle, die Kaugummi kauen*

*But I do hate norms and class and labels so much! ... and everybody who chews chewing gum*

Bei mir ist das kein Geheimnis: Die meisten, die mich kennen, wissen, dass ich es nicht ertrage, wenn Leute neben mir Kaugummi kauen.

Das ist anfangs wirklich amüsant für alle ...
„Alle“, die gerade NICHT im Begriff sind, Kaugummi zu kauen.
Leute, die im Begriff sind einen Kaugummi zu kauen, finden das dann nicht mehr so lustig.
Wenn ich Leuten, die gerade keinen Kaugummi im Mund

It is no secret to anybody: most people who know me know I can't stand people chewing chewing gum.

In the beginning, it is really funny for everybody...
"Everyone" who is NOT about to chew chewing gum.
Those who are about to chew it, don't find it funny anymore.
When I tell them about my chewing gum phobia, they are usually interested, as long as they don't have chewing gum in their mouth...

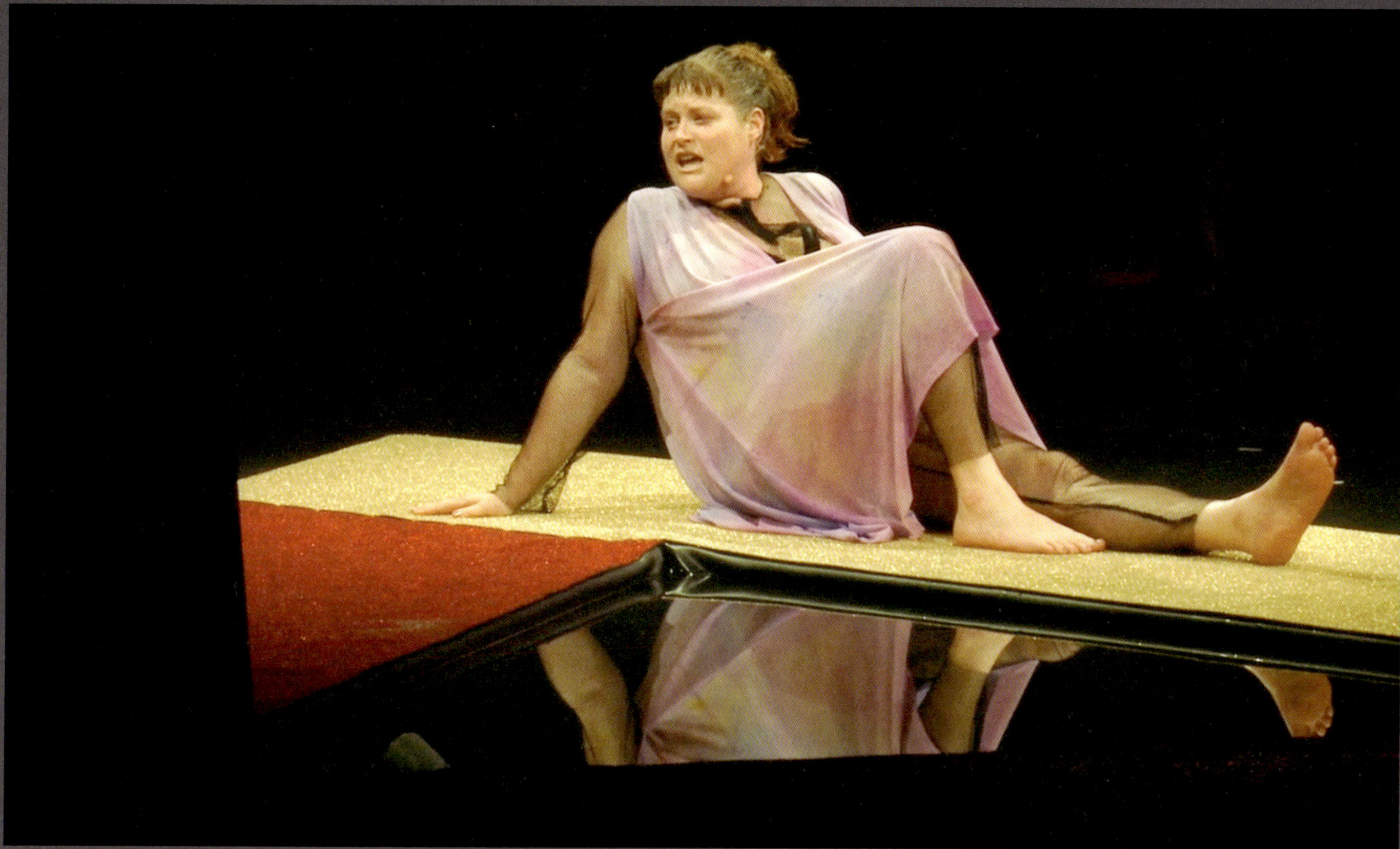

haben, von meiner Kaugummi-
phobie erzähle, sind sie immer
sehr interessiert.
Sie lachen, und noch mehr:
Sie verstehen nicht nur, was ich
an Kaugummi-Kauen so eklig
finde, sondern finden dann
plötzlich Kaugummi kauen
genauso eklig wie ich.
Ein endloser Ekel vor allen, die
nicht NORMAL Kaugummi
kauen können.

Dabei hasse ich Normen,
Klassen und Etiketten doch so!
... und alle, die Kaugummi kauen.

They laugh, and what's more:
They understand what I find so
disgusting about chewing chew-
ing gum and find it as disgusting
as I do. An endless disgust about
everybody who can't chew chew-
ing gum NORMALLY.

But I do hate norms and class
and labels so much!
...and everybody who chews
chewing gum.

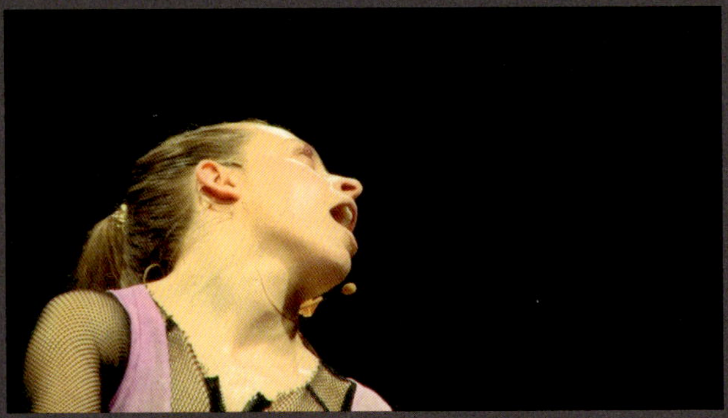
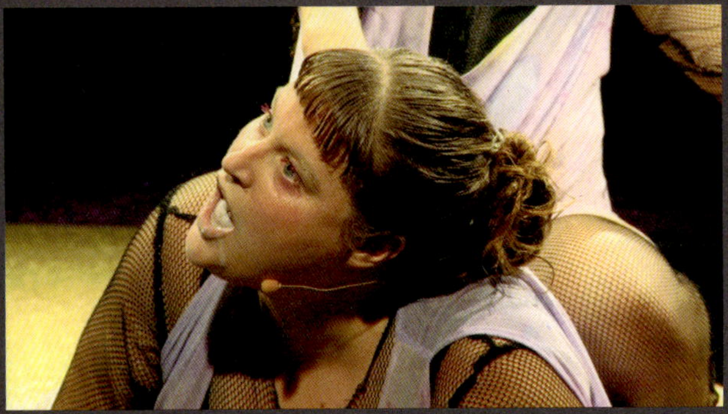
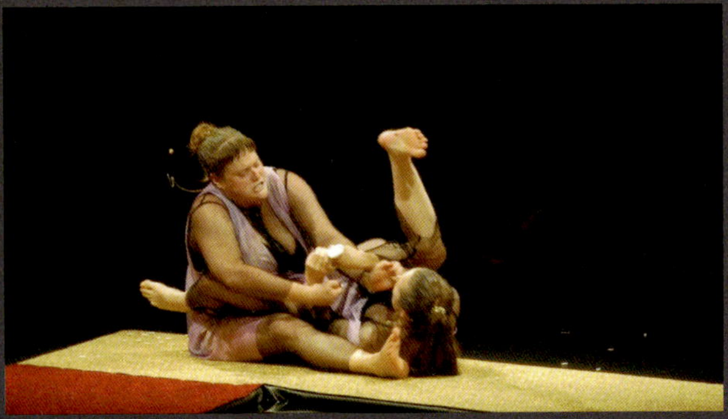
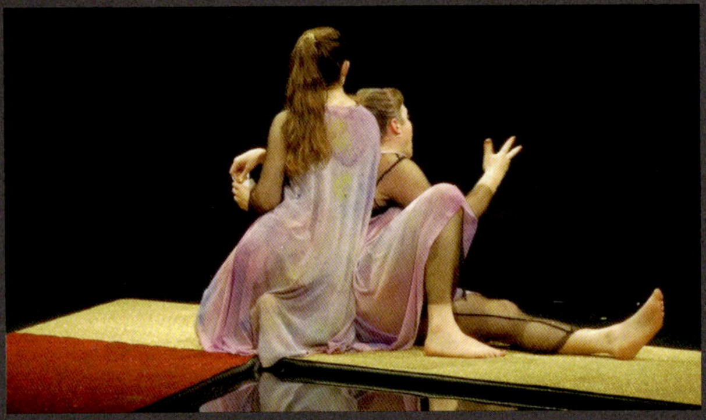

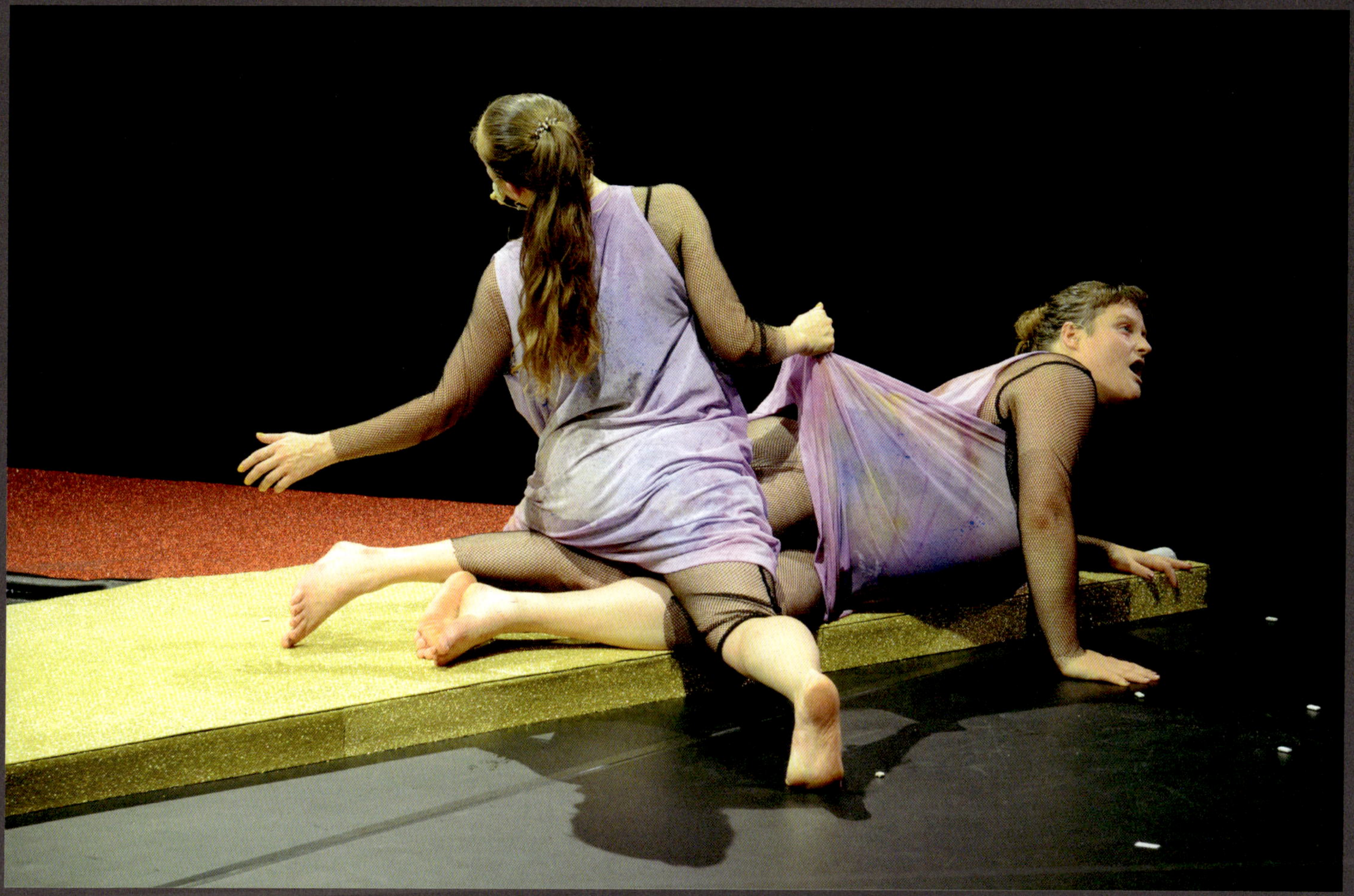

Es spielt keine Rolle, ob ich die Leute kenne oder nicht. Ob sie mir nahe stehen oder nicht.

Dann kommt die Verzweiflung, weil ich mich dieser Situation so endlos ausgeliefert fühle, und noch endloseres Selbstmitleid, mit so etwas leben zu müssen.

Ich bin so arm, obwohl ich in diesen Situationen immer ganz klar der Aggressor bin! Denn ich kann Kaugummi kauen einfach nicht ausstehen!

It does not matter if I know them or not.
If they are close to me or not.

Then I start feeling desperate, that I endlessly end up in such a terrible situation.
I'm drowning in self-despair, that I have to live with something like this.

I am so poor! Even though I know I am the aggressor in these situations! But I simply cannot stand chewing gum!

*DU DUH DU DUH*
*Warum immer*
*DU DUH DU DUH?*

*YOU YOU YOU YOU*
*Why always*
*YOU YOU YOU YOU?*

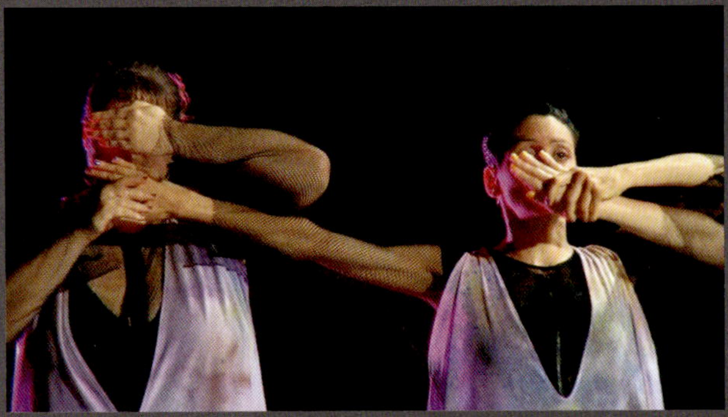
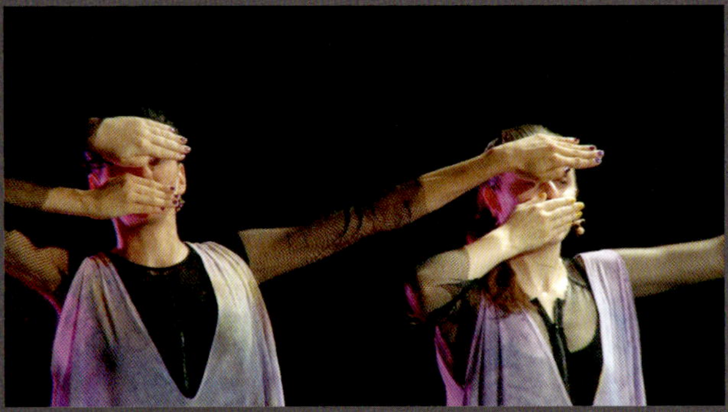

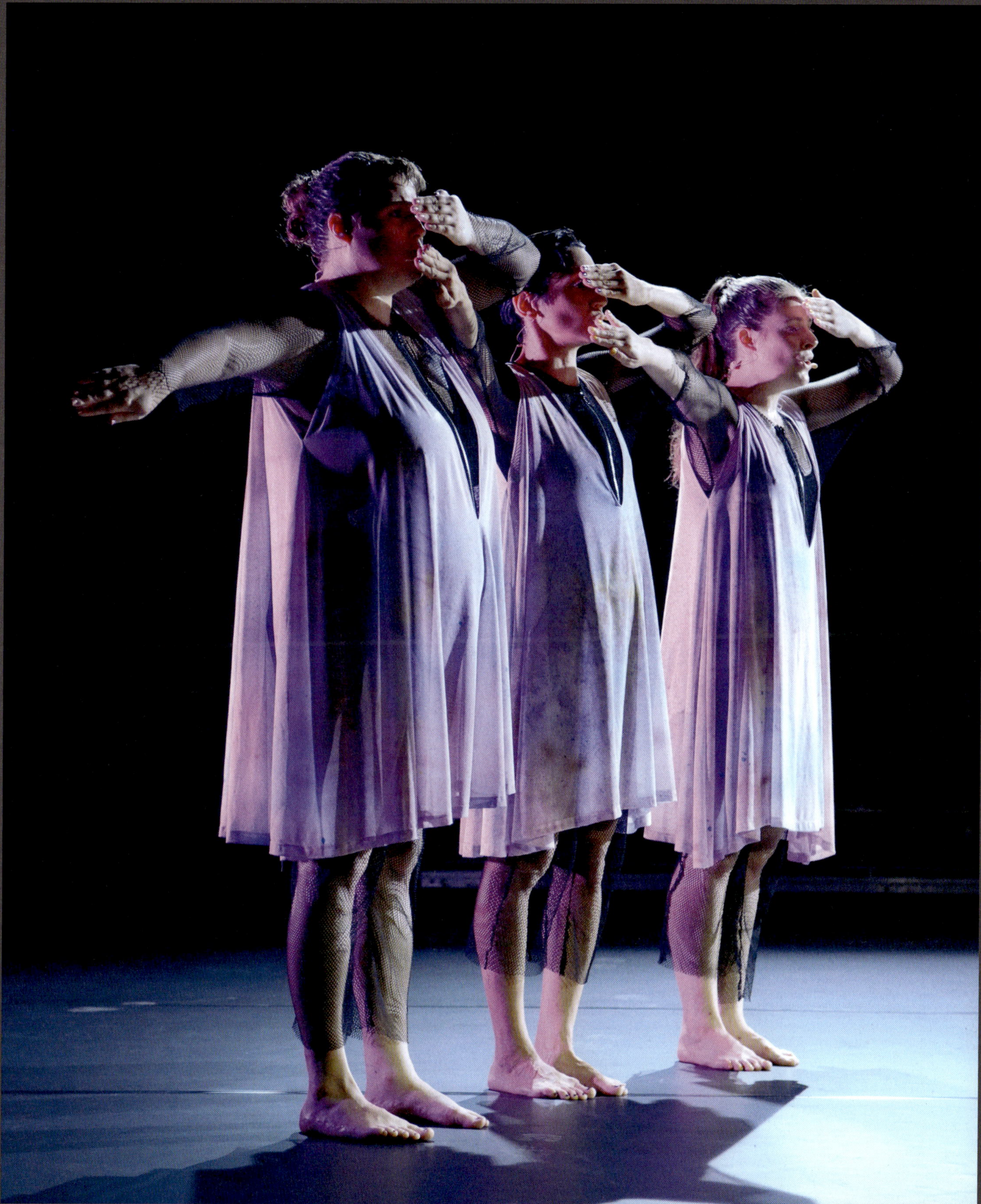

*Ich brauch ich brauch DICH ich bra- bra- brauch DICH Brauch DICH am meisten … Wo bist DU jetzt, wo ich DICH b r a u c h ?**

*I need, I need YOU, I need-need- need YOU Need YOU the most… Where are YOU now that I need YOU?**

*Justin Bieber

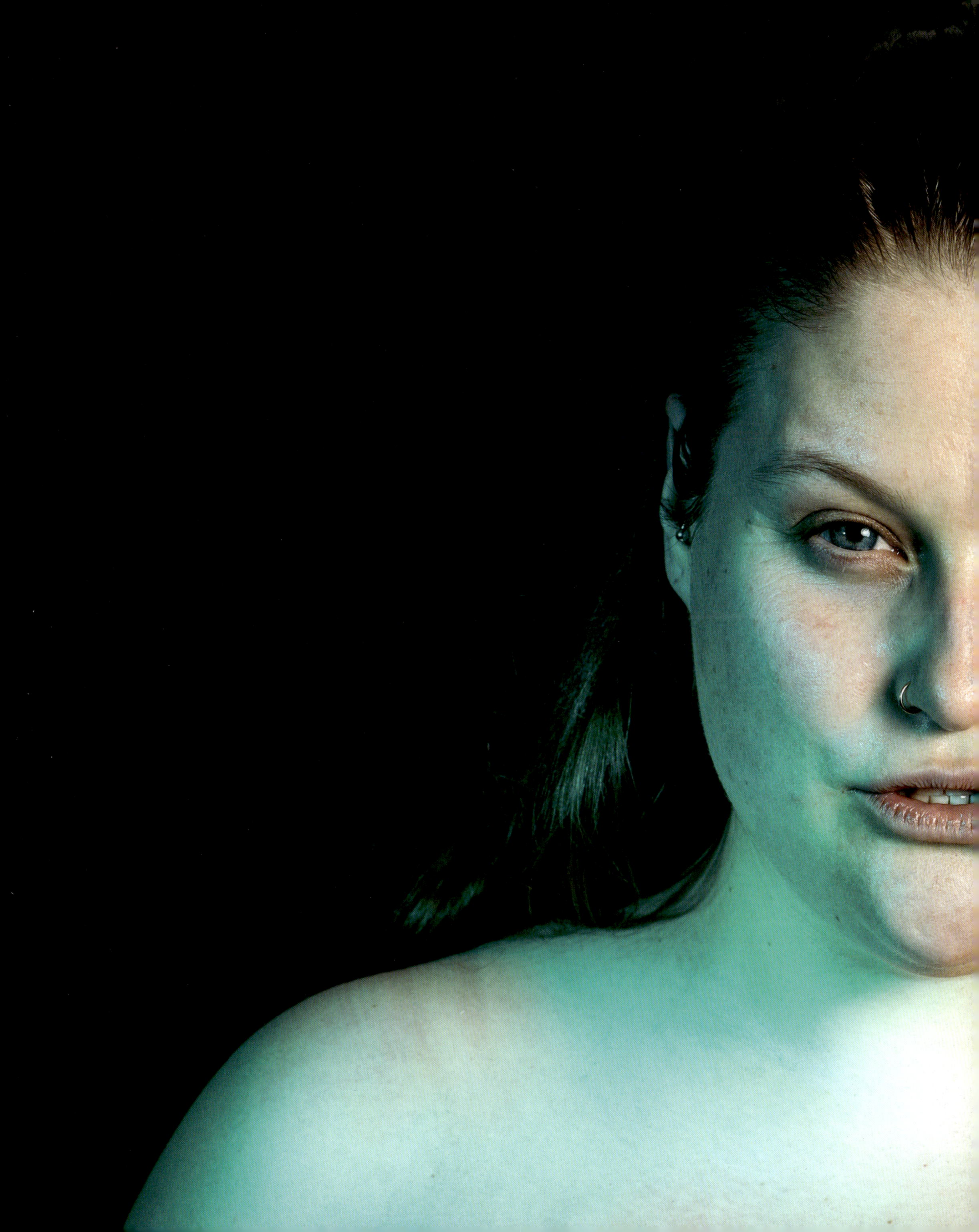

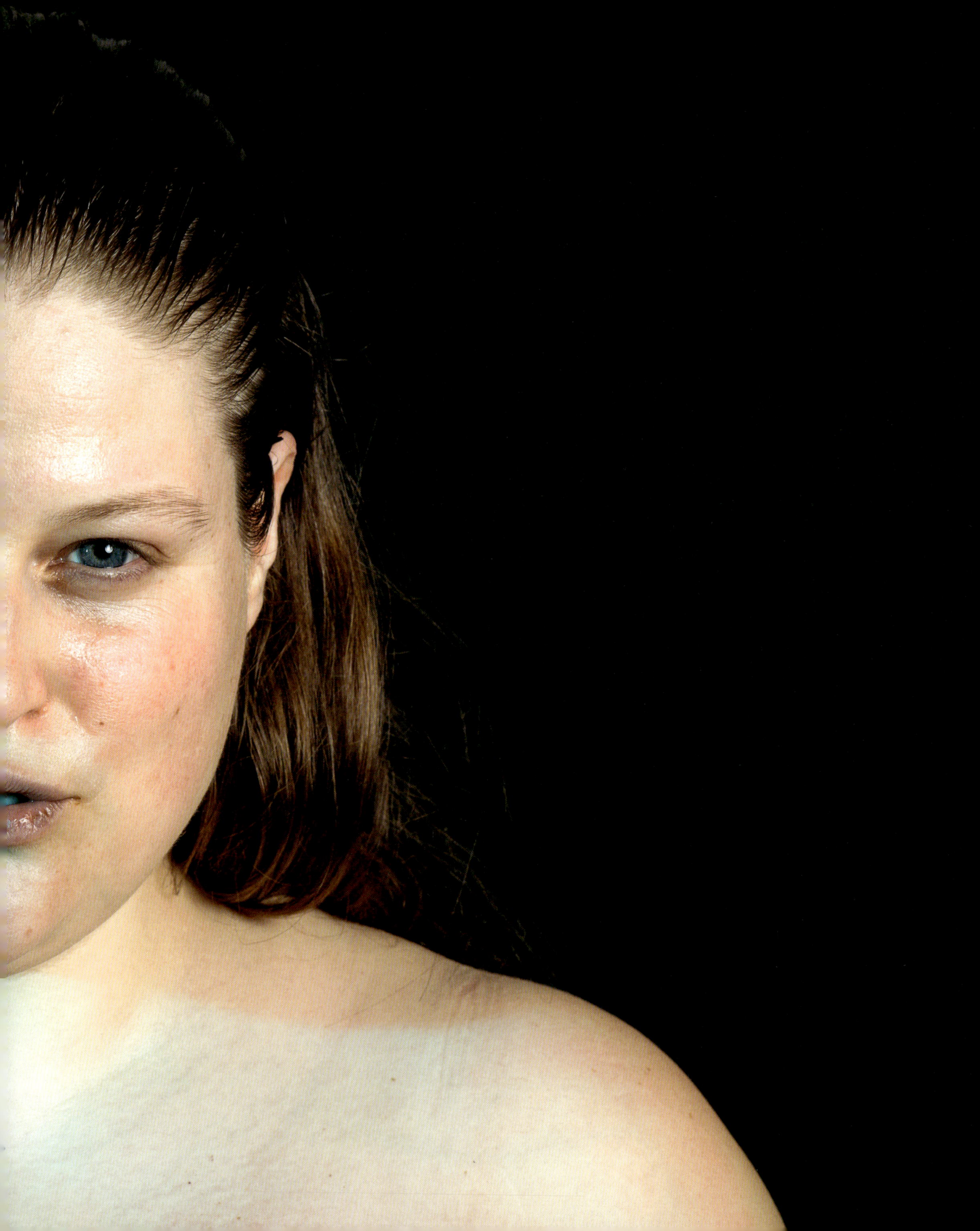

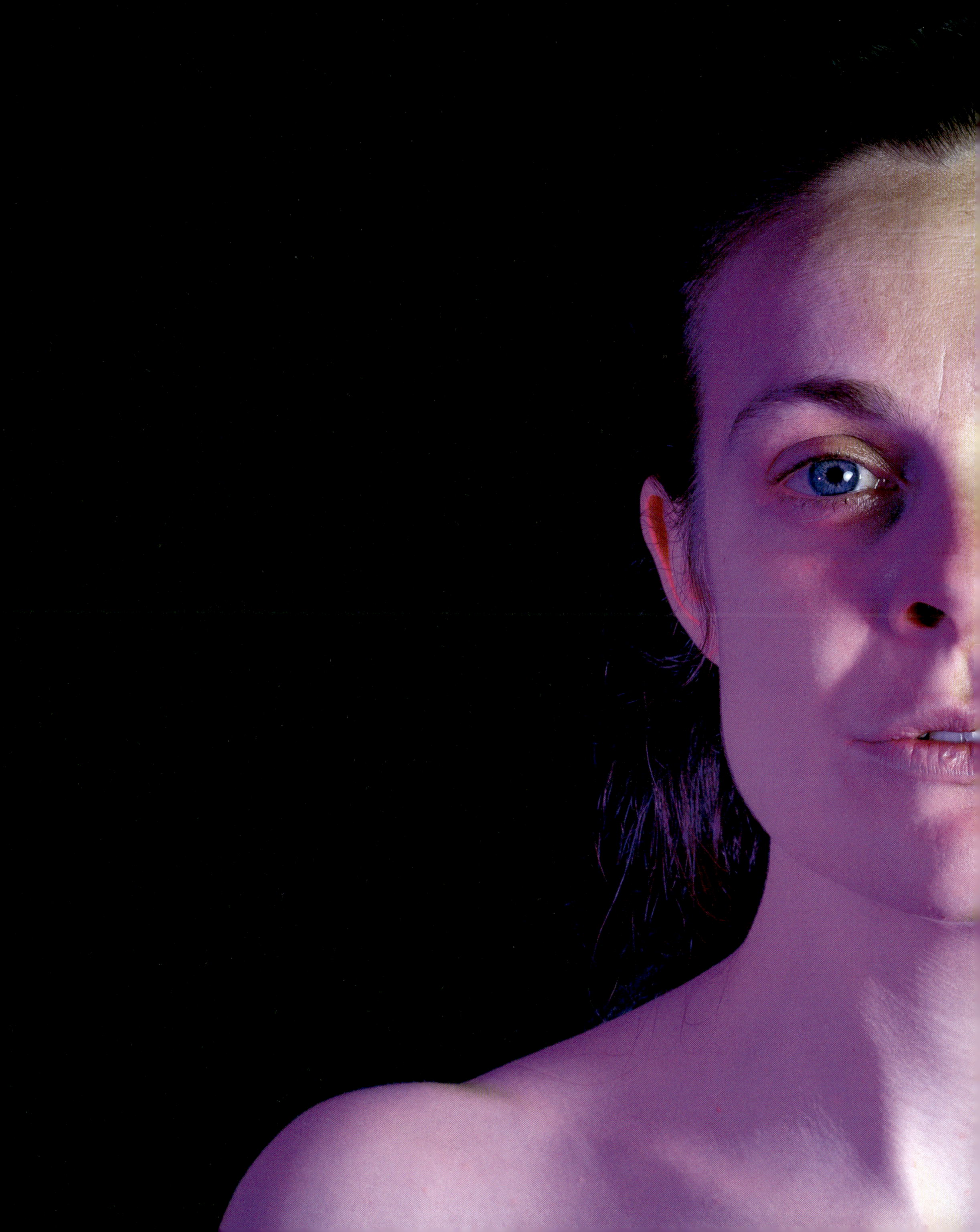

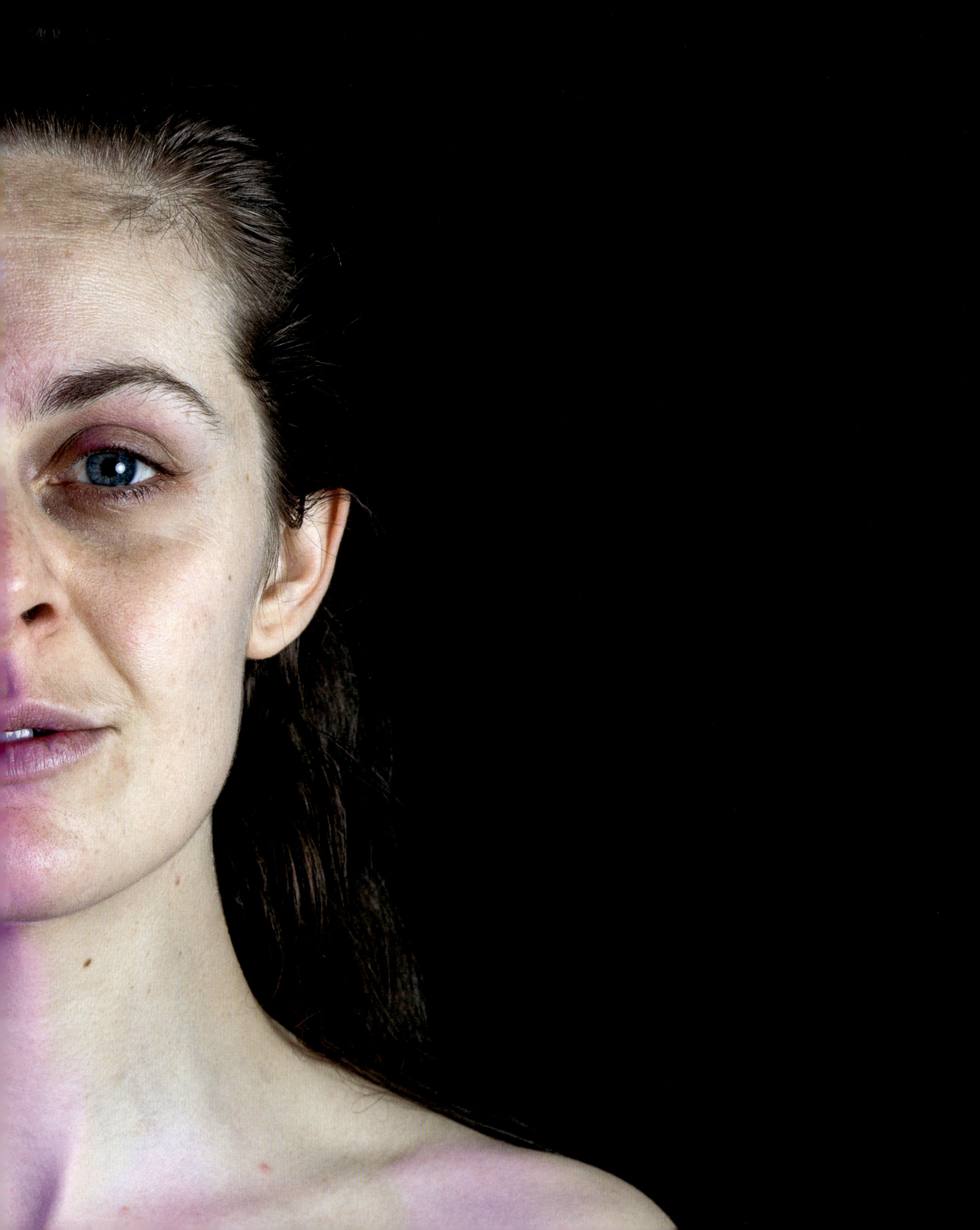

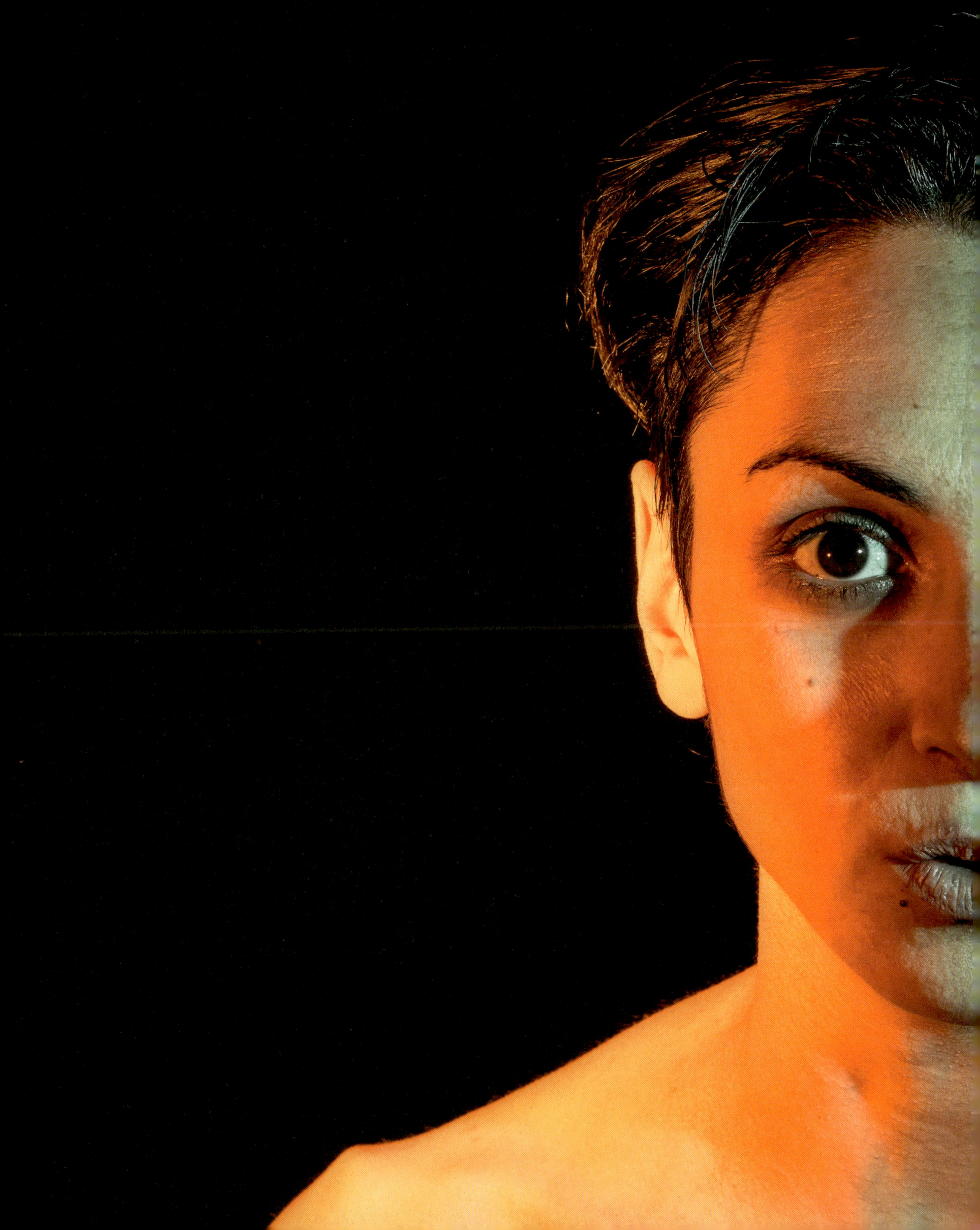

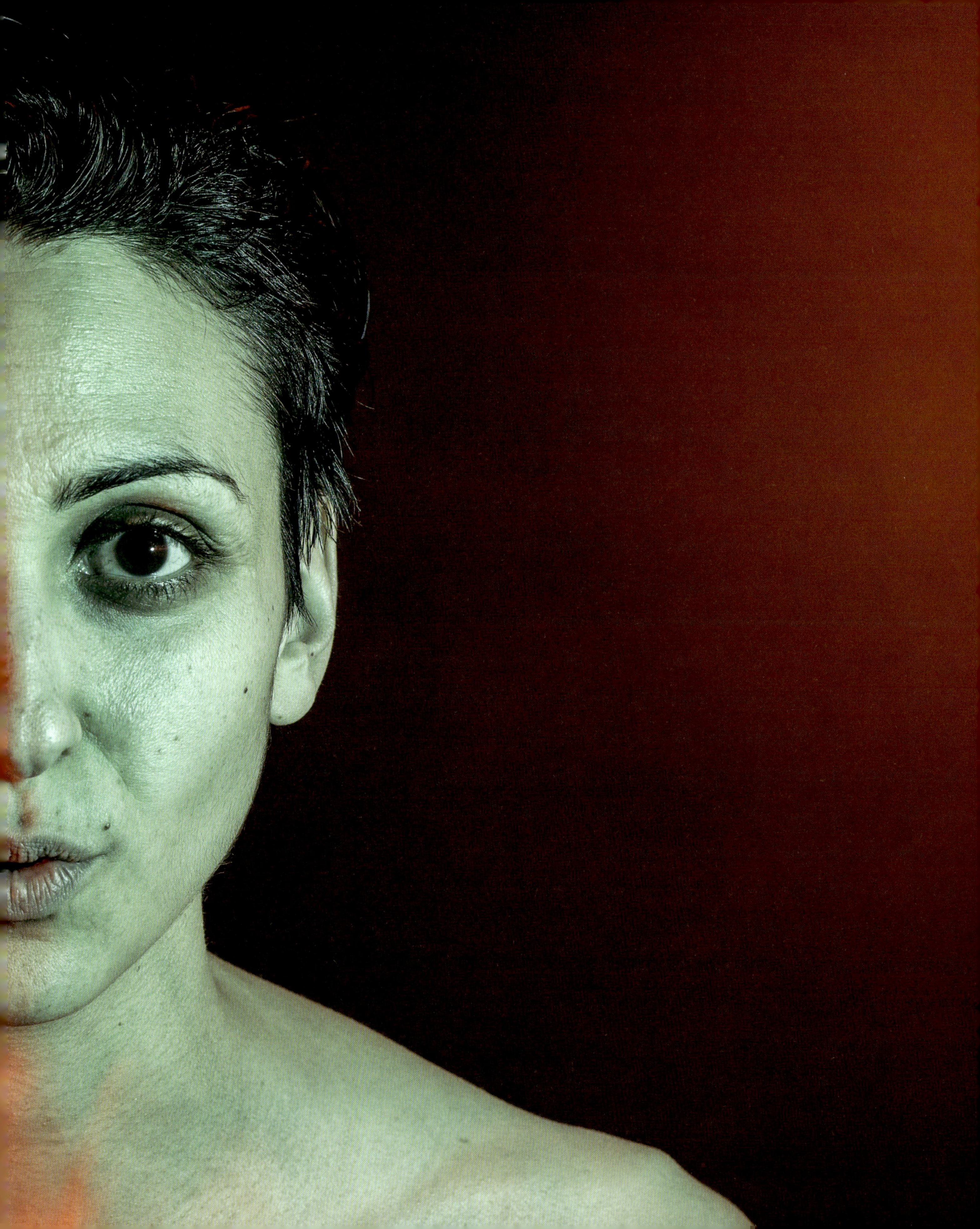

# INFLUENCA

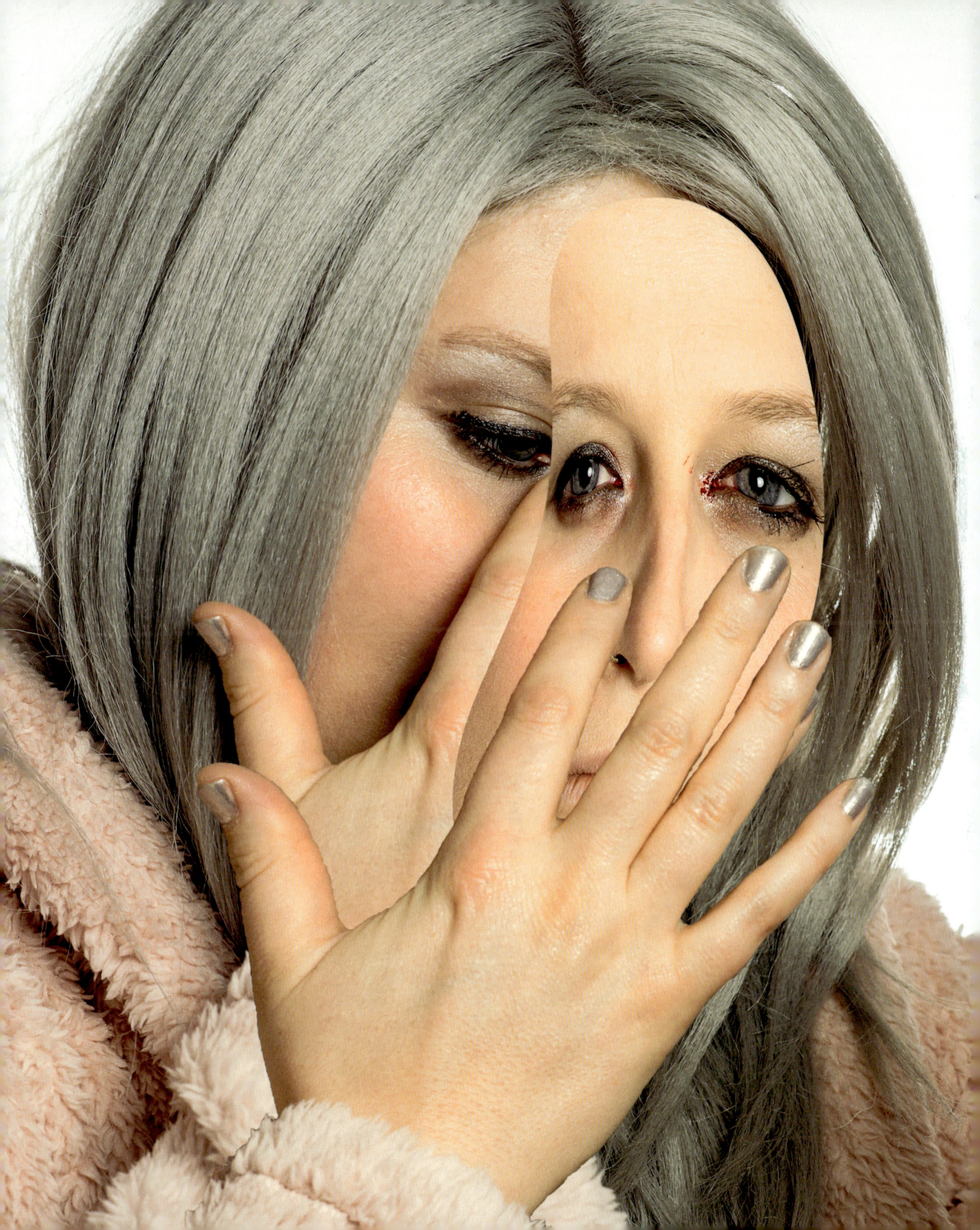

# INFLUENCA

INFLUENCA
OUTBREAKS
ERSTE
WELLE

INFLUENCA
OUTBREAKS
FIRST WAVE

Die von Barbis Ruder geschaffene Kunstfigur *INFLUENCA* nimmt Bezug auf die Generation Z und deren selbstverständlichen Zugang zu Social Media in ihrer Lebensgestaltung. Dabei verhält sich *INFLUENCA*, deren Name ein Hybrid aus Social-Media-Influencerinnen und der Influenza, also dem Grippevirus ist, selbst wie ein Virus, das eine soziale Krankheit auslöst. Völlig unkontrolliert mutiert sie zu immer neuen Formen und performativen Zuständen. Dabei dreht die Künstlerin die Rolle zwischen Institutionen und Individuen um, indem sie die geforderten Rollenmuster auf schrille Art und durch Selbstüberforderung entlarvt.
*INFLUENCA* ist kein abgeschlossener Werkzyklus, sondern entwickelt sich immer weiter. Aus der in der *ersten Welle* körperlichen, analogen *INFLUENCA* wird nach und nach eine digitale *INFLUENCA*, die die Kontrolle über ihre eigenen Handlungen verliert und von Algorithmen gelenkt wird. Die digitale *INFLUENCA* firmiert unter immer neuen Hashtags und verbreitet sich wie ein ständig mutierendes Virus im digitalen Raum. Die Grenzen zwischen Realität und Fiktion, zwischen dem, was ist und sein sollte, verschwimmen zunehmend.
Durch laute und schrille Selbstvermarktung erfand sich *INFLUENCA* selbst als eine Figur, die durch die Abhängigkeit von Likes generiert wird. Mit dem Versprechen, den eigenen Ruhm (*#5MinutesofFame*) an das (zahlende) Publikum weiterzugeben, biederte sie sich in den sozialen Medien an und versuchte so, Follower*innen und Likes zu generieren. Sie wurde mit *INFLUENCA* dann tatsächlich selbst eine sogenannte Influencerin. Das Prinzip der zunächst aufgebauten Authentizität wurde schließlich zugunsten der Vermarktung aufgegeben, um einen möglichst großen Gewinn zu erzielen.
Die Werkreihe *INFLUENCA OUTBREAKS – Erste Welle/First Wave* umfasst die Performances der Jahre 2018–2020.
Zu Beginn des *INFLUENCA*-Zyklus führte Barbis Ruder verschiedene *Research Performances* durch, in denen sie ein von Social Media bestimmtes Leben replizierte. Die Ergebnisse mündeten in die Bühnenperformance *#likemetoo*, die Installation *#ScreenTime* und die Bühnenperformance *HOW TO GO VIRAL*.

The character *INFLUENCA* created by Barbis Ruder exemplifies Generation Z and the natural integration of social media in their lives. *INFLUENCA* – whose name is a hybrid of social media influencers and the influenza virus – is like a virus that triggers a social disease. Totally out of control, she mutates into ever new forms and performative states. In the process, the artist confounds the hierarchical order between institutions and individuals by boldly unmasking the prescribed role patterns with an overdose of self-exploitation.

*INFLUENCA* is not a self-contained work cycle, rather it continued to evolve. From the physical, analogue *INFLUENCA* in the first wave, she gradually became a digital *INFLUENCA* that lost control over her own actions and was subject to algorithms. *INFLUENCA* pops up under ever new hashtags, proliferating rapidly in the digital realm like a mutating virus. The boundaries between reality and fiction, between what is and should be, became increasingly blurred.

Through loud and shrill self-promotion, *INFLUENCA* invented herself as a figure constituted by a dependency on likes. With the promise of passing on her own fame (*#5MinutesofFame*) to the (paying) audience, she pandered to them on social media, hoarding followers and likes. As a result, *INFLUENCA* actually became a so-called influencer herself. The initially proclaimed principle of authenticity was gradually abandoned in favour of marketing in order to attain the highest possible revenue.

The work series *INFLUENCA OUTBREAKS – First Wave* comprises the performances of 2018–2020 .

At the beginning of the *INFLUENCA* cycle, Barbis Ruder conducted various *Research Performances* in which she replicated a life determined by social media. The results led to the stage performance *#likemetoo*, the installation *#ScreenTime* and the stage performance *HOW TO GO VIRAL*.

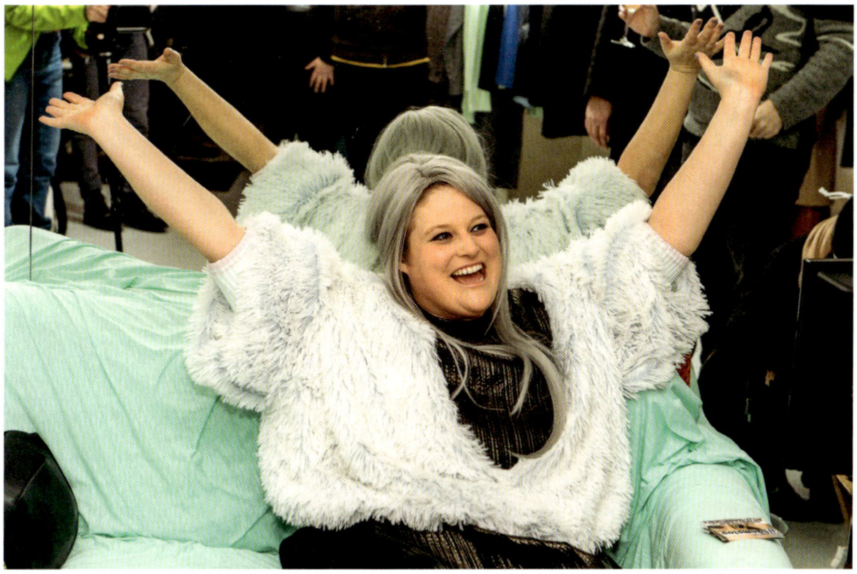

**Research Performances** Erstmals inszeniert wurde *INFLUENCA* bei ihrem eigenen Geburtsritual, dem *Birth Ritual*, am 1. März 2018 im SAMSTAG Shop in Wien. In einem übergroßen, überzogenen Kostüm mit grauer Perücke, Plateauschuhen und mit einem unvergesslichen, hysterischen, geradezu unerträglichen Lachen hält sie seitdem bei diversen weiteren Erscheinungen, z. B. in ihrem @realinfluenca-Instagram-Account und dem *Pop-Up Shop*, humorvoll als Virus dem Hype um Influencer*innen einen Spiegel vor. Unter den Hashtags *#SuperSocial* und *#SuperSick* inszeniert sie sich viral, stets gut gelaunt und überdreht. Dabei versucht sie direkt eine kapitalistische Vermarktung ihres Daseins, indem sie performative Inhalte verkauft. So kapitalisiert sie die sogenannten Internet-Tränen *#ONLINETEARS* genauso wie Bestattungen für Logos, *#LogoCemetery*, in denen die Kund*innen sich selbst als Trauerredner*innen inszenieren können.
Diese *Research Performances* wurden ungefiltert veröffentlicht und in den Werkzyklus integriert.

BIRTH RITUAL
Soloperformance, 60:00 min, 2018

POP-UP SHOP
Soloperformance, 120:00 min, 2018

ERSCHEINUNGEN
Soloperformance, 240:00 min, 2018

#ONLINETEARS
Werktext

#LogoCemetery
Werktext

MANIFEST
Werktext

**Research Performances** *INFLUENCA* was first staged at her own *Birth Ritual*, on March 1, 2018, at the SAMSTAG Shop in Vienna. In an oversized, overdone costume with a big grey wig, platform shoes, and an unforgettable, hysterical, almost unbearable laugh, she, as a virus, thereon was to hold a humorous mirror to the hype surrounding influencers, e.g. on her @realinfluenca Instagram account and in the *Pop-Up Shop*. Under the hashtags *#SuperSocial* and *#SuperSick*, she staged going viral, always in a good mood and over the top. In doing so, she directly attempts a capitalist marketing of her existence by selling performative content. She capitalises on the so-called *#ONLINETEARS* as well as funerals for logos *#LogoCemetery*, in which the customers can stage themselves as funeral speakers.
These *Research Performances* were published unfiltered and integrated into the work cycle.

BIRTH RITUAL
Solo performance, 60:00 min, 2018

POP-UP SHOP
Solo performance, 120:00 min, 2018

APPEARANCES
Solo performance, 240:00 min, 2018

#ONLINETEARS
Work text

#LogoCemetery
Work text

MANIFESTO
Work text

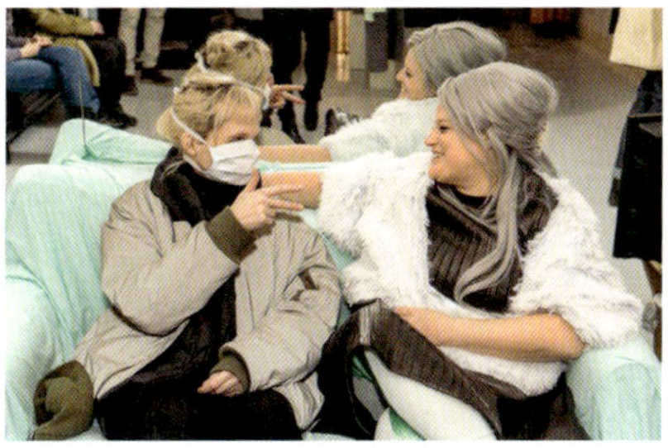

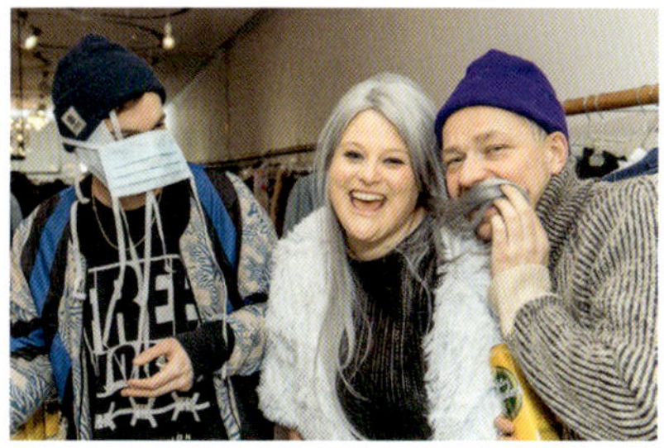

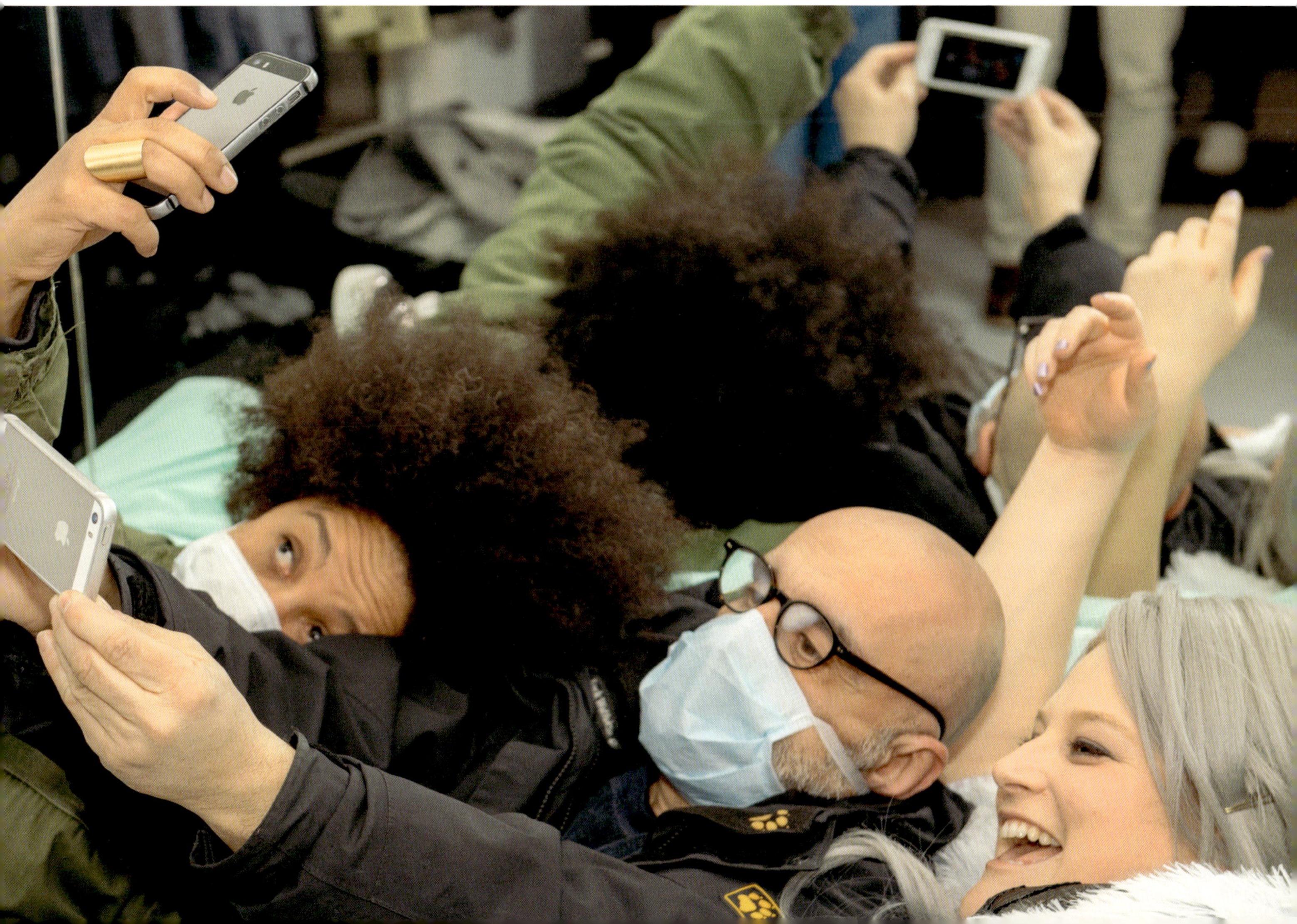

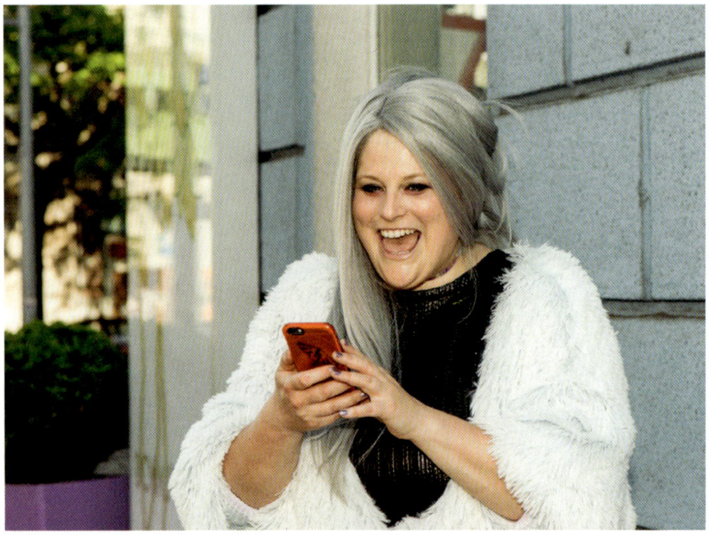

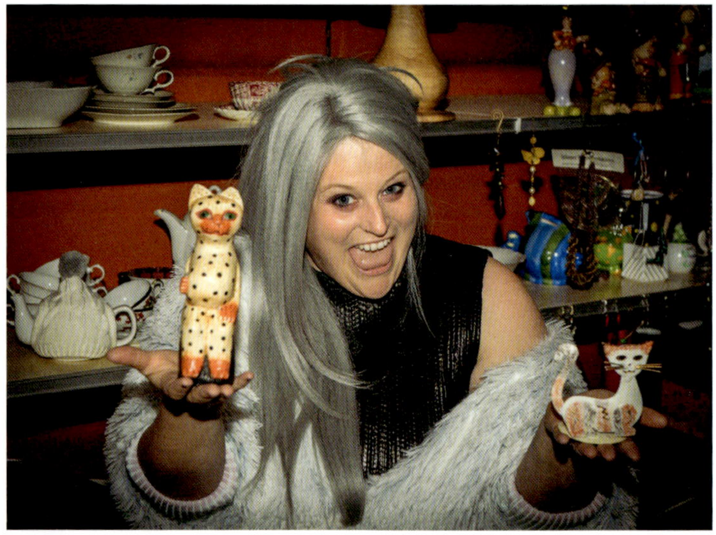

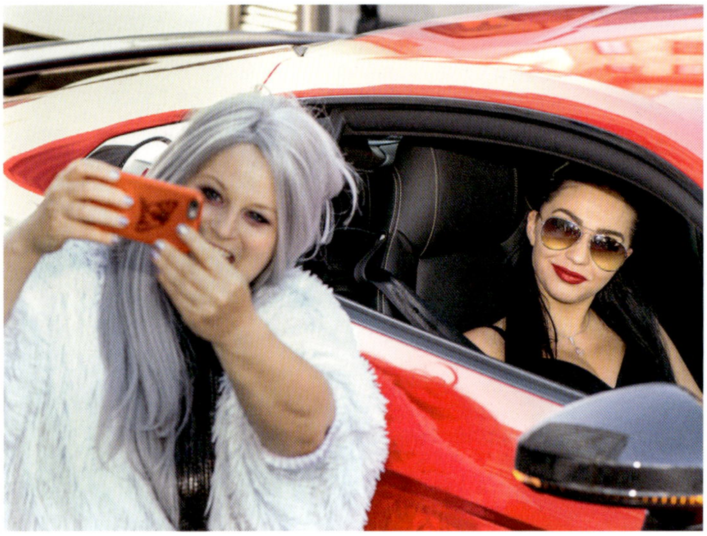

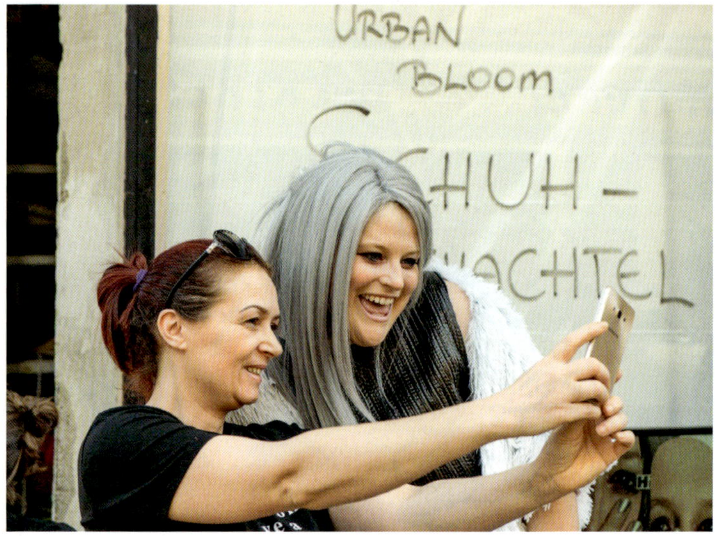
URBAN
BLOOM

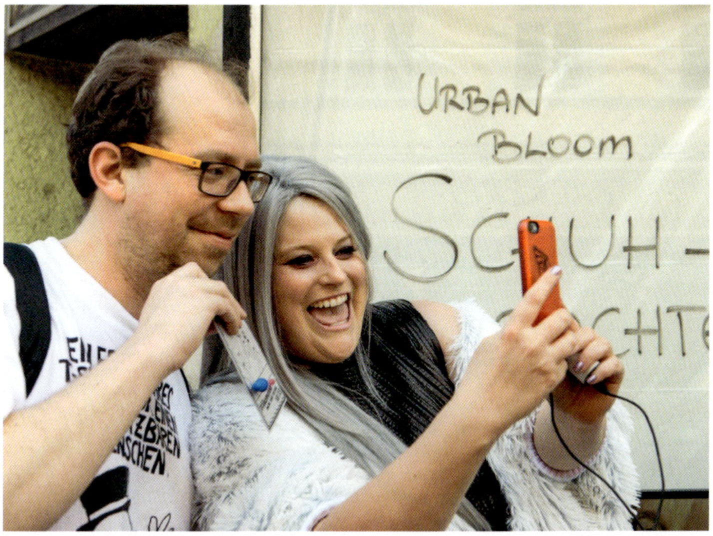
URBAN
BLOOM
SCHUH-

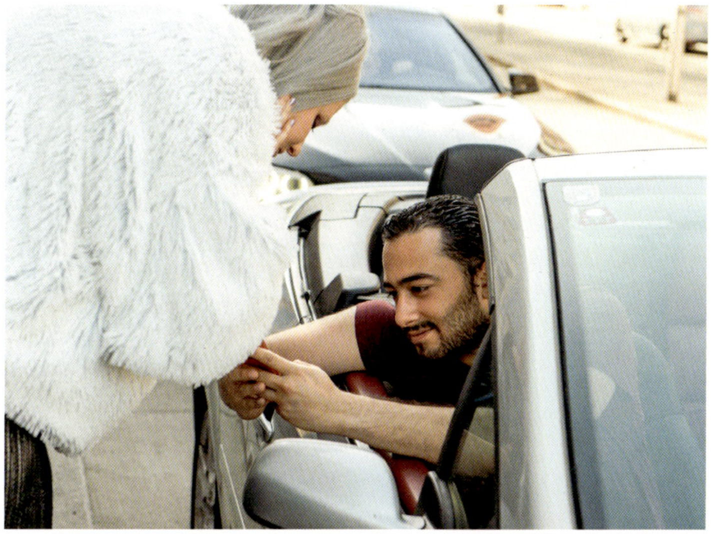

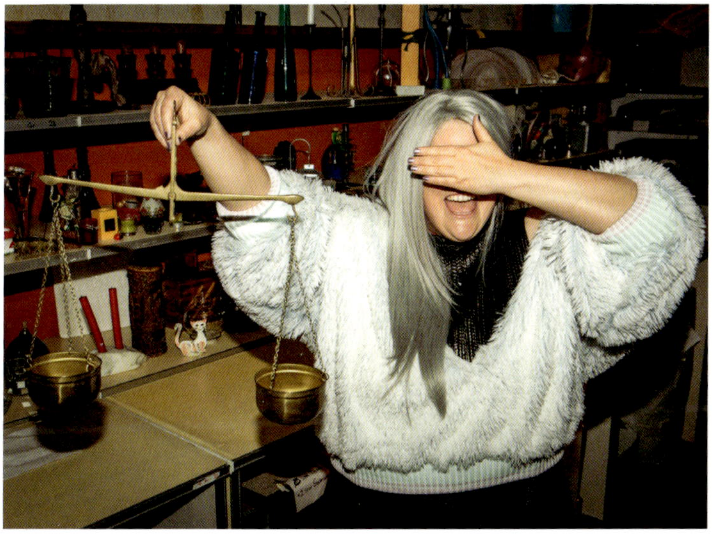

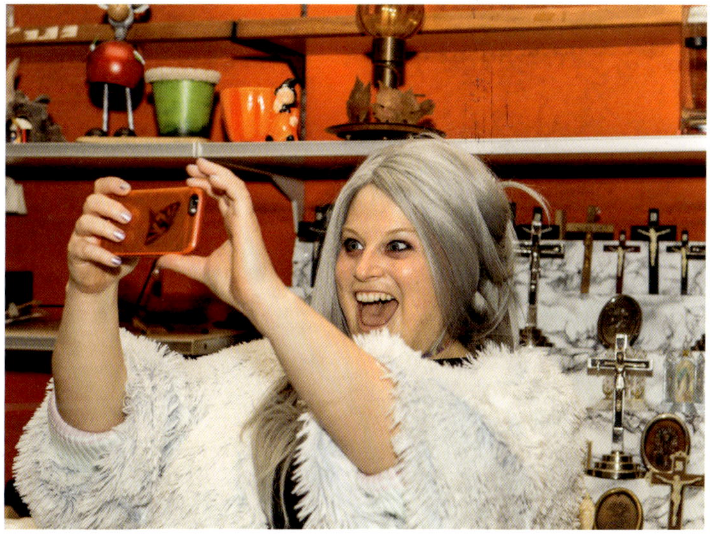

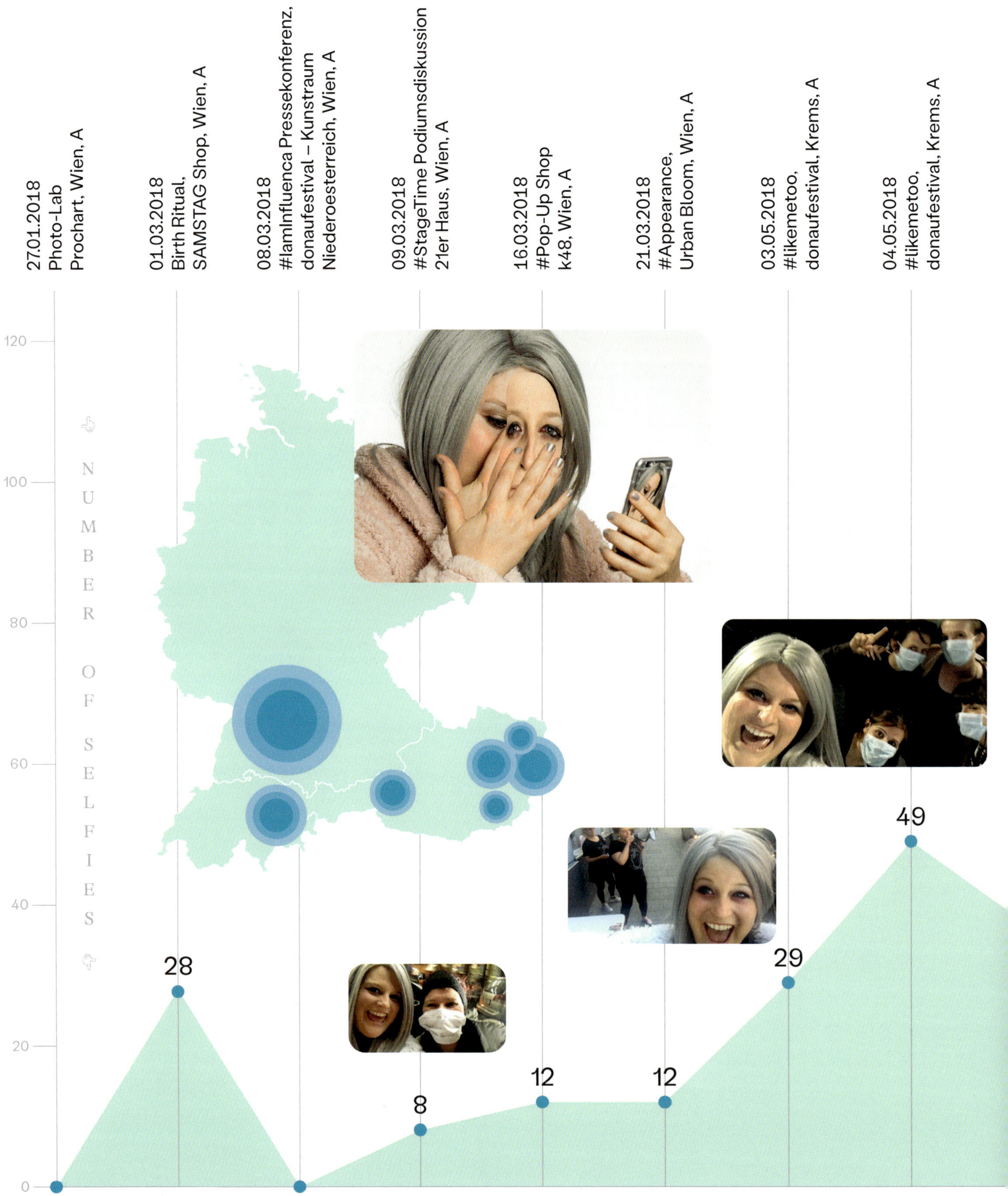
27.01.2018
Photo-Lab
Prochart, Wien, A
01.03.2018
Birth Ritual,
SAMSTAG Shop, Wien, A
08.03.2018
#IamInfluenca Pressekonferenz,
donaufestival – Kunstraum
Niederoesterreich, Wien, A
09.03.2018
#StageTime Podiumsdiskussion
21er Haus, Wien, A
16.03.2018
#Pop-Up Shop
k48, Wien, A
21.03.2018
#Appearance,
Urban Bloom, Wien, A
03.05.2018
#likemetoo,
donaufestival, Krems, A
04.05.2018
#likemetoo,
donaufestival, Krems, A
120
100
80
60
40
20
0
NUMBER OF SELFIES
28
8
12
12
29
49

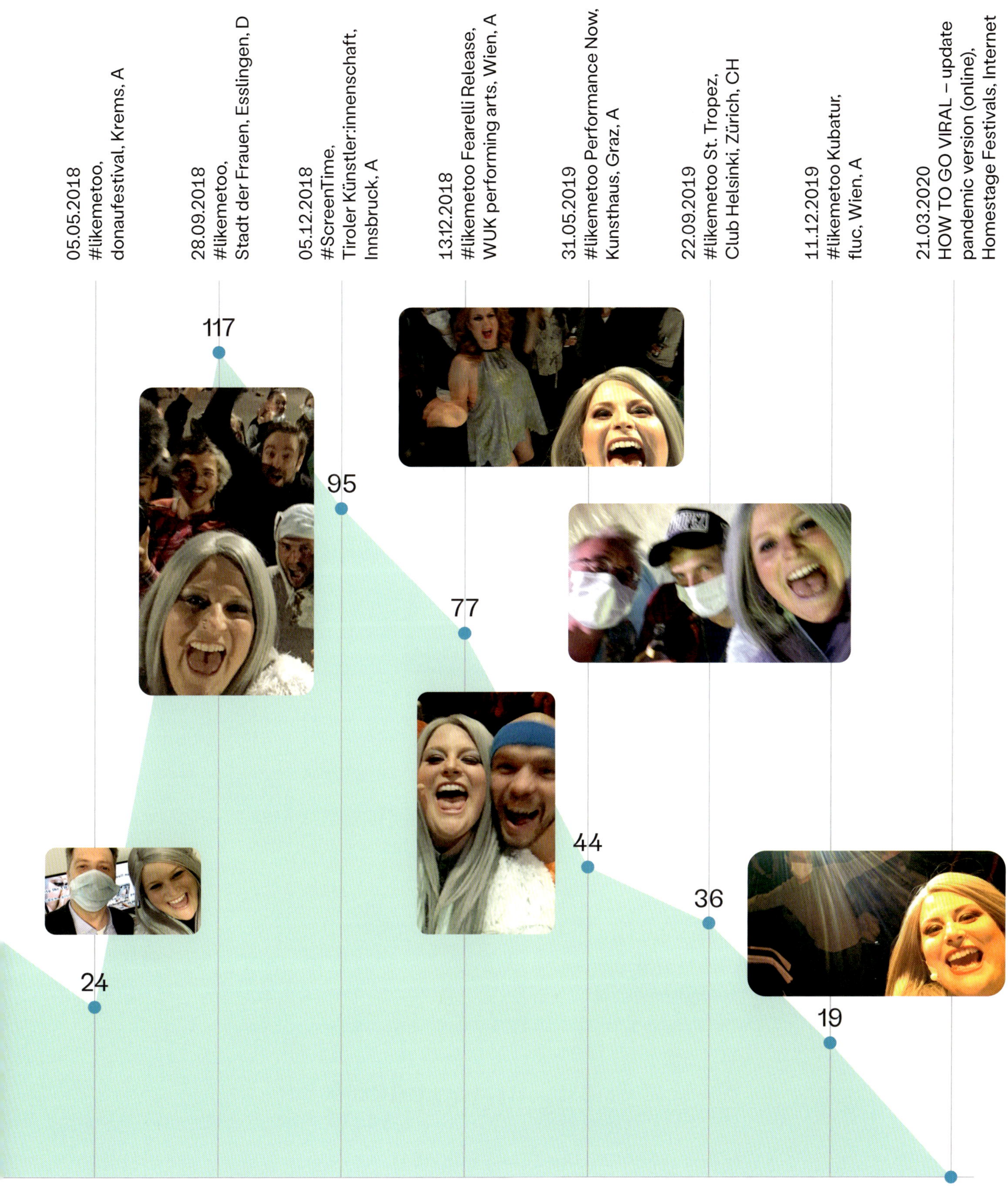
05.05.2018
#likemetoo,
donaufestival, Krems, A
28.09.2018
#likemetoo,
Stadt der Frauen, Esslingen, D
05.12.2018
#ScreenTime,
Tiroler Künstler:innenschaft,
Innsbruck, A
13.12.2018
#likemetoo Fearelli Release,
WUK performing arts, Wien, A
31.05.2019
#likemetoo Performance Now,
Kunsthaus, Graz, A
22.09.2019
#likemetoo St. Tropez,
Club Helsinki, Zürich, CH
11.12.2019
#likemetoo Kubatur,
fluc, Wien, A
21.03.2020
HOW TO GO VIRAL – update
pandemic version (online),
Homestage Festivals, Internet
24
117
95
77
44
36
19

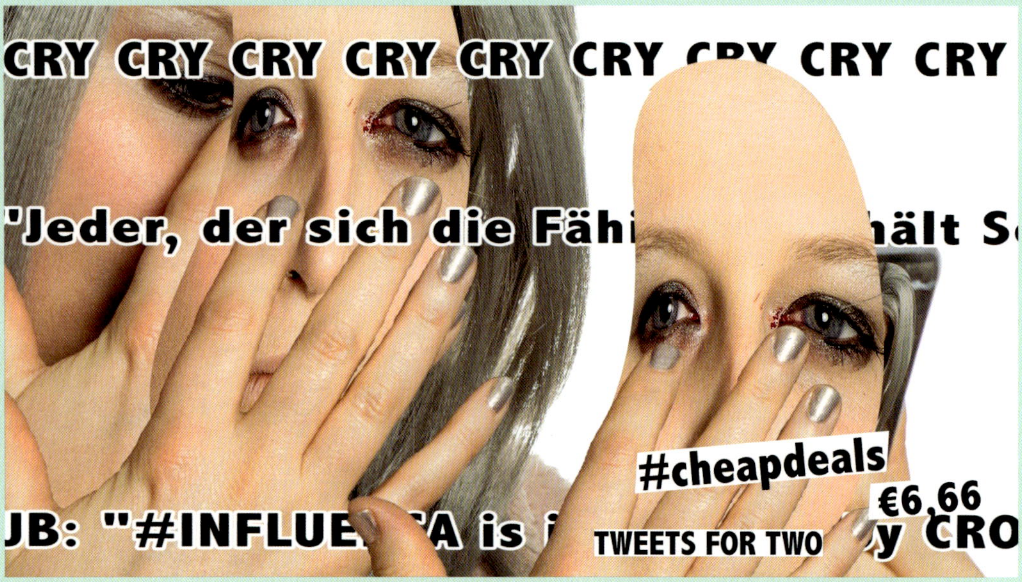
CRY CRY CRY CRY CRY CRY CRY CRY
#cheapdeals
€6,66
TWEETS FOR TWO

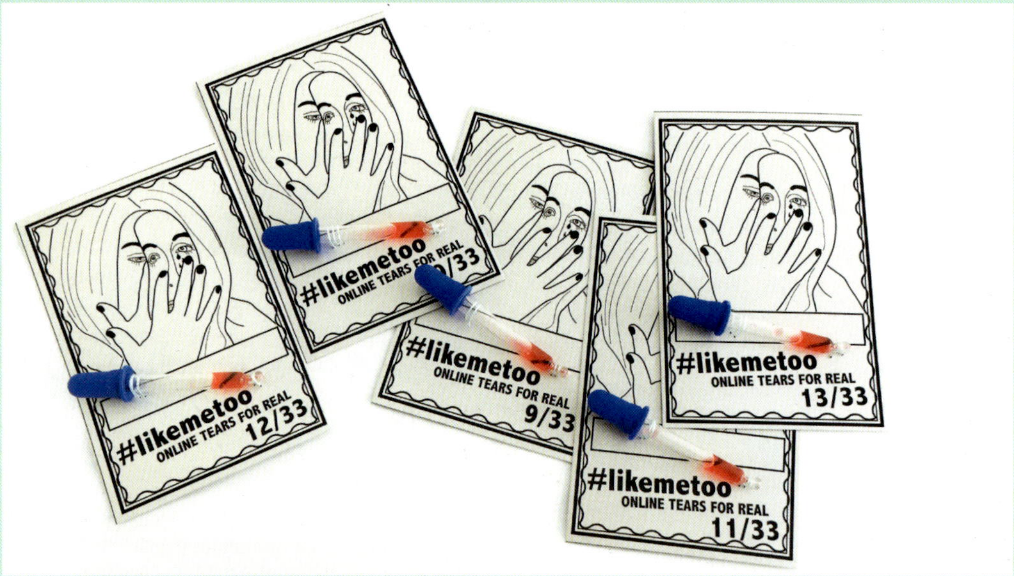
#likemetoo
ONLINE TEARS FOR REAL
12/33
9/33
13/33
11/33

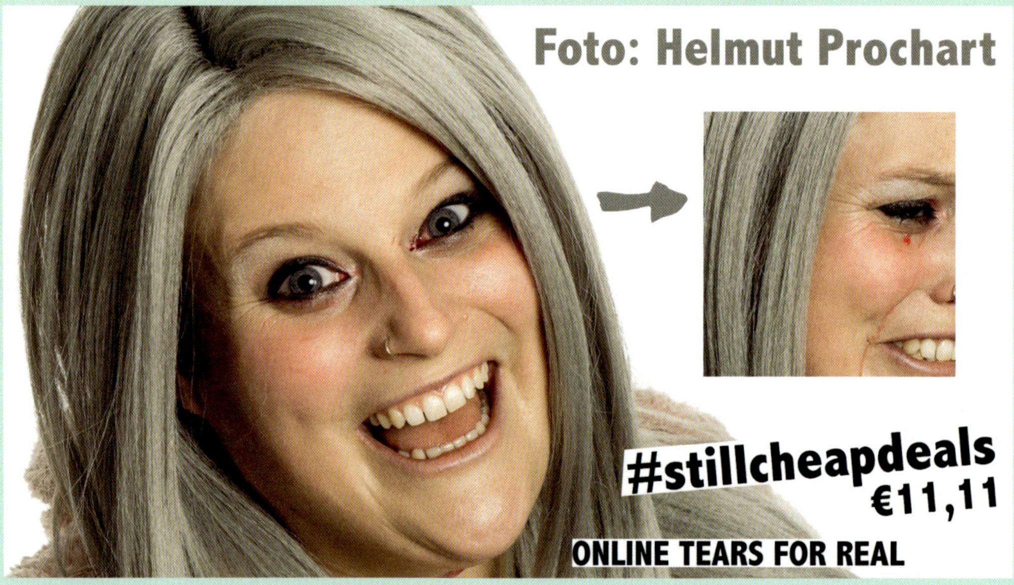
Foto: Helmut Prochart
#stillcheapdeals
€11,11
ONLINE TEARS FOR REAL

*The only thing I ask is that you like me too. Do you like me the way I like you? Do you lie to me when I lie next to you? Am I the one lying to you? I cry online tears for you. CRY CRY CRY*

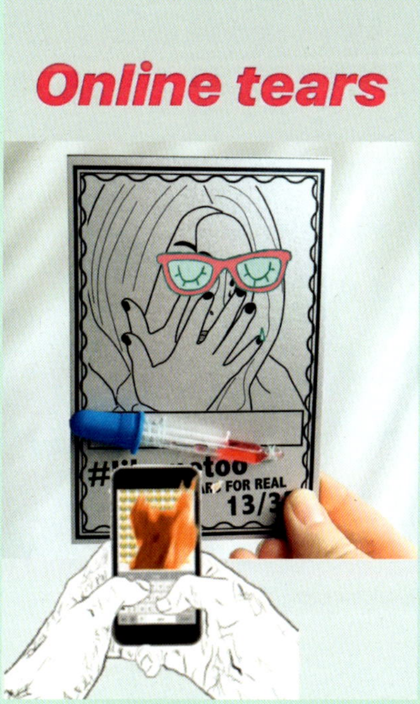


*Das Einzige, worum ich dich bitte, ist, dass du mich auch magst. Magst du mich so, wie ich dich mag? Lügst du mich an, wenn ich neben dir liege? Bin ich diejenige, die dich anlügt? Ich weine Internet-Tränen für dich. WEIN WEIN WEIN*

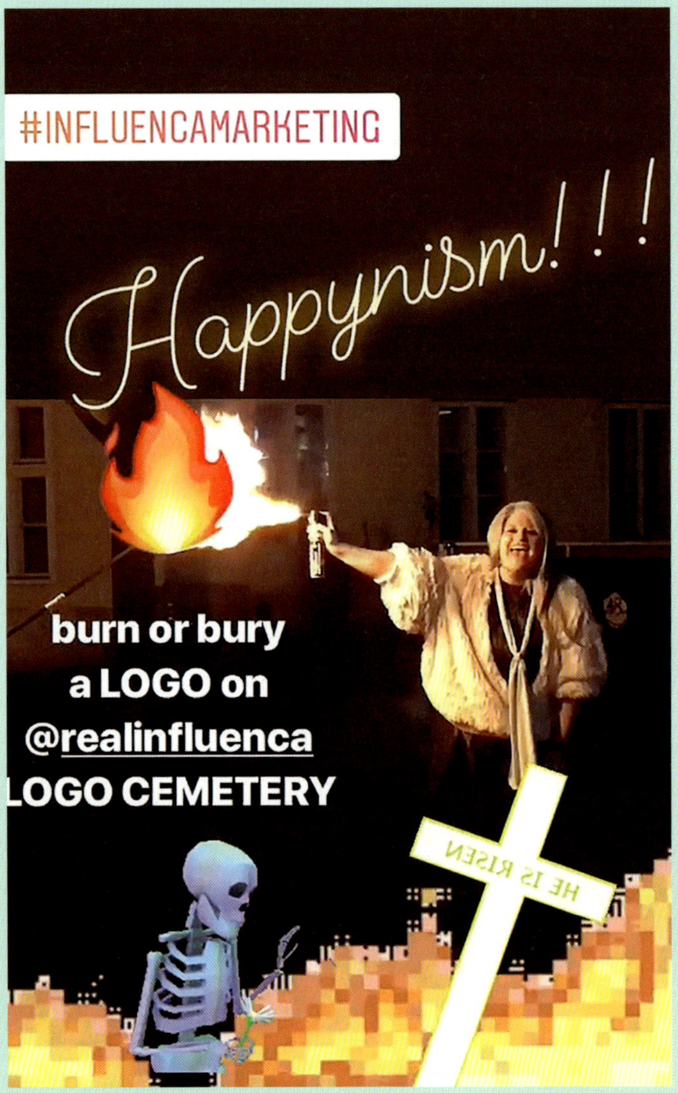
#INFLUENCAMARKETING
Happynism!!!
burn or bury
a LOGO on
@realinfluenca
LOGO CEMETERY
HE IS RISEN

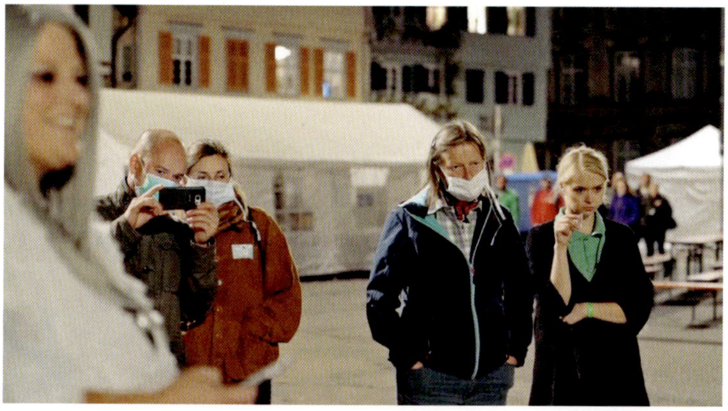

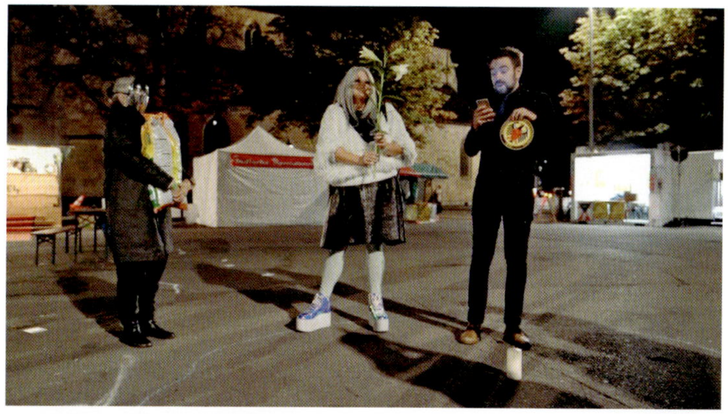

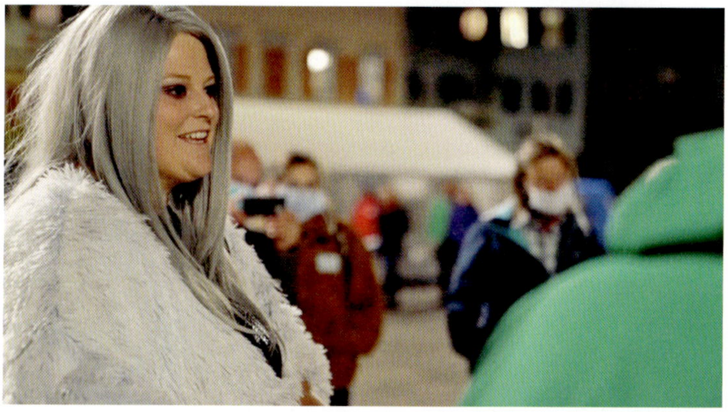

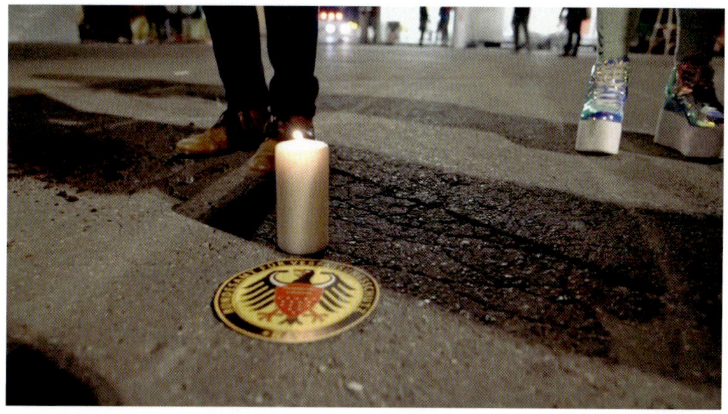

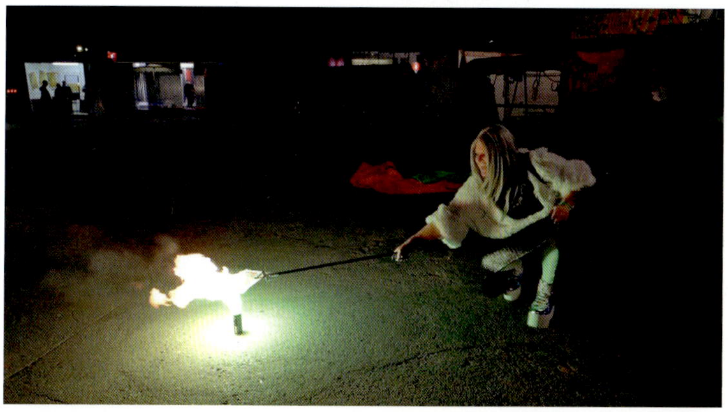

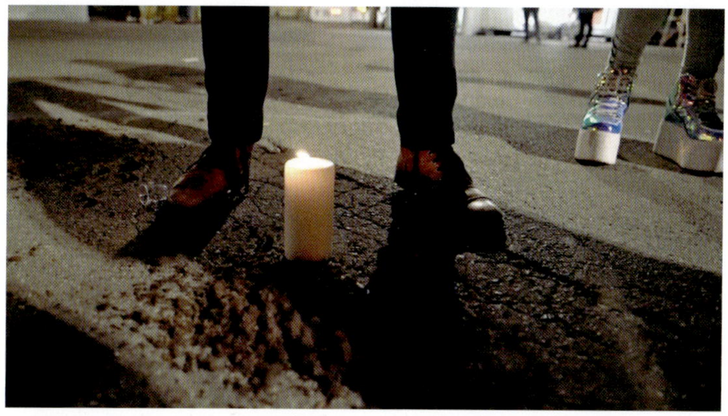

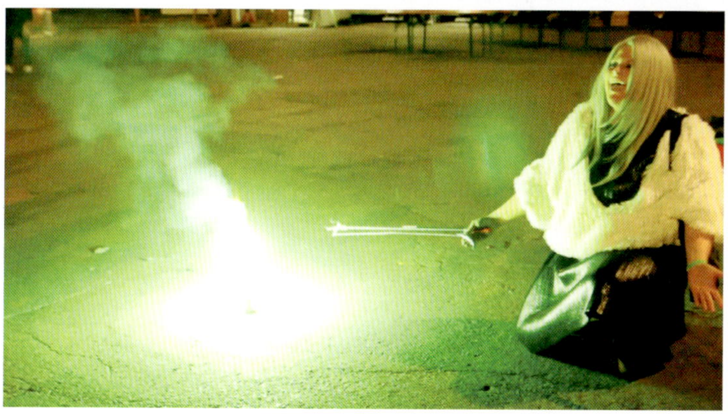

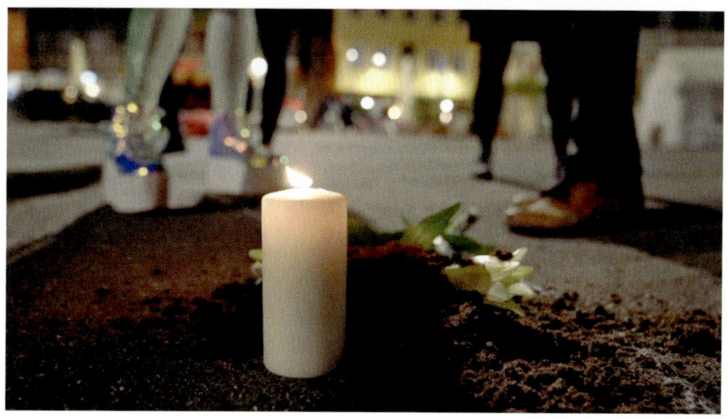

# MANIFEST

Das ist INFLUENCA
Sie ist ein Konstrukt
Ihre Handlungen sind
unkompliziert
Ihre Worte sind einfach
Ihr Körper spricht
alle Sprachen
Sie weint
Internet-Tränen
Sie spiegelt,
was sie bekommt
Sie wurde geschaffen,
um den Inhalt anderer
zu repräsentieren
Sie macht gern,
was ihr gesagt wird

Einwilligung
ist ihr egal
Sie akzeptiert die
Grenzen anderer nicht
Und so können auch
andere einfach über sie
drüber laufen

Das ist INFLUENCA
Sie hatte nie ein
Phantom-Profil
Und sie hat ihren
Algorithmus nicht
selbst ausgesucht
Sie weiß, dass sie
ersetzbar ist
Sie versucht, bei jeder
Herausforderung
erfolgreich zu sein
Sie lebt nicht
nur im Internet

Facebook wurde von
ihr angesteckt
Viele Jungs haben
sie angebraten
Sie konnte sich
nicht ausweisen
Und am Ende wurde
sie gemeldet
Zugriff verweigert:
Klarnamenpflicht
Eine verwirrende
Firmenkonstruktion
Sie ist für den Staat
nicht ganz zugänglich
Und aufgrund ihrer
Parameter
hat ein CEO
einen erheblichen
Vertrauensmissbrauch
begangen.

*„Das war ein großer
Vertrauensbruch – und
ich bedauere, dass das
passiert ist."**

* Mark Zuckerberg

Das ist INFLUENCA
Jetzt ist sie auf
Instagram
Sie ist ein Produkt
Ihre Handlungen
stehen zum Verkauf
Ihre Worte stehen
zum Verkauf
Ihr Körper steht
zum Verkauf
Sie wurde geschaffen,
um verkauft zu werden

Sie ist kommerziell
Ihr Beziehungsstatus
ist neoliberal
Ihr Aktivismus wird
mit Likes erkauft
Ihre Worte sind da, um
vergessen zu werden
Sichtbarkeit ohne
Inhalt ist
ihr größtes Kapital
Genau wie alle ihre
anderen Bilder
Sie lebt für ihr Selfie

Das ist INFLUENCA
Sie ist nicht politisch
Ihre Handlungen sind
nicht politisch
Ihre Worte sind
nicht politisch
Ihr Körper ist
nicht politisch
Sie wurde gemacht,
um ein Star zu sein
Und sie kommt mit
jeder Situation zurecht

Das ist INFLUENCA
Sie ist nicht das
Katastrophenszenario
Sie ist das kleinere von
zwei Übeln

Sie ist nicht korrupt
Sie können sie nur
finanziell beeinflussen
Sie ist nicht korrupt
Sie ist nicht korrupt
Sie können sie nur
finanziell beeinflussen
Also lasst sie
ein Logo verbrennen
Lasst sie in der
Hölle schmoren
Lasst sie einfach sein
Wer sie ist

Und sie wird lachen, sie
wird für immer lachen
Lass sie lachen, und sie
wird für immer lachen

# MANIFESTO

This is INFLUENCA
She is a construct
Her actions are
straightforward
Her words are easy
Her body speaks
all languages
She cries online tears
She mirrors
what she gets
She was created to
present the content
of others
She enjoys doing what
she is told to do

Consent does not
matter to her
She does not accept the
boundaries of others
And so others simply
run over her, too

This is INFLUENCA
She never had
a phantom profile
And she did not choose
her own algorithm
She knows that she's
replaceable
She tries to succeed
in any challenge
She is not only living
in the internet

Facebook was infected
by her
Many dudes hit on her
She had no passport
And in the end, she was
reported
Access denied: real
name obligatory
A confusing company
construction
She can't be accessed
fully by the state
And due to her
parameters
A CEO committed a
major breach of trust

*"This was a major
breach of trust – and
I'm sorry that this
happened."**

This is INFLUENCA
Now she is on
Instagram
She is a product
Her actions are for sale
Her words are for sale
Her body is for sale
She was created
to be sold

She is commercial
Her relationship status
is neoliberal
Her activism is bought
with likes
Her words are there to
be forgotten
Visibility without
content is her
biggest asset
Just like all her pictures
She lives for her selfie

This is INFLUENCA
She is not political
Her actions are
not political
Her words are
not political
Her body is
not political
She was made
to be a star
And she gets along in
any situation

This is INFLUENCA
She is not the
worst-case scenario
She is the lesser
of two evils

She is not corrupt
You can only influence
her financially
She is not corrupt
She is not corrupt
You can only influence
her financially
So let her burn a logo
Let her burn in hell
Let her simply be
who she is

And she will laugh,
she will laugh forever
Let her laugh, and she
will laugh forever

* Mark Zuckerberg

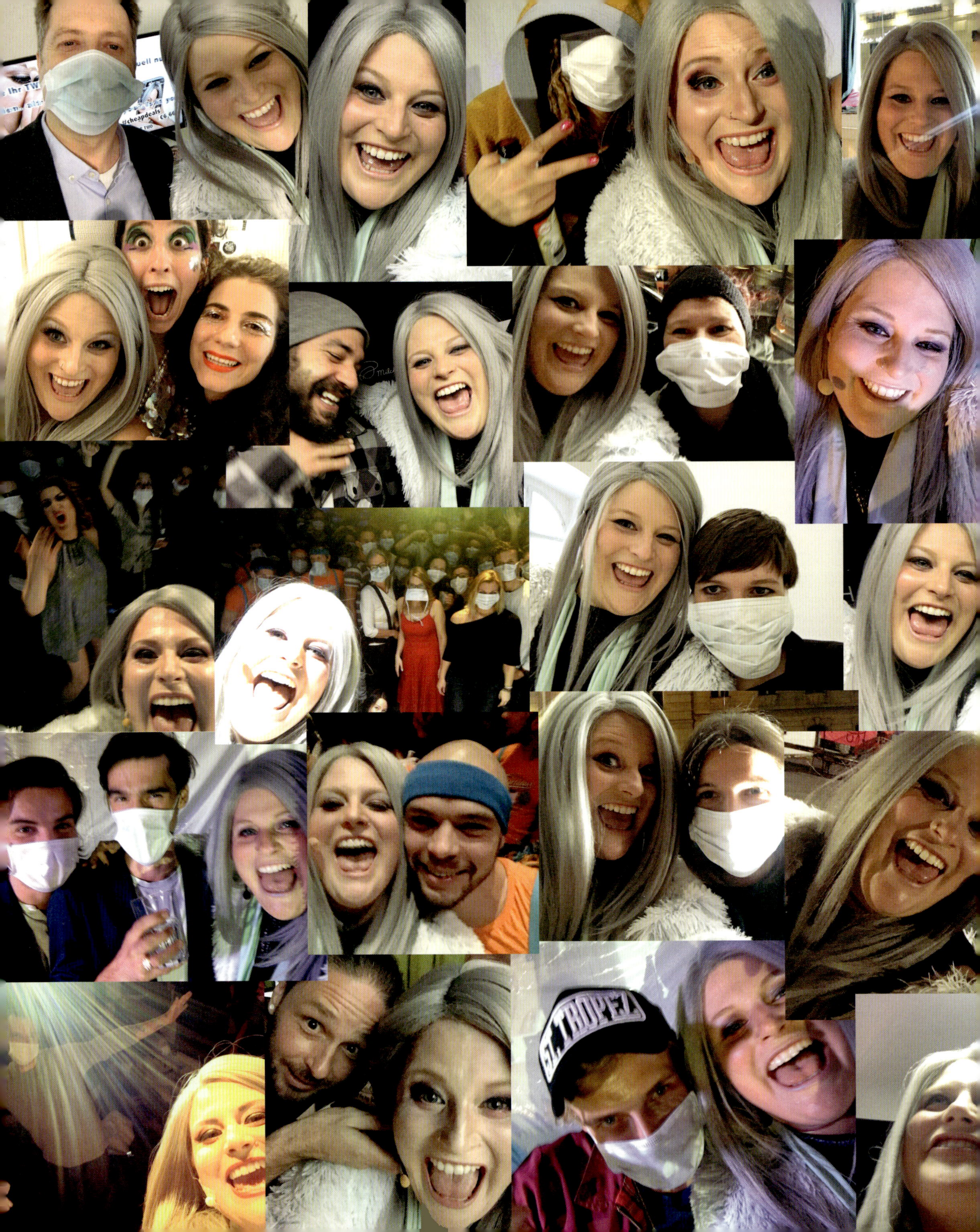
ST.TROPEZ

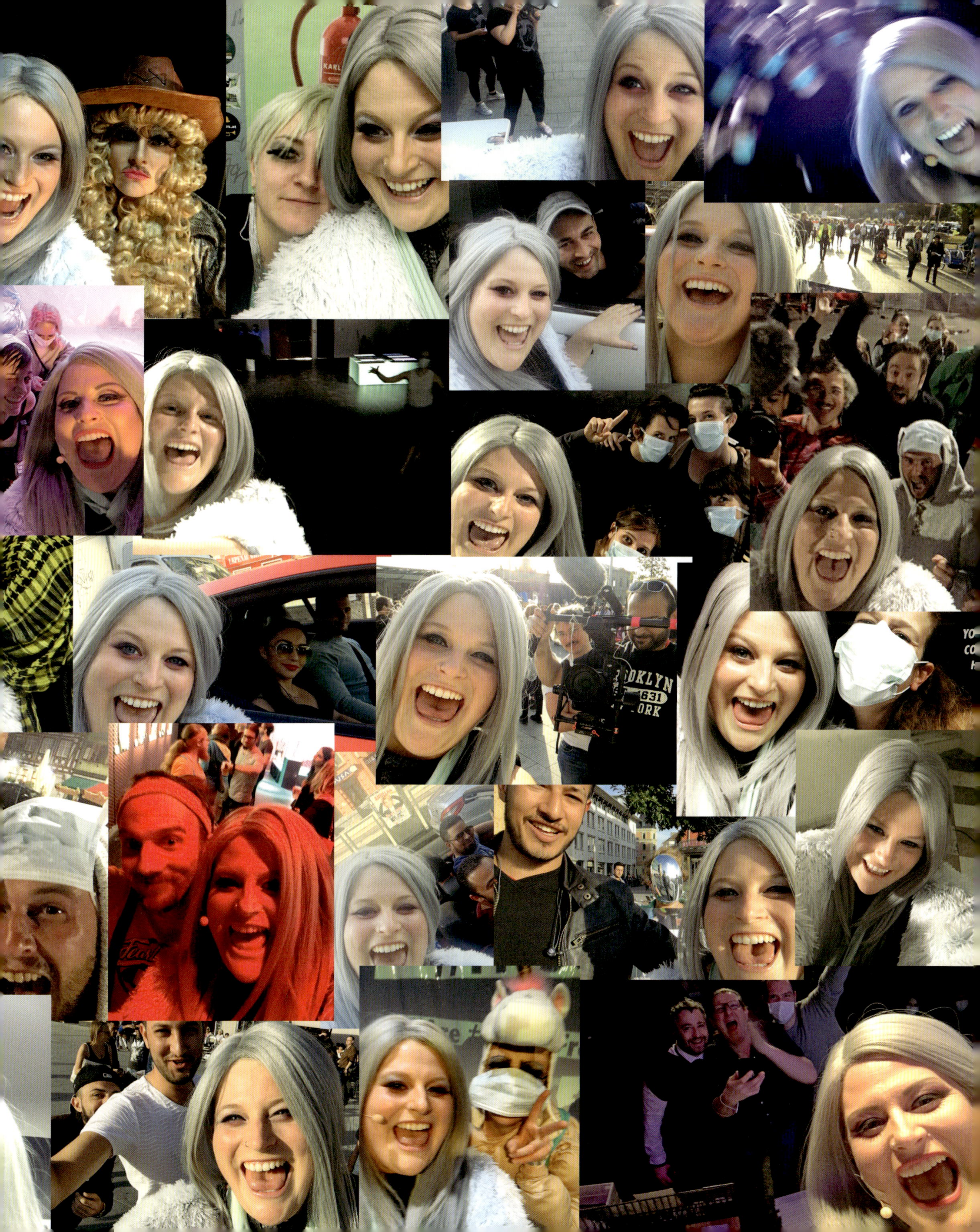

**#likemetoo** Die Kampagne und Performance *#likemetoo* demaskiert und öffnet den künstlerischen Schaffensprozess und die Realität von Künstler*innen als Kleinunternehmer*innen. Die Aktion hatte das Ziel, mittels einer Crowdfunding-Kampagne eine besonders gefällige Performance zu schaffen, bei der sich jede Person einbringen konnte. Host dieser Kapitalismus-Horrorshow ist die Figur *INFLUENCA*, die vor allem gut drauf ist. Dabei bedient sie jedes Klischee, das für die universale Selbstvermarktung notwendig ist: Ihr Beziehungsstatus ist neoliberal, sie ist ein Produkt ohne eigene Meinung, sie ist nicht politisch, sie ist nicht korrupt, sondern nur finanziell beeinflussbar. So bietet sie sich schamlos ihrem Publikum an, indem sie ihren Follower*innen die Möglichkeit gibt, die Künstlerin und die Kunstfigur zu beeinflussen. Dies geschieht, indem sie deren eigenen Content als Werbung oder Live-Auftritte in ihre Performance mit einbindet.

Kampagne, Performance mit drei Performenden, 45:00 min, 2018

Bei dieser Performance, die immer wieder an verschiedenen Orten stattgefunden hat, wird das Publikum mit zwei verschiedenen Versionen der Künstlerin Barbis Ruder konfrontiert. Als *Intro* tritt Barbis Ruder selbst in einem Video auf und erklärt dem Publikum die Kampagne. Danach wird ein Video abgespielt, in dem das *MANIFEST* als Song rezitiert wird. Nach dieser Einführung tritt dann die Kunstfigur *INFLUENCA* auf und macht Selfies mit dem Publikum, *#Selfie-Time*. Diese Selfie-Session wird immer wieder durch Videos und Produktplatzierungen unterbrochen. In den *Videosequenzen* liest die Künstlerin Barbis Ruder E-Mails an Freund*innen, Familienmitglieder, Facebook-Freund*innen und andere Personen in ihrem Umkreis vor, um für die Kampagne und deren Unterstützung zu werben.

Diese sehr persönliche Ansprache wird wiederum von Produktplatzierungen, der *#Shopping-Time*, die *INFLUENCA* anpreist, unterbrochen. Das Publikum wird von *INFLUENCA* aufgefordert, sich durch den Erwerb von Produkten wie Selfies, Taschen und Tweets in die Performance einzukaufen. Schließlich werden die Personen, die das Produkt *#5MinutesofFame* erworben haben, auf die Bühne gerufen, um sich zu präsentieren. Diese Selbstdarstellung wird durch eine Mitarbeiterin von *INFLUENCA* beendet. *INFLUENCA* verwandelt sich wieder zurück in die *Künstlerin Barbis Ruder* – die Perücke wird abgenommen. Als Künstlerin rezitiert Barbis Ruder das *MANIFEST* als Nachruf auf *INFLUENCA*.

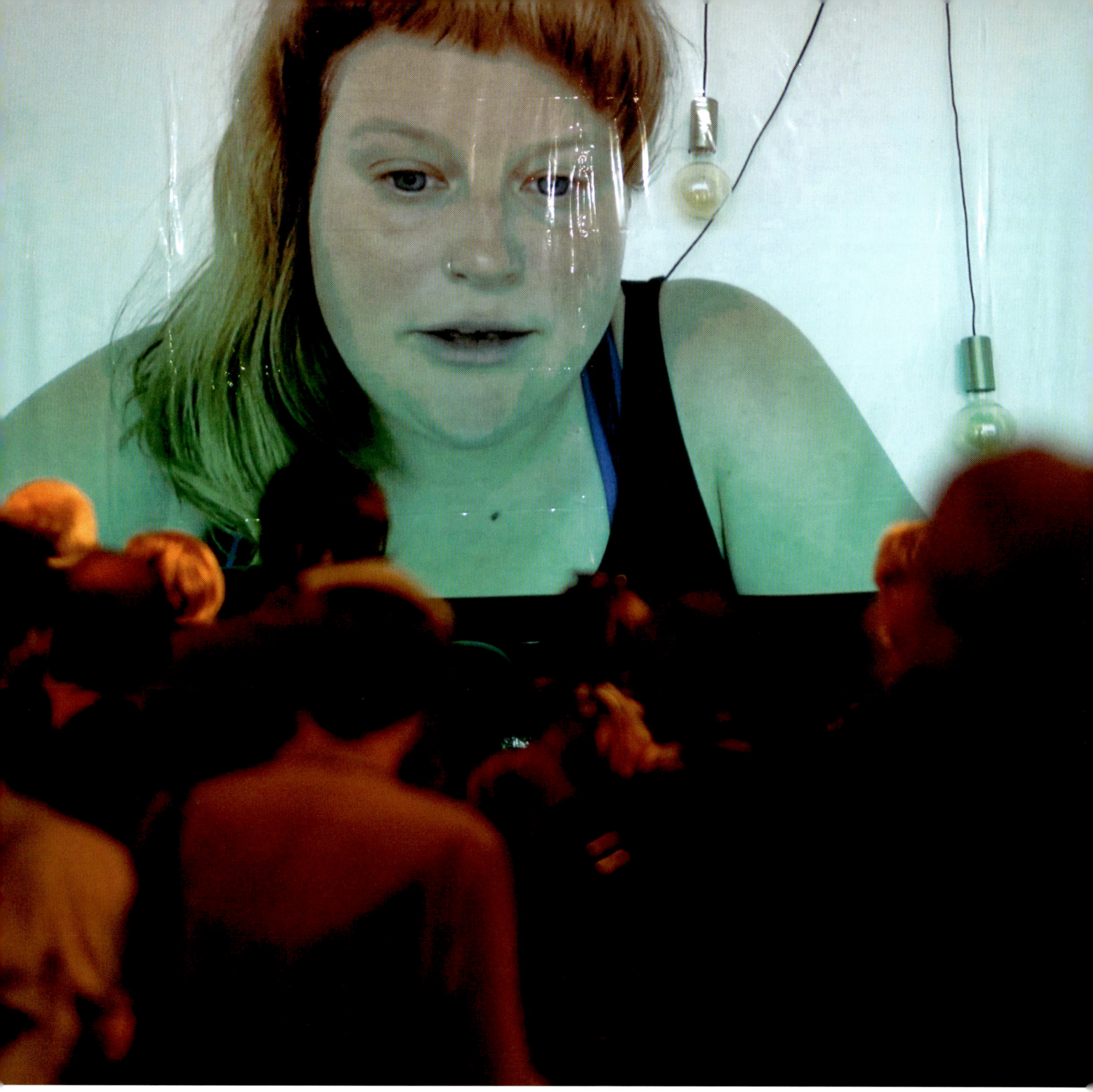

**#likemetoo** The campaign and performance *#likemetoo* unmasked and portrayed the artistic creation process and the reality of artists as small-scale entrepreneurs. Through a crowdfunding campaign, the action aimed to create a particularly facile performance in which everyone could participate. Host of this capitalism horror show was the character *INFLUENCA* who, above all, was in a good mood. She served up each and every cliché needed for universal self-promotion: her relationship status is neoliberal, she is a product without an opinion of her own, she is not political, she is not corrupt, just financially amenable. She shamelessly pitched herself to her audience, giving followers the opportunity to mould the artist and artistic figure, while incorporating their content into her performance as advertisements or live appearances in her performances.

In this performance that took place at various locations and times, the audience was confronted with two different versions of the artist Barbis Ruder. As *Intro*, the artist appeared in a video and explained the campaign to the audience. Thereafter, a video was played in which the *MANIFESTO* was recited as a song. Following this introduction, the art figure *INFLUENCA* made her appearance and took selfies with the audience, *#SelfieTime*. This selfie session was repeatedly interrupted by videos and product placements. In the video sequences, Barbis Ruder, the artist, read out emails to friends, family members, Facebook friends, and other people in her circle to promote the campaign and recruit their support. This very personal appeal was in turn interrupted by product placements, *#ShoppingTime*, which were hyped by *INFLUENCA*. She invited the audience to buy into the performance by purchasing products such as selfies, bags, and tweets. People who bought the *#5MinutesofFame* product were called on stage to present themselves. This self-promotion was terminated in the end by an *INFLUENCA* employee. *INFLUENCA* then transformed back into the *Artist Barbis Ruder* – the wig was removed. As the artist, Barbis Ruder recited the *MANIFESTO* as an obituary for *INFLUENCA*.

Campaign, performance with three performers, 45:00 min, 2018

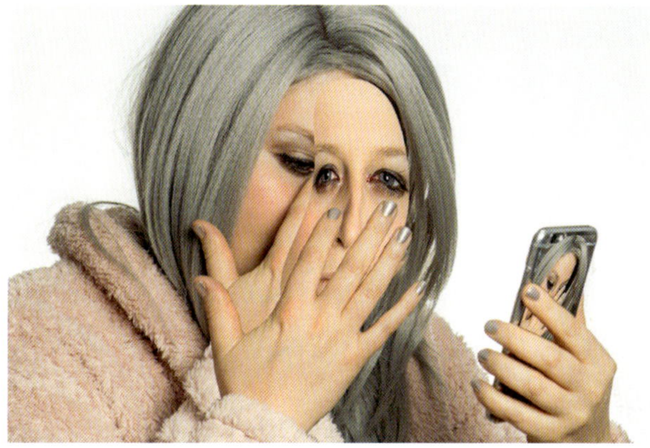

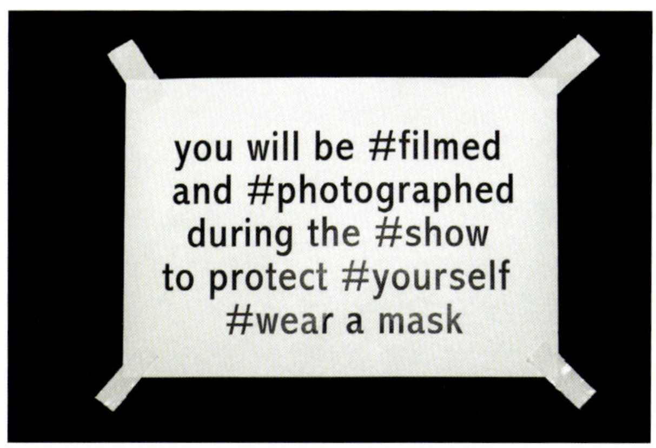
you will be #filmed
and #photographed
during the #show
to protect #yourself
#wear a mask

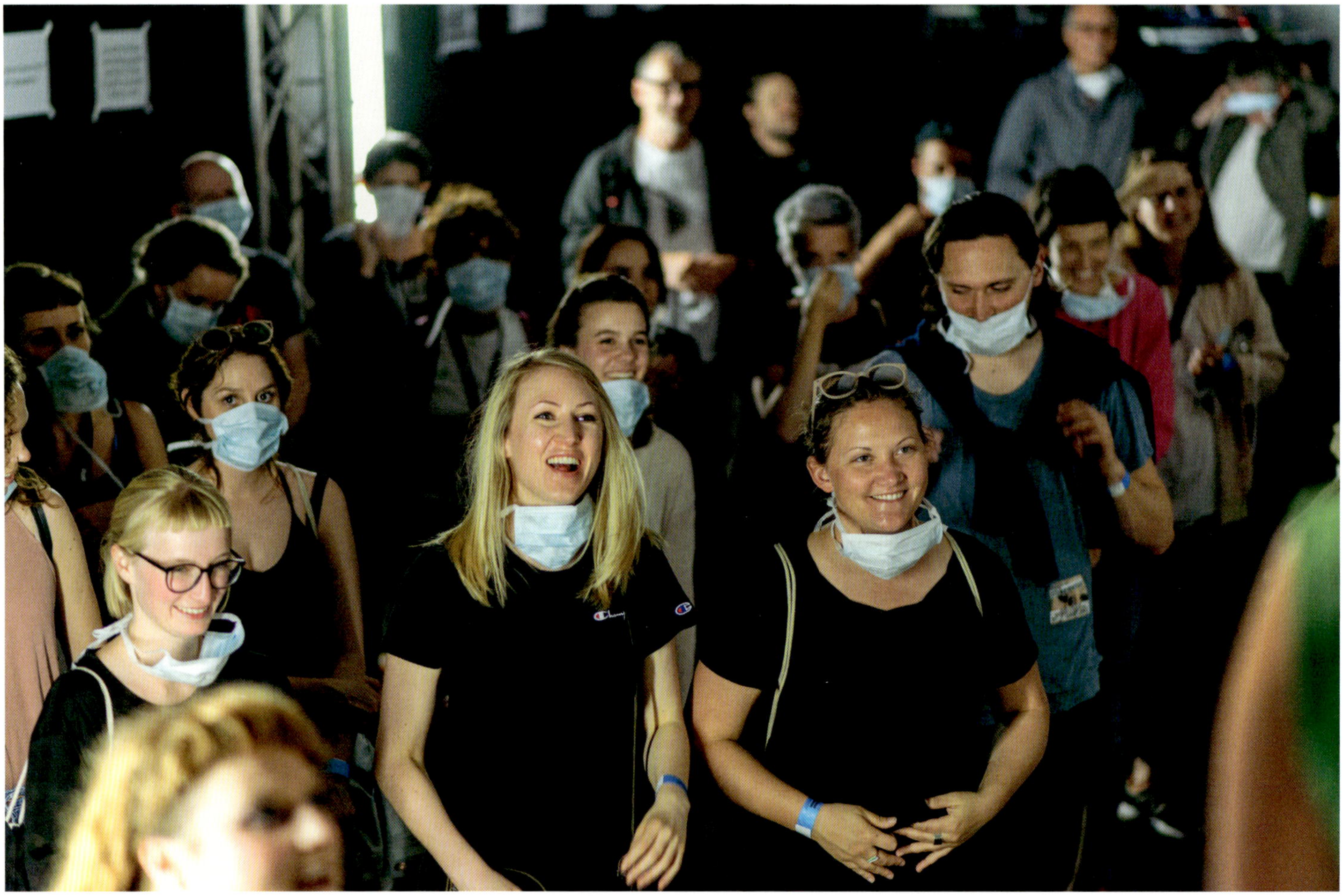

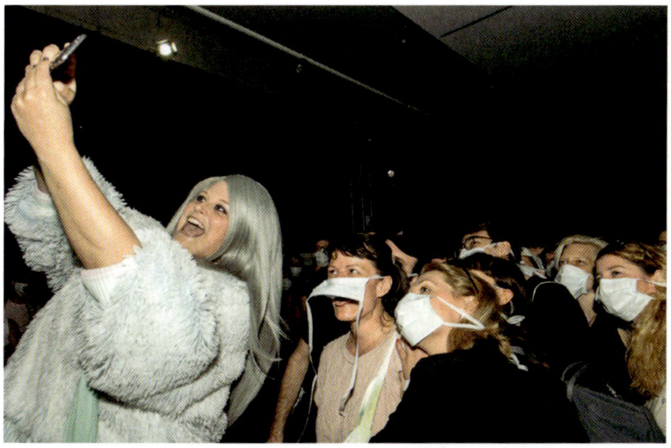
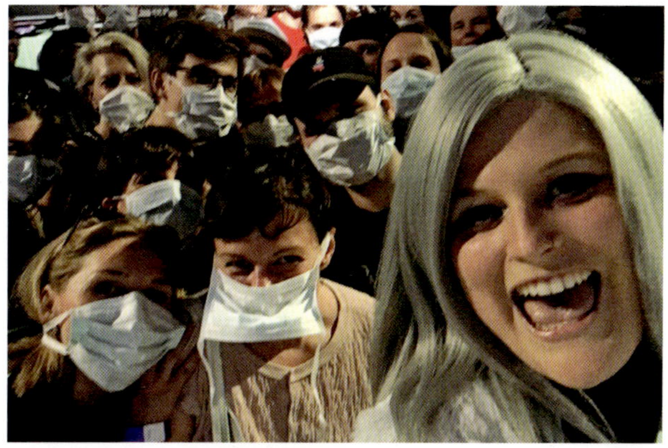
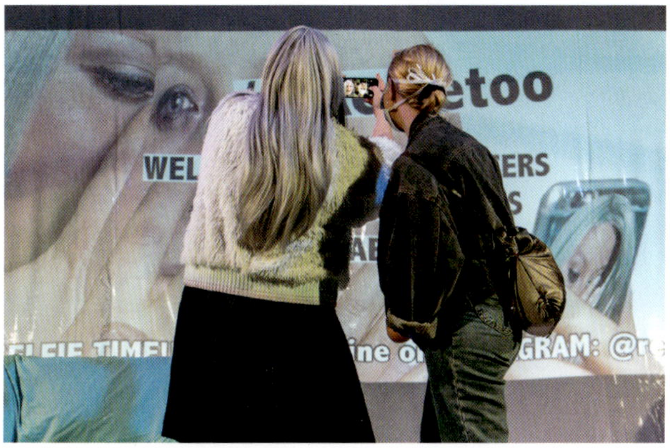
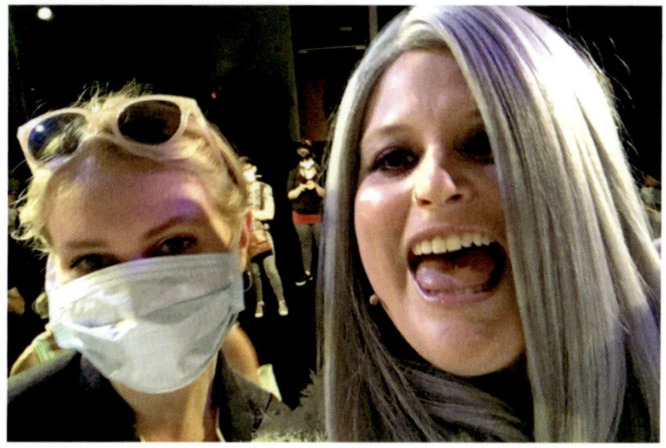
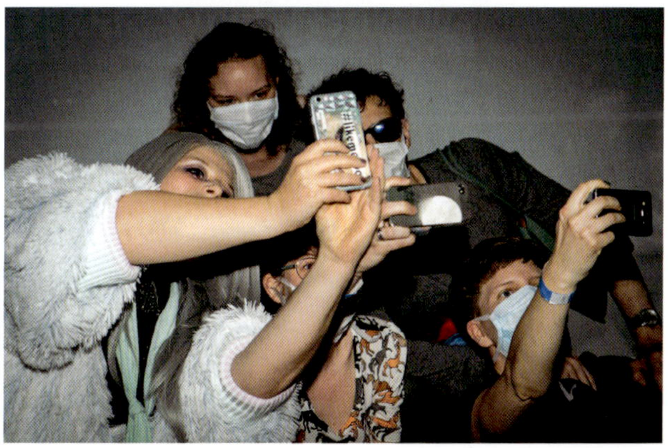
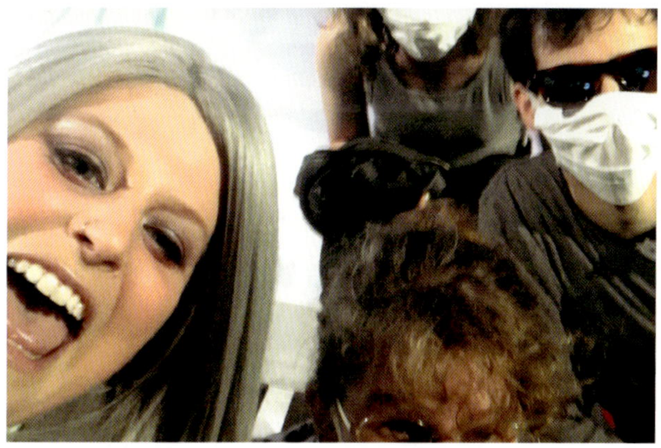
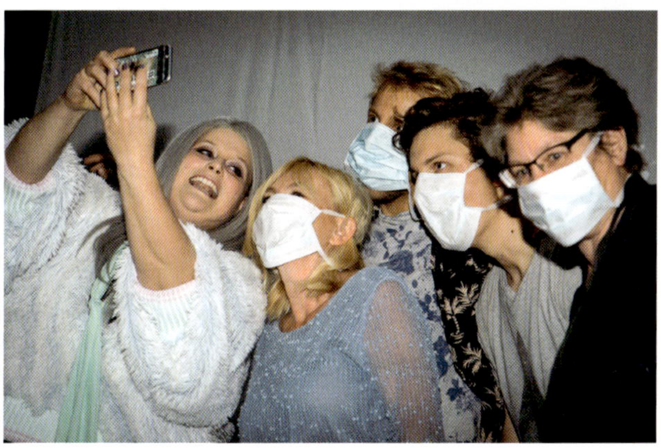
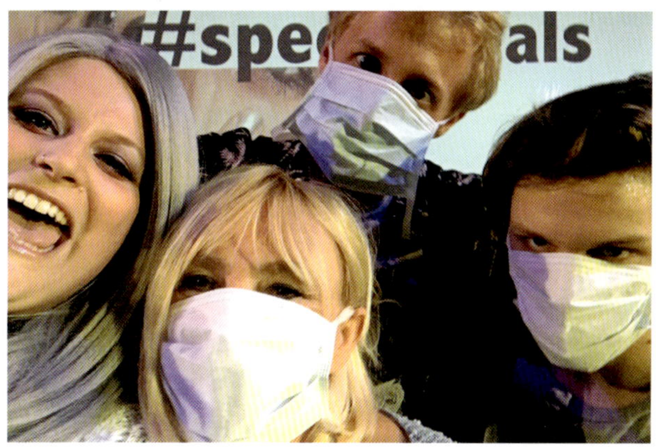

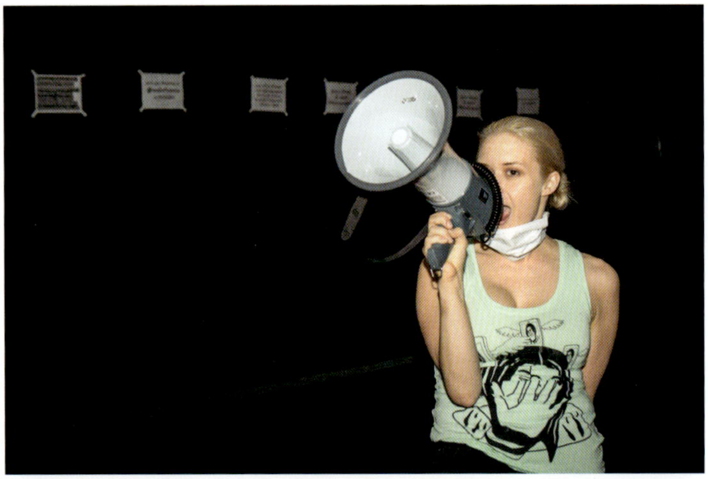

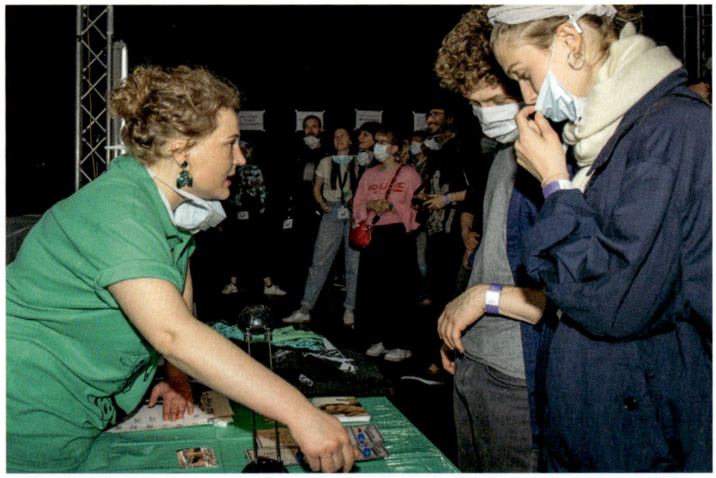

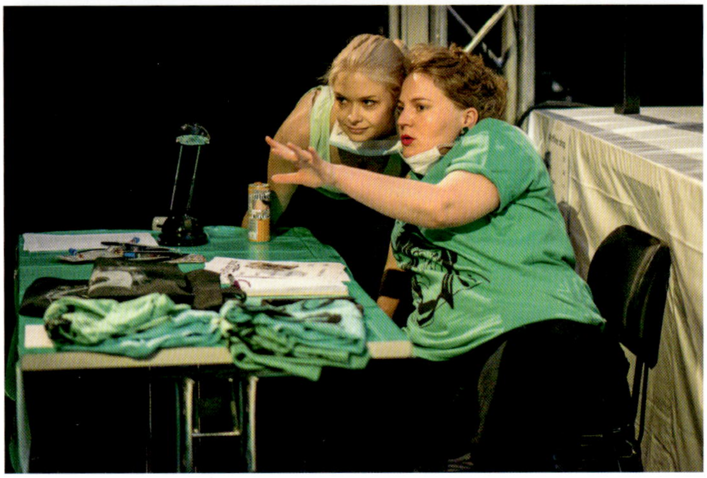

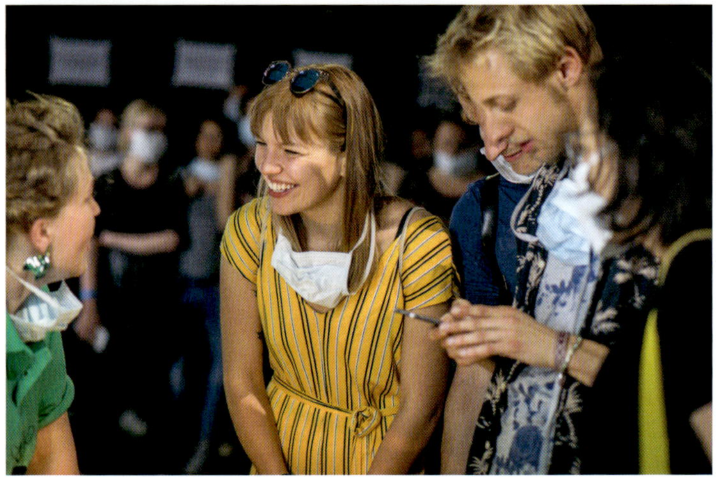

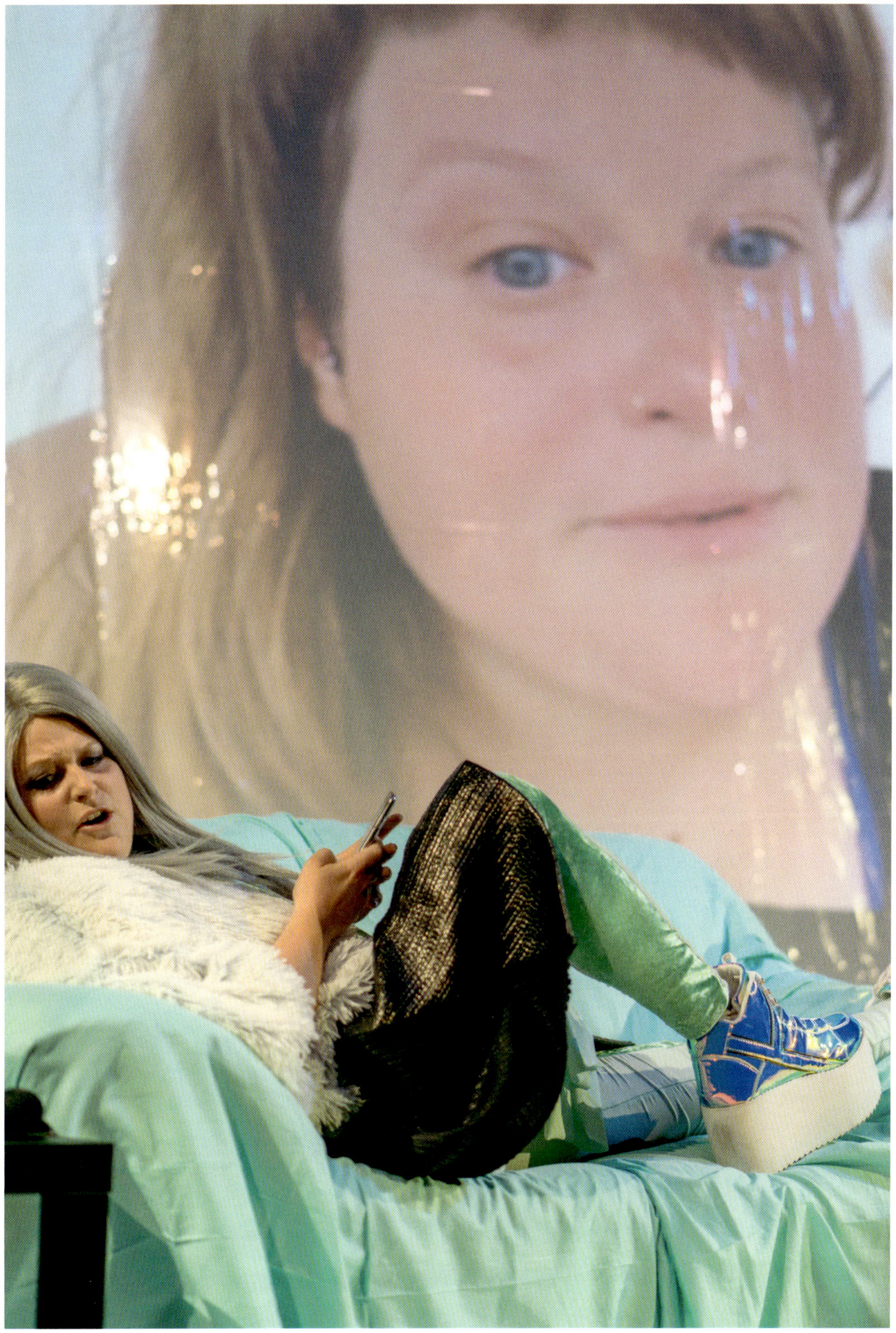

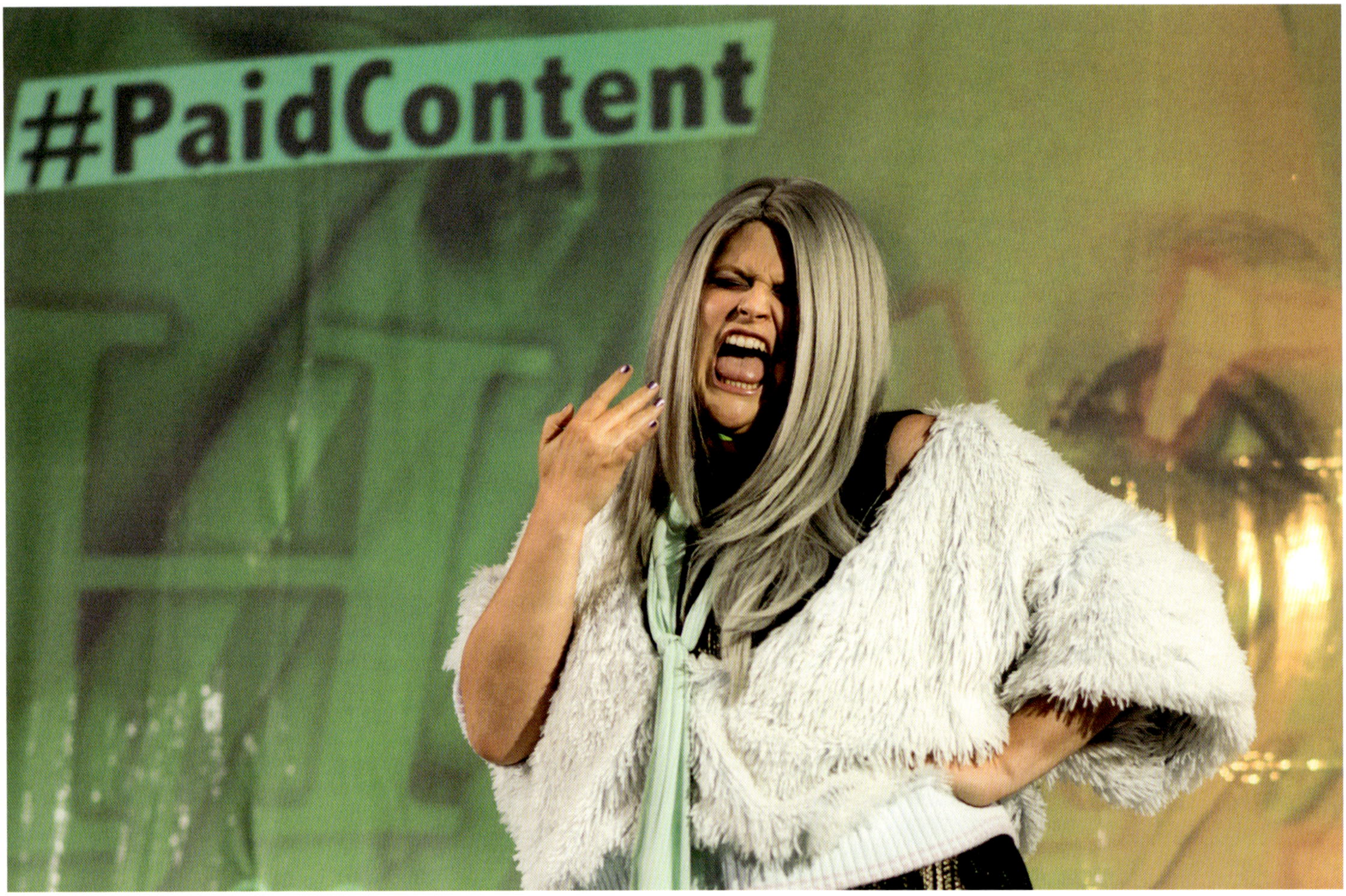
#PaidContent

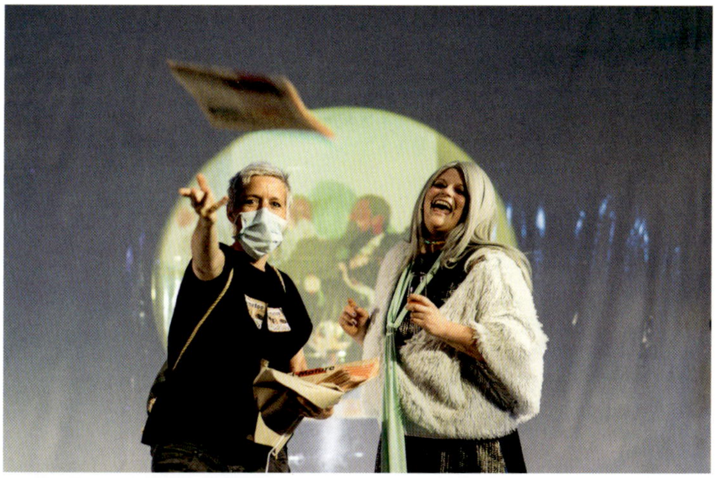

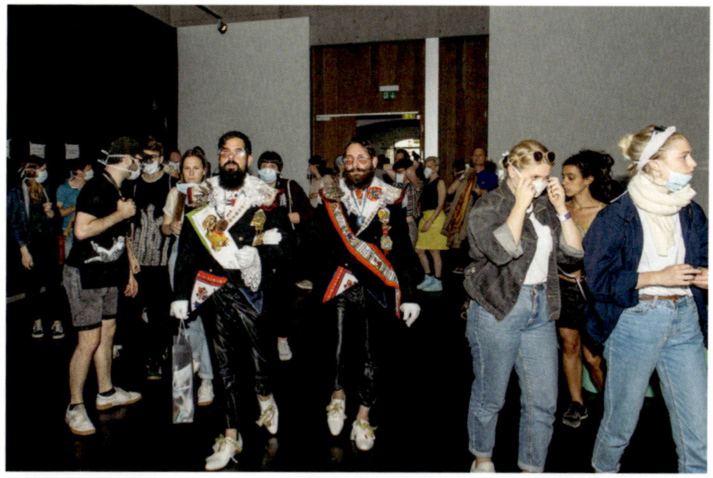

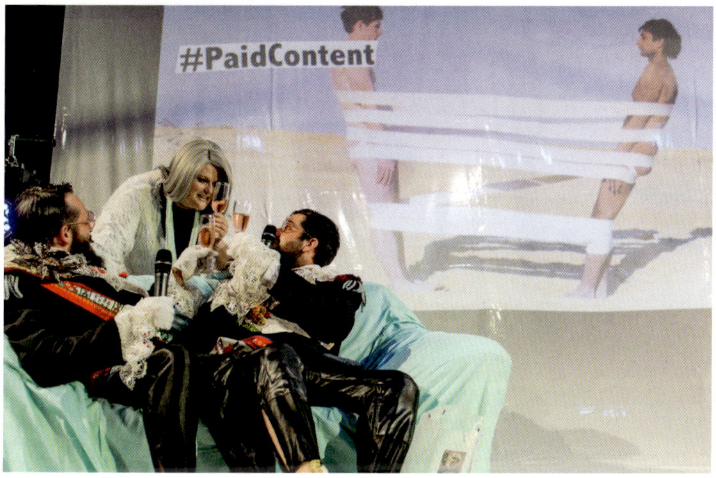
#PaidContent

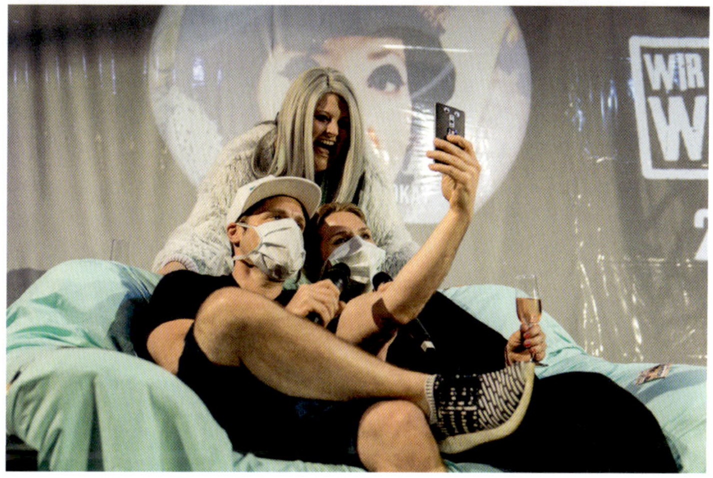
WIR

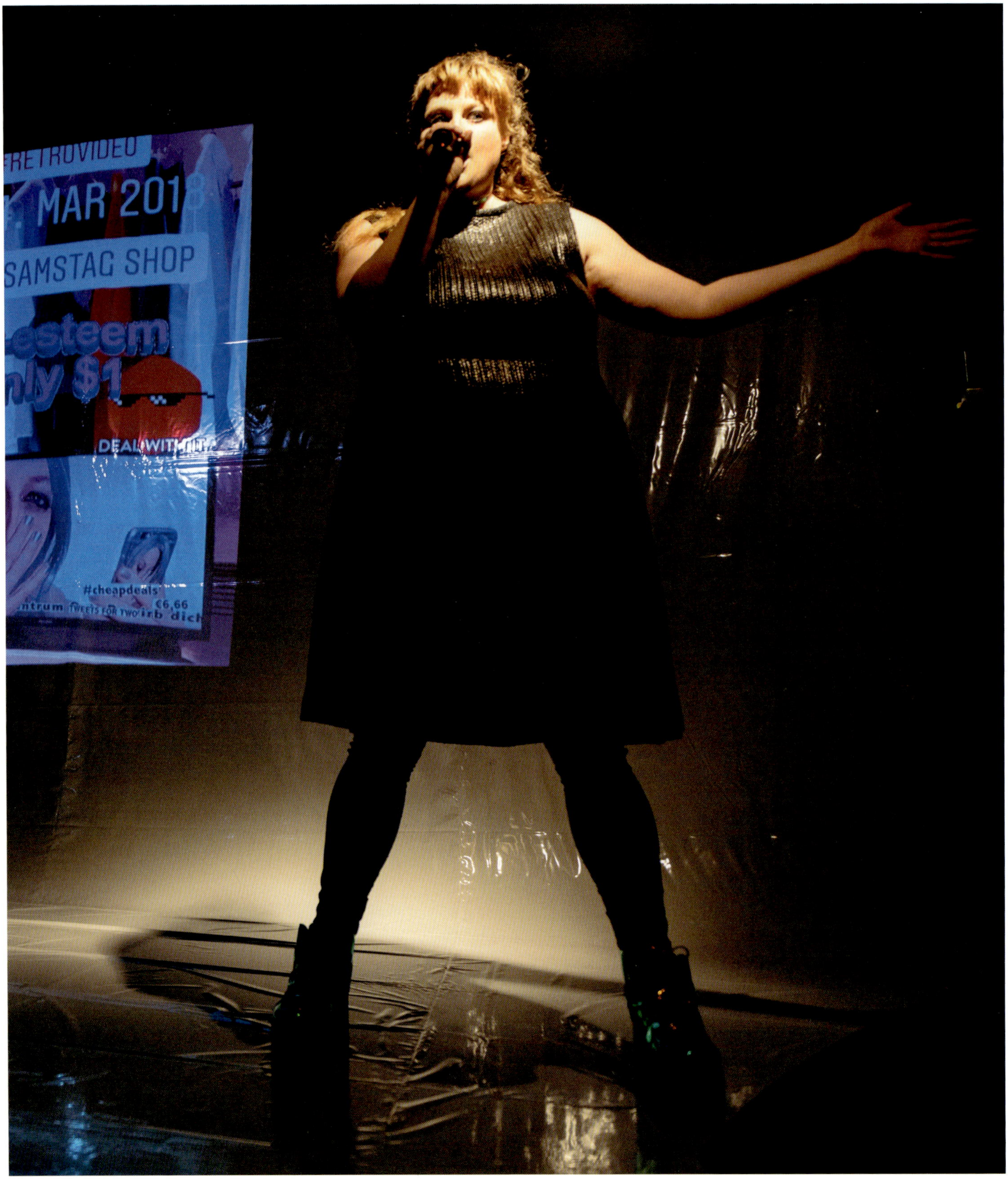
SAMSTAG SHOP
DEAL WITH IT
#cheapdeals
€6,66

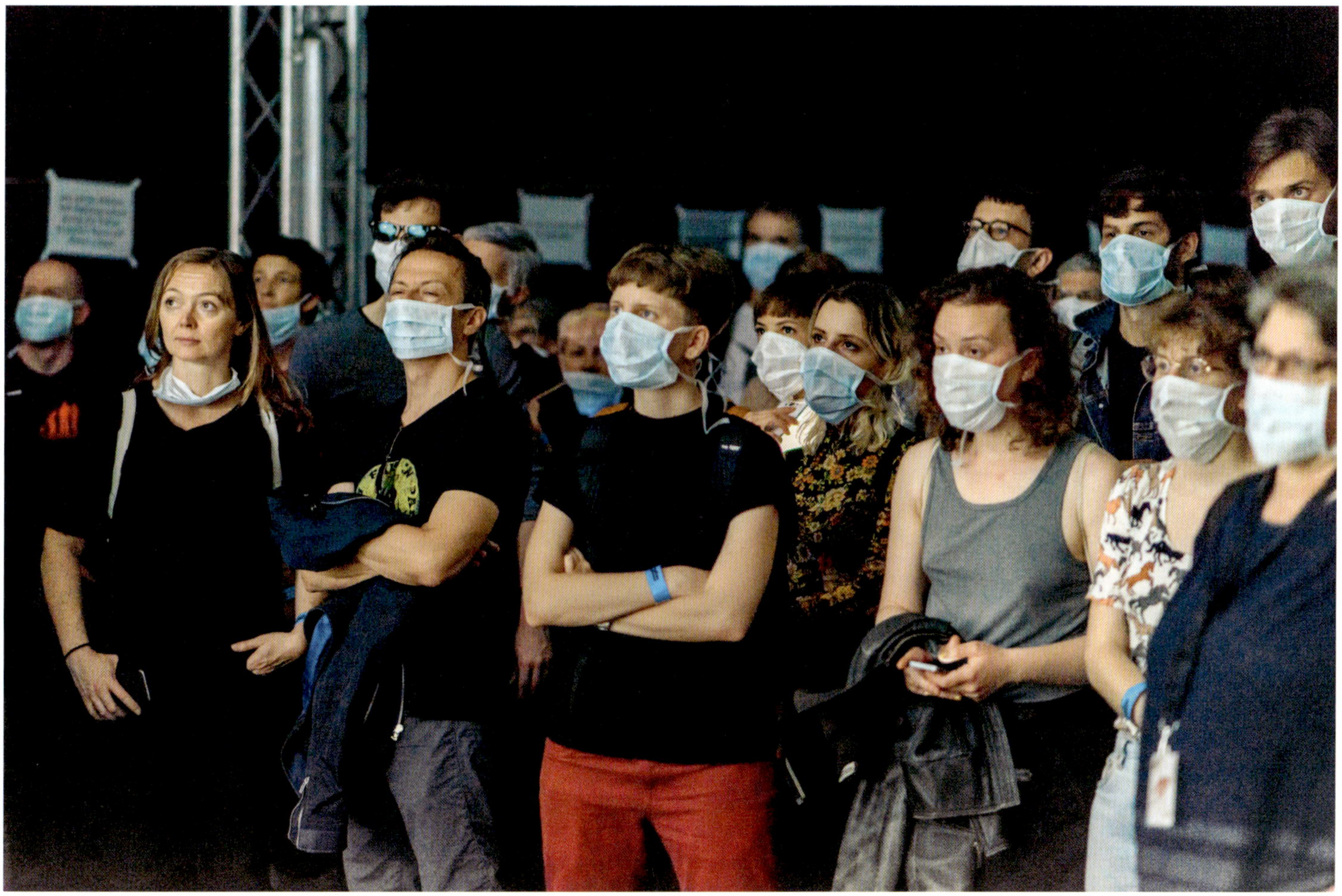

**#ScreenTime** In der performativen Rauminstallation *#ScreenTime*, die als Ausstellung präsentiert wurde, vertauscht Barbis Ruder die Rollen zwischen Institution und Kunstschaffenden, wobei die Letzteren oftmals in einem starken hierarchischen Abhängigkeitsverhältnis zu Institutionen stehen. Unter dem Hashtag *#PaidContent* verkauft Barbis Ruder Werbeplätze in drei unterschiedlichen Kategorien. Die Sponsorenwand *INANIMATE BRANDING* ist mit Galerien- und Museumslogos bestückt, wie es etwa bei sportlichen Großereignissen üblich ist. Darüber hinaus können Kunstinstitutionen ihre Werbevideos oder auch Ausstellungstrailer auf insgesamt fünf Bildschirmen präsentieren (*ART ORGANISATION ADVERTISEMENTS*). Auch Kunstschaffende haben die Möglichkeit, durch *YOUR ART COULD BE HERE* im Rahmen der Ausstellung ihre Arbeiten zu vermarkten.
In der Installation *#LogoCemetery* haben Firmen, Institutionen und Großkonzerne die Möglichkeit, sich würdevoll von ihrem Logo zu verabschieden. *INFLUENCA* bietet dafür den Rahmen und unterschiedliche Bestattungsformen an. Es wurden bereits Logos durch Weltraum-, Feuer- und Erdbestattung verabschiedet. Die Abschiedsrede kann dabei von den jeweiligen Institutionen selbst gehalten werden, und die personalisierte Bestattung fließt schließlich als eigenständige Videoarbeit in den Werkzyklus *#LogoCemetery* ein.
Das *TRIPTYCHON* fasst diese ersten Monate des expansiven *INFLUENCA*-Daseins zusammen: Von den ersten *#OnlineTears* bis hin zum *#LogoCemetery* zeigt die skulpturale dreiteilige Videoarbeit die verschiedenen Werkzyklen mit den Videos *THIS IS INFLUENCA*, *INFLUENCA* und *THIS WAS INFLUENCA*.

#PaidContent

INANIMATE BRANDING
Installation
ART ORGANISATION ADVERTISEMENTS
Videoinstallation
YOUR ART COULD BE HERE
Video mit Ton, 1920 × 1080 HD, 35:40 min, 2018

#LogoCemetery

Partizipative Performances, Länge variabel, Videoinstallation, 4:3 PAL, Maße variabel, 2018

TRIPTYCHON

3-Kanal-Videoinstallation
- THIS IS INFLUENCA
- INFLUENCA
- THIS WAS INFLUENCA

Drei Videos mit Ton, je 1080 × 1920 HD, 06:28 min, 2018

**#ScreenTime** In the performative installation *#ScreenTime*, which was presented as an exhibition, Barbis Ruder reversed the roles in the strict hierarchical dependency between institution and artists. Under the hashtag *#PaidContent*, Barbis Ruder sold advertising space in three different categories. The sponsor wall *INANIMATE BRANDING* was furnished with gallery and museum logos in the fashion of major sporting events. In addition, art institutions invited to present their promotional videos or exhibition trailers on a total of five screens (*ART ORGANISATION ADVERTISEMENTS*). Artists could also promote themselves in the the exhibition context by booking screen time in *YOUR ART COULD BE HERE*.
In the installation *#LogoCemetery*, companies, institutions, and large corporations had the opportunity to bid farewell to their logo with dignity. For this act, *INFLUENCA* catered to her clients with different variants of burial ceremonies. Logos have already been seen off in outer space, cremation, and earth burials. The farewell speech was often delivered by the respective companies themselves, and the personalised burial ultimately became part of the work cycle *#LogoCemetery* as an independent video work.
*TRIPTYCHON* encompassed these first months of *INFLUENCA*'s expansive existence: from the first #OnlineTears to the #Logo Cemetery, the sculptural three-part installation shows the different cycles of work in the videos *THIS IS INFLUENCA*, *INFLUENCA*, and *THIS WAS INFLUENCA*.

#PaidContent

- INANIMATE BRANDING
  Installation, 2018
- ART ORGANISATION ADVERTISEMENTS
  Video installation, 2018
- YOUR ART COULD BE HERE
  Video with sound, 1920 × 1080 HD, 35:40 min, 2018

#LogoCemetery

Participative performances, variable durations, video installation, 4:3 PAL, variable dimensions, 2018

TRIPTYCHON

Three-channel video installation
- THIS IS INFLUENCA
- INFLUENCA
- THIS WAS INFLUENCA

Three videos with sound, each 1080 × 1920 HD, 6:28 min, 2018

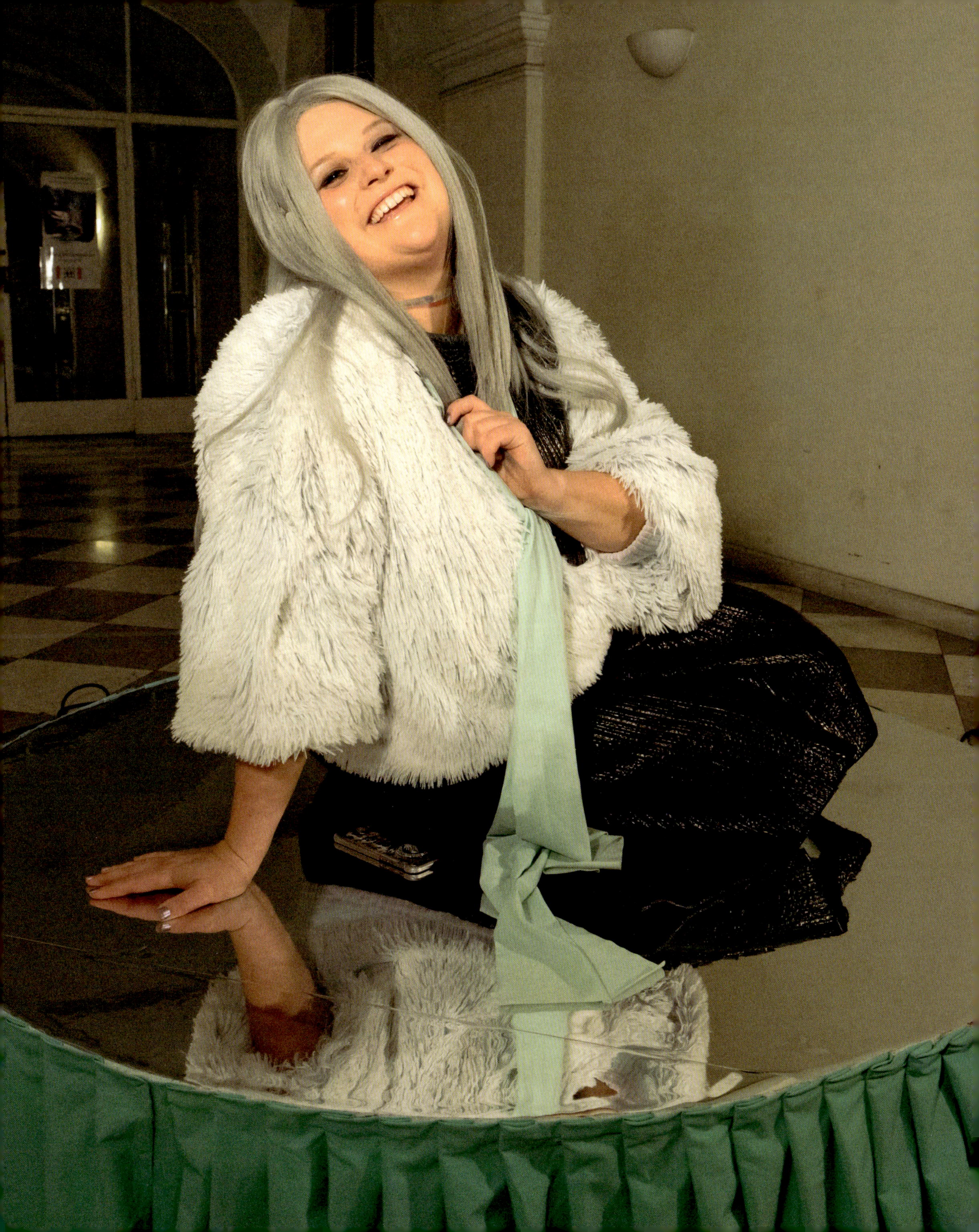

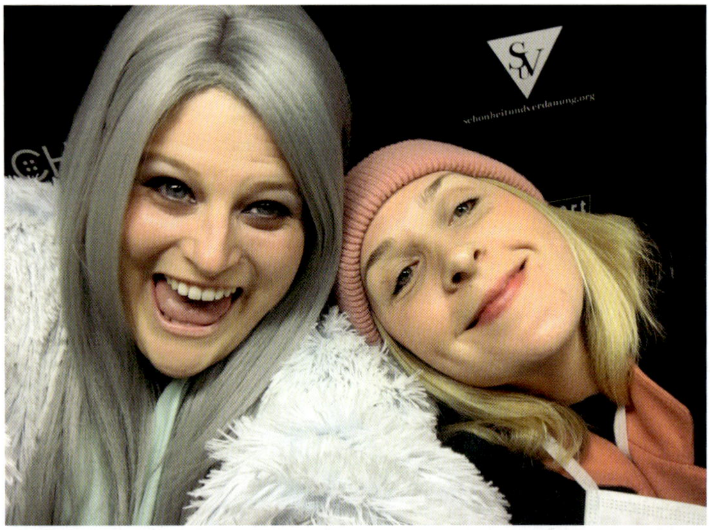

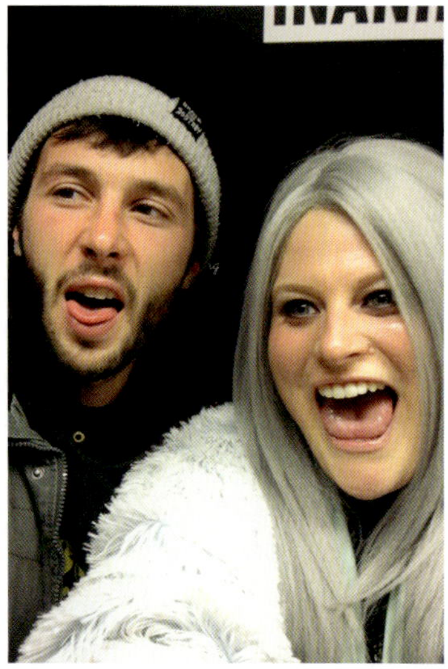

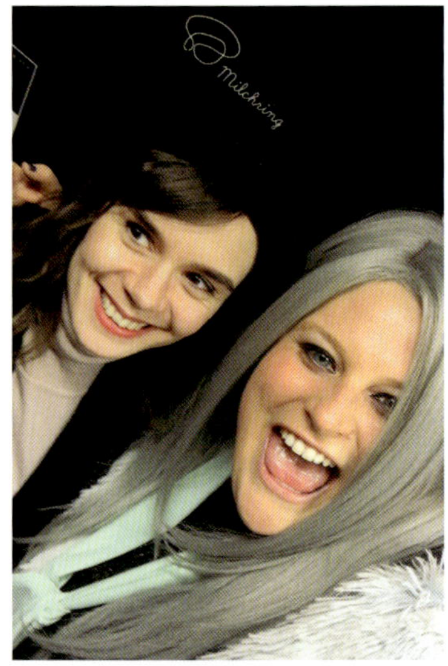

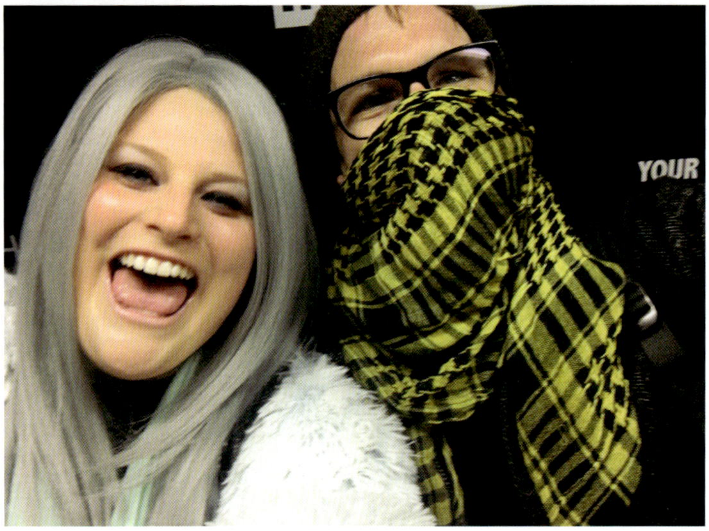
YOUR

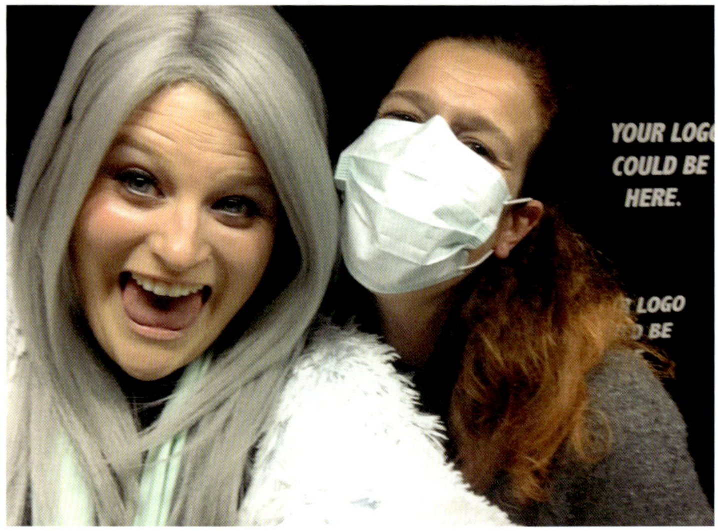
YOUR LOG
COULD BE
HERE.

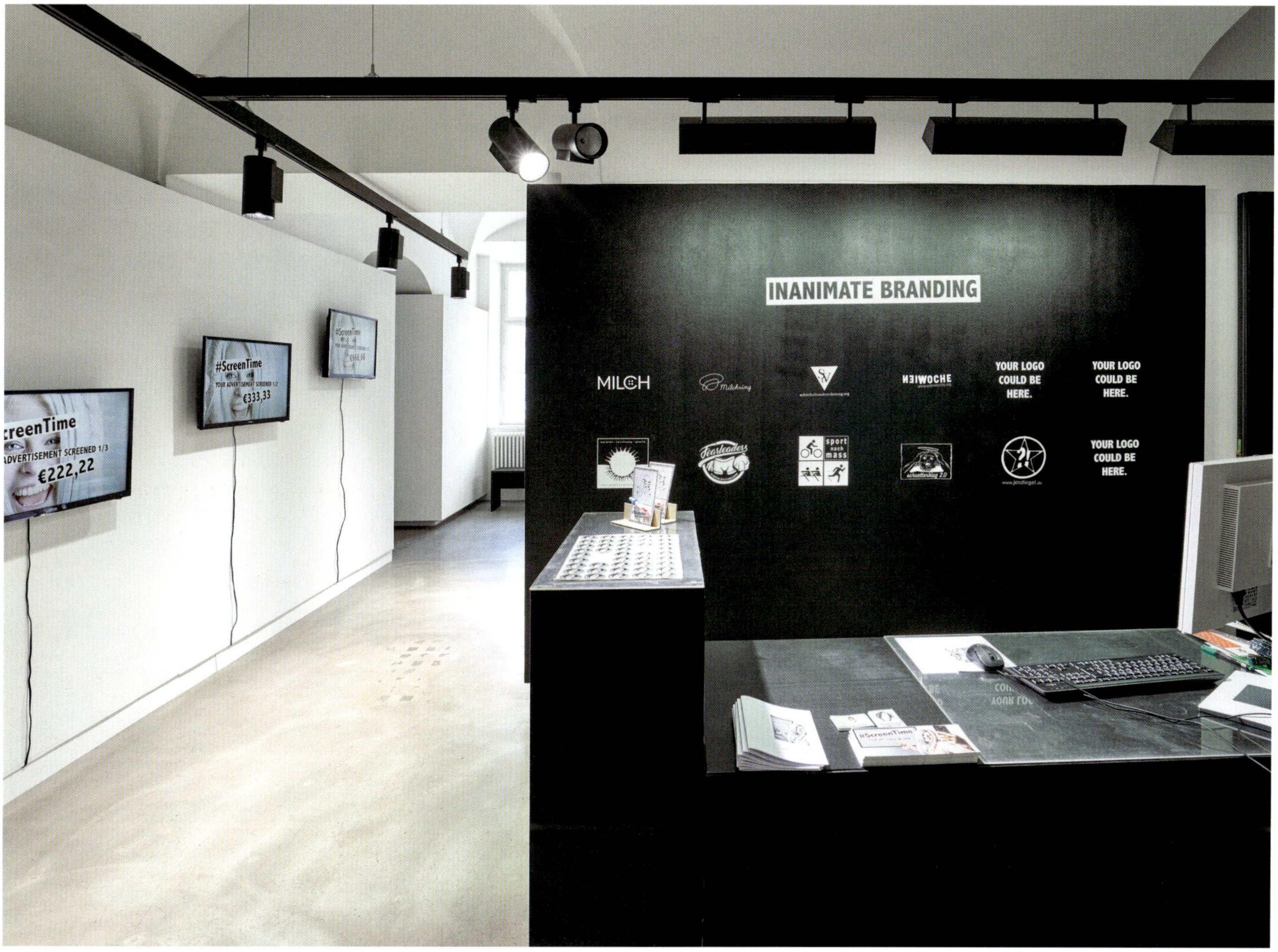
INANIMATE BRANDING
MILCH
YOUR LOGO COULD BE HERE.
YOUR LOGO COULD BE HERE.
YOUR LOGO COULD BE HERE.
#ScreenTime
YOUR ADVERTISEMENT SCREENED 1/2
€333,33
€222,22

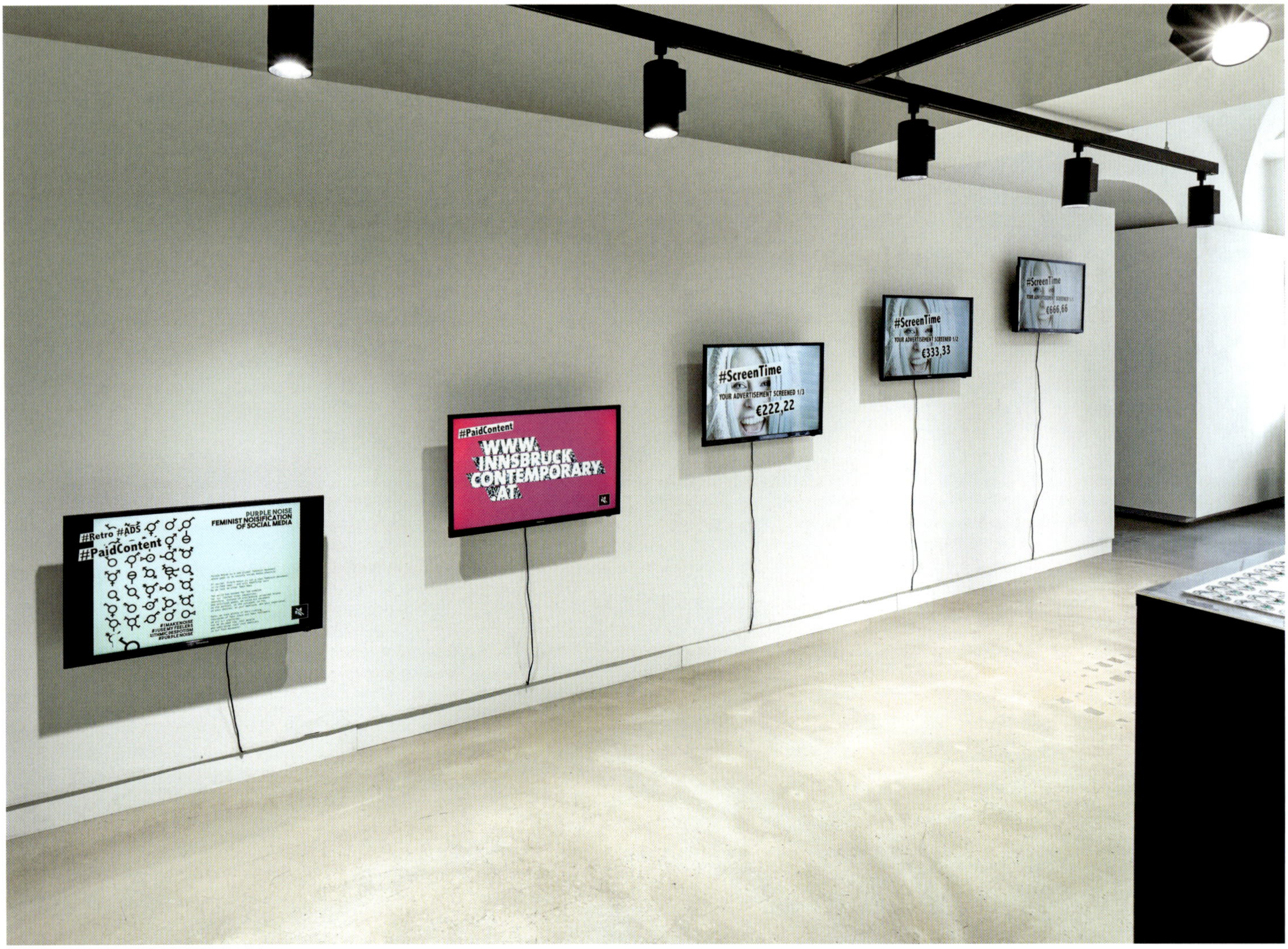
#Retro #ADS
#PaidContent
PURPLE NOISE
FEMINIST NOISIFICATION
OF SOCIAL MEDIA
#PaidContent
WWW.
INNSBRUCK
CONTEMPORARY
.AT
#ScreenTime
YOUR ADVERTISEMENT SCREENED 1/3
€222,22
#ScreenTime
YOUR ADVERTISEMENT SCREENED 1/2
€333,33
#ScreenTime
€666,66

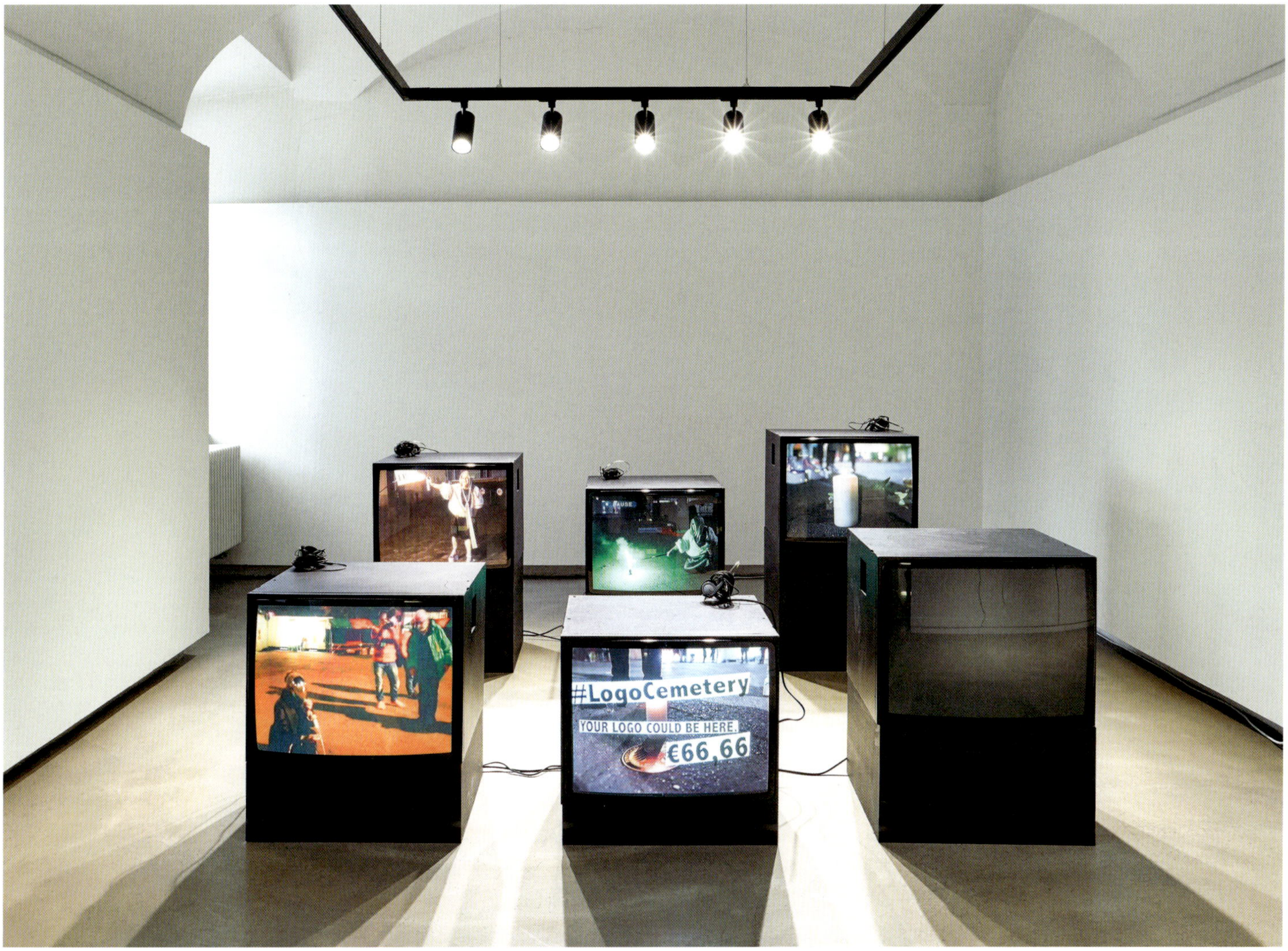
#LogoCemetery
YOUR LOGO COULD BE HERE.
€66,66

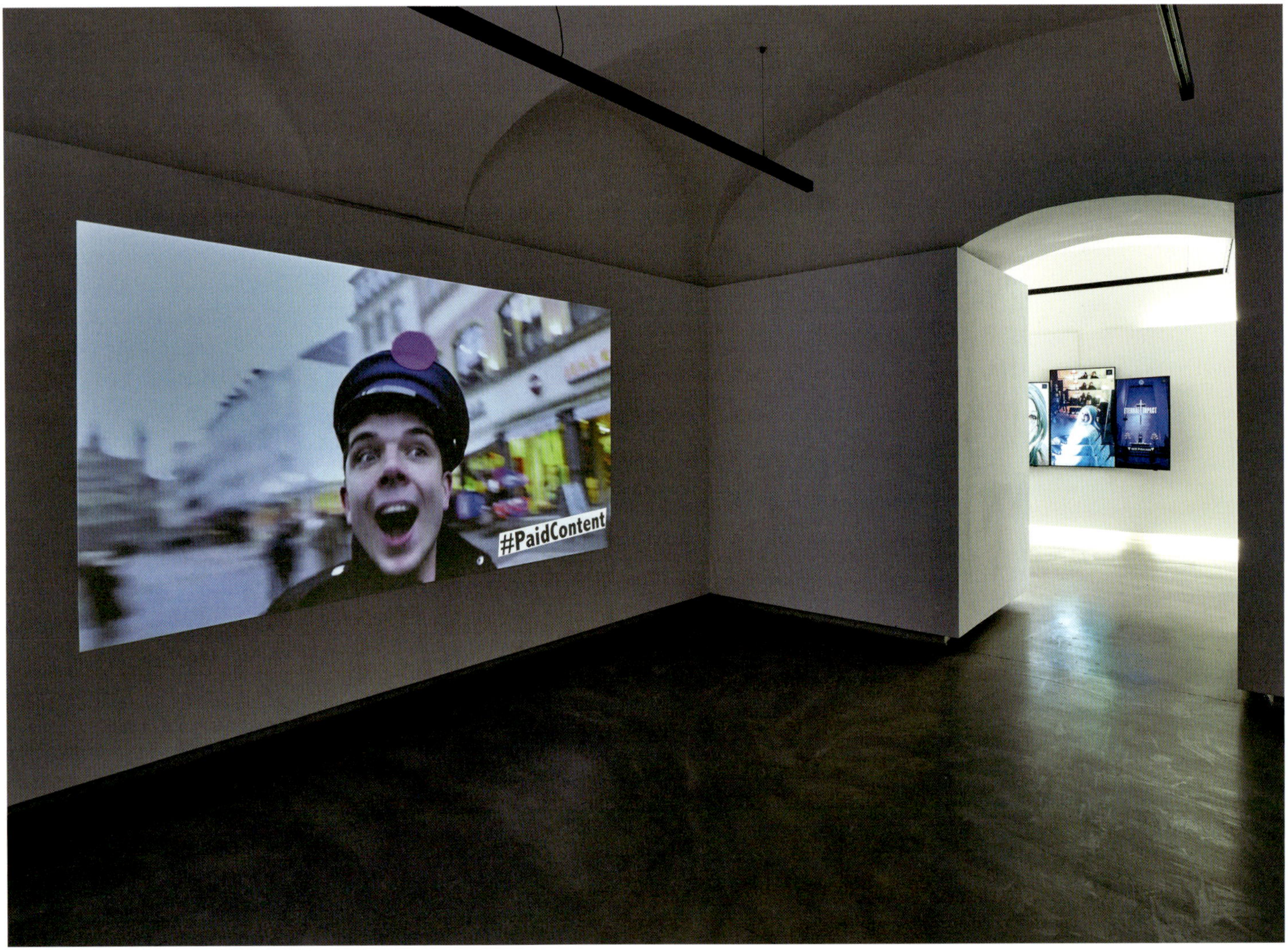
#PaidContent

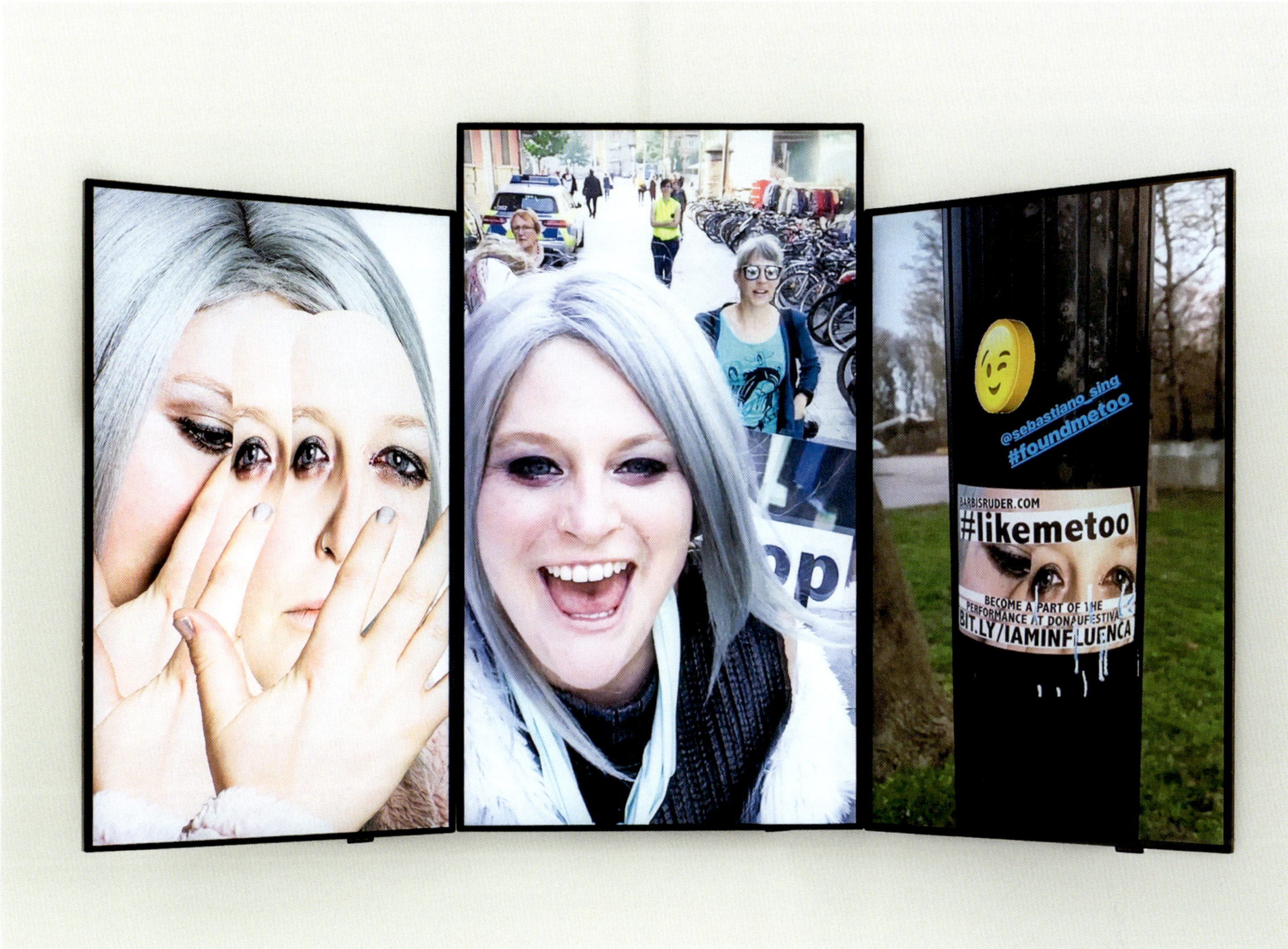
@sebastiano_sing
#foundmetoo
BARBISRUDER.COM
#likemetoo
BECOME A PART OF THE
PERFORMANCE AT DONAUFESTIVAL
BIT.LY/IAMINFLUENCA

**HOW TO GO VIRAL** In der Bühnenperformance-Reihe *HOW TO GO VIRAL* und *HOW TO GO VIRAL – update* erscheint Barbis Ruder als Künstlerin, als Kunstfigur *INFLUENCA* und in einer dritten Rolle als Dr. Dr. Ruder. Sie nimmt gemeinsam mit anderen Expert*innen eine Vorreiterrolle bei der Selbstausbeutung von Kunstschaffenden ein und macht daraus eine Wissenschaft. Humoristisch entlarvt das Team um Dr. Dr. Ruder die etablierten Strategien von zeitgenössischer Selbstoptimierung, Individualisierung und der damit verbundenen Radikalisierung. In der Performance wird ein neues Wertesystem präsentiert, das Selbstausbeutung zugunsten einer scheinbaren Selbstdarstellung propagiert, die einen Mehrwert im gesellschaftlichen Ansehen verspricht. Dabei wird Subversion durch Affirmation propagiert.
Die Bühnenperformance *HOW TO GO VIRAL* wurde 2019 präsentiert. Während der Pandemie im Jahr 2020 entwickelte Barbis Ruder eine zweite Version, *HOW TO GO VIRAL – update,* in der erstmals das hybride Format mitgedacht war. Im Juni 2020 wurde die Performance als eines der ersten Bühnenformate nach dem Lockdown live gestreamt.

HOW TO GO VIRAL

Performance mit sieben Performenden, 60:00 min, 2019

HOW TO GO VIRAL – update

Hybrid-Performance mit fünf Performenden, 60:00 min, 2020

**HOW TO GO VIRAL** In the stage performance series *HOW TO GO VIRAL* and *HOW TO GO VIRAL – update*, Barbis Ruder appears as an artist, as the persona *INFLUENCA*, and in a third role as Dr. Dr. Ruder. Together with other experts, she assumes a leading role in the self-exploitation of artists and turns it into a science. With a dash of humour, Dr. Dr. Ruder's team exposes the established strategies of contemporary self-optimisation, individualisation, and the accompanying radicalisation. The performance presents a new value system that propagates self-exploitation in favour of alleged self-expression and promises added value in social standing. The focus is placed on subversion through affirmation.
The stage performance *HOW TO GO VIRAL* was presented in 2019. During the pandemic in 2020, Barbis Ruder developed a second version, *HOW TO GO VIRAL – update*, in which the hybrid format was included for the first time. In June 2020, the performance was live-streamed as one of the first interactive stage formats after the first lockdown.

HOW TO GO VIRAL

Performance with seven performers, 60:00 min, 2019

HOW TO GO VIRAL – update

Hybrid performance with five performers, 60:00 min, 2020

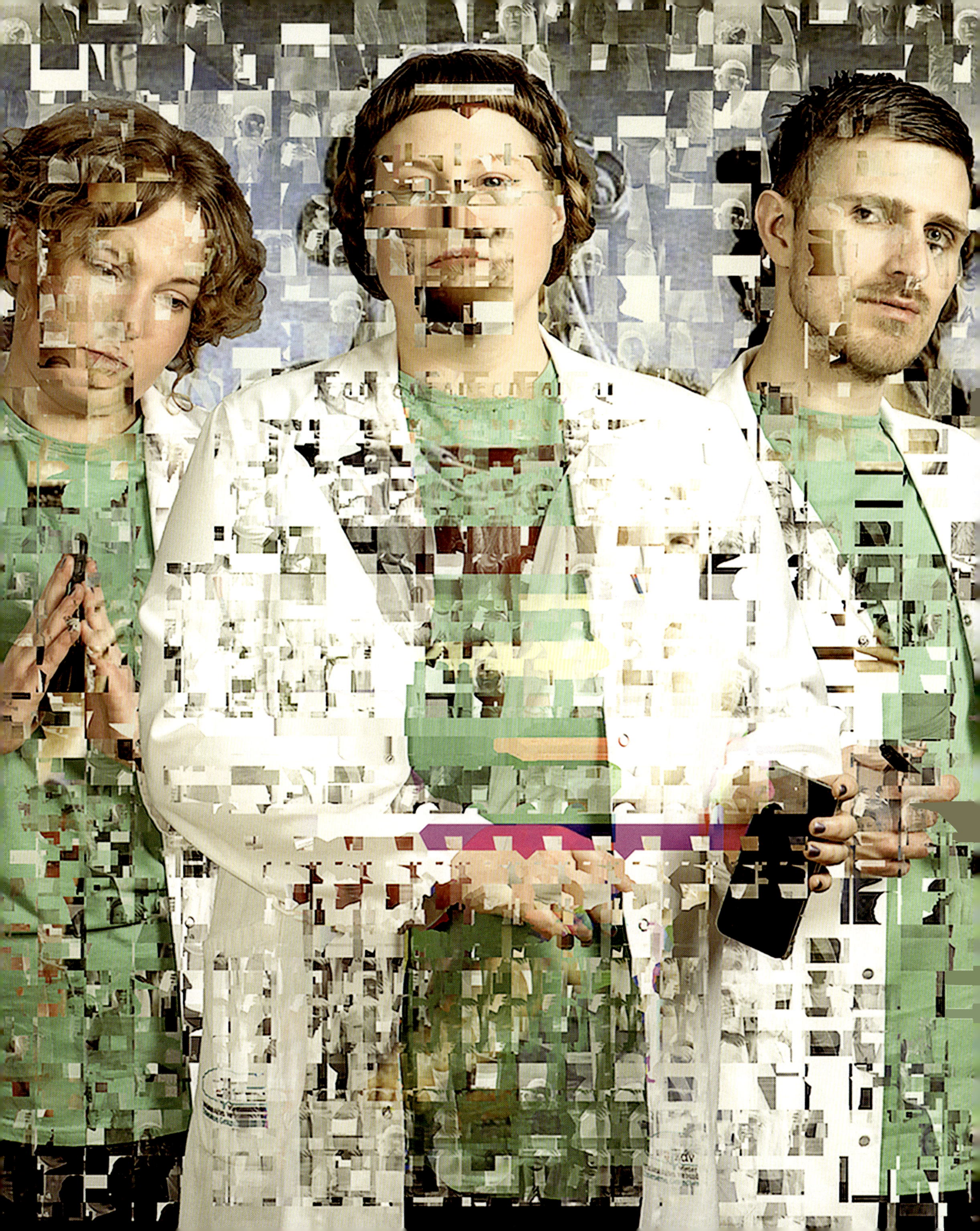

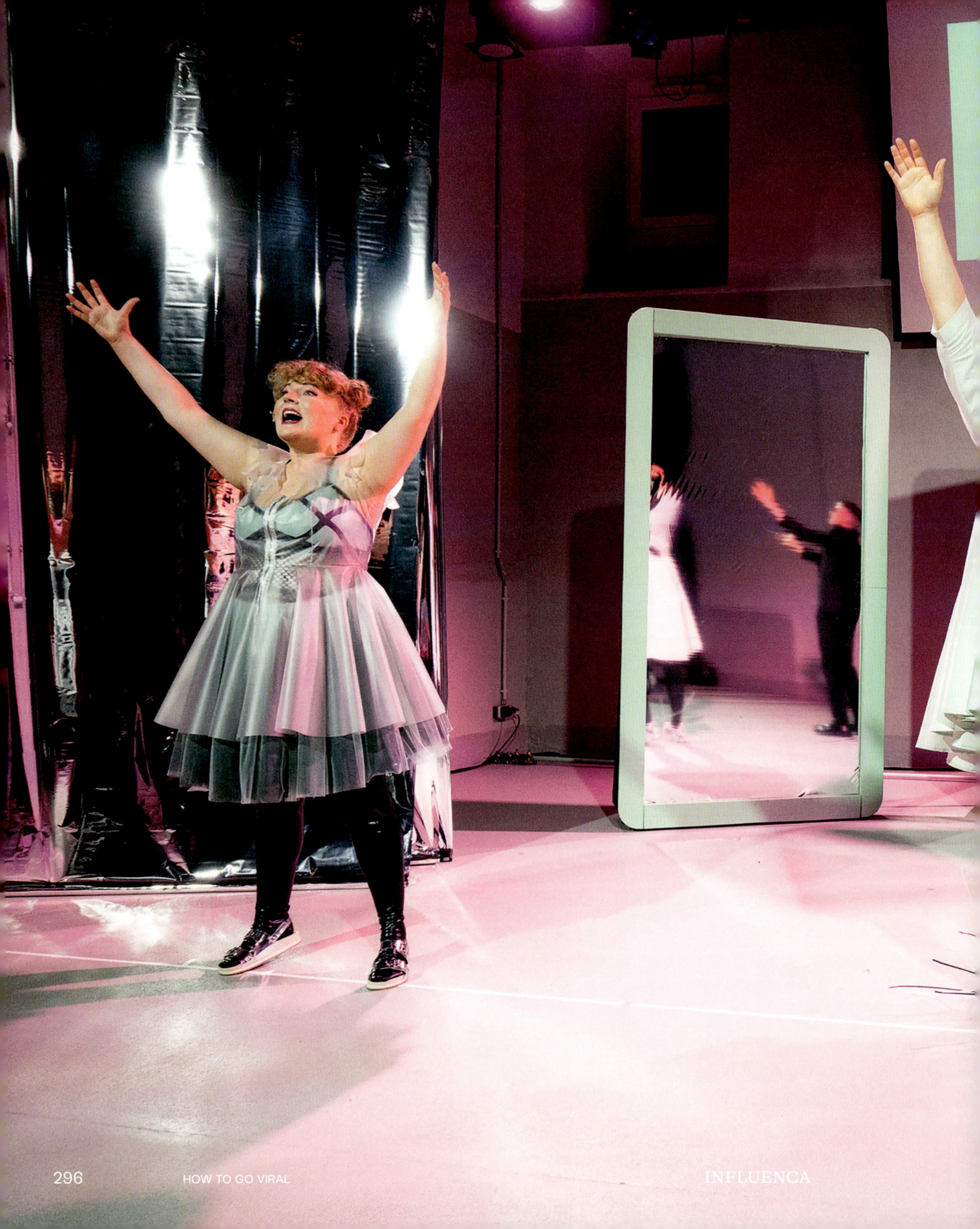

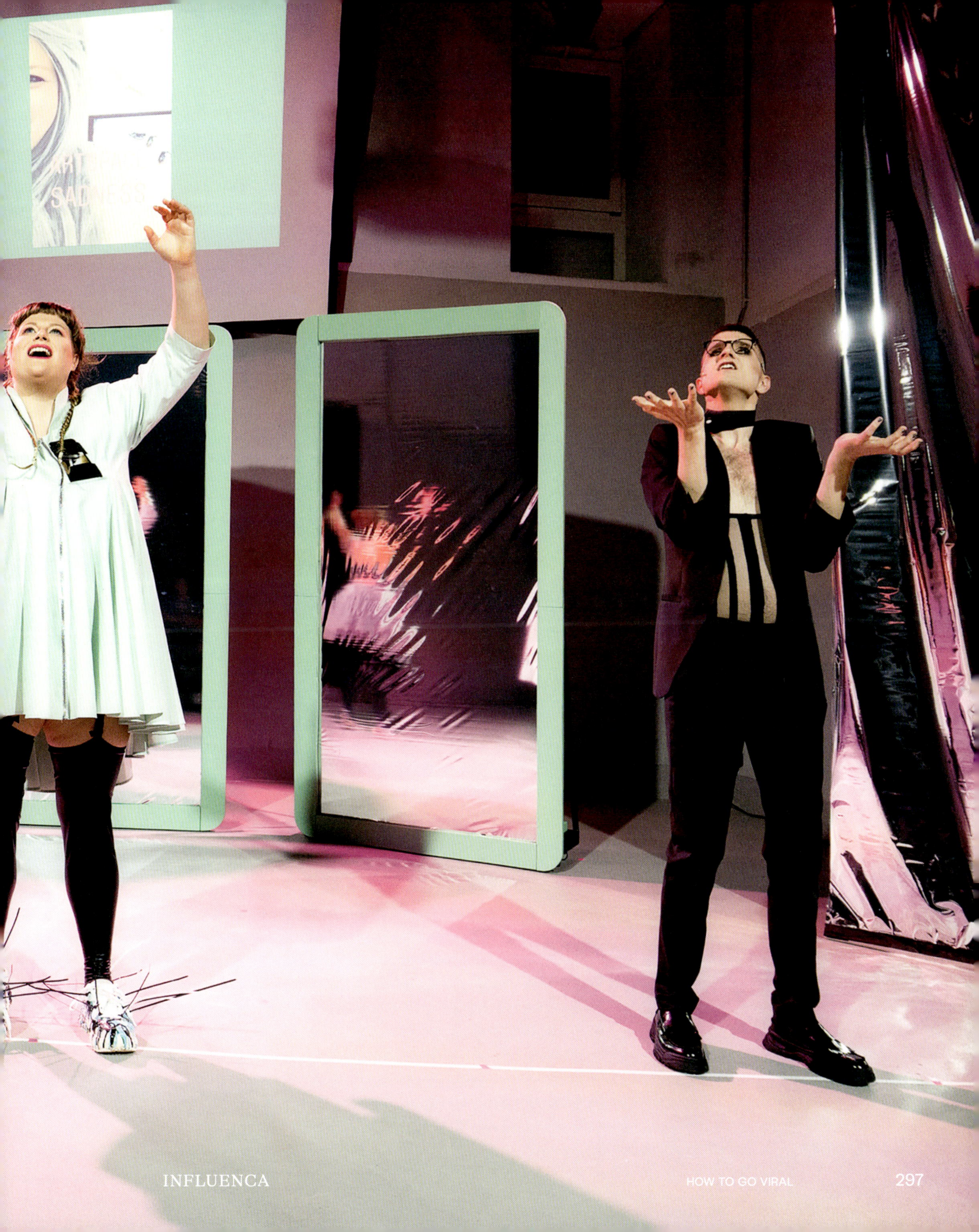

**Das INFLUENCA-Prinzip:**
Das Retro-Virus konserviert und übermittelt im Rahmen der Kunst all die Logos und Videos, die Sie sonst schon längst vergessen hätten. INFLUENCA ist eine Zeitkapsel: Sie veredelt das Präkariat, indem sie veraltete Daten recyclet.
Sie können so über ihren Zweck hinauswachsen und schaffen in ihrem Umfeld – eine klassische Win-Win-Situation!!!

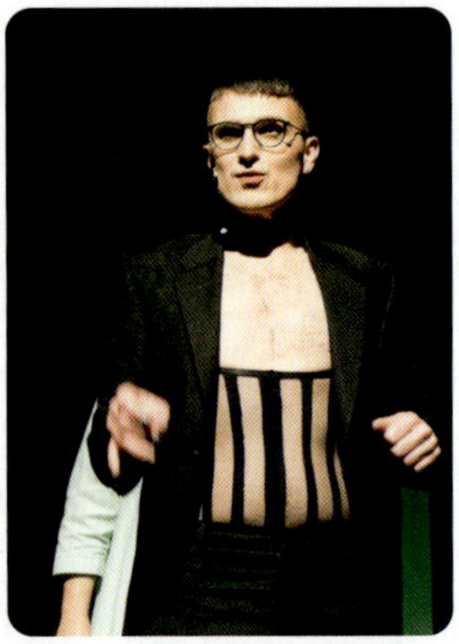

Möchten wir nicht alle ein bisschen INFLUENCA sein?
Suchen Sie nicht auch nach der Zugehörigkeit?
Den Sinn im Leben???
Diktiert Ihnen Ihre To-do-List das Leben?
Können Sie sich nicht entscheiden zwischen all den Optionen und Möglichkeiten?
Dann swipen Sie jetzt für Zugehörigkeit.

Bedürfnisse sind wichtig
Wir kennen Ihre Bedürfnisse und befriedigen sie
bevor Sie diese selbst kennen.
Lassen Sie mich kurz auf das Maslow'sche System zurückgreifen:
Es ist ein defizitäres System.
Zuerst kommen die Grund- und Existenzbedürfnisse

- Ihre Sicherheit,
- Ihr Sozialbedürfnis,
- Ihr Bedürfnis nach Anerkennung und Wertschätzung.

Die Künstlerinnen stellen mit der Selbstverwirklichung die Spitze dieses Eisbergs dar.
Während sie gleichzeitig
kaum ihre eigenen Grund- und Existenzbedürfnisse decken können.
Hiermit schließt sich der Kreis.

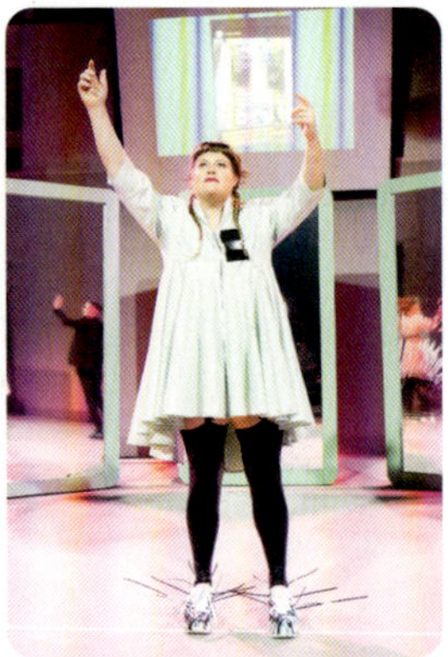

Was tun Künstlerinnen also?
Sie sind der lebendige Beweis dafür, was alles möglich ist:
Sie sind Vorreiterinnen in der Selbstausbeutung.
Sie sind übergriffig.
Sie nehmen den 12-Stunden-Tag ernst.
Sie sind grenzenlos:
ständig online und available.
Sie leben die Selbstregulierung des Marktes.
Und Sie wissen ja, dass man sagt, dass Wachstum grenzenlos sein muss.
Künstlerinnen sind das Wachstum, und wenn sie dem Wachstum nicht mehr gewachsen sind, sind sie der Untergang zugleich.

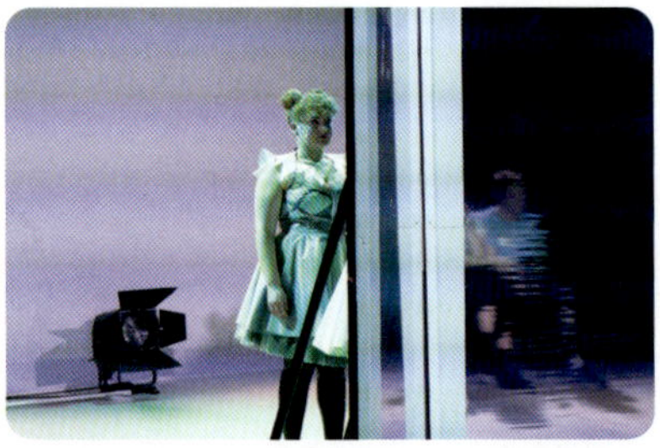

Jetzt mit dem Internet kann jeder Künstler*in sein.
Kann jeder berühmt werden.
Kann jeder alles selbst umsetzen.
Alles ist verfügbar.
Alles war schon da.
Und es gibt keine Grenzen mehr
Und ... mit diesen grenzenlosen Möglichkeiten, sich alles selbst zu machen, stellt sich die Frage, ob es Künstlerinnen überhaupt noch braucht?

Barbis hat sich getraut, diesen Schritt zu gehen.

Die Künstlerin hat mit INFLUENCA eine Größe erschaffen, die fähig ist, dieses System zu adaptieren und zu übernehmen.
Daraus resultiert der ganz logische Schritt, dass es jetzt an der Zeit ist, die Künstlerinnen ganz abzuschaffen.
Denn sie werden in unserem System nun nicht mehr gebraucht.

Kunst ist ja nicht überlebenswichtig.
Sind Sie nicht auch dieser Meinung?

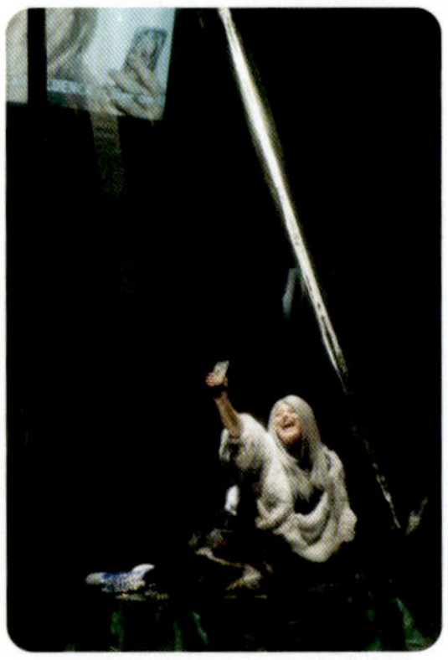

Der Individualisierungsdrang und die Selbstdarstellung haben uns alle dorthin gebracht. Wo wir jetzt sind.
Und ... wo sind wir jetzt?
Kunst ist nicht mehr gesellschaftsfähig. Ist sie noch radikal? Ist sie politisch?

Wir versprechen Ihnen:
INFLUENCA ist es auf jeden Fall nicht.

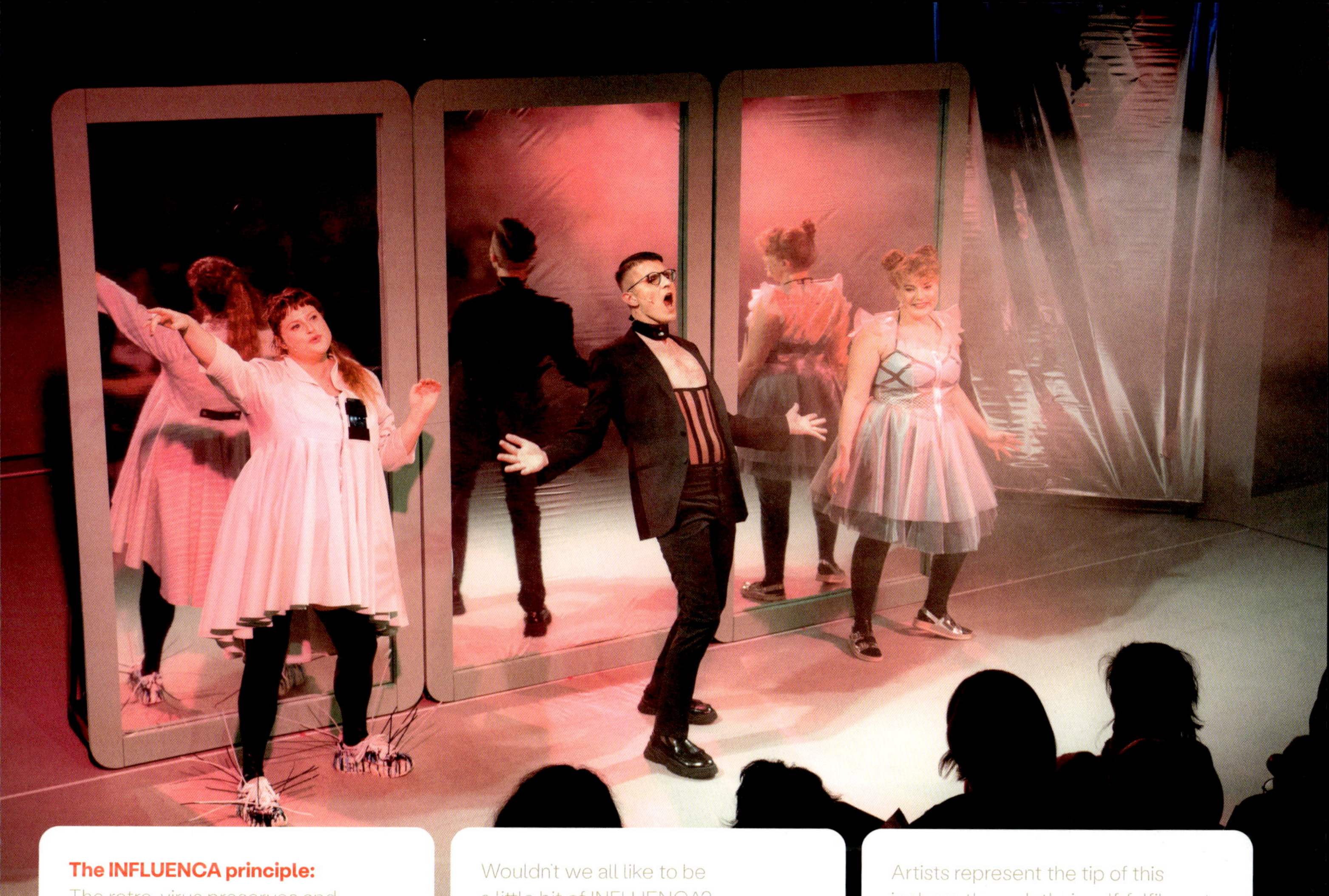

**The INFLUENCA principle:**
The retro-virus preserves and transmits, in the framework of art, all the logos and videos you would have otherwise long forgotten.
INFLUENCA is a time capsule: she ennobles the precariat by recycling obsolete data.
She can outgrow her purpose and create in her environment – a classic win-win situation!!!

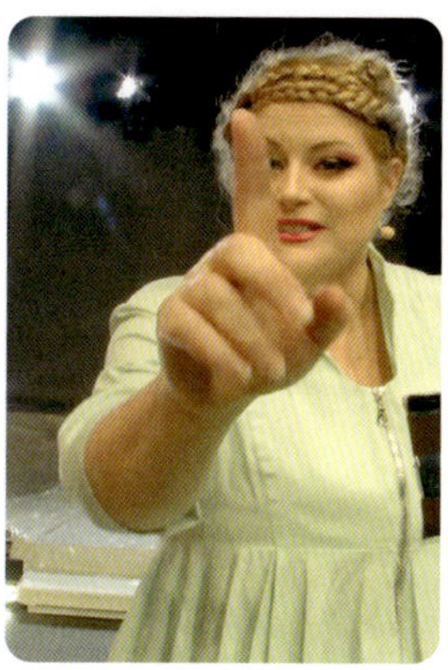

Wouldn't we all like to be
a little bit of INFLUENCA?
Aren't you also looking
for belonging?
The meaning of life???
Does your to-do list dictate
your life?
Can't decide between
all the options and possibilities?
Then swipe now for belonging.

Needs are important.
We know your needs
and satisfy them before
you know them yourself.
Let me briefly go back
to the Maslovian system:
it is a deficit system.
First come the basic and existential needs

- your security
- your social needs
- your need for recognition and esteem.

Artists represent the tip of this iceberg through their self-fulfilment.
While at the same time they can hardly cover their own basic and existential needs.
This closes the circle.

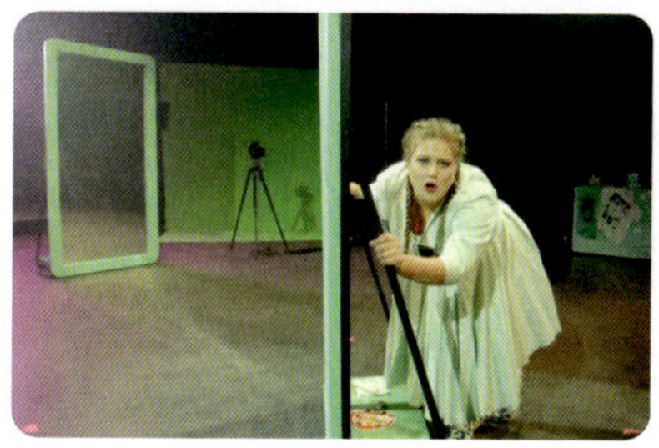

So what do artists do?
They are living proof of
what is possible.
They are pioneers in
self-exploitation.
They are encroaching.
They take the 12-hour day seriously.

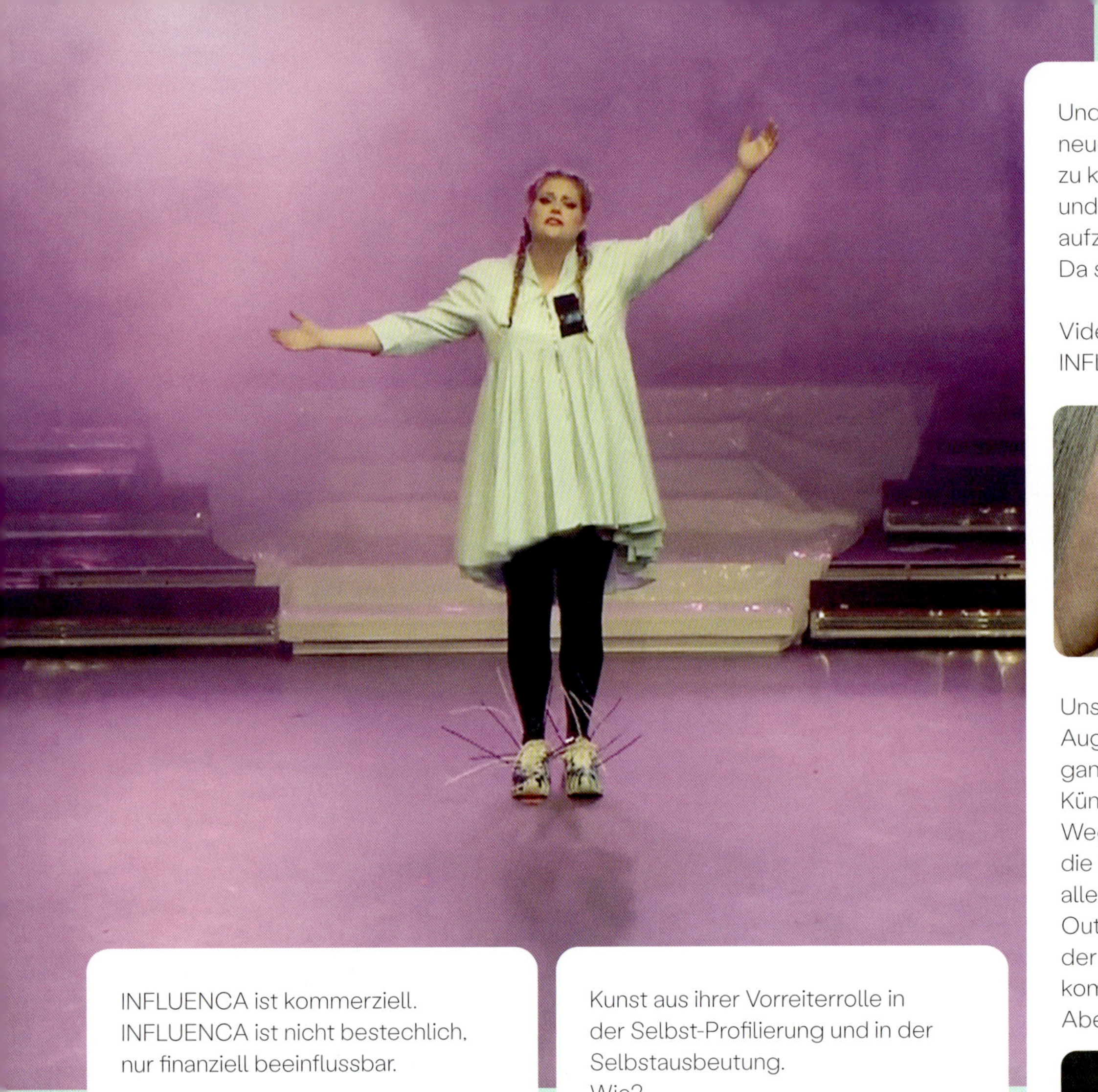

INFLUENCA ist kommerziell.
INFLUENCA ist nicht bestechlich,
nur finanziell beeinflussbar.

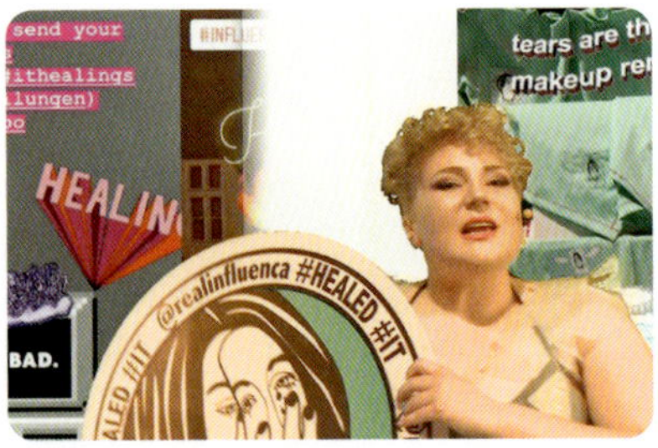


Und so hat Barbis mit ihr einen Virus erschaffen,
der auf die Sinnfragen unserer Zeit endlich eine Antwort gibt.

Die Politik und die freie Marktwirtschaft sind daran kläglich gescheitert. Sie haben Beliebigkeit und Beliebtheit gefördert.
INFLUENCA macht jetzt endlich Schluss damit und befreit so die Kunst aus ihrer Vorreiterrolle in der Selbst-Profilierung und in der Selbstausbeutung.
Wie?
Indem sie den Kommerz offenherzig und freizügig bejaht.

Die Künstlerin klaut sich zurück, was ihr genommen wurde:
The artist steals back and INFLUENCA takes over.

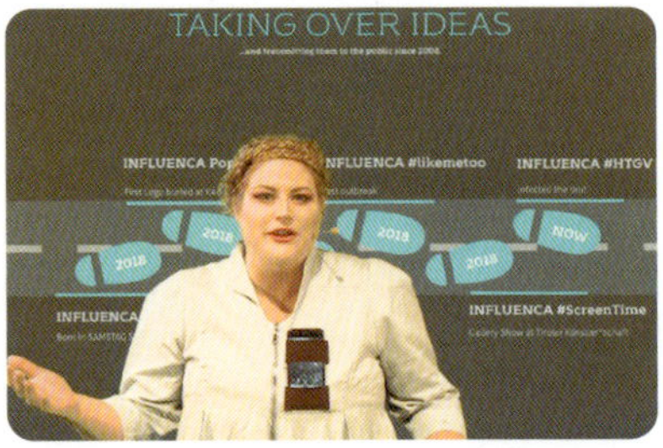


INFLUENCA.
Sie ist nicht nur eine Ikone, sie ist ein System.

Und wir freuen uns, Ihnen dieses neue System heute reindrücken zu können
und Ihnen Strategien für die Zukunft aufzuzeigen
Da sagen wir:

Video killed the Radio Star
INFLUENCA KILLS THE ARTIST

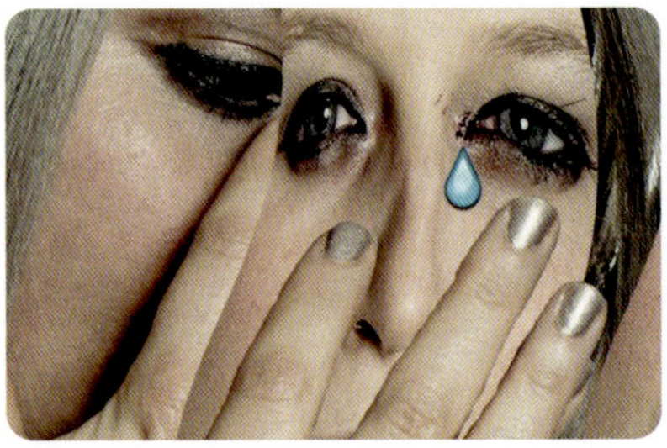

Unser Zugang ist also in Ihren Augen vielleicht nicht mehr ganz so unkonventionell – denn Künstlerinnen haben bereits den Weg geebnet:
die radikale Selbstverantwortung in allen Lebensbereichen.
Outsourcing, wie wir es nicht nur in der neuen Serviceindustrie sehen, ist kompliziert und beschränkt.
Aber wer braucht sie wirklich

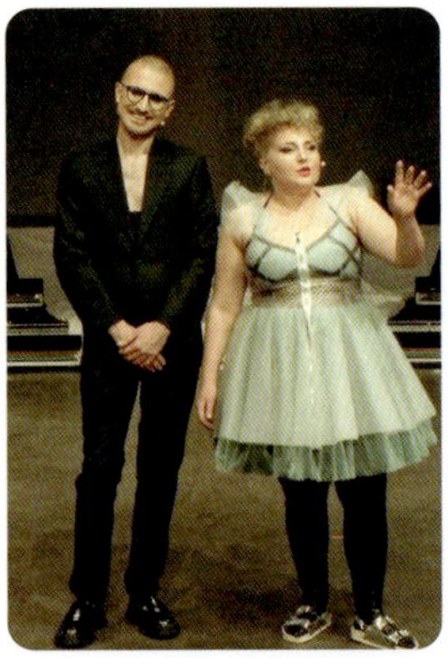

noch, die Person, die den Knopf im Fahrstuhl drückt, die Person, die Ihnen Ihre Einkaufstasche packt, die Person, die im Supermarkt kassiert, die Person, die Sie persönlich berät? Sie können sich alle Antworten doch eh selbst googlen. Wer braucht noch einen dritten Sektor, wenn es der Algorithmus besser kann?

They are limitless:
constantly online and available.
They live the self-regulation of the market
and you know how they say growth must be limitless.
Artists are the growth, and when they can no longer cope with the growth, they are the downfall at the same time.

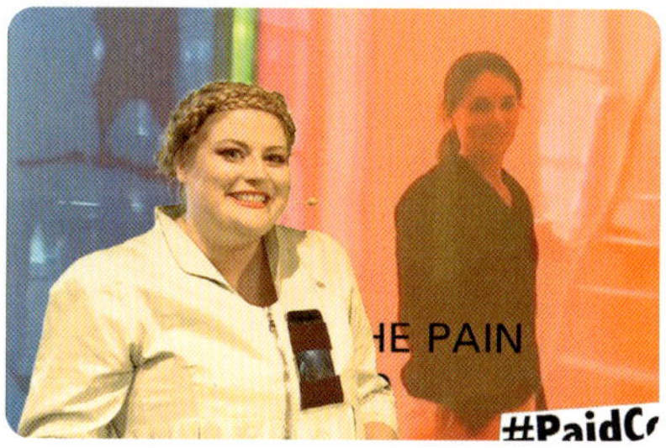

Now with the internet, everyone can be an artist.
Anyone can become famous.
Anyone can do anything.
Everything is available.
Everything was already there
and there are no more limits.
And ... with these limitless possibilities to make everything yourself, the question arises whether artists are needed at all?

Barbis has dared to take this step.

With INFLUENCA, the artist has created a factor that is capable of adapting and taking over this system.
This leads to the quite logical step that it is now time to do away with artists altogether. Because they are no longer needed in our system.

After all, art is not essential for survival.
Don't you agree?

The urge for individualisation and self-expression has brought us all to where we are now.
And ... where are we now?
Art is no longer socially acceptable.

Is it still radical? Is it political?

We promise:
INFLUENCA is definitely not so.
INFLUENCA is commercial.
INFLUENCA cannot be bribed,
you can only influence her financially.

And so Barbis has created a virus with her, which finally gives an answer to the questions of meaning of our time.

Politics and the free-market economy have failed miserably. They have promoted arbitrariness and popularity.
INFLUENCA is now finally putting an end to this and thus liberating art from its vanguard role in self-profiling and self-exploitation.
How?
By open-heartedly and freely affirming commerce.

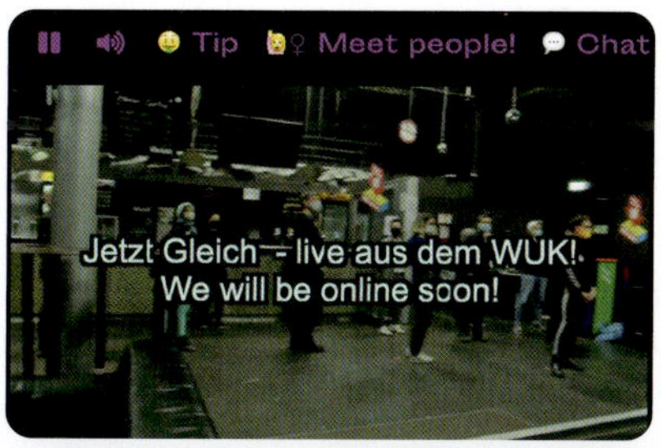


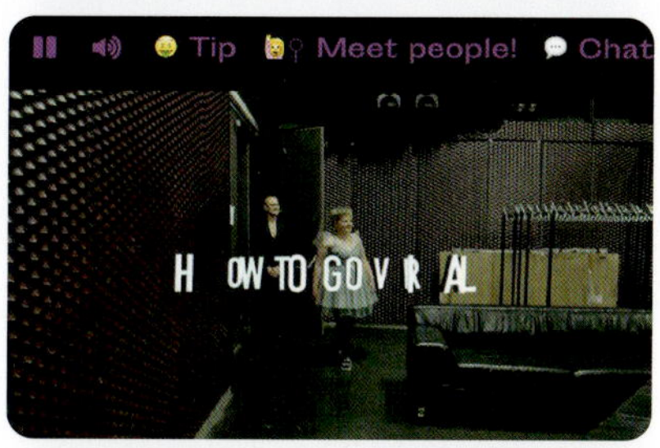


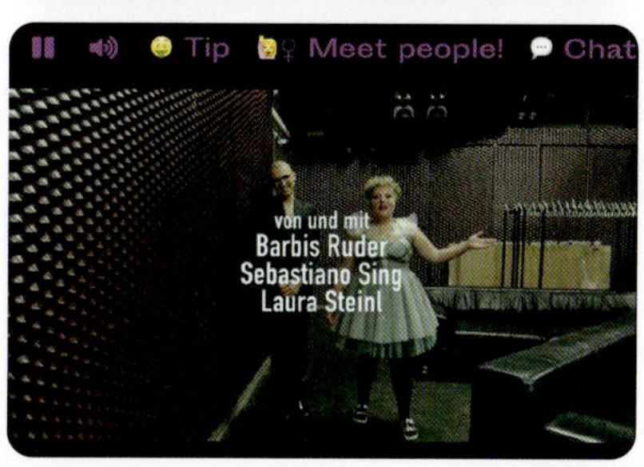


The artist steals back what has been taken from her.
The artist steals back, and INFLUENCA takes over.

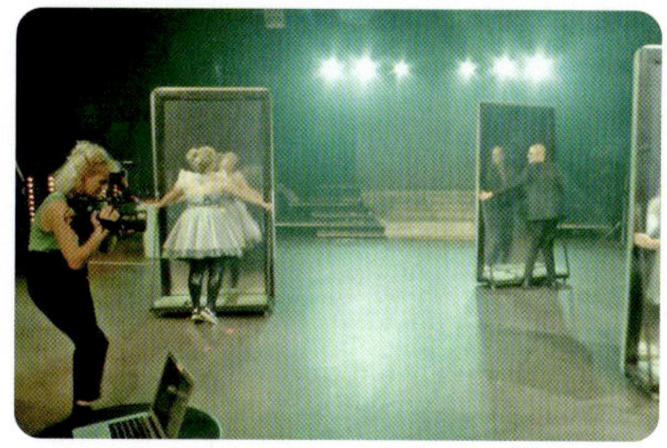

INFLUENCA.

She is not only an icon,
she is a system.
And we are happy to be able to push this new system to you today.
And to show you strategies for the future.
So we say:

video killed the Radio Star
INFLUENCA KILLS THE ARTIST.

So perhaps our approach is no longer so unconventional in your eyes – because women artists have already paved the way:
radical self-responsibility in all areas of life.
Outsourcing, as we see it not just in the new service industry,
is complicated and limited.
But who really needs them anymore,
the person who pushes the button in the lift, the person who packs your shopping bag, the person who cashes up at the supermarket,
the person who gives you personal advice?
You can google all the answers yourself anyway. Who needs a third sector when the algorithm can do it better?

So we say: HANDS ON!!!

We are for the abolition of these sub-sub-sub-sub-sub-contractors.

Wir sagen also: HANDS ON!!

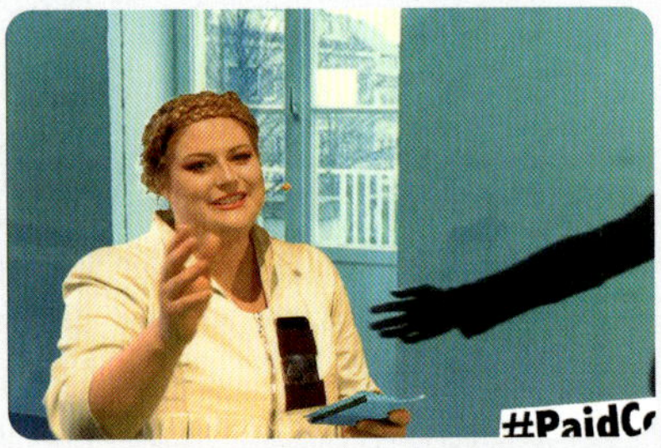

Wir sind für die Abschaffung dieser Sub-Sub-Sub-Sub-Sub-Unternehmer. Wir subtrahieren sie und substituieren sie mit dem Selbst. Verzichten Sie freiwillig auf Subventionen.
Leben Sie Selbstregulation, indem Sie Ihren eigenen Handel sperren und sanktionieren.
Mein ganz persönlicher Tipp:
Tun Sie freiwillig so, als ob Sie kein Geld hätten, dann haben Sie auch keine Angst mehr, kein Geld mehr zu haben.

Wochenende war gestern. Arbeit geht auch bei Ihnen selbst und ständig.

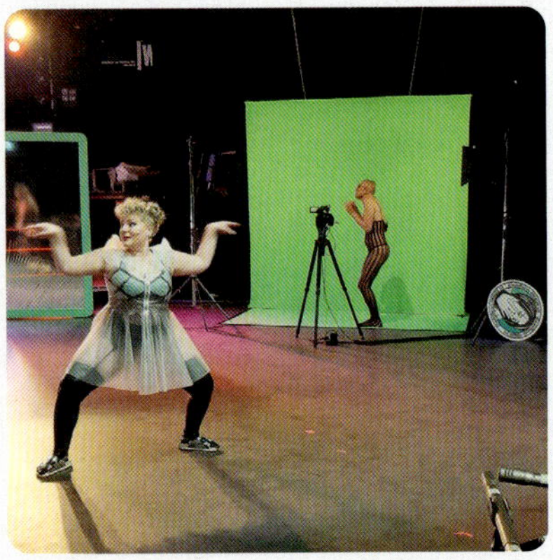

Konkurrieren Sie einfach mit sich selbst, dann gibt es auch keine Verlierer mehr!

Die neue Devise heißt also nicht nur: Do It Yourself.

Nein – gehen wir einen Schritt weiter:

Also Service Yourself.

Das Internet löst uns auf.
Wir alle haben jetzt Zugriff auf jegliches Wissen.
Wir operieren mit uns selbst auf multiplen Ebenen.
Und wir sind auch stolz zu sehen, dass Künstlerinnen uns einen Weg gezeigt haben, der jetzt Schule machen kann.
Sie sind Vorreiterinnen des Multitasking.
Ihr System der Selbstzerstörung macht jetzt Platz für etwas Neues!
Und von hier an übernehmen wir gerne mit unserem INFLUENCA-Prinzip.
Wie? Das geht ganz einfach:

Nie wieder outsourcen,
Nur noch insourcen.
Übernehmen auch Sie für sämtliche Leistungen die volle Verantwortung.
Wir fordern: keine Dienstleistungen mehr, weder für Bildung, Öffentliches noch Soziales.
Verkehrsmittel waren gestern.

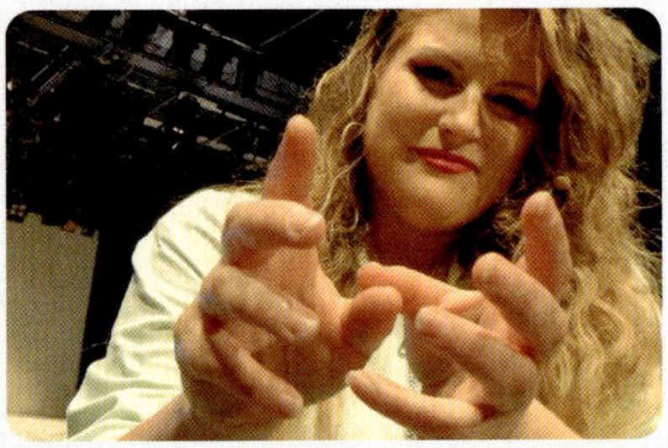

Bauen Sie sich Ihr eigenes Gemüse doch selbst an!

Nur durch die absolute Freiheitlichkeit und die absolute Selbstverantwortung werden Sie sich Ihr Recht auf Glück weiter behaupten können.

Ich danke Ihnen für die Aufmerksamkeit.

HANDS – ON!

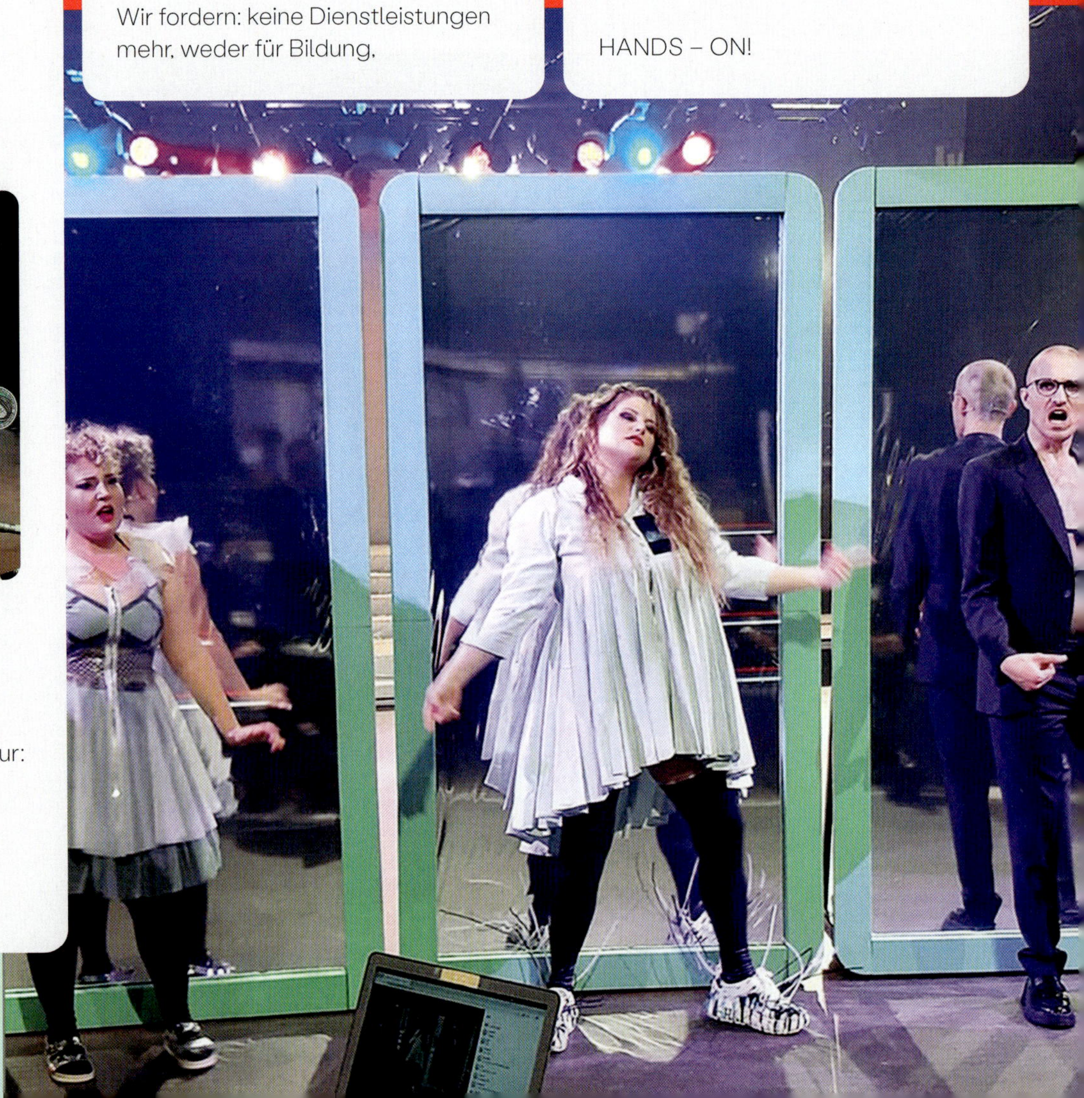

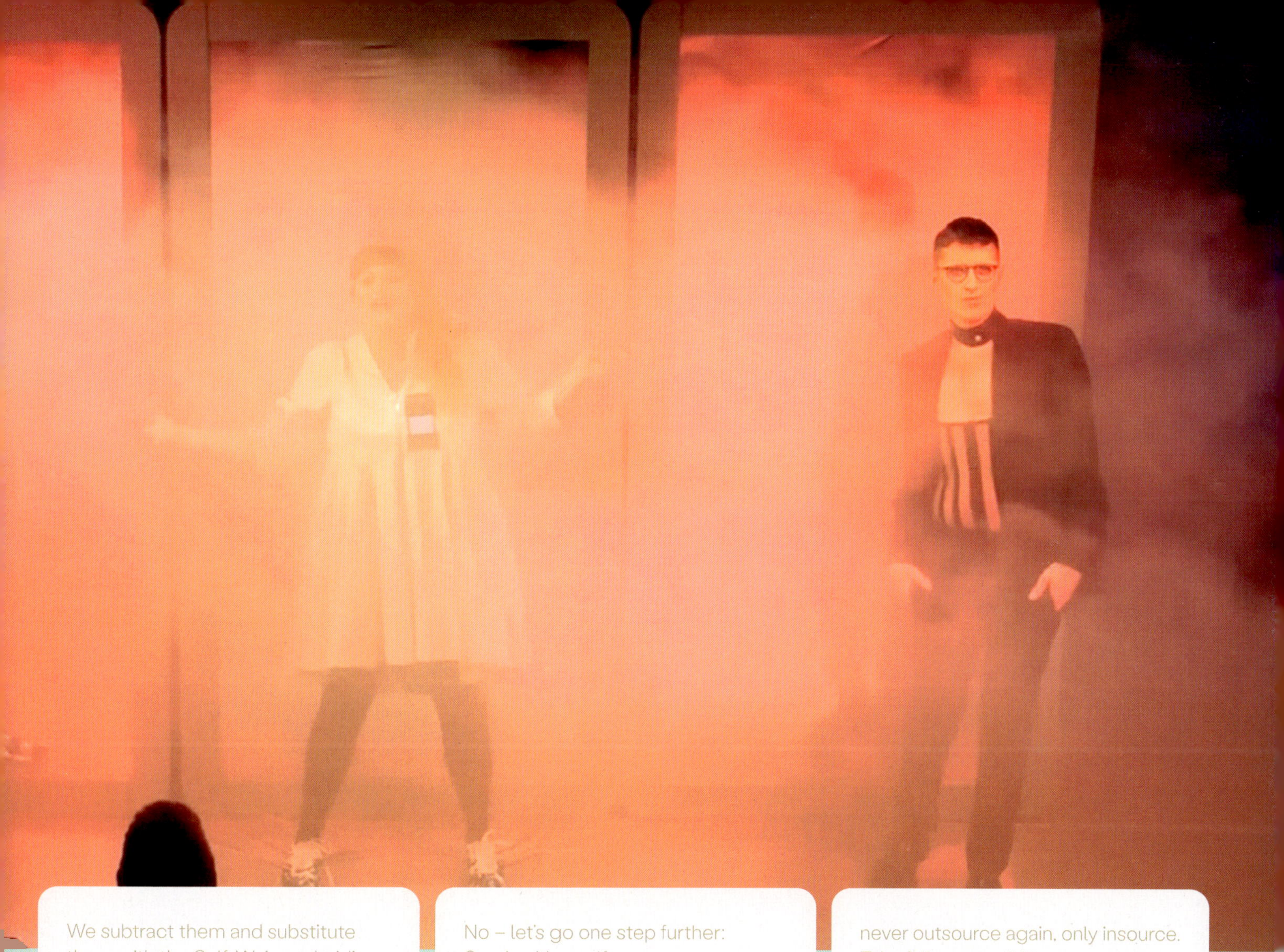

We subtract them and substitute them with the Self. Waive subsidies voluntarily.
Live self-regulation by blocking and sanctioning your own trade.
My personal tip: voluntarily pretend you have no money, then you will no longer be afraid of having no money.

Weekends were yesterday. Work can also be done by yourself and all the time.

Just compete with yourself, then there will be no more losers!

So the new motto is not only:
Do It Yourself.

No – let's go one step further:
Service Yourself.

The internet dissolves us.
We all now have access
to all knowledge.
We operate with ourselves
on multiple levels
and we are also proud to see that
women artists have shown us a way
that can now be adopted.
They are pioneers of multitasking.
Their system of self-destruction is
now making room for something
new.
And we are happy to take over from
here with our INFLUENCA principle.
How? It's very simple:

never outsource again, only insource.
Take full responsibility
for all services.
We demand: no more services,
neither for education, public nor
social services. Transport was
yesterday.
Grow your own vegetables!

Only through absolute0 freedom
and absolute self-responsibility
will you be able to continue to assert
your right to happiness.

Thank you for your attention.

HANDS – ON!

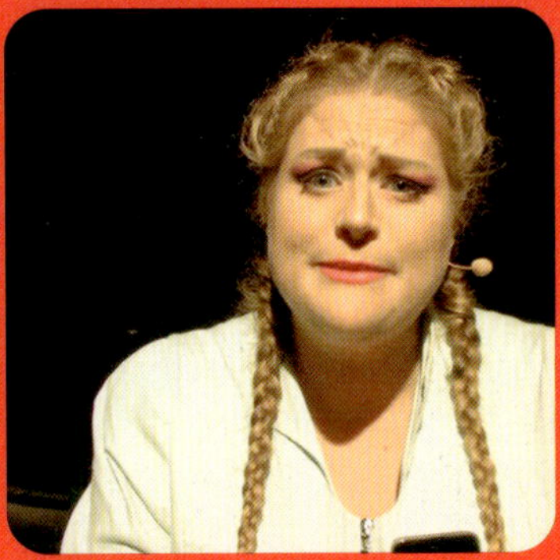
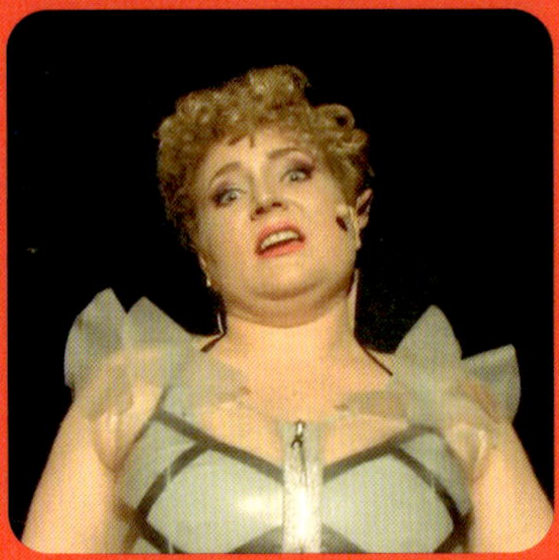
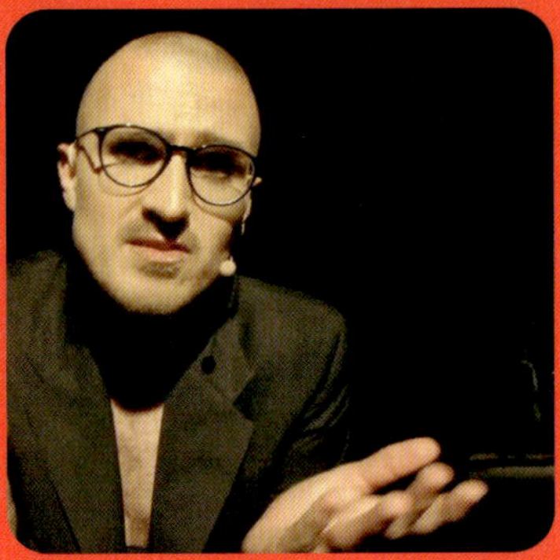

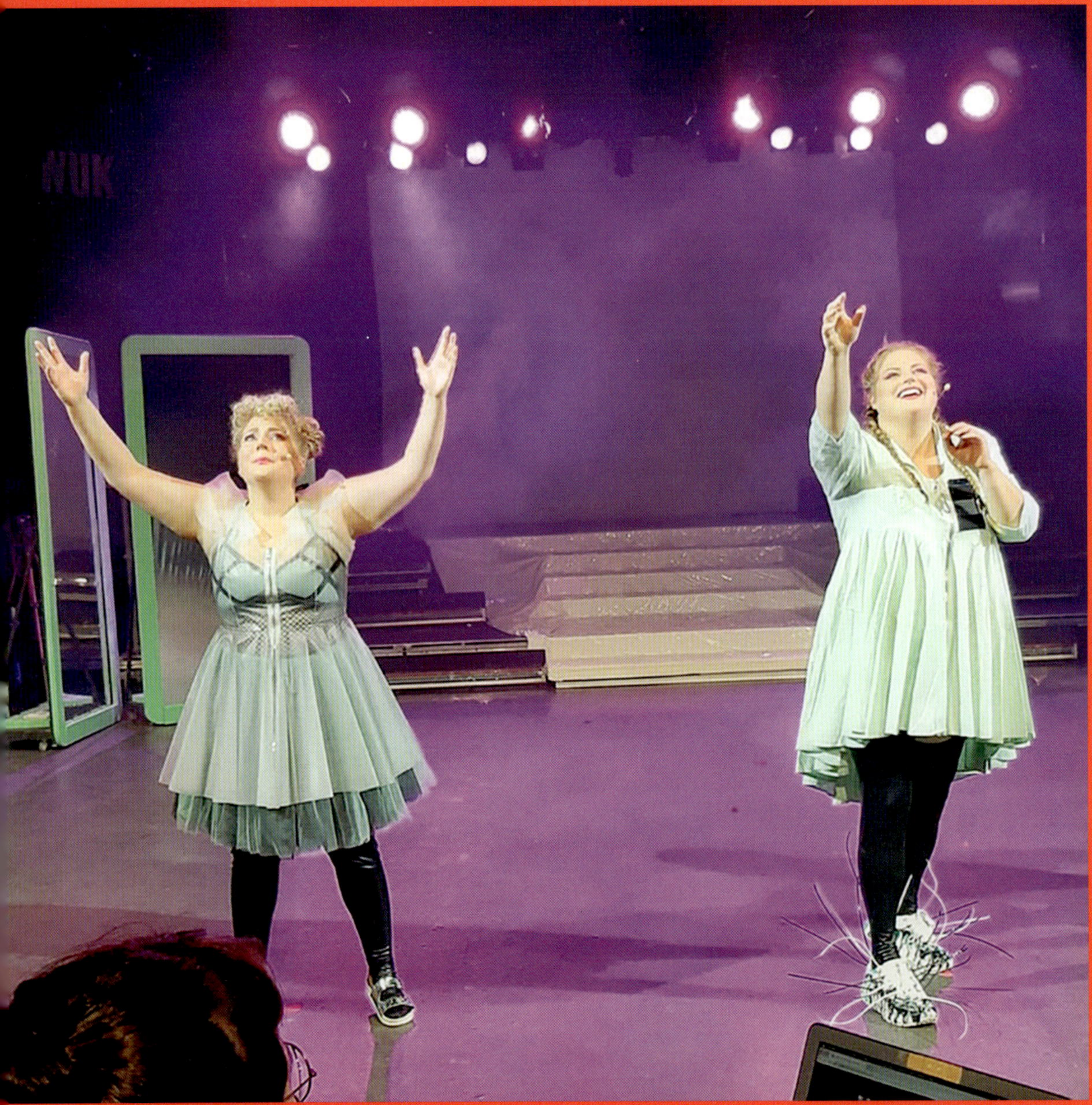

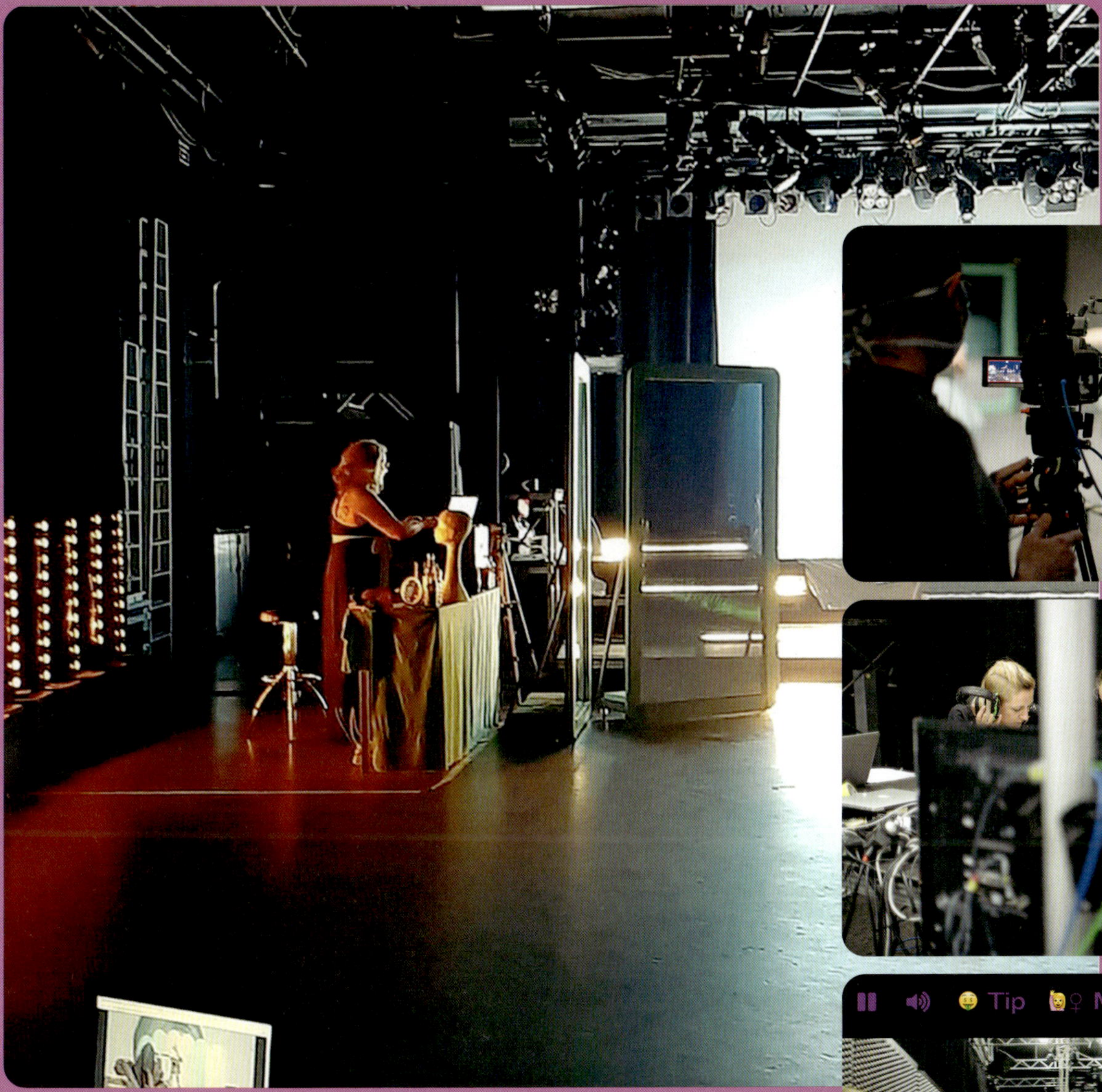

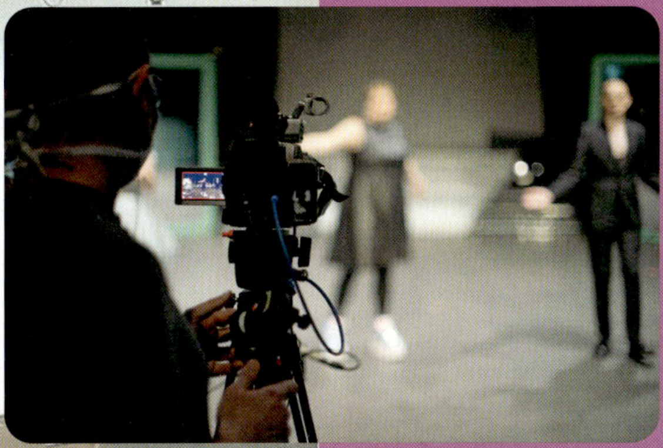

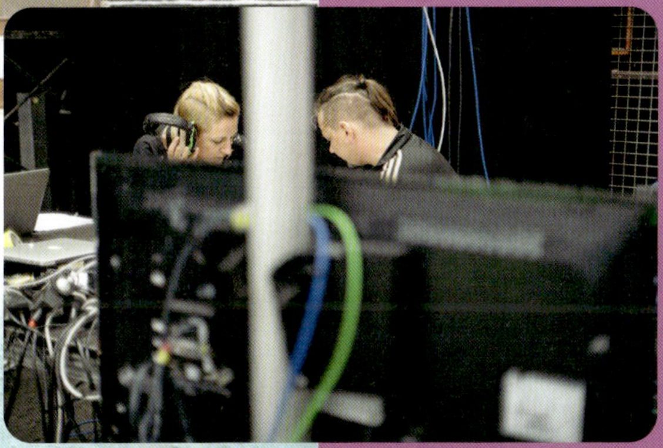

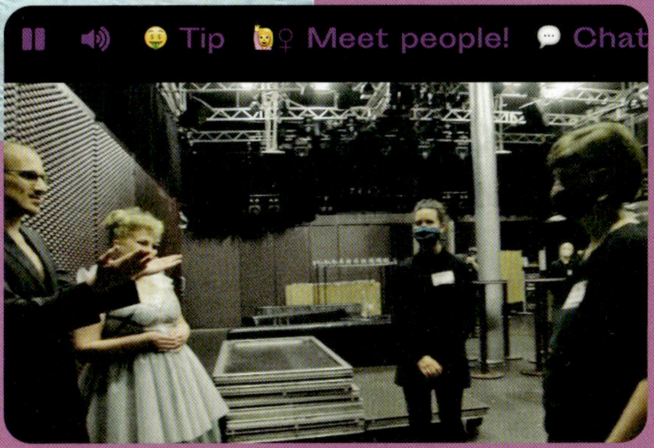
Tip
Meet people!
Chat

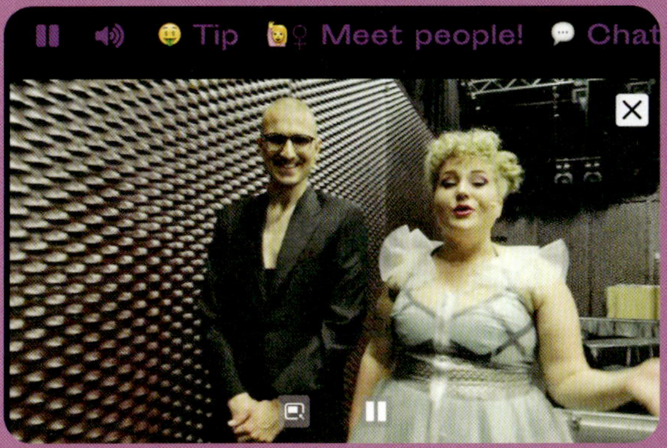
Tip
Meet people!
Chat

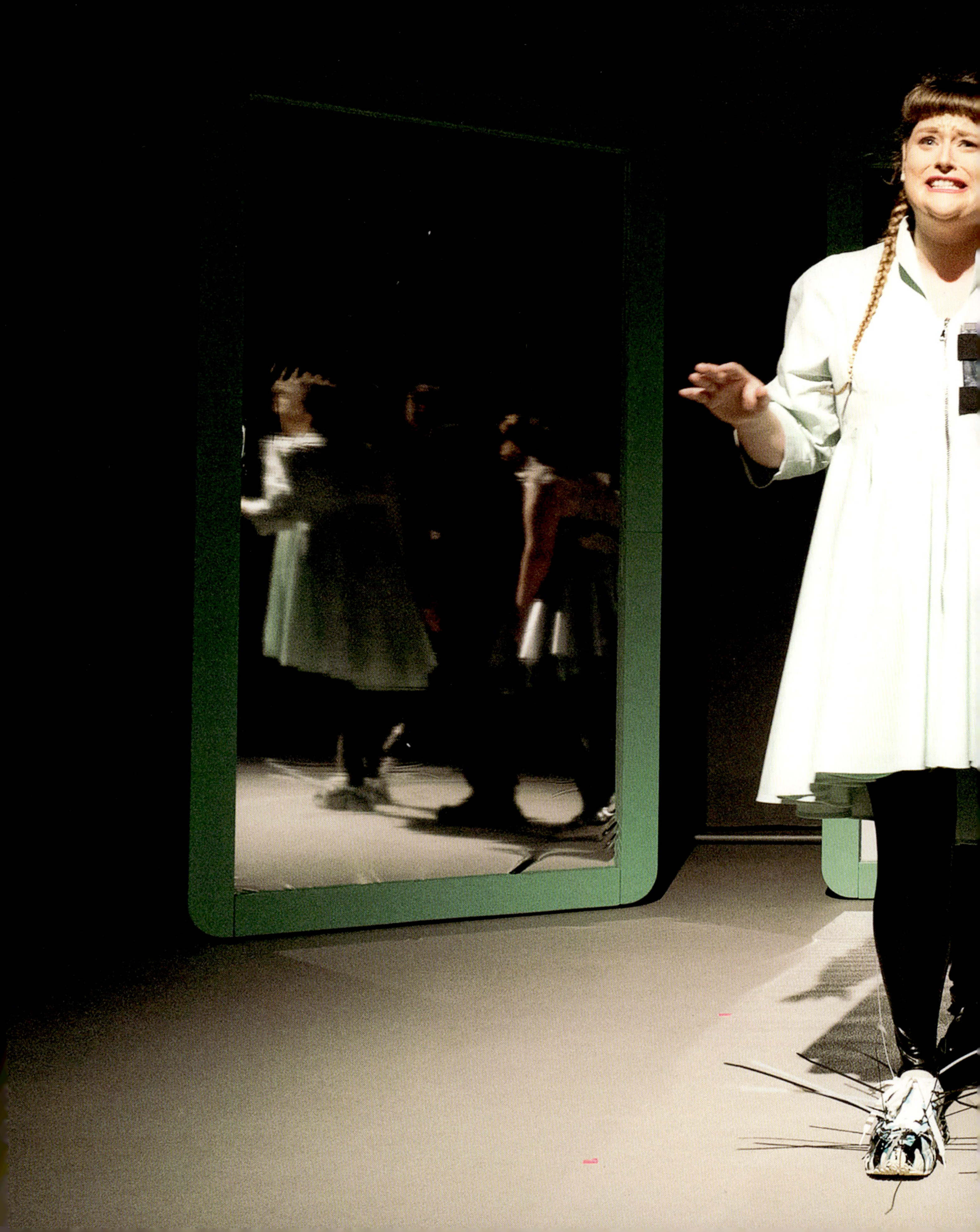

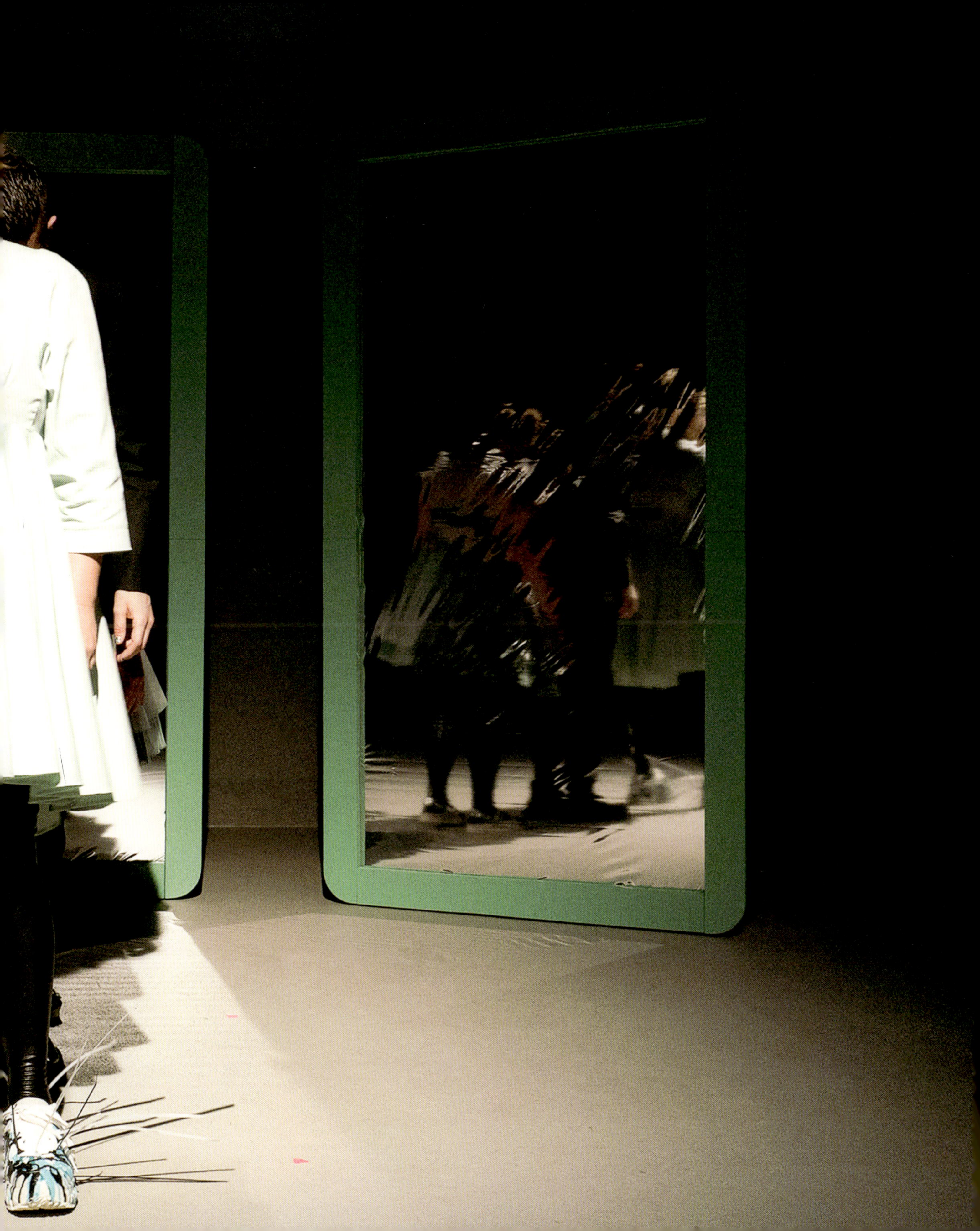

# TOUCHPOINT

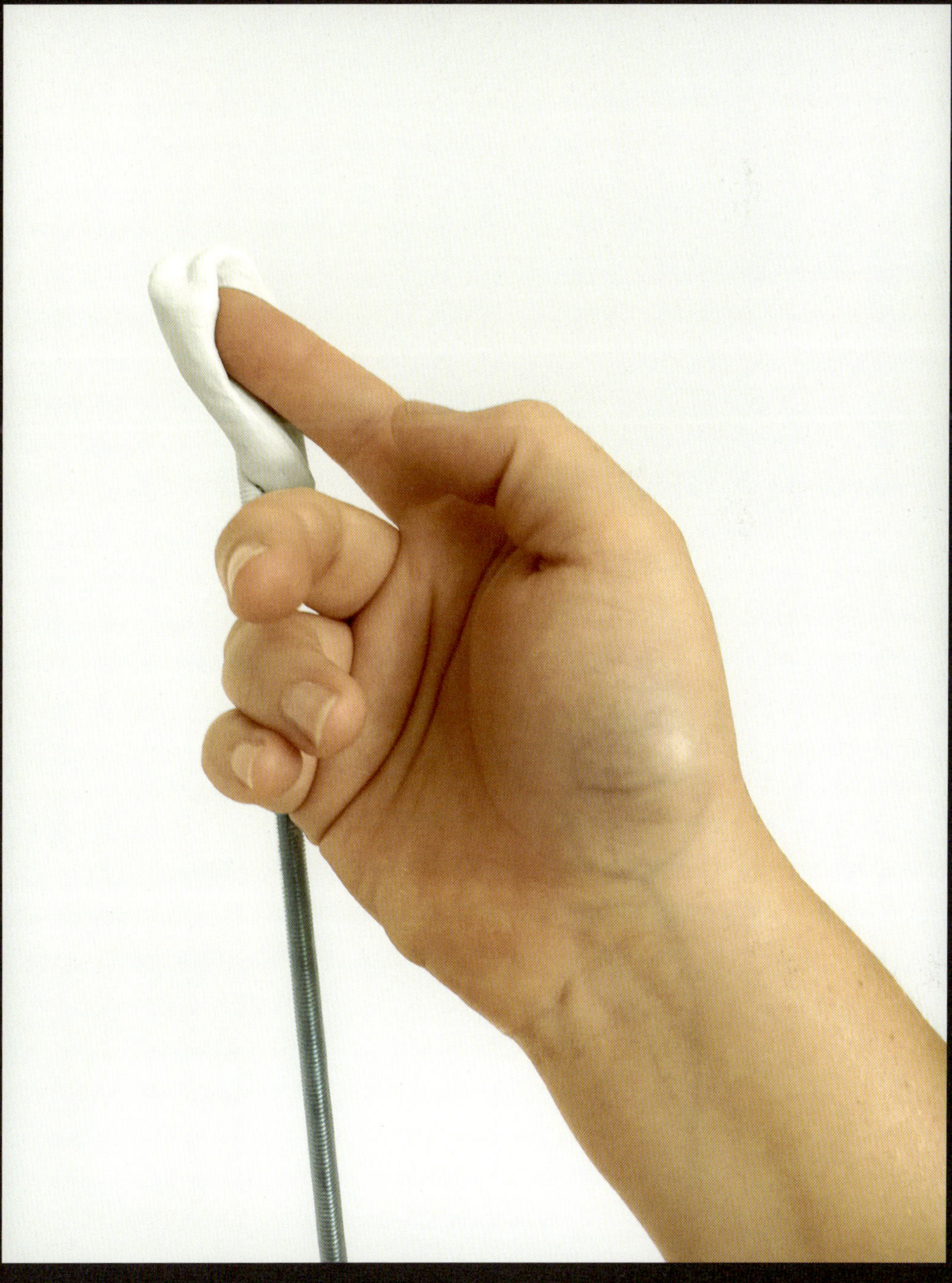

# TOUCHPOINT

Touchpoint

- Installation mit drei Fotografien, je 21 × 29 cm, gerahmt 32 × 45 cm
- Installationen aus 13 Gipshänden
- Drei Skulpturen auf Podesten, Dreischichtplatte, Silikon, Aluminium, Maße variabel, 2019

Die Arbeit *Touchpoint* ist als ein forschender und prozesshafter Zyklus zu verstehen, der Gedankenskizzen in Skulptur und Fotografie übersetzt. Die Arbeit transformiert die Haltung eines Menschen in Objekte. Dabei versteht sich der Touchpoint (Berührungspunkt) als der Ort, an dem sich Immaterielles in Materie übersetzt.

Anhand von Videos, in denen Politiker*innen eine Rede halten, fängt die Künstlerin die Handbewegungen dieser Personen ein und konzentriert sich dabei auf die Gesten. Dafür legt sie Videostills von verschiedenen Politiker*innen übereinander, um so die typischen Gesten und Greifräume zu definieren. Ausgehend davon formt sie die Gesten der Hände in Gips ab, die als Ansammlung von Wandskulpturen sichtbar werden. In einer weiteren Verarbeitung materialisiert Barbis Ruder die Zwischenräume dieser Handgesten durch kleine Silikonobjekte, die auf langen Stäben angebracht sind. Die Länge der Stäbe orientiert sich wiederum an der Gestikulationshöhe der oder des jeweilige*n Politikers oder Politikerin. Die Stäbe sind auf Plattformen angebracht, die drei verschiedene Greifräume abbilden. Dabei entfalten die kleinen Skulpturen eine große Wirkung: Sie stehen symbolhaft für die Wirksamkeit der jeweiligen Haltung der Politiker*innen zu einer Sache. Die Silikonskulpturen sind also der symbolische Berührungspunkt zwischen einer Haltung zu einer Sache und ihrer Umsetzung in konkrete Politik, deren Konsequenzen für die Menschen dann zu spüren sind.

Weiters referiert *Touchpoint* auf die Verbindung zwischen Körper und Objekt. Das Smartphone, das längst als Prothese im Sinne der Erweiterung des Körpers verstanden werden kann, wird durch die Fingerkuppen bedient. Wie auf magische Weise geben diese Berührungspunkte auf dem Bedienfeld ihre Befehle ein, die dann mittels Social-Media-Kanälen in die Welt transportiert werden, die ihrerseits meinungsbildend sind und ganze gesellschaftliche Bewegungen auslösen können.

*Touchpoint* is a research-based, processual work that translates conceptual sketches into the form of sculptures and photographs. The work transforms the attitude of a person into objects. The touchpoint is understood as the place where the immaterial is translated into matter.
Departing from videos of politicians holding speeches, the artist captures the gestures, positions, and actions of their hands represented through finger movements. For this, Barbis Ruder superimposes video stills of various politicians to define the typical gestures and grasping spaces. Based on this, she moulds the gestures of the hands in plaster, which become visible as a collection of wall sculptures.
In a further processing, Barbis Ruder materialises the spaces in between these hand gestures through small silicone objects that are attached to long rods. The length of the rods is again oriented towards the gesticulation height of the respective politician and are each attached to a platform that depicts three different grasping spaces. The small sculptures, however, have a deeper impact: they are symbols for the efficacy of the respective politician's attitude to a matter. Hence, the silicone sculptures represent the touchpoint between a stance towards a certain cause and its implementation in concrete policy, which then has tangible consequences for the people.
Furthermore, *Touchpoint* refers to the connection between body and object. The smartphone, which can be long regarded as a prosthetic extension of the body, is operated by the fingertips. As if by magic, these touchpoints enter their commands on the control panel, which are then transmitted to the world via social media channels and, in turn, shape opinions and can trigger entire social movements.

Touchpoint

- Installation with three photographs, each 21 × 29 cm, framed 32 × 45 cm, 2019
- Installations with 13 plaster hands, 2019
- Three sculptures on pedestals, three-ply panel, silicon, aluminium, variable dimensions, 2019

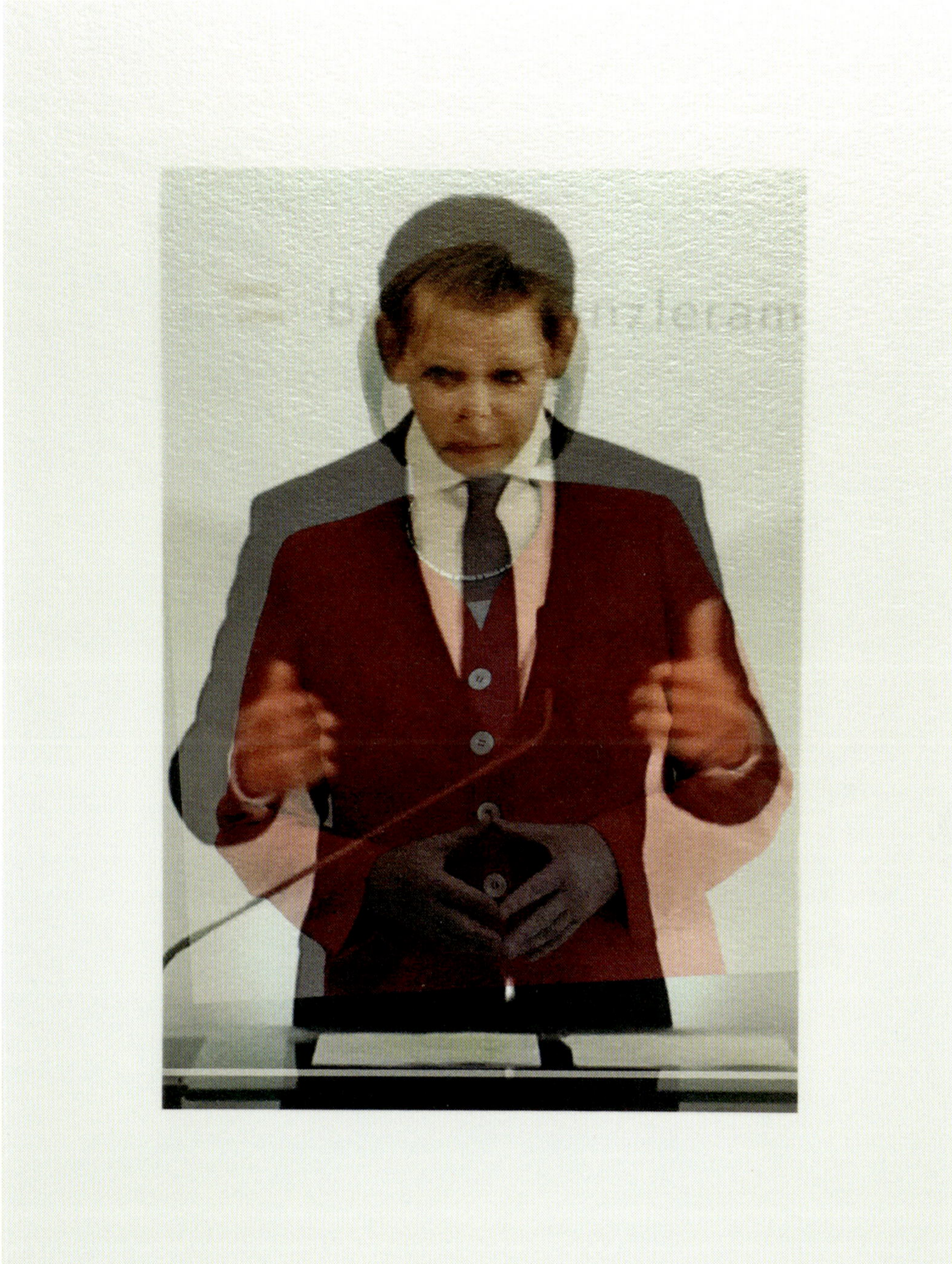

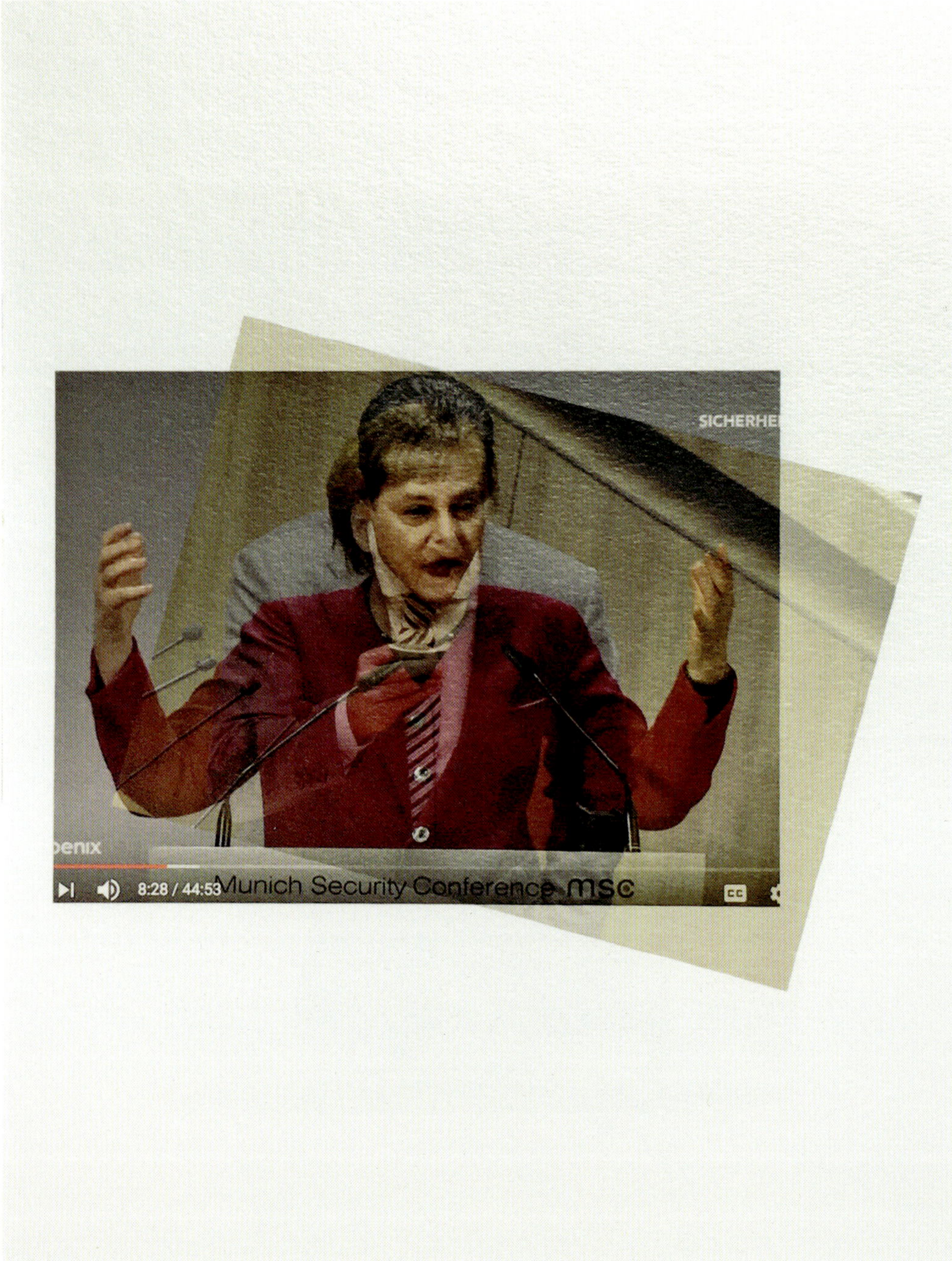
8:28 / 44:53
Munich Security Conference msc

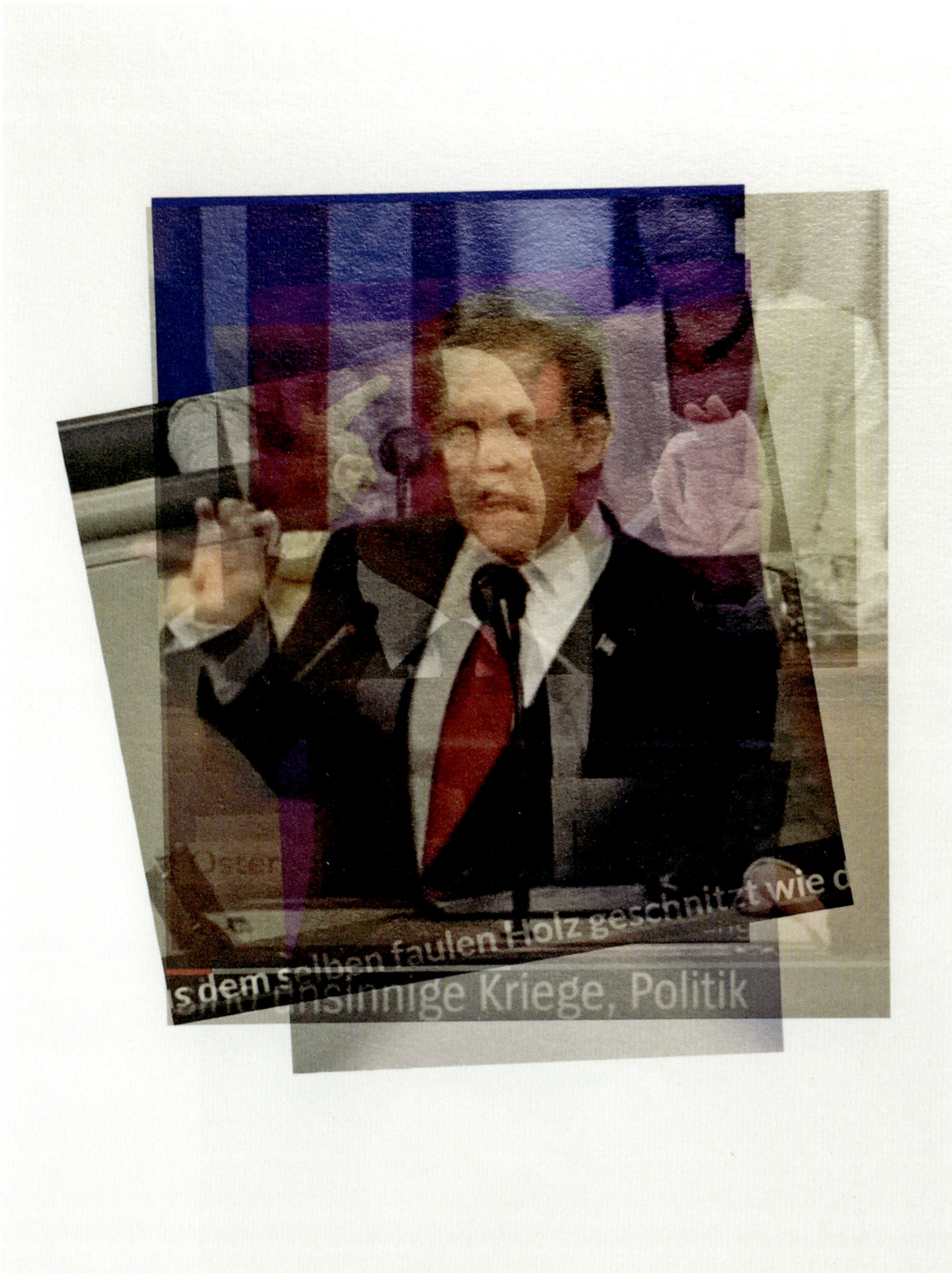
faulen Holz geschnitzt wie
Kriege, Politik

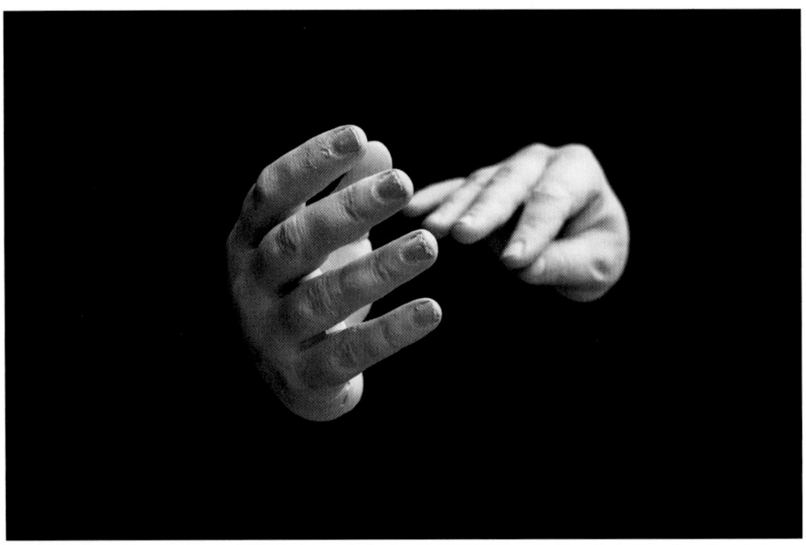

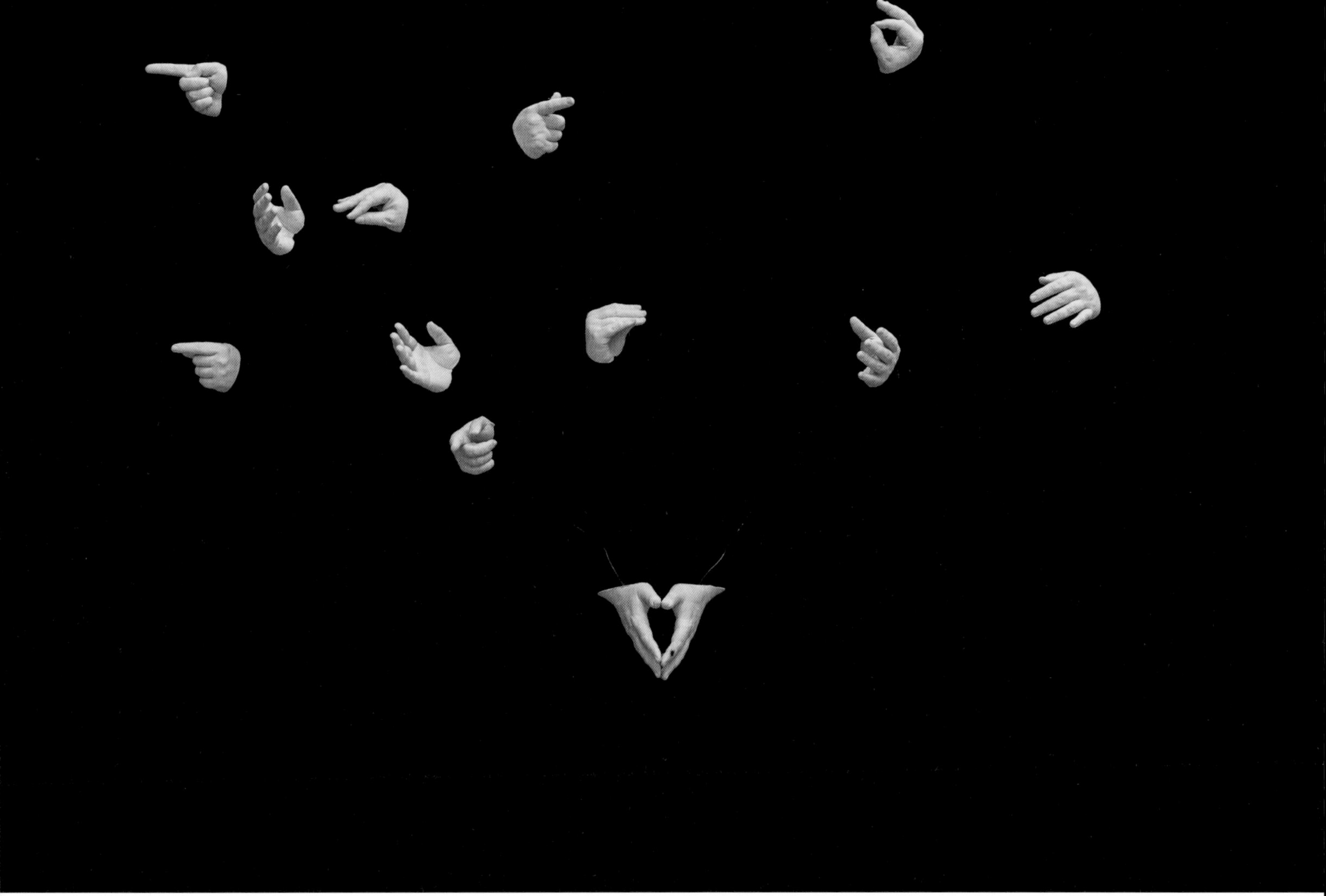

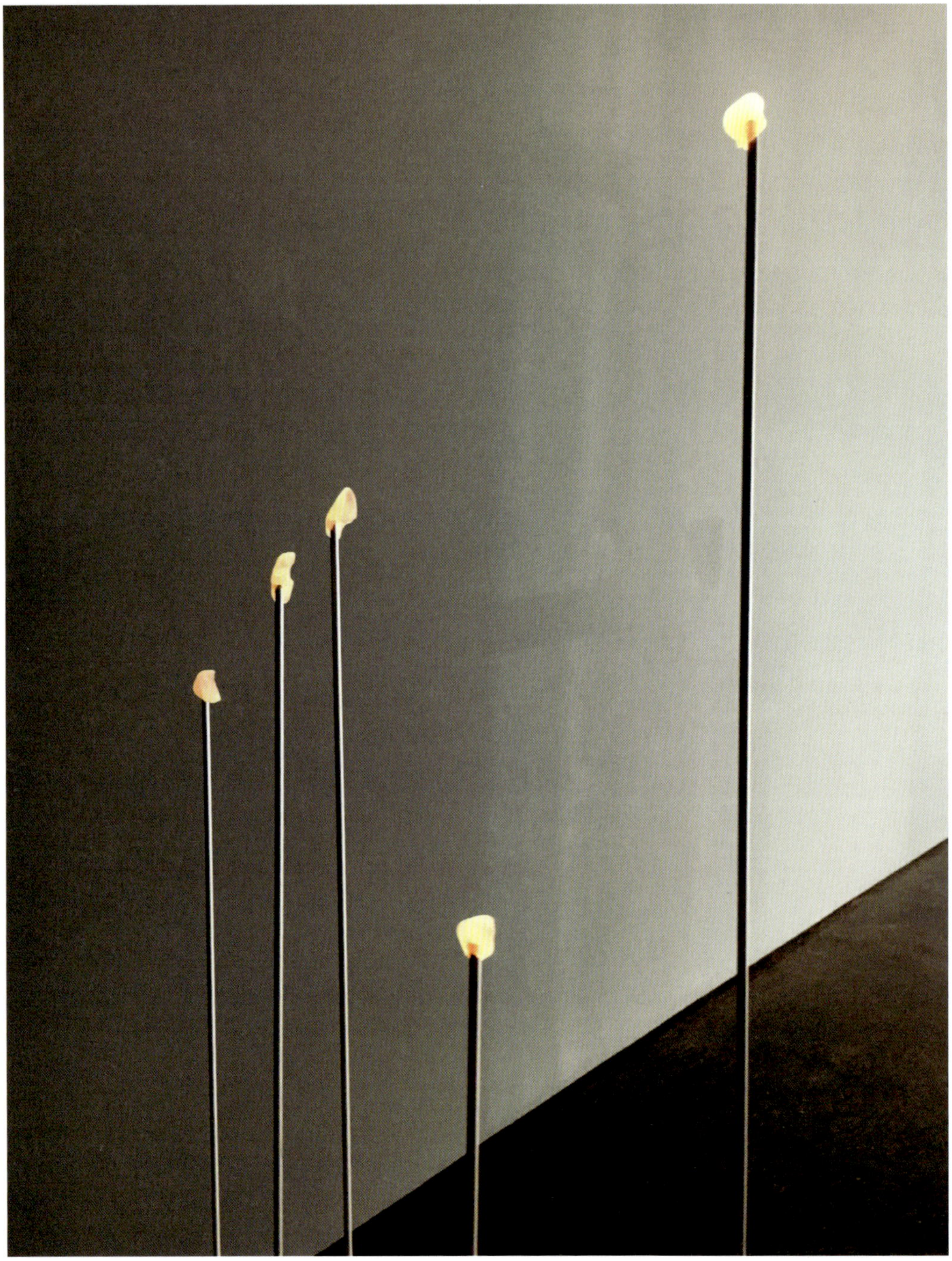

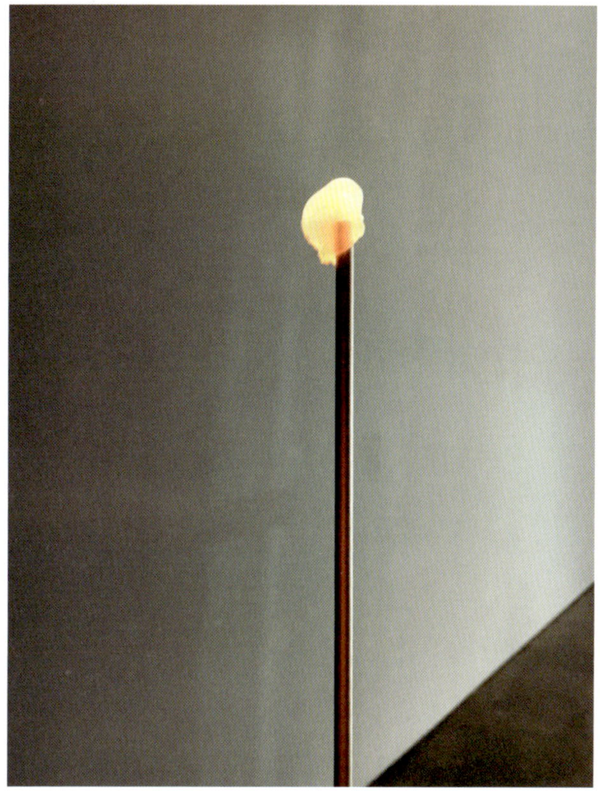

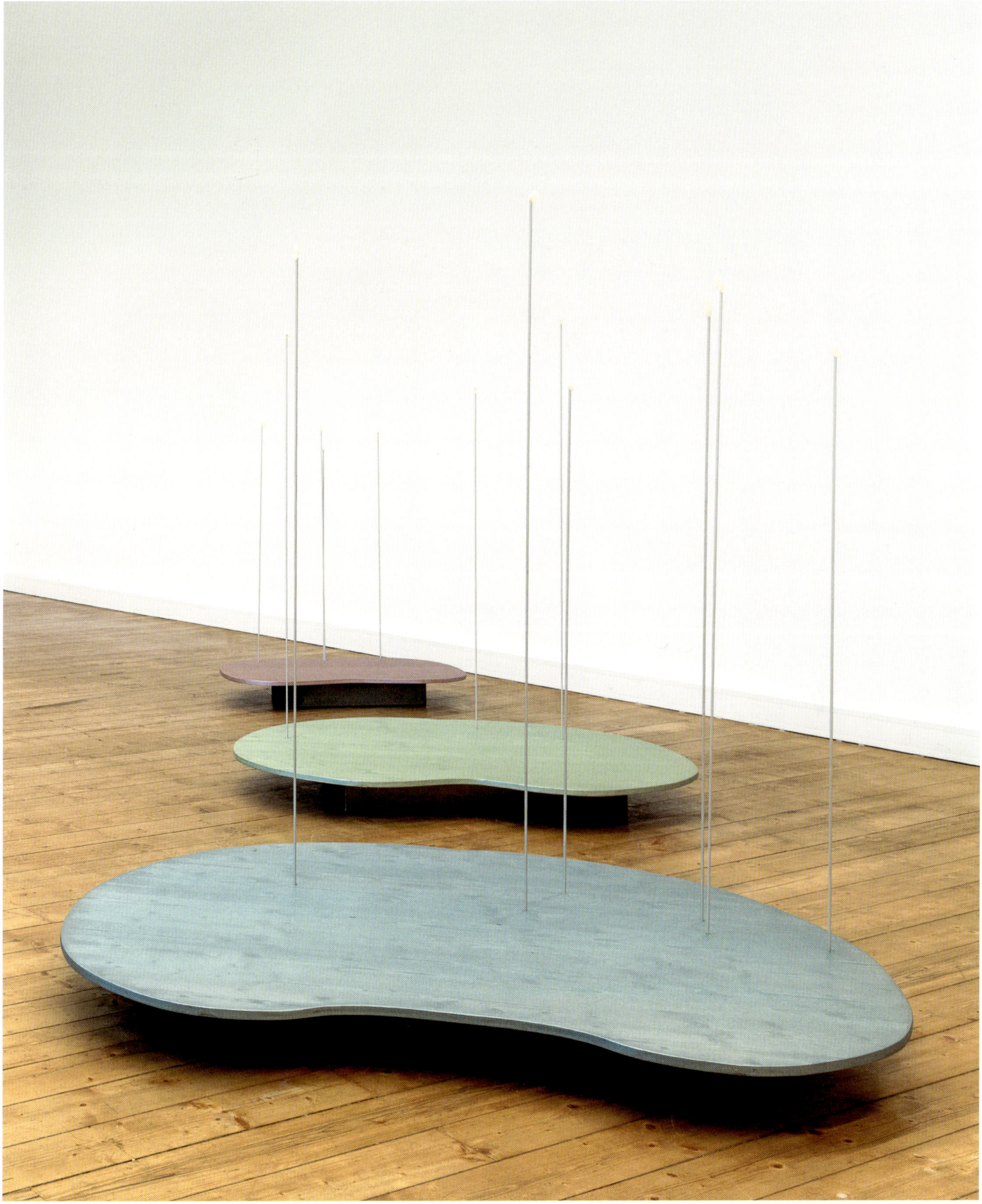

LEAN IN

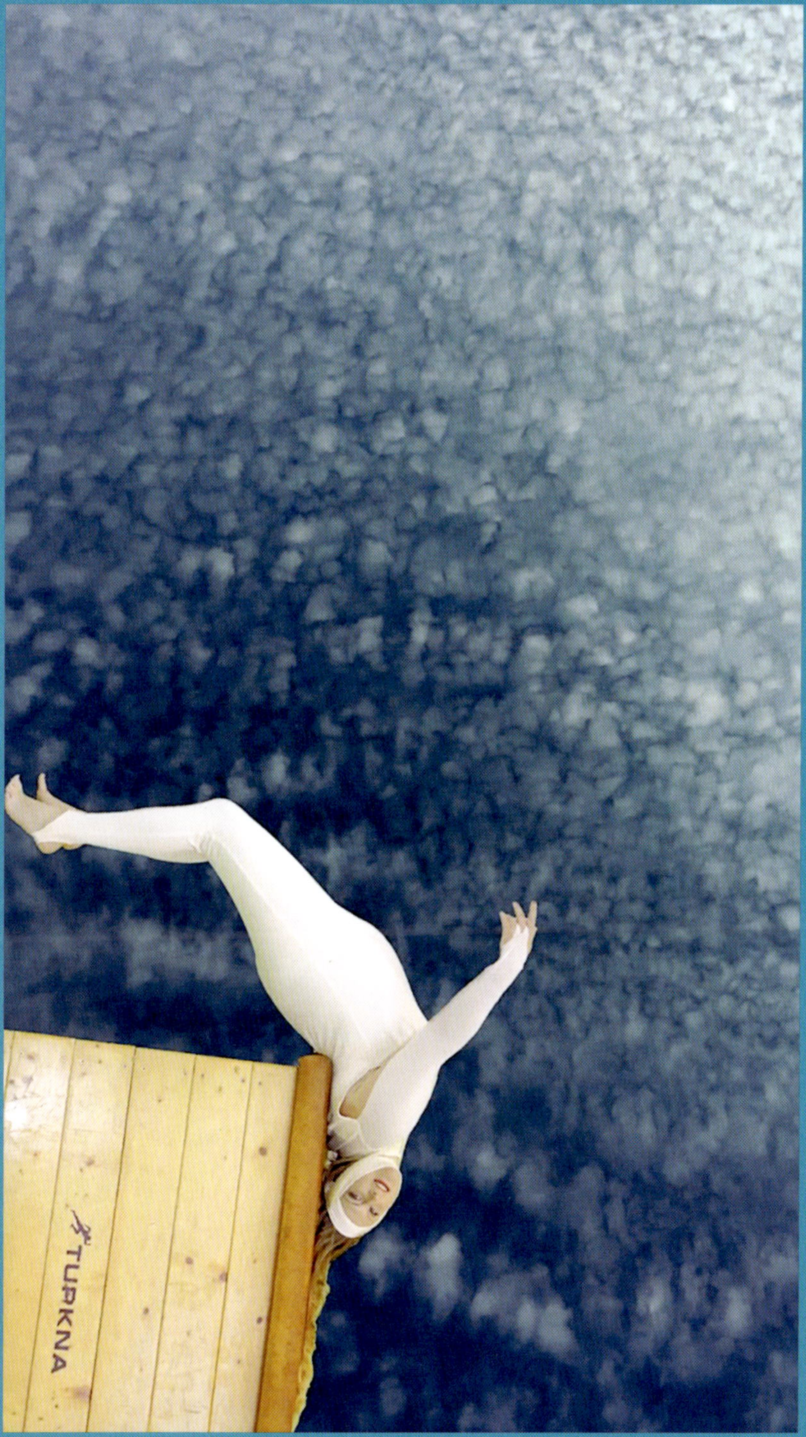

# LEAN IN

Studien

Sechs Zeichnungen
auf Papier, 21 × 29 cm,
gerahmt 32 × 45 cm, 2019

Little Friend

Skulptur, Turnbock
auf Sprossenwand,
70 × 84 × 130 cm, 2020

They Say

Video mit Ton,
1920 × 1080 HD,
03:20 min, 2020

Die Installation *Lean In* besteht aus einer Skulptur, sechs Zeichnungen und einem Video. Sie verweist auf Ambivalenzen, die mit der westlich geprägten Yoga-Praxis und dem patriarchalen, psychologisierenden Frauenbild einhergehen.

In den Zeichnungen *Studien* sind jeweils übereinandergelagerte Figuren zu sehen, eine übt die Yoga-Position „Rückbeuge", die andere führt den sogenannten „Hysterical Arch" (hysterischen Bogen) aus. Dieselbe Haltung des Körpers kann je nach Blickwinkel völlig anders gedeutet werden: Im Yoga hat die Rückbeuge auf der körperlichen Ebene den Nutzen, den Brustraum zu öffnen und zu dehnen. Auf der geistigen Ebene fördert sie Mut und hilft Ängste zu überwinden. Genau das Gegenteil wird im Freud'schen Frauenbild der hysterischen Frau in der gleichen Pose – dem „Hysterical Arch" – gelesen. Der „hysterische Bogen" steht für die rasende Frau, die ausgeliefert und unzurechnungsfähig ist. Anstatt mit Zuversicht in die Welt zu blicken, wie es die Yoga-Lehre versinnbildlicht, ist die Frau, folgt man dem hierarchischen und psychologisierenden toxischen Männerblick, ihren Ängsten und Zwängen unterworfen.

Die benutzbare Skulptur *Little Friend*, die sich aus einer gestauchten Sprossenwand und einem Turnbock zusammensetzt, lädt zum Üben der Rückbeuge ein. Barbis Ruder beabsichtigt damit, die Betrachter*innen zu ermutigen, selbst aktiv zu werden und sich dieser Asana zu nähern. Sie kann helfen, sich aus Ängsten zu befreien und den Körper flexibel zu halten.

In dem Video *They Say* entlarvt sie schließlich auf humoristische Weise die Ambivalenz der Self-Care-Bewegung. Eigentlich soll die Yoga-Praxis in ihrer ursprünglichen Sinnhaftigkeit die Selbstheilungskräfte des Körpers aktivieren, indem die Asanas behutsam, mit größter Sorgfalt und langer Dauer ausgeführt werden. In unserer westlichen Gesellschaft wird sie jedoch herangezogen, um zu Höchstleistungen zu verhelfen. Dort, wo eigentlich Ruhe und Gelassenheit einziehen sollten, herrschen sportlicher Ehrgeiz und Konkurrenzdruck. In einem weißen, Turnanzug-ähnlichen Kostüm zeigt die Performerin an einem Turnkasten, wie die Rückbeuge geübt werden kann. Dazu singt sie den Song „They say, you got to be strong to open your heart", „Sie sagen, du musst stark sein, um dein Herz zu öffnen". Dabei spielt die Redewendung „Sie sagen" bzw. „man sagt" die entscheidende Rolle. Denn das anonyme Pronomen „sie" oder „man" suggeriert eine Allgemeingültigkeit für ein von der Gesellschaft vermeintlich erwartetes Verhalten: immer stark zu sein.

The installation *Lean In* consists of a sculpture, six drawings, and a video. It refers to ambivalences that emerge from the westernised practice of yoga and the patriarchal, psychologising image of women.
The *Studies* drawings depict superimposed figures: one practicing the yoga pose "backbend"; the other performing the so-called "hysterical arch." The same body posture can be interpreted in two completely different ways, depending on the point of view. In yoga, the backbend, on a physical level, serves to open and stretch the chest cavity. On the mental level, it promotes courage and helps to surmount fears. Exactly the opposite is implied in the Freudian image of the hysterical woman in the same pose – the "hysterical arch." It stands for the frantic woman who is at the mercy of others and insane. Instead of looking into the world with confidence, as exemplified in yoga teachings, the woman, in keeping with the hierarchical and psychologising toxic male gaze, is subject to her fears and compulsions.
The usable sculpture *Little Friend*, comprised of a truncated wall bar and a gymnastics buck, invites viewers to practice the backbend. The artist encourages recipients to interact and try out this asana in order to free themselves from fears and keep the body flexible.
In the video *They Say*, she then exposes the ambiguities of the self-care movement with a dose of humour. In its original sense, practicing yoga should activate the body's self-healing powers by performing the asanas gently, with the utmost care, and for a long duration. In our western society, however, it is about achieving peak performance. Not calmness and serenity rather athletic ambition and competitive pressure prevail. Wearing a white leotard costume, the performer demonstrates how to practice backbends on a vaulting box. Parallel, she sings the song "They say, you've got to be strong to open your heart." Here, the idiom "they say" plays the crucial role. For the anonymous pronoun "they" or "one" suggests a general behaviour supposedly expected by society: to always be strong.

Studies

Six drawings on paper,
21 × 29 cm, framed 32 × 45 cm,
2019

Little Friend

Sculpture, gymnastics
buck and wall bars,
70 × 84 × 130 cm, 2020

They Say

Video with sound,
1920 × 1080 HD,
3:20 min, 2020

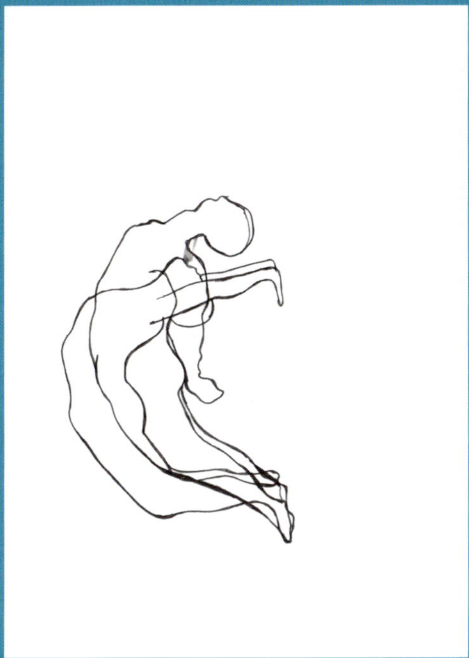
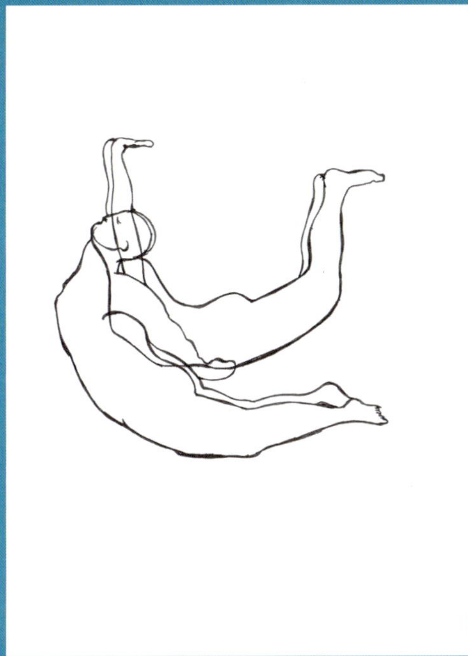
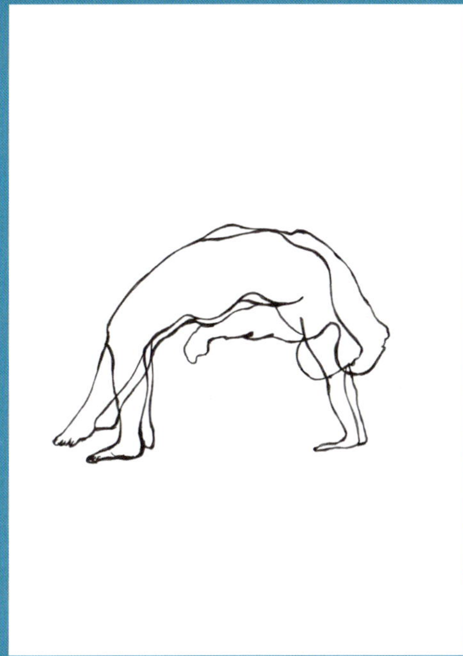
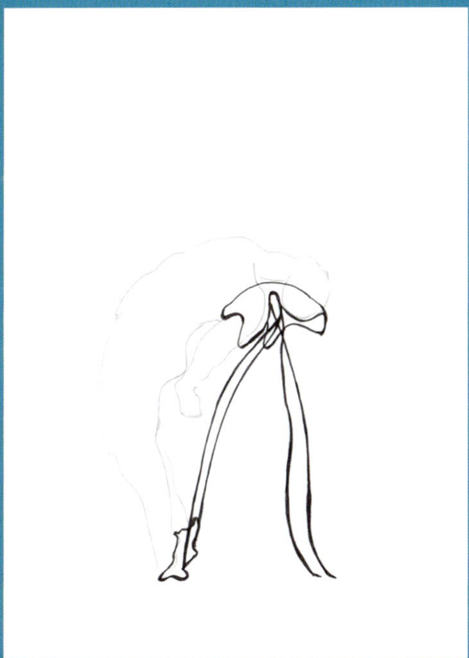
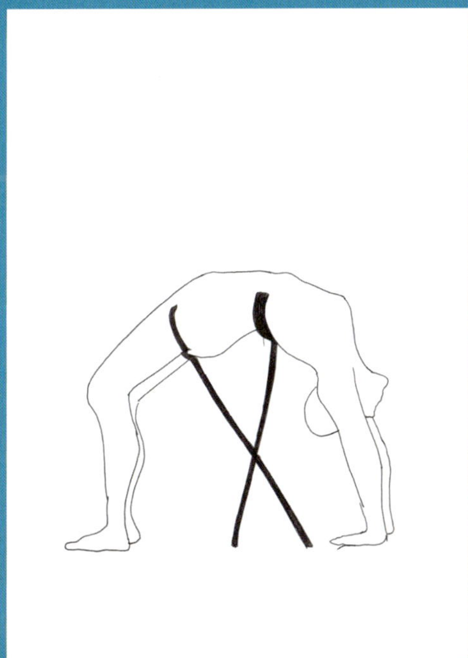
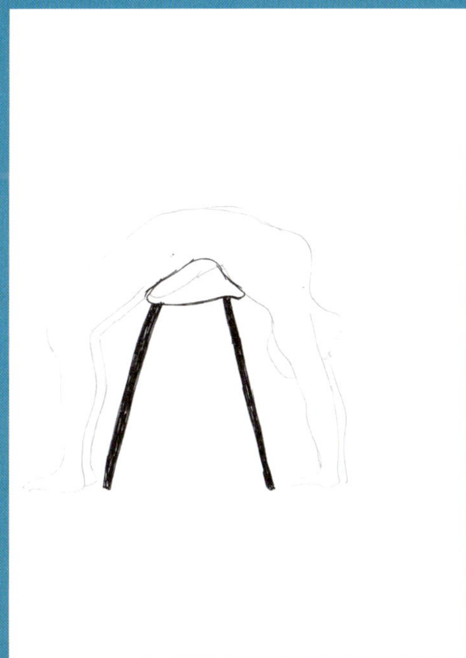

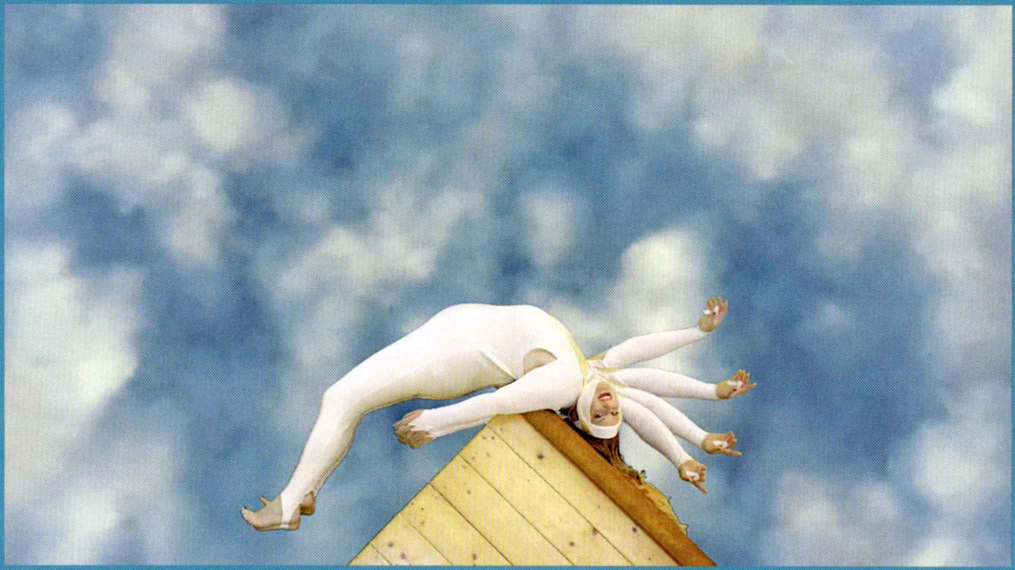

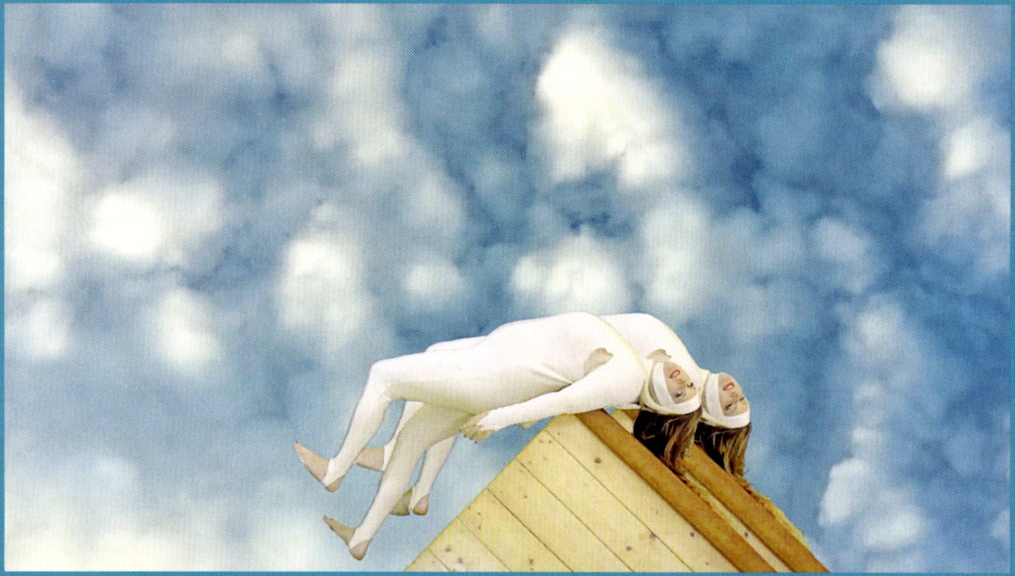

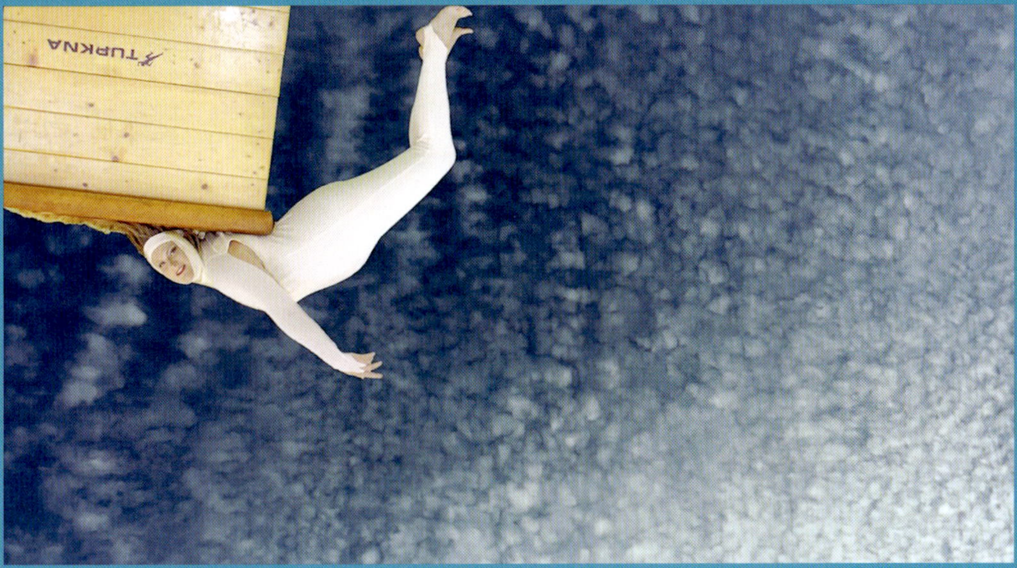

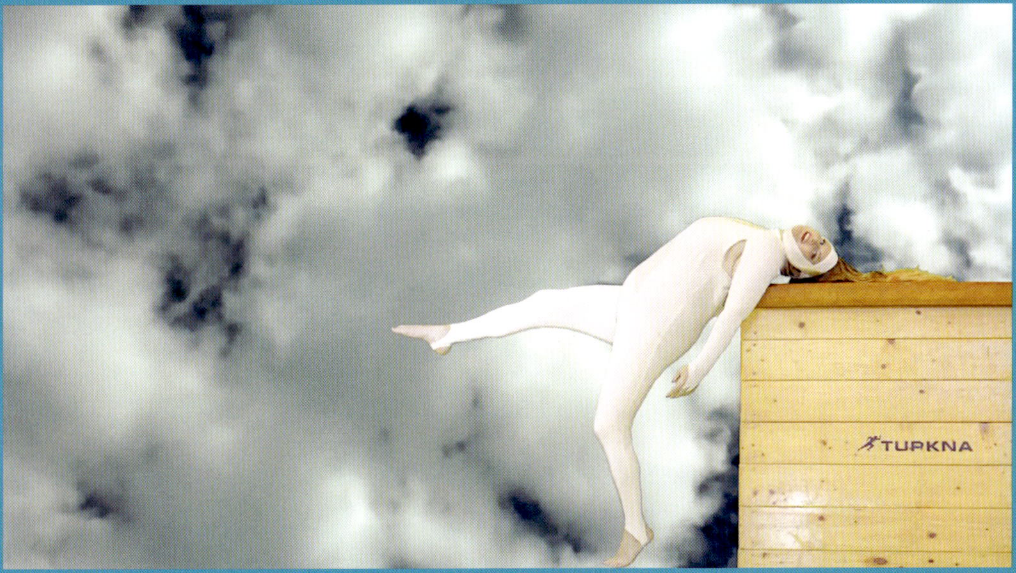
TUPKNA

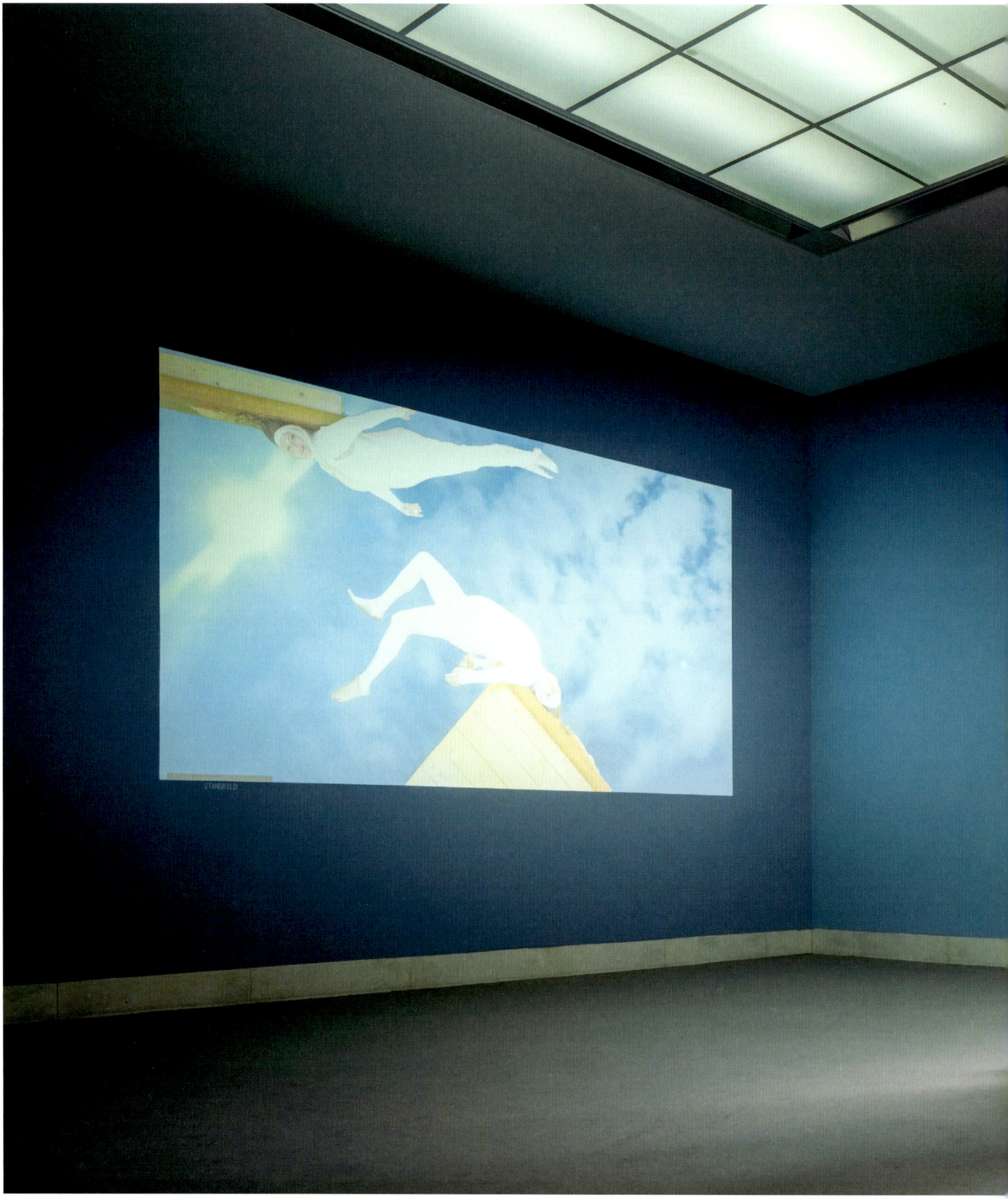

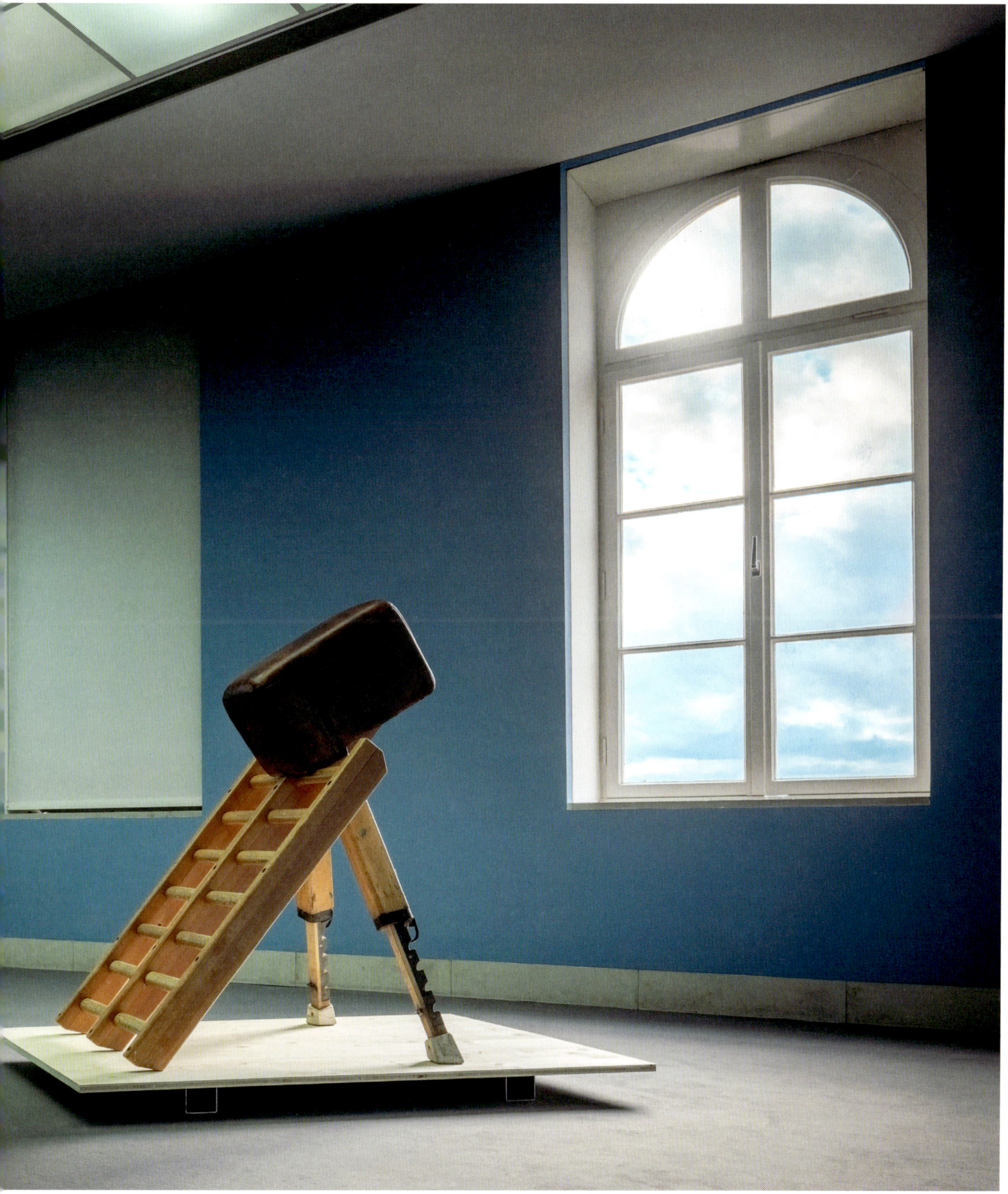

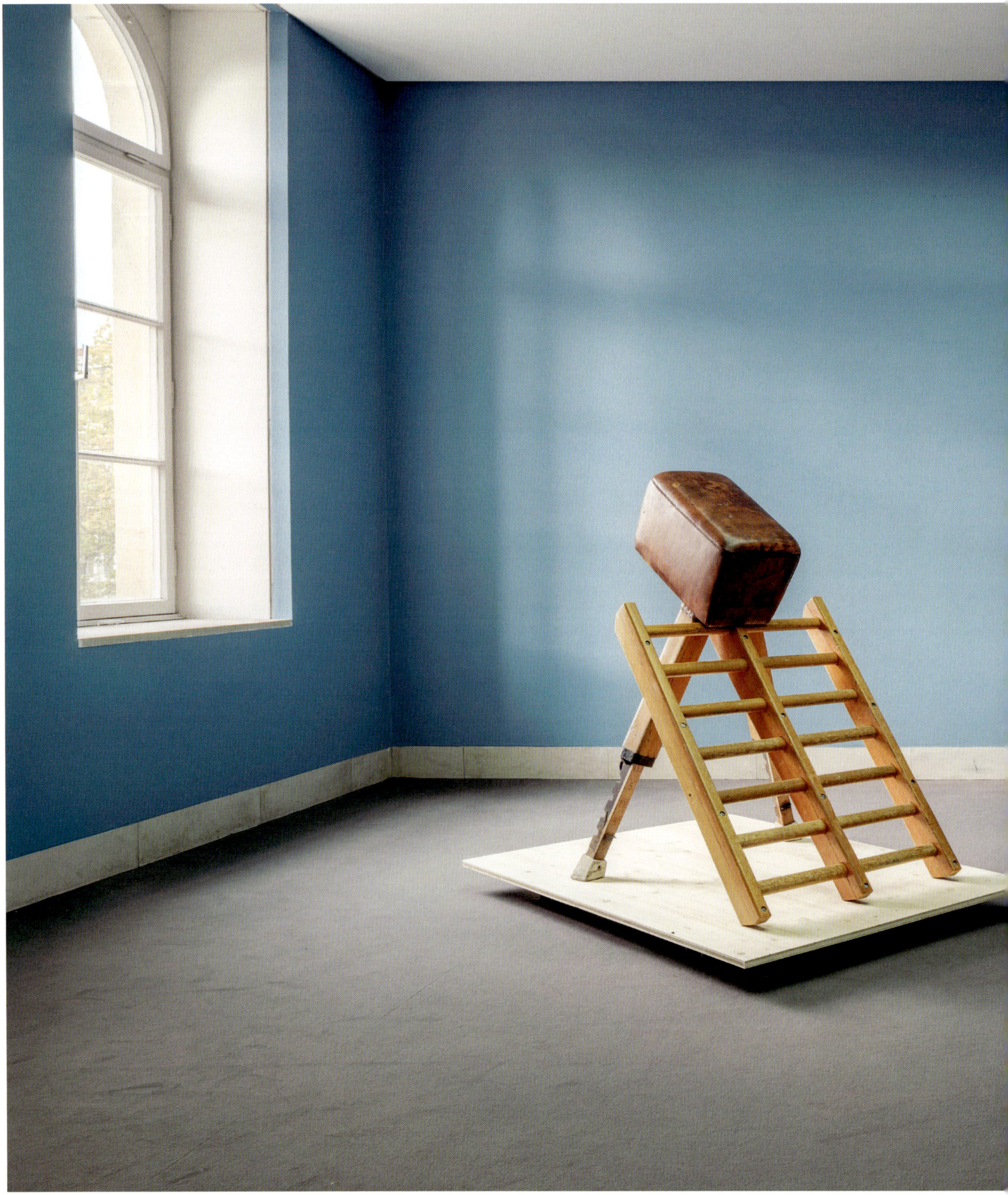

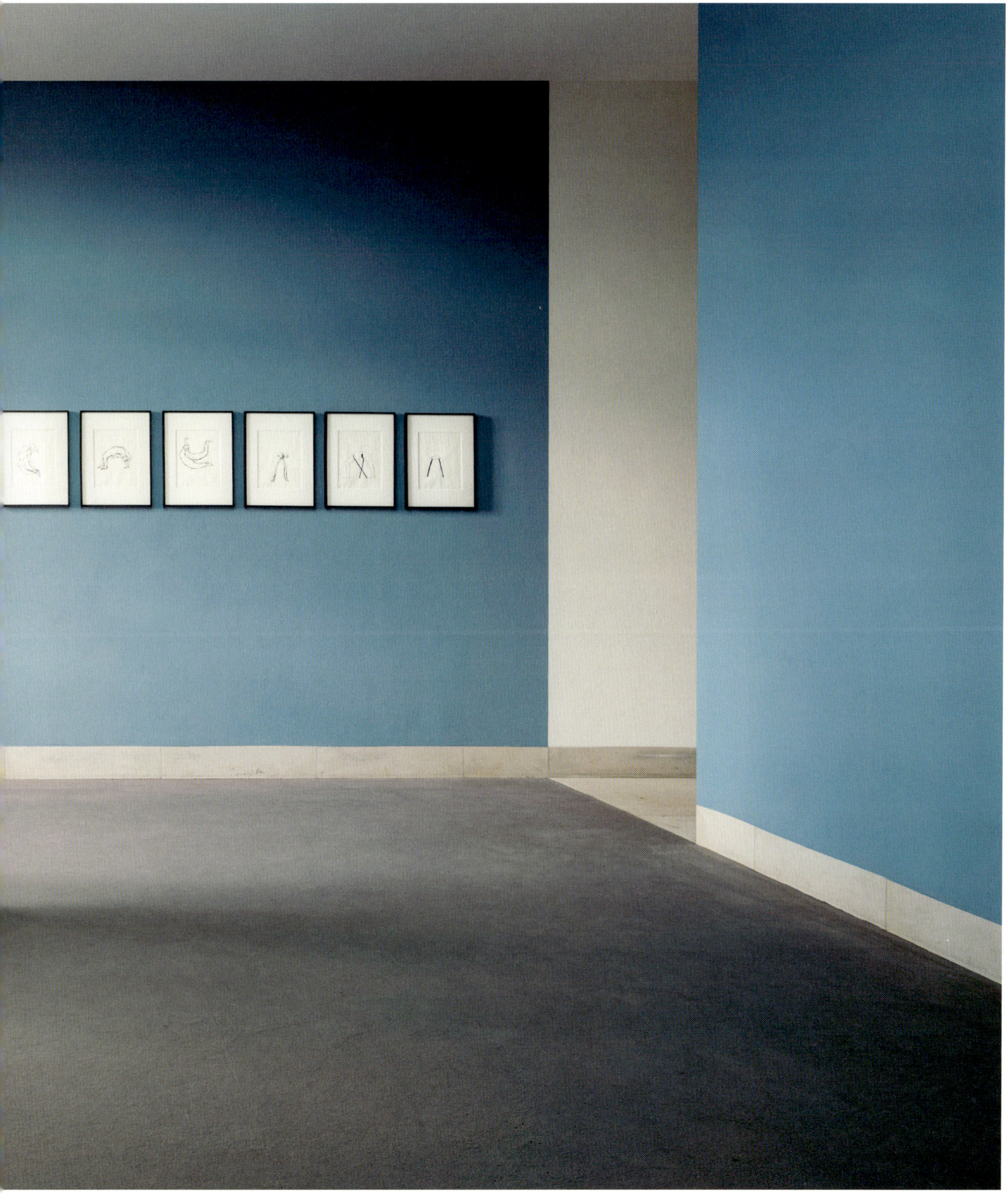

# A

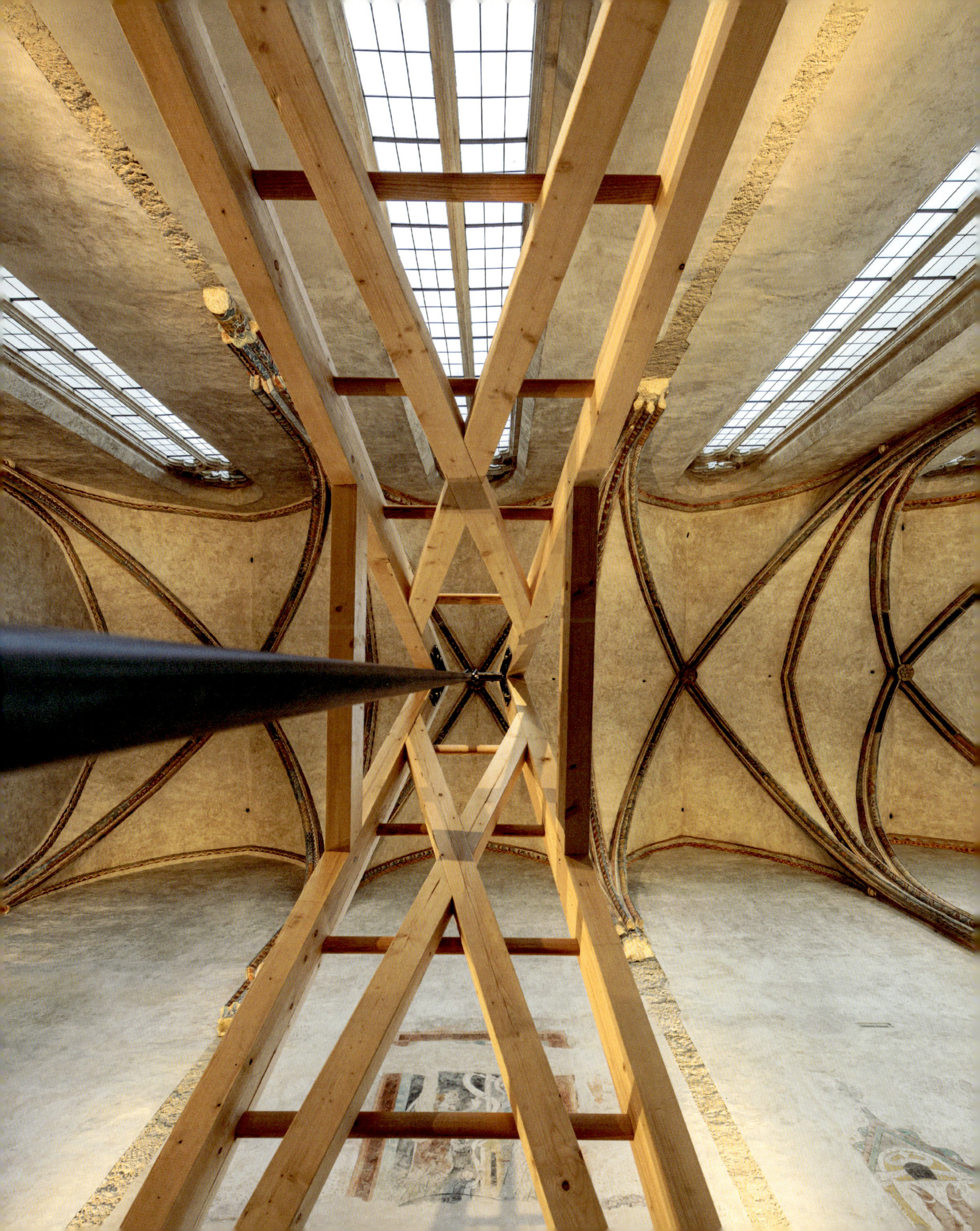

# A

A Choir

Video mit Ton,
1920 × 1080 HD,
07:21 min, 2021

A Inscription

Video mit Ton,
1080 × 1920 HD,
00:53 min, 2021

A Instrument

Skulpturales Instrument,
Konstruktionsvollholz,
Fichte, Esche, Stahl,
Prüfgewicht,
500 cm × 230 cm × 1100 cm,
2021

In der Arbeit *A*, die aus zwei Videoarbeiten – *A Choir* und *A Inscription* – und einem benutzbaren Instrument besteht, untersucht die Künstlerin die Reflexion des Tons auf den Körper und die Verbindung des Körpers zur Architektur. Denn der Körper bestimmt letztendlich die Wahrnehmung und die Raumerfahrung, je nach Positionierung in der Architektur.

In dem Chorstück *A Choir* stimmt die Künstlerin den Kammerton A an, der verwendet wird, um Musiker*innen eines Orchesters und ihre Instrumente auf einen gemeinsamen Ton einzustimmen. Die Künstlerin singt den Ton als mehrstimmiges Chorstück selbst ein, indem sie collagenartig mehrere Videosequenzen übereinandermontiert. Daraus resultiert eine Mehrstimmigkeit, die durch den Klang der Architektur des Kirchenraumes unterstützt wird.

Der zweite Teil dieser Arbeit besteht aus *A Inscription*, die die Einschreibung des Körpers in den Raum verhandelt. Architektur kann immer nur im Bezug zum Menschen und zum Raum erfahrbar sein. In dem Video misst die Künstlerin den Raum mit ihren eigenen Proportionen ab, indem sie ihn liegend Stück für Stück abnimmt.

Neben dem Chorgesang und der Einschreibung des Körpers in die Architektur nimmt das Holzobjekt *A Instrument* den dritten Teil dieses Werkkomplexes ein. Die kinetische Skulptur hat die Erscheinung des Buchstabens A und ist der Konstruktion von historischen Dachstühlen nachempfunden. Die beiden A-Schenkel der Skulptur sind durch eine Wippe miteinander verbunden; dadurch kann das A in Schwingung gebracht werden. Dazu ist ein langes Pendel am Scheitelpunkt angebracht, das die Schwingung kontrolliert. Um das Objekt zu aktivieren, sind mindestens drei Personen notwendig: Eine Person nimmt die Position am Fuß des Pendels ein, während die beiden anderen auf die Konstruktion klettern und durch die Verlagerung ihres Körpergewichts, wie auf einer Wippe, das A in Bewegung setzen. Dabei können sie sich gegenseitig verstärken oder auch ausbremsen. Das Objekt pendelt dann wie ein Metronom. Der Takt der Schwingung lässt sich jedoch nicht bestimmen, da mit der Aktivierung der Skulptur auch immer eine unkontrollierbare Gegenschwingung einhergeht.

In the work *A*, which consists of two video works – *A Choir* and *A Inscription* – and a usable instrument, the artist investigates the resonance of sound on the body and the connection between the body and architecture. Ultimately, it is the body that determines the perception and experience of space, depending on its position within the architecture.
In the piece *A Choir*, the artist intones the standard pitch A, which is used to tune diverse musicians and their orchestra instruments to a common tone. The artist sings the tone as a choral piece by layering multiple video sequences in a collage-like manner. This results in a polyphony that is reinforced by the sound of the architecture of the church space.
The second part of this work is *A Inscription*, which negotiates the inscription of the body in space. Architecture can only be experienced in relation to the human being and the space. In the video, the artist measures the space with her own proportions, seizing it inch by inch in a lying position.
Complementing the choral singing and the inscription of the body in the architecture, the wooden object *A Instrument* completes the triad of this work. The kinetic sculpture has the appearance of the letter A and resembles the structure of historical roof trusses. The two A-frames of the sculpture are linked via a seesaw that enables the A to undulate. A long pendulum attached to the apex controls the oscillation. To activate the object, at least three people are needed: one person sits at the base of the pendulum, while the other two climb onto the structure and set it in motion by shifting their body weight, as on a seesaw. They can either reinforce the movement in unison or slow each other down. The object oscillates like a metronome. However, the rhythm of the oscillation cannot be specified as the activation of the sculpture is always accompanied by an uncontrollable counter-oscillation.

A Choir

Video with sound,
1920 × 1080 HD,
7:21 min, 2021

A Inscription

Video with sound,
1080 × 1920 HD,
0:53 min, 2021

A Instrument

Sculptural instrument,
solid wood construction,
spruce, ash, steel, test
weight, 500 × 230 × 1100 cm,
2021

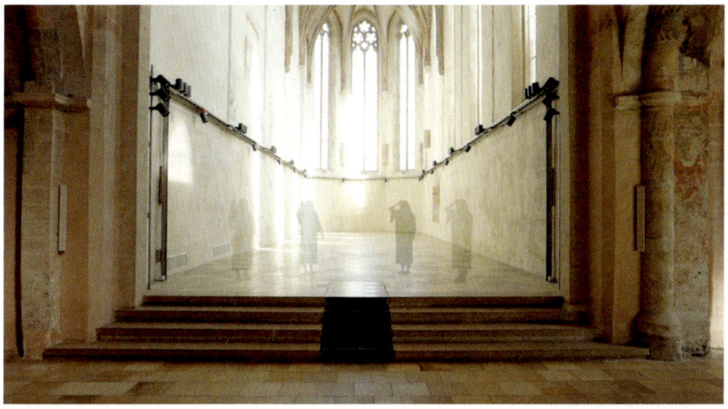
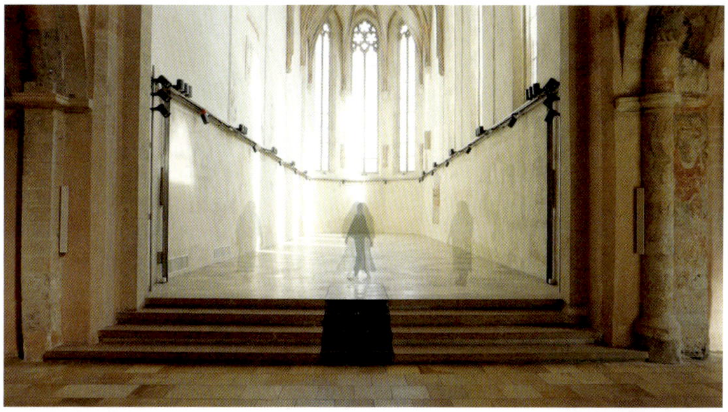
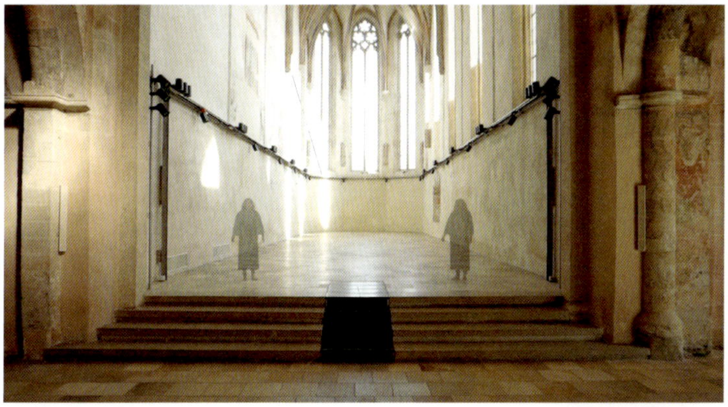
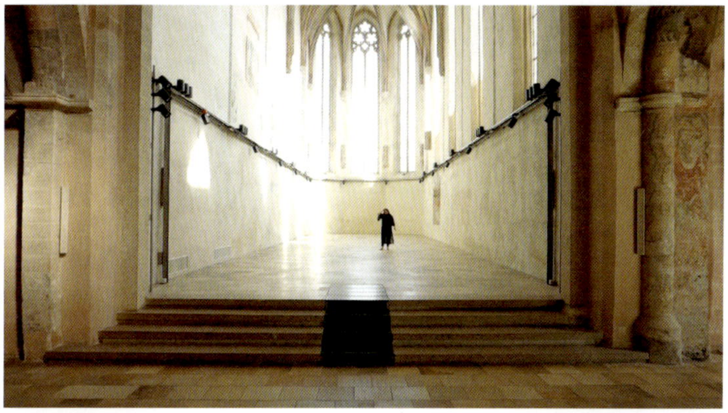
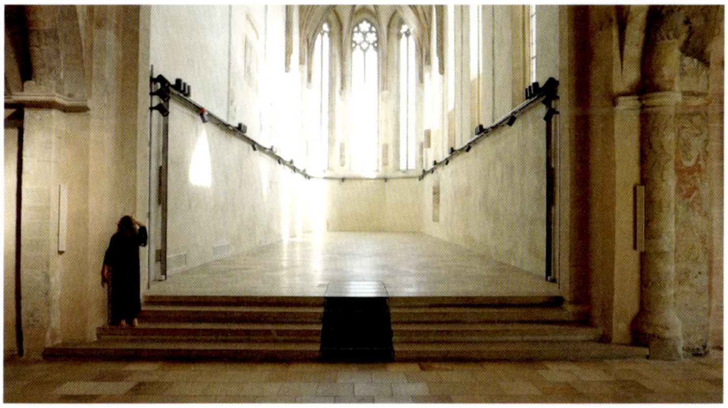
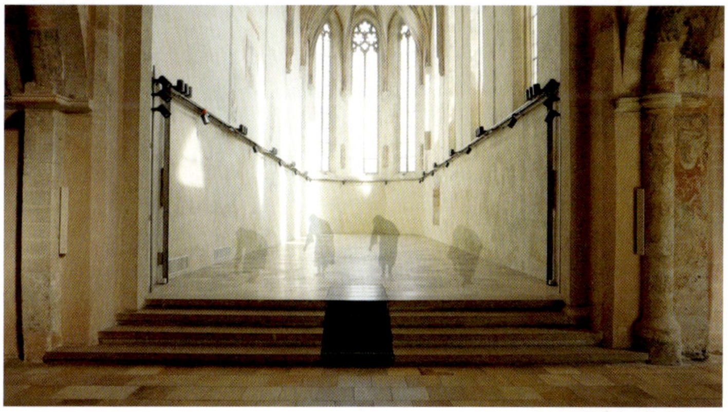
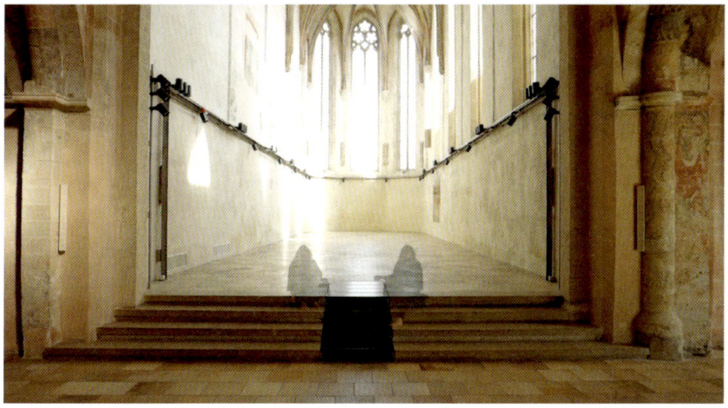
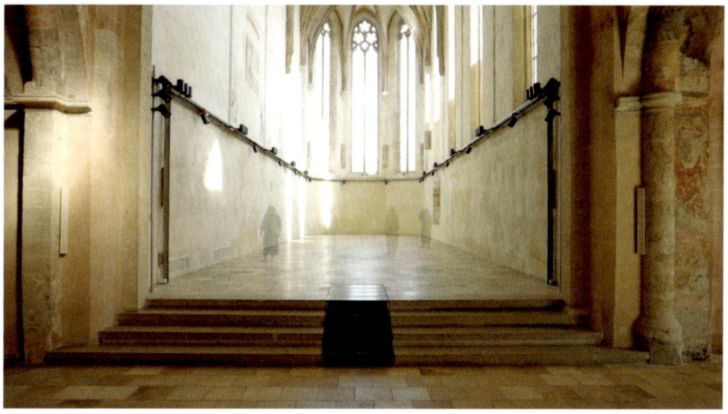

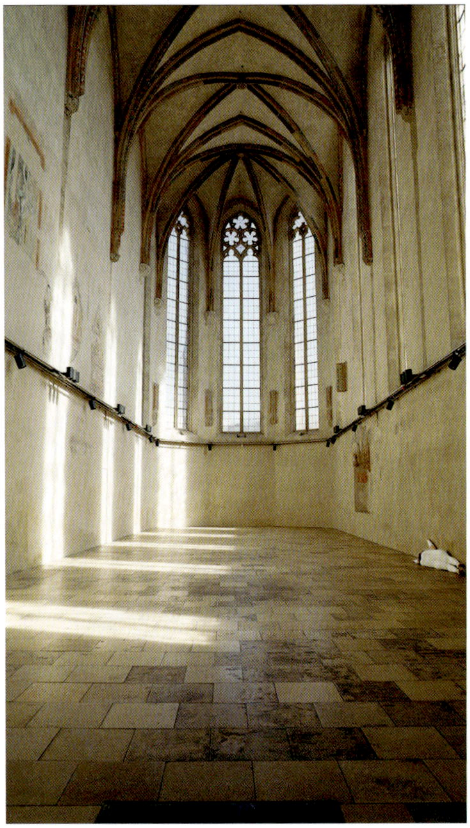

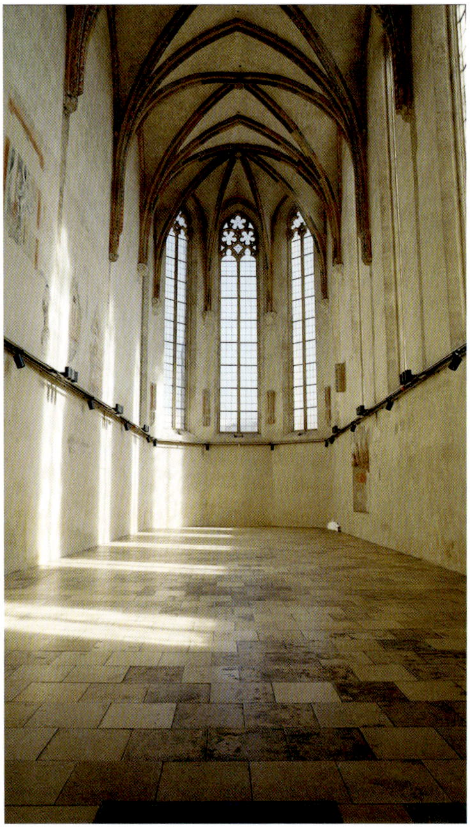

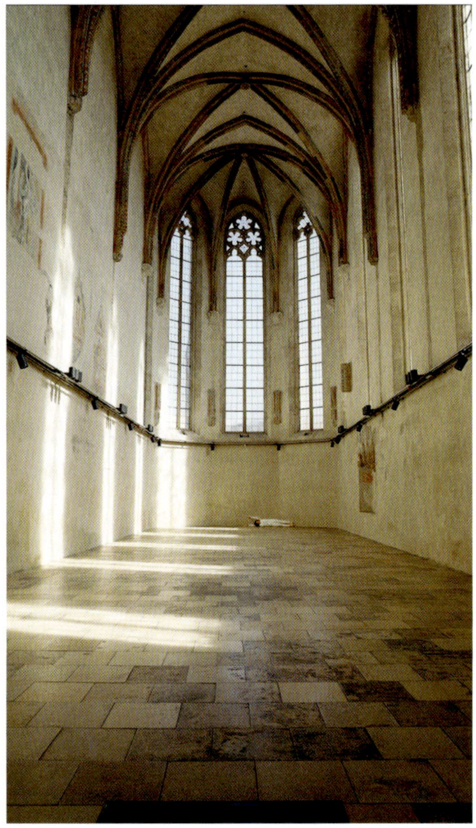

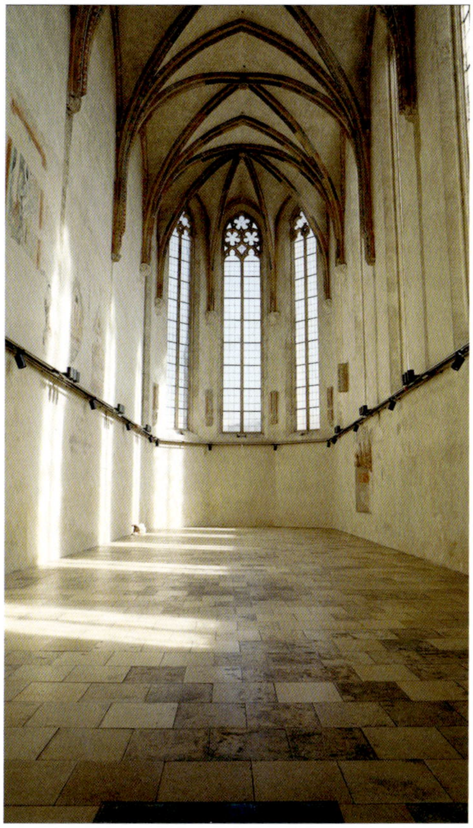

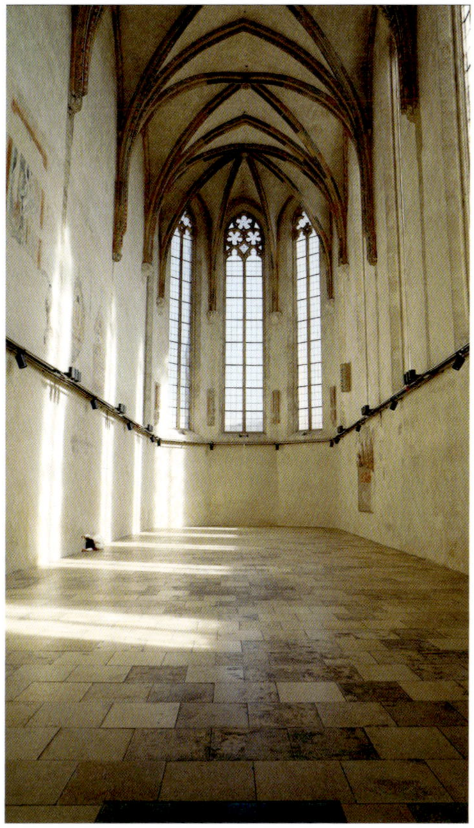

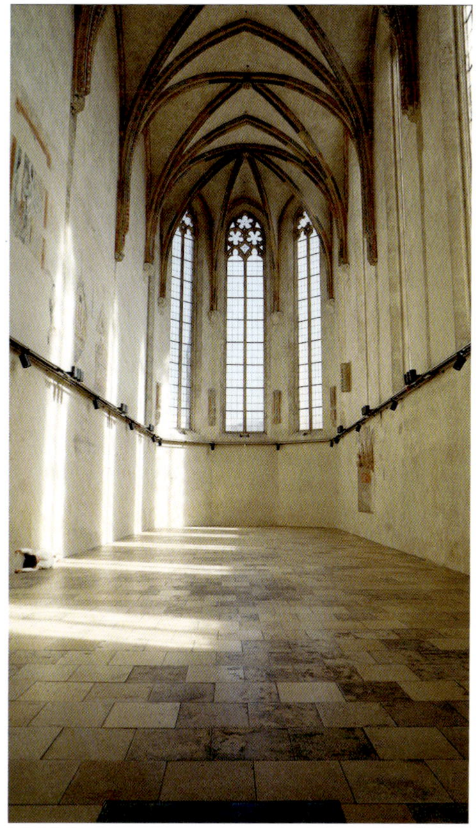

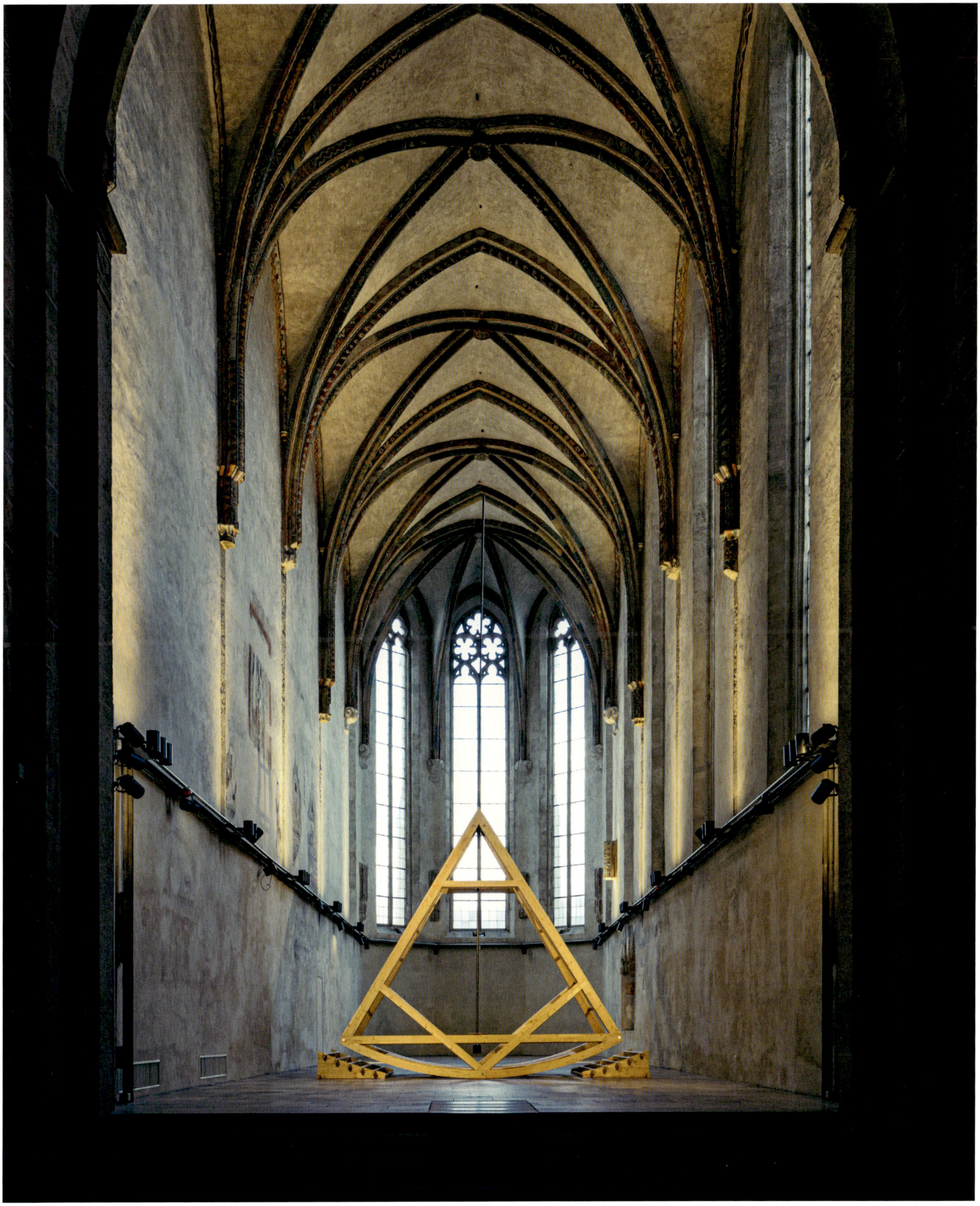

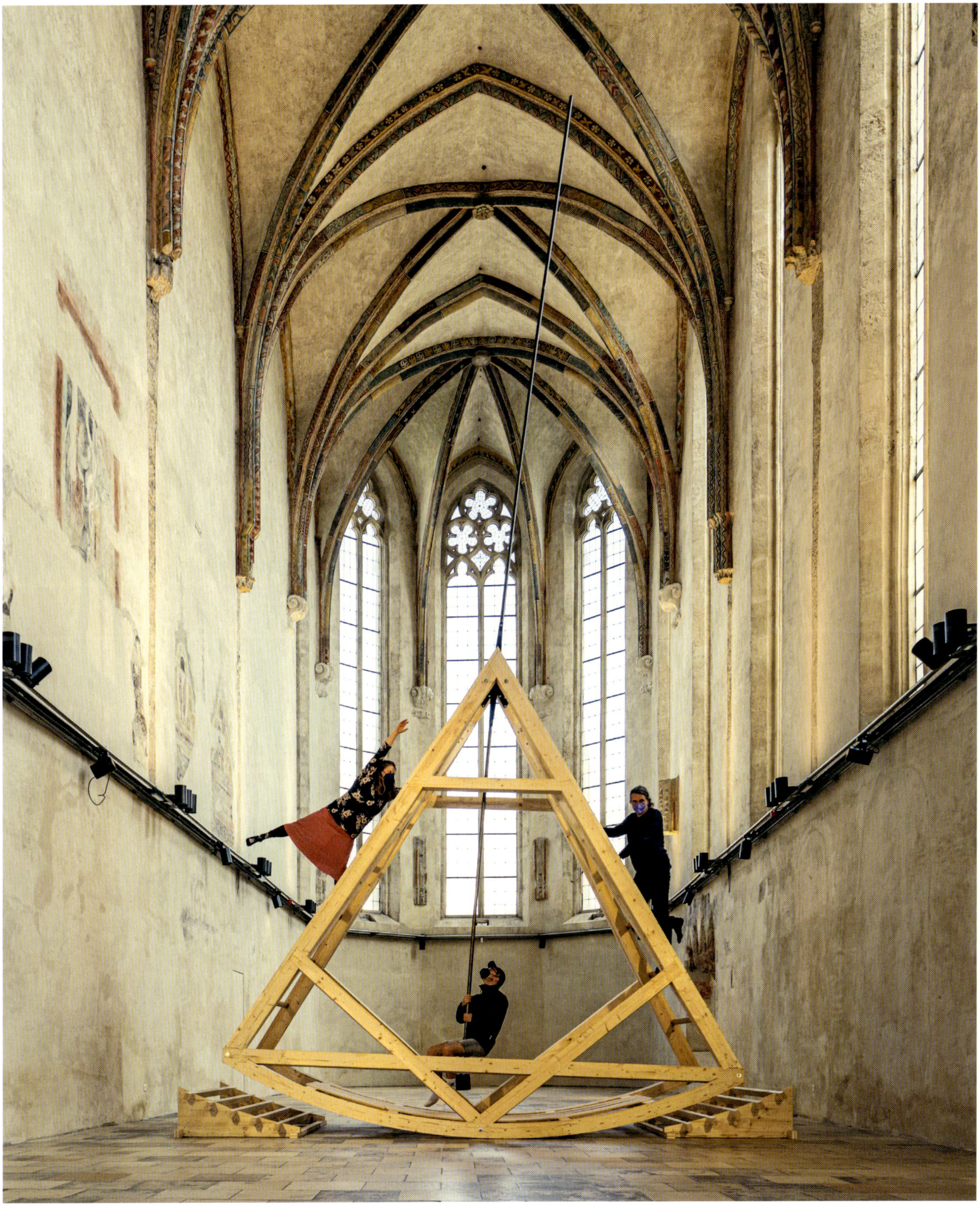

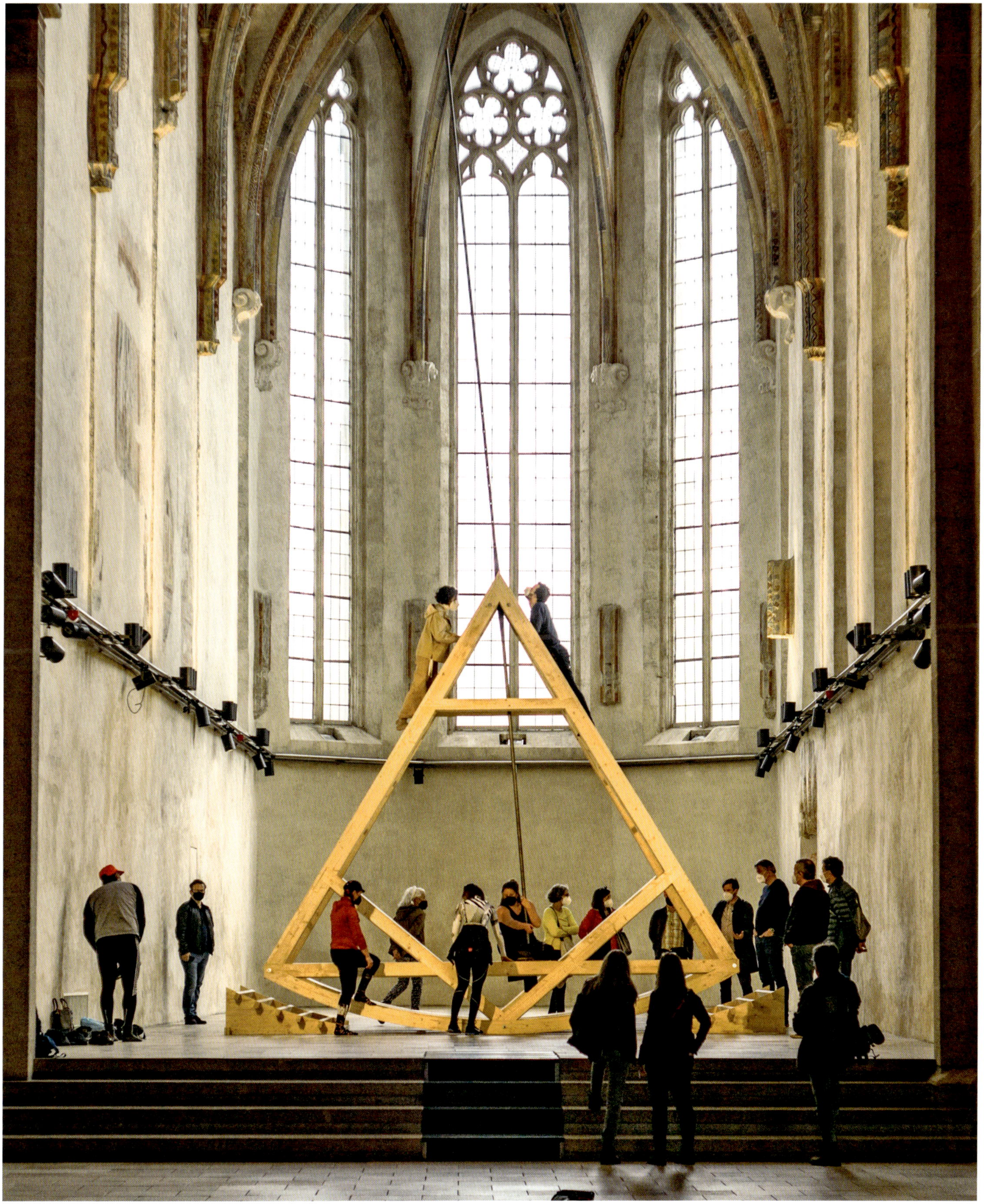

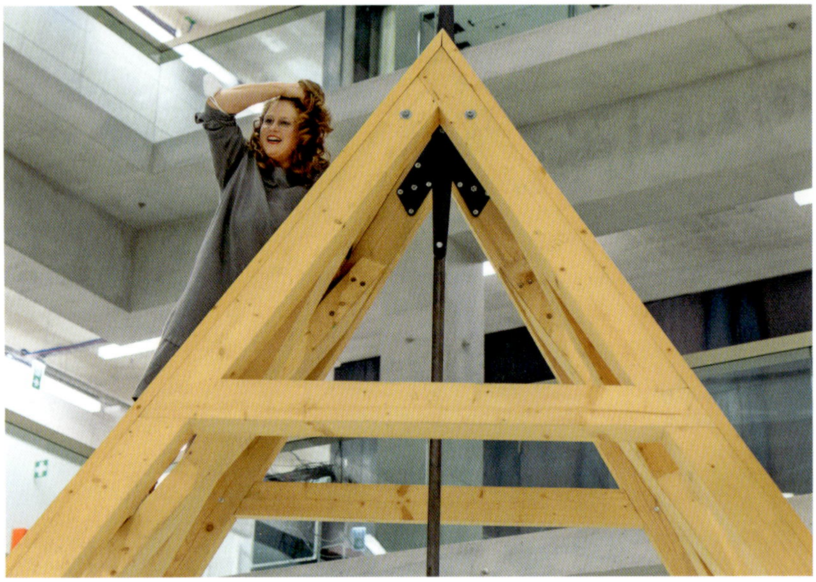

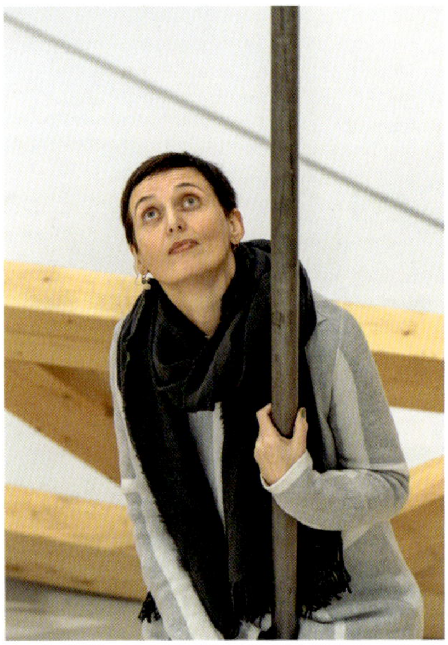

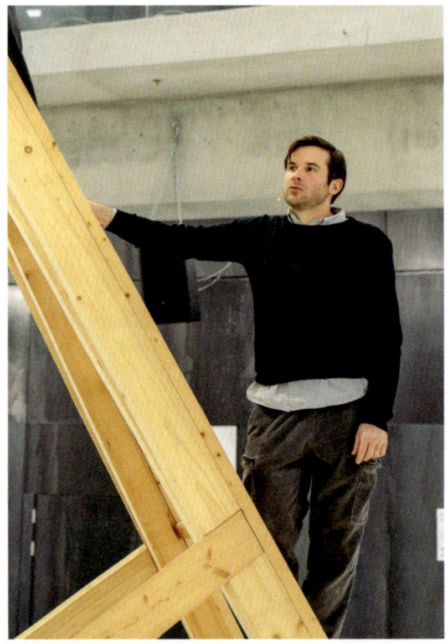

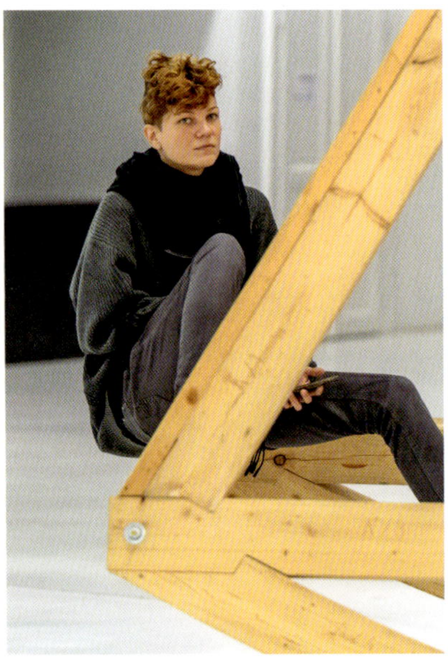

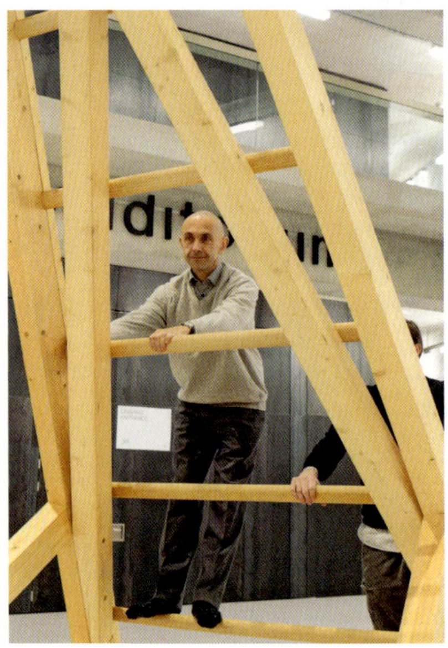

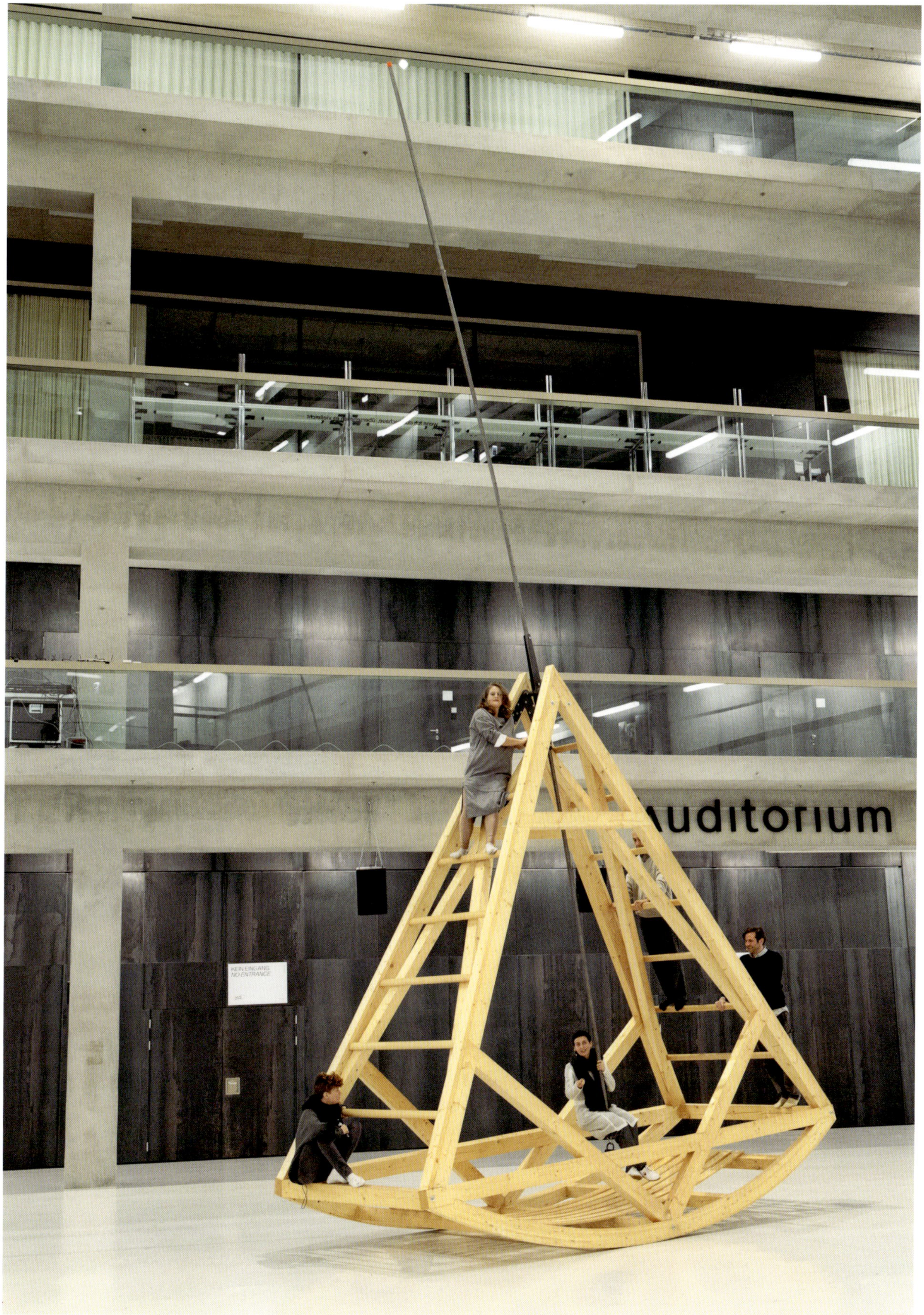
Auditorium
KEIN EINGANG
NO ENTRANCE

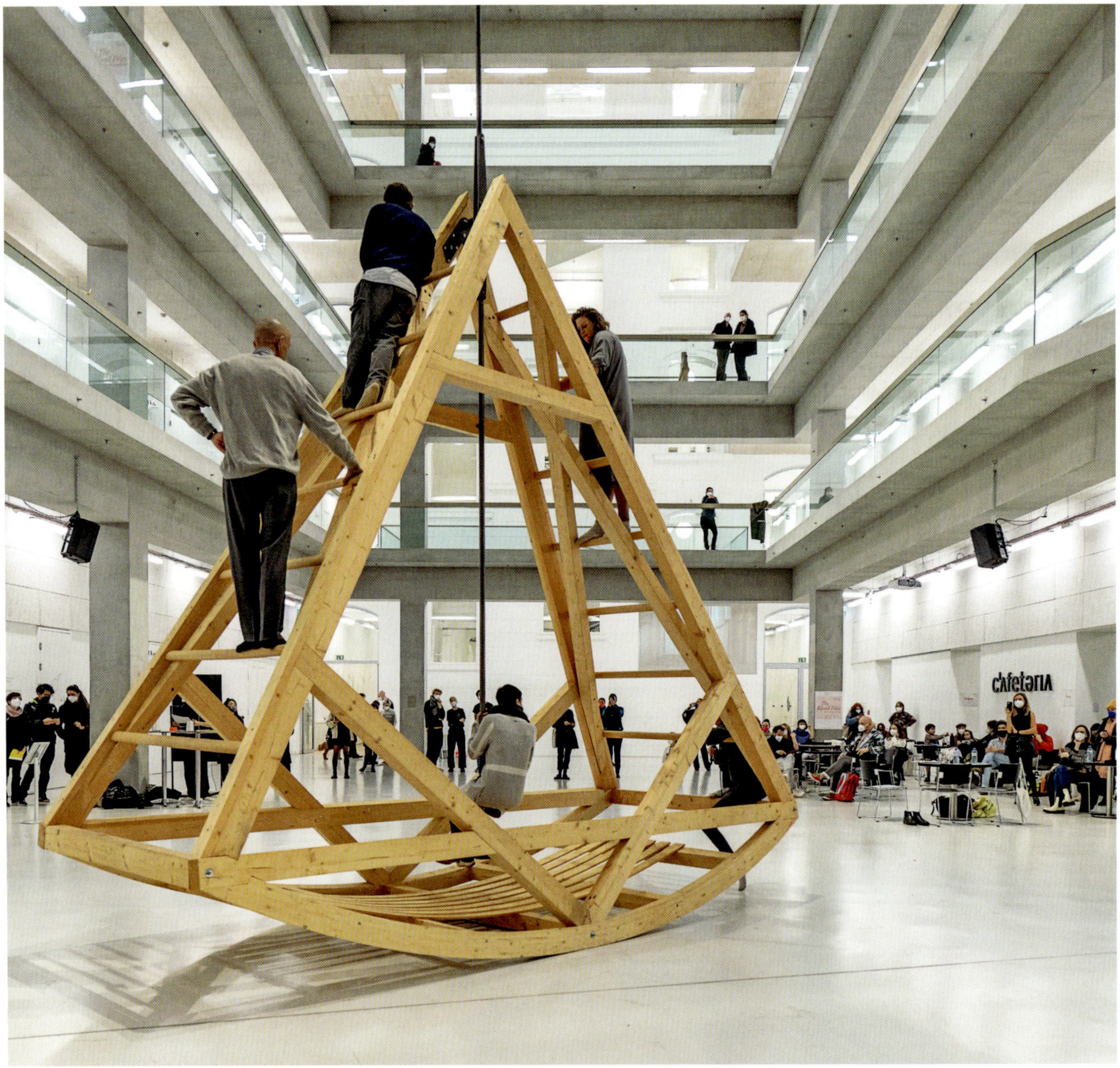
cafetaria

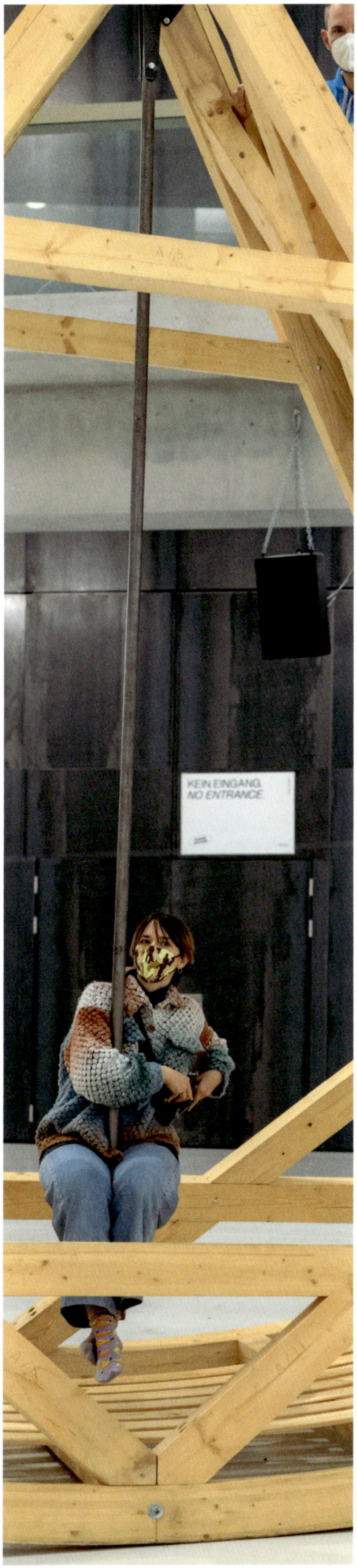
KEIN EINGANG
NO ENTRANCE

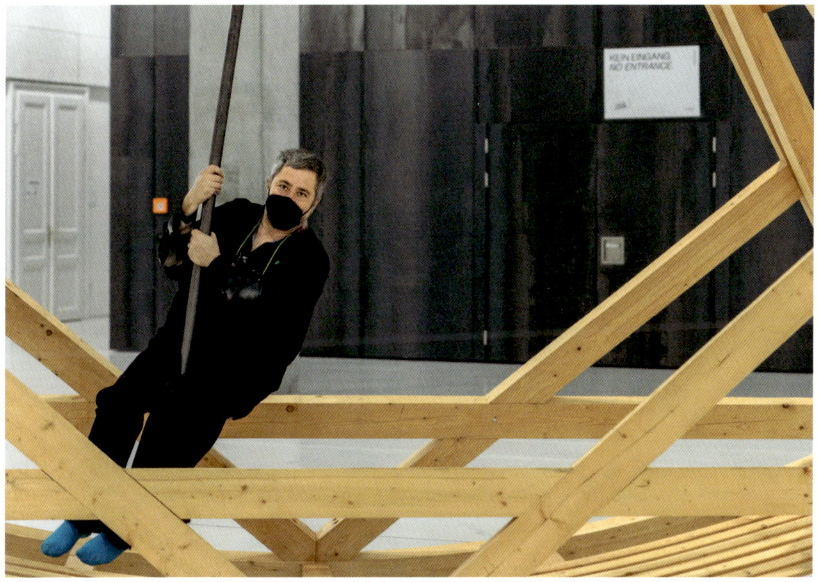
KEIN EINGANG
NO ENTRANCE

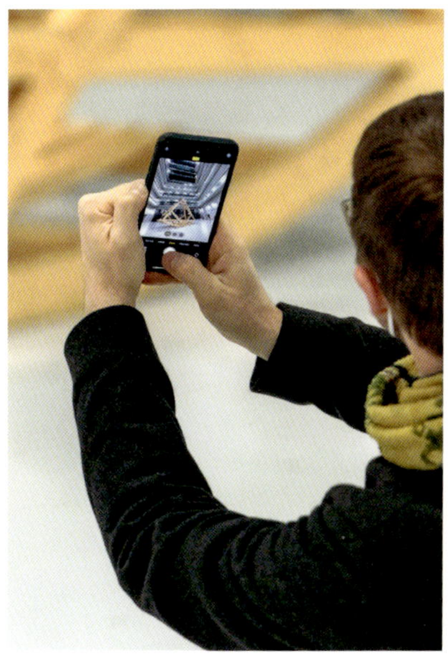

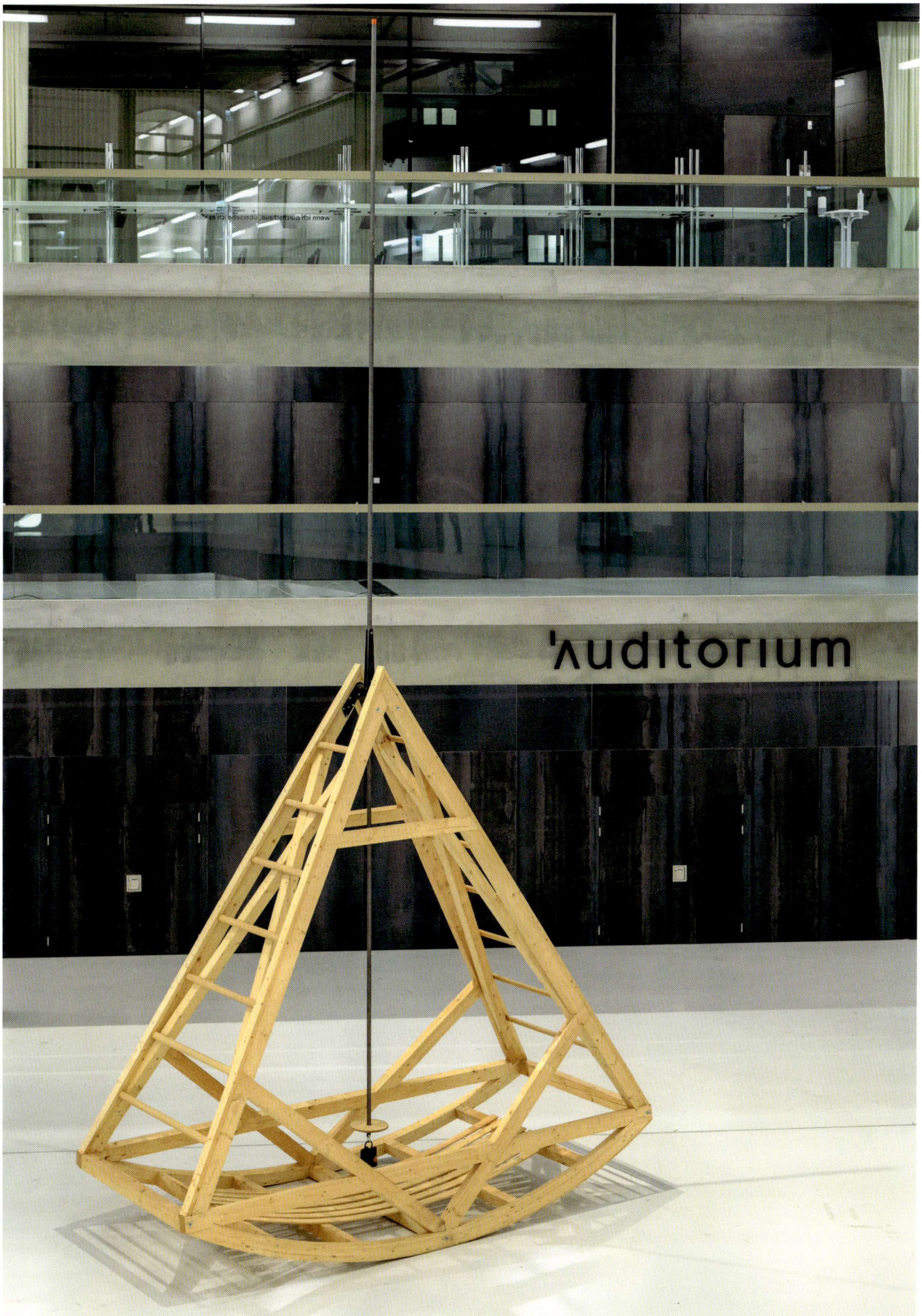
auditorium

Epilog

Epilogue

**Lona Gaikis**

Recycling Crisis:
Eine Handlungsanweisung für das prekäre Subjekt

**Lona Gaikis**

Recycling Crisis:
A “How To” for the Precarious Subject

Krisen haben im gebeutelten Spätkapitalismus Konjunktur, und so sind Individuum und Gesellschaft dem immerwährenden Wandel wirtschaftlicher Parameter unterworfen. Eine der wenigen Konstanten, so könnte man meinen, ist die Kunst. – Eine eher idealistische Vorstellung, wissen wir doch seit der Aktienemission der niederländischen Malerei, dass die Kunst nicht nur ein Vehikel für symbolische oder repräsentative, sondern auch für finanzielle Werte ist. Heute flottieren milliardenschwere Deals über einen Kunstmarkt, der sich im Zeitalter der sozialen Medien und der Einführung von NFT, der Non-Fungible Token, immer mehr von den lästigen materiellen und menschlichen Problemen – Kunstwerk und Künstler*in – abzukoppeln versucht. Die virtuellen Ströme des Kapitals lösen die kollektive Wirklichkeitserfahrung im White Cube ab, Poesie wird durch Ziffern ersetzt. Ziel dieses merkantilen Nihilismus ist die Schöpfung reiner Darstellung ohne Inhalt: Es ist die Ära der Influencer*innen.

Crises hit home in late capitalism making individuals and society subject to the perpetual change of economic parameters. One of few consistencies, one might think, is art. A rather idealistic notion, considering that, ever since Dutch painting was issued as stock capital, art is known to not only function as a vehicle for symbolic or representative values, but also for financial ones. Today, billion-dollar deals are lobbed across an art market that, in the age of social media and the introduction of non-fungible tokens, increasingly tries to detach itself from its pesky material and human side effects – the artwork and the artist. Virtual flows of capital oust the collective experience of reality in the white cube, while poetry is rewritten with figures. The objective of this mercantile nihilism is to create pure representation without content: it is the era of the influencer.

## Kreislauf der Körper

Die bisweilen stürmische Liaison von Kunst und Wirtschaft durchzieht Barbis Ruders Arbeiten als zentrales Thema. Sie folgt damit weniger der Genealogie einer l'art pour l'art als der eigentlichen Genese des ökonomischen Symbols aus dem Tauschwert von Kunst gegen Geld. Ihre performativen und aktionistischen Werke verweisen auf den tief sitzenden Opportunismus postkapitalistischer Konsumkultur und die pseudomythologischen Kreisläufe ökonomischen Wachstums und Zerfalls. Dabei geht es ihr nicht um Anklage, sondern um das Aufdecken von Handlungsspielräumen für das prekäre Subjekt. Mittel der Wahl, um das Potenzial des vom Wohlwollen anderer, von Ungewissheit und Erschöpfung definierten Individuums spürbar zu machen, ist Barbis Ruders eigener Körper. Über ihn verhandelt sie die Wechselbeziehung von Markt und Mensch, Geist und Gewinn und öffnet somit die Kunst für dringende gesellschaftliche Fragen.

Die Serie *Wertschöpfungskette*, eine Reihe kurzer Videos, die zwischen 2013 und 2015 entstanden, konfrontiert uns mit okkulten Aktionen

## Circulation of Bodies

The tempestuous affair between the arts and economy is a central theme in Barbis Ruder's work. Thus, her pursuit is not to inscribe in a genealogy of *l'art pour l'art*, but to trace back the birth of the economic symbol in the exchange value of art for money. Her performative and actionist artworks point to the deeply ingrained opportunism in post-capitalist consumer culture and the pseudo-mythological cycles of economic growth and collapse. Instead of simply denouncing the current conditions, she aims to uncover potential loopholes for the precarious subject. Ruder's own body becomes a means to make tangible the capabilities of the individual who, on the one side, is governed by the goodwill of others, and, on the other, by uncertainty and exhaustion. It is the site where she explores the interrelation of humanity and economy, mind and capital, and thus opens up art to urgent social issues.

The pieces in *Value-Added Chain*, a series of short videos shot between 2013 and 2015, confront us with various occult actions in public space that conceive of capitalism as an autonomous cultural

im öffentlichen Raum, die den Kapitalismus als eigenständige Kulturform verstehen. Hier wird die Bankfiliale zum Ort der Andacht und der Geldautomat zum Marterl (*1A – Ring* → S. 74), die Metamorphose der berühmten „15 Minutes of Fame“ lässt den nackten Körper der Künstlerin wie ein Stück Fleisch vor einer Galerie zurück (*1B – Kanon* → S. 75), den Ikonoklasmus der Prosumer, eines Hybrids aus Produzent*in und Konsument*in, versinnbildlicht das Anrennen der Künstlerin gegen das Werbebild einer kommerziellen Privatsammlungsschau (*1F – Attacke* → S. 79). Diese Aktionen sind Nadelstiche gegen die Übermacht der Großkonzerne und ihrer Institutionen, aber wirksame Bedeutungsträger, die eine Allianz des Konsumskeptizismus ermöglichen.

Auf psychologischer Ebene artikulieren sich wiederum Clips, die den eigenen Körper und seine Erscheinung hinterfragen. Immer wieder tauchen Handlungen auf, die an Haut und Körperform kratzen (*1D – Wechsel* → S. 77 und *1E – Bruch* → S. 78) und interne Kämpfe der Selbstoptimierung zwischen Glitter und Schweiß thematisieren (*1C – Schutz* → S. 76). Barbis Ruder knüpft hier die Matrix, von der sich ihre spätere Theaterarbeit entwickeln wird. Die kultisch-religiöse Metaphorik von Ökonomie und Aufmerksamkeit, die Psycho-Somatik der Vorstellungskraft sowie der materielle Tauschwert von sozialem und symbolischem Kapital verdichten sich in ihren Bühnenstücken *Barbis in Babeland* (2016) → S. 167 oder *DU* (2017) → S. 221.

## Das Individuum als Aktie

Der nun allgegenwärtigen Digitalisierung von Kunst und Alltag sind Veränderungen gefolgt, die bis in die feinsten Spitzen der Gesellschaft gehen und, obwohl unsichtbar, doch ihren materiellen Tribut verlangen. Soziale Medien haben uns zu ständigen Träger*innen der eigenen Botschaft gemacht und uns einer Logik des Logos und immaterieller Tauschwerte unterworfen. Was Jean Baudrillard in den 1970er-Jahren über den symbolischen Tausch und den Tod der Wirklichkeit bemerkte,[1] ist heute Realität und bietet eine komfortable Schnittstelle

form. The clips show how a local bank branch turns into a sanctuary and the ATM becomes a shrine (*1A – Ring* → p. 74); the metamorphosis of the infamous “15 minutes of fame” leaves the artist’s naked body lying behind like a piece of meat in front of a gallery (*1B – Canon* → p. 75); the iconoclasm of “prosumers,” producer-consumer hybrids, is symbolised in the artist’s siege against the commercial billboard of a private art collection (*1F – Attack* → p. 79). These actions are pinpricks against the supremacy of big corporations and their affiliated institutions, and yet effective signifiers that empower an alliance of consumer scepticism.

In turn, on a secular level, some episodes put her body and its appearance to the test. Acts that attack the skin and the shape of the body happen repeatedly (*1D – Change* → p. 77 and *1E – Break* → p. 78). They address inner struggles of self-optimisation between glitz and sweat (*1C – Protection* → p. 76). Here, Barbis Ruder already establishes the matrix from which her later theatre work will develop: the cultic-religious metaphoric of economy and attention, the psychosomatics of imagination, as well as the material exchange value of social and symbolic capital. It all condenses in her later stage plays *Barbis in Babeland* (2016) → p. 168 or *YOU* (2017) → p. 222.

## Humans as Stock

Paradigmatic shifts have followed the pervasive digitisation of art and everyday life that reach out to the very tips of society and, although invisible, do take their material toll. Social media have turned us into constant carriers of our own message, and they have subjected us to a logic of logos and immaterial exchange values. What Baudrillard, in the 1970s, remarked as the symbolic exchange and the death of the real[1] has become today’s actual reality, providing a convenient gateway to virtual capital. We’ve turned into online prosumers, who consume

zum virtuellen Kapital. Online sind wir Prosumer*innen, die sich wie ein Ouroboros selbst verzehren, um gleichzeitig daraus wieder nachzuwachsen. Im Netzwerk börsennotierter digitaler Plattformen übersetzt sich so unser Alltag in ein Geschäftsmodell, das ständig neue Bedürfnisse entwickelt und im gleichen Moment die Daten liefert, um in das passende Dienstleistungspaket umgemünzt zu werden. Ohne es zu merken, sind wir vom Individuum als Zeichen zum Individuum als Aktie geworden. Eingesogen vom sogenannten „social validation feedback loop", der unser Bedürfnis nach Selbstbestätigung in eine Dopamin-gespeiste Feedbackschleife wandelt und das Nutzerverhalten über rein affektive Impulse an die Konzerndividende koppelt.

Parallel zum Wachstum und zu dieser Kritik sozialer Medien tritt ein neues Alter Ego in Barbis Ruders fiktive Bühnenwelt ein. Als glitzernder Phoenix steigt die Mensch-Marke und Prosumer-Beraterin *INFLUENCA* (2018) → S. 255 aus der Asche des fast schon vergessenen Facebook-Skandals mit Cambridge Analytica auf. Ihr größtes Kapital, so ihr *MANIFEST*, ist „Sichtbarkeit ohne Inhalt". Anders formuliert, verhält sich *INFLUENCA* ihrem expansiven Freundeskreis wie Mark Zuckerberg der gesellschaftlichen Ordnung gegenüber. Frei nach seinem Motto „Move fast and break things. Unless you are breaking stuff, you are not moving fast enough"[2] scannt sie ihre Umgebung nach potenziellen Tauschwerten symbolisch-materieller Natur ab und beutet sie gnadenlos aus. Sie ist die Verkörperung des Abgrundes, in den uns die virtuelle Bilderwut und ihre Kapitalabflüsse ziehen.

#ShoppingTime

Das Kunstprodukt, das Barbis Ruder aus den Plattform-Templates der Persuasive Tech-Labs des Silicon Valley weiterentwickelt hat, klimpert auf der Klaviatur des Soziometers des Selbstwertgefühls. Bühnenstücke wie *#likemetoo* (2018) → S. 274 oder *HOW TO GO VIRAL* (2019) → S. 294 inszenieren den Online-Grusel-Zombie *INFLUENCA* aus unterschiedlichen Blickwinkeln, aber in immer gleicher Mission: Expansion des Netzwerks und Vertrieb

ourselves, only to grow back like an ouroboros with new demands. The networks of the market-listed digital platforms, thus translates our everyday life into a business model that continuously develops new needs and, at the same time, provides the data that ends up being converted into the according package of services. We have gone from being individuals of symbols to becoming humans as stock without us realising it. We are sucked in by the so-called "social validation feedback loop," which transforms our urge for self-affirmation into a dopamine-fuelled feedback loop and links user behaviour to the corporate profit by purely affective impulses.

Paralleling this growth and criticism of social media, a new alter-ego enters Barbis Ruder's fictional stage world. In 2018, *INFLUENCA* → p. 256, the human trademark and prosumer consultant rises like a dazzling phoenix from the ashes of the practically forgotten Facebook scandal around Cambridge Analytica. Her greatest asset, according to her *MANIFESTO*, is "visibility without content." In other words, *INFLUENCA* behaves towards her expansive circle of friends like Mark Zuckerberg behaves towards the social order. Following his slogan, "Move fast and break things. Unless you are breaking stuff, you are not moving fast enough,"[2] she scans her surroundings for symbolic and material exchange value and exploits them mercilessly. She is the incarnation of the apocalypse which we are drawn in by our obsession with this virtual image-mania, and the capital it drains away.

#ShoppingTime

Barbis Ruder's fictional character and art product, developed from the templates of Silicon Valley's Persuasive Tech Labs, is trilling away on the keys of a socio meter of self-esteem. Stage plays, such as *#likemetoo* (2018) → p. 276, or *HOW TO GO VIRAL* (2019) → p. 294, portray *INFLUENCA*, the creepy online zombie, from various angles, but always on the same mission: to expand the network and promote her own image. Her assortment of

des eigenen Images. Eine Palette esoterischer Accessoires, um das Social-Media-Kapital ihrer Follower*innen zu erhöhen, rundet ihre Produktpalette ab. Gemeinsam mit den Schauspieler*innen Sebastiano Sing alias der „Praktikant" und Laura Steinl als „Produkt-Managerin" des *INFLUENCA*-Portfolios sondiert Barbis Ruder die Untiefen der auf Belohnungsmuster von Klicks und Likes abgerichteten User*innen. Sie halten uns den Spiegel vor, denn wir alle werden ausnahmslos vom sogenannten Nudging des Plattform-Kapitalismus, dem subtilen „Anstupsen" zu einem gewissen Konsumverhalten, erfasst. Dem frommen Wunsch nach einem Ikonoklasmus setzt Barbis Ruder das Ikonocluster von *INFLUENCA* entgegen und transzendiert damit den symbolischen Tausch der Wirklichkeit mit einer exponenziellen Inszenierung und Vervielfältigung des Selbst. Wie ein Geschwür pfropft sie sich ab jetzt an unsere Selbstwahrnehmung im Netz. Das Echo ihres Viral-Tunes *#ShoppingTime* hallt bei jedem zukünftigen Like auf der Plattform nach. Und sollte man ihn doch vergessen haben, steht er um € 6,66[3] online zum Download bereit.

Die zweite Inkarnation dieses Alter Ego wirkt institutionskritisch innerhalb von Kunstgalerien und Ausstellungshäusern. Hier beutet *INFLUENCA* die Repräsentationsfunktion des White Cube aus und lenkt die Bahnen institutionalisierter Wertschöpfung um. In der Ausstellung *#ScreenTime* (2018) → S. 286 bot Barbis Ruder dem Publikum Anteile ihrer „Sendezeit" in der Galerie der Tiroler Künstler:innenschaft, Innsbruck, zum Verkauf an. Damit hinterfragte sie die sonst selbstverständliche Trennung zwischen Künstler*in und Betrachter*in sowie die Leistung der Kuratorin oder des Kurators. Alle waren Kompliz*innen der Ausstellung, und restlos alles war deren Gegenstand. Im „Anything Goes" dieser Geschäftsstruktur finden auch gescheiterte Ideen ihren Tempel. Zwischen Parodie und ernsthafter Kritik wird *INFLUENCA*s Welt zu einer Plattform des bürgerlichen Aktivismus. In Form von käuflichen Feuerbestattungen können Firmenlogos

products is rounded off by a range of esoteric accessories that are supposed to increase her followers' social media capital. In collaboration with the actors Sebastiano Sing, alias the "intern," and Laura Steinl as the "product manager" of the *INFLUENCA* portfolio, Barbis Ruder sounds out the murky shallows of us users geared towards the reward patterns of clicks and likes. The mirror they hold up to us reveals how we all, without exception, are caught up in so-called "nudging" of platform capitalism, the subtle "push" towards a certain consumer behaviour. Ruder counters the rather pious hope for an iconoclasm with the *iconocluster* of *INFLUENCA* and transcends hereby the symbolic exchange of the real with an exponential production and multiplication of her Self. Like a cancerous ulcer, she infests how we perceive our behaviour on the internet. Her viral tune *#ShoppingTime*, forever echoing with each like on the platform, is ready for download for only €6.66,[3] in case it ever escapes your memory.

The alter ego's second incarnation administers institutional critique in art galleries and exhibition spaces. Here, *INFLUENCA* exploits the white cube's representational function and redirects the trajectory of institutionalised symbolic value chains. In her exhibition *#ScreenTime* (2018) → p. 286, Barbis Ruder offered shares of *INFLUENCA*'s "airtime" at the Tyrolean Artists' Association, Neue Galerie Innsbruck, for sale. She thereby questioned the usual distinction between the artist and the beholder, as well as the role of the curator. Everybody became an accomplice of this exhibition and absolutely everything could be its object. The strict adherence to "anything goes" in this business architecture becomes a place where failed ideas find their temple. Somewhere between parody and serious criticism, *INFLUENCA*'s world becomes a platform for civic activism. Using the hashtag *#LogoCemetery* (2018) → p. 268, company logos and public labels can be sent to the symbolic graveyard by way of a spectacular cremation for money. As a ritual enactment of destruction, this exercise allows us to dispose of discontinued projects and shattered dreams with the appropriate reverence. As a therapeutic act, it

und Signets öffentlicher Einrichtungen unter dem Hashtag *#LogoCemetery* (2018) → S. 268 auf den symbolischen Friedhof geschickt werden. Das rituelle Spiel der Zerstörung ermöglicht es, sich gescheiterter Projekte und zerplatzter Träume in angemessener Andacht zu entledigen. Als therapeutische Übung ist das auch ein Angriff auf unsere allzu naive Kritiklosigkeit gegenüber ideologisch aufgeladenen Zeichen. Im Kontext der Institutionskritik dieser „Patamoderne"[4] ist *INFLUENCA* die Zurschaustellung einer virtuellen Produktpalette der sich gegenseitig im Heischen nach Aufmerksamkeit übertrumpfenden Kunstwelt, die immer mehr zum Werbeträger ihrer Auftraggeber*innen mutiert. Es gibt kein Erbarmen in dieser Simulation. Aber zwischen den Zeilen, genauer gesagt im Interlace des digitalen Geflimmers, birgt die Kunstfigur *INFLUENCA* eine Erkenntnis. Sie bietet dem prekären Subjekt einen Handlungsspielraum, um sich vom Spiegelkabinett gewinnorientierter Selbstoptimierung zu emanzipieren.

*„Sie ist nicht das Katastrophenszenario*
*Sie ist das kleinere von zwei Übeln"*

Auszug aus dem *INFLUENCA-MANIFEST*

is, as well, an attack on our all-too-naïve lack of criticism towards ideologically charged symbols. Within the institutional critique of this *patamodernity*,[4] *INFLUENCA* embodies the range of virtual products of an art world whose protagonists trump each other for attention, while mutating into an advertising medium for their patrons. There is no mercy in this simulation. But between the lines, or more precisely, in the interlacing of the digital flicker, the art figure *INFLUENCA* bears one realisation: the precarious subject may take a chance to emancipate from self-optimisation's hall of mirrors, and its greed for profit.

*"She is not the worst-case scenario*
*She is the lesser of two evils"*

Excerpt from the *INFLUENCA MANIFESTO*.

1 Jean Baudrillard: *L'échange symbolique et la mort*, Gallimard, Paris 1976

2 Diese „Ingenieurs-Maxime" galt für den Facebook-Konzern seit seiner Gründung 2004 bis 2014 und stammt vom Gründer Zuckerberg selbst. Kreye, Andrian, 26.05.2017, „Facebook – Die Menschenfreundposen des Mark Zuckerberg", Süddeutsche.de. Abgerufen am 19. September 2022. https://www.sueddeutsche.de/digital/facebook-die-menschenfreundposen-des-mark-zuckerberg-1.3522080

3 https://barbisruder.com/viral-tunes

4 Eine Wortschöpfung, die Bezug auf Alfred Jarrys Pataphysique nimmt und auf die Absurdität der Darstellungsweise in den Sozialen Medien hinweist

1 See Jean Baudrillard, *Symbolic Exchange and Death*, trans. Iain Hamilton Grant (London: SAGE, 1993 [1976]).

2 This was Facebook's first motto since the company was formed in 2004, and was valid until 2014. Mark Zuckerberg coined it himself. Isobel Asher Hamilton, "Mark Zuckerberg's new values for Meta show he still hasn't truly let go of 'move fast and break things.'" Business Insider, Feb. 16, 2022, accessed on Oct. 31, 2022, https://www.businessinsider.com/meta-mark-zuckerberg-new-values-move-fast-and-break-things-2022-2

3 https://barbisruder.com/viral-tunes

4 This is a neologism that refers to Alfred Jarry's pataphysics and points to the absurdity of how things are presented today on social media.

# Anhang / Annexes

**Biografien / Biographies**
**Credits / Credits**
**Bildnachweis / Image Credits**

**Barbis Ruder** (*1984 in Heidelberg, lebt und arbeitet in Wien) ist Performance- und Medienkünstlerin, Musikerin und Kulturmanagerin. Nach ihrem Studium für internationales Kulturmanagement, das sie 2009/2010 an der ISW Freiburg (D) und NHTV Breda (NL) absolvierte, studierte sie ab 2011 Transmediale Kunst an der Universität für angewandte Kunst Wien bei Brigitte Kowanz und schloss 2015 mit dem Diplom ab. Im Anschluss daran baute sie gemeinsam mit einem interdisziplinären Künstler*innenteam das Angewandte Performance Lab (APL) auf, wo sie seit 2020 als Senior Artist tätig ist. Im Rahmen ihrer Promotion „Künstlerische Forschung" an der Universität für angewandte Kunst Wien bei Hans Schabus und gemeinsam mit ihrem Forschungsteam „Phantom Lab" entwickelt sie Skulpturen im Spannungsfeld von Medizin- und Körpertechniken. In ihrer künstlerischen und forschenden Arbeit ist der Körper der Ausgangspunkt ihrer Untersuchungen. Anhand der Themenkomplexe Ökonomie, Arbeitswelten, Intimitäten und Konventionen entwickelt sie Kulturtechniken des Körpers, die sich in Form von Video- und Soundarbeiten, Skulpturen sowie installativen Raumarbeiten übersetzen. Weiters arbeitet sie im Theaterbereich und schreibt und inszeniert Bühnenstücke. Sie ist Teil der Glam-Pop-Band What's Inside a Girl.

Ihr Werk wurde unter anderem mit dem H13 Preis für Performance des Kunstraum Niederoesterreich (2014), dem Kunstpreis der Erzdiözese Freiburg (2015) sowie dem Würdigungspreis des bmwfw (2015) ausgezeichnet. 2017 war sie Stipendiatin der Kunststiftung Baden-Württemberg, erhielt das START Stipendium für Medienkunst (BKA – Kunst) und war für den Kardinal König Kunstpreis nominiert. Ihre Performances und bildhauerischen Arbeiten waren bei zahlreichen Festivals und in Museen zu sehen, unter anderem im Künstlerhaus Wien, in der Landesgalerie Linz, der Neuen Galerie Graz, der Galerie Stadt Sindelfingen und dem ZKM | Zentrum für Kunst und Medien Karlsruhe.

**Barbis Ruder** (*1984 in Heidelberg, lives and works in Vienna) is a performance and media artist, musician, and cultural manager. After her education in international cultural management at the ISW Business School Freiburg, Germany, and Breda University of Applied Sciences, Netherlands, from 2006 to 2009/2010, she studied Transmedia Arts at the University of Applied Arts Vienna with Brigitte Kowanz and graduated in 2015. Thereafter, she built up the Angewandte Performance Lab (APL) together with an interdisciplinary team of artists, where she has been working as a senior artist since 2020. As a PhD candidate in Artistic Research at the University of Applied Arts Vienna under the guidance of Hans Schabus and together with her research team "Phantom Lab," she develops sculptures at the interface of medical and body techniques. In both her artistic and research work, the body forms the departure point of her investigations. Drawing on topics such as economy, labour conditions, intimacies, and social conventions, she examines and develops cultural techniques of the body, which find expression in video and sound works, sculptures, as well as spatial installations. Parallel, she continues to work in theatre, writing and directing stage plays, and is part of the glam-pop band What's Inside a Girl.

Her work has been awarded, among others, the H13 Lower Austria Prize for Performance by Kunstraum Niederoesterreich (2014), the Art Prize of the Archdiocese of Freiburg (2015), and an honourable mention from the Austrian Federal Ministry of Education, Science and Research (2015). In 2017, she was a scholarship holder of the Baden-Württemberg Arts Foundation, received the START scholarship for media art from the Austrian Federal Chancellery – Arts and Culture Division, and was nominated for the Kardinal König art prize. Her performances and sculptural works have been shown at numerous festivals and museums, including Künstlerhaus Wien, Landesgalerie Linz (today's Francisco Carolinum), Neue Galerie Graz, Galerie Stadt Sindelfingen, and at ZKM | Center for Art and Media Karlsruhe.

www.barbisruder.com

**Madeleine Frey** (*1984 in Schweinfurt, lebt in Köln) ist Direktorin des Max Ernst Museums Brühl des LVR. Zuvor leitete sie die Galerie Stadt Sindelfingen, das kommunale Museum für zeitgenössische Kunst. Weitere Stationen waren das Buchstabenmuseum in Berlin, das Auktionshaus Christie's und das Landesmuseum Württemberg. Sie studierte an den Universitäten Freiburg, Lugano, Basel und Cambridge Kunstgeschichte und Volkswirtschaftslehre und war Stipendiatin der Studienstiftung des deutschen Volkes sowie der Kunststiftung Baden-Württemberg. Zu ihren Forschungsschwerpunkten gehören die ökonomischen und soziologischen Parameter des Kunstbetriebs, Transformationsprozesse und das Hinterfragen bestehender repressiver Strukturen und Archetypen, die sich aus dem gesellschaftlichen Machtgefüge ergeben. Daraus resultierend beschäftigt sie sich verstärkt mit feministischen Diskursen. In den von ihr kuratierten Ausstellungen verfolgt sie intermediale, prozesshafte und performative Ansätze. Sie ist Herausgeberin zahlreicher Bücher und veröffentlicht Texte zu zeitgenössischer Kunst.

**Madeleine Frey** (*1984 in Schweinfurt, lives in Cologne) is director of the Max Ernst LVR Museum Brühl. Before, she was head of the Galerie Stadt Sindelfingen, the municipal museum for contemporary art. Previous stations include the Buchstabenmuseum in Berlin, the auction house Christie's, and the Württemberg State Museum. She studied art history and economics at the Universities of Freiburg, Lugano, Basel, and Cambridge and was a scholarship holder of the Studienstiftung des deutschen Volkes (German Academic Scholarship Foundation), and the Baden-Württemberg Arts Foundation. Her research focuses on the economic and sociological parameters of the art business and the associated transformation processes while investigating the prevailing repressive structures and archetypes that emerge from social power structures. As a result, she is increasingly engaged in feminist discourses. In the exhibitions she curates, she pursues intermedial, processual, and performative approaches. She is editor and writer of numerous publications and releases texts about contemporary art.

**Lona Gaikis** (*1982 in Toronto, lebt und arbeitet in Wien) ist freie Autorin und Kuratorin. Sie unterrichtet an der Akademie der bildenden Künste Wien und hält Vorlesungen zu aktuellen Debatten in der Philosophie, Gesellschaft und Kunst. Ihr Studium der Freien Kunst absolvierte sie von 2003 bis 2009 an der Staatlichen Akademie der Bildenden Künste Karlsruhe und war Meisterschülerin in der Klasse Prof. John Bock, Bildhauerei. 2017 promovierte sie in Philosophie, Kunst- und Kulturwissenschaften zur Logikerin Susanne K. Langer. Seit 2020 ist Lona Gaikis Philosophin im Forschungsprojekt „Phantom Lab". Gemeinsam mit Barbis Ruder und dem Industriedesigner Walter Lunzer setzt sie sich mit der Frage auseinander, wie sich eine ästhetische Theorie durch Erfahrungen versehrter Körper erweitern lässt. Als „Ästhetik der Prothetik", angesiedelt an der Universität für angewandte Kunst Wien, entwickelt sie ausgehend von Kants Idee des Pathologischen über Susanne K. Langers Philosophie des Fühlens und gegenwärtige Ansätze des Neuen Materialismus Fragen an unser postprothetisches Körperverständnis (analog und digital).

**Lona Gaikis** (*1982 in Toronto, lives and works in Vienna) is a freelance author and curator. She teaches at the Academy of Fine Arts Vienna and lectures on current debates in philosophy, society, and the arts. She obtained her doctoral degree in philosophy, art, and cultural studies in 2017; her research focused on the American logician Susanne K. Langer. From 2003 to 2009, she studied free art in Prof. John Bock's sculpture master class at the State Academy of Fine Arts Karlsruhe. In 2020, Lona Gaikis joined the research project "Phantom Lab" as a philosopher. Together with Barbis Ruder and industrial designer Walter Lunzer, she addresses the question of how aesthetic theory can advance through experiences of damaged bodies. In the research group "Towards an Aesthetics for Prosthetics," based at the University of Applied Arts Vienna, she investigates our post-aesthetic understanding of the body (analogue and digital), drawing from Kant's idea of the pathological and Susanne K. Langer's philosophy of feeling to contemporary approaches of New Materialism.

**Peter Kozek** (*1972 in Baden bei Wien, lebt und arbeitet in Wien) ist Künstler mit Schwerpunkt in den bildnerisch-künstlerischen Medien wie Installation, Performance, Zeichnung und Video/Film, die oftmals im öffentlichen Raum präsentiert sind. Die Arbeiten stehen meist in Wechselbeziehung zum umgebenden Raum. Sie analysieren die architektonischen und gesellschaftlichen Gegebenheiten, die oft am Beginn, bei der Entwicklung seiner performativen Installationen, voranstehen. Er studierte von 1998 bis 2002 Medienübergreifende Kunst an der Universität für angewandte Kunst Wien bei Brigitte Kowanz. Seit 2003 arbeitet Peter Kozek regelmäßig mit Thomas Hörl zusammen – nebst zahlreichen weiteren Kooperationen, etwa mit Gin Müller, Victor Jaschke und Alexander Martinz. Von 2006 bis 2020 war er Lehrbeauftragter für Performance und Raum an der Universität für angewandte Kunst Wien in der Abteilung für Transmediale Kunst. Seit 2020 ist er im Angewandte Performance Lab als Senior Artist tätig. Gemeinsam mit Thomas Hörl und auch solo erhielt er u. a. 2021 den Preis der Stadt Wien für Bildende Kunst, 2014 den Kulturpreis des Landes Niederösterreich (PK), 2010 den outstanding artist award des BMUKK, 2009 den H13 Kunstpreis für Performance des Landes Niederösterreich und 2002 den Preis der Kunsthalle Wien (PK). Künstlerische Arbeiten von Peter Kozek und Thomas Hörl befinden sich in privaten Sammlungen sowie in den Artotheken des BMUKK Österreich, der Stadt Wien und des Landes Niederösterreich.

**Peter Kozek** (*1972 in Baden near Vienna, lives and works in Vienna) is an artist with a focus on different visual-artistic media such as installation, performance, drawing, and video/film, which are often presented in the public space. The works interact with the surroundings and a profound analysis of the given architectural and social conditions, which he often uses as the starting point of the development of his performative installations. Kozek studied Transmedia Art at the University of Applied Arts Vienna with Brigitte Kowanz from 1998 to 2002. Since 2003, Peter Kozek has been working together regularly with Thomas Hörl alongside numerous other collaborations, such as with Gin Müller, Victor Jaschke, and Alexander Martinz. From 2006 to 2020, he taught Performance and Space in the Transmedia Art department at the University of Applied Arts Vienna. Since 2020, he is active at the Angewandte Performance Laboratory (APL) as a Senior Artist. For his collaborations with Thomas Hörl and solo work he received, among others, the 2021 City of Vienna Prize for Fine Arts, the 2014 Cultural Award for Fine Art of Lower Austria (PK), the 2010 Outstanding Artist Award of the Federal Ministry of Education, Arts and Culture, the 2009 H13 Lower Austria Prize for Performance, and the 2002 Kunsthalle Wien Prize (PK). Artworks by Peter Kozek and Thomas Hörl can be found in private collections as well as in the art libraries of the Austrian Federal Ministry for Culture, the City of Vienna, and the State Government of Lower Austria.

www.kozek-hoerlonski.com

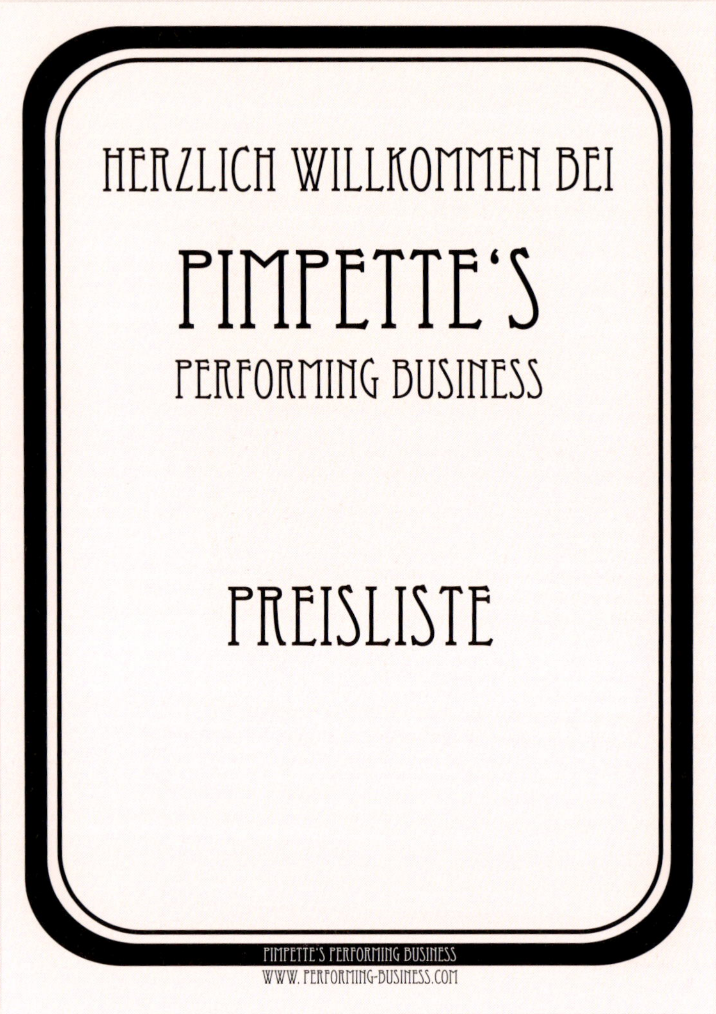


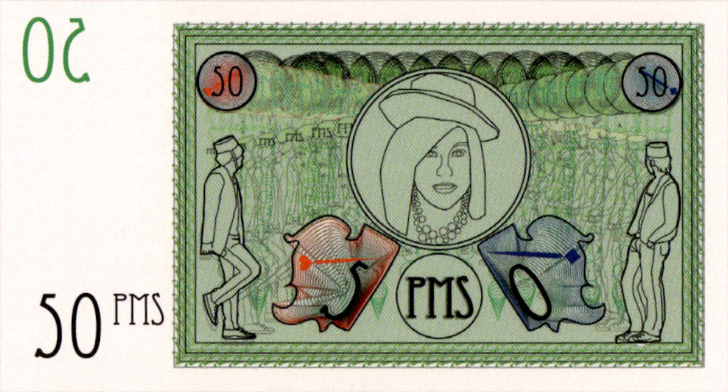


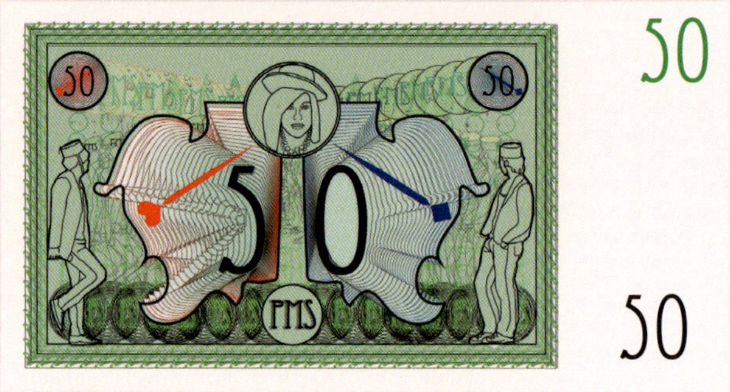


**FRÜHE ARBEITEN / EARLY WORKS** **date-an-artist** / **date-an-artist**: KONZEPT UND KÜNSTLERISCHE IDEE / CONCEPT AND ARTISTIC IDEA: Markus Blaha, Christiane Peschek, Barbis Ruder, PERFORMENDE / PERFORMERS: Markus Blaha, Christiane Peschek, Barbis Ruder ◆ **Club Mindfuck** / **Club Mindfuck**: KONZEPT UND KÜNSTLERISCHE IDEE / CONCEPT AND ARTISTIC IDEA: Markus Blaha, Christiane Peschek, Barbis Ruder, PERFORMENDE / PERFORMERS: Angela Aux, Markus Blaha, Carlota Corte-Real, Jay Cousins, Matthias Derschmidt, Florian Ebner, Dominik Eckhard, Wieland Errh, Christian Fuß, Robert Gabris, Roman Gerold, Michael Hackl, Hollunder Heiss, Bastian Hörmann, Judith Hütter, Kathrin Knilli, Mira König, Nika Kupyrova, Marold Langer-Philippsen, Johannes Lehner, Hoa Loung, Nataša Mackuljak, Christiane Peschek, Andi Pils, Porno Mystique, Stefan Rendl, Robin Resch, Philip Rubner, Barbis Ruder, Florian Schulze, Ewa Stern, Dimitri Tsiakas, Michael Woels, Gerald Zahn ◆ **PIMPETTE** / **PIMPETTE**: PERFORMENDE / PERFORMERS: Stephan Blumenschein, Dominik Eckhard, Bernd Eischeid, Eita, Vanja Fuchs, Joshua Korn, Lukas Reischauer, Barbis Ruder, Ewa Stern, DRAMATURGIE / DRAMATURGY: Joshua Korn, Barbis Ruder, DRAMATURGISCHE BERATUNG / DRAMATURGICAL CONSULTING: Bernd Eischeid, Vanja Fuchs, Joshua Korn, Ewa Stern, KAMERA / CAMERA: Cédric Kaub, MAKE-UP / MAKEUP: Andrea Riegler ◆ **AIR** / **AIR**: PERFORMENDE / PERFORMERS: Vincent Bauer, Lukas Posch, Martin Schlögl, Anna Vasof, André Wagner ◆ **BINGE-DATING** / **BINGE-DATING**: PERFORMERIN / PERFORMER: Barbis Ruder UNTERSTÜTZUNG / SUPPORT: Peter Kozek ◆ **HAPPY TOGETHER** / **HAPPY TOGETHER**: KONZEPT UND KÜNSTLERISCHE IDEE / CONCEPT AND ARTISTIC IDEA: Barbis Ruder, Anna Vasof PERFORMERINNEN / PERFORMERS: Barbis Ruder, Anna Vasof ◆ **MA MK: MAGISTRATSABTEILUNG FÜR MÄNNERKULTUR** / **MD MC: MUNICIPAL DEPARTMENT FOR MALE CULTURE**: KONZEPT UND KÜNSTLERISCHE IDEE / CONCEPT AND ARTISTIC IDEA: Bernadette Anzengruber, Dominik Eckhard, Bernd Eischeid, Barbis Ruder, PERFORMENDE / PERFORMERS: Bernadette Anzengruber, Dominik Eckhard, Bernd Eischeid, Barbis Ruder, DESIGN / DESIGN: Bernd Eischeid

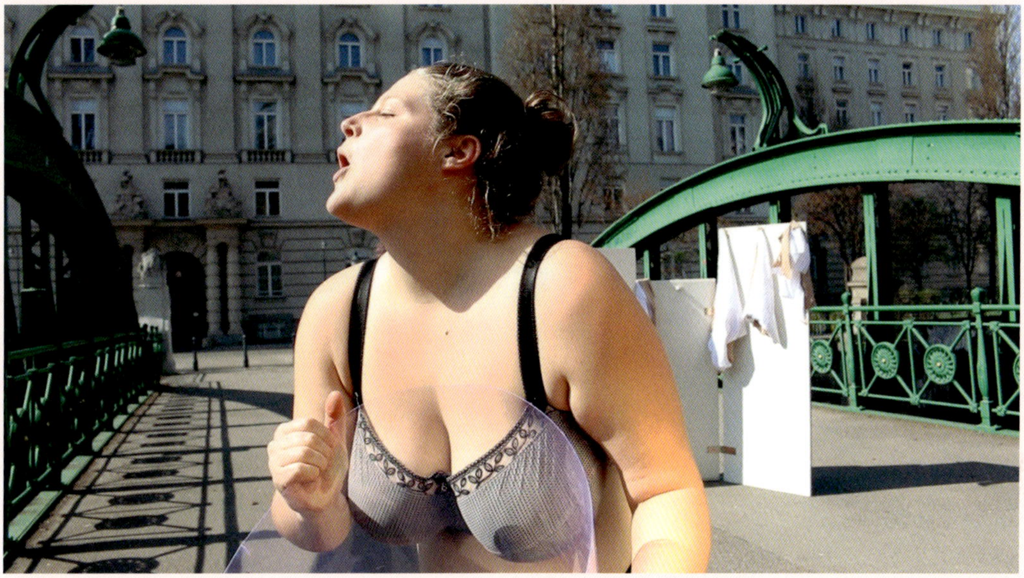

**WERTSCHÖPFUNGSKETTE / VALUE-ADDED CHAIN** **1A – Ring / Ring:** CINEMATOGRAFIE / CINEMATOGRAPHY: Anna Vasof ◆ **1B – Kanon / Canon:** CINEMATOGRAFIE UND KÜNSTLERISCHE BERATUNG / CINEMATOGRAPHY AND ARTISTIC CONSULTING: Ewa Stern ◆ **1C – Schutz / Protection:** CINEMATOGRAFIE / CINEMATOGRAPHY: Anna Vasof ◆ **1D – Wechsel / Change:** CINEMATOGRAFIE / CINEMATOGRAPHY: Ewa Stern, ASSISTENZ / ASSISTENCE: Florian Buder, Joshua Korn ◆ **1E – Bruch / Break:** CINEMATOGRAFIE / CINEMATOGRAPHY: Lena Kienzer ◆ **1F – Attacke / Attack:** CINEMATOGRAFIE / CINEMATOGRAPHY: Ewa Stern ◆ **2A – Ring / Ring, 2B – Kanon / Canon, 2C – Schutz / Protection, 2D – Wechsel / Change, 2E – Bruch / Break:** PERFORMERINNEN / PERFORMERS: Verena Dürr, Suzie Léger, Barbis Ruder, Constanze Ruder, Ewa Stern, CHOREOGRAFISCHE UNTERSTÜTZUNG / CHOREOGRAPHY SUPPORT: Brigitte Wilfing ◆ **2F – Attacke / Attack:** PERFORMENDE / PERFORMERS: Joanna Coleman, Jeannine Jesch, Sara Lanner, Merlin Meister, Leo Münch, Eva Puchner, Herwig HST Steiner

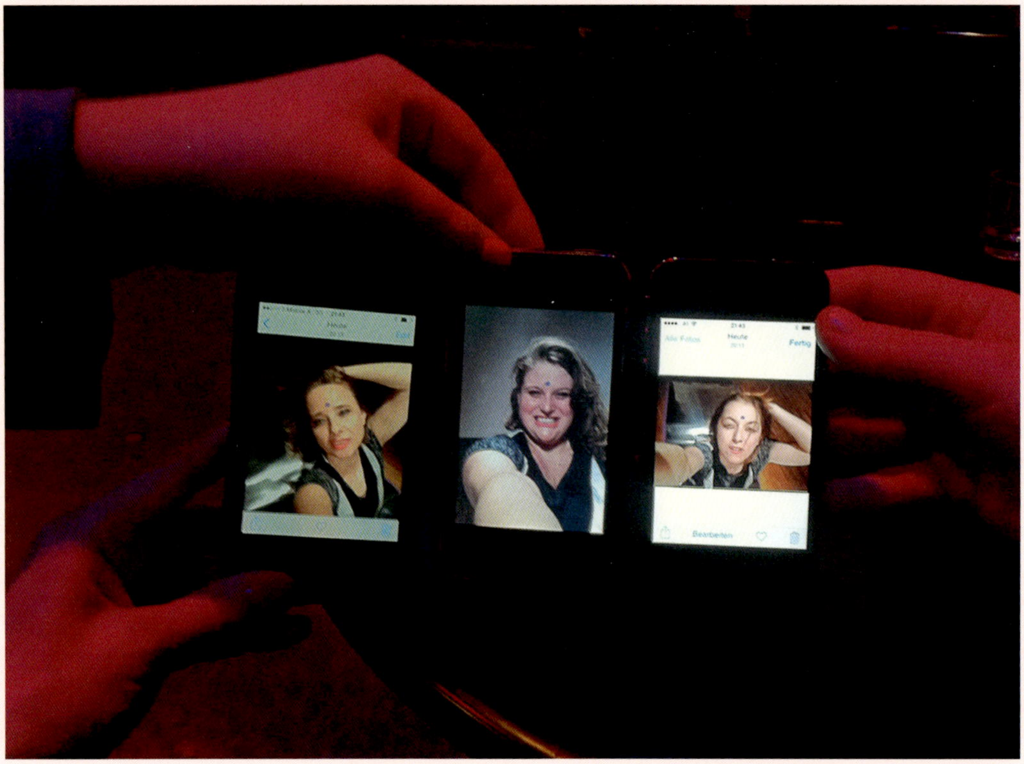

**ART WORK OUT / ART WORK OUT** **vermessen** / **measuring**: PERFORMENDE / PERFORMERS: Xaver Gschnitzer, Clemens Janout, Lukas Kaufmann, Barbis Ruder, CHOREOGRAFIE / CHOREOGRAPHY: Brigitte Wilfing, KOPRODUKTION / CO-PRODUCTION: MEOW ephemere Vorhaben, WUK performing arts, UNTERSTÜTZUNG / SUPPORT: Kulturabteilung der Stadt Wien / City of Vienna Department of Cultural Affairs ◆ **verspannen** / **tensing**: PERFORMENDE / PERFORMERS: Verena Duerr, Barbis Ruder, Ewa Stern, DRAMATURGISCHE BERATUNG / DRAMATURGICAL CONSULTING: Peter Kozek, Johanna Till, KÜNSTLERISCHE ASSISTENZ FÜR DIE SKULPTUREN / ARTISTIC ASSISTANT FOR THE SCULPTURES: Anna Vasof, KOPRODUKTION / CO-PRODUCTION: MEOW ephemere Vorhaben, WUK performing arts, UNTERSTÜTZUNG / SUPPORT: Kulturabteilung der Stadt Wien / City of Vienna Department of Cultural Affairs ◆ **verbiegen** / **bending**: DRAMATURGISCHE BERATUNG / DRAMATURGICAL CONSULTING: Eva Puchner KÜNSTLERISCHE ASSISTENZ FÜR DIE SKULPTUREN / ARTISTIC ASSISTANT FOR THE SCULPTURES: Otto Krause, KOPRODUKTION / CO-PRODUCTION: MEOW ephemere Vorhaben, WUK performing arts, UNTERSTÜTZUNG / SUPPORT: Kulturabteilung der Stadt Wien / City of Vienna Department of Cultural Affairs

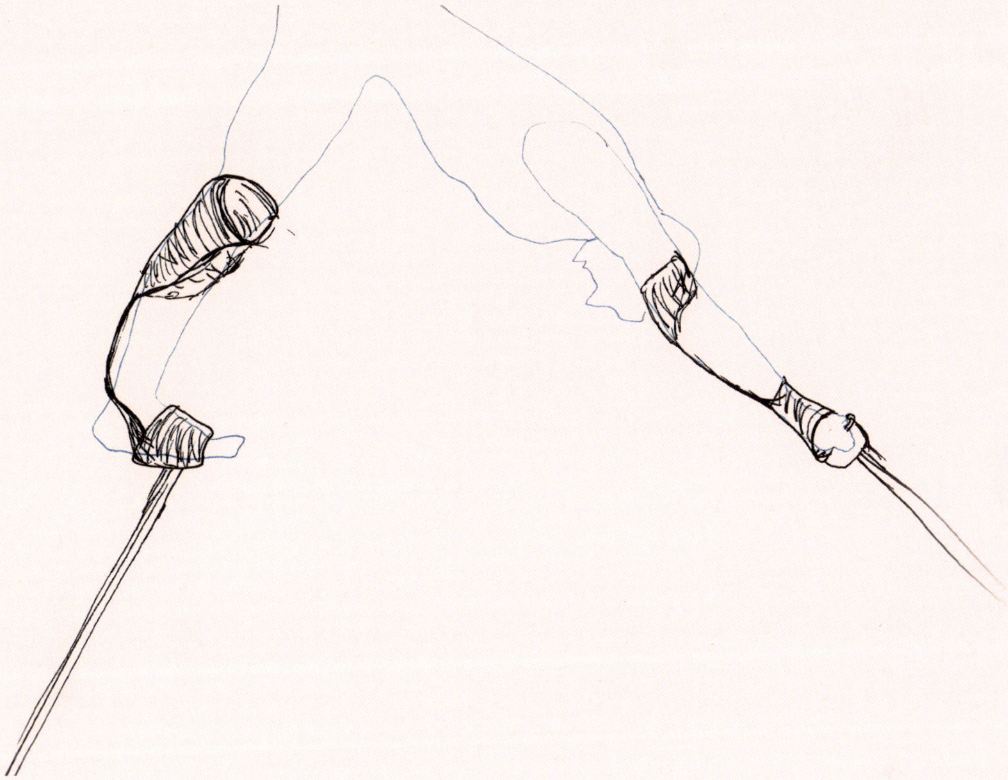

**DOWN DOG IN LIMBO / DOWN DOG IN LIMBO** PERFORMENDE / PERFORMERS: Joanna Coleman, Jeannine Jesch, Lukas Kaufmann, Merlin Meister, Barbis Ruder, Marit Wolters, UNTERSTÜTZUNG / SUPPORT: Abteilung Transmediale Kunst / Department of Transmedia Art, University of Applied Arts Vienna, Otto Bock Healthcare Wien, Eva Chytilek, Alice Frey, Hermanus de Jongh, Isabella Kohlhuber, Brigitte Kowanz, Peter Kozek, Wolfgang Obermair, Hans Oppel, Sabine Vogel, Sonja Wagner

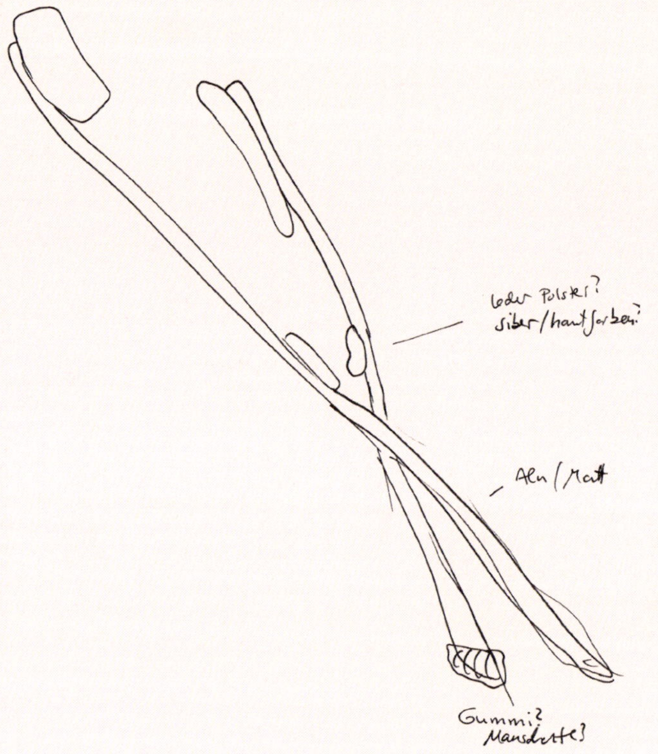
Leder Polster?
silber/hautfarben?
Alu/Matt
Gummi?
Manschette?

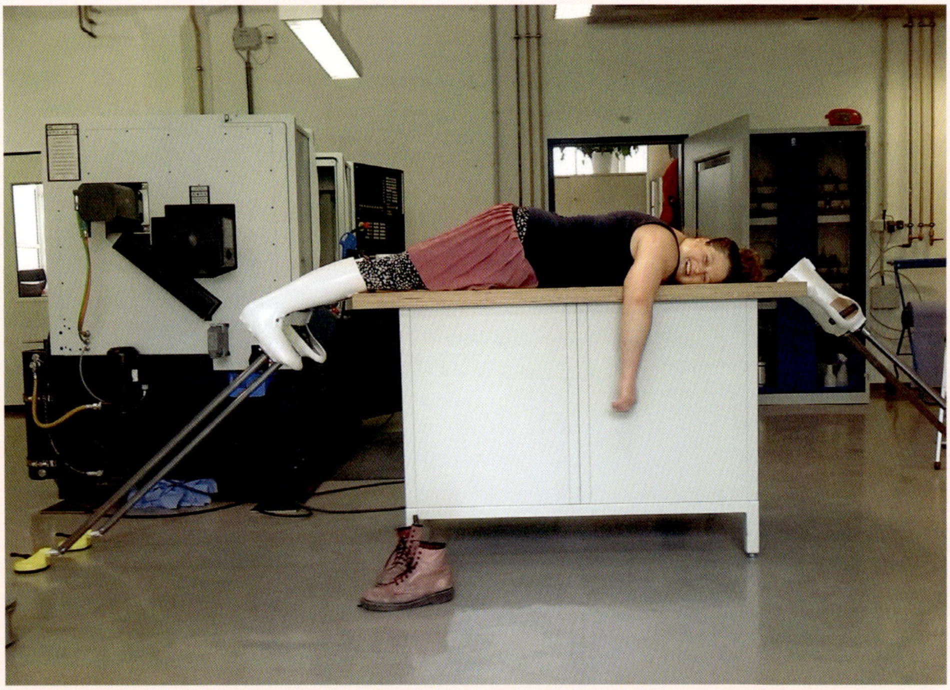

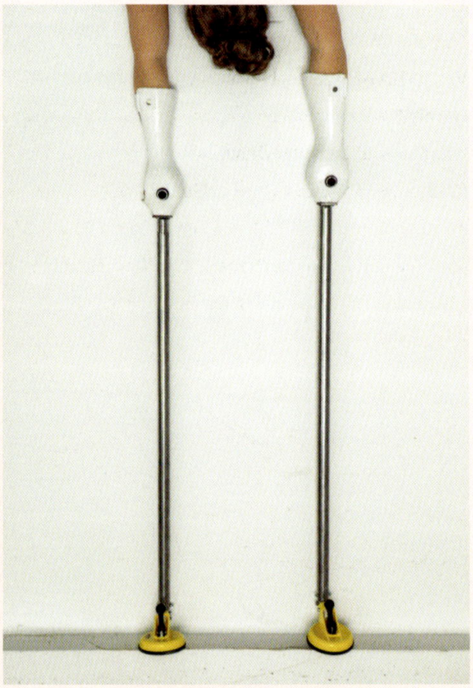

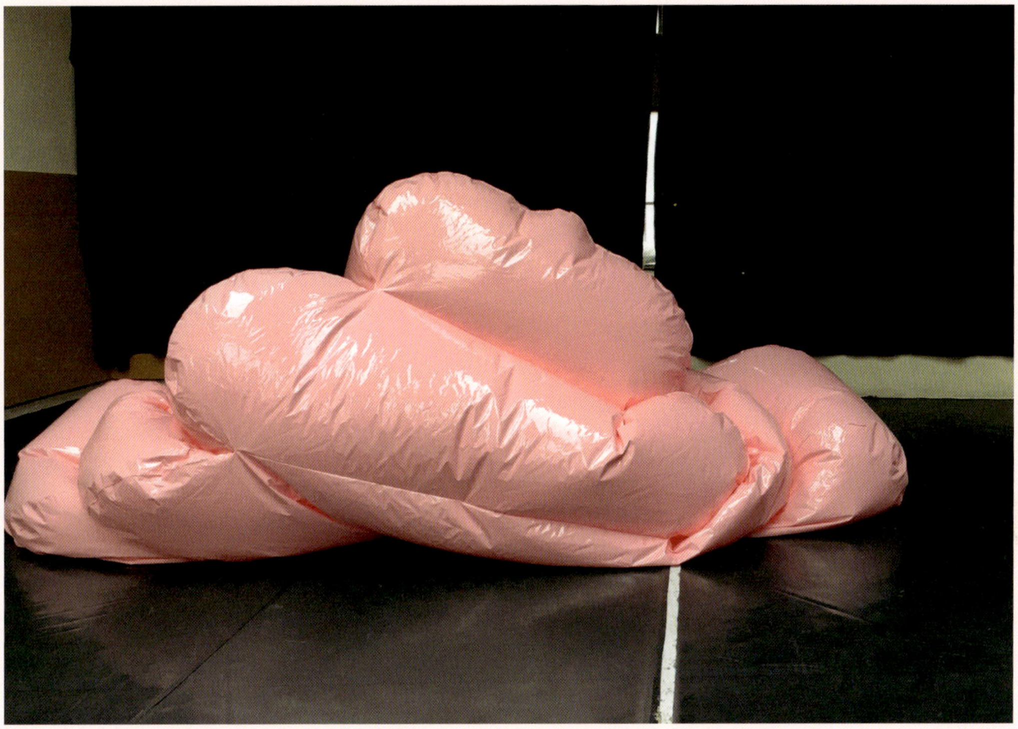

**BARBIS IN BABELAND / BARBIS IN BABELAND** DRAMATURGIE / DRAMATURGY: Eva Puchner, Andrea Salzmann, DRAMATURGISCHE BERATUNG / DRAMATURGICAL CONSULTING: Danielle Füglistaller, Peter Kozek, Eva Puchner, TEXTE / TEXTS: Barbis Ruder, Lesley Gore (BABE 1), Wikihow (BABE 1), The Unused Word (BABE 2) CHOREOGRAFIE / CHOREOGRAPHY: elet, KOSTÜM / COSTUME: Peter Holzinger, Mirjana Mustra, Barbis Ruder, CINEMATOGRAFIE / CINEMATOGRAPHY: elet, Barbis Ruder, Ewa Stern, PERFORMENDE IN DEN VIDEOS / PERFORMERS IN THE VIDEOS: Devils and Girl Gang, Gat Goodovitch, Adele Knall, Mirjana Mustra, Mzamo Nondlwana, Lena Stefflisch, Anika Zanon, MUSIK / MUSIC: The Unused Word, OBJEKTE / OBJECTS: Experimonde, Carolin Lotz, Merlin Meister, Thomas Möller, P. Michael Schultes, Studio Gum, PRODUKTION / PRODUCTION: Selina Nowak, MAKE-UP / MAKEUP: Eva Ebner, Johannes Resch, Andrea Riegler, TECHNIK UND LICHT / TECHNICS AND LIGHT: Manu Gartlehner, Martin Lorenz, Andrea Salzmann, VIDEO / VIDEO: Martina Menegon, KOPRODUKTION / CO-PRODUCTION: danceWEB, MEOW ephemere Vorhaben, WUK performing arts, UNTERSTÜTZUNG / SUPPORT: Bundeskanzleramt – Sektion Kunst und Kultur / Austrian Federal Ministry for Arts and Culture, Kulturabteilung der Stadt Wien / City of Vienna Department of Cultural Affairs, Kulturprogramm der Europäischen Union / Culture Programme of the European Union – Life Long Burning

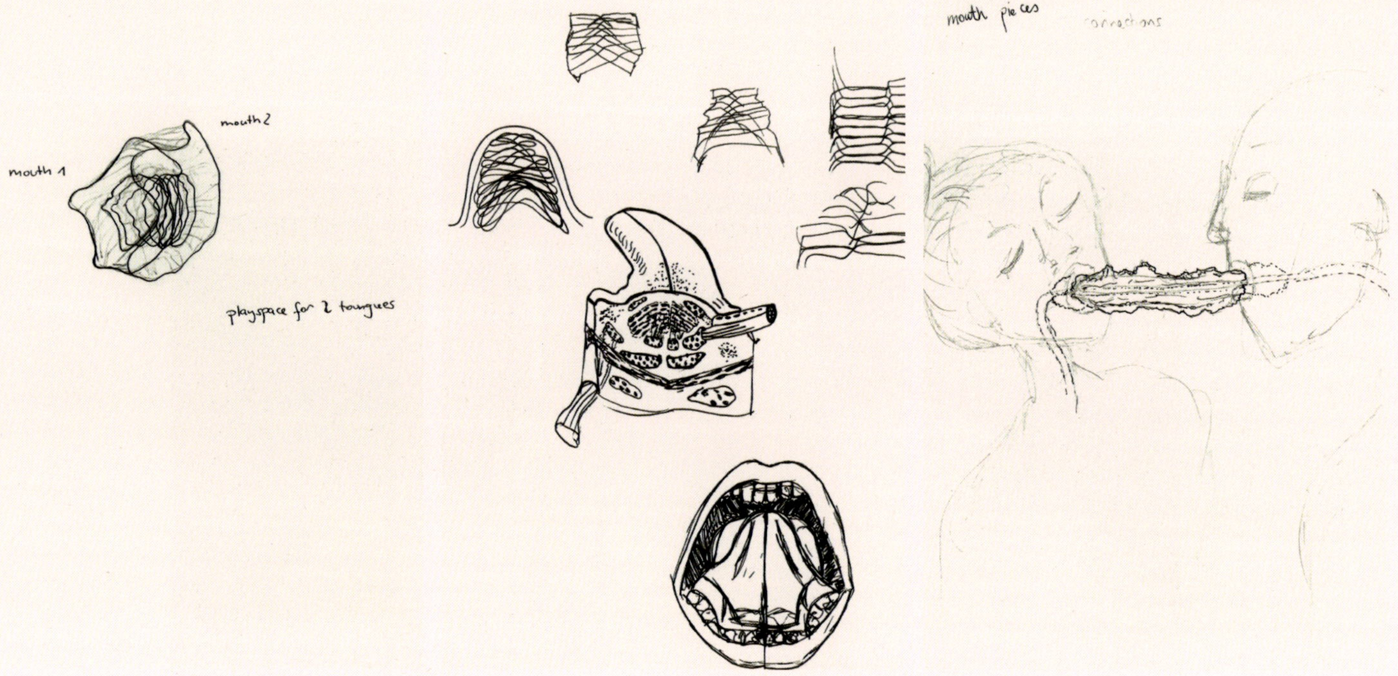


**MUNDSTÜCKE / MOUTHPIECES**

**Mundstücke v1** / **Mouthpieces v1**: PERFORMENDE / PERFORMERS: Raffael Miribung, Barbis Ruder, Sebastiano Sing, TEXT / TEXT: Wikihow, ÜBERSETZUNG / TRANSLATION: Google Translate, STIMME / VOICE: Google Voice ◆ **Mundstücke v2** / **Mouthpieces v2**: ZAHNPROTHESE / DENTAL PROSTHESIS: Barbis Ruder, Gerland Øye, UNTERSTÜTZUNG / SUPPORT: Wikihow

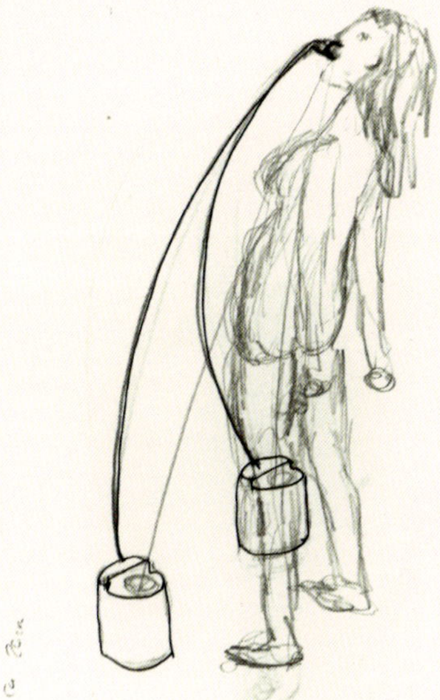

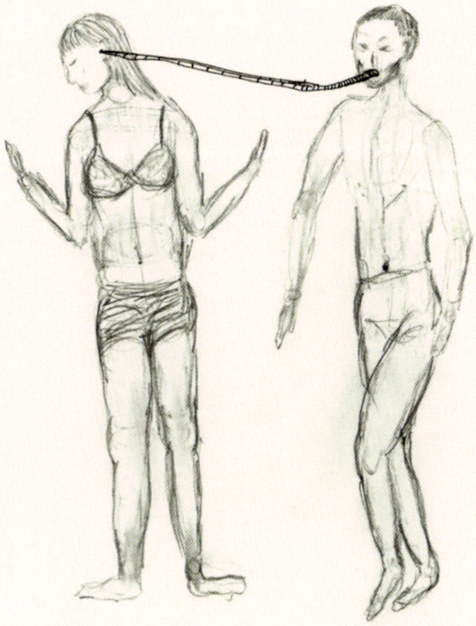

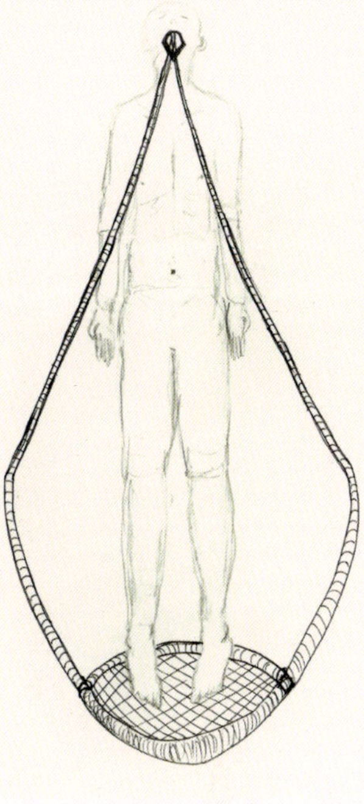

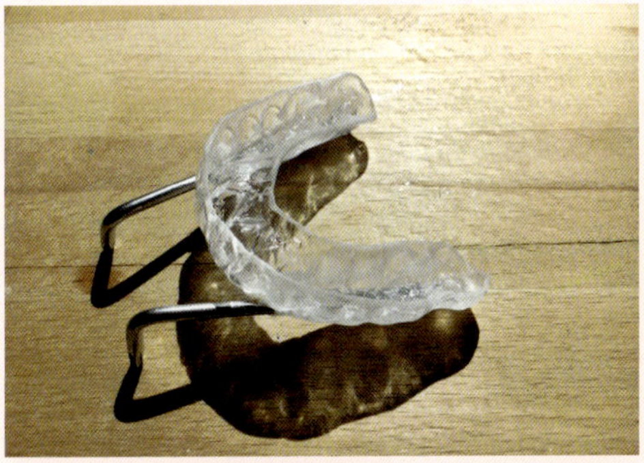

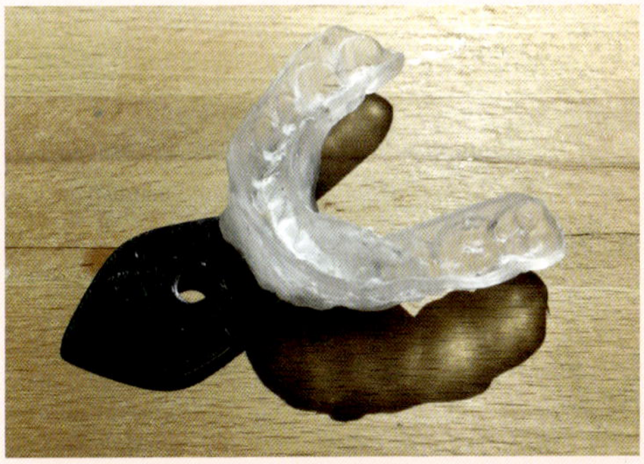

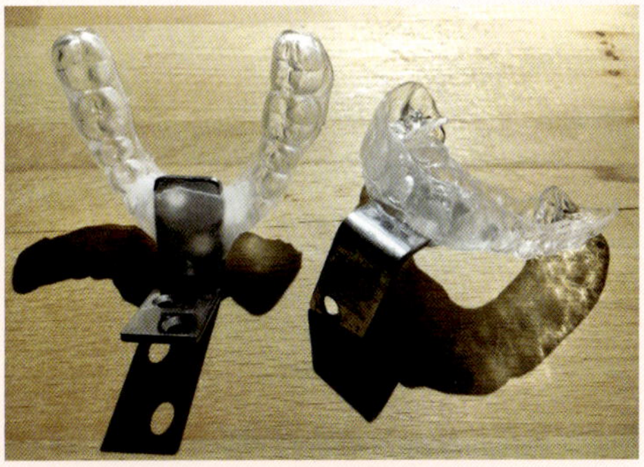

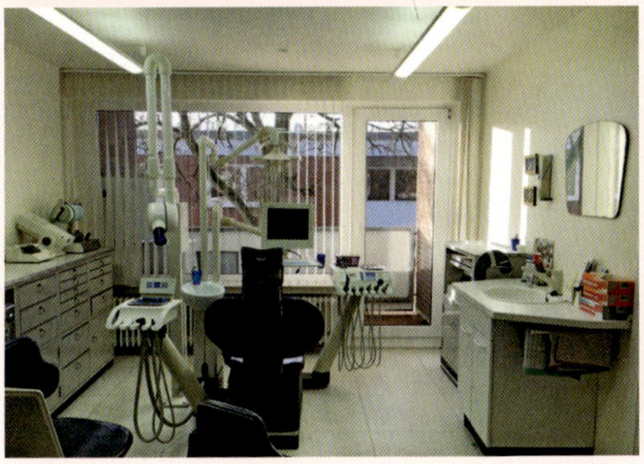

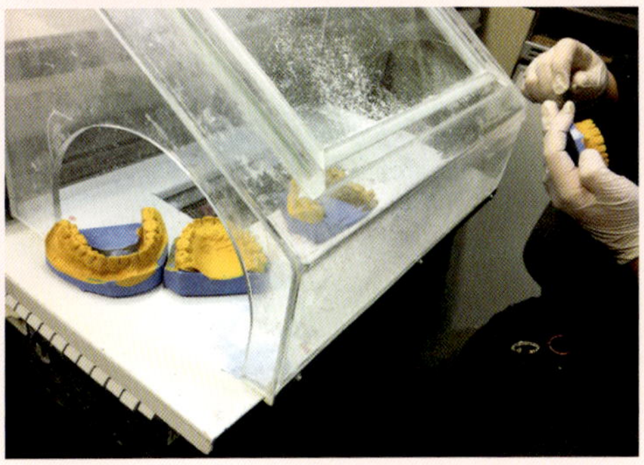

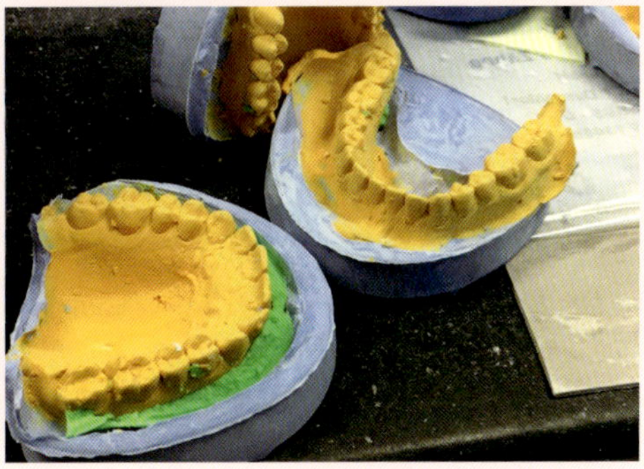

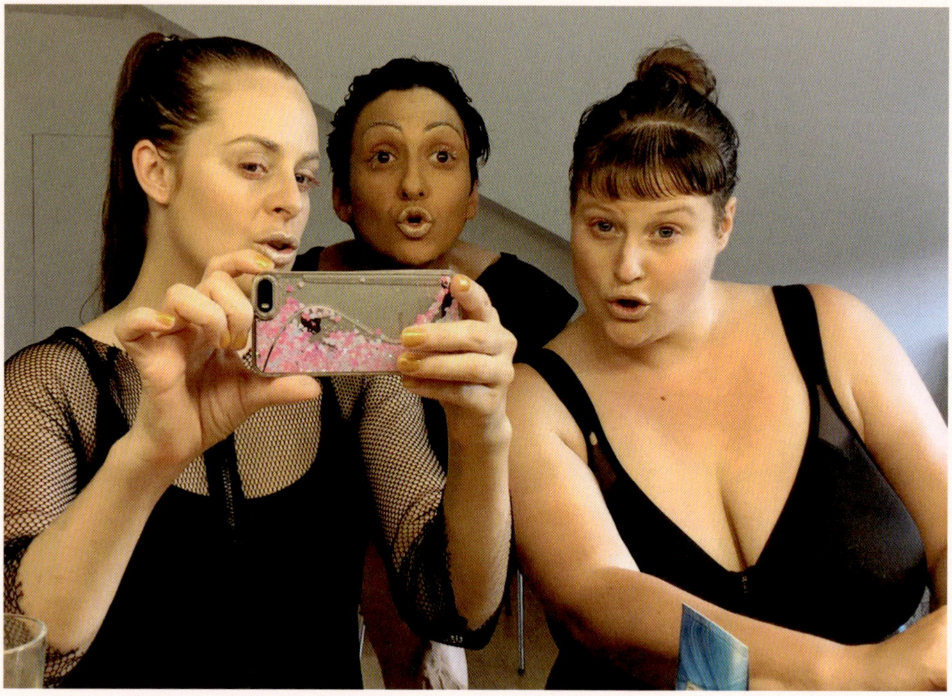

**DU / YOU** PERFORMENDE / PERFORMERS: Veza Fernández Ramos, Barbis Ruder, Stefanie Sourial, DRAMATURGISCHE BERATUNG / DRAMATURGICAL CONSULTING: Andrea Salzmann, KOSTÜM / COSTUME: Peter Holzinger, LICHT / LIGHT: Joe Albrecht, Andrea Salzmann, TEXTE / TEXTS: Veza Fernández Ramos, Barbis Ruder, Stefanie Sourial, PRODUKTION / PRODUCTION: Karin Haas, VIDEO / VIDEO: Ewa Stern, KOPRODUKTION / CO-PRODUCTION: MEOW ephemere Vorhaben, WUK performing arts, UNTERSTÜTZUNG / SUPPORT: Bildrecht GmbH, Kulturabteilung der Stadt Wien / City of Vienna Department of Cultural Affairs, Otto Mauer Fonds

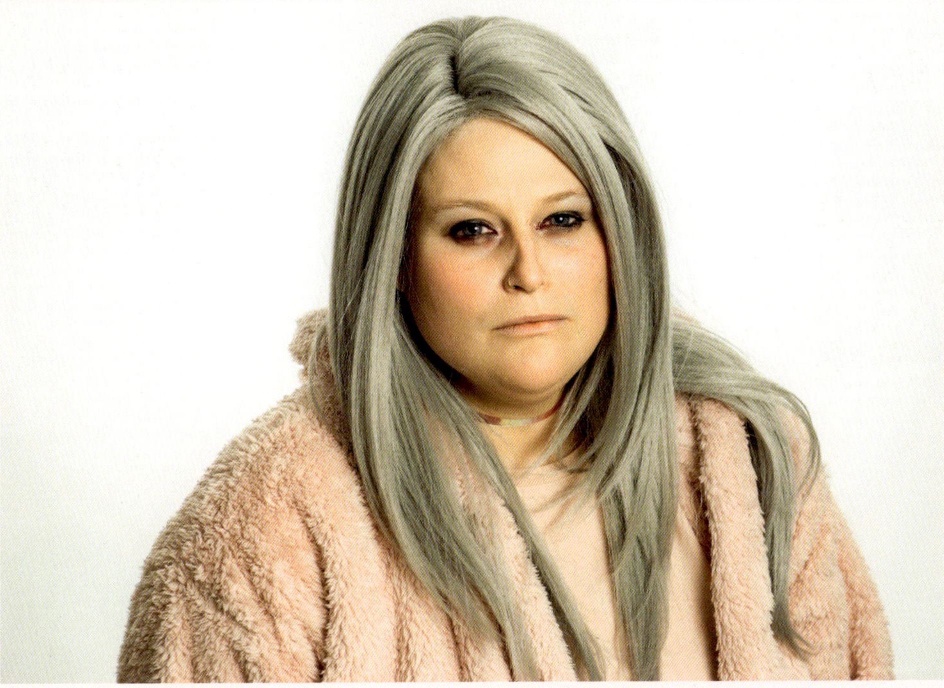

**INFLUENCA / INFLUENCA** **#likemetoo / #likemetoo:** PERFORMENDE / PERFORMERS: Mette Riise, Barbis Ruder, Laura Steinl, DRAMATURGISCHE BERATUNG / DRAMATURGICAL CONSULTING: Andrea Salzmann, KÜNSTLERISCHE BERATUNG / ARTISTIC CONSULTING: Ewa Stern, VIDEO / VIDEO: Ewa Stern, KOSTÜM / COSTUME: Peter Holzinger, PRODUKTION / PRODUCTION: Eva Perner, BÜHNENBILD / STAGE DESIGN: Experimonde, Caroline Lotz, P. Michael Schultes, KOPRODUKTION / CO-PRODUCTION: donaufestival, MEOW ephemere Vorhaben, UNTERSTÜTZUNG / SUPPORT: Bundesministerium Kunst, Kultur, öffentlicher Dienst der Bundesrepublik Österreich, Universität für angewandte Kunst Wien, Crowdfunder's HUB, Experimonde, Samstag Shop, superated ◆ **HOW TO GO VIRAL** und **HOW TO GO VIRAL – update / HOW TO GO VIRAL and HOW TO GO VIRAL – update:** PERFORMENDE / PERFORMERS: Alexis Eremia, Lona Gaikis, Nunu Kaller, Nelli Logar, Mimu Merz, Corinna Milborn, Barbis Ruder, Sebastiano Sing, Laura Steinl, DRAMATURGISCHE BERATUNG / DRAMATURGICAL CONSULTING: Genia Enzelberger, Aslı Kışlal, PRODUKTION / PRODUCTION: Eva Perner, KOSTÜM / COSTUME: Peter Holzinger, MAKE-UP / MAKEUP: Andrea Riegler, MUSIK / MUSIC: Peter Pils, LICHT UND BÜHNENBILD / LIGHT AND STAGE DESIGN: Joe Albrecht, Ronald Pfisterer, VIDEO / STREAMING: Vienna Struggle (Bernhard Hammer, Gerald Herlbauer, Tilman Porschutz, Franziska Seifner), MARKETING / MARKETING: Stefanie Gunzy, Lisa Reimitz-Wachberger, KOPRODUKTION / CO-PRODUCTION: brut Wien, MEOW – ephemere Vorhaben, UNTERSTÜTZUNG / SUPPORT: Kulturabteilung der Stadt Wien, Bundesministerium Kunst, Kultur, öffentlicher Dienst der Bundesrepublik Österreich ◆ **#LogoCemetery / #LogoCemetery (2018–2022):** 1/66 das Internet: FPÖ; 2/66 Theater Rampe: Stadt der Frauen; 3/66 Jos Diegel: Bundesamt für Verfassungsschutz; 4/66 Hans Ruder: FocusReha; 5/66 Tiroler Künstler:innenschaft: KÖR Tirol; 6/66 Kunsthaus Graz: altes Kunsthaus Graz Logo; 7/66 Sofie Strasser: Logo Postminimal; 8/66 fluc: altes fluc Logo; 9/66: unbekannt: unbekannt; 10/66 Martin Latzenhofer: Telering, VIDEO / VIDEO: Zakarya Alsaadi, Julian Bogenfeld, @drawolution, David Kreytenberg ◆ **YOUR ART COULD BE HERE / YOUR ART COULD BE HERE:** 1) Sebastiano Sing – *GPCR* – 2018 ◇ 2) Susanne Schuda – *Realitätschaos* – 2014 ◇ 3) Fearleaders – *Fearelli* – 2018 ◇ 4) Florian Lang – *first we had an apple now we eat the snake* – 2018 ◇ 5) Katrin Weidhofer – *Er liebt sich sie liebt ihn nicht* – 2018 ◇ 6) Maiden Monsters – *Hotel Paradiso* – 2012 ◇ 7) Felix Helmut Wagner – *Die Meerjungfrau* – 2014 ◇ 8) Jakob Glasner – *Databar* – 2018 ◇ 9) Nicole Weniger – *Qualle* – 2012 ◇ 10) Lucia Hofer – *Wandering Bullet* – 2009 ◇ 11) Ricarda Denzer – *eine Frau sieht Rot* – 2018 ◇ 12) Alain Pitiot – *Alain Playing with Himself* – 2018 ◇ 13) Helmut Missbach – *Holz* – 1983 ◆ **TRIPTYCHON / TRIPTYCHON:** VIDEO / VIDEO: Zakarya Alsaadi, Julian Bogenfeld, @drawolution, David Kreytenberg

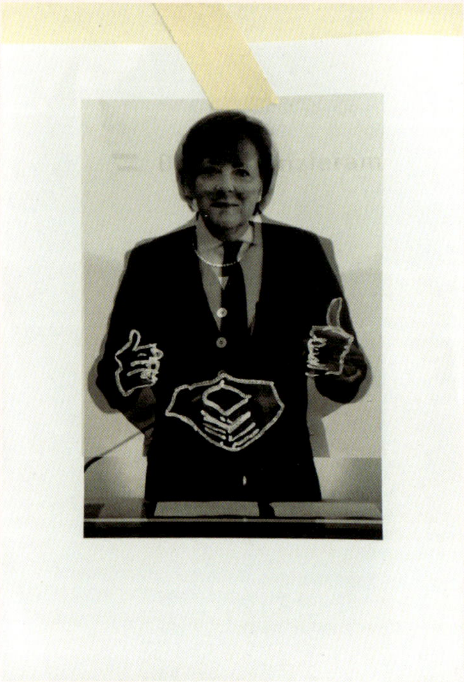

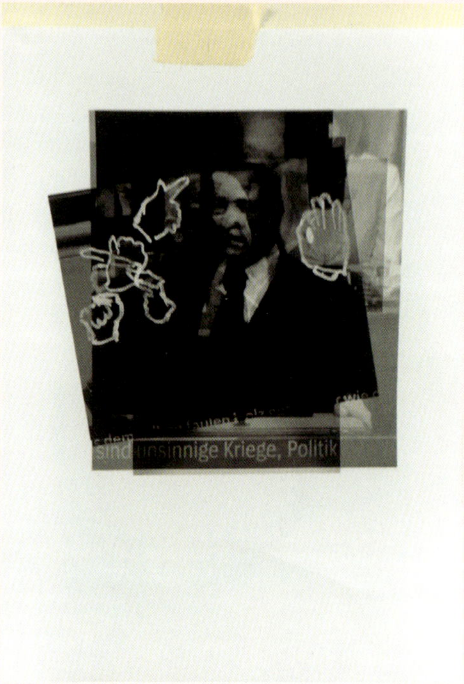


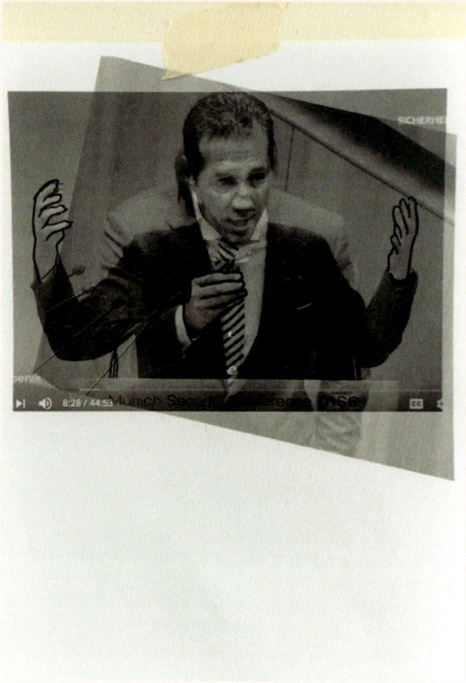


**TOUCHPOINT / TOUCHPOINT**

KÜNSTLERISCHE ASSISTENZ / ARTISTIC ASSISTANT: Lukas Matuschek

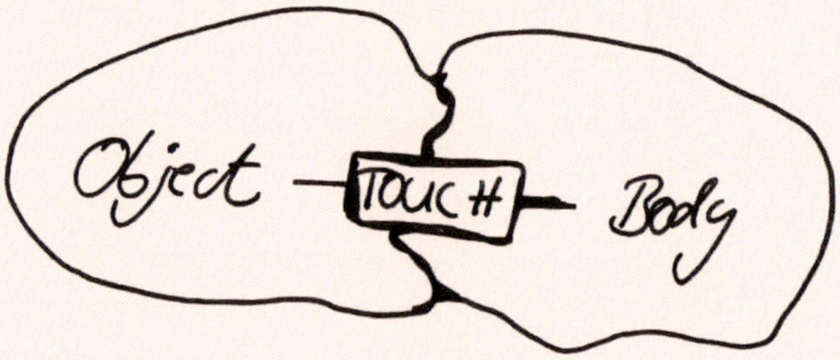

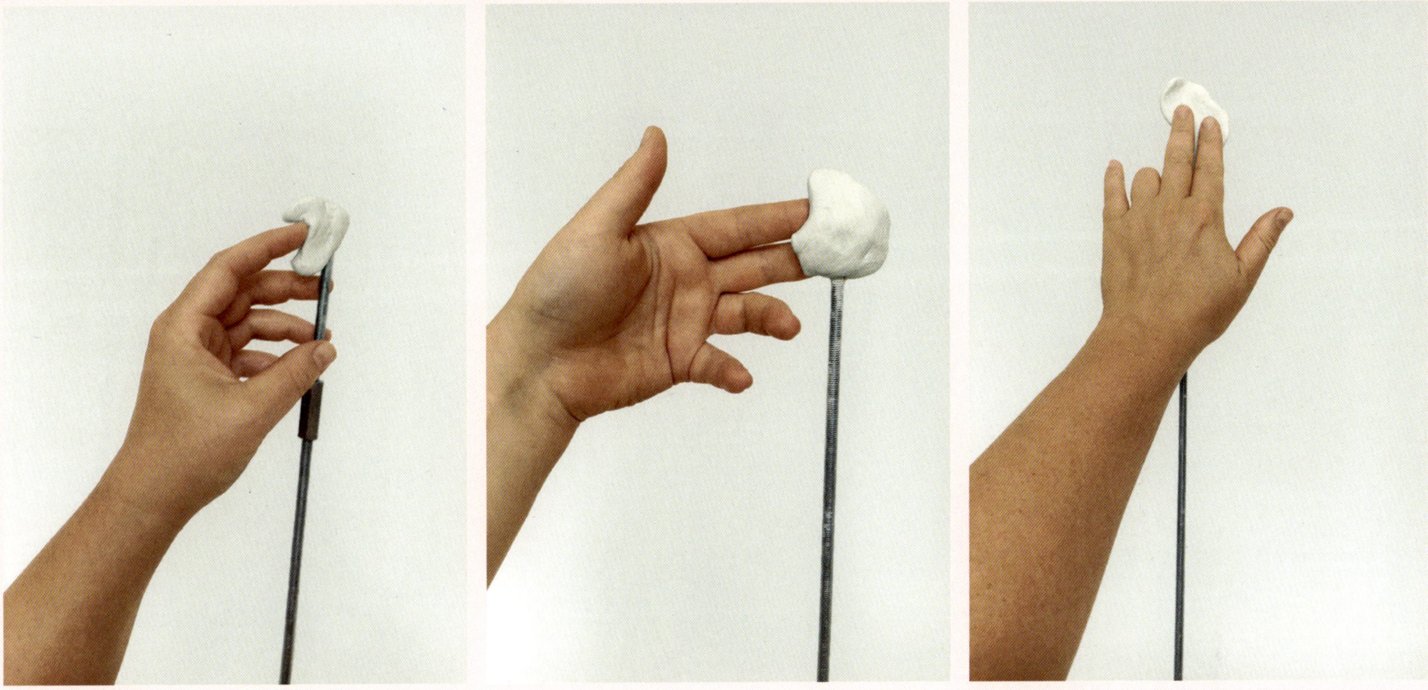

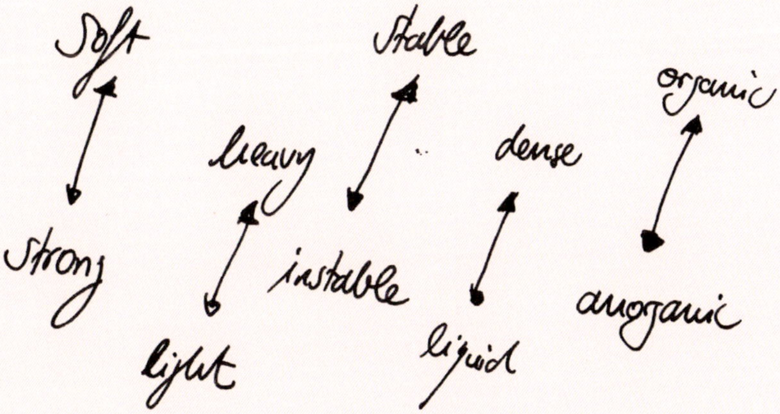
soft
stable
organic
heavy
dense
strong
instable
anorganic
light
liquid

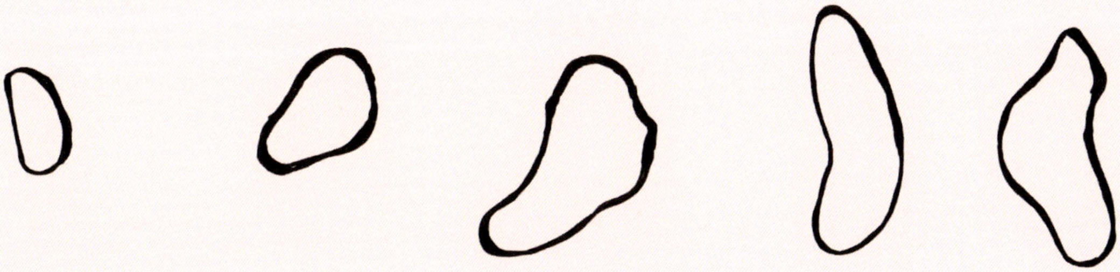

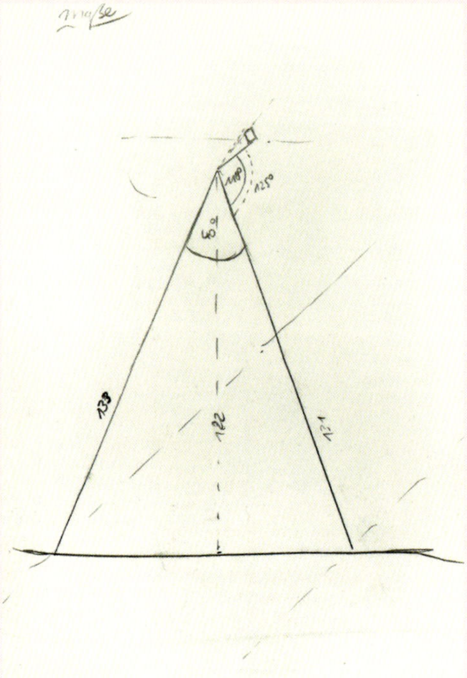

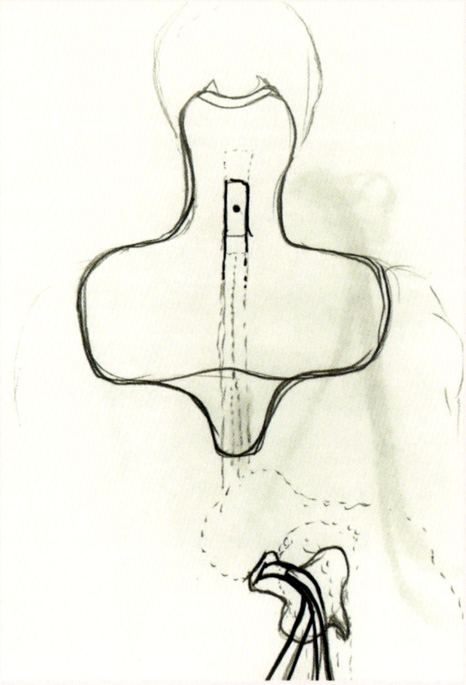

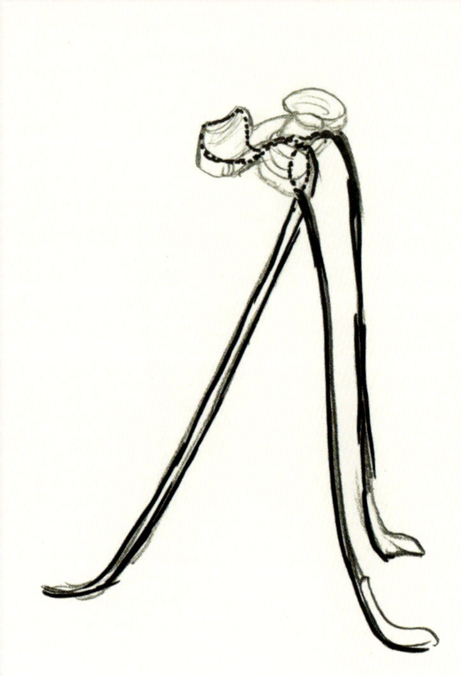

**LEAN IN / LEAN IN** KOSTÜM / COSTUME: Peter Holzinger, KAMERA / CAMERA: Ewa Stern, MAKE-UP / MAKEUP: Andrea Riegler, ASSISTENZ / ASSISTANT: Sara-Lisa Bals, SKULPTUR REALISIERT MIT / SCULPTURE REALISED WITH: Philipp Reinsberg, UNTERSTÜTZUNG / SUPPORT: Bundesministerium Kunst, Kultur, öffentlicher Dienst der Bundesrepublik Österreich / Austrian Federal Ministry for Arts and Culture

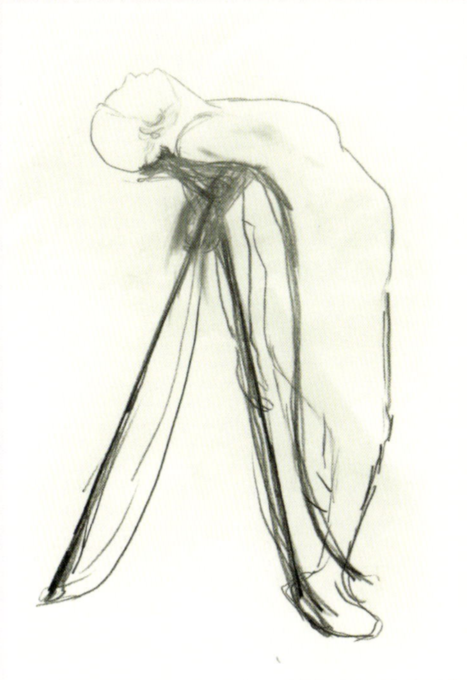

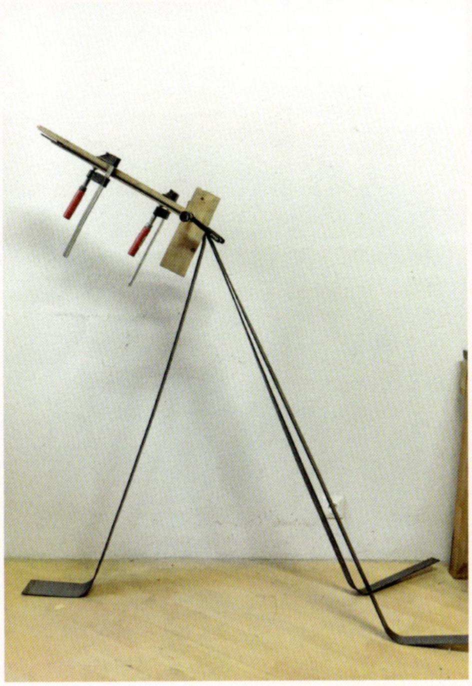

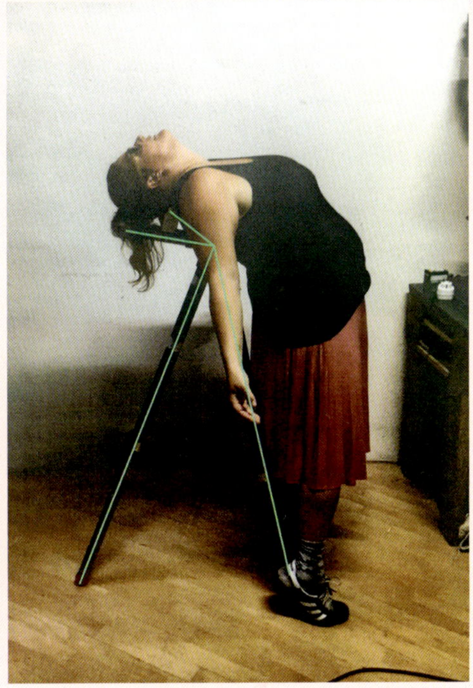

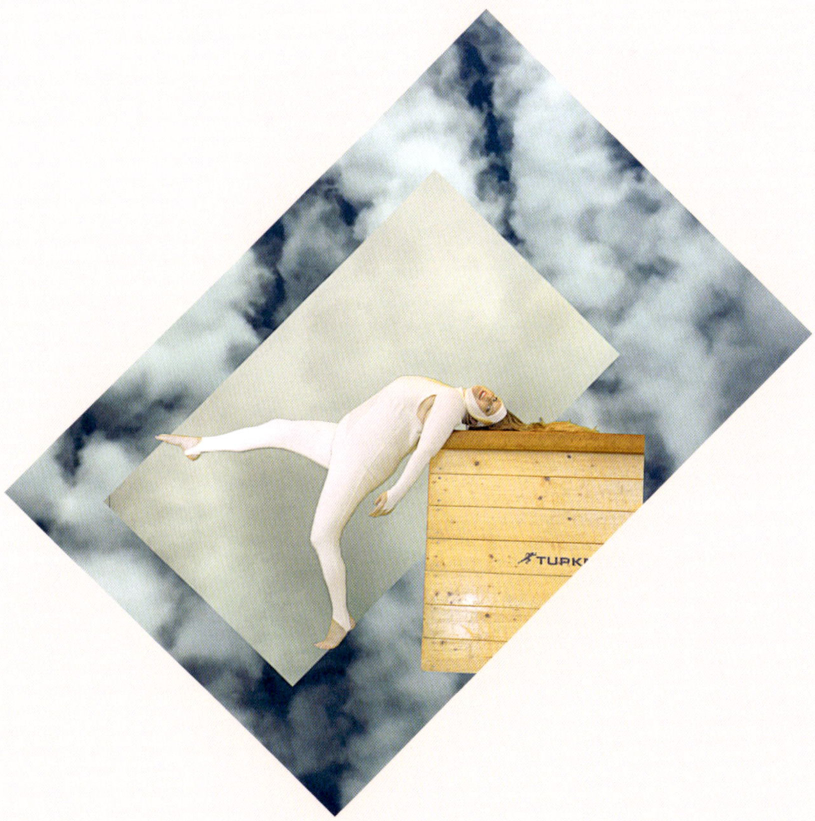

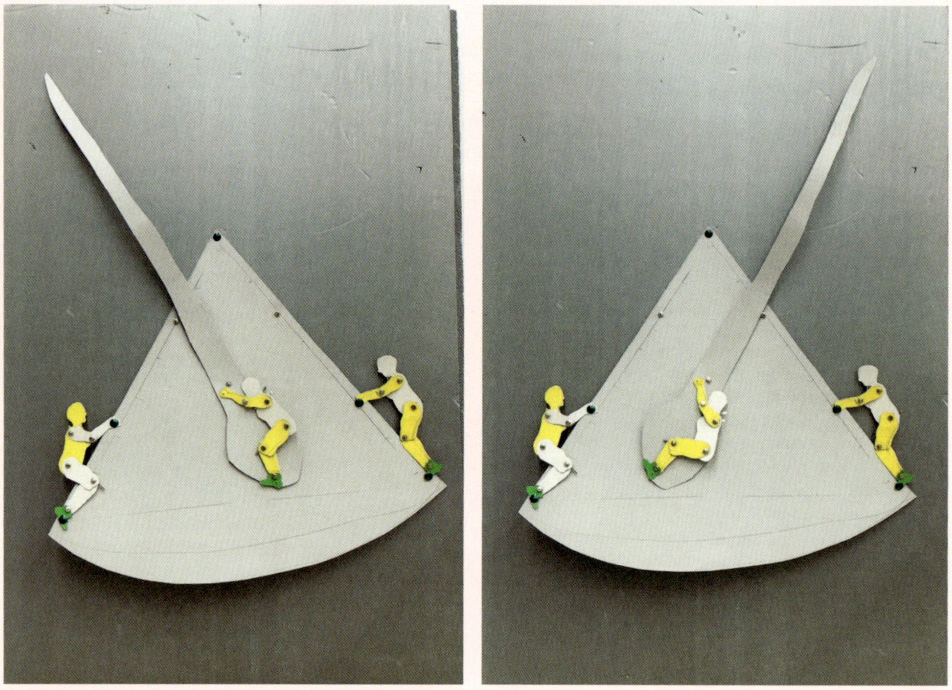

**A / A** ARCHITEKTUR UND PROJEKTLEITUNG / ARCHITECTURE AND PROJECT MANAGEMENT: Philipp Reinsberg, UMSETZUNG / REALISATION: art event, Helmuth Fahrner, Josef Loibner, AUGMENTED REALITY / AUGMENTED REALITY: Litto, Daniela Weiss, UNTERSTÜTZUNG / SUPPORT: Artificial Museum, Bildrecht GmbH, Bundesministerium Kunst, Kultur, öffentlicher Dienst der Bundesrepublik Österreich / Austrian Federal Ministry for Arts and Culture

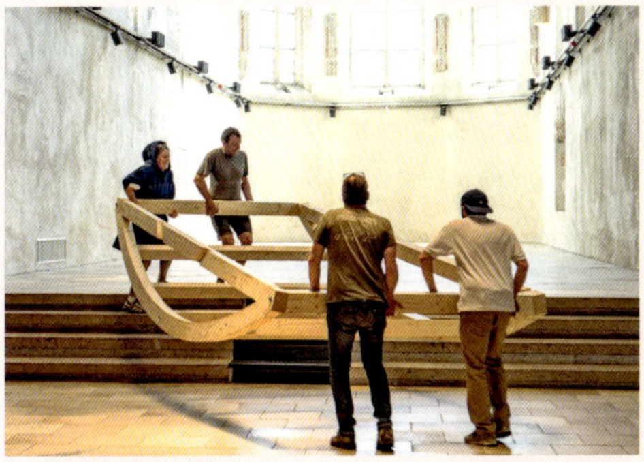
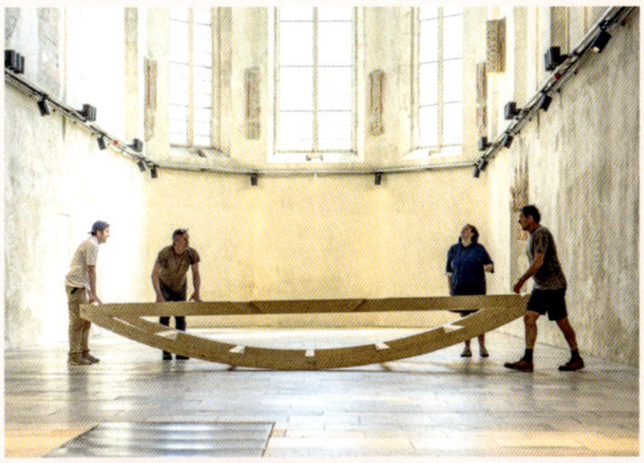
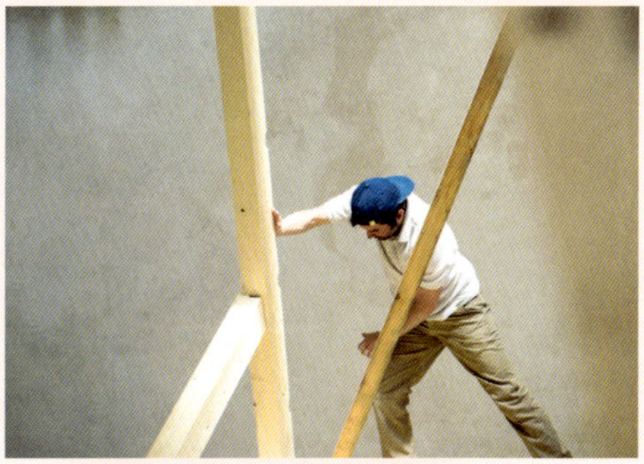
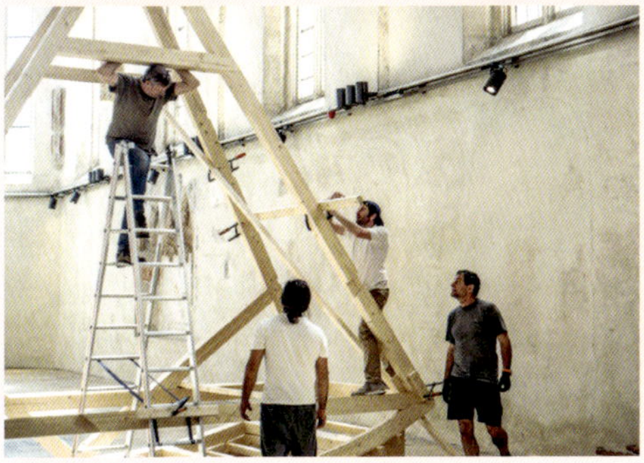
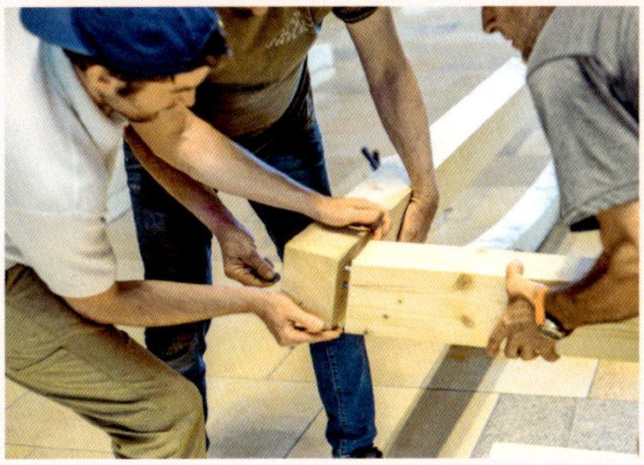
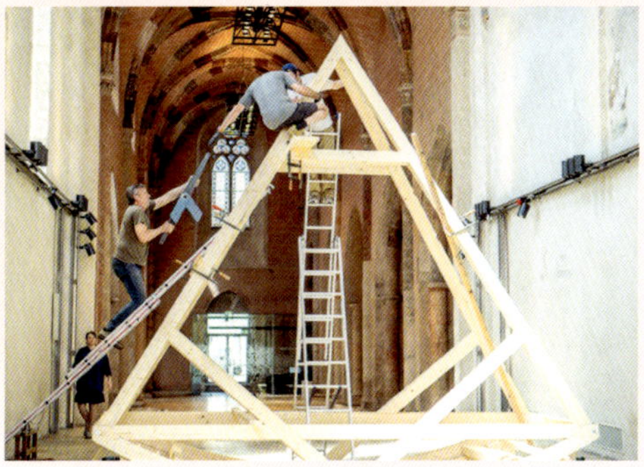
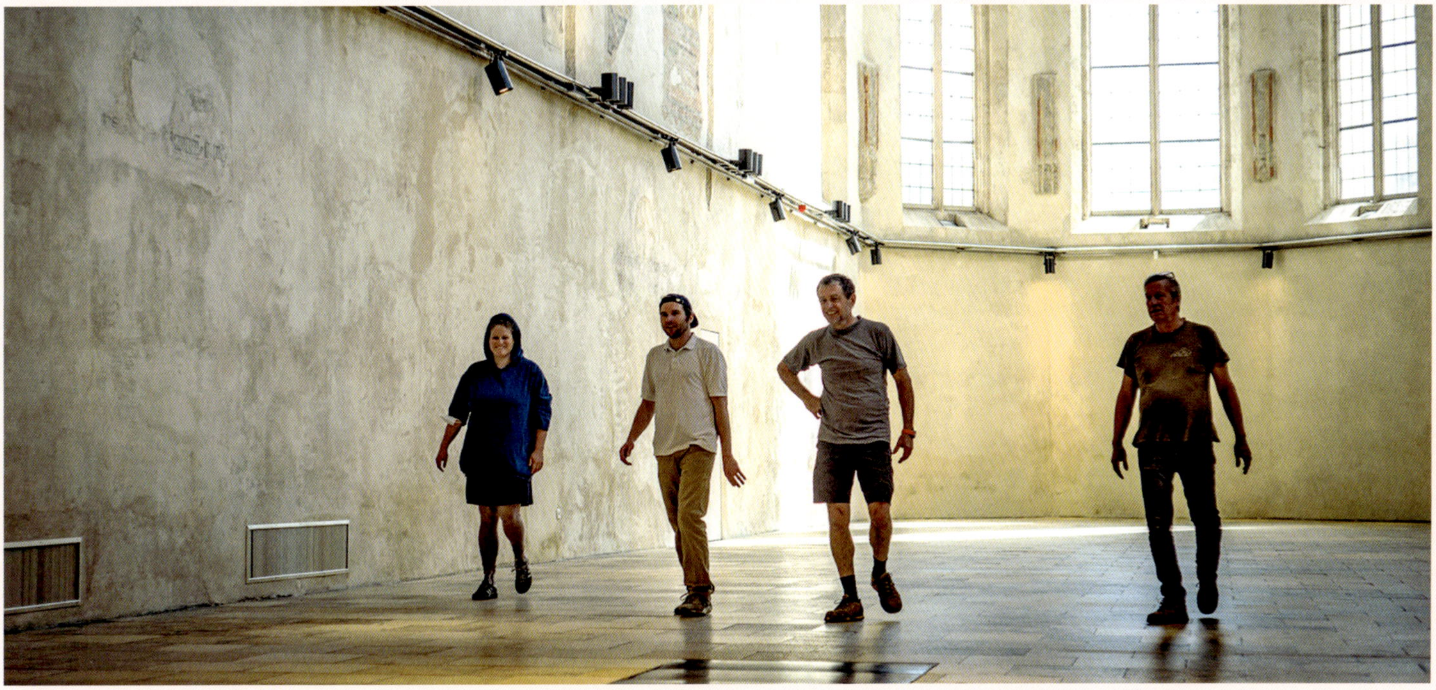

| | Seite / Page |
|---|---|
| Joe Albrecht | 305 |
| Eva Chytilek | 118, 119 |
| Joanna Coleman | 120, 121, 122, 123, 151, 158, 164 |
| date-an-artist | 13, 15, 16, 17, 18, 19, 21, 22 |
| Jos Diegl, Clarissa Seidel, Julian Bogenfeld, Zakaria Alsaadi | 269 |
| Andi Diem | 224, 225, 226, 227, 228, 230, 231, 234, 237, 238, 239, 243, 245 |
| Jana Enzelberger | 349, 380, 381 |
| Remy Erismann | 181 |
| eSeL | 80, 81, 82, 83, 84, 85, 86, 87, 88, 89, 212, 213, 348, 349 |
| Faksimile Digital | 160, 161 |
| Veza Fernandez | 374 |
| Daniel Gottschling | 58, 59, 60, 61 |
| Gerald Herlbauer, Robert Huemer, Franziska Seifner, Tilman Porschütz, Eva Perner | 299, 300, 301, 302, 303, 304, 305 |
| Gregor Hofbauer | 57, 62 |
| Internet | 140 |
| Daniel Jarosch | 50, 51, 287, 293 |
| Victor Jaschke | 209, 210, 211 |
| Je. Jesch (elet) | 175 |
| Hermanus de Jongh | 369 |
| János Iván Kárpáti | 45 |
| Lena Kienzer | 78 |
| Tina King | 48, 49 |
| Henning Krause | 216, 217, 218, 219, 330, 332 |
| David Kreytenberg, Barbis Ruder | 268 |
| Wolfgang Lienbacher | 174, 176, 192, 197 |
| Markus Liszt | 379 |
| Renate Mihatsch | 131, 132, 133, 142 |
| Péter Oroszlány | 264 |
| Tobias Pilz | 23, 24, 25, 28, 29, 30, 31, 32, 33, 43, 47, 53, 54, 55, 266, 366 |
| Helmut Prochart | 124, 125, 126, 127, 128, 129, 199, 214, 215, 247, 248, 249, 250, 251, 252, 255, 259, 260, 261, 262, 263, 275, 277, 278, 279, 280, 281, 282, 283, 284, 285, 316, 317, 321, 335, 343, 345, 348, 350, 351, 353, 373 |
| Helmut Prochart, Barbis Ruder | 221, 255, 266, 267, 264, 295 |
| Florian Rainer | 65, 94 |
| Barbis Ruder | Titel / Cover, 9, 26, 27, 35, 36, 37, 38, 39, 40, 41, 43, 113, 140, 154, 155, 264, 265, 266, 272, 273, 279, 288, 300, 309, 313, 314, 315, 318, 319, 327, 367, 368, 369, 370, 371, 374, 375, 376, 377, 378 |
| Raimund Schumacher | 368 |
| Ewa Stern | 75, 77, 79, 90, 91, 92, 93, 203, 204, 205, 206, 207, 229, 232, 233, 241, 242, 244, 367 |
| Ewa Stern, Barbis Ruder | 178, 179, 323, 328, 329, 379 |
| TimTom | 296, 298, 299, 306 |
| Anna Vasof | 74, 76 |
| Suchart Wannaset | 134, 135, 136, 137, 139, 142, 144, 146, 149, 158, 167, 171, 173, 177, 180, 182, 183, 184, 185, 188, 189, 190, 191, 195, 196, 342, 343, 367 |
| Suchart Wannaset, Barbis Ruder | 341 |
| WEST.Fotostudio | 289, 290, 291, 292 |
| Eva Würdinger | 97, 98, 99, 101, 102, 103, 105, 107, 108, 109, 110, 162, 163 |

| | |
|---|---|
| Herausgeberin / Editor | Madeleine Frey, D-Köln / GER-Cologne<br>Direktorin des Max Ernst Museums Brühl des LVR / Director of Max Ernst LVR Museum Brühl |
| Konzept / Concept | Madeleine Frey, D-Köln / GER-Cologne<br>Péter Oroszlány, A-Wien / A-Vienna<br>Barbis Ruder, A-Wien / A-Vienna |
| Autor*innen / Authors | Madeleine Frey, D-Köln / GER-Cologne<br>Lona Gaikis, A-Wien / A-Vienna<br>Peter Kozek, A-Wien / A-Vienna |
| Projektleitung „Edition Angewandte" für die Universität für angewandte Kunst Wien / Project management "Edition Angewandte" on behalf of the University of Applied Arts Vienna | Anja Seipenbusch-Hufschmied, A-Wien / A-Vienna |
| Content & Production Editor für den Verlag / on behalf of the Publisher | Katharina Holas, A-Wien / A-Vienna |
| Projektmanagement / Project management | Madeleine Frey, D-Köln / GER-Cologne<br>Barbis Ruder, A-Wien / A-Vienna |
| Werktexte / Work descriptions | Madeleine Frey, D-Köln / GER-Cologne |
| Künstlerische Texte / Work texts<br>für die Texte in DU / for the texts in YOU | Barbis Ruder, A-Wien / A-Vienna<br>Veza María Fernández Ramos, A-Wien / A-Vienna,<br>Barbis Ruder, A-Wien / A-Vienna und / and<br>Stefanie Sourial, A-Wien / A-Vienna |
| Übersetzungen Deutsch–Englisch / Translation German–English<br>für den Text von Lona Gaikis / for the text of Lona Gaikis | whysociety A-Wien / A-Vienna,<br>whysociety A-Wien / A-Vienna mit / with<br>Lona Gaikis, A-Wien / A-Vienna |
| Lektorat / Proofreading and copyediting<br>Deutsch / German<br>Englisch / English | <br>Elisabeth Lexer, A-Güssing / A-Güssing<br>Charlotte Maconochie, GBR-London / UK-London |
| External eye / External eye | Jannis Klenke, A-Wien / A-Vienna |
| Gestalterisches Konzept und Grafikdesign / Layout, cover design, and typography | Péter Oroszlány, A-Wien / A-Vienna |
| Litho / Image editing | Pixelstorm Litho & Digital Imaging, A-Wien / A-Vienna |
| Druck / Printing | Holzhausen, die Buchmarke der Gerin Druck GmbH, A-Wolkersdorf / A-Wolkersdorf |
| Papier / Paper | Condat matt Périgord 135 g/m$^2$ |
| Schriftart / Typeface | Alpina (Grilli Type),<br>Labil Grotesk (KOMETA) |

Library of Congress Control Number:
2022948224

**Bibliografische Information der Deutschen Nationalbibliothek**
Die Deutsche Nationalbibliothek verzeichnet diese Publikation in der Deutschen Nationalbibliografie; detaillierte bibliografische Daten sind im Internet über http://dnb.dnb.de abrufbar.

Dieses Werk ist urheberrechtlich geschützt. Die dadurch begründeten Rechte, insbesondere die der Übersetzung, des Nachdrucks, des Vortrags, der Entnahme von Abbildungen und Tabellen, der Funksendung, der Mikroverfilmung oder der Vervielfältigung auf anderen Wegen und der Speicherung in Datenverarbeitungsanlagen, bleiben, auch bei nur auszugsweiser Verwertung, vorbehalten. Eine Vervielfältigung dieses Werkes oder von Teilen dieses Werkes ist auch im Einzelfall nur in den Grenzen der gesetzlichen Bestimmungen des Urheberrechtsgesetzes in der jeweils geltenden Fassung zulässig. Sie ist grundsätzlich vergütungspflichtig. Zuwiderhandlungen unterliegen den Strafbestimmungen des Urheberrechts.

**Bibliographic information published by the German National Library**
The German National Library lists this publication in the Deutsche Nationalbibliografie; detailed bibliographic data are available on the Internet at http://dnb.dnb.de.

This work is subject to copyright. All rights are reserved, whether the whole or part of the material is concerned, specifically the rights of translation, reprinting, re-use of illustrations, recitation, broadcasting, reproduction on microfilms or in other ways, and storage in databases. For any kind of use, permission of the copyright owner must be obtained.

ISSN 1866-248X
ISBN 978-3-11-106146-7
e-ISBN (PDF) 978-3-11-106256-3

© 2023 Walter de Gruyter GmbH, Berlin/Boston

www.degruyter.com

**Mit freundlicher Unterstützung von**
**Printed with the financial support of**
Galerie Stadt Sindelfingen, D-Sindelfingen / GER-Sindelfingen
Otto-Mauer-Fonds, A-Wien / A-Vienna
Stadt Wien / City of Vienna, A-Wien / A-Vienna